사이버범죄론

Cyber Crime Theory   전지연

박영사

이 저서는 2017년 정부(교육부)의 재원으로 한국연구재단의
지원을 받아 수행된 연구임(NRF-2017S1A6A4A01019576)

ICT기술의 발전은 가히 폭발적이었다. 컴퓨터로 대표되는 정보처리장치는 방대한 양의 자료를 작은 저장매체에 저장·보관하고 필요한 자료를 빠른 시간 내에 탐색하고, 통신망은 이를 대량으로 전송하는 것이 가능하게 하였다. 특히 PC의 광범위한 보급과 정보통신기술의 발전이 어울려 인터넷의 대중화가 이루어졌다. 우리나라의 경우 1994년에 인터넷이 상용화된 이후, 과학기술정보통신부의 "2020년 인터넷이용 실태조사 결과"에 의하면 2020년 현재 만 3세 이상의 국민 중 91.9%가 인터넷을 이용하고 있으며, 특히 10대부터 50대까지는 이용률이 거의 100%에 달한다. 더구나 코로나19로 인하여 사회적 거리두기가 시행되어 인터넷 이용시간은 큰 폭의 증가율을 보였다.

ICT는 현실세계와 다른 또 다른 세계인 가상세계라는 사이버공간을 만들어 놓았다. 사이버공간을 통하여 인간은 무수한 정보의 제한 없는 교류, 국경을 뛰어넘는 유대감의 형성, 조직의 힘을 빌리지 않는 개인의 이윤창출에 이르기까지 말 그대로 자유발현의 장이 되었다. 이제 제3차 산업혁명 시대를 지나 제4차 산업혁명을 준비하는 과정에서 사물인터넷(IoT), 클라우드 등 정보통신기술을 통해 인간과 인간, 사물과 사물, 인간과 사물이 상호 연결되고 융합되어 보다 지능화된 사회로 변할 것이며, 사이버공간은 더욱더 확대될 것이다.

사이버공간의 유용성에도 불구하고 사이버공간은 새로운 일탈의 장이 되고 때로는 범죄의 위험성을 높이는 공간이 되기도 한다. 거의 모든 청소년들이 인터넷을 이용하는 상황에서 사이버공간에서 유통되는 정보의 다수가 음란물에 해당하고, 사이버공간을 통하여 개인에 대한 명예훼손, 스토킹 또는 무차별적인 광고성 스팸메일의 발송, 바이러스의 유포, 해킹과 이에 따른 재산적 침해와 개인정보 또는 업무상 비밀의 유출, 피싱과 사이버테러 등 사이버공간에서 발생하는 다양한 불법행위들이 출현하였다. 더구나 모바일이나 스마트폰의 사용으로 인하여 언제 어디서나 사이버범죄를 범할 수 있는 유비쿼터스적 환경이 조성되었다.

사이버공간의 일탈행위는 기존의 법적 규제로는 해결할 수 없는 문제를 야기하였다. 종래의 형사법규정이 사이버공간에서의 유해행위들로부터 개인이나 기업의 정보나 재산을 효과적으로 보호할 수 있는가가 의문시되어, 이를 입법적으로 해결할 필요성이 제기되었다. 여기서의 입법적 필요는 실체법적인 측면에서 신종범죄에 대한 처벌규정의 마련과 절차법적인 측면에서 전자적 정보나 저장매체들에 대한 수사와 증거능력의 문제를 해결하여야 하였다.

독일의 경우 1986년 5월 15일 "제2차 경제범죄 대책법"(2. Gesetz zur Bekämpfung der Wirtschaftskriminalität)을 통하여 특별법의 제정이 아닌 형법의 개정을 통하여 사이버범죄에 관한 대응책을 마련하였으며, 이에 따라 학계와 실무계에서 사이버범죄에 대한 다양한 논의와 토론이 전개되었다. 저자는 이 시기에 독일에서 공부하였던 관계로 자연스럽게 사이버범죄에 관심을 가지게 되었다. 귀국 후 사이버범죄에 관한 입법론과 해석론에 대한 약간의 연구논문을 발표하였고, 대학원에서 사이버범죄에 대하여 수강생들과 연구하고 토론하는 기회를 갖게 되었다. 그러나 참고할 만한 전문적인 저술은 없고, 관련 논문 또한 충분하지 못한 상황에서 사이버범죄에 관한 전반적인 저술의 필요성을 느끼게 되었다. 그러나 사이버범죄는 여전히 ICT 기술의 발전과 함께 진행형의 범죄에 해당하여, 늘 새로운 범죄현상의 출현과 이에 따른 관련 연구논문과 자료의 등장으로 저술을 완성하기가 쉽지 아니하였다. 다행스러운 것은 사이버공간에서 새로운 유형의 범죄가 나타날 때마다 관심을 가지고 자료를 축적하고, 필요한 경우에는 연구논문을 발표하는 등의 방식을 통하여 지속적으로 사이버범죄의 내용을 업데이트하였다. 여기서 본 저술을 완성할 수 있는 기초가 된 연구논문은 "컴퓨터파괴에 대한 형법적 검토"(형사정책), "사이버공간에서 형법적 적용범위의 수정, 제한"(법조), "하이퍼링크의 형사법적 책임"(법학연구), "사이버범죄의 과거, 현재 그리고 미래"(형사법연구), "사이버상의 신종범죄 DDoS 공격에 대한 형사법적 책임"(비교형사법연구), "인터넷피싱의 형사법적 책임"(형사정책연구) 등의 논문이다.

본서는 크게 사이버범죄 일반론, 유형별 사이버범죄, 사이버범죄의 절차법이라는 세 부분으로 이루어져 있다. 사이버범죄 일반론에서는 사이버범죄에 공통적인 요소로서 사이버범죄의 개념과 현황, 사이버범죄의 특징, 사이버범죄의 적용범위, ISP의 형사책임 문제와 사이버범죄의 규제에 대한 통합방안 문제를 다루었다. 유형별 사이버범죄에서는 컴퓨터·인터넷 침해범죄, 컴퓨터·인터넷 이용범죄, 불법 내용물 관련 컴퓨터·인터넷범죄에 대하여 그 형법적 처벌 가능성을 중심으로 살펴보았다. 사이버범죄의 절차법에서는 사이버범죄와 관련된 디지털정보의 압수·수색과 디지털증거의 증거능력을 검토하여 보았다.

사이버범죄를 규제하는 법률은 형법 규정뿐만 아니라 다양한 형사특별법에 산재하여 규제되고 있다. 사이버범죄의 진화적 특성에 따라 관련 법률의 제정이나 개정도 수시로 진행되었으며, 새로운 유형에 대한 판례도 자주 등장하여 이를 업데이트하여 기술하는 것이 용이하지 않았다. 저자의 능력이 부족한 것이라 생각한다. 원고를 마감한 후 편집하는 과정에서 「스토킹 범죄의 처벌 등에 관한 법률」이 국회를 통과하여(2021.3.24.), 부득이 동 법률의 주요내용을 "사이버스토킹"에서 반영하기는 하였으나, 상세하게 기술하지는 못하였다.

본서가 출간되기까지 많은 분들의 도움이 있었다. 독일에서 공부하고 연구할 기회를 주신 괴팅겐대학의 지도교수이신 *Prof. Dr. Fritz Loos*, 독일에서 연구할 장소를 제공하고 학문적 교류를 지속할 수 있도록 배려하여 주신 *Prof. Dr. Gunnar Duttge*에게 감사의 말씀을 드린다. 언제나 학문적 활동을 격려하며 오랜 기간 연구자의 귀감이 되어 주신 박상기 교수님, 늘 신선한 문제의식을 보여주며 학문적 자극을 멈추지 않게 해 준 동료 교수들인 심희기 교수님, 한상훈 교수님, 김정환 교수님 너무 감사했습니다. 그리고 이제 연세대학교에서 새로이 학자의 길로 들어서신 박정란 교수님에게는 학문적 대성이 있기를 바랍니다. 그리고 본서의 촉박한 출간요청에도 불구하고 흔쾌히 이를 승낙하고 훌륭한 저술이 될 수 있도록 최선을 다하여 신속하고 산뜻하게 편집하여 주신 박영사의 조성호 이사님과 윤혜경 님에게도 감사드립니다.

코로나19로 인하여 사회적 거리두기가 진행되고 있으나, 역으로 가족들끼리는 '거리좁히기'의 시기인지 모르겠다. 그럼에도 가족들과 자주 같이하지 못함을 미안하게 생각하며, 본서가 작으나마 위로가 되었으면 한다. 이제 진정한 전문가의 세계에 뛰어든 현정과 현식이 모두 건강하게 사회에서 자신의 역할을 훌륭히 수행하며,

우리 공동체를 보다 건강하게 만들어 주었으면 한다. 오늘도 학교를 향하는 나의 가방에 예쁜 사과를 하나 넣어 준 윤림 씨 당신에게도 감사한다. 지금 어머니는 암의 고통 속에서 현실과 꿈을 왕래하신다. 고통에 신음을 하셔도 고통을 잠시 잊고 꿈속에 계시거나 우두커니 앉아 계셔도 내가 더 이상 큰 도움이 될 수 없음이 여전히 안타깝다. 부디 맑은 정신을 언제까지나 유지하시고, 당신이 나의 어머니였음에 깊이 감사드립니다.

2021. 4.
연세대학교 법학전문대학원 연구실에서
전지연(*Prof. Dr. iur. Ji-Yun JUN*)

contents
차례

PART 02

유형별 사이버범죄

PART 03 사이버범죄의 절차법

PART 01

사이버범죄 일반론

서론

과학기술, 그중에서 ICT기술의 발전은 상상을 초월할 정도로 빠르게 진행되고 있다. 특히 최근 20~30년 동안의 ICT기술의 발전은 가히 폭발적이라고 말할 수 있다. 컴퓨터로 대표되는 정보처리장치는 방대한 양의 자료들을 전자적 방식을 통하여 작은 저장매체에 효과적으로 저장·보관하도록 만들었고, 이러한 전자적 저장을 통하여 자료의 방대함에도 불구하고 필요한 자료들을 빠른 시간 내에 탐색하거나 대량으로 전송하는 것이 가능하였다. 또한 개인용 컴퓨터의 광범위한 보급과 정보통신기술의 발전이 어울려 인터넷의 대중화가 이루어졌다.[1]

ICT기술의 발전은 현실세계와는 다른 또 하나의 세계, 즉 가상세계인 사이버공간을 만들어 놓았다. 초기의 사이버공간은 전문가나 국가기관들 사이의 정보처리나 정보교류의 장이었다. 그러나 개인용 컴퓨터(PC)의 광범위한 보급과 인터넷의 대중화 및 컴퓨터 통신망의 급격한 확산은 사이버공간을 누구나 접근할 수 있는 토론의 장인 동시에 정보교류의 장으로 변화시켰다. 사이버공간을 통하여 인간은 무수한 정보의 제한 없는 교류와 국경을 뛰어넘는 유대감의 형성, 조직의 힘을 빌리지 않는 개인의 이윤획득에 이르기까지 말 그대로 자유발현의 장이 되었다. 즉, 사이버공간에서 개인은 자신의 개성이나 욕구를 표출하고 있으며, 기업이나 교육기관은 새로운 시장의 개척수단이나 정보전달의 장으로 인터넷을 이용하게 되었다. 이와 같이 각종 정보가 홍수를 이루고 있는 상황에서 자신들이 필요로 하는 정보를 얼마나 효

---

[1] 우리나라의 경우 1994년에 인터넷이 상용화된 이후 2018년 인터넷 이용자수는 만 3세 이상 국민 약 5,000만 명 중 91.5%인 4,600만 명에 달하는 것으로 보고되며, 지난 10년간 이용률이 15.0% 증가('08년 76.5% → '18년 91.5%)한 것으로 나타나고 있다. 특히 가구당의 인터넷 이용은 99.5%로 거의 모든 가구에서 인터넷에 접속할 수 있고, 인터넷 이용자는 주로 '커뮤니케이션'(94.8%), '자료 및 정보획득'(93.7%), '여가활동'(92.5%) 등을 목적으로 인터넷을 이용하고 있다(과학기술정보통신부/한국인터넷진흥원, 2018년 인터넷이용실태조사 요약보고서, 2019, 13-17면).

과적으로 획득할 수 있는가 또는 정보의 홍수를 얼마나 효율적으로 체계화하여 이를 이용할 수 있는가에 의하여 개인이나 사회의 성패가 직접적으로 영향을 받는다. 따라서 국가는 이것들이 가능할 수 있도록 인프라를 구축하고 효율적인 정보교류 시스템을 만들어 내는 일에 국가의 모든 노력을 경주하고 있다.

현재는 컴퓨터, PC, 인터넷의 발달을 통한 제3차 산업혁명 시대를 지나 제4차 산업혁명을 준비하고 있다. 여기서 제4차 산업혁명은 사물인터넷(IoT), 클라우드 등 정보통신기술을 통해 인간과 인간, 사물과 사물, 인간과 사물이 상호 연결되고 융합되어 보다 지능화된 사회로 변할 것으로 예측되어,[2] 사이버공간은 더욱더 확대될 것이다.

그러나 다른 한편 사이버공간이 새로운 범죄나 일탈의 장이 되고 때로는 범죄의 위험성을 높여 주는 열린 공간이 되기도 한다. 예컨대 거의 모든 청소년들이 인터넷을 이용하는 상황에서[3] 사이버공간에서 유통되는 정보의 다수가 음란물에 해당한다. 따라서 성에 대한 호기심이 많고 아직 가치관이 정립되지 못한 시기에 있는 청소년들에게는 무분별한 음란물에의 접근이 큰 사회문제가 된다. 또한 사이버공간을 통하여 개인에 대한 모욕이나 명예훼손, 스토킹 또는 무차별적인 광고성 스팸메일의 발송, 바이러스의 유포, 해킹, 해킹에 의한 개인적 정보나 업무상의 비밀정보의 불법한 유출 등 사이버공간에서 발생하는 다양한 불법행위들이 출현하게 되었다.

사이버공간의 일탈행위는 기존의 법적 규제로는 해결할 수 없는 문제를 야기하였다. 종래의 형사법규정이 사이버공간에서의 유해행위들로부터 개인이나 기업의 정보나 재산을 효과적으로 보호할 수 있는가는 이미 1990년대 초반부터 의문시되었다.[4] 따라서 이를 입법적으로 해결할 필요성이 제기되었고, 1995년 개정형법이 국회를 통과하여 1996년부터 시행됨으로써 비로소 컴퓨터범죄에 대한 형법적 처벌이 이루어졌다. 그러나 정보통신망과 같은 정보통신기술이 급속히 발달, 보급되고

---

2 클라우스 슈밥(송경진 역), 제4차 산업혁명, 새로운 현재, 2016, 12면.
3 우리나라의 경우 2018년에 10대의 99.9%가 인터넷을 이용하는 것으로 보고되었다(과학기술정보통신부/한국인터넷진흥원, 2018년 인터넷이용실태조사 요약보고서, 2019, 15면).
4 당시의 문제제기에 대해서는 특히 김문일, 컴퓨터범죄론, 1992; 김종원(외), 컴퓨터범죄와 이에 대한 현행 형법의 대응에 관한 연구, 1987; 김종원(외), 컴퓨터범죄에 관한 비교법적·입법론적 연구, 1988; 신규철, 컴퓨터와 법률문제, 1993; 이철, 컴퓨터범죄와 소프트웨어보호, 1995; 장영민/조영관, 컴퓨터범죄에 관한 연구, 한국형사정책연구원, 1993.

범죄유형도 점점 더 다양화되면서, 그 이후의 범죄는 단순한 컴퓨터범죄가 아니고 컴퓨터와 정보통신망이 결합하는 범죄로 확대되어, 다시금 이에 대한 신속한 대응이 필요하다는 이유로 특별법들을 통하여 형사법적인 처벌이 이루어지게 되었다. 그러나 최근에는 여기에서 더 나아가 모바일이나 스마트폰의 사용으로 인하여 개인용 컴퓨터나 정보처리장치 앞에 앉을 필요도 없이 모바일을 통하여 언제 어디서나 사이버범죄를 범할 수 있는 유비쿼터스적 환경이 조성되었다.

사이버범죄의 개념

사이버공간에서 일어나는 범죄행위에 대하여 이를 사이버범죄라는 용어 이외에도 컴퓨터범죄, 인터넷범죄, 정보범죄, 정보통신범죄, 하이테크범죄 등 다양한 용어가 사용되고 있다. 여기서 해당 용어들은 그 의미와 내용이나 포섭범위에는 다소 차이가 있다. 즉, 어떤 용어나 표현을 사용하는가에 따라 개념이 부분적으로 달라질 수 있으며, 관련 범죄의 특정 측면을 강조하는 효과를 나타낸다.

일부에서는 컴퓨터범죄의 독자적인 개념을 부정하는 견해도 있으나 대부분은 컴퓨터범죄의 개념을 긍정하며, 다만 그 포섭범위를 어디까지 할 것인가를 논란한다. 컴퓨터범죄의 범위에 대하여 이를 좁은 의미로 파악하는 입장도 있으나, 다수는 컴퓨터범죄를 컴퓨터를 행위수단으로 하거나 그 목적으로 하여 처벌되거나 처벌할 가치가 있는 모든 일체의 행위로 파악한다.[1] 정보범죄라는 용어의 개념도 컴퓨터범죄에서의 개념과 큰 차이는 없다. 하이테크범죄는 용어에서 보는 바와 같이 고도의 첨단과학기술과 관련이 있는 모든 종류의 신종범죄를 의미한다고 할 수 있으나, 일부에서는 컴퓨터기술과 정보통신기술이 융합되어 새로이 형성된 사이버공간과 직접적으로 관련이 있는 범죄의 유형만을 별도로 하이테크범죄라고 지칭하기도 한다. 이러한 의미에서 하이테크범죄를 좁은 의미로 파악하면 사실상 사이버범죄와 동일한 개념에 해당한다. 그러나 좁은 의미가 아닌 통상의 의미로는 하이테크범죄라는 용어는 사이버범죄를 포함하는 보다 넓은 개념으로 이해된다.[2] 인터넷범죄는 인터넷(Internet)이라는 정보통신망을 통하여 연결된 컴퓨터 시스템이나 시스템들을 매개로 한 가상공간(사이버공간)에서 인터넷을 악용하여 일탈행위나 범죄를 수행하는 것을 말한다. 그리고 정보통신범죄는 '정보를 송수신할 수 있는 가상공간을 매개로 하여

---

1 전지연, 컴퓨터범죄에 대한 형법적 대응방안, 한림법학FORUM, 제5권(1996), 130–133면 참조.
2 강동범, 사이버범죄 처벌규정의 문제점과 대책, 형사정책, 제19권 제2호(2007), 35면.

발생하는 일탈행위' 또는 '정보교환의 매개수단이 되는 정보통신망 자체를 침해하는 행위'로 정의한다.3 이러한 의미에서 정보통신(망)범죄는 인터넷범죄와 개념적으로 거의 일치하는 것으로 평가되고, 사이버범죄라는 개념과도 상당 부분 동일한 영역이라고 평가된다. 다만 정보통신망을 매개로 한다는 점에서 정보통신망을 매개로 하지 않는 단순한 컴퓨터 관련 범죄와는 부분적으로 일치하지 아니한다.

여기서 언급된 다양한 용어들의 개념이 모두 명확히 정의되는 것은 아니다. 해당 용어들은 컴퓨터와 인터넷의 등장과 함께 새로이 대두한 신종범죄를 지칭하기 위하여 사용된 용어로서, 컴퓨터나 인터넷과 같은 것을 범행도구나 범행수법 또는 경우에 따라서는 범행대상으로 삼아 죄를 범하는 현상을 특정한 용어로 파악하려는 시도에서 출발한 것이다. 그러나 컴퓨터, 하이테크, 인터넷 또는 사이버라는 용어 자체가 새로운 용어들이기 때문에 이 용어들의 개념을 명확하게 정의하는 것이 용이하지 않은 상황에서, 다시 이를 토대로 특정 범죄의 개념을 명확하게 정의하는 것은 쉬운 일이 아니다.4 그럼에도 불구하고 사이버공간에서 발생하는 범죄현상들에 대한 적절한 대응을 위해서는 이들을 지칭할 적합한 용어들이 필요하다. 더구나 전통적인 범죄와는 수사방법이나 증거수집 및 조사 등에서 달리 취급해야 할 필요성과 이들을 둘러싼 환경이 급속히 변화되기 때문에 법적 안정성을 중시하는 형사법제도의 경직성과의 괴리를 막기 위해서라도 새롭게 등장하는 범죄현상을 신속하게 포착하여 개념화시키는 작업은 필요하다고 본다.

따라서 어떤 논의든 그 논의의 출발을 위하여 기본개념인 사이버범죄를 개념·정의할 필요가 있다. 사이버범죄를 인터넷과 같은 정보통신망으로 연결된 컴퓨터 시스템이나 이를 매개로 형성되는 사이버공간을 중심으로 발생하는 범죄행위라고 정의하거나,5 컴퓨터범죄를 포함한 사이버공간에서 행해지는 모든 범죄적 현상으로 정의하거나,6 인터넷 사이트나 이를 서로 연계시키는 컴퓨터 네트워크를 수단으로 하거나 대상으로 하는 범죄라고 파악할 수도 있다.

여기에서는 사이버범죄를 사이버공간에서 발생하는 일체의 범죄행위로 파악하고

---

3 홍승희, 정보통신범죄의 전망, 형사정책, 제19권 제1호(2007), 11면.
4 Annette Marberth-Kubicki, Computer- und Internetstrafrecht, 2005, 1-2면.
5 김종섭, 사이버범죄 현황과 대책, 형사정책, 제12권 제1호(2000), 234면.
6 강동범, 전게논문, 35면.

자 한다. 사이버공간은 컴퓨터가 서로 연결되어(네트워크화) 컴퓨터 내에서 이어져 나가는 정보세계를 의미하며, 물질적인 실체와는 구분되는 가상의 공간(virtual space)을 의미한다. 이와 같은 사이버라는 가상공간에서 발생하는 범죄는 우리가 다루어 왔던 전통적인 의미의 컴퓨터범죄와 컴퓨터의 네트워크를 통한 연결성을 이용하여 행해지는 범죄를 모두 포괄하는 개념으로 보아야 한다. 따라서 사이버범죄는 전통적 컴퓨터범죄와 정보통신망을 이용한 범죄를 포섭하는 범죄로 이해된다.

사이버범죄의 유형·현황

제1절 | 사이버범죄의 유형

　사이버범죄에 대한 단속은 경찰청과 검찰청에서 이원적으로 실시되고 있다. 실무에서는 2013년까지는 사이버범죄를 주로 사이버테러형 범죄와 일반 사이버범죄로 구분하는데, 여기서 사이버테러형 범죄는 정보통신망 자체를 공격대상으로 하는 불법행위로서 해킹, 바이러스유포, 메일 폭탄, DOS공격 등 전자기적 침해장비를 이용한 컴퓨터시스템과 정보통신망을 공격하는 행위를 말한다. 이에 반해 일반 사이버범죄는 사이버공간을 이용한 일반적인 불법행위로서 사이버도박, 사이버스토킹, 사이버성폭력, 사이버명예훼손과 협박, 전자상거래사기, 개인정보유출 등의 행위를 말한다.

　그러나 2014년부터 실무에서는 사이버범죄를 정보통신망 침해범죄, 정보통신망 이용범죄, 불법콘텐츠범죄의 세 가지로 유형화하였다.

　첫째, 정보통신망 침해범죄는 정당한 접근권한 없이 또는 허용된 접근권한을 넘어 컴퓨터 또는 정보통신망(컴퓨터시스템)에 침입하거나 시스템·데이터 프로그램을 훼손·멸실·변경한 경우 및 정보통신망에 장애(성능저하·사용불능)를 발생하게 한 경우를 말한다. 이러한 정보통신망 침해범죄에는 해킹(정보통신망 단순침입, 자료유출, 자료훼손), 서비스거부공격(DDoS 등), 악성프로그램 전달·유포, 컴퓨터 등 장애 업무방해(형법 제314조 제2항)의 범죄가 여기에 속한다.

　둘째, 정보통신망 이용범죄는 정보통신망을 범죄의 본질적 구성요건에 해당하는 행위를 행하는 주요 수단으로 이용하는 경우를 말하며, 인터넷 사기, 인터넷쇼핑몰 사기, 게임사기, 랜섬웨어,[1] 사이버금융범죄(피싱, 파밍, 스미싱, 메모리해킹, 몸캠피싱 등),

---

[1] 이것은 몸값(Ransom)과 소프트웨어(Software)가 결합된 용어로 시스템의 접근을 차단하거나 저장된 자료를 암호화해 사용불능상태로 만들고 이를 이용하여 금전을 요구하는 악성프로그램을 말한다(Kochheim,

개인·위치정보 침해, 사이버 저작권 침해, 스팸메일, 컴퓨터등 사용사기(형법 제347조
의2)들이 이러한 정보통신망 이용범죄에 해당한다.

　　셋째, 불법콘텐츠범죄는 정보통신망을 통하여, 법률에서 금지하는 재화, 서비스
또는 정보를 배포·판매·임대·전시하는 경우를 말하며, 사이버음란물, 아동음란물,
사이버도박, 스포츠 토토, 사이버 명예훼손·모욕, 사이버스토킹 범죄들이 여기의 유
형에 해당한다.

제2절 | 사이버범죄의 현황

　　경찰청 사이버안전국의 전신인 경찰청 사이버테러대응센터에서 사이버범죄에 대

✛ 표 3-1 사이버범죄 발생 현황　　　　　　　　　　　　　　　　(단위: 건)

	계	증 감	사이버테러형범죄	일반사이버범죄
2001년	33,289		10,638	22,651
2002년	60,068	△26,779	14,159	45,909
2003년	68,445	△8,377	14,241	54,204
2004년	77,099	△8,654	15,390	61,709
2005년	88,731	△11,632	21,389	67,342
2006년	82,186	▽6,545	20,186	62,000
2007년	88,487	△6,301	17,671	71,176
2008년	136,814	△48,327	20,077	116,742
2009년	164,536	△27,722	16,601	147,935
2010년	122,902	▽41,634	18,287	104,615
2011년	116,961	▽5,941	13,396	103,565
2012년	108,223	▽8,738	9,607	98.616
2013년	155,366	△47,143	10,407	144,959

출처: 경찰청 사이버테러대응센터

Cybercrime und Strafrecht in der Informations-und Kommunikationstechnik, S.180, 328).

하여 공식적인 통계를 작성한 이래 사이버범죄의 유형을 동일한 방식으로 통계를 작성한 것은 2013년까지이며, 그때까지의 사이버범죄의 발생상황은 <표 3-1>에서 보는 바와 같다. 2001년 33,289건에서 2013년 155,366건으로 매년 상당한 비율로 증가하여 왔음을 할 수 있다.

사이버범죄의 발생에 대한 검거현황에 대해서는 <표 3-2>와 같으며, 2001년에는 전체 사이버범죄 발생건수의 약 65% 내외를 검거하였으나, 2006년과 2007년 전체 사이버범죄의 약 85%를 검거하여 검거율이 상당한 정도로 상승하였으나, 그후 다시 감소하여 2013년에는 55%에 그치고 있다. 그리고 전체 사이버범죄의 약 70% 정도를 20대와 30대가 범하는 것으로 나타났으며, 이는 컴퓨터에 익숙하여 이를 가장 많이 사용하는 젊은 세대에 의해 사이버범죄가 저질러지고 있음을 보여준다(<표 3-2> 참조).

✚ 표 3-2 사이버범죄 검거현황　　　　　　　　　　　　　　　　　　(단위: 명)

| 구분 | 총계 | | | 사이버테러형 범죄 | | | 일반사이버범죄 | | |
| | 발생 | 검거 | | 발생 | 검거 | | 발생 | 검거 | |
		건수	인원		건수	인원		건수	인원
2001	33,289	22,693	24,455	10,638	7,595	8,099	22,651	15,098	16,356
2002	60,068	41,900	47,252	14,159	9,707	10,762	45,909	32,193	36,490
2003	68,445	51,722	56,724	14,241	8,891	10,047	54,204	42,831	46,677
2004	77,099	63,384	70,143	15,390	10,993	11,892	61,709	52,391	58,251
2005	88,731	72,421	81,338	21,389	15,874	17,371	67,342	56,547	63,967
2006	82,186	70,545	89,248	20,186	15,979	17,498	62,000	54,566	71,750
2007	88,847	78,890	88,549	17,671	14,037	15,302	71,176	64,853	73,247
2008	136,819	122,227	128,635	20,077	16,953	17,649	116,742	105,274	110,986
2009	164,536	147,069	160,656	16,601	13,152	13,619	147,935	133,917	147,037
2010	122,902	103,809	111,772	18,287	14,874	16,777	104,615	88,935	94,995
2011	116,961	91,496	95,795	13,396	10,299	11,399	103,565	81,197	84,396
2012	108,223	84,932	86,513	9,607	6,371	7,239	98,616	78,561	79,274
2013	155,366	86,105	92,621	10,407	4,532	5,514	144,959	81,573	87,107

출처: 경찰청 사이버테러대응센터

✚ 표 3-3 연령별 사이버범죄 현황 (단위: %)

구분	10대	20대	30대	40대 이상	기타
2001년	43.4	32.9	15.4	6.5	1.8
2002년	37.6	31.5	17.2	11.2	2.5
2003년	33.8	37.1	18.0	10.0	1.1
2004년	26.0	36.8	22.6	12.8	1.8
2005년	22.8	36.9	23.9	14.8	1.6
2006년	13.4	33.6	29.5	22.1	1.4
2007년	15.1	39.2	26.3	17.7	1.7
2008년	26.6	38.9	21.8	11.8	0.9
2009년	19.4	34.0	29.6	16.5	0.5
2010년	19.5	39.5	25.4	14.4	1.2
2011년	17.6	40.1	27.1	14.6	0.8
2012년	19.9	40.9	24.5	12.9	1.8
2013년	16.4	41.6	25.9	9.5	6.6

출처: 경찰청 사이버테러대응센터

이와 같은 실무에서의 사이버범죄 유형에 기초하여 경찰청 사이버안전국에서 2014년부터 작성한 사이버범죄의 발생과 그에 대한 검거현황은 다음의 <표 3-4>[2]에서 보는 바와 같다.

---

2 상세히는 http://cyberbureau.police.go.kr/share/sub3.jsp?mid=030300.

+ 표 3-4 사이버범죄의 발생과 검거현황

구분	총계			정보통신망 침해 범죄			정보통신망 이용 범죄			불법콘텐츠 범죄		
	발생	검거		발생	검거		발생	검거		발생	검거	
		건수	인원		건수	인원		건수	인원		건수	인원
2014	110,109	71,950	59,220	2,291	846	1,171	89,581	56,461	38,579	18,299	14,643	19,470
2015	144,679	104,888	75,250	3,154	842	1,098	118,362	86,658	50,777	23,163	17,388	23,375
2016	153,075	127,758	75,400	2,770	1,047	1,261	121,867	103,172	42,871	28,438	23,539	31,268
2017	131,734	107,489	59,369	3,156	1,398	1,141	107,271	88,779	36,103	21,307	17,312	22,125
2018	149,604	112,133	60,138	2,888	902	1,048	123,677	93,926	35,738	23,039	17,305	23,352

출처: 경찰청 사이버안전국

사이버공간과 사이버범죄의 특징

사이버공간의 특징

　　인터넷은 현실세계에 실제로 존재하는 공간이나 유형의 실체가 아니라 여러 통신망들이 연결되어 만들어진 그물망(network)을 의미한다. 즉, 다수의 정보처리장치가 접속되어 상호 정보교환이 가능한 경우를 컴퓨터 네트워크라고 하고, 인터넷이란 이와 같은 세계 각국에 퍼져 있는 컴퓨터 네트워크를 서로 연결·접속한 것을 말한다. 이 공간은 어느 의미에서는 현실사회를 전체적으로 복사한 것과 같은 제 현상과 모습들을 볼 수 있는 가상적인 사회공간이 형성되어 있다. 이러한 의미에서 일반적으로 사이버공간(cyberspace) 또는 가상공간(virtual space)이라는 이름으로 불리기도 한다. 여기에서 의사소통의 방법은 문서는 물론 소리, 화상, 동영상 등 다양한 형식을 취함으로써 인터넷은 전적으로 인쇄매체도 아니고 또한 전적으로 전자적인 매스 미디어의 형태도 아닌 이들 매체들의 특성을 모두 포함하는 통합체로서의 성격을 가지고 있다. 이러한 특성을 가지고 있는 인터넷을 기존의 매스 미디어와 비교하면 그 특징은 다음과 같다.[1]

I 접근의 용이성

　　정보나 표현은 일반적으로 매체를 매개하여 발신, 수령된다. 따라서 다양한 정보의 자유로운 유통을 이념으로 하는 표현의 자유의 관점에서 본다면 매체의 기본 구

---

[1] 인터넷의 매체론적 특성에 대해서는 이광진, 인터넷 시대에서의 표현의 자유, 인터넷 법률, 제8호(2001. 9.), 69면 이하 참조.

조는 정보를 발신 혹은 수신하는 자가 자유롭게 접근할 수 있도록 설계하는 것이 요구된다. 그러나 기존의 매체는 자유로운 접근이 어려웠다. 예를 들면 방송은 전파의 희소성이라는 기술적 특성 때문에 정보발신자의 접근에 중대한 제약을 가하고 있다. 기존의 매체가 높은 진입장벽이 존재함에 반해 인터넷은 현재 진입을 가로막는 법적 장치가 없을 뿐 아니라 다양한 경로 및 저렴한 비용, 예컨대 누구든지 ISP들의 서비스를 이용하여 홈페이지를 인터넷에 개설하면 전 세계로부터 접속을 기대할 수 있으므로 인터넷을 통해 정보를 제공하고 자신의 의견이나 사상을 표현할 수 있다.

이러한 점에서 인터넷은 전문가나 젊은이의 전유물이 아니며, 사이버공간 또한 일반인에게도 전혀 생소한 공간이 아니다. 과학기술정보통신부와 한국인터넷진흥원이 실시한 "2018년 인터넷 이용실태조사"결과에 의하면 만 3세 이상 국민의 인터넷이용률은 91.5%로 지난 10년간 15.0%p 증가('08년 76.5%에서 '18년 91.5%로)하였고, 전년 대비 1.27%p 상승하였으며, 이용자수는 46,124,694명에 달하였다.[2] 이와 같은 실태조사를 보면 인터넷은 우리 사회에서 보편화되어 있는 물리적 환경임과 동시에 학업, 직장업무, 금융업무, 여가활용 등 다양한 일상 생활영역에서도 쉽게 접근할 수 있는 공간이 되었다.

▣ 정보의 다양성

인터넷은 '정보의 바다'라는 말과 같이 그 형식적 측면은 물론 내용 면에서도 다양한 형태의 정보교환이 가능하다. 기존의 매체에서는 각 매체의 속성에 따라 정보의 전달형태는 어느 정도 한정된다. 그런데 인터넷상에서는 이메일과 같이 1대1 또는 다수의 송신, 뉴스그룹과 같이 데이터베이스의 지속적 배포, 채팅에서와 같이 문자에 의한 동시통신, 텔넷과 같이 원격지에 있는 컴퓨터에 대한 원격지 작업,

---

2 방송통신위원회·한국인터넷진흥원, "2018 인터넷 이용실태조사, 요약보고서", 2019, 2면. 이 조사에서는 또한 남성의 인터넷이용률은 93.9%, 여성은 89.1%에 달하였다. 연령별로는 10대 99.9%, 20대 99.9%, 30대 99.9%, 40대 99.7%를 사용하여 거의 전 연령대에서 인터넷을 사용하며, 특히 50대의 경우 인터넷 이용률이 2008년 52.3%를 기록한 후, 10년이 지나는 사이에 이용률이 98.7%에 달하여 큰 폭의 상승을 이루었다(방송통신위원회·한국인터넷진흥원, "2018 인터넷 이용실태조사, 요약보고서", 2019, 3-4면).

WWW와 같이 원격지에 있는 컴퓨터의 정보검색이라고 하는 다양한 정보전달이 이루어지고 있다.

Ⅲ 익명성

인터넷상에서는 정보발신자의 익명성의 확보가 가능하기 때문에 민감한 문제에 대하여 자신의 주장을 자유롭게 피력할 수 있고, 이는 표현의 자유를 촉진하는 한 요소가 되고 있다.

익명성은 헤링(Herring)에 따르면 "사이버공간에 참여하는 사람들이 서로 간에 관계를 맺고 공개적으로 자신의 의견을 표현하고 교환할 수 있는 접근성을 강화하고, 정체감을 감출 수 있기 때문에 이용자들은 자신을 덜 자제하게 되고 그 결과로 불쾌한 행동이 유발될 수도 있으며 한편으로는 타인에게 더욱 개방적인 태도를 취하게 되어 위계적인 커뮤니케이션 형태의 붕괴를 가져올 수 있는 특징을 갖는다"[3]고 한다. 즉, 익명성은 결국 타인과의 관계를 적극적으로 수용하며 공개적으로 자신의 의견을 밝혀서 공동의 문화를 형성한다는 긍정적인 면과 이용자들이 자제하지 못하고 새로운 형태의 갈등을 초래하는 부정적인 면을 동시에 가진다고 한다.

Ⅳ 국제성

인터넷은 국경이 없는 정보유통의 마당이다. 대부분 기존의 매스 미디어는 서로 독자적인 영역을 구축하였기 때문에 상호 연결성이 부족한 데 비하여 인터넷은 사용자에 중점을 두고 개발되었고, 특히 인터넷의 대표적인 기술인 WWW(World Wide Web)는 특정 회사의 전유물이 아니라 세계 어디서나 공동으로 이용되는 표준화된 통신규약이라는 점에서 공간적으로 분산되어 있는 참여자들을 하나의 매체를

---

[3] Herring Susan, "Gender and Democracy in Computer-Mediated Communication" in rob Shields(2nd ed). Computerizition and Controversy: Value Conflicts and Social choice, san diego. CA Academic Press 1996: 이재진, "사이버공간에서의 표현의 자유와 인격권 보호", 언론중재 (2000 겨울), 69면에서 재인용

통하여 연결하여 커뮤니케이션 상황을 조성하면서 효율적인 성과를 거둘 수 있도록 해 주기 때문에 인터넷은 국경 없는 정보 유통의 장이 되는 것이다.

Ⅴ 쌍방향성

커뮤니케이션 방식의 측면에서 인터넷은 개인과 개인 간, 다수 상호 간의 커뮤니케이션이 가능한 쌍방향 매체라는 점이다. 기존의 매체에 있어서는 정보의 제공자와 수용자의 구분이 명확했으나 인터넷에 있어서는 그 구분이 모호해진다. 즉, 기존의 매체에 있어서는 정보의 수신자에 불과하였던 일반 대중이 정보의 발신자가 될 수 있다는 것이다.

이러한 점에서 우리 헌법재판소도 인터넷을 정보통신매체로서 종래의 인쇄매체, 영상매체, 전파매체 등과 대비하여 진입장벽이 낮고, 표현의 쌍방향성이 보장되며, 그 이용에 적극적이고 계획적인 행동이 필요하다는 특성을 지니고 있어 오늘날 가장 거대하고 주요한 표현매체로서 '가장 참여적인 (매체)시장' 또는 '표현촉진적인 매체'로 정의하고 있다.[4]

제2절 사이버범죄의 특징

Ⅰ 행위자 특성

첫째, 범행의 주체를 밝히기가 사실상 곤란한 경우가 많다. 사용자 ID와 패스워드만 가지면 어떠한 범행도 가능하고 실명사용을 강제할 방법도 존재하지 않기 때문이다. 다른 사람의 ID와 비밀번호를 도용하여 범행을 저지르는 경우에는 완전범죄가 가능할 수도 있다. 다른 사람의 컴퓨터를 이용해 가상공간을 배회하다 목적지

---

4 헌법재판소 2002.6.27. 선고 99헌마480 결정.

에 도달해 범행을 저지르고 사라지는 경우는 이용자의 신분을 알아낼 방법이 없다. 해외에서 가명으로 국내 사이트에 접속하여 범법행위를 저지르는 경우는 더 말할 나위가 없다.

둘째, 한 사람 혹은 극소수 인원의 간단한 조작이나 속임수에 의해 가공할 피해가 유발될 수 있다. 혼자서 동시에 세계 각지의 여러 대상을 상대로 금지물품을 판매할 수도 있고 판매사기극을 연출할 수도 있다. 많은 국가들이 경쟁적으로 '사이버부대'를 창설하는 이유는 간단한 수법의 사이버테러로 국가기반시설이 무용지물로 전락할 수도 있기 때문이다. 컴퓨터기술과 정보통신기술이 발달할수록 모든 전산망이 온라인으로 연결되어 전문해커들의 공격에 취약할 수밖에 없다.

셋째, 범행현장이 별도로 존재하지 않는다. 수법은 있으나 현장은 없는 경우가 많다는 것이다. 금융기관의 전산망에 침입해 다른 사람의 예금을 지정하는 가명계좌로 이체하고 사라지는 경우 등이 대표적인 본보기이다. 비슷한 범행이 동시다발적으로 혹은 반복적으로 이루어진 경우는 범행현장을 특정하기가 원천적으로 불가능하다. 특히 외국에서 범행을 저지른 경우에도 범죄자의 위치를 지목하기가 사실상 불가능하다. 외국의 사이트에 접속하여 범법행위를 저지르거나 외국인이 국내의 네트워크에 침입하여 불법행위를 저지르고 사라진 경우는 범죄현장을 알더라도 통치권이 미치지 못해 소용이 없다.

넷째, 범행의 흔적을 확인할 수 없는 경우가 많다. 전자자료로 저장된 컴퓨터자료를 복사 또는 변조하거나 전부 또는 일부를 없애 버려도 아무런 흔적이나 표시가 남지 않기 때문이다. 더구나 컴퓨터자료를 단지 복사만 할 경우는 아무런 흔적이 남지 않는다. 일정한 조건이 충족되면 자동으로 작동하여 피해를 야기하는 바이러스의 경우처럼, 현실적으로 피해가 발생하지 않으면 피해사실을 알기가 힘든 경우도 있다.

다섯째, 범행증거의 확보 및 범죄로 인한 피해와 사고로 인한 피해를 구분하기가 어렵다. 범죄자의 익명성, ID도용의 암행성, 범행장소의 불특정성, 범행흔적의 불가시성, 국제공조의 미흡 등은 모두가 범행증거의 확보와 범행사실의 입증을 어렵게 만드는 요인들이다. 증거가 될 만한 자료들을 해독이 곤란한 암호로 저장한 경우는 압수하더라도 소용이 없게 된다. 이와 같은 특성은 수사활동을 어렵게 만들 뿐아니라, 기소와 재판단계에서 유죄입증을 어렵게 만들어 많은 사이버범죄자들이 형사처벌로부터 자유로워지는 결과로 이어진다.

여섯째, 사이버공간에는 현실세계보다 훨씬 더 많은 수사 장애물이 존재한다. 우선, 사이버공간에서 이루어지는 불법행위를 규제하는 데 필요한 법체계가 아주 허술하다. 법률에 구성요건이 없는 경우가 많고, 있더라도 법해석이 애매한 경우가 많다. 인터넷에 유통되는 무수한 메시지들을 일일이 감시할 수도 없다. 가상세계에서도 수사를 구실로 인권과 사생활을 침해해서는 안 될 뿐 아니라 일반인에 의한 현행범체포나 압수·수색과 같은 강제처분도 불가능하다. 범죄자들이 적용한 암호체계는 범죄입증을 가로막는 중대한 장애물이다.

일곱째, 사후적으로 범죄혐의를 입증하기가 어려운 경우가 많다. 컴퓨터는 단시간에 방대한 양의 자료를 처리하는 특성을 지니므로 자료를 조작하더라도 이를 입증하기가 매우 어렵다. 설령 밝힐 수 있더라도 비용문제로 포기할 수밖에 없는 경우가 많다. 또한 디지털자료는 디스크나 자기테이프와 같은 좁은 공간에 압축되어 저장될 뿐 아니라, 일단 저장되면 폐쇄성·은닉성·불가시성을 갖기 때문에 사후적으로 조작 등의 혐의를 밝히기가 어렵다. 그 밖에도 컴퓨터프로그램은 고유한 프로그램언어와 프로그래머의 독특한 표현방식과 기술로 구성되므로 전문가조차도 프로그램조작을 통한 범행을 가려내기가 매우 어렵다.

여덟째, 범행수법의 대담성이나 전문성에서 비롯되는 취약점도 많다. 첨단기술이나 비밀정보가 저장된 디스켓을 통째로 복사하여 유출시키더라도 흔적이 전혀 남지 않는다. 도청 여부를 탐지하기가 매우 어려우며 일단 범행이 종료되면 흔적이 남지 않으므로 사후적으로 범행을 입증하기가 매우 어렵다. 도청장비의 발달에 동반하여 도청탐지장비도 발달하고 있으나 전자가 후자를 앞지를 수는 없는 노릇이고, 양적으로도 대응이 불가능하다.

Ⅱ 행위의 특성

첫째, 사이버범죄는 범행의 주체가 갖는 특성 때문에 암수율이 높을 수밖에 없는 특성을 보인다. 범행주체가 고도의 전문지식을 갖춘 자이거나 조직내부자 혹은 수사기관의 직원인 경우에는 단속기관의 접근 자체가 곤란하여 범행이 은폐될 여지가 많다. 금융기관, 유명기업, 국가기관 등은 범죄를 적발하더라도 신용도의 훼손, 중요정보의 누설, 혹은 취약요소의 공개로 집중공략을 당하게 될 가능성 등을 고려하여 고발을 기피하는 경향을 보인다.

둘째, 단속의 곤란성이다. 이른바 전문해커를 자처하는 자들은 컴퓨터 소프트웨어에 대한 '개인소유권'의 개념을 부정한다. 컴퓨터프로그램은 어느 개인의 것이 아니라 사용자 모두의 것이라고 믿기 때문이다. 이들은 컴퓨터와 관련된 어떤 파일이나 도구라도 자유로운 접근이 허용되어야 이 세상이 어떻게 돌아가는지 알 수 있고, 그것을 한층 더 개선시키려는 해커들의 노력이 진전될 수 있다고 믿는다. 그런데 이러한 근거 없는 사고방식이 불순한 동기와 결합하여 컴퓨터시스템에 대한 무차별 유린으로 나타나면 현실적으로 단속이 매우 어려워진다. 특히 금융기관 혹은 기업의 중요정보나 시스템의 관리자 또는 그러한 업무를 담당했던 사람이 자신의 지위나 전문지식을 이용해 고객들에게 피해를 입히거나 비밀정보를 유출시키는 사례를 적발해 내기란 쉬운 일이 아니다. 적발을 하더라도 대외공신력의 훼손이나 거래관행의 노출 등을 의식하여 내부문제로 처리하는 경우가 많다. 외국에서는 국가의 무기체계나 경제정책 등을 담당하는 고위책임자가 전자우편 등을 통해 중요기밀을 거래하거나 경쟁국가의 컴퓨터정보망에서 중요정보를 빼내는 사례도 보고되고 있다.

셋째, 유명기업이 경쟁기업의 비밀정보를 알아내거나 개발도상국의 지도층들이 선진국의 첨단기술이나 과학정보 등을 파악할 목적으로 해킹을 교사(教唆)하거나 관계자를 매수하는 사례도 많다. 생산기술이 낙후되면 생존경쟁을 극복하기 어렵고, 과학기술이 발달한 일부 선진국가가 세계의 정치와 경제를 좌우하는 상황에서는 유명기업이나 합법정부에 의한 사이버스파이 사례가 갈수록 증가할 개연성이 높다.

넷째, 사이버범죄를 감시하고 단속하는 국가기관이 원칙을 무시하고 해킹이나 도시청(盜視聽) 등의 불법행위를 저지르는 사례도 있다. 국제사회의 경쟁에서 우위를 점하기 위하거나, 한계를 모르고 교활해지는 범죄자들을 효과적으로 제압하기 위해 통신감청을 무제한으로 허용할 때 이러한 상황이 발생한다.

사이버범죄의 시대 구분

컴퓨터형법 이전 시기(1995년 형법개정 이전)

I 이 시기의 특징

이 시기는 형법이 제정된 1953년부터 컴퓨터 관련 범죄에 대하여 형법이 개정
되기 이전까지의 기간을 말한다. 우리나라 컴퓨터범죄의 효시는 1973년 10월 과학
기술처 중앙전산실의 프로그래머가 반포 AID차관아파트의 입주추첨과 관련하여 프
로그램을 조작한 사건으로 알려져 있다.[1] 그동안 사회적, 경제적 여건이 변화되고
컴퓨터기술의 발달과 보급으로 그에 따른 심각한 부작용이 문제되었음에도, 형법은
1953년에 제정된 이후 큰 개정 없이 이때까지 이르고 있었다. 오히려 정부에서는
컴퓨터범죄에 대처하기 위한 방안으로 형법개정보다는 형법이론이나 형사정책적 고
려에 대한 충분한 고민 없이 진압위주적인 강경적 법정책의 기조 위에[2] 각 부처별
로 상황에 따라 필요할 때마다 특별법을 제정하는 방법을 선택하였으며, 이러한 정
부의 대처방법은 다수의 유사한 규정을 여러 법률에 산재시킴으로써 법률 간 형벌
의 불균형, 법체계상의 문제점 등을 야기하였다.

이 시기의 사이버범죄와 관련한 형사법적 입장을 요약하여 살펴보면, 첫째 이
시기는 컴퓨터 관련 범죄들이 처음으로 출현하기 시작한 시기로 전통적인 형사법으
로는 이를 처벌하는 데에 한계가 있어 이를 특별법을 통해 규율하려고 시도하기 시
작하였으며, 둘째 컴퓨터의 보급은 되었으나 아직 정보통신기술이 충분히 발달하지

---

[1] 장영민/조영관, 컴퓨터범죄에 관한 연구, 1993, 65면 이하 참조.
[2] 서보학, 인터넷상의 정보유포와 형사책임, 형사정책연구, 제12권 제3호(2001 가을), 10면.

못한 관계로 인터넷범죄나 정보통신범죄보다는 컴퓨터범죄들에 대한 형사법 적용이 주를 이루고 있는 시기였다.

Ⅱ 이 시기 컴퓨터 관련 범죄의 내용과 문제점

컴퓨터범죄의 유형은 범죄객체에 의한 분류, 범죄수법에 의한 분류 등 학자에 따라 다양한 방법으로 분류하고 있으나 일반적으로 컴퓨터데이터의 처리, 보존기능과의 관련을 기준으로 하여 ① 컴퓨터부정조작, ② 컴퓨터파괴, ③ 컴퓨터데이터의 부정입수 및 누설(컴퓨터스파이), ④ 컴퓨터의 무권한사용의 네 가지로 분류할 수 있으며,[3] 그에 대한 처벌 가능성을 당시의 형법에 따라 검토하면 다음과 같다.

(1) 컴퓨터를 부정조작하여 재산상 이익을 취득한 경우, 예컨대 컴퓨터를 조작하여 입금자료를 변경시켜 자기구좌에 허위의 입금을 시킨다든가 임금계산에 있어 자기의 임금이 수차에 걸쳐 지급되게 프로그램을 조작하는 경우에 해당 행위를 재산범죄로 처벌할 수 있는 가에 대하여 논란이 되었다. 당시의 형법에 의하면 절도죄의 경우에는 재물의 취득이 없다는 점에서, 사기죄의 경우에는 사람에 대한 기망과 그에 따른 처분행위가 없다는 점에서, 횡령죄에서는 신뢰관계가 없다는 점에서 각각의 죄책을 인정하기 어렵다. 다만 피해자에 대하여 재산상의 사무처리를 하도록 신뢰의무를 가지고 있는 기업내의 일부 사무원에게만 배임죄를 적용할 수 있었다. 또한 컴퓨터에 사용되는 전자기록을 조작한 경우 전자기록이 증명적 기능을 가지고 있다고 할지라도, 전자기록은 표시된 내용을 시각적 방법에 의하여 인식할 수 있는 기재의 가시성과 영속성이 결여되기 때문에 문서의 개념에 포함될 수 없었다.[4]

(2) 컴퓨터파괴의 경우는 첫째, 컴퓨터나 저장장치라는 하드웨어는 재물에 포함되므로 이를 파괴하는 행위는 재물손괴죄로 처벌된다. 둘째, 하드웨어가 업무에 사용되는 관계로 컴퓨터를 파괴하면 업무방해죄를 구성할 수 있는가에 대하여 업무방해

---

3 Sieber, Computerkriminalität und Strafrecht, 39면 이하.

4 같은 취지로 김종원, 컴퓨터범죄와 이에 대한 현행형법의 대응에 관한 연구, 1987, 24면 이하; Sieber, Computerkriminalität und Strafrecht, 277면; Aachenwach, NJW 1986, 1867.

죄의 행위방식은 위계 또는 위력에 의한 업무방해만을 인정하고 있으며, 여기서의 위계 또는 위력은 사람에 대하여 행해져야만 한다. 따라서 컴퓨터와 업무방해 사이에 사람이 개입되어 있는 경우에는 컴퓨터의 파괴행위에 의한 업무방해죄가 성립할 수 있으나, 중간에 사람이 개입되지 않은 경우에는 업무방해죄가 성립하지 않는다. 셋째, 본래의 기억매체와는 별도로 기록매체가 기록목적에 이용되어 자료가 저장되어 있는 경우에 그 자료의 내용을 삭제하거나 변경하는 것은 해당 기록이 삭제되는 경우에도 여전히 해당 기록매체는 사용 가능하기 때문에 기록매체의 효용을 해한 것으로 볼 수도 없으므로 재물손괴죄에 해당하지 않는다.[5] 넷째, 자료파괴의 경우에 업무방해죄를 인정하는 것은 경우에 따라서는 자료파괴라는 행위 자체만으로 재물손괴죄에서 더 나아가 항상 업무방해죄로 처벌될 가능성이 존재한다.

(3) 컴퓨터스파이의 경우는 자료가 기록되어 있는 자기디스크 등의 기록매체 자체를 부정하게 입수하는 방법과 컴퓨터의 자료를 인쇄하거나 복사하여 정보를 입수하는 방법의 두 가지로 나눌 수 있다. 이 두 가지 유형은 다시 침해되는 법익의 종류와 관련하여 재산범죄와 비밀침해범죄로 나누어 살펴볼 수 있다. 첫째, 재산범죄와 관련하여 살펴보면 전자의 방법은 문제되지 않고, 후자의 방법에 의한 경우에 기록된 매체를 복사하여 정보를 절취하더라도 본래의 소지자는 범행 이전의 정보를 그대로 보유하기 때문에 절도죄나 횡령죄로 처벌 할 수 없다.[6] 둘째, 컴퓨터스파이의 경우에 당시 형법에 의하면 비밀침해죄의 객체는 신서, 문서, 도화로 제한되어 있고, 전자기록이나 전자기록매체는 여기에 해당하지 않는다.

(4) 컴퓨터의 무권한사용은 행위자가 타인의 컴퓨터를 일정한 시간 동안 자신을 위하여 작동시키는 것을 말하며, 이는 처벌의 대상이 아니다. 이에 대한 처벌규정을 둔다고 할지라도 그 실효성에 문제가 있으며, 일반적으로 사용절도를 처벌하지 않

---

5 더 나아가 전송 중인 자료나 아직 기록매체에 기록되지 않고 있는 상태(RAM상태)에 있는 자료를 삭제하거나 변경하는 경우에는 해당 자료의 물체성을 인정할 수 없기 때문에 이를 삭제하는 것 역시 재물손괴죄에 해당하지 않는다.

6 절도죄나 횡령죄가 부정되는 이유는 첫째, 절도죄나 횡령죄의 객체는 재물로서 전자기록이나 프로그램은 재물에 해당하지 않으며, 둘째 전자기록의 재물성을 인정한다고 할지라도 양 범죄는 점유의 이전이나 횡령행위를 요구하고 있으나 전자기록의 복사행위는 본래의 소지자도 범행 전의 정보를 그대로 보유하기 때문에 점유에 대한 침해를 인정할 수 없기 때문이다(전지연, 전게논문, 146 – 147면).

는 상황에서 컴퓨터의 무권한 사용만을 처벌하는 것도 법익보호의 형평성에 어긋날 수 있다.

Ⅰ 이 시기의 특징

컴퓨터범죄에 대처하기 위해 한편으로는 형법이 일부개정되었으며, 다른 한편으로는 다양한 특별법의 제정과 개정을 통하여 컴퓨터범죄 이외에 새로이 대두하기 시작한 인터넷범죄들이 규제되기 시작하였다.[7]

정부는 1992년 6월 형법개정안을 국회에 제출하였다. 이 개정안은 1985년 6월 형사법개정특별심의위원회가 발족한 이후 수차례의 토론과 의견수렴을 거치며 확정된 법률안으로, 그 안에 컴퓨터범죄의 처벌규정이 신설되어 있었다.[8] 그러나 이 개정안은 국회의 논의과정에서 너무 많은 시일이 걸렸고, 해당 회기 내에 통과되지 못

---

[7] 구 형법하에서 컴퓨터 관련 범죄에 대한 논의에 대하여는 강동범, 컴퓨터범죄 시론, 경진사, 1984; 김문일, 컴퓨터범죄론, 법영사, 1992(개정판); 김종원, 컴퓨터범죄에 관한 비교법적·입법론적 연구, 1988; 박정근, 컴퓨터범죄, 고시연구, 1987/7; 신규철, 컴퓨터와 법률문제, 법영사, 1993; 이보녕, 컴퓨터범죄에 대한 형법적 대책, 형사법연구(창간호), 1988, 187–223면; 이철, 컴퓨터범죄에 대한 형사적 고찰, 법조, 제38권 제2호, 26면; 장영민/조영관, 컴퓨터범죄에 관한 연구, 한국형사정책연구원, 1993; 전지연, 독일형법에서의 컴퓨터사기죄, 증봉김선수교수정년퇴임기념논문집, 1996, 298–328면; 조규정, 컴퓨터조작범죄, 형사정책연구, 제2호(1990), 한국형사정책연구원; 조규정, 컴퓨터범죄, 법무부, 1984; 차용석, Computer에 관련된 범죄와 형법(상, 하), 고시연구, 1988/5, 6; 최영호, 컴퓨터와 범죄현상, 컴퓨터출판, 1995; 최완진, 컴퓨터범죄에 관한 소고, 성시탁교수화갑기념논문집, 1993, 97–812면; 하태훈, 컴퓨터범죄에 대한 형법적 대응, 증봉김선수교수정년퇴임기념논문집, 1996, 403–427면 참조.

[8] 이 개정안은 형법을 대폭 개정하여, 사실상 형법의 전면 개정에 해당하는 법률안으로, 총칙의 대부분의 규정들을 수정, 보완하였고, 각칙의 체제를 전면적으로 개편하여 개인적 법익을 침해하는 범죄, 사회적 법익을 침해하는 범죄, 국가적 법익을 침해하는 범죄의 순으로 배치하였으며, 컴퓨터범죄나 환경에 관한 범죄를 신설하고, 기존의 구성요건들을 수정하거나 보완하고, 그에 대한 법정형을 정비하였다(상세한 내용에 대하여는 법무부, 형법개정법률안 제안이유서, 형사법개정자료(XIV), 1992.10. 참조). 이 개정안의 밑거름이 되었던 당시 형사법개정특별심의위원회의 회의자료 등이 한국형사법학회 50주년 기념 CD로 제작되어 형사법연구자들에게 배포된 것은 매우 의미 있는 일이었다.

하면 1996년 초의 새로운 국회구성으로 인하여 폐기될 위기에 놓여 있었다. 이와 같은 급박한 상황에서 국회는 개정안 전체에 대한 심의는 보류하고 신속히 개정되어야 할 부분만 발췌하여 '형법중개정법률'로 1995년 12월에 이를 통과시켰다. 이때 통과된 개정 법률에 컴퓨터범죄에 해당하는 내용들이 기존의 조문에 부가적인 방식 등으로 삽입되었고, 이는 1996년 7월 1일부터 시행되었다. 이에 반해 특별법의 규정들은 다양한 법률에 산재하여 있었고, 그 규율의 내용에서도 중복과 흠결이 있어, 2001년에 정보통신망법과 정보통신기반보호법의 제정에 의하여 정보통신망을 통한 컴퓨터범죄의 유형들이 거의 망라적으로 동 법률에 의하여 규율되는 모습을 지니게 되었다.

따라서 이 시기는 컴퓨터범죄 관련 규정들에 대한 형법개정이 행해진 시점에서 정보통신망법이 제정되기 이전의 시기를 의미한다. 그리고 이 시기를 컴퓨터형법시기로 표현한 이유는 이 시기에 적용된 개정형법의 내용이 주로 정보통신 관련보다는 전통적인 컴퓨터 관련 범죄의 내용을 그 대상으로 하기 때문이다.[9]

Ⅱ 컴퓨터형법 시기의 사이버범죄

개정형법은 컴퓨터범죄를 컴퓨터 기능을 기준으로 구성요건화한 것이 아니라 기존의 구성요건에 부가하는 방식으로 이를 규정하고 있다. 개정형법의 구체적인 내용에 대하여는 다수의 논문과 연구결과가 발표되었다.[10] 개정형법에 포섭된 컴퓨터범죄의 종류들을 살펴보면 전자기록등손괴죄, 전자기록등위작·변작죄(공전자기록, 사전자기록), 컴퓨터등업무방해죄, 컴퓨터등사용사기죄, 비밀침해죄 등이 여기에 해당한다.

---

9 경찰청에서는 신종범죄인 컴퓨터 관련 범죄에 대처하기 위해서 경찰청내에 1995년에 해커수사대라는 명칭으로 업무를 시작해서, 이를 1997년에는 컴퓨터범죄수사대로 개편하였으며, 이를 다시 1999년에는 사이버범죄수사대로 개편하였고, 2000년 7월부터는 사이버테러대응센터를 창설하여 운영하고 있으며, 2021년부터는 사이버수사국을 운영하고 있다. 이와 같은 수사대의 명칭변화의 과정 역시 여기서의 시기변화의 과정과 비슷한 맥락에서 이해될 수 있을 것이다.

10 개정형법의 내용에 대해서는 강동범, 법정고시, 1996/6, 101면 이하; 김성천, 인터넷법률, 제9호(2001/11), 35면 이하; 장영민, 고시계, 1996/2, 45면 이하; 전지연, 컴퓨터범죄에 대한 형법적 대응방안, 한림법학FORUM, 제5권(1996), 139면 이하 참조.

I 이 시기의 특징

정보통신망의 발달은 단순한 형태의 컴퓨터범죄를 네트워크화된 범죄형태로 발전시켰다. 개인이나 기업의 컴퓨터는 정보통신망에 의하여 연결되고, 사람들은 컴퓨터 앞에서 언제든지 다른 사람들의 자료나 정보에 접근할 수 있으며, 이러한 사이버공간은 시공을 초월하여 무한으로 확대되었다. 이러한 상황에서 이 시기의 범죄는 단순히 컴퓨터에 대한 침해나 컴퓨터내의 자료에 대한 침해의 형태에서 벗어나 정보가 정보통신망을 통해 대량으로 유통된다는 점으로부터 이전과는 다른 형사법적인 대응이 필요하게 되었다. 이와 같이 외관상 단순한 컴퓨터의 범죄를 벗어나 네트워크화된 인터넷공간에서 범죄가 발생한다는 점과 이러한 종류의 범죄들이 주를 이루고 있다는 점에서 이 시기를 사이버형법 시기라고 부르고자 한다.

II 사이버형법 시기에 형사법의 대응

현재에 해당하는 사이버형법 시기의 사이버범죄에 대한 형사법적 대응을 유형별로 나누어 살펴보면 <표 5-1>과 같다.

✚ **표 5-1** 사이버범죄의 유형과 적용법조

사이버 범죄의 형태	구체적 유형	적용법조
해킹	정보통신망 무단침입[11]	정보통신망법 제48조 제1항, 제71조 제1항
비밀침해	컴퓨터 비밀침해(공무상 비밀침해)	형법 제316조 제2항, 제140조 제3항
	정보통신망 비밀침해	정보통신망법 제49조, 제71조 제1항
	서비스제공자의 개인정보 무단이용행위	정보통신망법 제24조, 제71조 제1항

---

11 미수범의 경우도 처벌한다.

비밀침해	공공기관의 개인정보 불법변경행위	개인정보 보호법 제70조
	영업비밀의 침해행위[12]	부정경쟁방지및영업비밀보호에관한법률 제18조
	주요정보통신기반시설 저장자료의 유출	정보통신기반보호법 제12조, 제28조
	속이는 행위에 의한 개인정보수집[13]	정보통신망법 제49조의2, 제72조
전자기록의 삭제 등	전자기록손괴	형법 제366조
	전자기록위작·변작	형법 제227조의2, 제232조의2
	정보통신망 정보훼손	정보통신망법 제49조, 제71조 제1항
	주요정보통신기반시설의 저장자료 파괴	정보통신기반보호법 제12조, 제28조
업무방해	컴퓨터 등에 의한 업무방해	형법 제314조 제2항
	대량데이터 업무방해	정보통신망법 제48조, 제71조 제1항
바이러스	악성프로그램 전달·유포행위[14]	정보통신망법 제48조, 제70조의2
	주요정보통신기반시설에 바이러스투입	정보통신기반보호법 제12조, 제28조
인터넷사기	해킹 등을 통한 재산취득	형법 제329조, 제347조, 제347조의2, 여신전문금융업법 제70조 제1항 제3호
사이버 음란물	정보통신망이용 음란영상 배포 등[15]	정보통신망법 제44조의7, 제74조
	아동·청소년이용음란물의 판매 등의 행위	아동·청소년의성보호에관한법률 제11조
	통신매체이용 음란행위	성폭력범죄의 처벌 등에 관한 특례법 제14조
사이버 명예훼손	정보통신망이용 명예훼손행위	정보통신망법 제70조
사이버 스토킹	정보통신망이용 공포심조성	정보통신망법 제44조의7, 제74조
저작권침해	컴퓨터프로그램무단복제행위	저작권법 제136조
	저작권침해행위	저작권법 제136조
인터넷 도박	도박과 도박장개장	형법 제246조, 제247조
스팸메일	대량 데이터전송에 의한 업무방해	정보통신망법 제48조, 제71조 제1항
	소량의 광고성 스팸메일 전송행위	정보통신망법 제50조, 제74조

---

12 미수 및 예비, 음모도 처벌한다.
13 피싱(Phishing)의 경우에 대한 처벌규정을 나타낸다.
14 바이러스 제조행위는 처벌하지 아니한다.
15 동일한 내용으로 구 전기통신기본법 제48조의2 규정이 있었으나 동 규정은 삭제되었다.

I 포스트 사이버형법의 특징으로서 유비쿼터스형법

사이버범죄가 장래에 어떤 모습으로 변화할지를 예측하는 것은 쉬운 일이 아니다. 사이버범죄의 수단이 되는 컴퓨터기술이나 정보통신기술의 발전은 상상을 초월할 정도로 빠른 속도로 진행되고 있다. 따라서 현재의 시점에서 해당 과학기술들이 장래에 어느 정도까지 발전될지를 판단하기 어려우며, 또한 기존의 IT기술이 아닌 아주 새로운 형태의 IT기술이 개발되고 이를 통하여 완전히 새로운 사이버범죄의 출현도 가능할 것이기 때문이다.

그럼에도 불구하고 IT기술의 발전방향에 비추어 가까운 장래의 사이버범죄를 예측하면 한편으로는 기존의 IT기술에 바탕을 두면서 신종의 사이버범죄가 출현하고, 다른 한편으로는 인터넷과 새로운 기술과의 결합 등에 의한 전혀 새로운 사이버범죄가 나타날 수도 있을 것으로 보인다. 어쨌든 이러한 신종범죄는 기존의 사이버범죄가 컴퓨터 앞에서 범해지는 특성을 가지나 장래의 범죄는 이러한 장애를 넘어 언제, 어디서나 사이버범죄를 범할 수 있는 형태로 진화하고 있으며 필자는 이러한 범죄에 대응하는 형법을 유비쿼터스형법으로 부르고자 한다.

유비쿼터스라는 용어는 사전적 의미로는 물이나 공기처럼 시간과 공간을 초월해 "언제 어디서나 존재한다"는 뜻의 라틴어로,[16] 언제든지, 어느 곳에서, 어떤 장치로, 어떤 통신망을 통해, 어떤 서비스도 제공 받을 수 있는 것이 유비쿼터스이다. 그래서 유비쿼터스를 5 Any(Any Time, Any Where, Any Device, Any Network, Any Service)라고 정의하기도 한다.

국가 간 통신과 컨버전스 기술이 보편화된 오늘날 유비쿼터스가 세상을 바꾸는

---

[16] 이 용어를 정보통신 업체에 처음 소개한 사람은 마크 와이저(Mark Weiser)로, 그는 제록스(Xerox)의 팰로 알토 연구소(PARC; Palo Alto Research Center)의 소장으로, 사이언티픽 아메리칸(Scientific American) 1991년 9월호의 논문에서 "미래의 컴퓨터는 우리가 그 존재를 의식하지 않는 형태로 생활 속에 점점 파고 들어 확산될 것이다. 한 개의 방에 수백 개의 컴퓨터가 있고, 그것들이 케이블과 무선 양쪽의 네트워크로 상호 접속되어 있을 것이다"라고 하였다(김도현/진희채/정지선, 유비쿼터스 서비스의 단계적 진화모델, 정보화정책, 제13권 제2호(2006 여름), 28면).

미래의 핵심기술이 된다는 것에 그 누구도 반론을 제기하지 않는다. 따라서 모든 방면에서의 유비쿼터스를 실현하기 위하여 방송, 신문 등 미디어 매체를 통하여 u_헬스, u_시티, u_공항, u_물류, u_국방, u_군수, u_교육, u_정보, 등 모든 단어에 유비쿼터스를 의미하는 소문자 "u" 자를 붙이는 것이 유행처럼 되고 있다.17 이와 같은 유선과 무선을 통합한 유비쿼터스 컴퓨팅의 시대에서는 많은 정보기술이 서로 융합되고 컨버전스(Convergence)하게 된다. 이러한 사용환경에서 각 개인은 각 단계마다 ID와 비밀번호, 인증을 필요로 하게 될 것이다. 현재도 주민등록증을 도용하여 은행통장개설과 타인명의 핸드폰구입, 타인명의 전자상거래사용 등을 하고 있어 문제가 되고 있는데, 유비쿼터스 컴퓨팅환경에서는 유선과 무선에서 개인활동이 증가함에 따라 개인정보노출이 심해지고, 개인정보 불법취득도 많아지며, 개인은 시간과 장소 그리고 필요한 범행도구에 구애됨이 없이 원하는 범행을 수행할 수 있다.

Ⅱ 유비쿼터스형법에서의 새로운 범죄유형

유비쿼터스 컴퓨팅의 시대에 어떤 새로운 범죄가 출현할 것인가를 구체적으로 예측하는 것은 곤란하다. 그러나 IT기술의 발전으로 인한 자유로운 네트워크에의 접근과 새로운 통신매체나 정보전달매체의 상호 융합이 새로운 범죄형태로 출현하고 있다. 이와 같은 통합형 범죄형태로는 스마트폰을 이용한 모바일범죄와 웹 리얼리티와 같은 가상 사이트에서의 범죄이다.

1. 모바일범죄

새로운 범죄형태로서의 모바일범죄는 IT환경이 무선인터넷 중심으로 변화하고 모바일에 이러한 인터넷기능이 더하여져 모바일범죄가 빠르게 진행되었다.18 과학기

---

17 예를 들면 홈오토메이션을 이용하여 가스를 잠그지 않고, 외출한 주부가 밖에서 전화로 가스 밸브를 잠그도록 할 수 있다. 유비쿼터스 개념은 이보다 더 나아가 보다 진화한 인공지능을 가지고 있어, 실내 조명을 위해 커튼을 연다든가, 실내온도 조절을 위해 관련 정보(데이터베이스) 컴퓨터에 현재의 최적 온도를 물어 스스로 온도를 조절한다. 여기서 중요한 것은 사람이 모르게 스스로 판단하여 사람에게 최적의 모든 환경을 제공한다는 것이다.
18 이에 관하여는 한상훈 등, 위험사회의 휴대전화와 형법적 통제정책의 한계, 한국형사정책연구원, 2003 참조.

술정보통신부의 "유무선통신 가입자 현황" 자료에 의하면 2020년 12월 현재 이동전화의 가입자수는 70,513,676명으로 국민 약 5천 1백만 명보다 더 많은 숫자로 1인당 1이동전화시대를 넘어 1인당 1.5대의 이동전화에 가입되어 있는 것으로 확인되었다.[19] 또한 광 네트워크와 모바일 풀브라우저의 보급확산은 PC뿐만 아니라 이동전화를 통해서도 정보검색을 쉽게 할 수 있는 환경을 제공하였다. 이동통신사들이 풀 브라우징 서비스[20]를 도입하였고, PC처럼 운영체제(OS)를 탑재해 이메일과 웹서핑은 물론 문서작업도 가능한 스마트폰 사용자가 증가하였다. 또한 인터넷뱅킹을 사용하는 것과 마찬가지로 모바일뱅킹의 사용도 상당수에 이르게 되었다. 2020년 6월 말 현재 국내 은행의 인터넷뱅킹(모바일뱅킹 포함) 등록고객수는 1억 6,479만 명으로 전년 말 대비 3.5% 증가하였으며(여기에는 18개 국내은행, 우체국 예금고객 기준으로 동일인이 여러 은행에 가입한 경우 중복 합산함), 모바일뱅킹 등록고객수는 1억 2,825만 명으로 6.0% 증가하였다. 2020년 상반기 중 인터넷뱅킹(모바일뱅킹 포함, 일평균)을 통한 조회·자금이체·대출신청서비스 이용 건수 및 금액은 전년 하반기에 비해 각각 25.5%, 10.9% 증가하였으며, 모바일뱅킹 이용실적(일평균)은 건수 및 금액 기준 각각 22.8%, 22.9% 증가하였고, 전체 인터넷뱅킹 이용실적 중 모바일뱅킹이 차지하는 비중은 건수 및 금액 기준으로 각각 60.5%, 15.0%에 달하고 있다.[21]

한국인터넷진흥원(KISA)은 2020년 예상되는 사이버 공격에 대하여 모바일까지 확대되는 소프트웨어 공급망 공격(NSHC)을 중요한 사이버범죄의 유형으로 기술하고 있으며, 여기에는 모바일 앱, 스마트폰 제조사를 대상으로 S/W 공급망에 대한 공격의 확대와 스마트카, 의료기기에 설치되는 S/W에 악성코드 삽입을 노리는 공격이 시도될 것이며, S/W의 특정 사용자만을 선별하여 감염된 악성코드를 실행하는 표적 공격을 할 것으로 보고 있다. 이와 같이 최근에는 지속하여 모바일 형태의 사이버범죄에 주목하고 있는 상황이다.[22]

---

19 이동통신사별 점유율은 SKT(41.5%), KT(24.7%), LG유플러스(20.9%), MVNO(12.9%)에 이르고 있다(과학기술정보통신부, "유무선통신 가입자 현황(2020년 12월)" 참조).

20 휴대폰을 통해 다양한 유선 웹사이트에 접근할 수 있는 개념으로, 사용자는 휴대폰을 통해서도 PC로 보는 웹사이트와 동일한 형태로 볼 수 있으며, 이동통신사 무선포털이 제공하는 콘텐츠 범위를 넘어 URL 입력을 통해 유선 웹 포털로 직접 접속하는 것을 말한다.

21 한국은행, "2020년 상반기중 국내 인터넷뱅킹서비스 이용현황", 보도자료, 2020.9.28.

22 KISA, 참고자료(2020년_7대_사이버_공격_전망), https://www.krcert.or.kr/data/reportView.do?

정보통신망을 통하여 정보처리장치나 PC 등에 행해진 다양한 불법유형들이 이제는 모바일폰에서 발생하고 있다. 예컨대 모바일을 통하여 스팸전화 외에 스팸문자를 이용한 광고, 협박, 욕설, 스토킹, 성적 수치심을 야기하는 문자나 화상의 배포,23 특정인에 대한 허위사실의 유포, 모바일시스템을 이용한 사기24 등 이른바 모바일기기를 이용한 다양한 사이버범죄가 발생하고 있다. 이와 같은 상황 속에서 IT 보안전문가들은 계속하여 모바일 뱅킹에 대한 사이버공격이 기승을 부릴 것이라고 전망했으며, 현재 200개 이상의 모바일 바이러스가 발견되었고 이 수치는 거의 6개월에 2배씩 증가한다고 보고한다. 이러한 의미에서 장래의 사이버범죄는 모바일범죄가 주류로 변화될 것으로 보인다.

2. 웹 리얼리티에서의 범죄

웹 리얼리티(web reality)에서의 범죄에 대한 평가와 대응의 문제이다. 가상세계의 하나인 Second Life라는 웹 리얼리티 사이트의 이용자수가 미국을 중심으로 급증하고 있다. Second Life는 간단하게 말하면 이용자가 아바타(Avatar)를 통해 3D 환경을 돌아다닐 수 있는 가상세계로 이용자는 이 가상세계에서 채팅이나 각종 버추얼 게임을 하거나 옷이나 무기 등의 아이템을 판매해 실제로 돈을 벌 수도 있다.

현실세계와는 다른 가상공간이기 때문에 일부 마니아들만 이용할 거라는 이미지가 강하지만 사실 이용하는 사람들의 대부분은 보통의 평범한 어른들로, 평균 연령은 32세이며 이용자의 43%가 여성이라고 한다. 이용자의 분포를 국가별로 보면

---

bulletin_writing_sequence=35227&queryString=cGFnZT0zJnNvcnRfY29kZT0mc29ydF9jb2
RIX25hbWU9JnNlYXJjaF9zb3J0PXRpdGxlX25hbWUmc2VhcmNoX3dvcmQ9(2021.2.26. 방문)

23 미용학원 강사인 이OO 씨는 "나 어때?"라는 제목의 문자메시지를 받고, 무심코 메시지를 열어 본 이씨는 너무 놀라 휴대전화를 떨어뜨릴 뻔 했다. 메시지를 열자 남자의 은밀한 부위를 확대해 찍은 사진이 휴대전화 화면에 가득 떠올랐기 때문이다. 이씨는 "처음엔 너무 놀라서 말이 안 나왔고 그리고는 누군지 너무 궁금하고 찾아서 쫓아가 죽이고 싶었다"며 당시 상황을 설명하였다.

24 카스퍼스키 랩의 분석가들은 인도네시아 모바일폰 사용자를 대상으로 한 심비안용 신종 악성프로그램이 발견됐다고 한다. 이 악성프로그램은 Python으로 만든 트로이목마로써, 모바일폰의 단축번호 지정자에게 돈을 송금하라는 SMS 메시지를 전송한다. 요청된 액수는 $0.45에서 $0.90 사이로 개인적으로는 비교적 적은 액수이지만, 범죄자가 수많은 모바일 폰을 감염시켰다면, 범죄자의 모바일 폰 계좌로 상당한 금액이 이체가 되었을 것이라고 예상하고 있다.

50%가 북미, 28%가 유럽, 11%가 아시아, 6%가 남미로 나타났으며, 지난 30일 이내에 로그인한 이용자 수는 553,000명으로 그 기간에만 1,000만 개의 이상의 상품이 만들어지고 총 90만 건의 판매가 이루어졌다고 한다.[25]

2007년 9월 국내 회원가입 연동 시스템을 개발하여, 동년 10월부터 우리나라에서도 서비스를 해 왔으나, 이 게임의 핵심 중 하나라 할 수 있는 게임 화폐인 린든과 실제 현금 간의 거래가 한국법상으로 불법으로 인정되었고, 해당 서비스에 대한 홍보가 지나치게 부족했던 점, 플레이의 난이도가 높았던 점 등이 겹쳐 우리나라에서 정착하는 데에 실패하였다. 결국 2009년 우리 시장에서 철수하였으나, 이 프로그램은 전 세계를 대상으로 하는 게임인 만큼 한국에서 접속할 수 없는 것은 아니다. 따라서 2009년 이후로는 린든 랩의 공식적인 지원은 받지 못하지만 다수의 한국 유저들이 여전히 활동하는 것으로 알려졌다.

이와 같은 온라인 공간에서의 제2인생이 확대되면서 현실세계와 충돌할 가능성도 커지고, 통제가 어려운 범죄가 증가할 것으로 보인다.[26] 예컨대 이 가상세계 속에서 사생활침해, 명예훼손, 해킹을 통한 사이버 피해, 카지노 등에서 불법도박 행위나 성매매 등 형사법적으로 검토하여야 할 내용들이 산재해 있다.

---

25 http://blog.daum.net/elekylee/11021692; http://secondlife.com/world/kr/
26 이정아, 정보사회 현안 분석 [3], 현실과 가상세계의 통합 '웹 리얼리티'진화, 한국정보사회진흥원, 2007.4.

Chapter 06 사이버범죄에서 형법의 적용범위

제1절 | 서언

　사이버공간에서의 다양한 불법행위들에 대하여 이를 형법적으로 처벌하는 것은 형법전의 규정이나 특별형법 특히 정보통신망 이용촉진 및 정보보호 등에 관한 법률의 구성요건 등을 통하여 처벌할 수 있다. 다만 사이버범죄에 관한 처벌규정들이 너무 산재되어 있어 이를 체계적으로 정비할 필요가 있으며,[1] 부분적으로는 처벌필요성이 있으나 처벌규정의 흠결로 불처벌되는 경우도 존재할 수 있다.

　이와 같은 사이버범죄에 대한 처벌규정의 부재라는 문제 이외에도 과연 사이버공간에서 발생하는 범죄에 대하여 우리 형법이나 관련 형사특별법을 적용하여 처벌할 수 있는가이다. 사이버공간은 그 특성상 국내뿐만 아니라 전 세계적으로 연결되어 있으며, 사이버범죄는 이러한 정보통신체계를 통하여 일탈행위가 발생하기 때문에 과연 사이버공간을 통해 불법한 내용을 지닌 자료를 유통하거나 적법하게 저장된 자료의 삭제나 변경 등의 행위에 대하여 우리나라의 형법을 적용할 수 있는가가 문제된다.

---

1 사이버범죄를 규제하고 있는 법률은 형법과 정보통신망 이용촉진 및 정보보호 등에 관한 법률 이외에도 특별법으로 개인정보 보호법, 무역업무 자동화 촉진에 관한 법률, 부정경쟁 방지 및 영업비밀 보호에 관한 법률, 성폭력범죄의 처벌 등에 관한 특례법, 정보통신기반 보호법, 전기통신기본법, 전기통신사업법, 저작권법, 전자서명법, 청소년보호법, 통신비밀보호법 등이 있다.

형법의 적용범위에 관한 다양한 원칙들을 문제가 되는 사이버공간의 불법행위들에 적용하기 위해 불법행위들의 유형을 구별하여 살펴보도록 한다. 여기서의 구별은 사이버공간을 제공하는 인터넷서비스제공자, 서버제공자와 사이트개설자와 이러한 서버나 사이트에 불법한 내용의 자료를 올리는(upload) 사람이 국내외에 있는가에 따라 나누어 본다. 사이버공간에서 일정한 행위나 역할을 하는 사람들은 여러 종류가 있을 수 있다. 사이트를 개설하여 자료를 올리는 사람, 인터넷의 사용을 가능하게 하는 인터넷서비스제공자나 서버관리자, 다른 사이트나 자료로 이동시켜 주는 역할(링크)을 하는 사람 등 다수인이 사이버공간과 관계된다. 여기에서는 자료나 데이터를 올리는 사람에 대한 우리 형법의 적용 가능성에 집중하여 고찰한다. 그리고 인터넷서비스제공자나 사이트운영자 또는 링크를 제공하는 자에 대하여는 각각의 개별 부분에서 형사법적인 문제를 다룬다.

I 서버가 국내에 있고, 불법내용이 국내에서 전송되는 경우

이 유형에서는 보통 국내 인터넷서비스제공자의 서버에 World Wide Web(www) 형태의 사이트나 홈페이지를 개설하고 국내에서 해당 사이트에 불법한 내용의 정보를 올리는 경우이다. 사이버공간에서 불법행위 유형 가운데 가장 전형적인 방식에 해당한다. 예를 들면 국내에서 인터넷 홈페이지를 운영하면서 음란 동영상 등과 같은 각종 음란물을 회원에게 돈을 받고 전송하여 주거나 자신의 사이트에 음란물을 게시하고 유료 또는 무료로 이를 열람하게 하는 경우이다. 또한 인터넷 포털사이트의 게시판에 연예인에 대한 허위의 사실을 유포하거나 정치인 또는 다른 사람에 대한 허위의 내용을 게재하는 경우도 여기에 해당한다.

이와 같은 유형의 경우에는 범죄의 실행행위를 하는 장소가 국내이기 때문에 범죄지의 확정에 큰 문제는 없다. 따라서 이 유형의 경우에는 해당 게시물을 업로드하는 행위자가 내국인이든 외국인이든 관계없이 속지주의에 따라 우리 형법이 적용된다.

Ⅱ 서버가 국내에 있고, 불법내용이 외국에서 전송되는 경우

이 유형에서 우리 형법이 적용되는가는 기본적으로 속지주의에 따른 범죄지의 확정이 중요하다. 예를 들면 외국에서 국내의 서버나 사이트에 계속적으로 바이러스를 침투시켜 바이러스감염으로 서버에 장애를 가져와 장시간 업무가 방해한 경우 비록 실행행위를 하는 곳은 외국이나 국내에서 결과가 발생하므로 속지주의에 따라 우리 형법이 적용 가능하다.[2] 따라서 일정한 결과가 발생하는 것이 구성요건요소에 해당하는 범죄인 경우 서버가 국내에 있고 외국에서 전산망을 통해 범죄가 수행된다고 할지라도 해당 범죄인이 내국인이냐 외국인이냐에 관계없이 우리 형법이 적용된다.

문제는 결과발생을 필요로 하지 않는 범죄유형인 위험범의 경우이다. 위험범의 경우에도 구체적 위험범과 추상적 위험범이 다르다고 볼 수 있다. 구체적 위험범은 구체적으로 위험이 발생하여야 성립하는 범죄이므로 해당 구체적 위험이라는 결과가 발생하는 장소가 결과발생지로 인정될 수 있다.[3] 그러나 추상적 위험범의 경우에는 일정한 거동만으로 위험이 발생한 것처럼 인정되므로 따로 결과발생지가 문제되지 아니한다. 속지주의가 적용되는 범죄지는 일반적으로는 실행행위지나 결과발생지 더 나아가 중간현상발생지를 포함하나, 위험이라는 결과의 발생을 필요로 하지 않는 추상적 위험범의 경우에는 결과발생이 문제되지 않는다. 따라서 추상적 위험범에서 범죄지는 실행행위지만이 그 기준이 되고 결과발생지는 의미가 없다.[4] 여기서 실행행위지는 더 정확히 말하면 행위자가 행위 당시 소재하고 있는 장소, 즉 소재지(Aufenthaltsort)를 의미한다.[5]

예를 들면 독일인 A가 독일에서 한국에 있는 기업의 웹사이트에 접속하여 게시

---

2 다수설에 의하면 컴퓨터에 의한 업무방해죄는 일반 업무방해죄와 마찬가지로 추상적 위험범에 해당한다(박상기/전지연, 형법학, 559면; 김일수/서보학, 형법각론 185면; 임웅, 249면. 이에 반해 구체적 위험범으로 보는 견해는 배종대, 형법각론, 218면). 그러나 컴퓨터에 의한 업무방해가 성립하려면 중간 결과로 정보처리장치에 장애가 발생하여야 하기 때문에 이 한도 내에서 결과발생이 필요한 경우와 마찬가지로 해석된다. 따라서 정보처리장치에 장애가 발생하는 장소가 국내인 한 범죄지로 인정될 수 있다.

3 Fischer, StGB, 65.Aufl., 2018, § 9 Rn.4.

4 BGH NStZ 15, 82; Schönke/Schröder/Eser/Weißer, StGB, 30.Aufl., 2019, § 9 Rn.6a.

5 Schönke/Schröder/Weißer, StGB, 30.Aufl., 2019, § 9 Rn.4; Fischer, StGB, 65.Aufl., 2018, § 9 Rn.3; 전지연, 형법의 적용범위에서 속지주의의 준거점으로서 범죄지, 법학연구, 제20권 제3호 (2010), 연세대학교 법학연구원, 39면 이하.

판에 한국 기업의 직원인 한국인 B를 비방하는 내용의 허위의 글을 수차례에 걸쳐 게재하는 경우이다. 이 경우에 A는 독일에서 명예훼손의 실행행위를 하고 명예훼손죄는 추상적 위험범에 해당하기 때문에 결과발생지는 범죄지의 준거점이 될 수 없다. 따라서 속지주의를 기준으로 하면 A의 명예훼손 행위에 대하여 우리 형법을 적용할 수 없다고 해석하여야 한다. 그러나 이 경우에도 보호주의에 의한 형법의 적용 가능성은 남는다. 외국인이 대한민국 영역 외에서 대한민국 또는 대한민국 국민에 대하여 죄를 범한 경우에도 우리 형법이 적용되므로, 피해자인 B가 대한민국 국민이기 때문에 우리 형법이 적용될 수 있다. 다만 그 전제로 행위지의 국가에서도 해당 행위가 범죄를 구성하여야 한다(소위 쌍방가벌성의 요구 또는 동일규범의 요청). 즉, 독일에서도 허위의 사실을 적시한 명예훼손은 처벌되므로(독일 형법 제187조) 이 경우 국민보호주의에 의해 우리 형법을 적용할 수 있다. 그러나 다른 한편 독일 형법은 적시한 사실이 진실이라는 것이 입증되는 경우에는 처벌되지 아니하나(독일 형법 제186조), 우리 형법은 적시한 사실이 진실인 경우에도 그것이 오로지 공공의 이익에 관한 것이 아닌 한 명예훼손죄에 해당한다(제307조 제1항, 제310조). 따라서 만일 A가 진실한 사실을 게시판에 게재한 경우에는 보호주의의 적용이 배제되고 A에게 우리 형법을 적용할 수 없다.

이와 같은 유형의 사례들은 명예훼손의 경우뿐 아니라, 예컨대 외국인이 외국에서 대한민국에 있는 사이트나 인터넷 게시판에 음란화상을 올리는 경우에도 발생할 수 있다. 만일 음란화상의 인물이 우리 국민이고 해당 국민이 촬영이나 공개에 동의하지 않은 상태에서 외국인이 음란화상을 올리는 행위는 보호주의에 따라 명예훼손죄의 적용이 가능하다.

문제는 외국인이 외국에서 한국의 사이트에 올리는 음란화상의 인물들이 한국인이 아닌 경우에도 우리 형법의 적용이 가능한가이다. 이 경우도 속지주의에 의하면 우리 형법을 적용할 수 없고, 국민보호주의에 의하더라도 우리 국민의 법익침해는 없기 때문에 우리 형법을 적용할 수는 없다. 이것을 국가보호주의에 의해서 우리 '국가'에 대한 법익의 침해(위태)로 볼 수 있는가이다. 형법은 명시적으로는 '대한민국 또는 대한민국 국민에 대하여'라고 규정하고 있고(형법 제6조), 여기서 '대한민국에 대하여'를 두 가지 입장에서 해석할 수 있다. 첫째는 이 규정을 국가보호주의의 입장에서 국가적 법익을 보호하기 위한 것으로 해석하면 문제의 음란화상은 국가적

법익에 관계되는 것이 아니므로 우리 형법의 적용은 없다. 둘째는 '대한민국에 대하여'를 대한민국의 국가적, 사회적 법익에 관한 죄 중 제5조에 규정된 범죄 이외의 모든 죄로 해석하는 경우에는 해당 음란화상이 자국에서도 범죄로 인정되면 우리 형법을 적용할 수 있다.[6] 왜냐하면 외국에서 우리나라의 사이트에 올려 놓은 음란화상은 우리나라에서 유포되어 우리 사회의 건전한 성풍속을 위태롭게 하기 때문이다. 그러나 국가보호주의를 국가적, 사회적 법익을 포함하는 것으로 해석하는 경우에는 우리 형법의 적용범위가 무제한적으로 확대된다. 즉, 외국인이 외국의 서버에 음란화상을 올려 놓아도 대한민국 국민이 접근 가능하기 때문에 우리 형법이 적용될 수 있고, 외국에서의 도박장개설도 우리 형법의 적용이 가능하다는 결론에 이른다. 이는 자국의 형벌권 확대로 타국과 마찰을 일으킬 가능성이 크고, 형사정책적으로도 해당 범죄인을 수사하고 기소하여 범죄를 예방할 수 있는 가능성은 거의 없다.

오히려 우리 대법원은 국가보호주의를 더 좁게 해석한다. 중국 국적자가 중국에서 대한민국 국적 주식회사의 인장을 위조한 사건에서 대법원은 "형법 제239조 제1항의 사인위조죄는 형법 제6조의 대한민국 또는 대한민국 국민에 대하여 범한 죄에 해당하지 아니하므로 외국인의 국외범으로서 그에 대하여 재판권이 없다"[7]고 해석하여, 사회적 법익에 대한 외국인의 국외범을 인정하지 아니한다. 또한 "외국인의 국외범에 대하여는 형법 제5조에 열거된 이외의 죄를 적용할 수 없음이 원칙이고 반공법 자체나 그 밖의 법률에 이와 같은 외국인의 국외범에 대하여 반공법을 적용할 수 있는 근거를 찾아볼 수 없다"[8]고 하여 국가적 법익인 경우에도 제5조에 정한 범죄로 국한하고 있다. 판례의 입장처럼 외국인이 대한민국 영역 외에서 '제5조에 해당하는 범죄'를 범한 경우에만 우리 형법이 적용되고, 형법 제6조의 '대한민국에 대하여'는 특별한 의미가 없는 것으로 해석하는 것이 바람직하다.

결론적으로 이 사례유형에서는 해당 범죄가 결과범이나 구체적 위험범인 경우에는 속지주의에 따라 우리 형법이 적용된다. 그러나 추상적 위험범인 경우에는 범죄

---

6 이러한 해석은 원형식, 사이버공간에 있어서 우리나라 형법의 적용범위, 인터넷법률, 제10호(2002), 50면. 원 교수 자신도 이러한 해석은 너무 광범위하기 때문에 추가로 '행위자가 자신의 지배하에 행위를 통하여 법익에 영향력을 행사할 것'을 요구하고 있다(원형식, 전게논문, 51면).

7 대법원 2002.11.26. 선고 2002도4929 판결.

8 대법원 1974.8.30. 선고 74도1668 판결.

지의 확정이 실행행위지만으로 결정되어 속지주의에 의한 우리 형법의 적용은 불가능하다. 다만 국민보호주의에 의하여 실행행위가 '대한민국 국민에 대한 범죄'로 실행행위지에서도 범죄를 구성하는 경우에는 우리 형법이 적용 가능하다. 이에 반해 국가보호주의는 원칙적으로 형법 제5조의 범죄에 국한되고, 음란물유포와 같은 사회적 법익을 보호하기 위한 범죄는 국가보호주의에 포함되지 않으므로 행위지에서의 범죄 구성여부에 관계없이 우리 형법을 적용할 수 없다.

ⅠⅠⅠ 서버가 외국에 있고, 불법내용이 국내에서 전송되는 경우

이 유형의 경우는 외국 서버에 사이트를 개설하고 국내에서 불법한 내용을 해당 사이트에 업로드(upload)하는 방식으로 일어난다. 이 경우 업로드하는 행위는 국내에서 행하여지므로 결과범이나 위험범 모두 실행행위지는 범죄지에 해당하기 때문에 속지주의에 의하여 우리 형법을 적용할 수 있는 것은 분명하다. 또한 여기서 국내에서 외국의 서버나 사이트에 자료를 게시하는 행위자가 내국인이든 외국인이든 상관없다.[9]

그럼에도 불구하고 이와 같이 해외의 서버를 이용하여 음란사이트나 도박사이트를 운영하는 경우가 점차 증가하고 있다. 해외에 서버가 있는 경우 이를 적발하는 것이 용이하지 않고, 적발된다고 할지라도 우리 수사기관이 해외에 있는 서버를 수사할 수는 없으므로 사실상 이를 처벌하기가 곤란하다는 점을 이용하는 것이다. 따라서 불법내용물의 유포를 막기 위해서는 외국과의 국제적 공조를 통해 형사처벌의 가능성을 확보할 필요가 있다. 또한 불법내용물의 유포를 막기 위한 간접적 방식으로 우리나라에 소재하는 전자결제업자나 대행업자를 규제함으로써 간접적으로 해외 한글음란사이트의 영업활동을 규제하는 방안이 제시되기도 한다. 그리고 해외에서 운영하는 한글 도박 및 음란사이트와의 접속을 아예 차단하는 방안으로 국내 주요 ISP사업자에게 해당 사이트 IP를 국제관문에서 차단하도록 요청하고 있다.

문제는 과연 이러한 유형에 속하는 모든 경우를 속지주의에 따라 우리 형법을

---

9 독일에서도 동일하게 해석된다(Barton, Multimedia-Strafrecht, 1999, S.216; Conradi/Schlömer, NStZ 1996,368; Fischer, StGB, 65.Aufl., 2018, § 9 Rn.5).

적용하는 것이 타당한가이다. 국내에서 외국소재 서버에 자료를 업로드하는 경우 해당 서버가 있는 지역이나 국가에 영향력을 행사한다고 볼 수 있다. 그럼에도 불구하고 사이트 소재국가의 형법규범에 관계없이 일방적으로 우리 형법을 적용하는 것이다. 예컨대 우리나라에서 독일의 사이트에 있는 게시판에 다른 독일인에 대한 진실한 사실을 적시한 내용의 게시물을 올리는 경우 독일에서는 범죄로 되지 않음에도 우리 형법에서는 범죄를 구성하므로 속지주의에 따라 우리 형법을 적용할 수 있다. 왜냐하면 보호주의와 달리 자국이 범죄지인 한에는 대한민국 영역 외의 국가에서 이를 범죄로 보는가의 여부는 고려되지 않기 때문이다. 이것은 적정한 형벌권의 행사라고 보기 어렵다. 특히 내국인이 자료를 게시한 경우가 아니라 외국인이 한국에서 외국에 전송한 경우나, 심하게 말하면 대한민국의 일반인들이 접근하기 어려운 외국사이트에 외국어로 게재하여 이를 열람하는 것이 불가능한 상황에서도 우리 형법이 적용 가능하기 때문이다. 명예훼손의 경우뿐만 아니라 음란물의 경우도 사이트나 서버가 소재하고 있는 국가에서 이를 허용하는 정도의 음란물인 때에도 동일한 상황이다.

결론적으로 외국의 서버나 사이트를 이용하여 국내에서 불법한 내용의 자료를 전송하는 행위는 속지주의에 따라 우리 형법이 적용된다. 여기서 국내에서의 전송자가 내국인이든 외국인이든 문제되지 않으며, 더 나아가 해당 서버의 국가에서 해당 전송 내용물이 범죄를 구성하지 않을지라도 우리 형법상 범죄를 구성하면 우리 형법이 적용된다.

Ⅳ 서버가 외국에 있고, 불법내용이 외국에서 전송되는 경우

이 유형의 경우는 외국에 있는 사이트나 서버에 외국에서 불법내용물을 전송하는 경우로, 예를 들면 미국에서 미국 서버의 음란사이트에 음란물을 올리거나 또는 독일에서 독일의 인터넷 게시판에 허위의 사실을 적시하여 타인의 명예를 훼손하는 내용을 게시하는 경우이다. 외국의 서버에 음란사이트를 개설하고 그 국가에서 음란물을 올리면서 이를 한글로 하여 올리는 경우도 사실상은 동일하다.

추상적 위험범의 경우 결과발생지는 범죄지의 준거점이 될 수 없고 불법내용을 올리는 행위를 하는 장소가 범죄지에 해당하므로 속지주의에 의하면 우리 형법을 적용할 수 없다. 예를 들면 미국 음란사이트에 미국인이 음란물을 게시하고 대한민국 국민이 대한민국에서 해당 사이트에 접속하여 음란물을 열람하는 경우 해당 사이트를 개설하거나 음란물을 게시하는 자에게 우리 형법을 적용할 수 없다.[10] 만일 여기서 실행행위지나 결과발생지의 범위를 확대하여 음란물이 게시되거나 열람된 장소가 아니라 실제로 화면이 보여진 장소(대한민국 영토 내에 있는 PC의 화면)도 범죄지로 보는 경우에는 속지주의에 의하여 우리 형법이 적용될 것이다. 그러나 이렇게 해석하는 경우에는 음란물반포와 같은 범죄가 추상적 위험범이라는 특성상 대한민국 국민인 누군가가 해당 음란사이트에 접속한 경우뿐만 아니라 접속 가능한 상태에 있는 한 전부 우리 형법이 적용 가능하다는 결론에 이르게 된다.[11] 이는 인터넷이 전 세계적으로 누구든지 접속 가능하다는 점을 특징으로 한다는 점에서 모든 국가의 사이트에 대한 우리 형법이 적용 가능하다는 것이 되며, 형벌권의 범위에 대한 지나친 확장과 다른 국가들과의 이해충돌로 정보교류의 장인 인터넷은 그 효용성을 상실할 것이고 사이버공간에는 더 이상 표현의 자유는 찾을 수 없고 교류되는 정보는 사라져갈 것이다.

다만 범죄지가 대한민국 영역 외이지만 범죄를 실행하는 행위자가 대한민국 국민인 경우에 한하여 속인주의에 의하여 우리 형법을 적용할 수 있다. 또한 외국의 사이트에 업로드된 불법내용이 대한민국 또는 대한민국 국민에 대한 범죄인 경우에 해당 국가에서도 이것이 범죄를 구성하면 우리 형법을 적용할 수 있다. 예를 들면 미국에서 미국인이 미국에 소재하는 서버의 사이트에 허위의 내용을 지닌 글을 게시하여 한국인의 명예를 훼손한 경우에는 대한민국 국민에 대한 범죄로 국민보호주의에 의하여 우리 형법이 적용된다. 더 나아가 '대한민국의 법익을 침해하는 범죄'에 국가적 법익과 사회적 법익이 모두 포함된다고 하면 외국의 음란사이트 역시 대한민국 국민이 접속 가능하기 때문에 우리 사회의 성풍속을 해할 위험이 있으므로 우리 형법이 적용될 것이다. 그러나 이러한 해석 역시 형벌권의 지나친 확대라는 문제가 제기되고, 전술한 바와 같이 국가보호주의는 형법 제5조에 정해진 범죄에 국

---

10 동지: 박정난, 사이버 명예훼손의 형사법적 연구, 경인문화사, 2020, 87면; 원형식, 전게논문, 42면.
11 원형식, 전게논문, 44면.

한하여 보호된다고 해석하여야 할 것이다.

이에 반해 세계주의를 취하고 있는 독일의 경우에는 외국의 서버나 사이트에 외국에서 아동포르노나 폭력포르노에 해당하는 불법내용물을[12] 게시하는 경우에도 독일의 형법을 적용할 수 있다.[13]

결론적으로 이 유형의 경우에는 원칙적으로 우리 형법이 적용될 수 없고, 다만 예외적으로 대한민국 국민이 실행행위를 하는 경우 또는 우리 국민에 대한 범죄로 해당 국가에서도 범죄를 구성하는 경우에만 우리 형법이 적용될 수 있다.

제3절 | 형법 적용범위의 수정·제한필요성과 제한원칙

I 적용범위의 수정·제한필요성

사이버공간에서의 범죄 가운데 우리 형법의 적용여부는 결과범의 경우나 구체적 위험범의 경우는 크게 문제되지 않고, 주로 추상적 위험범의 경우에 문제가 된다. 추상적 위험범의 경우 속지주의에 의한 범죄지의 파악에 결과발생은 구성요건사실에 속하지 않기 때문에 결과발생지 또는 결과발생 예정지는 고려되지 아니하고 실행행위지만이 고려된다. 그리고 여기서의 실행행위지는 행위자가 행위 당시 소재하

---

12 보통 포르노그래피는 그 내용에 따라 하드코어 포르노그래피와 소프트코어 포르노그래피로 분류된다. 하드코어 포르노그래피는 폭력적인 성표현물, 비폭력적이지만 인간의 지위를 하락시키고, 품위를 손상하며 여성의 남성에 대한 종속을 묘사한 성표현물, 아동포르노그래피, 성에 관한 일반인들의 가치관에 직접적으로 배치되는 성표현물(수간, 근친상간 등)을 의미한다. 그리고 소프트코어 포르노그래피는 성행위 또는 성행위와 직·간접적으로 관련된 성기노출이 포함된 비폭력적, 비품위손상적 성표현물, 성기의 노출이 없는 성표현물, 나체 등을 의미한다(상세히는 김영환/이경재, 음란물의 법적 규제 및 대책에 관한 연구, 1992, 131면 이하). 이런 점에서 본다면 독일은 하드코어 포르노그래피에 대하여 세계주의의 입장을 취하고 있는 것으로 이해할 수 있다(Kochheim, Cybercrime und Strafrecht in der Informations- und Kommunikationstechnik, 2.Aufl., 2018, 637-638면).

13 독일 형법은 부분적으로 국제적으로 보호할 필요가 있는 법익에 대하여 세계주의를 채택하고 있으며, 아동포르노나 폭력포르노의 유포 등(독일 형법 제6조 제6호, 제184a조, 제184b조)이 여기에 해당한다(MK-Ambos, § 6 Rn.16; Fischer, 65.Aufl., 2018, § 6 Rn.6).

고 있었던 장소를 의미한다. 따라서 한편으로는 우리 형법이 적용 가능하나 형법을 적용하여 처벌하는 것이 불합리해 보이는 경우가 있고, 다른 한편으로는 우리 형법을 적용할 수 없어 처벌의 흠결이 발생할 수 있는 경우도 있다. 이와 같은 문제점을 전술한 유형별로 나누어 요약하면 다음과 같다.

첫째, 국내의 서버에 사이트를 개설하고 국내에서 불법내용을 업로드하는 경우에는 범죄의 실행행위를 하는 장소가 국내이므로 범죄지의 확정에 문제가 없고 우리 형법이 적용된다. 다만 외국인이 이 유형에서 행위하는 경우에도 그를 우리 형법에 따라 처벌하는 것이 합리적인가의 문제는 발생할 수 있다. 예컨대 독일인이 우리나라에서 한국 사이트에 다른 독일인에 대한 진실한 사실을 적시하여 명예를 훼손하는 경우와 같이, 외국인이 자국에서는 범죄가 되지 않는 행위를 이 유형에서 실행한 경우이다. 그러나 이 경우 해당 외국인에 대하여는 위법성의 착오가 고려될 수 있으므로 특별히 불합리한 점은 없는 것으로 보일 수도 있다.

둘째, 외국에서 국내의 사이트에 불법내용을 업로드하는 경우 행위자의 실행행위지(소재지)가 외국이므로 속지주의에 의한 우리 형법의 적용은 불가능하다. 따라서 외국인이 우리나라의 사이트에 명예훼손 내용의 글이나 음란물을 업로드하는 경우에도 우리 형법을 적용하지 못한다는 문제가 발생한다.

셋째, 외국 소재 사이트에 국내에서 불법한 내용을 업로드하는 경우 실행행위지가 국내이므로 속지주의에 의하여 우리 형법을 적용할 수 있다. 그러나 이 경우에는 해당 사이트의 소재 국가에서는 범죄를 구성하지 않음에도 불구하고 우리 형법상 범죄를 구성하면 처벌할 수 있다는 불합리한 점이 나타난다.

넷째, 외국 소재 사이트에 외국에서 불법내용을 업로드하는 경우에는 속지주의에 의한 우리 형법의 적용은 없다. 따라서 해당 사이트가 대한민국 국민들에게 잘 알려져 있어 국민의 대다수가 접근하는 영향력이 큰 사이트라고 할지라도 해당 사이트의 불법내용에 대해서는 처벌되지 아니한다.

결국 사이버공간에서 범죄지의 확정이 기존의 전통적인 견해인 실행행위지(행위자의 행위 당시 소재지)에 따라 결정되면 형법 적용상의 불합리나 처벌의 흠결이 나타나고 있다. 문제를 해결하기 위한 가장 단순하고 손쉬운 방법은 범죄지의 개념을 확장하여 처벌의 흠결을 피하고 처벌범위를 확대하여 사이버공간에서의 범죄행위를 예방하는 것처럼 보인다. 그러나 범죄지개념의 확장은 다른 한편으로는 형벌권의 확장으로 인하여 국경 없는 정보교류의 장이라는 인터넷의 취지는 퇴색할 것이고 표현의 자유는 위축될 것이다.[14] 또한 우리나라의 형벌권 확대로 우리 수사기관은 사이버공간에서 문제가 되면 언제든지 이에 개입할 수 있게 될 것이다. 그 결과 사이트를 개설하고 자료나 데이터를 올리는 사람들은 수시로 우리나라 수사기관의 견해에 따를 것을 강요받을 것이다. 이것은 또한 인터넷서비스제공자들 역시 해당 범행에 대한 정범 또는 공범으로 판단 가능하므로[15] 전 세계에 있는 인터넷서비스제공자들은 모두 우리 수사기관의 입장을 항상 주시하여야만 할 것이다. 이것은 인터넷을 통하여 전 세계적으로 유통되는 정보를 자국의 기준에 따라 재단하여, 그 기준을 전 세계에 대하여 지킬 것을 강요하게 된다. 그러나 이는 그 역으로 다른 나라들 역시 인터넷에서 자기 나라의 적용범위를 세계로 확장하고 이를 관철시키려고 시도할 것이다. 이러한 결론을 받아들일 수 없다는 점에서 보면 속지주의나 범죄지의 개념을 합리적으로 수정하거나 제한할 필요가 있다.

Ⅱ 적용범위의 제한의 준거점

사이버공간의 추상적 위험범의 경우에 범죄지를 해석함에 기존의 실행행위지(소재지)만으로는 불충분하고 형법의 적용범위를 수정하는 방법으로 실행행위지의 개념을 확대해석하는 방안과 결과발생지의 개념을 확대해석하는 두 가지 방안이 있다.

1. 실행행위지의 개념을 확대해석하는 입장

속지주의에서 범죄지에는 실행행위지나 결과발생지가 포함된다. 여기서 결과발생지는 결과범에서 구성요건적 결과가 발생하는 장소를 포함한다는 점에는 의문이 없다. 그러나 실행행위지는 행위 당시 행위자가 소재하고 있던 장소뿐만 아니라 "행

---

14 Hilgendorf, Überlegungen zur strafrechtlichen Interpretatiopn des Ubiquitätsprinzips im Zeitalter des Internet, NJW 1997, 1876; Sieber, Internationales Strafrecht im Internet, NJW 1999, 2072.

15 인터넷서비스제공자에게 보증의무가 존재하는가, 보증의무가 인정된다면 정범을 인정할 것인가 공범을 인정할 것인가는 극심하게 논란이 되고 있다.

위자가 의도적으로 그리고 자신의 통제하에 자료를 저장하는 서버의 소재지"16도 실행행위지로 인정하여 범죄지로 보는 입장이다.17

이와 같이 해석하는 경우에는 외국에서 국내의 사이트에 자료를 업로드하는 경우 서버의 소재지가 대한민국 영역 내이므로 속지주의에 의하여 우리 형법을 적용할 수 있게 되어, 기존의 실행행위지에 의한 범죄지 확정과는 달리 처벌의 흠결을 피할 수 있다.

그러나 이렇게 해석하는 경우 자료를 올리는 직접적인 행위를 하는 장소에서는 범죄를 구성하지 않는 행위가 우리나라에 사이트가 있다는 이유로 범죄지가 되어 우리 형법으로 처벌하게 되는 문제가 있다. 예컨대 독일에서 독일인이 우리나라의 사이트에 진실한 사실을 적시하여 다른 사람의 명예를 훼손하는 내용의 게시물을 올리는 경우 비록 독일 형법으로는 처벌되지 않을지라도 우리 형법이 적용되어 처벌가능하게 된다는 점이다.18 또한 이러한 해석은 외국에서 외국의 사이트에 자료를 올리는 경우 해당 사이트가 우리나라 국민이 쉽게 접근할 수 있고 영향력이 큰 사이트라고 할지라도 범죄지로 인정되지 않아 여전히 우리 형법을 적용할 수 없다는 문제가 발생한다. 그리고 사이트에 올린 자료들은 하나의 서버가 아니라 수많은 서버들에 분산되어 저장되어 있는 것이 가능하기 때문에 서버의 소재지라는 것은 기술적인 의미에서 별 설득력이 없다.

2. 결과발생지의 개념을 확대해석하는 입장

결과발생지의 개념을 확대해석하는 하는 입장은 실행행위지를 행위자가 행위 당시 소재한 장소인 소재지로 보는 점에서는 기존의 범죄지개념과 일치한다. 추상적 위험범의 경우 일반적 해석은 결과발생은 불필요하므로 실행행위지만이 범죄지가

---

16 Schönke/Schröder/Eser/Weißer, StGB, § 9 Rn.7d: Cornils, Der Begehungsort von Äußerungsdelikten im Internet, JZ 1999, 396. 우리나라에서 이러한 해석은 원형식, 전게논문, 49면.
17 일부에서는 추상적 위험범에서 행위의 개념을 포괄적으로 파악하여 형법이 적용 가능한 것으로 본다(김성천, 인터넷상의 범죄와 형법의 적용, 인터넷법률, 제9호(2001.11), 35면). 또한 인터넷은 어디에서든 접속가능하기 때문에 사이버공간에 불법내용을 올리는 것은 우리나라에 유포하겠다는 데 대한 미필적 고의가 인정된다고 보고 있다(김성천, 전게논문, 36면).
18 속지주의에 의하여 형법이 적용되는 경우에는 쌍방가벌성과 같은 별도의 요건은 필요하지 아니하기 때문이다.

되나, 이 입장은 추상적 위험범의 경우에도 구체적 위험범과 같이 추상적 위험이 실현될 가능성이 있는 장소도 결과발생지로 해석한다. 결과발생지를 이러한 방식으로 확대해석하면 대한민국에 있는 다수의 인터넷 이용자들이 사이트에 게시된 불법내용물에 접근할 수 있는 상태에 있었으므로 법익에 대한 위험이 우리나라에서 실현되었다고 볼 수 있다. 그리고 여기서 서버나 사이트가 국내에 소재하느냐 외국에 소재하느냐, 자료를 업로드하는 장소가 국내인가 국외인가하는 문제는 우리 형법을 적용하는 데에 아무런 장애가 되지 않는다. 따라서 사이버공간에서의 범죄에 대한 처벌의 흠결을 완벽하게 피할 수는 있다.

그러나 이것은 인터넷이 전 세계적으로 연결되어 있고, 해당 국가마다 다른 범죄구성요건을 가지고 있음에도 사이버공간의 범죄에 모두 우리 형법을 적용할 수 있게 된다. 한 국가의 이와 같은 무제한적 형벌권의 확장은 다른 나라들도 마찬가지로 해석하여 확장할 것이기 때문에 이와 같은 확대해석을 전면적으로 받아들일 수는 없다. 그래서 추상적 위험범에서 위험의 결과발생 가능성이 있는 장소를 범죄지의 기준으로 사용하는 경우에도 과도한 형벌권의 확장을 피하기 위해 이를 제한하는 시도가 행하여지고 있다.[19]

1) 주관적 측면에 의한 제한

결과발생지를 제한하는 방법으로 자국 형법의 적용범위를 행위자의 주관적 측면에 의하여 제한하려는 시도이다. 즉, 자국 형법을 적용하기 위해서는 사이트의 운영자가 자신의 이익이나 특정한 목적적 행동을 통해서 자국에서의 불법내용에 대한 자료열람이나 다운로드를 야기했어야 한다고 본다. 따라서 자국의 형법을 적용하려면 불법내용의 사이트운영자나 자료게시자가 목표지향적인 직접고의(소위 제1급 고의)를 가지고 인터넷을 통하여 자국에서 영향을 끼치려는 의도를 가지고 있는 경우에만 자국의 형법을 적용한다는 방안이다.[20]

---

19 추상적 위험범에서 결과발생지의 개념을 확대해석하면서 이에 제한을 가하지 않는 견해도 있다(Heinrich, Der Erfolsort beim abstrakten Gefährdungsdelikten, GA 1999, 80 f. 이와 비슷한 취지로 BGHSt 42, 242, 253).
20 Collardin, Strfataten im Internet, CR 1995, 620.

예를 들면 외국에서 한국에 서버가 있는 게시판에 명예훼손내용을 적시하는 경우 행위자가 한국에서 영향을 끼쳐 피해자의 명예를 훼손할 의도로 국내의 게시판에 글을 올린 것으로 객관적으로 판단할 수 있는 경우에 한국 형법을 적용할 수 있을 것이다. 또한 외국에서 외국 서버에 음란물을 게시하는 경우에도 그것이 해당 국가의 언어로 표현된 것이나 아니라 한글 사이트로 운영되는 경우와 같이 운영자의 이익을 위해 우리나라에 영향을 끼치려는 의도가 있는 경우 우리 형법을 적용할 수 있을 것이다.

그러나 이러한 제한시도는 다음의 두 가지 점에서 받아들이기 곤란하다. 첫째는 비록 외국에서 우리나라에 영향을 끼치려고 불법 내용물을 올렸을지라도 그 나라에서는 범죄를 구성하지 않는 행위를 우리 형법을 적용하는 것이 타당한가는 의문이다. 예컨대 독일인이 독일에서 한국의 사이트에 곧 한국을 방문할 정치인에 대하여 진실한 사실을 적시하는 내용을 게시하거나 또는 독일에서는 허용되는 정도의 음란물을 게시하는 경우 이를 우리 형법을 적용하는 것은 형벌권의 남용처럼 보인다. 둘째는 외국에서 한국의 사이트에 자료를 탑재하거나 또는 외국의 사이트에 자료를 올린 것이 한국에만 영향을 끼치려는 의도를 가지고 있다는 점을 입증하기가 곤란하다. 한글 사이트의 경우는 이를 어느 인정할 수 있겠지만 대부분의 사이트는 한글과 외국어를 같이 사용하거나 외국어만으로 되어있으므로 이를 증명하기가 불가능하다. 오히려 한국만이 아니라 한국에도 영향을 끼치려고 한 것이라고 보아야 할 것이기 때문이다.

2) 행위지의 가별성에 의한 제한

추상적 위험범에서 결과발생지를 확대해석하면서 위의 문제점을 고려하여 실행행위지에서 불가벌인 행위는 자국 형법의 적용을 배제하려는 시도이다.[21] 이 제한에 따르면 불법내용을 올리거나 불법 사이트를 운영하는 행위자의 실행행위지에서 해당 행위가 범죄를 구성하는 경우에는 우리 형법을 적용하고, 범죄를 구성하지 않는 경우에는 우리 형법의 적용을 부정하는 것이다. 이것은 행위자가 실행행위지의 형

---

[21] 이러한 제한에 동의하는 입장은 박정난, 사이버 명예훼손행위에 관한 형사법적 연구, 경인문화사, 2020. 92면; 주승희, 사이버범죄와 국제형법, 형사정책연구, 제16권 제3호(2006 가을), 139-140면.

법규범에 위반하지 않는 한, 국경을 초월하는 사이버공간에서도 형사제재에 대한 두려움 없이 자유롭게 행동하고 표현할 수 있다는 점에서는 매우 긍정적인 제한이다. 이러한 제한으로 인하여 자국 형법으로는 처벌되나 행위지의 형법으로는 처벌되지 않는 경우 자국 형법의 적용이 배제되어 가벌성의 공백이 발생할 수 있으나, 이 정도의 처벌상 공백은 충분히 감수할 수 있을 정도이다.

문제는 이러한 제한시도에 의하면 동일한 행위에 대하여 형법 적용의 차별화가 나타난다는 점이다. 예를 들면 동일한 내용을 지닌 자료를 A국과 B국에서 각각 한국 또는 자국의 사이트에 업로드한 경우, A국에서는 게재된 내용이 불법이고 B국에서는 허용되는 정도의 게재내용이라면 A에게는 한국 형법이 적용되고, B에게는 한국 형법이 적용되지 않는다. 그 역으로도 가능하다. 한국의 입장에서는 양자 모두 동일한 불법내용의 자료이므로 동일한 정도로 위험을 발생시킬 가능성이 있음에도 양자를 달리 취급하게 된다.[22] 또한 이 제한은 외국에서 외국 서버(사이트)에 올리는 자료가 해당 국가에서 불법이면 우리 형법 또한 적용 가능한데, 사이트 운영자나 자료게시자가 대한민국과 아무런 관계도 없고 대한민국이나 국민에 대하여 아무런 영향력을 행사하려는 의도도 없음에도 단지 대한민국에서 또는 한국인이 접속 가능하다는 이유만으로 우리 형법을 적용하는 것은 부당하다.[23]

3) 자국과의 관련성에 의한 제한

국경을 초월하는 사이버범죄의 사례들에서 자국과의 어떤 특별한 관련점이 존재하는 경우로 자국 형법의 적용을 제한하려는 입장이다. 이것은 사이버범죄와 관련해서 범죄의 위험이라는 결과가 자국영토에서 발생하고 추가적으로 자국과 영토적 관련성과 같은 특별한 관련점이 존재하는 경우에만 자국 형법이 적용될 수 있다는

---

22 행위자가 행위 시에 일방은 자국 형법규범을 위반하고, 일방은 자국 형법규범을 위반하지 않는다는 사실이 양자의 차별적 취급을 정당화시켜 줄 수 있을지 모른다. 그러나 두 행위자 모두 우리 형법에서 해당 행위가 처벌된다는 것을 명확히 인식하는 경우에는 자국 형법규범의 존부만으로 차별적 취급이 정당화될 수는 없다.
23 이것은 결국 한국에서 또는 한국사람이 해당 서버에 접속 가능하다는 이유로 속지주의에 의하여 우리 형법을 적용하는 것이 부당하다는 것이다. 왜냐하면 인터넷의 특성상 운영자나 자료게시자가 우리나라에서만 접속이 안 되도록 하는 것은 사실상 물가능하기 때문에 '접속 가능하다는 이유'를 가지고 우리 형법의 적용기준으로 삼는 것은 적절치 않다.

것을 의미한다. 사이버범죄에 대한 영토적 관련성으로는 행위자의 측면 예컨대, 자국영토에서의 체포, 자국의 국적소지, 자국에 고정된 거소 혹은 자국 영토에 영향을 미치려는 의도 등이 고려된다고 한다.[24] 이러한 제한에 따르면 외국에 있는 한글 사이트의 경우 운영자나 게시자가 한국의 영토에 영향을 끼치려는 의도가 나타나 있어 우리 형법이 적용될 것이다.

그러나 여기서 자국과의 영토적 관련성이 명확히 무엇인가가 확정되어 있지 않으므로 기준으로서 불명확하고, 자국의 국적 소지와 같은 기준은 속지주의가 아니더라도 속인주의에 의해 우리 형법을 적용할 수 있으므로 문제되지 않는다. 또한 우리 형법을 적용할 수 있다는 전제가 성립되어야 해당 범죄인을 현실적으로 체포할 수 있음에도 역으로 현실적 체포행위가 규범적용의 전제가 되는 것은 이상하다. 그럼에도 불구하고 이와 같은 자국과의 일정한 관련성이 없다면 해당 행위를 처벌하는 것은 처음부터 의미가 없을 것이다.

4) 세계원칙에 의한 제한

사이버공간에서의 추상적 위험범에 결과발생지를 확대해석하나 자국 형법의 적용은 추상적 위험범 가운데 일정한 법익을 침해(위태화)한 경우로만 제한하려는 시도이다.[25] 형법은 법공동체에 의해서 특히 보호할 가치가 있는 것으로 인정된 그러한 이익의 보호에 기여한다. 그것은 법적 보호의 부여를 통해서 법익이 된다. 이러한 생각을 국제적으로 적용되어야 할 형법에 적용시켜 보면 세계적으로 인정된 일정한 이익만을 보호가치 있는 법익으로서 고려하게 된다는 것이다. 이와 같은 이익은 단지 인간의 본성에 터잡은 기본적 이익, 예컨대 생명, 신체의 완전성, 자유에 대한 이익 그리고 명예의 보호에만 타당하다.

---

24 Hilgendorf, NJW 1997,1877. 이에 비판적인 것은 Barton, Multimedia – Strafrecht, 1999, S.148.

25 Hilgendorf, Kriminalität im Internet, 한양대학교 법학연구소 세미나발표자료(2000.10.5), 12면 이하 참조.

Ⅲ 제한원칙으로서의 세계주의와 그 범위

전 세계적으로 널리 유통되는 인터넷의 세계에서 앞서 언급된 법익의 침해를 처벌하는 것은 극히 제한된 몇 가지 구성요건으로 국한되어야 할 것이다. 여기서 언급된 법익(명예를 제외하고)들은 사이버공간에서의 표현물에 의해서 단지 예외적으로 침해될 수 있다는 사실 또한 간과되어서는 안 된다. 때문에 사이버공간에서 형법적으로 보호되는 법익의 범위는 다른 국가의 주권을 존중해야 하는 조건을 충족하는 국가 형법 질서에 맡겨질 수 있을 것이다. 세계적으로 처벌하고자 하는 사이버공간의 표현물들을 세계주의에 맞게 올바로 자리매김하는 것으로 충분하다. 따라서 우리나라는 채택하지 않고 있지만 세계주의 채택에서 인정되는 법익의 경우로 제한하여 이러한 법익을 침해하는 사이버공간에서의 범죄행위만 자국 형법을 적용하는 것이 타당하다. 이것은 특히 세계주의를 채택하고 있는 나라의 경우와 같이 아동포르노나 폭력포르노의 유통(단순한 음란물의 경우는 제외)과 같은 특정한 사이버범죄들은 그 범죄들이 어느 국가의 사이트에서 누구에 의해 업로드되었던 간에 독립적으로 자국 형법을 적용할 수 있다는 것을 의미한다. 또한 사이버공간에서의 명예훼손의 경우도 사이버공간이 가능한 자유로운 표현의 장이며, 국제적 무대에서의 표현의 자유를 실현하는 측면에서 허위의 사실에 대해서만 우리 형법을 적용하여야 할 것이다.

여기서 더 나아가 그러한 종류의 세계주의 위반행위를 수적으로 넓히는 것에는 물론 아주 조심스러워야 한다. 예컨대 미국처럼 오랜 민주적 전통을 가진 나라들이 표현의 자유를 높이 평가해서 극우적 선전문이나 정치인 등에 대한 명예훼손을 불가벌로 하고 있다면 또는 유럽에서처럼 극좌적 선전물이나 소프트 포르노그래피의 유통을 제재하지 않고 있다면, 사이버공간에서의 그러한 행위를 세계에 대하여 일방적으로 자국의 형법으로 처벌하는 것은 각 국가가 해야 할 일이 더 이상 아니다.[26]

---

26 이것은 우리나라의 형법을 적용하여 범죄로 처벌하는 것이 타당하지 않다는 것이다. 따라서 소프트 포르노그래피나 극좌적 선전물의 유포와 같은 행위에 대해서는 등급제를 시행하도록 규제하거나 하는 것과 같은 행정적 규제는 가능할 것으로 보인다.

　　사이버공간에서의 범죄행위를 규제하려는 노력은 한편으로는 무차별적인 유해정
보로부터 청소년을 보호하거나 각종 다양한 법익침해의 위험으로부터 개인과 사회
의 건강을 유지시키려는 활동일 수 있다. 그러나 이러한 사이버공간에서의 내용물
에 대한 통제는 정보의 유통에 대한 심각한 왜곡을 초래할 위험성이 있으며 쌍방향
정보교류를 일방적 정보전달의 장으로 변질시켜 개인들이 가지고 있는 자유에의 열
망과 언론의 자유나 표현의 자유를 침해할 위험성도 있다. 특히 사이버공간에서의
표현물은 개별국가의 영역에서뿐만 아니라 국경을 초월하여 전 세계적으로 접속될
수 있다는 특징이 있다.

　　사이버공간에서 범죄행위에 대해 우리 형법을 적용하려면 원칙적으로 범죄가 대
한민국 영토 내에서 발생하여야 한다. 여기서 범죄지는 실행행위지와 결과발생지를
의미하며, 실행행위지는 행위자가 행위 당시 소재하고 있던 장소를 결과발생지는
결과범이나 구체적 위험범에서 구성요건적 결과나 위험이 발생한 장소 또는 발생예
정인 장소를 의미한다. 추상적 위험범의 경우는 구체적인 결과나 위험이 요구되지
않으므로 원칙적으로 실행행위지만이 범죄지로 고려된다. 사이버공간에서의 범죄는
대부분이 추상적 위험범에 해당하고, 국경을 초월하는 특성을 가지고 있기 때문에
이렇게 해석하는 경우 우리 형법의 적용이 매우 제한된다.

　　따라서 사이버공간에서 형법 적용을 범죄지의 개념상 실행행위지를 자신이 영향
력을 행사한 장소도 여기에 포함되는 것으로 보는 견해도 있다. 그러나 실행행위지
의 개념은 그대로 인정하고 결과발생지의 개념을 추상적 위험범의 경우에도 인정하
여 위험이 발생 가능한 장소로 확장하여 범죄지를 인정할 수 있다. 다만 이렇게 해
석하면 국민들이 사이트나 서버의 소재지에 관계없이 해당 자료에 접속 가능하므로
사이버공간에서의 범죄에 대하여 거의 모든 경우에 우리 형법이 적용 가능하다. 다
른 한편 다른 국가들도 동일한 원리로 자국의 형법을 적용할 수 있다. 그 결과 자국
의 규제기준을 관철시키기 위하여 자국 형법을 무차별적으로 적용하여, 각 국가들
이 '사이버공간의 지배자', '전산망의 보안관' 또는 '인터넷의 파수꾼'으로 뛰어오르
려고 하는 것은 바람직하지 않다. 따라서 형법의 적용범위는 기존의 단순한 속지주

의의 입장을 사이버공간에 그대로 적용하는 것은 타당하지 않다.

　여기서 각국은 자국 형법의 적용범위를 제한하는 여러 가지 시도가 있다. 사이버공간에서의 표현물 규제는 자국의 영토 내에서 위험이라는 결과가 발생할 가능성이 있고, 해당 위험이 세계주의에 의하여 보호되는 일정한 법익에 대한 위험인 경우에만 우리 형법을 적용하는 것이 타당하다고 본다. 따라서 사이버공간에서의 범죄 가운데 우리 형법의 적용은 극심한 인간존엄성의 침해나 하드코어 포르노그래피의 유포나 허위사실 유포로 인한 명예훼손의 경우로 제한하는 것이 필요할 것으로 본다.

정보통신서비스제공자(OSP; ISP)의 형사책임

제1절 │ 서언

사이버범죄에 대한 처벌은 주로 사이버공간에 음란물과 같은 불법한 내용물을 게재하거나 유포한 자를 중심으로 논의되어 왔다. 그러나 이러한 불법내용물의 게시나 유포는 특정한 서버(또는 사이트)나 이를 연결시켜 주는 정보통신망을 통하여 발생한다는 점에서 인터넷서비스제공자(ISP)나 온라인서비스제공자(OSP)에 대한 처벌이 사이버공간에서의 범죄피해를 방지하는 데에 효과적일 수 있다고 인식하기 시작하였다. 이에 따라 불법내용의 게시물 등에 대하여 온라인서비스제공자에게 필요한 조치나 적절한 대응조치를 요구하고, 이를 그대로 방치하는 경우에는 관련한 책임을 부담시키는 방안을 강구하게 되었다.

민사법적 관점에서 보면 법률 또는 공평 및 정의의 관념에 따라 행위자에게 주의의무가 인정되는 경우, 주의의무의 해태로 인하여 타인에게 손해를 야기하였다면 그러한 행위가 민법상 불법행위를 구성한다. 그리고 민법상 불법행위책임은 원칙적으로 고의와 과실을 구별하지 않으므로(민법 제750조) 이러한 행위가 고의에 의하여 이루어진 경우 또한 동조의 적용대상이 된다. 따라서 정보통신서비스를 제공하는 사업자의 사회적 역할과 영향력을 고려할 때 그에 대하여 사회적 책임으로서의 주의의무를 인정하고 이에 기초한 민사책임을 물을 수 있다.

우리 대법원 역시 온라인서비스제공자에게 손해배상의 책임을 인정하고 있다. 즉, 인터넷 포털사이트를 운영하는 온라인서비스제공자가 제공한 인터넷 게시공간에 타인의 저작권을 침해하는 게시물이 게시된 경우 특정한 요건하에 온라인서비스제공자에게 저작권 침해 게시물을 직접 게시한 자의 행위에 대하여 부작위에 의한 방조자로서 공동불법행위책임을 인정하였다.[1] 그리고 온라인서비스제공자에 대하여

---

1 인터넷 포털사이트를 운영하는 온라인서비스제공자가 제공한 인터넷 게시공간에 타인의 저작권을 침해하는

손해배상책임을 인정하는 취지의 판결은 이러한 저작권 침해의 경우뿐만 아니라 게시자가 타인의 명예를 훼손하는 게시물을 게시한 경우에도 온라인서비스제공자에게 동일한 취지로 판결하고 있다.[2]

문제는 온라인서비스제공자에게 민사법적인 책임을 넘어 형사법적인 책임을 물을 수 있는가이다.

온라인서비스제공자의 형사책임에 관한 일반원칙을 직접적·명시적으로 규정한 법률은 없고, 다만 정보통신망법은 ISP에게 개인정보보호의무(제44조 제2항 및 제3항), 이용자의 정보 삭제요청에 대한 임시조치권(제44조의2)과 정보통신망안정성확보의무(제45조 제1항)를 부여하고 있다. 그러나 이 규정들 역시 온라인서비스제공자에 대한 일정한 책임의 존재만 확인하고 있을 뿐 온라인서비스제공자의 책임을 묻기 위한 구체적 요건이 입법된 것이라고는 볼 수 없다.[3] 따라서 이용자 등에 의한 불법한

게시물이 게시되었고 그 검색 기능을 통하여 인터넷 이용자들이 위 게시물을 쉽게 찾을 수 있다 하더라도, 위와 같은 사정만으로 곧바로 위 서비스제공자에게 저작권 침해 게시물에 대한 불법행위책임을 지울 수는 없다. 다만 저작권 침해 게시물이 게시된 목적, 내용, 게시기간과 방법, 그로 인한 피해의 정도, 게시자와 피해자의 관계, 삭제 요구의 유무 등 게시에 관련한 쌍방의 대응태도, 관련 인터넷 기술의 발전 수준, 기술적 수단의 도입에 따른 경제적 비용 등에 비추어, 위 서비스제공자가 제공하는 인터넷 게시공간에 게시된 저작권 침해 게시물의 불법성이 명백하고, 위 서비스제공자가 위와 같은 게시물로 인하여 저작권을 침해당한 피해자로부터 구체적·개별적인 게시물의 삭제 및 차단 요구를 받은 경우는 물론, 피해자로부터 직접적인 요구를 받지 않은 경우라 하더라도 그 게시물이 게시된 사정을 구체적으로 인식하고 있었거나 그 게시물의 존재를 인식할 수 있었음이 외관상 명백히 드러나며, 또한 기술적, 경제적으로 그 게시물에 대한 관리·통제가 가능한 경우에는, 위 서비스제공자에게 그 게시물을 삭제하고 향후 같은 인터넷 게시공간에 유사한 내용의 게시물이 게시되지 않도록 차단하는 등의 적절한 조치를 취하여야 할 의무가 있으므로, 이를 위반하여 게시자의 저작권 침해를 용이하게 하는 경우에는 위 게시물을 직접 게시한 자의 행위에 대하여 부작위에 의한 방조자로서 공동불법행위책임이 성립한다(대법원 2010.3.11. 선고 2009다4343 판결).

2 온라인서비스제공자인 인터넷상의 홈페이지 운영자가 자신이 관리하는 전자게시판에 타인의 명예를 훼손하는 내용이 게재된 것을 방치하였을 때 명예훼손으로 인한 손해배상책임을 지게하기 위하여는 그 운영자에게 그 게시물을 삭제할 의무가 있음에도 정당한 사유 없이 이를 이행하지 아니한 경우여야 하고, 그의 삭제의무가 있는지는 게시의 목적, 내용, 게시기간과 방법, 그로 인한 피해의 정도, 게시자와 피해자의 관계, 반론 또는 삭제 요구의 유무 등 게시에 관련한 쌍방의 대응태도, 당해 사이트의 성격 및 규모·영리 목적의 유무, 개방 정도, 운영자가 게시물의 내용을 알았거나 알 수 있었던 시점, 삭제의 기술적·경제적 난이도 등을 종합하여 판단하여야 할 것으로서, 특별한 사정이 없다면 단지 홈페이지 운영자가 제공하는 게시판에 다른 사람에 의하여 제3자의 명예를 훼손하는 글이 게시되고 그 운영자가 이를 알았거나 알 수 있었다는 사정만으로 항상 운영자가 그 글을 즉시 삭제할 의무를 지게 된다고 할 수는 없다(대법원 2003.6.27. 선고 2002다72194 판결).

3 동일한 취지로 황태정, 정보통신서비스제공자의 책임에 관한 비교법적 고찰, 인터넷법률, 제28호(2005/3), 22면 이하.

내용의 콘텐츠 게시 등과 같은 사이버범죄에 대하여 온라인서비스제공자의 형사책임은 일반적인 형법이론에 기초하여 범죄의 성립여부가 검토될 수 있다.

제2절 ▎ 정보통신서비스제공자의 개념

정보통신서비스제공자나 온라인서비스제공자(OSP; Online Service Provider) 또는 인터넷서비스제공자(ISP; Internet Service Provide)라는 용어는 기술적인 의미에서 각각 다소의 차이가 존재한다. 인터넷서비스제공자는 인터넷에 연결된 전용회선을 통하여 일반 사용자들이 전자우편, 뉴스그룹, 정보검색, 파일전송 등 다양한 서비스를 이용할 수 있게 해주는 전문업체를 말한다. 우리나라에서는 1990년대 중반 코넷(KORNET)이 서비스를 제공하기 시작한 이후 다양한 서비스업체들이 등장하였으며, 서비스 이용방법으로는 빠른 속도로 인터넷을 직접 연결하는 두 컴퓨터를 통신망으로 직접 연결할 때 적용되는 통신규약 서비스(PPP; Point-to-Point Protocol)와 컴퓨터 프로그래밍 언어의 일종인 UNIX 명령어에 의해 인터넷을 이용할 수 있는 쉘(Shell) 서비스 등이 있다.[4] 온라인서비스제공자는 온라인 통신망상에서 각종 서비스를 제공하는 사업자를 총칭한다. PC 통신 사업자가 대부분이었으나, 최근 인터넷서비스가 급증하면서 인터넷상에서 서비스를 제공하는 인터넷 접속 서비스 사업자(ISP)도 포함한 개념으로 해석되고 있다.[5]

정보통신서비스제공자, 온라인서비스제공자 그리고 인터넷서비스제공자는 사이버공간에 자신이 직접 디지털정보를 게시하는 것이 아니라 해당 사이버공간을 사용자들이 이용 가능하도록 이를 제공하거나 관리, 운영한다는 점에서는 사실상 동일한 것으로 이해할 수 있다.

현행법상 정보통신서비스제공자 등의 용어에 대한 일반적 개념규정은 없다. 다만 개별 법률에 따라 다양하게 개념규정하고 있다. 예컨대 「정보통신망 이용촉진

---

4 다음백과사전(https://100.daum.net/encyclopedia/view/31XXXXX12255).
5 다음백과사전(https://100.daum.net/encyclopedia/view/55XXXXXX2098).

및 정보보호 등에 관한 법률」에서는 '정보통신서비스제공자'라는 용어를 사용하며, "정보통신서비스제공자"란 「전기통신사업법」 제2조 제8호에 따른 전기통신사업자와 영리를 목적으로 전기통신사업자의 전기통신역무를 이용하여 정보를 제공하거나 정보의 제공을 매개하는 자를 말한다(제2조 제1항 제3호)라고 정의한다. 이에 반하여 「저작권법」에서는 "온라인서비스제공자"란 다음 각 목의 어느 하나에 해당하는 자를 말한다. 가. 이용자가 선택한 저작물등을 그 내용의 수정 없이 이용자가 지정한 지점 사이에서 정보통신망을 통하여 전달하기 위하여 송신하거나 경로를 지정하거나 연결을 제공하는 자, 나. 이용자들이 정보통신망에 접속하거나 정보통신망을 통하여 저작물등을 복제·전송할 수 있도록 서비스를 제공하거나 그를 위한 설비를 제공 또는 운영하는 자"(제2조 제30호)라고 하여 온라인서비스제공자라는 용어를 사용하고 있다.

일반적으로는 ISP 또는 인터넷서비스제공자라는 용어를 많이 사용하고 있다.[6] 그러나 앞에서 설명한 바와 같이 온라인서비스제공자라는 개념에 인터넷서비스제공자의 개념이 들어가 있으므로 가능한 한 온라인서비스제공자라는 용어를 사용하며, 경우에 따라서는 세 용어가 특별히 차이를 나타내지 않는 범위 내에서는 혼합적으로 사용하기도 한다.

제3절 정보통신서비스제공자의 형사책임

I 형사법적 책임의 정당성

인터넷에서의 법익침해행위는 정보유통의 용이성과 익명성 그리고 높은 전파성이라는 사이버공간의 특성과 결합하는 경우 피해자에게 심각한 법익침해의 결과가 예상된다. 즉, 불법적 디지털정보의 유통이 불특정·다수인이 이용하는 인터넷 포털

---

6 Kochheim, Cybercrime und Strafrecht in der Informations-und Kommunikationstechnik, 2.Aufl., 2018, S. 850.

사이트 등을 통하여 이루어지는 때에는 법익침해의 정도와 가능성 또한 그만큼 커지게 된다. 여기서 이러한 디지털정보의 신속하고 광범위한 유통을 가능하게 하여 주는 유익한 역할을 담당하는 정보통신서비스제공자는 다른 한편으로는 이러한 법익침해의 위험성을 증가시키기도 하는 것이다.[7]

온라인서비스를 제공하는 사업자는 정보통신망이라는 위험원을 지배함으로써 그로부터 경제적 수익을 창출하고, 온라인서비스와 관련한 불법행위가 있는 경우 이에 대한 직접적인 대응조치를 취할 수 있는 지위에 있다. 그럼에도 불구하고 온라인서비스를 제공하는 자가 정보통신망에서 범죄행위가 존재한다는 것을 인식하고도 이에 대한 적절한 조치를 취하지 않는 경우 그로 인하여 야기되는 법익침해에 대하여 완전한 면책을 주장하기는 어려울 것이다. 그렇다고 하여 해당 범죄행위의 직접행위자는 제3자이고, 온라인서비스를 제공하는 사업자는 정보통신망을 제공하거나 직접행위자의 범죄를 알면서 대응조치를 취하지 않는 등의 간접적인 기여를 한데 불과하다는 점에서 온라인서비스제공자에게 전적인 형사책임을 부과하는 것 역시 타당하지 아니하다. 여기서 과연 온라인서비스제공자에게 형사책임을 부과하는 것이 적절한가가 논란이 될 수 있다. 더구나 ISP에게 형사책임을 부과할 경우 ISP는 처벌을 피하기 위하여 정보통신망에 교류되는 정보들이나 이용자들의 표현행위를 과도하게 규제할 것이며, 이에 따라 표현의 자유와 알 권리가 침해되고 정보의 유통은 제한될 것이다.[8]

일반적으로 정보통신서비스 제공행위는 사회적 의사소통과 정보의 교환에 상당한 기여를 하고 있고, 합법적일 뿐만 아니라 국가에 의하여 장려되는 것이기도 하기 때문이다. 즉, 온라인서비스제공자의 사용자들에 대한 서비스 제공은 불법정보의 유통과 같은 범죄행위에 인과적으로 기여하는 측면이 존재한다고 할지라도 이는 온라인서비스의 제공으로 인한 사회적 유용성과 대비할 때 소위 '허용된 위험'(Erlaubtes Risiko)의 원칙[9]에 따라 사회적으로 용인되는 행위로 평가하여 처벌할 수 없다고 할 수 있다.[10]

---

7 박정난, 사이버 명예훼손의 형사법적 연구, 경인문화사, 2020, 94면.
8 박정난, 사이버 명예훼손의 형사법적 연구, 경인문화사, 2020, 93면.
9 이에 대하여는 박상기/전지연, 형법학, 188면 참조.
10 허용된 위험이론을 인정하는 입장에서는 허용된 위험에 해당하는 행위는 결과와 인과적인 관련이 있더라도

그러나 정보통신서비스의 제공이 사회생활상 유익하다는 이유만으로 모든 법익 침해적 범죄행위로부터 자유롭다고 볼 수는 없다. 정보통신망법은 제44조에서 이용자로 하여금 사생활 침해 또는 명예훼손 등 타인의 권리를 침해하는 정보를 정보통신망에 유통시키지 않도록 규정하고(제1항), 정보통신서비스제공자는 자신이 운영·관리하는 정보통신망에 제1항에 따른 정보가 유통되지 아니하도록 노력하도록 규정하고 있다(제2항). 더 나아가 방송통신위원회는 정보통신망에 유통되는 정보로 인한 사생활 침해 또는 명예훼손 등 타인에 대한 권리침해를 방지하기 위하여 기술개발·교육·홍보 등에 대한 시책을 마련하고 이를 정보통신서비스제공자에게 권고할 수 있도록 하고 있다(제3항).

물론 이러한 규정은 일반적이고 프로그램적인 규정에 불과하므로, 이를 통하여 정보통신망에서의 사생활 침해 등을 효과적으로 방지할 수는 없다. 이에 따라 입법자는 동법을 보완하여 2016년 3월부터 보다 구체적인 규정을 마련하였다. 먼저 정보통신망을 통하여 일반에게 공개를 목적으로 제공된 정보로 사생활 침해나 명예훼손 등 타인의 권리가 침해된 경우 그 침해를 받은 자는 해당 정보를 처리한 정보통신서비스제공자에게 침해사실을 소명하여 그 정보의 삭제 또는 반박내용의 게재(이하 "삭제 등"이라 한다)를 요청할 수 있고(동법 제44조의2 제1항), 정보통신서비스제공자는 제1항에 따른 해당 정보의 삭제 등을 요청받으면 지체 없이 삭제·임시조치 등의 필요한 조치를 하고 즉시 신청인 및 정보게재자에게 알려야 하고, 이 경우 정보통신서비스제공자는 필요한 조치를 한 사실을 해당 게시판에 공시하는 등의 방법으로 이용자가 알 수 있도록 하여야 한다고 규정하였다(제2항). 여기서 정보통신서비스제공자는 제1항에 따른 정보의 삭제요청에도 불구하고 권리의 침해 여부를 판단하기 어렵거나 이해당사자 간에 다툼이 예상되는 경우에는 해당 정보에 대한 접근을 임시적으로 차단하는 조치를 할 수 있다. 이 경우 임시적 차단조치의 기간은 30일 이내로 하도록 하였다(제4항). 또한 정보통신서비스제공자는 자신이 운영·관리하는 정보통신망에 제42조에 따른 표시방법을 지키지 아니하는 청소년유해매체물이 게재

결과의 객관적 귀속을 부인한다(Roxin/Greco, Strafrecht AT, Bd. I, 5.Aufl., 2020, 11/65). 동일하게 해석하는 것은 박광민, 인터넷상의 명예훼손에 대한 형사법적 규제, 형사법연구, 제24호(2005), 113면; 이정원, 사이버공간에서의 명예훼손에 대한 형법적 규제, 법학논문집, 제52집 제1호(2008), 중앙대학교 법학연구원, 45면.

되어 있거나 제42조의2에 따른 청소년 접근을 제한하는 조치 없이 청소년유해매체물을 광고하는 내용이 전시되어 있는 경우에는 지체 없이 그 내용을 삭제하도록 하였다(제3항). 그리고 정보통신서비스제공자는 자신이 운영·관리하는 정보통신망에 유통되는 정보에 대하여 제2항에 따른 필요한 조치를 하면 이로 인한 배상책임을 줄이거나 면제받을 수 있도록 하였다(제6항). 그리고 이러한 관련자의 삭제 요청 등이 없는 경우에도 정보통신서비스제공자는 자신이 운영·관리하는 정보통신망에 유통되는 정보가 사생활 침해 또는 명예훼손 등 타인의 권리를 침해한다고 인정되면 임의로 임시조치를 할 수 있고(제44조의3 제1항), 이러한 임시조치에 관하여는 제44조의2의 관련 규정들을 준용하도록 하고 있다(제44조의3 제2항).

정보통신망법상의 이와 같은 규정들은 온라인서비스제공자의 형사법적 책임을 직접 규정한 것이 아니라 단지 온라인서비스제공자의 일반적 의무규정에 불과하다. 따라서 해당 규정들 자체가 동 규정을 위반한 온라인서비스제공자들에 대한 민법적 책임(손해배상책임)을 부과할 수 있다는 것을 나타내고, 정보통신망법상의 직접적 형사책임을 근거지울 수는 없다.[11] 그러나 온라인서비스제공자가 동 규정에서 요구되는 의무를 위반한 경우 일반 형사법적 이론에 따른 처벌 가능성은 존재하는 것이다.

Ⅱ 정보통신서비스제공자의 유형별 처벌 가능성

온라인서비스제공자의 형사책임을 논하기 위해서는 먼저 온라인서비스제공자의 유형을 그가 행하는 업무영역과 업무행위 사이의 연관성의 정도에 따라 단계적으로 접근하여 볼 필요가 있다.[12] 독일의 통신미디어법(TMG; Telemediengesetz)[13]는 온라인서비스제공자를 그 업무영역에 따라 크게 콘텐츠제공자(Contents Provider; Inhaltsprovider),

---

11 동일한 취지로 박정난, 사이버 명예훼손의 형사법적 연구, 경인문화사, 2020, 108면.
12 정보통신서비스제공자의 형사책임에 관한 비교법적 내용에 대하여는 박정난, 사이버 명예훼손의 형사법적 연구, 경인문화사, 2020, 95-104면 참조.
13 이 법률은 과거 통신서비스법(TDG; Teledienstegesetz)에 통신서비스정보보호법(TDDSG; Teledienstedatenschutzgesetz), 미디어서비스-국가계약(MDStV; Mediendienste-Staatsvertrag)에서 규정하였던 내용을 통합하여 2007년부터 시행되었다(Kochheim, Cybercrime und Strafrecht in der Informations- und Kommunikationstechnik, 2.Aufl., 2018, S.894). 그리고 이 법을 통상적으로 인터넷법(Internetgesetz)이라고 부르고 있다.

호스트제공자(Host Provider), 접속제공자(Access Provider; Zugangsprovider)의 3종류로 나누고 있다. 이러한 유형별 형사법적 처벌 가능성에 대하여 간단히 말하면 다음과 같다.[14]

첫째, 콘텐츠제공자는 정보통신망에 타인이 이용할 수 있도록 자신이 콘텐츠(정보)를 제공한 자로서, 이와 같은 콘텐츠제공자는 자기책임의 원칙에 따라 일반적인 법률의 규정으로 처벌된다. 타인이 입력한 콘텐츠(내용물)를 자신의 것으로 삼은 경우에도 해당 온라인서비스제공자가 직접 입력(탑재)한 것과 마찬가지로 취급된다.

둘째, 호스트제공자는 타인의 콘텐츠(내용물)에 대한 저장공간을 제공하는 자를 말하며, 호스트제공자는 원칙적으로는 타인의 콘텐츠에 대하여 형법적 책임을 부담하지 아니한다. 다만 호스트제공자는 정보통신망에 올라와 있는 가벌적 행위의 내용을 인식하였는지 여부와 및 정보통신망 이용자가 이에 접근하는 것을 차단할 수 있는 기술적 가능성과 행위기대가 있었는지 여부에 따라 온라인서비스제공자의 책임 여부가 달라진다. 만약 그러한 내용의 인식 가능성과 차단에 대한 기술적 가능성 및 법적 행위기대라는 요건이 결여된 경우 온라인서비스제공자의 책임을 인정할 수 없을 것이나, 그러한 요건이 인정됨에도 불구하고 그러한 내용을 타인이 이용 가능한 상태로 방치하였다면 온라인서비스제공자는 이에 대하여 책임을 지게 된다. 여기에서 다루어지는 온라인서비스제공자의 형사책임의 문제는 특별한 언급이 없는 한 호스트제공자의 형사책임을 의미한다.

셋째, 접속제공자(Access Provider)는 보통 타인의 콘텐츠(내용물)를 연결시켜 주는 통신망을 제공하는 것과 같이 타인에게 기술적인 인프라를 제공하는 자에 불과하다. 따라서 접속제공자는 수동적으로 타인이 입력한 내용에 대한 접근을 매개하는 것에 불과한 경우라면 그에게 형사책임을 물을 수 없다. 결국 접속제공자와 같은 온라인서비스제공자의 역할이 단순히 이용자가 정보통신망에 접근하는 것을 중개함에 불과하거나 실시간 통신서비스를 제공함에 불과한 경우에는 불처벌된다. 온라인서비스제공자의 서버(저장공간) 등 정보통신기기에 불법적인 내용이 저장된 경우라도 그러한 저장이 정보통신망 이용자의 필요에 따라 자동적으로 짧은 시간에 걸쳐서만

---

14 이에 대하여는 Kochheim, Cybercrime und Strafrecht in der Informations- und Kommunikationstechnik, 2.Aufl., 2018, S.78 Rn.188.

이루어진 경우에는 이는 정보통신망에 대한 타인의 접근을 중개하는 것에 불과한 것으로 보아 책임을 부담시킬 수 없는 것이다.[15]

이러한 유형별 온라인서비스제공자의 형사책임을 허위의 사실을 적시하며 타인의 명예를 훼손하는 경우라는 구체적 사례를 들어 검토하여 본다. 콘텐츠제공자의 경우 그 자신이 직접 정보통신망에 타인의 명예를 훼손하는 불법한 내용의 콘텐츠를 입력하거나 게시한 경우이다. 이 경우 콘텐츠제공자 유형의 OSP는 자신이 입력한 내용의 불법성에 대하여 직접정범으로서의 책임을 지기 때문에 해당 OSP에게 정보통신망법상의 명예훼손죄(사이버명예훼손)가 성립한다. 접속제공자는 이용자의 요청에 의해 타인의 콘텐츠를 일시적·자동적으로 저장하는 것에 불과하다.[16] 따라서 제3자인 콘텐츠제공자가 명예훼손적 내용을 게시하거나 입력한 경우 접속제공자에게는 일반적으로 명예훼손의 구성요건적 고의를 인정하기 어렵고, 따라서 접속제공자에게 정범은 물론 정범의 고의를 넘어 제3의 고의까지 요하는 공범의 성립 또한 인정하기 어렵다는 점에서 처벌하기 어렵다고 판단된다.

일반적으로 OSP나 ISP의 형사책임에서 문제되는 경우는 호스트제공자의 경우이다. 호스트제공자는 타인의 콘텐츠를 저장(Hosting)하는 자로서 자신의 콘텐츠를 이용에 제공한 것이 아니므로 원칙적으로 해당 명예훼손물에 대한 직접책임이 있다고는 할 수 없다. 그러나 불법한 내용의 콘텐츠가 자신의 서버 등에 저장되어 있다는 것을 인식하고 있으며,[17] 그러한 불법상황을 기술적으로 방지 또는 제거할 수 있음에도 불구하고 이러한 행위를 하지 않는 것은 어떠한 관점에서는 스스로 그러한 불법상황을 만들어 내는 것과 규범적으로 유사하게 평가될 수 있다는 점에서 그 가벌성 여부가 문제될 수 있다.[18] 다만 호스트제공자는 자신이 적극적으로 불법한 내용

---

[15] Kochheim, Cybercrime und Strafrecht in der Informations- und Kommunikationstechnik, 2.Aufl., 2018, S.78 Rn.188 f.

[16] 접속제공자를 일반 접속제공자와 적극적 접속제공자(Aktiver Zugangsprovider)로 구분하여 일반 접속제공자에게 형사처벌의 문제는 발생하지 않으나, 적극적 접속제공자를 다시 Cache와 Puffer(Buffer)의 경우를 구분하여 취급하는 입장(Kochheim, Cybercrime und Strafrecht in der Informations- und Kommunikationstechnik, 2.Aufl., 2018, S.78 Rn.191)도 있다.

[17] 이러한 의미에서 독일의 법원(Kammergericht Beschl. v. 25. 8. 2014-4Ws71/14-141 AR 363/14) 역시 호스트를 제공하는 사업자는 불법적인 내용물을 적극적으로 인식한 경우에만 형사책임을 부담하며, 단순히 과실로 인식하지 못한 경우에는 형법적 책임을 부담하지 않는다고 판시하였다.

[18] Kochheim, Cybercrime und Strafrecht in der Informations- und Kommunikationstechnik, 2.Aufl.,

의 콘텐츠를 제공한 것이 아니라는 점에서 작위범이라고 보기 어렵고, 다른 한편 자신이 직접적으로 범행을 실행한 것이 아니라 타인의 범죄행위를 방치하거나 삭제 등의 대응조치를 하지 아니한 것에 불과하다는 점에서 정범으로 볼 것인가 공범으로 볼 것인가에 대하여 논란이 된다.

Ⅲ 정보통신서비스제공자(ISP)의 구체적 처벌

1. 작위범 vs. 부작위범

정보통신서비스제공자에 대한 형사책임이 문제될 수 있는 유형은 콘텐츠제공자와 호스트제공자이다. 여기서 콘텐츠제공자는 자신이 직접 불법한 내용을 게시하는 등의 행위를 하였으므로 게시한 내용에 따라 명예훼손, 음란물유포, 저작권침해 등의 범죄로 처벌함에는 문제가 없다. 문제는 해당 게시물이 저장되거나 업로드된 사이트와 같은 정보통신서비스를 제공하는 호스트제공자가 콘텐츠제공자에게 이러한 호스트를 사용하도록 제공하는 행위를 하고, 이러한 상황에서 콘텐츠제공자가 불법 내용물을 게시하였으나 이를 삭제하는 등의 대응조치를 하지 않은 행위에 대하여 이를 작위범으로 볼 것인가 부작위범으로 볼 것인가이다. 즉, 호스트제공자에게는 사이트 등을 계속하여 사용하도록 제공한 적극적 행위와 불법내용물을 삭제하지 아니한 소극적인 부작위가 존재한다.

작위와 부작위의 구별에 대해서는 ① 행위의 사회적 의미에 따라 작위와 부작위 가운데 어느 것이 더 중요한지를 판단하는 견해,[19] ② 의심스러운 때에는 작위를 인정하는 견해,[20] ③ 인과관계를 기준으로 하는 견해[21]가 있다. ①의 견해는 행위에 대한 법적 비난의 중심이 어디에 있는지를 중심으로 판단하는 견해로서 작위와 부

---

[19] 김일수/서보학, 형법총론, 348면; 신동운, 형법총론, 122면; 임웅, 형법총론, 527면; 정성근/정준섭, 형법총론, 364면. 독일의 판례(BGHSt 6, 46, 59; 40, 257; 52, 323)도 이러한 입장에 서 있는 것으로 평가된다.

[20] 이재상/장영민/강동범, 형법총론, 124 – 125면.

[21] 김성돈, 형법총론, 507면; 손동권/김재윤, 형법총론, 395면; 오영근, 형법총론, 160면; 이형국/김혜경, 형법총론, 493면.

작위 가운데 어느 것이 형법적으로 중요한지를 기준으로 한다. 그러나 형법상 행위는 구성요건과의 관련성 속에서 판단하여야 하기 때문에 행위의 사회적 의미를 기준으로 하는 것은 자의적 판단으로 흐를 위험성이 있다. ②의 견해는 형법이 작위범을 전제로 규정하고 있는 점에서 작위를 우선적으로 인정하는 것은 타당하다. 그러나 불법성의 중심이 작위인지 부작위인지를 적극적으로 구별하지 않는 것은 행위의 성격 규명이 형법적 평가의 최우선 대상이라는 점을 감안할 때 수긍하기 어렵다.[22] 결론적으로는 양자의 구별은 결과발생을 초래한 원인행위가 무언인지를 중심으로 하여야 할 것이다. 그러므로 작위와 부작위를 구별하기 위해서는 먼저 일정한 법익침해의 결과를 지향하는 신체적 활동이 있었는가 여부와 이러한 적극적 행위와 발생한 결과 간에 인과관계가 있는지를 확인하여야 한다.[23] 이러한 요건이 구비되면 작위가 인정되고, 그렇지 않으면 부작위에 해당한다.[24]

　　호스트제공자의 호스트를 제공한 행위와 삭제하는 등의 대응조치를 취하지 않은 행위라는 두 행위는 모두 결과적으로는 통신망서비스 내에서 불법내용물을 게시하는 제3자에 의하여 이루어지는 법익침해행위를 용이하게 한 점은 인정된다. 그러나 정보통신망서비스를 제공하는 행위는 제3자에 의한 명예훼손이나 저작권침해와 같은 법익침해행위 이전부터 계속되어오던 것이고, 그러한 침해행위 이후에도 해당 불법행위를 차단하기 위하여 호스팅의 제공을 전면적으로 중단할 수 있는 성질의 것이 아니다. 또한 ISP의 제공 외에는 법익침해에 대한 고의나 기타의 적극적·외부적 행위를 한 바도 없다는 점에서 법익침해라는 결과발생에 충분한 기여를 하였다고 보기 어렵다. 오히려 호스트제공자는 자신이 제공한 정보통신망 내에서 다른 아용자인 제3자에 의하여 이루어지는 법익침해행위를 인식하였음에도 불구하고 이를

---

[22] MK/Freund, StGB, 3.Aufl., 2017, Vor § 13 Rn.5; Roxin, Strafrecht, AT II, 2003, 31/79 ff.
[23] 이러한 의미에서 우리 대법원도 "어떠한 범죄가 적극적 작위에 의하여 이루어질 수 있음은 물론 결과의 발생을 방지하지 아니하는 소극적 부작위에 의하여도 실현될 수 있는 경우에, 행위자가 자신의 신체적 활동이나 물리적·화학적 작용을 통하여 적극적으로 타인의 법익 상황을 악화시킴으로써 결국 그 타인의 법익을 침해하기에 이르렀다면, 이는 작위에 의한 범죄로 봄이 원칙이고, 작위에 의하여 악화된 법익 상황을 다시 돌이키지 아니한 점에 주목하여 이를 부작위범으로 볼 것은 아니며, 나아가 악화되기 이전의 법익 상황이, 그 행위자가 과거에 행한 또 다른 작위의 결과에 의하여 유지되고 있었다 하여 이와 달리 볼 이유가 없다" (대법원 2004.6.24. 선고 2002도995 판결: 보라매병원 사건)고 하여 비슷한 입장을 취하고 있다.
[24] 박상기/전지연, 형법학, 55–56면.

제거하거나 방지할 능력이 있음에도 불구하고 대응조치를 취하지 않고 이를 방치함으로써 법익침해적 결과(또는 위험)를 야기한 것으로 볼 수 있다.[25] 이러한 의미에서 호스트제공자의 행위는 대응조치를 취하지 아니한 부작위에 해당한다고 볼 수 있다.

2. 진정부작위범 vs. 부진정부작위범

ISP의 형사책임이 부작위범에 해당한다고 보더라도, 해당 부작위범이 어떤 종류의 부작위범이 성립할 수 있는가이다. 부작위범의 경우에도 요구되는 행위를 하지 않는 경우에 처벌되는 진정부작위범과 작위를 전제로 하는 구성요건이지만 부작위에 의하여 작위범과 마찬가지로 범행을 하는 부진정부작위범으로 나뉜다.[26] 형법은 부작위 자체가 구성요건 해당행위가 되는 진정부작위범의 경우에는 개별 구성요건에 처벌규정을 두고(전시군수계약불이행죄, 다중불해산죄, 퇴거불응죄 등), 부진정부작위범의 경우에는 형법 제18조[27]에 처벌의 근거규정을 두고 있다. 이러한 입법상의 차이는 진정부작위범과 달리 부진정부작위범은 작위범의 구성요건을 대부분 부작위에 의해서도 실현할 수 있기 때문에 개별적 구성요건을 두지 않는 것이다.

여기서 ISP의 형사책임과 관련하여 ISP에게 일정한 행위를 할 작위의무가 부과되어 있고, 이를 이행하지 않은 것에 대하여 형벌을 가하는 진정부작위범 형태의 규정이 존재한다. 예컨대 정보통신망에서 방송통신위원회는 심의위원회의 심의를 거쳐 정보통신서비스제공자 또는 게시판의 관리운영자로 하여금 불법한 내용의 정보 취급의 거부·정지·제한을 명할 수 있고(정보통신망법 제44조의7 제2항), 정보통신서비스제공자가 이에 따르지 않는 경우 이에 대한 형사처벌규정을 두고 있다(정보통신망법 제73조 제5호).[28] 또한 전기통신사업자의 전기통신역무를 이용하여 일반에게 공개를 목적으로 정보를 제공하는 자 중 청소년유해매체물을 제공하려는 자는 그 정보가 청소년유해매체물임을 표시하여야 하며(정보통신망법 제42조), 이를 위반하여 청소

---

25 오경식/황태정/이정훈, 명예훼손과 온라인서비스제공자의 형사책임, 형사정책, 제22권 제1호(2010), 270면.
26 박상기/전지연, 형법학, 56 – 57면.
27 형법 제18조: "위험의 발생을 방지할 의무가 있거나 자기의 행위로 인하여 위험발생의 원인을 야기한 자가 그 위험발생을 방지하지 아니한 때에는 그 발생된 결과에 의하여 처벌한다."
28 오경식/황태정/이정훈, 명예훼손과 온라인서비스제공자의 형사책임, 형사정책, 제22권 제1호(2010), 270면.

년유해매체물임을 표시하지 아니하고 영리를 목적으로 제공한 자는 처벌(동법 제73조 제2호)한다. 이와 같이 정보통신망법이 진정부작위범 형태의 구성요건을 두고 있고, 정보통신서비스제공자가 해당 요청을 따르지 않는 부작위가 존재하는 경우 정보통신서비스제공자를 진정부작위범으로 처벌한다는 것이다.

여기에서 더 나아가 ISP가 제3자가 게시한 불법한 내용의 게시물을 삭제하는 등의 조치를 취하지 않은 채 그대로 방치한 것을 진정부작위범으로 처벌할 수 있는가이다. 정보통신망법에 의하면 정보통신망을 통하여 일반에게 공개를 목적으로 제공된 정보로 사생활 침해나 명예훼손 등 타인의 권리가 침해된 경우 그 침해를 받은 자는 해당 정보를 처리한 정보통신서비스제공자에게 침해사실을 소명하여 그 정보의 삭제 또는 반박내용의 게재를 요청할 수 있다(제44조의2 제1항). 이러한 요청을 받은 경우 정보통신서비스제공자는 지체 없이 삭제·임시조치 등의 필요한 조치를 하고 즉시 신청인 및 정보게재자에게 알려야 한다. 이 경우 정보통신서비스제공자는 필요한 조치를 한 사실을 해당 게시판에 공시하는 등의 방법으로 이용자가 알 수 있도록 하여야 한다(동법 제44조의2 제2항). 이러한 의미에서 정보통신서비스제공자는 삭제 등의 요청이 있으면 이를 삭제하는 등의 대응조치를 취할 의무가 있고 이를 방치하는 것은 허용되지 아니한다. 그러나 이러한 대응조치를 이행하지 않은 행위에 대한 별도의 독립적인 처벌규정은 존재하지 않는다는 점에서 진정부작위범의 구성요건은 존재하지 않고, 다만 대응조치를 취한 경우에는 민사상의 배상책임을 줄이거나 면제받을 수 있다(제44조의2 제6항). 결국 일반적인 삭제 조치 등의 의무를 이행하지 않은 경우 그에 대한 형사처벌은 부진정부작위범으로서의 범죄성립 여부만이 문제된다.

3. 부진정부작위범으로서 처벌 가능성

ISP에게 부진정부작위범이 성립하기 위하여는 몇 가지 요건을 구비하여야 한다. 부작위에 의하여 작위범의 구성요건을 실현시키는 부진정부작위범이 성립하기 위한 요건은 작위범의 경우와 다를 수밖에 없다. 우선 부진정부작위범은 존재론적으로 보아 어떠한 작위도 없었음에도 불구하고 형사책임이 문제되는 것은 구성요건에 해당하는 결과가 발생한 점에 있다. 다음으로 부진정부작위범의 행위주체는 보증인지위에 있는 작위의무자이어야 하며(진정신분범), 일정한 구성요건의 경우에는 행위방식이 작위와 동가치성이 인정되어야 한다. 그리고 외형상의 행위가 없기 때문에 인과관계의 문제가 발생하며, 비록 작위의무자라고 하더라도 모든 결과발생에 대하여 책임을 부담할 수는 없기 때문에 결과발생을 방지할 수 있는 가능성(기대가능성)이 전제되어야 한다.[29]

1) 결과발생

부진정부작위범이 성립하기 위해서는 구성요건에 해당하는 결과가 발생하여야 한다. 결과가 발생하지 않은 경우 실행의 착수 여부를 판단하여 미수범 성립을 검토하여야 한다.

ISP는 제3자가 사이트 등에 게시하는 불법 내용물에 대하여 대응조치하지 않음으로써 계속 게시물이 게시되게 함으로써 타인의 명예훼손이나 저작권과 같은 법익침해(위험)의 결과를 발생시켰다는 점에서 결과발생은 존재한다.

2) 결과발생 방지 가능성

부진정부작위범에서 보증인에게 결과발생을 방지하기 위한 적법행위에 대한 기대가능성이 있어야 하는 이유는, 보증인에게 자신의 이익이 중대할 정도로 침해될 위험이 있거나 결과발생을 방지할 가능성이 없을 때에는 작위의무이행을 기대할 수 없기 때문이다. 즉, 결과발생을 방지할 현실적 가능성이 있어야 한다. 비록 법익보호의무가 있더라도 발생하는 모든 법익침해에 대하여 책임을 부담할 수는 없기 때문이다.

ISP의 경우 자신이 정보통신망의 관리나 사이트의 운영자에 해당하기 때문에 제3자가 게시하는 콘텐츠나 게시물이 타인의 법익침해나 불법내용물인 경우 해당 게시자에게 삭제 등의 조치를 요구할 수 있다. 그리고 이에 응하지 않는 경우 자신이 직접 사이트의 열람을 제한하거나 게시물의 삭제조치를 할 수 있는 기술적 조치들을 취할 수 있다. 이러한 의미에서 결과발생을 방지할 가능성은 존재한다. 다만 ISP

---

29 박상기/전지연, 형법학, 57 – 58면.

가 피해자의 일방적 주장이나 ISP 자신의 주관적 입장에 따라 무조건적으로 이러한 대응조치를 취하는 경우 이것이 ISP와 제3자 사이의 정보통신서비스 제공 계약이나 제3자의 정당한 표현의 자유나 권리를 침해할 위험성도 존재한다. 이와 같이 정보통신서비스제공자는 피해자의 정보의 삭제요청에도 불구하고 권리의 침해 여부를 판단하기 어렵거나 이해당사자 간에 다툼이 예상되는 경우에는 해당 정보에 대한 접근을 30일 이내로 임시적으로 차단하는 조치를 할 수 있다(정보통신망법 제44조의2 제4항).

3) 보증인지위

부작위범이 성립하기 위해서는 행위자에게 작위의무가 인정되어야 하기 때문에, ISP에게 불법한 내용물을 그대로 방치하지 않고 이를 삭제하는 등의 조치를 취해야할 작위의무가 존재하여야 한다. 이때의 작위의무는 단순한 도덕상 또는 종교상의 의무가 아니라 '법적 의무'일 것을 요한다. 그리고 법적 의무인 한에는 성문법이건 불문법이건, 공법이건 사법이건 불문한다. 이러한 작위의무가 언제, 어떻게 발생하는 것인지에 대해서는 형식설에 의할 경우 작위의무는 법령·계약·선행행위·조리 등에 의하여 발생한다고 이해한다. 따라서 호스트제공자에게 제3자의 불법내용을 삭제하는 등의 대응조치를 취할 작위의무가 무엇에 근거하여 발생할 수 있는가를 검토한다.

(1) 법령에 의한 작위의무

보증의무의 발생근거의 하나인 법령에 의한 작위의무는 예컨대 사업주의 위험예방을 위한 안전조치의무(산업안전보건법 제23조), 운전자의 구호조치의무(도로교통법 제54조), 의사의 응급조치의무(의료법 제15조 제2항), 친권자의 보호의무(민법 제913조), 경찰관의 보호조치의무(경찰관직무집행법 제4조) 등과 같이 해당 보증의무가 법령에 규정되어 있는 경우이다.

ISP에게 이러한 법령에 의한 작위의무가 발생하기 위해서는 법령에 명시적으로 ISP의 작위의무에 관한 규정이 존재하여야 한다. 정보통신망법에 의하면 정보통신서비스제공자는 삭제·임시조치 등의 필요한 조치를 하도록 규정하고 있다(제44조의2 제2항). 그러나 여기에서의 삭제 등의 조치는 피해자가 삭제 등을 요구한 경우에 행하여지는 조치이다. 즉, 정보통신망을 통하여 일반에게 공개를 목적으로 제공된 정보로 사생활 침해나 명예훼손 등 타인의 권리가 침해된 경우 그 침해를 받은 자는 해당 정보를 처리한 정보통신서비스제공자에게 침해사실을 소명하여 그 정보의 삭제 또는 반박내용의 게재를 요청할 수 있고(제44조의2 제1항), 이에 따라 해당 정보의 삭제 등을 요청받으면 정보통신서비스제공자는 지체 없이 삭제·임시조치 등의 필요한 조치를 하고 즉시 신청인 및 정보게재자에게 알리도록 한 것이다. 따라서 정보통신서비스제공자가 부담하는 작위의무는 피해자가 요청한 경우에 해당하며, 이러한 경우 작위의무의 이행을 통하여 배상책임을 줄이거나 면제받을 수 있도록 한 것이다. 이러한 점에서 정보통신망법에 의하여는 게시된 불법한 내용의 제거에 대한 ISP의 일반적 작위의무를 도출해 낼 수는 없다. 또한 ISP에 대한 불법 내용물의 제거에 대한 구체적 작위의무를 규정한 법령은 발견되지 아니한다. 따라서 ISP의 보증의무는 법령에 근거하여서는 발생하지 아니한다.[30]

(2) 계약에 의한 작위의무

의사가 환자를 치료할 의무나 유아원이나 유치원의 원장(선생님)이 유아를 돌볼 작위의무는 의사와 환자나 원장과 유아의 부모와의 계약에 의하여 작위의무가 발생한다. 따라서 ISP와 이용자와의 계약에 의하여 불법한 내용의 게시물을 제거할 ISP의 작위의무가 발생할 수 있는지를 약관을 통하여 확인하여 볼 필요가 있다.

우리나라의 중요 ISP의 하나인 '다음'(Daum)의 이용약관에 의하면, 이용자의 게시물이 정보통신망법이나 저작권법 등 관련 법령에 위반되는 내용을 포함하는 경우, 권리자는 회사에 관련 법령이 정한 절차에 따라 해당 게시물의 게시중단 및 삭제 등을 요청할 수 있으며, 회사는 관련 법령에 따라 조치를 취하도록 규정하고 있다. 그리고 회사는 권리자의 요청이 없는 경우라도 권리침해가 인정될 만한 사유가 있거나 기타 회사의 정책 및 관련 법령에 위반되는 경우에는 관련 법령에 따라 해당 게시물에 대해 임시조치 등을 취할 수 있도록 하고 있다.[31] 결국 계약에 의하면 다

---

30 동일한 취지로 오경식/황태정/이정훈, 명예훼손과 온라인서비스제공자의 형사책임, 형사정책, 제22권 제1호 (2010), 273-274면.

31 다음 이용약관 "제8조(게시물의 관리) ② 회사는 권리자의 요청이 없는 경우라도 권리침해가 인정될 만한 사유가 있거나 기타 회사의 정책 및 관련 법령에 위반되는 경우에는 관련 법령에 따라 해당 게시물에 대해

음 ISP는 관련자의 삭제 등의 요청이 있으면 이에 응하고, 요청이 없는 경우에도 불법한 게시물에 대하여는 관련 임시조치들을 취할 권리가 있음을 기술하고 있다. 이러한 의미에서 '다음'과 같은 ISP는 이용자와의 계약에서 게시물들에 대한 일반적 대응조치를 취할 일반적 의무는 없으며, 피해자의 요청이나 자신들의 권리로 대응조치를 취할 수 있음을 수 있음을 알 수 있다. 따라서 ISP에게 계약에 의한 작위의무를 인정할 수는 없다.[32]

(3) 선행행위에 의한 작위의무

선행행위에 의한 작위의무는 자기의 행위로 인하여 위험발생의 원인을 야기한 자가 그 위험발생을 방지하기 위한 작위의무가 존재한다. 이는 자신이 선행행위로 위험을 야기하였기 때문에 자신이 제공한 위험이 보다 큰 위험으로 진행되는 것을 적극적으로 방지하여야 할 작위의무가 존재한다는 것이다. 이 경우 선행행위가 위법하여야 하는가 아니면 적법한 선행행위라고 하더라도 그로 인한 법익침해의 결과발생을 방지할 보증인으로서의 책임을 지는가에 대해서는 견해가 나뉜다. 즉, 결과발생을 초래하게 한 선행행위의 적법·위법을 불문하고 결과발생을 야기하였으면 보증인의 의무를 인정하는 견해(야기설)[33]와 위법한 선행행위에 국한해서 보증인의 의무를 인정하는 견해(의무위반설)[34]로 나뉜다. 자신의 행위로 인하여 법익침해의 위험성이 야기되었다고 하더라도 이러한 행위가 적법하다면 이에 대해 결과발생을 방지할 보증인의무까지 부담시키는 것은 타당하지 않으므로 의무위반설이 타당하다.[35]

ISP의 행위는 선행행위로 정보통신서비스를 제공하였으며, 이를 이용하는 제3자는 불법내용물을 게시하는 행위를 하고 이러한 불법 내용물을 알고도 방치한 부작위행위를 하였다. 그 결과 예컨대 명예훼손이나 저작권 침해 등의 방치로 법익침해를 당한 피해자에게 계속하여 위험이 진행되었다. 그러나 ISP의 정보통신서비스를 제공하는 선행행위는 위법한 행위라고 볼 수 없으며 또한 해당 정보통신서비스의

임시조치 등을 취할 수 있습니다."

32 오경식/황태정/이정훈, 명예훼손과 온라인서비스제공자의 형사책임, 형사정책, 제22권 제1호(2010), 274-275면.

33 오영근, 형법총론, 169면; 이형국/김혜경, 형법총론, 514면; 정영일, 형법총론, 108면.

34 오경식/황태정/이정훈, 명예훼손과 온라인서비스제공자의 형사책임, 형사정책, 제22권 제1호(2010), 276면.

35 박상기/전지연, 형법학, 60면.

제공행위가 직접 피해자의 법익침해로 이어진 것으로 볼 수는 없다는 점에서 정보통신서비스의 제공행위를 작위의무를 근거지우는 선행행위로 볼 수 없다.[36]

(4) 조리에 의한 작위의무

신의성실의 원칙이나 조리에 의한 작위의무의 인정 여부에 대하여는 특별한 제한 없이 이를 인정하는 견해(적극설)[37]와 조리에 의한 작위의무를 인정해서는 안 된다는 견해(소극설)[38]가 대립한다. 그러나 작위의무의 구체적인 내용이 무엇인가에 따라서 보증의무의 성립여부를 제한하는 기능설(실질설)의 입장에서는 보증인의무의 내용을 어떻게 파악하느냐에 따라 조리의 내용과 범위가 달라진다(제한적 인정설).[39] 그러므로 단순히 조리의무에 의한 작위의무의 존부에 대한 표면적인 학설대립은 의미가 없다.

제한적 인정설의 입장에 의하는 경우에도 조리에 의한 ISP의 작위의무를 인정할 것인가에 대하여 논란이 된다. 조리상의 작위의무를 긍정하는 입장은 ISP가 실질설의 관점에서 위험원의 관리·감독할 권한을 가진 자라는 이유나 ISP는 해당 위험원을 차단할 수 있는 기술적인 능력과 사실상의 가능성이 있다는 점에서 그 근거를 찾는다.[40] 이에 반하여 부정하는 입장은 ISP의 기술적인 능력과 사실상의 가능성은 작위의무자의 개별적인 행위능력의 문제이지 보증인지위의 근거가 될 수 없고, 이

---

36 동일한 취지로 오경식/황태정/이정훈, 명예훼손과 온라인서비스제공자의 형사책임, 형사정책, 제22권 제1호 (2010), 276면.

37 손해목, 형법총론, 797면. 판례 역시 적극설의 입장에 서 있다(대법원 2008.2.28. 선고 2007도9354 판결: 형법상 부작위범이 인정되기 위해서는 형법이 금지하고 있는 법익침해의 결과발생을 방지할 법적인 작위의무를 지고 있는 자가 그 의무를 이행함으로써 결과발생을 쉽게 방지할 수 있었음에도 불구하고 그 결과의 발생을 용인하고 이를 방관한 채 그 의무를 이행하지 아니한 경우에, 그 부작위가 작위에 의한 법익침해와 동등한 형법적 가치가 있는 것이어서 그 범죄의 실행행위로 평가될 만한 것이라면, 작위에 의한 실행행위와 동일하게 부작위범으로 처벌할 수 있고, 여기서 작위의무는 법령, 법률행위, 선행행위로 인한 경우는 물론, 기타 신의성실의 원칙이나 사회상규 혹은 조리상 작위의무가 기대되는 경우에도 인정된다 할 것이다). 동일한 취지로 대법원 1992.2.11. 선고 91도2951 판결; 대법원 2006.4.28. 선고 2003도4128 판결.

38 오영근, 형법총론, 170면; 임웅, 형법총론, 260면.

39 박상기/전지연, 형법학, 59면; 손동권/김재윤, 형법총론, 404면; 이재상/장영민/강동범, 형법총론, 10/26.

40 염동신, "온라인서비스제공자의 형사상 책임 : 독일 '연방정보통신사업법'을 중심으로", 인터넷법률, 제5호 (2001/03), 법무부, 153면; 원형식, "사이버공간에 있어서 우리나라 형법의 적용범위", 인터넷법률, 제10호 (2002/01), 법무부, 55면; 이인영, 사이버범죄 관련 정보통신서비스제공자의 형사책임에 관한 고찰, 비교형사법연구, 제19권 제4호(2018), 573면.

용자의 의도에 따라 달라질 수 있는 잠재적인 위험성을 위험원으로 간주하고 ISP에게 작위의무를 부과하게 되면 보증의무의 인정범위가 지나치게 넓어지게 된다는 점을 주장한다.[41]

대법원은 인터넷 포털 사이트 내 오락채널 총괄팀장과 위 오락채널 내 만화사업의 운영 직원인 피고인들에게, 콘텐츠제공업체들이 게재하는 음란만화의 삭제를 요구할 조리상의 의무가 있다고 하여, 구 전기통신기본법 제48조의2 위반 방조죄의 성립을 긍정하였다.[42] 즉, 대법원은 피고인들에게 콘텐츠 제공업체들이 성인만화방에 게재하는 만화 콘텐츠를 관리·감독할 권한과 능력을 갖고 있었다고 보고, 따라서 음란만화들이 지속적으로 게재되고 있다는 사실을 안 이상 이를 게재한 콘텐츠제공업체들에게 그 삭제를 요구할 조리상의 의무가 있었다고 판시하였다. 또한 사이트를 운영하는 업자들은 사이트의 일부를 할당받아 유료로 정보를 제공하는 정보제공업체들이 음란한 정보를 반포·판매하지 않도록 이를 통제하거나 저지하여야 할 조리상의 의무를 부담한다고 하였다.[43] 이러한 점에서 판례는 긍정설의 입장이다.

4. 정범 vs. 공범(방조범)

ISP에게 조리상의 작위의무를 인정하여 불법콘텐츠를 삭제하지 않고 그대로 방치한 것에 대하여 부작위범을 인정하는 경우에도 이를 정범으로 볼 것인가 공범(방조범)으로 볼 것인가가 논란이 된다. 여기에서 불법콘텐츠를 ISP에 직접 게시하는 등의 적극적 행위를 하는 자는 작위에 의하여 명예훼손죄, 음란물유포죄, 저작권침해죄 등의 정범이 성립함에는 의문이 없다. 문제는 이러한 작위의 정범의 범행을 제지하지 아니하고 대응조치를 취하지 아니한 보증인지위에 있는 ISP의 부작위를 또 다른 정범으로 볼 수 있는가, 아니면 방조범에 해당하는가이다.

문제를 해결하는 방안은 완전히 다른 토대에서 출발할 수 있다. 즉, 부작위에 의한 참가문제를 ① 작위범에서 발전된 정범과 공범의 구별이론을 부작위범의 영역에

---

41 김혜경, 사이버공간에서의 표현행위와 형사책임, 한국형사정책연구원, 2005, 107면; 오경식/황태정/이정훈, 명예훼손과 온라인서비스제공자의 형사책임, 형사정책, 제22권 제1호(2010), 277 - 278면.
42 대법원 2006.4.28. 선고 2003도4128 판결.
43 대법원 2006.4.28. 선고 2003도80 판결.

도 적용하여 해결하는 방안, ② 구성요건실현이라는 사태발생의 원인이나 개입 가능성 또는 작위범에의 종속성과 같은 특별한 요소를 가지고 이를 해결하는 방안, ③ 부작위범의 구조적 특수성으로부터 나오는 독자적인 기준을 적용하여 해결하는 방안이 있다.[44]

작위범에서의 정범과 공범의 구별이론을 부작위범에 적용하는 방안은 범행지배설이나 주관설을 부작위범에도 그대로 적용하여 정범과 공범의 여부를 판단한다. 부작위의 특수성에 기초하여 참가자의 처벌을 결정하는 입장은 부작위범의 구조적 특수성 가운데 어떤 요소가 정범 또는 공범을 근거지우는가에 따라 다양한 견해들이 주장된다. 첫째, 부작위범의 특성을 결과발생 방지의무에 두고 해당 의무를 위반하는 자는 모두 정범이며, 보증인이 아닌 자가 결과발생을 방지하지 아니한 경우에는 범죄의 성립이 부정된다는 입장이 있다(단일정범설 또는 유일정범설). 둘째, 의무범설의 입장에서 보증의무를 위반한 자에게는 원칙적으로 정범이 성립하나 구성요건상 정범의 성립에 보증의무 이외에 추가적인 구성요건표지를 요구하는 경우(예컨대 자수범이나 영득범죄의 경우) 이를 결하게 되면 보증인에게는 공범이 성립한다는 입장이다. 셋째, 보증의무를 감독보증의무와 보호보증의무로 구별하여 감독보증의무를 위반한 보증인은 원칙적으로 공범이고, 보호보증의무를 위반한 자는 정범으로 보는 입장이다. 넷째, 부작위범의 성립요건인 부작위의 작위와의 상응성(동가치성)이 부작위에 의한 정범과 공범의 구별기준이 된다고 본다.[45] 즉, 부작위에 의한 참가에서 정범과 공범의 구별을 보증인의 부작위가 '작위에 의한 정범의 구성요건실현행위'에 상응하는가 '작위에 공범의 구성요건실현행위에' 상응하는가에 따라, 전자의 경우에는 정범을 후자의 경우에는 공범을 인정한다.

ISP의 부작위와 관련하여 다수의 견해는 방조범의 성립을 인정한다. 즉, 정보통신서비스망에 불법한 콘텐츠를 제공한 직접 행위자는 타인이고 ISP의 역할은 범죄사

---

44 해결방안에 대한 개괄적인 설명은 Schwab, Täterschaft und Teilnahme bei Unterlassungen, 1996, S.63 ff.; Sowada, Täterschaft und Teilnahme beim Unterlassungsdelikt, Jura 1986,399 ff.; 전지연, 부작위에 의한 참가, 형사법연구, 제5호(1993), 64면 이하; 전지연, 부작위범에서 정범과 공범의 구별, 형사판례연구[13], 2005, 95면 이하; 이용식, 부작위에 의한 정범과 공범의 구별, 서울대 법학, 제40권 제2호(1999), 258면 이하 참조.
45 Schwab, Täterschaft und Teilnahme bei Unterlassungen, 1996, S.189 ff.; 이용식, 전게논문, 281면 이하. 명확하지는 않으나 비슷한 해석으로 보이는 것은 임웅, 형법총론, 541면.

실을 알면서 이를 방치하였다는 것뿐이므로 처음부터 ISP가 범의 없는 타인에게 범죄의사를 야기하여 콘텐츠를 정보통신망에 제공하도록 하였다는 등의 비유형적 상황이 아닌 이상 교사범의 성립을 생각하기는 어렵다고 본다. 오히려 정보통신시스템에서 호스트제공자의 책임이 발생하는 것은 타인이 제공한 콘텐츠가 불법적이라는 점을 알고 있고 이를 기술적으로 제거할 수 있는 상황임에도 이를 방치하는 경우이며, 이러한 상황은 형법적으로는 전형적인 방조범의 문제영역이라 이해한다.[46]

이에 대하여 일부에서는 명예훼손과 같은 범죄는 상태범에 해당하기 때문에 사이버공간에 명예훼손적 내용물이 게시되면 그것으로 이미 명예훼손죄의 범행은 종료하고, 이를 삭제하지 않은 채 방치하는 ISP의 행위는 범행 종료 후의 가담에 사응하므로 명예훼손과 관련한 범죄의 공범으로 처벌될 수 없다고 지적한다.[47] 따라서 이를 극복하기 위하여 사이버공간에서의 명예훼손은 일반 현실 공간에서의 명예훼손과 달리 정보통신망에 게시되어 삭제되지 않은 채 계속 게시되어 있는 동안에는 계속범을 인정하고, 이를 삭제하지 않은 ISP에게 명예훼손죄의 방조범의 성립을 인정할 것을 주장한다.[48]

대법원 역시 ISP의 담당직원이 콘텐츠 제공업체가 성인만화방에 게재하는 만화 콘텐츠를 관리·감독할 권한과 능력을 갖고 있었다고 할 것이고, 따라서 이 사건 음란만화들이 지속적으로 게재되고 있다는 사실을 안 이상 이를 게재한 콘텐츠 제공업체에게 그 삭제를 요구할 조리상의 의무가 있고, 이에 따라 담당직원에게 작위의무가 있다고 판단하여 담당직원을 구 전기통신기본법 제48조의2 위반 방조죄로 처벌하였다.[49] 다만 여기에서는 정확히 왜 정범이 아닌 방조범에 해당하는가에 대한 구체적인 논증은 없다.

이에 반하여 일부 판결에서는 비교적 구체적으로 방조범이 성립함을 주장하고 있다. 구 전기통신기본법 제48조의2 위반죄는 전기통신역무를 이용하여 음란한 부

---

46 오경식/황태정/이정훈, 명예훼손과 온라인서비스제공자의 형사책임, 형사정책, 제22권 제1호(2010), 267면; 이인영, 사이버범죄 관련 정보통신서비스제공자의 형사책임에 관한 고찰, 비교형사법연구, 제19권 제4호(2018), 574면.
47 박정난, 사이버 명예훼손의 형사법적 연구, 경인문화사, 2020, 121면.
48 박정난, 사이버 명예훼손의 형사법적 연구, 경인문화사, 2020, 122면.
49 대법원 2006.4.28. 선고 2003도4128 판결.

호·문언·음향 또는 영상을 반포·판매 또는 임대하거나 공연히 전시한 경우에 성립하는 것으로서 그 규정형식으로 보아 작위범이고, 이와 같이 작위를 내용으로 하는 범죄를 부작위에 의하여 범하는 부진정부작위범이 성립하기 위하여는 부작위를 실행행위로서의 작위와 동일시할 수 있어야 하는 것으로 이해한다. 음란한 정보를 직접 반포·판매한 것은 정보제공업체이고, ISP는 작위의무에 위배하여 그 반포·판매를 방치하였다는 것만으로는 음란한 정보를 반포·판매하였다는 것과 동일시할 수는 없고, 따라서 ISP는 정보제공업체들의 전기통신기본법 위반 범행을 방조하였다고 볼 수 있음은 별론으로 하고 위와 같은 작위의무 위배만으로는 ISP를 전기통신기본법 위반죄의 정범에 해당한다고 할 수는 없다고 보았다.[50] 음란정보를 반포·판매하는 행위와 이를 방치하는 행위를 동일시할 수 없다는 취지에서 정범이 아닌 공범을 인정하는 것은 앞의 구별기준에서 동가치성설에 의하여 판단한 것으로 평가할 수 있다.

그러나 판례의 이러한 논증에는 동의하기 어렵다.[51] 1인은 작위로 1인은 부작위로 범행에 참가한 경우 범행지배설에 따르면 적극적 행위로 참가한 자가 범행을 지배하는 것이므로 정범에 해당하고, 부작위에 의한 참가자는 범행을 지배하지 못하므로 공범에 불과하다고 이해한다. 그러나 이러한 해석은 부작위범이 가지고 있는 특별한 구조를 무시한 채, 작위범 사이의 참가에서 정범과 공범의 구별기준이 되는 범행지배설을 부작위범의 영역에까지 적용하는 것은 적절하지 못하다. 또한 동가치성설에 의한 정범과 공범의 구별기준 역시 수긍하기 어렵다. 왜냐하면 부작위범에서 작위와의 동가치성이라는 요소는 부작위범이 성립하기 위한 필수적 요소이지 그것이 정범적 행위와 동가치 또는 공범적 행위와 동가치라는 구분 개념은 존재하지 않기 때문이다. 따라서 현재의 입장에서는 부작위범의 의무범적 구조를 바탕으로 하는 의무범설에 따라 불법콘텐츠를 게시한 자는 작위에 의한 정범이며, 조리에 의한 작위의무를 인정하는 한에는 대응조치를 취하지 않은 채 방치한 ISP의 행위는 부작위에 의한 정범으로 파악하여야 할 것이다.

---

50 대법원 2006.4.28. 선고 2003도80 판결.
51 이에 대하여 상세하는 전지연, 부작위에 의한 참가, 형사법연구, 제5호(1993), 63면 이하; 전지연, 부작위범에서 정범과 공범의 구별, 형사판례연구[13], 2005, 95면 이하 참조.

사이버범죄의 과잉과 처벌규정의 통합방안

과잉범죄화와 과잉형벌화의 원인

사이버범죄에 대한 형사법적 규제는 형법뿐 아니라 다수의 특별법을 통하여 이루어지고 있다. 특히 사이버범죄를 처벌함에 있어서 형법을 통한 처벌보다는 특별법을 통한 처벌의 경우가 상대적으로 다수로 보인다. 이와 같이 사이버범죄를 특별법 중심으로 처벌규정을 마련하게 된 이유는 사이버공간에서 나타나는 범죄행위에 신속하게 대응할 필요가 있으므로 그때그때마다 관련 규정들을 수정, 보완하여야 하나, 형법은 개정하기가 쉽지 않다고 판단하여 이를 특별법으로 규제하게 되었다. 또한 사이버공간에서 발생하는 범죄행위와 관련하여 직접적으로 이해관계가 있는 정보통신망 운영업체, 인터넷서비스업체, 컴퓨터 관련 기관이나 이를 담당하는 정부의 기관들의 시각이 크게 작용하여 사이버범죄의 유형과 대상 그리고 법정형들이 정해지고, 이것이 형사규제로 입법화되었다. 그 결과 사이버범죄의 처벌과 관련하여 형법의 일반원리와 당벌성(Strafwürdigkeit), 그리고 다른 범죄들과의 형평성 등의 내용이 종합적으로 고려되기보다는 신속한 형사법적 대응이 필요하다는 점과 발생하는 법익침해가 막대하다는 주장만이 전면에 등장하였다. 이에 근거하여 사이버공간의 일탈행위에 대한 거의 전방위적 처벌, 또한 그 처벌도 엄격한 처벌을 통하여 사이버범죄를 예방하려는 시도는 도처에 중첩적인 처벌규정들과 엄격한 규정들을 생산하여, 결국 사이버범죄에 대한 형사법적 규제는 과잉범죄화와 과잉형벌화의 문제를 지니게 되었다.

사이버범죄에서 과잉범죄화가 문제되는 유형은 두 가지 형태로 존재한다. 하나는 동일한 구성요건행위가 다양한 법률에 중복 또는 중첩적으로 규정되어 있는 결과 중복적으로 적용되기 때문에 과잉이 되는 유형(규정의 중복 유형)과 해당 구성요건 자체가 범죄로 존속하여야 할 필요가 있는가가 문제되는 유형(처벌필요성 유형)의 두 가지 유형이 있다.

첫째, 중복으로 인한 구성요건이 과잉되는 경우는 예컨대 사이버상에서 전자적 자료를 손괴하는 경우를 들 수 있다.[1] 형법은 재물손괴죄의 규정(제366조)에서 '전자기록 등 특수매체기록'에 대한 효용을 해하는 경우를 처벌하고 있으며, 정보통신망법에서는 정보통신망에 의하여 보관되는 정보를 훼손하는 경우뿐만 아니라 정보통신망에 의하여 처리 또는 전송되는 정보를 훼손한 경우도 처벌한다(제49조, 제71조 제1항 제11호). 또한 개인정보를 처리하거나 처리하였던 자가 정당한 권한 없이 또는 허용된 권한을 초과하여 다른 사람의 개인정보를 훼손, 멸실, 변경하는 경우 처벌하며(개인정보 보호법, 제71조 제6호), 해당 정보가 공공기관에서 처리하고 있는 개인정보의 경우에 이를 공공기관의 개인정보 처리업무를 방해할 목적으로 개인정보를 변경, 말소하여 공공기관의 업무 수행의 중단·마비 등 심각한 지장을 초래한 경우에도 개인정보 보호법에 의해 처벌되며(제70조 제3호),[2] 물류전산망에 의하여 처리·보관 또는 전송되는 물류정보를 훼손한 경우에는 물류정책기본법에 의해, 신용정보 전산시스템의 정보를 삭제·기타·이용불능케 하는 행위는 신용정보의 이용 및 보호에 관한 법률에 의해 처벌된다. 이와 같이 해당 자료가 어떤 종류의 자료인가에 따라 다양한 법률에 중첩적으로 규정되어 있다. 이러한 경우에는 각각의 해당 행위들이 가지는 처벌필요성과 다른 범죄와의 형평성 및 다른 법률과의 관련성 등을 검토하여 통합하는 등의 작업이 필요하다.

---

[1] 자료삭제 이외에도 자료조작이나 자료변경의 경우 그리고 전자적 자료나 정보를 누설하는 경우에도 자료삭제의 경우와 동일하게 다수의 구성요건이 중첩하는 경우들이 존재한다.

[2] 개인정보 보호법에 의하여 규제되기 이전에는 구 공공기관의 개인정보보호에 관한 법률에 의하여 공공기관에서 처리하고 있는 개인정보를 변경 또는 말소한 자를 처벌하도록 규정하였다(동법 제23조 제1항). 그러나 동법은 개인정보 보호법으로 통합되어 시행되고 있다.

둘째, 구성요건의 존속필요성이 의문스러운 범죄는 예컨대 단순 해킹이라고 불리는 정보통신망의 무단침입죄를 들 수 있다. 해킹은 그 자체만으로는 아직 구체적으로 정보통신망이나 컴퓨터시스템 파괴 등에 의하여 다른 사람의 업무를 방해하였다거나, 저장된 전자적 자료나 문서들을 삭제·위작 또는 변작하였다거나, 비밀을 침해하였다거나, 재산상 이익을 취득한 것이라고 할 수 없으므로 과연 이러한 행위를 처벌할 수 있을 것인가가 논란이 되었다.[3]

일부에서는 이러한 침입행위는 업무방해나 비밀침해 등의 예비행위에 불과하므로 우리 형법상 각각의 유사한 해당 조문에 예비행위에 대한 처벌규정이 없는 한 이에 상응하게 불처벌하는 것이 타당하다고 주장하였다. 이에 반하여 권한이 없는 사람이 시스템관리자의 의사에 반하여 시스템에 침입하는 행위 자체는 그것이 자료의 부정조작이나 컴퓨터 손괴에 의한 업무방해행위, 비밀침해 등 다른 범죄행위로 나아가기 위한 선절차(Vorfeld)로서의 의미를 가지는 경우는 물론이고, 그와 같이 다른 범죄행위로 나아갈 의사 없이 단순한 호기심이나 영웅심 등에 기인하여 이루어진 경우라 할지라도 이러한 유형의 해킹행위가 폭증하고 있고, 그 위험성 또한 적지 아니하다는 점에서 이를 처벌할 필요성이 있다고 주장하였다.

입법자는 해킹의 처벌필요성을 인정하여 구 전산망 보급확장과 이용촉진 등에 관한 법률에서 전산망의 보호조치를 침해하거나 훼손한 자를 처벌하도록 규정하고 있었다(동법 제30조의2; 정보통신망 보호조치 침해죄). 그러나 동법을 정보통신망 이용촉진 및 정보보호 등에 관한 법률로 개정하여 2001년 7월 1일부터 시행한 법률에서는 이러한 보호조치 침해 규정 대신 정보통신망 침입행위 금지 규정을 마련하였다.[4] 즉, 정보통신망법에 의하면 누구든지 정당한 접근권한 없이 또는 허용된 접근권한을 넘어서 정보통신망에 침입하여서는 안 되며(제48조), 이 규정을 위반하여 정보통신망에 침입한 자를 처벌하도록 하였으며(제71조 제1항 제9호), 그에 대한 미수범도 처벌하도록 규정을 신설하였다(제71조 제2항).

그러나 해킹에 대한 무차별적인 처벌과 미수범까지 그 처벌범위를 확대한 것에

---

[3] 컴퓨터범죄의 초기 시절 해킹의 처벌여부에 대한 논란은 유인모, 정보형법의 과제와 전망, 형사정책, 제12권 제1호(2000), 71 – 73면 참조.

[4] 이것은 해킹의 기술적 발전에 따라 보호조치를 침해하지 않고 보호조치를 우회하는 등의 방법으로 정보통신망에 침입할 수 있는 수단이 확보되면서 처벌의 흠결이 발생할 것을 의식해 취해진 조치이다.

는 문제가 있다고 생각한다. 특정 범죄를 범할 생각이나 기회로 정보통신망에 침입하여 해당 범죄의 결과를 실현하거나 실현하려고 하였던 경우에는 해당 범죄로 처벌할 수 있다. 그러나 범죄를 범할 목적이라고 할지라도 단순히 정보통신망에 침입한 행위만으로는 아직 결과실현과 직접적인 연결이 있다고 보기 곤란하다. 그럼에도 불구하고 이를 처벌하는 것은 장래에 발생할 법익침해의 위험을 미리 방지하는 임무를 부담하는 셈이 되어 소위 위험형법화하게 된다.[5] 이는 형법의 일반적 임무가 아니라 경찰법의 과제에 속한다고 볼 것이다.[6]

더 나아가 정보통신망법상의 무단침입죄의 성립에는 정보통신망이나 시스템에 보호조치가 있는 것을 전제로 하지 않는다. 여기에서 판례는 정보통신망 서비스제공자로부터 권한을 부여받은 이용자가 아닌 제3자가 정보통신망에 접속한 경우 그에게 접근권한이 있는지 여부는 서비스제공자가 부여한 접근권한을 기준으로 판단하는 것으로 이해한다.[7] 따라서 보호조치가 되어 있지 않은 상태에서 단순히 "일반인은 접속하지 마십시오"라는 지시가 되어있는 정보통신망에 접속하는 것도 권한 없는 접속에 해당하며,[8] 아이디와 비밀번호를 입력하는 등의 보호조치가 되어 있는 정보통신망의 경우에도 이용권자의 동의하에 그의 아이디와 비밀번호로 해당 통신망에 접속하는 것도 모두 무단침입에 해당한다. 왜냐하면 대부분의 정보통신서비스제공업체는 이용자와 맺고 있는 회원계약의 약관[9]에 회원의 아이디와 비밀번호를 타인이 이용하지 못하도록 규정하고 있기 때문이다.

---

5 위험사회에서 위험형법으로의 변화에 대해서는 김재윤, 위험사회에서 형법을 통한 위험조종의 가능성과 한계, 일감법학, 제25호(2013), 123면 이하 참조.

6 이상돈, 해킹의 형법적 규율방안, 법조, 2002/3(통권 546권), 112면.

7 대법원 2005.11.25. 선고 2005도870 판결.

8 본래 해킹은 용어 그 자체에서 '특별한 기술적인 방법에 의한다'는 것을 전제로 하고 있다. 따라서 기술적인 방법이 아닌 단순히 지시에 반하여 접속하거나, 우연히 알게 된 아이디와 비밀번호로 접속하는 것은 해킹에 해당하지 않으나, 우리 법률은 해킹이라는 용어를 사용하지 않고 접근권한 없이 '침입'이라는 용어를 사용하여 이러한 문제가 발생한다고 본다.

9 예컨대 Daum 서비스약관 제5조(회원 ID 등의 관리책임) ① 회원은 서비스 이용을 위한 회원 ID, 비밀번호의 관리에 대한 책임, 본인 ID의 제3자에 의한 부정사용 등 회원의 고의·과실로 인해 발생하는 모든 불이익에 대한 책임을 부담합니다. 단, 이것이 회사의 고의·과실로 인하여 야기된 경우는 회사가 책임을 부담합니다. ② 회원은 회원 ID, 비밀번호 및 추가정보 등을 도난당하거나 제3자가 사용하고 있음을 인지한 경우에는 즉시 본인의 비밀번호를 수정하는 등의 조치를 취하여야 하며 즉시 이를 회사에 통보하여 회사의 안내를 따라야 합니다.

그리고 정보통신망침입의 미수범의 경우도 처벌하므로 접속을 시도하거나 접속하기 위하여 아이디나 비밀번호를 입력해 보는 행위 역시 처벌의 대상이 된다는 결론에 이른다. 따라서 무단침입의 경우 미수범의 처벌규정은 삭제되어야 하고, 무단침입의 경우는 보호조치의 여부라는 제한이나 특정 범죄를 범할 목적이라는 주관적 요소에 의한 제한이나 어떤 방식으로든지 제한이 필요하다고 보여진다.[10]

제3절 과잉형벌화

동일한 내용의 불법행위가 사이버공간과 오프라인에서 발생한 경우 그에 대한 처벌규정이 각기 존재하는 경우 사이버공간에서의 범죄에 대한 법정형이 일반범죄에 대한 법정형과 비슷하거나 다소 높은 것이 보통이다. 예를 들면 사기죄와 컴퓨터등 사용사기죄, 업무방해죄와 컴퓨터등 업무방해죄의 법정형(5년 이하의 징역 또는 1천 500만원 이하의 벌금)은 동일하다. 그러나 대량데이터의 전송을 통하여 정보통신망에 장애를 일으킨 경우(정보통신망법 제71조 제1항 제10호)에는 업무방해죄보다 벌금의 액수(5천만원 이하의 벌금)만 다소 높다.[11] 이와 같은 법정형의 차이는 사이버공간에서의 범죄는 일반 범죄에 부가하여 정보통신망에 대한 신뢰성과 안정성을 위태롭게 한다거나, 범죄의 피해범위나 정도가 클 것이라는 점에서 정당화되어질 수 있다.

그러나 유사한 범죄행위가 오프라인에서 행해졌느냐 정보통신망 등을 통하여 수행되었는가에 따라 법정형에서 상당한 차이를 나타내면 그에 대해서는 형평성의 견지나 과잉금지의 원칙에 비추어 법정형이 조정되어야 할 것이다. 전자기록이나 특수매체기록을 기술적 수단을 이용하여 알아낸 컴퓨터 등에 의한 비밀침해의 경우 '3년 이하의 징역이나 금고 또는 500만원 이하의 벌금'에 해당하나(형법 제316조 제2항), 패킷 스니퍼링 기법으로 정보통신망에 의하여 전송되는 타인의 비밀을 알아낸 경우

---

10 무단침입의 미수를 비범죄화 하여야 한다는 주장에 동의하는 것은 류석준, 해킹에 대한 규제법규에 관한 연구, 비교형사법연구, 제6권 제2호(2004), 202면; 이상돈, 전게논문, 116면 이하 참조(더 나아가 바이러스의 유포의 경우도 비범죄화 하여야 한다고 주장함).
11 출판물에 의한 명예훼손죄와 사이버명예훼손죄의 경우에도 사정은 비슷하다.

에는 '5년 이하의 징역 또는 5천만원 이하의 벌금'에 해당한다(정보통신망법 제71조 제11호). 그리고 또한 이와 유사하게 타인 간의 전기통신을 무단으로 감청한 경우에는 '10년 이하의 징역과 5년 이하의 자격정지'에 해당한다. 이러한 법정형의 현격한 차이는 특별법의 과잉을 보여준다.[12] 따라서 오프라인의 범죄와 사이버공간의 범죄의 형량을 비교·검토하여 과잉형벌에 대한 문제를 해소하여야 한다.[13]

제4절 사이버범죄 처벌규정의 통합방안

I 정비방안

사이버범죄에 형사법적 제재는 정보통신망을 매개로 하지 않는 대부분의 컴퓨터범죄는 형법에 의하여 규율되며, 정보통신망에 의하여 매개되는 사이버범죄는 대부분 정보통신망법을 포함한 다양한 특별법에 의하여 규율되고 있다. 결국 사이버범죄는 형법과 특별법의 이분화된 방식에 의해 처벌되고, 그 가운데 특별법은 너무 많은 법률들에 산재하여 있어 이를 정비할 필요성이 있다.

사이버범죄에 대한 형법적 규정들의 정비방안으로는 「사이버범죄 특별법」과 같이 사이버범죄의 처벌규정을 모두 하나의 특별법 규정으로 포섭하는 방안과 사이버범죄의 처벌을 원칙적으로 형법에 두고 특별히 특별법에 두어야 할 필요성이 있는 경우에 한하여 특별법으로 처벌하는 방안이 제시되고 있다.

특별법 규정으로 포섭하는 방안은 다양한 형태의 신종 사이버범죄가 출현하고 이를 일반 형법으로 규율하는 경우 특별법으로 규율하는 것보다 개정작업에 더 많은 시간과 비용이 걸릴 수 있어 신속하고 적정한 대처에 미흡함이 있을 것이라 생각하여 특별법으로 포섭할 것을 주장한다.[14]

---

12 동일한 취지로 이상돈, 전게논문, 121면.
13 기타 사이버 스토킹과 바이러스전달·유포죄의 경우에도 과잉형벌의 문제가 제기된다.
14 김신규, 사이버명예훼손·모욕행위에 대한 형사규제의 개선방안, 비교형사법연구, 제19권 제4호(2018), 613면; 원혜욱, 인터넷범죄의 특징과 범죄유형별 처벌조항, 형사정책연구, 제11권 제2호(2000), 113면.

사이버범죄를 가능한 한 모두 형법전에 규율하는 것이 다음과 같은 몇 가지 이유에서 타당하다고 본다.

첫째, 사이버범죄는 이미 사회에서 자주 발생하는 범죄의 유형이며, 오늘날 이미 수많은 사람들이 인터넷과 같은 사이버공간에서 활동하기 때문에 사이버범죄를 일반 형법이 아닌 특별 형법으로 규율할 필요가 없다.[15] 또한 사이버범죄에 대한 처벌이 [특별한] 것이 아니라 [일반적]이라는 것을 국민들에게 인식시킬 필요가 있으며, 이를 통해 일반예방적 기능이 더 효과를 나타낼 것이기 때문이다.[16]

둘째, 형법전으로의 편입이나 형법에의 제정과 개정을 통하여 해당 행위에 대한 처벌의 정도를 다른 범죄들과 비교·검토함으로써 처벌범위에 대한 정당성을 획득하고 다른 범죄와의 체계와 형평성을 유지할 수 있기 때문이다.[17]

셋째, 사이버범죄가 가지는 실무적 중요성에 비추어 장래의 법조인인 법대생이나 사이버범죄와 관련한 업무를 담당할 사람들에게 사이버범죄에 대한 충분한 교육이 필요할 것이며, 이를 연구하는 연구자에게도 이에 대한 심도 있는 연구가 요청된다.

넷째, 사이버범죄에 대한 현재의 입법태도도 정보통신망이 매개된 경우에 특별법으로 규율하고 일반 컴퓨터범죄는 형법에서 규율하고 있다는 점에서 어느 정도 체계적으로 정리된 것이라고 볼 수도 있다. 그러나 컴퓨터범죄가 형법에 규정된 것과 같이 정보통신망이 매개 여부를 떠나 정보통신망범죄도 그와 비슷한 방식으로 형법에 규정될 수 있는 것이다. 다만 사이버공간에서의 특유한 범죄유형은 기존의 범죄와 다른 유형이므로 유사한 관련 규정조차 없다. 그러나 이러한 경우에도 해당 행위로 인한 법익침해가 형법전의 어느 범죄와 유사한 지를 파악하여 그에 포섭하고, 포섭할 규정이 없는 경우에는 새로운 장이나 절을 마련하여 처리하는 것도 가능하다.

---

15 최정일, 사이버 명예훼손죄의 구성요건 분석 및 형사법적 규제방안에 대한 소고, 법학연구, 제23권 제2호 (2015), 경상대학교 법학연구소, 223면.
16 강동범, 사이버범죄 처벌규정의 문제점과 대책, 형사정책, 제19권 제2호(2007), 54면; 오영근, 인터넷범죄에 관한 연구, 형사정책연구, 제14권 제2호(2003), 330면.
17 비슷한 취지로 강동범, 전게논문, 54면; 박정난, 사이버 명예훼손행위에 관한 형사법적 쟁점, 경인문화사, 2020, 56면.

Ⅱ 특별법 규정의 구체적 규범화

특별법의 내용들을 형법에 포섭하기 위해 어떤 방식으로 어떻게 포섭할 것인가를 모든 특별법 규정들에 대해 살펴보는 것은 이곳에서는 불가능하다. 따라서 형법전에 규정하는 방식을 두 가지 종류로 나누어 기존의 조문에 부가하여 조문화하는 방식으로 특별법의 내용을 포섭하는 범죄(사이버공간에서 발생하나 전통적 범죄와 동일한 행태나 법익이 관련된 경우)의 경우와 기존의 조문들과 완전히 독립적인 방식으로 규정되어야 할 특별법의 범죄의 경우로 나누어 볼 수 있다.

1. 중복유형범죄의 통합

형법과 특별법에 중복적으로 규정되어 있는 범죄로 사이버상 음화반포죄와 사이버 명예훼손죄를 통합하는 방안을 예시하여 본다. 먼저 음화반포와 관련하여서는 기존의 형법 제243조와 정보통신망법 제74조 제1항 제2호[18]를 결합하여, 명예훼손과 관련한 범죄에 대하여는 형법 제309조(출판물에 의한 명예훼손)와 정보통신망법 제70조[19]를 결합하여 「형법」에 다음의 <대안-1> 또는 <대안-2>와 같이 규정한다.

---

18 정보통신망법 제65조(벌칙) ① 다음 각 호의 어느 하나에 해당하는 자는 1년 이하의 징역 또는 1천만원 이하의 벌금에 처한다.
2. 제44조의7 제1항 제1호의 규정을 위반하여 음란한 부호·문언·음향·화상 또는 영상을 배포·판매·임대하거나 공연히 전시한 자

19 정보통신망법 제70조(벌칙) ① 사람을 비방할 목적으로 정보통신망을 통하여 공공연하게 사실을 드러내어 다른 사람의 명예를 훼손한 자는 3년 이하의 징역 또는 3천만원 이하의 벌금에 처한다.
② 사람을 비방할 목적으로 정보통신망을 통하여 공공연하게 거짓의 사실을 드러내어 다른 사람의 명예를 훼손한 자는 7년 이하의 징역, 10년 이하의 자격정지 또는 5천만원 이하의 벌금에 처한다.
③ 제1항과 제2항의 죄는 피해자가 구체적으로 밝힌 의사에 반하여 공소를 제기할 수 없다.

대안 - 1	대안 - 2
제243조(음화반포등) 〈현행규정〉 제243조의2(음화상반포등) 정보통신망을 통하여 음란한 부호·문언·음향·화상 또는 영상을 배포·판매·임대하거나 공연히 전시한 자는 1년 이하의 징역 또는 1천만원 이하의 벌금에 처한다.	제243조(음화반포등) ① 〈현행규정〉 ② 정보통신망을 통하여 음란한 부호·문언·음향·화상 또는 영상을 배포·판매·임대하거나 공연히 전시한 자는 1년 이하의 징역 또는 1천만원 이하의 벌금에 처한다.
제309조(출판물 등에 의한 명예훼손) 〈현행규정〉 제309조의2(사이버 명예훼손)[20] ① 사람을 비방할 목적으로 정보통신망을 통하여 공공연하게 사실을 드러내어 다른 사람의 명예를 훼손한 자는 3년 이하의 징역 또는 3천만원 이하의 벌금에 처한다. ② 사람을 비방할 목적으로 정보통신망을 통하여 공공연하게 거짓의 사실을 드러내어 다른 사람의 명예를 훼손한 자는 7년 이하의 징역, 10년 이하의 자격정지 또는 5천만원 이하의 벌금에 처한다.	제309조(출판물 등에 의한 명예훼손) ① 사람을 비방할 목적으로 신문, 잡지 또는 라디오 기타 출판물이나 정보통신망을 통하여 공공연하게 제307조 제1항의 죄를 범한 자는 3년 이하의 징역이나 금고 또는 700만원 이하의 벌금에 처한다. ② 제1항의 방법으로 제307조 제2항의 죄를 범한 자는 7년 이하의 징역, 10년 이하의 자격정지 또는 1천 500만원 이하의 벌금에 처한다.

2. 독자유형범죄의 통합

형법에 규정되어 있지 아니한 독자적인 유형의 범죄는 정보통신망 무단침입과 기망에 의한 개인정보수집 범죄를 그 예로 들 수 있다. 정보통신망법 제71조 제1항 제9호의 규정과 동조 제2항의 규정[21]에 의하면 정보통신망에 무단침입한 것을 처벌하며, 동법 제72조 제1항 제2호[22]에 의하면 다른 사람을 기망하여 정보를 수집한

---

[20] 이러한 방식으로 사이버명예훼손죄를 정비하는 것을 제안하는 입장은 박정난, 사이버 명예훼손행위에 관한 형사법적 쟁점, 경인문화사, 2020, 56면.

[21] 정보통신망법 제71조 (벌칙) ① 다음 각 호의 어느 하나에 해당하는 자는 5년 이하의 징역 또는 5천만원 이하의 벌금에 처한다.
9. 제48조 제1항의 규정을 위반하여 정보통신망에 침입한 자
② 제1항 제9호의 미수범은 처벌한다.

[22] 정보통신망법 제72조(벌칙) ① 다음 각 호의 어느 하나에 해당하는 자는 3년 이하의 징역 또는 3천만원 이하의 벌금에 처한다.
2. 제49조의2 제1항을 위반하여 다른 사람의 정보를 수집한 자
동법 제49조의2(속이는 행위에 의한 정보의 수집금지 등) ① 누구든지 정보통신망을 통하여 속이는 행위로 다른 사람의 정보를 수집하거나 다른 사람이 정보를 제공하도록 유인하여서는 아니 된다.

경우를 처벌한다. 이와 같은 정보통신망법상의 범죄를 형법의 독립된 장에 정보통신망에 대한 죄의 장을 신설하여 다음의 표와 같이 형법에 규정한다.

형법	제10장 정보통신망에 대한 죄 〈장 신설〉 제111조(무단침입) 정당한 접근권한 없이 또는 허용된 접근권한을 초과하여 정보통신망에 침입한 자는 3년 이하의 징역 또는 3천만원 이하의 벌금에 처한다. 제112조(기망에 의한 개인정보수집) 정보통신망을 통하여 속이는 행위로 다른 사람의 정보를 수집하거나, 제공하도록 유인하여 타인의 개인정보를 수집한 자는 3년 이하의 징역 또는 3천만원 이하의 벌금에 처한다.

유형별 사이버범죄

컴퓨터·인터넷 침해범죄

제1절 | 해킹(단순해킹)

I 해킹의 개념

해킹은 그 개념이 반드시 명확하지 않을 뿐 아니라, 해킹의 구체적인 종류 또한 다양하여 무엇이 해킹인가에 대하여 일률적으로 정의할 수는 없을 것으로 보인다. 해킹의 개념에 시스템에의 부당 침투행위뿐 아니라, 컴퓨터프로그램의 암호인 LOCK의 해독이나, 컴퓨터프로그램의 불법 변조시키는 행위와 컴퓨터바이러스 유포 등을 모두 포함시키거나, 일부만을 포함시켜 이해하거나, 해킹행위를 협의의 컴퓨터 관련 범죄로 이해하는 견해가 있는 등 다양한 견해가 존재한다.[1] 일반적으로 해킹은 타인의 컴퓨터시스템에 부당하게 침입한 후 그 컴퓨터 내부에 존재하는 각종 파일 등을 변조하거나 파괴하여 컴퓨터시스템에 장애를 초래하는 행위까지를 의미하기도 한다.[2] 그러나 이러한 개념 정의는 컴퓨터에의 부정 침투행위와 기타 범죄행위인 컴퓨터시스템에 장애를 초래하는 행위가 결합된 것으로서 형법적 관점에서 이 두 부분을 하나의 행위로 보아 함께 논하는 것은 적절하지 않다고 생각한다. 따라서 여기에서는 컴퓨터시스템에의 부정침투 부분만을 좁은 의미에서의 해킹행위로 보아 이에 대하여만 그 형법적 의미를 살펴보기로 하고, 나머지 컴퓨터시스템에 부정침투한

---

[1] 해킹의 개념에 대한 유형별 설명은 이정훈, 사이버범죄에 관한 입법동향과 전망, 사이버커뮤니케이션학보, 제20호(2006), 249-252면; 최호진, 새로운 해킹기법과 관련된 형법 적용의 흠결과 해결방안, 형사정책연구, 제72호(2007 겨울), 217-218면 참조.

[2] Kochheim, Cybercrime und Strafrecht in der Informations- und Kommunikationstechnik, 2.Aufl., 2018, S.229.

후 해당 시스템을 파괴하거나, 해당 컴퓨터의 파일 등을 조작하여 각종 문서 등 자료를 위작 또는 변작하는 행위, 파괴행위, 비밀침해 행위 또는 예금계좌변경 등에 의한 재산취득행위 등은 해킹 이후의 별개의 행위로 평가하여 판단한다.

이러한 의미에서 보면 해킹은 "타인의 컴퓨터시스템이나 정보통신시스템에 침입하는 것"[3]이라고 정의할 수 있다. 해킹의 일차적인 대상은 정보통신망에 연결된 시스템이라고 할 수 있으나, 궁극적으로는 시스템에 수록된 정보가 그 대상이 될 수 있을 뿐만 아니라, 경우에 따라서는 통신망의 관리자체를 침해하는 유형의 해킹도 발생하고 있으므로 정보통신망 자체도 그 대상에서 제외될 수 없다. 그러므로 해킹을 정보통신망의 침투를 통한 타인의 시스템에 대한 불법접속이라는 유형으로만 파악한다면 한정적인 개념이 될 수밖에 없다. 따라서 해킹의 개념이 종래의 개념보다는 불가피하게 확장되지 않으면 안 될 것이다.

그러나 형법상 처벌을 위한 해킹유형을 개념화함에 있어 지나치게 넓은 의미로 이를 정의할 수는 없을 것이다. 이는 곧 단순 해킹의 처벌이 불가능하다는 주장의 논거가 되기도 하기 때문이다. 따라서 단순 해킹이란 정보통신망이나 시스템의 보호장치나 안전장치를 기술적인 수단을 이용하여 훼손하고 비밀번호의 해독프로그램 등을 이용하여 무단 접속하여 권한 없이 시스템에 수록된 정보를 탐지하는 행위를 말한다. 즉, 정보통신망의 보호조치를 침해하고 단순히 데이터를 탐지하는 것 이외에는 별도의 침해적인 행위를 하지 않는 경우를 의미하는 것으로 이해해야 할 것이다.

Ⅱ 해킹의 방법

시스템에 침입하는 해킹방법은 여러 가지가 있으나 크게 분류하여 ① 고전적인 방법으로 트로이목마 또는 백오리피스와 같은 해킹프로그램 파일을 타인의 시스템에 침투시키거나, ② 윈도우나 유닉스 등 시스템 자체의 오류나 한계 또는 허술한 보안체계를 이용하여 패스워드 등을 알아내어 시스템에 침입하거나, ③ 여러 가지 경우의 수를 입력하여 시스템 관리자의 패스워드를 알아내어 침투하는 방법 등으로

---

3 Sieber, Informationstechnologie und Strafrechtsreform, 18면.

분류할 수 있을 것이다.[4] 그러나 결국 컴퓨터시스템에 보다 효과적으로 침투하여 해당 시스템을 권한 없이 장악할 수 있는 위치에 도달하기 위한 목적이라는 점에 있어서 그 방법에는 차이가 없다 할 것이다. 위에서 본 세 가지 유형 이외에 그 구체적인 침입 방법에 대하여 더 세밀하게 논하는 것은 기술적인 부분에 해당하고, 그 구체적인 방법에 따라 해커범죄에 대한 법률적 판단이 크게 달라지는 것이라고 보기도 어려우므로 이러한 부분에 대한 상세한 논의는 생략한다.

Ⅲ 형법적 처벌

1. 의의

보통 단순 해킹으로 불리는 정보통신망에의 무단침입을 처벌할 필요가 있는가에 대하여는 논란이 있었다.[5] 이에 대하여 입법자는 「정보통신망 이용촉진 및 정보보호 등에 관한 법률」의 개정을 통하여 단순 해킹을 처벌할 뿐만 아니라, 더 나아가 그에 대한 미수범도 처벌하도록 규정하였다.

동법에 의하면 정보통신서비스제공자[6]는 정보통신서비스의 제공에 사용되는 정보통신망[7]의 안정성 및 정보의 신뢰성을 확보하기 위한 보호조치를 마련하여야 하고(제45조 제1항), 누구든지 정당한 접근 권한 없이 또는 허용된 접근 권한을 초과하여 정보통신망에 침입하여서는 안 된다(제48조 제1항). 이를 위반하여 정보통신망에

---

4 해킹의 구체적 방법에 대하여는 류인모, 사이버범죄의 예방과 대책, 법학논총(단국대학교), 제24집(2000.12), 67–68면 참조.
5 이에 대하여는 류석준, 해킹에 대한 규제법규에 관한 연구, 비교형사법연구, 제6권 제2호(2004), 187면 이하; 류인모, 정보형법의 과제와 전망, 형사정책, 제12권 제1호(2000), 71–73면; 이상돈, 해킹의 형법적 규율방안, 법조, 2002/3(통권 546권), 112면 이하; 전지연, 사이버범죄의 과거, 현재 그리고 미래, 형사법연구, 제19권 제3호(2007 가을), 18–20면 참조.
6 정보통신서비스제공자라 함은 전기통신기본법 제2조 제8호의 규정에 의한 전기통신사업자와 영리를 목적으로 전기통신사업자의 전기통신역무를 이용하여 정보를 제공하거나 정보의 제공을 매개하는 자를 말한다(정보통신망법 제2조 제3호).
7 정보통신망이라 함은 전기통신기본법 제2조 제2호의 규정에 의한 전기통신설비를 이용하거나 전기통신설비와 컴퓨터 및 컴퓨터의 이용기술을 활용하여 정보를 수집, 가공, 저장, 검색, 송신 또는 수신하는 정보통신체제를 말한다(정보통신망법 제2조 제1호).

침입한 자에 대하여는 3년 이하의 징역 또는 3천만원 이하의 벌금에 처하도록 규정하고 있으며, 그 미수범에 대하여도 처벌하도록 규정하고 있다(제71조). 또한 부분적으로 「물류정책기본법」에서는 물류정보를 취급하는 전담사업자에게 물류정보의 보안에 필요한 조치를 강구하도록 규정하고 있으며(동법 제33조 제4항), 위 보호조치를 침해 또는 훼손한 경우 3년 이하의 징역이나 3천만원 이하의 벌금에 처하도록 규정하고 있다(동법 제71조 제3항).

2. 성립요건

본죄는 정당한 접근권한 없이 또는 허용된 접근권한을 넘어 정보통신망에 침입함으로서 성립한다. 따라서 정보통신망에 침입하는 행위는 정당한 접근권한이 없는 경우와 허용된 접근권한을 초과하는 경우의 두 유형으로 구분될 수 있다. 또한 정당한 접근권한 없이 침입하는 경우는 정보통신망의 보호조치와의 관계에서 보호조치를 침해한 후 정당한 접근권한이 없이 침입하는 경우와 보호조치를 침해하지 않고 정당한 접근권한이 없이 침입하는 경우의 두 경우로 구분하여 살펴볼 수 있다.

1) 정당한 접근권한 없는 무단침입

(1) 접근권한의 정당성 여부 판단

정보통신망법상의 무단침입은 해당 정보통신망이나 시스템에 보호조치가 있는 것을 전제로 하지 아니하고,[8] 해당 통신망에 접근할 권한이 있는지의 여부에 의하여 무단침입의 여부가 결정된다. 여기서 정당한 접근권한의 존재 여부를 누구를 기준으로 판단할 것인가에 대하여 해당 정보통신망을 이용하는 이용자를 기준으로 할 것인가, 아니면 정보통신망서비스제공자(또는 관리자)를 기준으로 할 것인가에 대하

---

[8] 구 정보통신망법에서는 정보통신망의 보호조치를 침해하거나 훼손하는 경우를 처벌하는 규정(제29조, 정보통신망보호조치침해죄)을 두었으나, 2001년 7월 1일부터 시행된 정보통신망법에서는 이러한 보호조치 침해 규정 대신 정보통신망 침입행위 자체를 금지하는 규정을 두었다. 이것은 기술적으로 보호조치를 침해하지 아니하고 보호조치를 우회하여 정보통신망에 침입하는 경우를 포섭하기 위하여 마련한 규정으로 이해하고 있다 (류석준, 전게논문, 191면; 최호진, 새로운 해킹기법과 관련된 형법 적용의 흠결과 해결방안, 형사정책연구, 제18권 제4호(2007 겨울), 216면).

여 논란이 될 수 있다.

정보통신망법상 무단침입죄를 규정하여 이를 처벌하고 있는 한에는 그 입법취지가 권한 없이 정보통신망에 침입하는 것을 막아 정보통신망 자체의 안정성과 그 정보의 신뢰성을 확보하는 것이고, 이는 이용자에 의하여 결정될 것이 아니라 정보통신망의 관리자(서비스제공자)에 의하여 결정되어야 할 것이다. 따라서 서비스제공자가 접근권한을 부여하거나 허용되는 범위를 설정하고, 서비스제공자로부터 이와 같은 권한을 부여받은 이용자가 아닌 제3자가 정보통신망에 접속한 경우 그에게 접근권한이 있는지 여부는 서비스제공자가 부여한 접근권한을 기준으로 판단하여야 할 것이다.[9]

이와 같은 취지에서 대법원도 "이용자가 자신의 아이디와 비밀번호를 알려주며 사용을 승낙하여 제3자로 하여금 정보통신망을 사용하도록 한 경우라고 하더라도, 그 제3자의 사용이 이용자의 사자 내지 사실행위를 대행하는 자에 불과할 뿐 이용자의 의도에 따라 이용자의 이익을 위하여 사용되는 경우와 같이 사회통념상 이용자가 직접 사용하는 것에 불과하거나, 서비스제공자가 이용자에게 제3자로 하여금 사용할 수 있도록 승낙하는 권한을 부여하였다고 볼 수 있거나 또는 서비스제공자에게 제3자로 하여금 사용하도록 한 사정을 고지하였다면 서비스제공자도 동의하였으리라고 추인되는 경우 등을 제외하고는, 원칙적으로 그 제3자에게는 정당한 접근권한이 없다고 봄이 상당하다"[10]라고 하였다.

그러나 정당한 접근권한이 있는가의 여부를 서비스제공자를 기준으로 판단하는 경우에는 이용자나 일반인에게 무단침입죄의 성립될 가능성이 확대된다. 예컨대 정보통신망에 접근하기 위하여 비밀번호를 입력하는 경우 서비스제공자가 별다른 기술적 제한조치 없이 단순히 권한 없는 이용자의 접근을 금지한다는 안내문 하나만 공지한 경우에도 이에 반하여 접근하는 행위는 무단침입에 해당한다. 더 나아가 무단침입의 미수도 처벌하므로, 경우에 따라서는 접근하기 위하여 비밀번호를 입력하여 보는 행위조차 처벌할 수 있다는 해석이 가능하다. 왜냐하면 정보통신서비스제공업체는 회원약관을 통하여 회원의 아이디와 비밀번호를 타인이 이용하지 못하도

---

9 동일한 결론은 최호진, 전게논문, 222면.
10 대법원 2005.11.25. 선고 2005도870 판결.

록 규정하는 일반적이기 때문이다.[11]

예컨대 인터넷피싱과 같은 경우 피셔는 정당한 이용권자로부터 비밀번호와 같은 금융정보를 받기는 하였으나 이는 기망에 의하여 취득한 것이므로 이용자의 기준에서 정당한 접근권한 있는 자로 볼 수 없다. 또한 정보통신서비스제공자의 입장에서도 기망하여 비밀번호 등과 같은 정보를 취득한 피셔에게 정보통신망에 접근할 수 있는 권한을 부여하였다고 보기도 어렵다. 이러한 점에서 피셔의 경우에는 '정당한 접근권한'의 판단기준에 대하여 어떠한 기준에 의할지라도 정당한 접근권한이 있다고 볼 수 없다. 따라서 금융기관의 시스템에 접속하여 피해자의 계좌를 열람하는 등의 피셔의 행위는 정보통신망에 무단침입한 것에 해당하므로 정보통신망법상의 무단침입죄로 처벌할 수 있다.

(2) 보호조치 침해 없는 무단침입

현행 정보통신망법 개정 이전에는 정보통신서비스제공자의 보호조치의무를 전제로 하여 서비스제공자가 강구한 보호조치를 침해 또는 훼손하는 행위만을 처벌대상으로 규정하였으나, 현행 정보통신망법은 그러한 보호조치의 침해 또는 훼손행위를 요건으로 하고 있지 않으며 단지 정당한 접근권한이 없거나 허용된 접근권한을 초과하여 정보통신망에 침입하는 행위를 처벌대상으로 규정하고 있다. 이는 해킹기술의 발전으로 보호조치를 침해하지 않고도 보호조치를 우회하는 방법을 통하여 정보통신망에 침입할 수 있는 방법이 가능해짐에 따라 발생할 수 있는 형벌의 공백을 예상하여 이루어진 입법이다.[12] 따라서 본죄는 정보통신망에 대한 보호조치를 침해하거나 훼손할 것을 요구하지 않으며, 단지 '정당한 접근권한 없이 또는 허용된 접근권한을 초과'하여 정보통신망에 침입하면 성립한다.

이러한 행위유형은 타인에게 부여된 사용자계정과 비밀번호를 권한자의 동의 없이 사용하는 것, 즉 타인의 식별부호인 아이디와 패스워드를 무단히 입력하여 정보통신망을 통하여 컴퓨터를 이용하는 행위와 같은 아이디 절도, 엑서스 제어기능에 따른 이용의 제한을 면하게 하는 것을 가능하게 하는 정보 또는 명령을 입력하여

---

11 따라서 무단침입의 경우 미수범의 처벌규정은 삭제되어야 하고, 무단침입의 경우는 보호조치의 여부라는 제한이나 특정 범죄를 범할 목적이라는 주관적 요소에 의한 제한이나 어떤 방식으로든지 제한이 필요하다.
12 류석준, 전게논문, 191면.

이용하는 행위(시큐리티 홀 공격 또는 시스템 침입형) 내지 과거 직무상 알게 된 아이디와 비밀번호를 퇴직 후 접속한 경우, 우연하게 알게 된 타인의 아이디와 비밀번호로 이용자의 승낙없이 접속한 경우 등이 있을 수 있다.[13]

　　대법원 2013.10.17. 선고 2012도4387 사건에서는, 피고인들은 아파트의 통신장비실에 들어가, 장애처리용 전화기를 SK 브로드밴드 주배전반 통신포트에 연결한 후 피고인의 휴대폰에 전화 연결하여 SK브로드밴드 가입자의 전화번호가 위 휴대폰에 착신되도록 하는 방법으로 해당 아파트 단지 내 SK브로드밴드 가입자들의 전화번호를 수집한 바 있다. 이에 관하여 원심법원은 "서비스제공자인 SK브로드밴드로부터 정당한 접근권한을 부여받지 않고, 장애처리용 전화기를 이용하여 SK브로드밴드 주배전반의 통신포트에 연결한 후 위 피고인들의 휴대폰에 전화연결을 하는 부정한 방법으로 SK브로드밴드의 정보통신망에 접속한 행위는 정보통신망법 제48조 제1항에서 규정하는 정당한 접근권한 없이 정보통신망에 침입하는 행위에 해당한다고 할 것"[14]이라고 판시하며, 시스템의 정상적인 운영을 저해함이 없이 시스템에 접속하는 경우에는 '침입'에 해당하지 않는다는 피고인들의 주장을 배척하였고, 대법원은 원심판결의 판단을 유지하였다.

(3) 보호조치 훼손 후 무단침입

　　행위자가 정보통신서비스제공자의 보호조치를 침해한 후 침입하는 경우 정보통신망법 위반에 따른 범죄가 성립한다.

　　또한 행위자가 정보통신서비스제공자의 보호조치를 침해한 후 침입하는 경우, 이러한 행위가 형법상 컴퓨터등 업무방해, 비밀침해죄 내지 전자기록손괴죄 등의 구성요건을 충족하는 경우 각각의 범죄가 성립할 수 있다. 개별 구성요건을 충족했는지 여부에 관하여는 정보통신망법 위반과는 별개로 구체적으로 검토되어야 함은 물론이다.

2) 허용된 접근권한을 초과한 무단침입

　　서비스제공자가 허용한 접근권한을 초과하여 접근한 경우를 의미한다. 즉, 서비

---

13 최호진, 전게논문, 229면.
14 서울서부지방법원 2012.4.5. 선고 2012노10 판결.

스제공자가 정보통신망 이용자에게 일정한 범위의 접근권한을 부여하였는데, 이용자가 그 허용된 범위 이외의 서비스에 접근하는 행위 유형을 말한다. 이러한 행위유형의 예로, 대법원 2007.10.12. 선고 2007도4450 판결 사안을 드는 견해가 있다.[15] 이에 따르면 본 판례 사안은 'B가 A와 교제하면서 A에게 B의 아이디와 비밀번호를 알려주어 B가 A에게 남긴 이메일을 읽어 볼 수 있도록 하였으나, A가 때때로 B가 자신에게 남긴 이메일이 아니라 제3자에게 보낸 이메일까지 함부로 읽어 보았고, 이 때문에 아이디와 비밀번호를 변경하여 A의 접속을 막아 이메일을 볼 수 없게 하였지만, A는 우연히 조합하여 알게 된 비밀번호로 메일에 접속하여 이메일을 읽어 본 사안'이었다. 이에 대하여 A의 행위는 정보통신망법 제48조 제1항이 규정하고 있는 정당한 접근권한 없이 또는 허용된 접근권한을 초과하여 정보통신망에 침입하는 행위에 해당된다는 것인바, B의 A에 대한 사용 승낙은 이미 아이디와 비밀번호를 변경하는 시점에서 유효하게 취소된 것이기 때문에 더 이상 A가 접근권한을 가진다고 보기 어렵고, 본 사안은 접근권한 없이 정보통신망에 침입한 행위라고 보는 것이 적절하다.

또한 여기에 해당하는 범죄 행위유형은 다음과 같다.[16] (1) 동사무소에서 상근예비역으로 근무하는 피고인이 예비군 관리업무를 담당하면서 담당직원의 아이디와 비밀번호로 행정자치부 주민전산망시스템에 접속할 수 있음을 기화로, 함부로 접속하여 청소년성범죄자들의 주민등록번호와 주소를 알아낸 경우,[17] (2) 이용자로부터 아이디를 사용하여 게임을 하는 것만을 승낙받고는 그 허락범위를 넘어 당해 게임아이템을 임의로 자신의 캐릭터로 옮긴 경우 등이 권한을 남용한 경우에 해당한다.[18]

---

15 최호진, 전게논문, 231면.
16 최호진, 전게논문, 231면. 아래에 예시로 든 각 판례 사안은 이범균, 대법원 2005.11.25. 선고 2005도 870 판결, 대법원 판례해설, 제59호, 제619면에서 재인용한 것임.
17 서울지방법원 2003.4.4. 선고 2002고단12011 판결.
18 부산지방법원 2002.8.24. 선고 2004고단3011 판결.

I 서언

전자기록이나 정보처리장치 등의 파괴행위는 크게 ① 정보처리장치인 하드웨어에 대한 파괴행위, ② 프로그램과 같은 소프트웨어에 대한 파괴행위, ③ 정보처리장치에 의하여 형성된 자료에 대한 파괴행위의 세 가지 형태로 나타난다. 여기서 파괴행위의 대상으로서 하드웨어는 정보처리장치의 본체, 보조기억장치나 입출력장치와 같은 주변장치, 단말장치, 통신 및 Online장치를 의미한다. 소프트웨어는 시스템소프트웨어나 컴퓨터언어, 응용소프트웨어를 포함한다. 자료란 컴퓨터를 통하여 형성되어 전신부호화된 모든 자료를 포함한다. 이러한 의미에서 자료처리에 사용되는 프로그램도 사실상 자료에 포함된다. 왜냐하면 프로그램들도 고정된 작업방법으로써 자료로부터 컴퓨터에 연결되어 있으며, 그것 자체가 자료처리과정의 결과이기 때문이다.[19] 따라서 여기에서는 ②와 ③의 유형에 해당하는 파괴행위는 하나의 유형으로 묶어서 구 형법에 의한 처벌 가능성을 검토하고,[20] 이후 현행 형법에 따른 처벌가능성을 분석한다.

---

[19] Vgl. BT-Drucksache 10/5058, S.30; Lenckner/Winkelbauer, Computerkriminalität-Möglichkeiten und Grenzen des 2.WiKG, CR 1986,485; Möhrenschlager, Das neue Computerstrafrecht, wistra 1986, 132.

[20] 구 형법하에서 정보처리장치나 전자기록의 파괴를 포함한 컴퓨터범죄의 일반적 논의에 관하여는 강동범, 컴퓨터범죄 시론, 경진사, 1984; 김문일, 컴퓨터범죄론, 법영사, 1992(개정판); 김종원, 컴퓨터범죄에 관한 비교법적·입법론적 연구, 1988; 박정근, 컴퓨터범죄, 고시연구, 1987/7; 신규철, 컴퓨터와 법률문제, 법영사, 1993; 이보녕, 컴퓨터범죄에 대한 형법적 대책, 형사법연구(창간호), 1988, 187-223면; 이철, 컴퓨터범죄에 대한 형사법적 고찰, 법조, 제38권 제2호, 26면; 장영민/조영관, 컴퓨터범죄에 관한 연구, 한국형사정책연구원, 1993; 전지연, 독일형법에서의 컴퓨터사기죄, 증봉김선수교수정년퇴임기념논문집,1996, 298-328면; 조규정, 컴퓨터조작범죄, 형사정책연구, 제2호(1990), 한국형사정책연구원; 조규정, 컴퓨터범죄, 법무부, 1984; 차용석, Computer에 관련된 범죄와 형법(상·하), 고시연구, 1988/5,6; 최영호, 컴퓨터와 범죄현상, 컴퓨터출판, 1995; 최완진, 컴퓨터범죄에 관한 소고, 성시탁교수화갑기념논문집, 1993, 797-812면; 하태훈, 컴퓨터범죄에 대한 형법적 대응, 증봉김선수교수정년퇴임기념논문집, 1996, 403-427면 참조.

Ⅱ 구 형법에 따른 컴퓨터파괴의 처벌 가능성

1. 하드웨어파괴

하드웨어에 대한 파괴행위는 구 형법에 따르면 두 가지 처벌 가능성이 고려될 수 있다. 첫째는 하드웨어에 대한 파괴행위가 물건에 대한 손괴행위로 판단되어 재물손괴죄의 구성요건이 충족되는가, 둘째는 컴퓨터 하드웨어에 대한 파괴는 그 자체에 목적이 있는 경우보다는 경쟁기업이나 정부와 같은 공공기관의 업무를 방해할 목적으로 하는 경우가 많으므로 하드웨어 파괴행위가 업무(공무)방해죄를 성립시킬 수 있는가이다.

1) 재물손괴죄의 가능성

구 형법 제366조는 "타인의 재물 또는 문서를 손괴 또는 은닉 기타 방법으로 그 효용을 해한 자는 … 처한다"고 규정하고 있었다. 재물손괴죄의 본질에 관하여는 소유권의 침해라는 견해[21]와 소유권의 이용가치 침해라는 견해[22]가 대립하고 있다. 재물손괴죄가 다른 재산죄와 구별되는 것은 같은 재산죄이면서도 행위자가 재물의 영득이나 재산상의 이득을 목표로 하지 않는다는 점이다. 즉, 재물손괴죄는 다른 재산범죄와 달리 영득의 의사를 필요로 하지 않는다는 점에서 재물손괴죄의 본질은 소유권의 이용가치를 침해한다는 견해가 타당하다. 이러한 의미에서 보호법익은 재물의 소유권의 이용가치라고 말할 수 있다. 재물손괴죄의 행위객체는 재물이며, 구체적인 행위방식은 손괴, 은닉 또는 기타 방법으로 재물의 효용을 해하는 것이다. 여기서 재물 또는 문서의 효용을 해한다 함은 물질적인 파괴행위로 인하여 물건의 효용을 해하는 경우뿐 아니라, 사실상 또는 감정상 그 물건의 본래 목적에 사용할 수 없는 상태에 이르게 하는 경우도 포함되며, 또한 일시 그것을 이용할 수 없는 상태

---

[21] 서일교, 형법각론, 1982, 199면; 이건호, 신고 형법각론, 1975,3 72면; 이회창, 주석 형법각칙(하), 1980, 556면.

[22] 강구진, 형법강의(각론 Ⅰ), 1983, 407면; 유기천, 형법학(각론강의 상), 1982, 368면; 김종원, 형법각론 (상), 1971, 258면; 김일수/서보학, 형법각론, 261면; 이재상/장영민/강동범, 형법각론, 415면; 정성근, 형법각론, 1990, 542면.

로 만드는 것도 역시 효용을 해한 것에 해당한다.[23] 이러한 해석에 따른다면 컴퓨터 하드웨어를 파괴하는 행위, 즉 컴퓨터 기계 자체나 기록을 수록한 자기디스크, 자기 테이프 등을 손괴하는 행위는 재물에 대한 침해행위로 재물손괴죄가 성립된다는 점에는 의문이 없다.[24]

2) 업무방해죄의 가능성

컴퓨터 하드웨어에 대한 파괴행위가 업무방해죄에 해당할 수 있는가? 여기서 주로 이용되는 하드웨어의 파괴방법은 컴퓨터의 전원을 절단하거나 온도, 습도 등 정보처리장치의 작동환경을 변경하여 정보처리장치를 작동시키지 못하게 하거나, 통신회선을 절단하거나, 입출력장치 등 부속설비를 손상하는 방법을 생각할 수 있다.

업무방해죄를 규정하였던 구 형법 제314조는 "허위사실을 유포하거나, 위계 또는 위력으로 사람의 업무를 방해한 자"를 처벌하고 있다. 여기서 위계란 사람에게 착오나 부지를 이용한 일체의 행위수단을 말하며, 위력이란 사람의 의사를 제압하는 데 족한 세력을 행사하는 것을 의미한다. 그리고 업무방해란 업무의 집행 일체와 업무의 경영을 저해하는 일체의 행위를 말한다.[25] 즉, 업무방해란 사람을 직접 기망 또는 위력의 대상으로 하는 인간의 사회적 활동으로서의 모든 업무를 방해하는 것이다.

통설에 따르면 일반적으로 컴퓨터 파괴행위는 구 형법상 업무방해죄를 구성하지 못한다고 하였다.[26] 그러나 여기서 컴퓨터 파괴행위는 소프트웨어나 시스템 또는 자료에 대한 파괴행위를 의미하며 하드웨어에 대한 파괴행위를 의미하는 것은 아니라고 보인다. 즉, 통설이 의미하고자 하는 것은 컴퓨터에 의한 전자기록 등을 삭제하거나 소거하는 행위가 과거 형법상의 업무방해죄를 구성하지 않는다는 것이다. 이

---

23 대법원 1971.11.23. 선고 71도1576 판결; 대법원 1992.7.28. 선고 92도1345 판결; 대법원 1993. 12.7. 선고 93도2701 판결; 대법원 2006.12.22. 선고 2006도7219 판결.

24 동지: 김일수/서보학, 형법각론, 264면.

25 대법원 2013.1.31. 선고 2012도3475 판결.

26 김종원, 컴퓨터범죄와 이에 대한 현행 형법의 대응에 관한 연구, 1987, 50면; 이재상, 컴퓨터범죄의 형법적 대응의 연구, 경희법학, 제25권(1990), 61면; 허일태, 컴퓨터범죄와 현행 한국형법상의 문제점, 부산지방변호사회지, 제6호(1987), 51면.

와 달리 컴퓨터 하드웨어에 대한 파괴의 경우 원천적으로 업무방해죄의 성립 가능성이 배제되는 것은 아니다. 예컨대 은행의 주 컴퓨터와 연결된 단말기의 통신회선을 절단하여 은행의 업무를 방해하는 것이 가능하기 때문이다. 이것은 이미 판례에서 인정한 바와 같이 행위자가 정당한 권한 없이 타인의 영업점포에 단전조치를 취한 경우에 위력에 의한 업무방해죄가 성립한다는 것[27]에서도 분명하다. 다만 문제는 일반 업무방해죄의 행위방식인 위계 또는 위력은 사람에 대하여 행하여져야 한다는 점에서 컴퓨터 하드웨어에 대한 파괴행위가 컴퓨터에 의하여 사람이 업무를 처리하는 경우만 업무방해죄가 인정될 수 있다. 따라서 중간에 사람이 개입되지 않고, 컴퓨터 자체가 자동적으로 업무를 수행하는 경우에는 위계 또는 위력의 대상이 존재하지 않는다. 이와 같은 경우에는 컴퓨터 하드웨어에 대한 파괴행위가 업무방해죄를 구성하지 않게 된다. 또한 사람이 관여하지 않는 자동적 정보처리시스템은 더욱 증가하므로 이러한 범위 내에서 구 형법은 업무방해죄로 처벌함에 결함이 존재한다.

2. 정보처리장치의 전자기록손괴

정보처리장치에 기록된 전자기록을 손괴하는 경우 구 형법상 처벌 가능성에 대하여는, ① 컴퓨터의 기억장치나 자기디스크 등에 전자적 상태로 내장되어 있는 프로그램이나 데이터를 손괴하는 행위가 재물손괴죄에 해당되는가, ② 전자기록에 문서성을 인정하여 문서손괴죄나 문서위조·변조죄를 적용할 수 있는가, ③ 자료의 손괴를 통해 업무에 장애를 발생시킨 경우 업무방해죄에 해당되는가 하는 문제가 제기되었다.

1) 재물손괴죄

컴퓨터 소프트웨어나 전자기록에 대한 손괴행위가 재물손괴죄로 처벌될 수 있는가와 관련하여서는, ① 손괴의 대상인 프로그램이나 데이터의 존재 형태인 전자기록이 재물손괴죄의 "재물"에 해당하는가, ② 전자기록의 재물성이 인정된다면 재물

---

27 대법원 1983.11.8. 선고 83도1798 판결. 이와 비슷한 사례의 대법원 1994.4.15. 선고 93도2899 판결에서도 위력에 의한 업무방해죄의 가능성을 인정하였으며, 다만 이 사건에서는 시장관리규정에 따른 정당한 단전조치로서 정당행위를 인정하여 위법성을 조각시켜 주었다.

손괴죄의 행위방식인 "손괴, 은닉 기타 방법"중에서 어떠한 방식으로 침해된 것인가라는 문제가 제기되었다.

(1) 전자기록의 재물성 여부

재물손괴죄의 객체인 재물에 대하여는 유체물뿐만 아니라 전기 기타 에너지와 같이 관리 가능한 동력을 재물의 개념에 포함되는 것으로 이해하는 견해(다수설)[28]와 재물을 유체물로 한정하고 관리가능한 동력은 예외적으로 재물로 간주되는 것으로 이해하는 견해[29]로 나누어진다. 양자의 어떤 견해에 의하더라도 관리 가능한 동력이 재물손괴죄의 보호대상이 된다는 점에서는 일치한다. 다만 여기서 "관리"는 물리적 관리만을 의미하며 사무적 관리를 포함하지 않는다. 따라서 권리와 같이 사무적으로 관리할 수는 있으나 물리적으로 관리할 수 없는 것은 관리할 수 있는 동력이 아니다. 그러나 이러한 권리가 화체된 문서, 예컨대 어음, 수표, 상품권 또는 예금통장은 유체물이라고 할 수 있다.[30]

기억장치나 자기디스크에 전자적 상태로 저장된 프로그램이나 데이터는 물리적으로 관리 가능한 것이 아니라 사무적으로 관리 가능한 것이므로 관리 가능한 동력의 개념에는 포함되지 않는다. 따라서 전자적으로 기록된 자료들이 구 형법상 재물손괴죄의 보호대상이 될 수 있는가는 전자기록을 본래적 의미의 재물, 즉 유체물에 해당하는가에 달려있다.

여기서 전자기록의 재물성을 긍정하는 견해는 전자기록의 저장을 쌍극자라고 하는 다수의 미세한 유체물로 보고, 이를 전자기록을 삭제 내지 변경하는 것은 유체물의 변경 내지 변화를 의미하는 것으로 이해한다. 즉, 합성수지막과 자화될 수 있는 많은 수의 입자로 구성되어 있는 테이프는 재물이며, 테이프를 파괴하면 쌍극자의 방향과 순서가 변경되는데, 이것은 곧 테이프의 물질에 대한 침해라는 것이다.[31]

그러나 전자기록은 사무적으로는 관리 가능하나, 물리적으로는 관리할 수 있는

---

28 김일수/서보학, 새로쓴 형법각론, 259면; 남흥우, 형법강의(각론), 1965, 151면; 서일교, 형법각론, 131면; 이재상/장영민/강동범, 형법각론, 240면; 정성근, 형법각론, 282면; 정영석, 형법각론, 356면.
29 강구진, 형법강의(각론 I), 314면 이하.
30 이재상/장영민/강동범, 형법각론, 240면 이하.
31 Sieber, Computerkriminalität und Strafrecht, 2.Aufl., 1980, S.192.

것이 아니라는 지점에서 재물이 될 수 없으며, 전자기록을 쌍극자라는 미세한 유체물로 이해하는 견해는 형법의 문제를 너무 기교적으로 해석하고 있다는 비판을 면하기 어렵다. 따라서 전자기록은 재물손괴죄의 재물에 해당하지 아니한다.

(2) 전자기록의 효용가치성

전자기록에 재물성이 인정된다고 할지라도 그것의 효용가치를 침해하지 않은 경우에는 재물손괴죄에 의하여 보호되지 아니한다. 이것은 재물손괴죄에 대한 규정인 구 형법 제366조의 "손괴 또는 은닉 기타 방법으로 그 효용을 해하는 행위"라는 표현에서 물건의 이용가치를 보호법익으로 하고 있다는 것이 명백하다. 여기서 "손괴"란 재물에 직접 유형력을 행사함으로써 그 원래의 용도에 따른 효용을 멸실시키거나 감손시키는 것을 말한다.[32] "은닉"이란 타인의 소유에 속하는 재물이나 문서의 소재를 불명하게 함으로써 발견을 곤란하게 하거나 불가능하게 하여 그 재물이나 문서가 가진 효용을 해하는 행위를 말한다.[33] 그리고 "기타 방법"이란 손괴 또는 은닉 이외의 방법으로 재물의 효용을 해하는 일체의 행위 말한다. 이와 같은 것에는 물질적 손괴뿐만 아니라 사실상 또는 감정상 그 물건을 본래의 용도에 사용할 수 없게 하는 일체의 행위를 포함하고 있다.[34]

문제는 전자기록의 삭제나 변경이 그 기록이 저장되어 있는 자기테이프 등에 대한 효용성 침해로 볼 수 있는가의 문제가 제기된다. 일부 견해에서는 자기디스크 본래의 효용은 한 번 데이터가 지워지더라도 다시 기록할 수 있는 이상 그 효용을 해하였다고 볼 수는 없는 것이라고 해석한다.[35] 그러나 본래 자기디스크나 자기테이프는 기억된 내용과 매체가 합해서 가치를 갖는 물건으로서 본래의 매체와는 별도로 기록목적에 이용되고 있는 것이다. 그러므로 그 내용에 변경을 가하는 것은 비록 물리적 손괴는 아니라 하더라도 기억매체의 효용을 해하는 것으로 해석하여 재물손괴죄의 구성요건에 해당한다고 보아야 한다. 즉, 전자기록을 삭제하는 행위는 "기타 방법"으로 기억매체의 효용가치를 해하는 것으로 볼 수 있다.[36]

---

32 대법원 1989.1.31. 선고 88도1592 판결.
33 대법원 1979.8.28. 선고 79도1266 판결.
34 이재상/장영민/강동범, 형법각론, 451면.
35 Vgl. Gerstenberg, NJW 1956,540; Kunz, JuS 1977,605; Lampe, GA 1975,22.
36 Vgl. Bühler, MDR 1987, 455 f.; Haft, NStZ 1987, 10; Schönke/Schröder/Stree/Hecker,

2) 문서손괴죄와 문서위조·변조죄

문서는 사상이나 관념을 나타내는 의사표시이다. 문서는 사상의 표시를 본질로 하고 있으므로 전자기록이라 하더라도 그러한 내용을 포함하고 있는 한에는 문서의 개념에 포섭될 수 있는 기본적 요건은 충족된다. 여기서 더 나아가 문서로 인정되기 위해서는 그것이 가독적(可讀的) 부호에 의하여 표현된 의사이며, 시각적으로 볼 수 있는 것이어야 한다. 따라서 서류작성을 위한 컴퓨터의 각종 도구 특히 하드디스크 나 자기테이프 및 자기디스켓, USB 등에 기록된 자료들이 이러한 문서의 개념에 포함될 수 있는가가 문제된다.

전자기록에 문서의 가시성·가독성을 인정할 것인가에 대하여는 의견이 대립되어 있었다. 일본의 통설은 전자기록의 가시성과 가독성을 인정하여 이를 문서의 범위 안에 포함시키고 있었다.[37] 즉, 전자기록은 곧바로 읽을 수는 없다고 하더라도 기계를 사용하여 판독할 수 있고, 데이터를 문서로 재현할 수 있으면 문서로서 족하다는 것이다. 그리고 현대사회에서 기재방법이 변화됨에 따라 문서는 더 이상 종이에 국한될 수 없으며, 정보산업의 주된 매체인 마이크로필름, 자기디스크로 문서의 범위를 확장시킬 필요가 있다는 것이다.

그러나 이러한 주장에는 동의할 수 없다. 전자기록이 출력에 의하여 가시화된다는 것과 그 이전에 전자기록 자체가 문서성을 가지고 있는가는 별개의 문제로 보아야 한다. 전자기록이 존재하는 형태는 자기테이프 내지 자기디스크에서 쌍극자가 플러스, 마이너스의 전기로 대전된 상태에 지나지 않는다. 또한 전자기록이 사회생활상 중요한 증명의 역할을 할 수 있는 사회적 기능을 가진다고 하여 그것만으로 전자기록이 문서로 되는 것은 아니다. 즉, 전자기록의 문서성을 인정하기 위해서는 사회적 필요성 이외에 또 다른 근거가 있어야 한다. 이러한 의미에서 일본의 大谷 實은 "문자 등의 가독적 기호를 써서 의사나 관념이 하나의 형태를 갖고 물체상에 표시되어 있지 않으면 문서라고 할 수 없으므로 전자적 기록은 전자테이프 등의 물체에 고정되어 있다고 하더라도 플러스, 마이너스의 자기가 고정되어 있음에 지나

StGB, 30.Aufl., 2019, § 303 Rn.86; LK-Wolff, 10.Aufl., § 303 Rn.6; Krey, BT-2, 9.Aufl., 1993, Rn.257.

[37] 大塚 仁, 註釋刑法(4), 39面; 大阪地裁, 1982.9.9, 判例時報, 1067號, 159面.

지 않으므로 가시적, 가독적 형태의 부호로서 표시되어 있다 할 수는 없다. 그러므로 이것을 문서와 동일하게 취급하려면 문서의 개념을 포기하는 수밖에 없고 그렇지 않으면 명백한 유추해석이 된다"[38]고 주장하였다.

전자기록의 문서성의 확증을 위해서는 오히려 각종의 데이터가 문서의 개념요소인 계속적, 증명적, 보장적 기능을 가지고 있는지 여부를 구체적으로 검토해 보아야 한다.

전자적으로 컴퓨터에 저장된 기억장치 내부의 데이터나 외부기억장치(전자밴드, 전자테이프, 자기디스크 등)에 저장된 자료는 시각적으로 인식될 수 있는 것이 아니므로 그 자체로는 가시성이 없고, 단지 데이터의 보존기능을 가지는 것에 불과하다. 따라서 전자기록은 표시된 내용을 시각적 방법으로 인식할 수 있는 기재의 영속성이 결여되기 때문에 문서개념에 포함될 수 없다.[39] 또한 전자기록이 문서에 포함되기 위해서는 문서의 보장적 기능, 즉 외관상 명의인이 누구인가가 문서 자체에 표시되어야 한다. 그러나 전자기록에는 작성자의 명의가 판명되지 않는 경우가 많다. 정보처리장치에 입력하는 경우에는 다수인이 관여하는 것이 일반적이며, 이의 명의인을 확정하기는 더욱 어렵게 된다.[40] 이러한 이유로 컴퓨터에 입력된 전자기록은 계속적 기능과 보장적 기능이 결여되어 있으므로 형법상 문서개념에 포섭될 수 없다고 보아야 한다.

결론적으로 전자기록물로 자기디스크나 자기테이프에 기록되어 있는 경우에는 이와 같은 기록은 증명적 기능을 가지고 있다고 할지라도 가시성 및 영속성이 부족하고, 그 내용의 작성자를 알기 어려워 보장적 기능이 없으므로 문서로 인정할 수 없다. 따라서 전자기록을 삭제하거나 변경하는 행위는 기존의 문서손괴죄나 문서위조·변조죄에 해당하지 않는다.

---

38 大谷 實, コソピュ_タ 犯罪, 法學セミナ 363號(1985.3), 26면.
39 동지: 김종원, 컴퓨터범죄와 이에 대한 현행형법의 대응에 관한 연구, 1987, 24면 이하; 이재상, 전게논문, 59면 이하; Sieber, Computerkriminalität und Strafrecht, S.277; Aachenwach, NJW 1986,1867.
40 김종원, 상게논문, 25면; 이재상, 상게논문, 59면; Dreher/Tröndle, StGB, 45.Aufl., 1991, § 267 Rn.7.

3) 업무방해죄

전자기록을 삭제 또는 변경하는 방법을 통하여 타인의 업무를 방해하는 경우가 생길 수 있다. 구 형법은 업무방해죄의 행위태양으로 "허위사실의 유포, 위계 또는 위력"을 들고 있다. 여기서 위계라 함은 행위자가 업무방해의 목적을 달성하기 위하여 상대방의 착각 또는 부지를 이용하는 수단, 즉 상대방에게 착오를 일으키는 일체의 수단을 의미한다.[41] 따라서 중요한 전자적 자료를 아주 쓸모없는 자료라고 기망하여 이를 삭제하게 하거나, 중복하여 기록되어 있는 자료라고 착각시켜 저장되어 있는 프로그램이나 자료를 지워 버리게 하는 것은 위계에 의한 업무방해죄에 해당한다. 위력이라 함은 의사의 자유를 제압, 혼란케 할 일체의 세력을 의미하므로,[42] 협박으로 전자기록의 전부 또는 일부를 말소시키는 것은 위력에 의한 업무방해죄를 구성한다. 또한 강한 자계를 형성시키는 자석을 가까이 하여 기억을 혼란시키는 것도 위력에 의한 업무방해죄에 해당한다고 본다.

업무방해죄가 현실로 방해라는 결과의 발생을 필요로 하는가에 대하여는 적극설과 소극설이 있으나, 통설[43]과 판례[44]는 업무를 방해할 위험만 있으면 본죄가 성립하는 추상적 위험범으로 인정하므로 프로그램이나 자료 등이 업무수행에 이용되고 있으면 위와 같은 파괴행위 자체가 업무방해죄로 해석된다.

3. 구 형법상 처벌의 문제점

하드웨어 파괴의 경우나 시스템 또는 전자기록의 삭제 또는 변경의 경우를 구형법에 따라 처벌 가능성을 검토하면 결론적으로 다음과 같이 말할 수 있다. 먼저 정보처리장치 하드웨어의 파괴행위에 대하여 살펴보면, 하드웨어 파괴행위는 재물손괴죄를 성립시킨다. 그리고 하드웨어 파괴행위가 위계 또는 위력으로 행하여져

---

41 대법원 1991.6.28. 선고 91도944 판결; 대법원 1992.6.9. 선고 91도2221 판결.
42 대법원 1987.4.28. 선고 87도453 판결; 대법원 1990.7.10. 선고 90도755 판결.
43 김일수/서보학, 형법각론, 161면; 박상기/전지연, 형법학, 561면; 이재상/장영민/강동범, 형법각론, 206면. 이에 반해 구체적 위험범으로 보는 견해는 배종대, 형법각론, 214면.
44 대법원 1992.11.10. 선고 92도1315 판결; 대법원 1992.12.8. 선고 92도1645 판결; 대법원 1994.6.14. 선고 93도288 판결; 대법원 2004.3.26. 선고 2003도7927 판결.

사람의 업무를 방해한 경우에는 업무방해죄도 성립된다. 다음으로 전자기록의 손괴행위에 대하여 살펴보면, 전자기록의 재물성이 인정된다는 전제에서 전자기록의 삭제행위는 기타 방법으로 재물의 효용을 해하는 것이므로 재물손괴죄에 해당한다고 이해한다. 다만 전자기록의 손괴가 문서에 대한 죄가 성립하는가에 대하여는 전자기록의 문서성을 인정하기 곤란하므로 문서손괴죄나 문서위조·변조죄도 성립하지 않는다. 또한 전자기록의 삭제 등을 통한 행위가 업무의 집행을 해한 경우에는 업무방해죄가 성립할 수 있다. 그러나 컴퓨터와 전자기록의 파괴행위를 구 형법에서도 부분적으로 처벌 가능성이 존재함에도 불구하고 많은 경우에 다양한 의문이 제기된다.

첫째, 하드웨어 파괴행위와 관련하여 살펴보면 통설이 일반적으로 하드웨어 파괴행위는 업무방해죄를 구성하지 못한다고 하나, 이것은 컴퓨터의 자료삭제와 같은 경우에 업무방해죄의 성립이 가능하지 않다는 것이지 하드웨어에 대한 파괴행위가 원천적으로 업무방해죄가 성립할 가능성이 없는 것은 아니라고 보여진다. 그러나 하드웨어 파괴로 인하여 업무방해죄가 성립될 수 있다고 할지라도 컴퓨터 파괴행위에 의한 모든 종류의 업무방해가 업무방해죄를 구성할 수는 없다는 문제점이 있다. 즉, 업무방해죄의 행위방식은 위계 또는 위력에 의한 업무방해만을 인정하고 있으며, 여기서 위계 또는 위력은 사람에 대하여 행해져야만 한다. 따라서 컴퓨터와 업무방해 사이에 중간에 사람이 개입되어 있는 경우에만 컴퓨터의 파괴행위에 의한 업무방해죄가 성립할 수 있고, 중간에 사람이 개입되지 않은 경우에는 위계 또는 위력의 대상이 존재하지 않으므로 업무방해죄가 성립하지 않는다. 이것은 컴퓨터등 사용사기죄의 경우와 같이 컴퓨터에 대한 기망은 존재하지 않기 때문에 구 형법상 사기죄의 규정은 적용되지 않는다는 점에서도 알 수 있다.[45] 그러나 정보처리장치의 발달로 인하여 업무의 처리과정에 사람이 개입되지 않고 자동적으로 처리되는 경우가 많으므로 이 경우에는 현실적으로는 업무가 방해를 받는다고 할지라도 위계 또는 위력의 행위방식이 아니기 때문에 업무방해죄가 성립하지 못하는 경우가 많게 될 것이다.

둘째, 전자기록손괴의 경우 재물손괴죄를 인정하는 것은 다음과 같은 생각에 기초하고 있다. 자기디스크나 자기테이프와 같은 저장매체는 그것에 저장된 내용과

---

45 이에 대하여 상세히는 전지연, 독일형법에서의 컴퓨터사기죄, 김선수교수정년퇴임기념논문집, 1996, 299면 이하 참조.

합해서 독자적인 가치를 지니는 물건으로 파악된다. 따라서 본래의 저장매체와 별도로 저장매체가 기록목적에 이용되어 자료가 저장된 경우 그 자료의 내용을 삭제하거나 변경하는 것은 비록 물리적 손괴는 아니라 하더라도 저장매체의 효용을 해하는 것으로 해석되어 재물손괴죄의 구성요건에 해당한다고 보았다. 이러한 의미에서 전자기록을 삭제하는 행위는 "기타 방법"으로 저장매체의 효용가치를 해하는 것으로 본다. 즉 전자기록의 물체성을 인정하기 위하여 전자기록을 미세한 쌍극자의 배열순서라는 유체물로 보고, 전자기록의 삭제나 변경은 쌍극자의 배열순서의 변경을 통하여 그 물질을 침해하였다고 보는 것이다. 그러나 이와 같은 해석은 너무 기교적인 해석방식이다. 기록매체에 내재된 내용을 재물손괴죄의 대상인 재물성을 가지고 있다고 인정한다고 할지라도 물리적 기록매체를 떠나 전송 중인 매체에 대해서는 재물로 파악하기 어렵다는 문제는 여전히 남는다. 왜냐하면 전자적 기록물의 삭제를 재물손괴죄로 인정할 것인가를 저장매체에 대한 효용을 중심으로 이해하고 있기 때문에 저장매체를 떠나 저장매체의 효용성과는 아무런 상관이 없는 자료에 대해서는 재물의 효용가치를 인정할 근거가 없기 때문이다. 따라서 전송 중인 자료인 경우나 아직 기록매체에 기록되지 않고 있는 상태에 있는 자료를 삭제·변경하는 경우에는 물체성을 인정할 수 없으므로 재물손괴죄에 해당하지 않는다.

셋째, 자료손괴에 의한 업무방해죄의 경우에도 문제점이 있다. 자료파괴의 경우에도 위계 또는 위력의 상대방이 존재하지 않으면 업무방해죄는 성립되지 않는다. 여기서 더 나아가 자료파괴의 경우에 업무방해죄를 인정하면 자료파괴라는 행위 자체만으로 재물손괴죄에서 더 나아가 다음과 같은 이유로 항상 업무방해죄로 처벌될 가능성이 존재한다. 즉, ① 업무방해죄의 업무는 사람이 사회생활상의 지위에서 계속·반복적으로 행하는 사무인 한, 주된 사무인지 부수적 사무인지를 구별하지 않는다.[46] 따라서 업무의 범위가 광범위하고 전자기록들은 거의 모두 다 업무에 제공되는 것이 보통이기 때문이다. ② 업무방해죄는 통설과 판례에서 추상적 위험범으로 인정하고 있기 때문에 현실적인 업무의 방해라는 결과가 발생할 필요가 없으므로 전자기록의 파괴 그 자체로 이미 업무에 대한 방해의 위험을 발생시키게 된다. ③ 업

---

46 박상기/전지연, 형법학, 550면; 대법원 1989.9.12. 선고 88도1752 판결; 대법원 1993.2.9. 선고 92도2929 판결.

무방해죄는 목적범이 아니고 단순한 고의범에 불과하기 때문에 전자기록을 파괴하는 사람은 전자기록이 대부분 업무에 사용되는 것이므로 상대방의 업무에 지장을 줄 수 있다는 점을 인식하게 된다. 따라서 전자기록손괴행위는 거의 모든 경우에 업무방해죄를 성립시킬 위험성이 있다.

넷째, 하드웨어 자체나 전자기록이 가지는 재산적 가치나 효용적 가치의 중요성에도 불구하고 이와 같은 하드웨어 파괴나 전자기록의 삭제·변경을 기존의 재물손괴죄의 법정형인 "3년 이하의 징역 또는 벌금"으로 처벌하는 것이 타당한가이다.[47] 컴퓨터파괴라는 범죄행위는 타 기업의 재산이나 정보를 멸실·훼손시킴으로써 경쟁력을 약화시켜 기업경영의 방해를 초래하는 의도로 행해지는 것이 보통이다. 정보처리시설의 일반화 및 컴퓨터 기능의 발달, 예컨대 저장용량의 대량화, 자료의 압축화 및 온라인시스템을 통한 자료 이용 가능성 등의 발달로 인해 저장매체에 저장된 내용에 대한 침해행위는 그 위험성이 일반 손괴죄에 비하여 훨씬 크다. 그리고 컴퓨터 파괴행위는 피해자 당사자뿐만 아니라 기업경제는 물론 국민경제와 국가행정에도 지대한 불이익을 초래하고 있어서 일반범죄와는 독특한 차이점을 나타내고 있다. 전자기록의 이와 같은 특성으로 인해 컴퓨터파괴죄를 재물손괴죄와는 달리 형을 가중하여 처벌할 수 있을 것인가? 전자기록의 특성과 사회적 해악의 가능성은 재물손괴행위와 구분이 가능하지만 형벌적정의 문제는 오히려 양형의 단계에서 이루어지는 것이 바람직하다. 왜냐하면 사회적 손실의 초래행위를 구체적으로 확정하는 것이 쉽지 않고, 컴퓨터 파괴행위에는 개인적 침해를 다수 내포하고 있기 때문이다.

Ⅲ 현행 형법에 따른 전자기록손괴죄

1. 의의

형법은 제366조의 재물손괴죄의 행위객체에 전자기록 등 특수매체기록을 추가

---

47 독일 형법의 경우 전자적 자료의 소거나 변경의 경우 2년 이하의 자유형이나 벌금으로 처벌하여 재물손괴죄의 법정형과 동일하다. 그러나 일본 개정형법의 경우는 이러한 점을 이유로 전자적 자료의 파괴를 문서에 관한 죄로 인정하여 일반 재물손괴죄보다 무겁게 처벌하고 있다.

함으로써 컴퓨터 데이터의 삭제 또는 변경도 손괴죄로 처벌할 수 있도록 손괴죄 규정을 "타인의 재물, 문서 또는 전자기록 등 특수매체기록을 손괴 또는 은닉 기타 방법으로 그 효용을 해한 자는 3년 이하의 징역 또는 700만원 이하의 벌금에 처한다"고 개정하였다. 이것은 구 형법하에서는 전자기록 등 특수매체기록에 저장된 데이터를 재물손괴죄의 대상인 재물로 볼 것인가에 대한 학설상의 대립을 명문으로 규정하여 입법적으로 해결한 것이다.

2. 성립요건

1) 행위객체

전자기록 등 손괴죄의 행위객체는 타인의 전자기록 등 특수매체기록이다. 여기서 타인의 전자기록이란 행위자 이외의 사인(私人)이 지배관리하는 전자기록을 말한다.

전자기록 등 특수매체기록에서 전자기록은 특수매체기록의 하나의 예시에 불과하다. 전자기록이 무엇인가에 대하여 일본 형법은 제7조의2에서 "전자적 방식, 자기적 방식 기타 사람의 지각으로 인식할 수 없는 방식에 의하여 만들어지는 기록이며, 전자계산기에 의한 정보처리에 사용되는 것"이라고 정의하고 있다. 그러나 우리 형법에서 전자기록에 대한 입법적인 정의는 존재하지 않는다. 따라서 일반적인 해석에 따라 전자기록은 일정한 매체에 전기적 또는 자기적 방식으로 저장한 기록, 즉 전기적 기록과 자기적 기록을 말한다.[48] 여기서 일정한 매체란 보통 반도체 기억집적회로, 자기디스크, 자기테이프 등이 여기에 해당된다.

특수매체기록은 전자기록 이외의 광기술이나 레이저기술을 이용한 광학기록 등이 포함된다. 이러한 의미에서 음반(LP)이나 콤팩트디스크(CD) 등에 기록된 음성신호나 녹음테이프, 녹화테이프 등이 여기에 해당된다.[49] "특수매체기록"이라는 구성요건상의 불명확성이 문제점으로 제기될 수도 있으나, 이러한 표현은 장래 과학기술의 발달로 인하여 현재까지 생각하지 못한 새로운 기록 매체가 등장할 가능성도 있으므로 이러한 매체를 포함하기 위하여 특수매체기록이라는 용어를 사용한 것으

---

48 배종대, 형법각론, 446면.
49 Fischer, StGB, 65.Aufl., 2018, § 202a Rn.4; Möhrenschlager, wistra 1986, 139.

로 보인다.

기록은 일정한 기록 매체 위에 정보 내지 데이터가 보존되어있는 상태를 의미하기 때문에 모든 데이터 또는 매체 그 자체를 의미하는 것은 아니다. 전자기록을 담고 있는 매체물이 본죄의 행위객체가 되는가에 관하여 일부에서는 "전자기록 등 특수매체기록의 손괴란 기억매체의 파손이나 정보의 소거를 말하며, 기록 그 자체를 소거 또는 변경하는 경우뿐만 아니라 기록매체를 파손하는 경우를 포함한다"[50]라고 하여 이를 긍정한다. 그러나 본죄의 행위객체는 기록을 담고 있는 매체물이 아니라 매체물이 담고 있는 기록 자체만 본죄의 행위객체가 된다.[51] 이러한 의미에서 컴퓨터디스켓이나 레이저디스크처럼 기록을 담은 매체물을 손괴한 때에는 전자기록손괴죄가 아니라 단순한 재물손괴죄가 성립할 뿐이다.[52]

기록은 어느 정도 영속성을 지녀야 하기 때문에 모니터에 화상형태로만 존재하는 데이터는 기록이라고 할 수 없다. 그리고 통신 중의 데이터나 중앙처리장치(CPU)에서 처리 중인 데이터는 여기의 전자기록에 포함되지 않는다.[53] 기록은 또한 전자적 방식에 의하여 표현된 의사내용이어야 한다. 따라서 마이크로필름기록은 단순한 문자의 축소 내지 기계적 확대에 의한 재생에 불과하므로 특수매체기록이 아니라 문서의 일종으로 보아야 한다.

2) 행위유형

본죄의 행위방식은 전자기록을 손괴, 은닉 기타 방법으로 효용을 해하는 것이다.

(1) 손괴는 컴퓨터나 기억매체에 기록되어 있는 데이터를 삭제하거나 본래의 데이터 내용을 변경하거나 데이터를 읽을 수 없는 상태에 빠지게 하는 것을 의미한다. 자기

---

50 이재상/장영민/강동범, 형법각론, 469면(23/14); 이재상, 형법개정안중 각칙의 신설규정, 고시계, 1992/8, 42면.

51 동지: 김일수/서보학, 형법각론, 264면; 박상기, 개정형법의 내용과 문제점, 형사정책연구, 제7권 제1호 (1996 봄), 160면; 배종대, 형법각론, 446면.

52 Kochheim, Cybercrime und Strafrecht in der Informations-und Kommunikationstechnik, 2.Aufl., 2018, S.263.

53 김종원, 컴퓨터범죄에 관한 비교법적·입법론적 연구, 1988, 8면. 다만 이와 같이 통신 또는 처리 중의 데이터가 타인의 비밀에 해당하는 경우 이를 침해하거나 누설하면 「정보통신망 이용촉진 및 정보보호 등에 관한 법률」에 따라 처벌된다.

테이프에 기록된 종전의 기록 위에 새로운 데이터를 덮어씌운다든가 하는 것이 그 예이다. 여기서 더 나아가 전자기록의 손괴를 통하여 업무를 방해한 경우에는 본죄 이외에도 형법 제314조 제2항의 컴퓨터에 의한 업무방해죄가 성립한다. 다만 양자의 관계는 법조경합에 해당되므로 본죄는 컴퓨터에 의한 업무방해죄에 흡수된다.[54]

(2) 은닉이란 전자기록의 소재를 불분명하게 하여 발견을 곤란 또는 불가능하게 함으로써 그 본래의 효용을 해하는 것을 말한다. 즉, 전자기록을 권한 있는 자의 이용 가능 영역으로부터 이탈시킴으로써 계속적 또는 일시적으로 전자기록의 사용을 불가능하게 하는 것을 의미한다.[55] 예컨대 전자기록을 파일의 이름을 바꾸어 저장시켜 놓거나, 다른 디렉토리에 숨겨놓아 다른 권한 있는 사람이 이를 찾기 어렵게 만드는 경우 또는 비밀번호를 변경하거나 비밀번호를 새로이 설정하여 권한 있는 사람이 자료에 접근하는 것을 곤란하게 하는 경우가 여기에 해당한다.[56]

(3) 기타 방법으로 효용을 침해한다는 것은 손괴 또는 은닉 이외의 방법으로 전자기록의 이용가치나 효용을 해하는 일체의 행위를 말한다. 예컨대 컴퓨터나 기억매체에 기록되어 있는 데이터의 일부를 변경하거나 컴퓨터바이러스를 감염시켜 컴퓨터가 정상적으로 작동하지 못하도록 하는 경우를 의미한다.

---

54 동지: Schönke/Schröder/Stree/Hecker, StGB, 30.Aufl., 2019, § 303a Rn.14; 장영민, 개정형법의 컴퓨터범죄, 고시계, 1996/2, 51면; 박상기/전지연, 형법학, 563면; 이상돈, 형법강론, 935면. 이에 반하여 이 경우를 상상적 경합으로 보는 견해(강동범, 개정형법의 컴퓨터범죄, 법정고시, 1996/6, 120면; 이재상/장영민/강동범, 형법각론, 219면(13/27))도 있다.
55 Vgl. BT-Drucksache, 10/5058, S.35; Schönke/Schröder/Stree/Hecker, StGB, 30.Aufl., 2019, § 303a Rn.6; Fischer, StGB, 65.Aufl., 2018, § 303a Rn.10. 이와 달리 계속적인 사용불능의 경우에만 은닉에 해당한다는 주장(Gercke, MMR 06,552)이 있으나 일시적인 사용불능의 경우에도 이미 중대한 침해가 발생할 수 있으므로 이 주장은 타당하지 않다.
56 Kochheim, Cybercrime und Strafrecht in der Informations- und Kommunikationstechnik, 2.Aufl., 2018, S.263 f.

I 의의

형법은 컴퓨터 등 정보처리장치 또는 전자기록 등 특수매체기록을 손괴하거나 정보처리장치에 허위의 정보 또는 부정한 명령을 입력하거나 기타 방법으로 정보처리에 장애를 발생하게 하여 사람의 업무를 방해한 행위를 컴퓨터에 의한 업무방해죄로 규정하고(제314조 제2항), 일반 업무방해죄와 동일한 형으로 처벌한다. 기존의 업무방해죄 규정은 자연인을 대상으로 한 범죄였다. 그러나 컴퓨터에 의하여 대량정보의 신속한 처리가 확대됨에 따라 컴퓨터에 대한 가해행위를 수단으로 한 업무방해죄의 규정을 신설할 필요가 제기되어 이를 입법화한 것이다.

컴퓨터 업무방해의 경우에 중대하고 광범위한 피해가 발생할 것을 고려하여 형을 가중하는 입법례도 있으나[57] 우리 형법은 컴퓨터 업무방해를 일반 업무방해죄와 동일한 법정형으로 처벌하고 있다. 이것은 ① 컴퓨터 업무방해가 다른 방법에 의한 업무방해보다 반드시 중대한 침해의 결과를 초래한다고 볼 수 없으며, ② 만일 중대한 침해를 발생시킨 경우에는 양형의 단계에서 이를 고려할 수 있고, ③ 일반업무와 컴퓨터에 의한 업무를 차별화하여 컴퓨터에 의한 업무에 특권을 인정하는 것은 타당하지 않다는 이유에서 적절한 입법으로 보인다.

II 성립요건

1. 행위객체

컴퓨터에 의한 업무방해죄의 행위객체는 "컴퓨터 등 정보처리장치 또는 전자기록 등 특수매체기록"이다.

---

[57] 예컨대 일본에서는 일반 업무방해죄를 3년의 징역, 컴퓨터에 의한 업무방해죄를 5년의 징역으로 하고 있으며, 독일의 경우에도 컴퓨터에 의한 업무방해를 5년의 자유형으로 규정(제303b조)하고 있다.

1) 컴퓨터 등 정보처리장치

컴퓨터 등 정보처리장치에서 컴퓨터는 정보처리장치의 하나의 예시이다. 정보처리는 자료를 입력하고 그것을 프로그램에 따라 결합시킴으로써 작업결과를 얻으려는 기술적 과정을 의미하며,[58] 정보처리장치는 이러한 과정을 수행하는 도구를 말한다. 다만 모든 기술적 정보처리장치에 대한 침해가 본죄의 보호범위에 속하는 것은 아니다. 오히려 본죄에서는 "컴퓨터 등 정보처리장치"라고 기술하였으므로 목적론적 해석에서 컴퓨터와 같은 방식으로 정보처리를 하는 장치라고 해석하여, 현재의 기술상황에 따라 전자적(전기적, 자기적)으로 정보처리를 하는 장치에 대한 침해만이 본죄의 보호범위에 속한다. 따라서 자동설비 중에서도 그 설비가 전자적 정보처리체계로 행하여지지 않는 경우에는 본죄의 보호범위에 속하지 않는다.

문제는 그 밖의 자동판매기와 같은 설비도 본죄의 보호범위에 속한다고 볼 수 있는가이다. 왜냐하면 대부분의 자동판매기는 통상 화폐검사설비를 갖추고 있으며, 이 설비는 화폐검사시에 전기적으로 정보처리를 실행하는 기구이기 때문이다.[59] 본죄에서 말하는 정보처리장치는 그 자체가 자동적으로 정보처리를 행하는 장치로서 일정한 독립성을 가지고 당해 업무에 사용되고 있는 것에 한정된다.[60] 즉, 본죄의 보호범위에 속하는 정보처리장치는 전자적 정보처리체계를 지녀야 할 뿐만 아니라 일정한 독립성도 지녀야 한다. 그러나 자동판매기의 경우에는 정보처리를 하는 마이크로프로세서 등이 자동판매기 안에 넣어져 그 부품으로 인정되기 때문에 정보처리장치가 독립성을 지녔다고 볼 수 없다. 따라서 자동판매기의 경우는 부분적으로 전자적 정보처리를 행한다고 할지라도 본조에서 말하는 정보처리장치에 포함되지 않는다고 해석된다. 보통 이와 같이 전자적으로 정보처리를 행하는 장치를 전자계산기 또는 컴퓨터시스템이라고 부른다. 여기에는 하드웨어뿐만 아니라 소프트웨어도 포함된다는 것이 판례[61]와 다수의 견해[62]이나, 소프트웨어는 정보처리장치가 아

---

58 BT-Drucksache 10/318, S.21.
59 이와 같이 자동판매기를 정보처리장치로 인정하는 것은 컴퓨터사기죄의 경우에는 일반적인 견해이다. vgl. Lackner, StGB, 20.Aufl., 1993, § 263a Rn.4; Lenckner/ Winkelbauer, CR 1986, 658 f.; Otto, BT, 4.Aufl.,1995, S.227.
60 강동범, 법정고시, 1996/6, 118면; 장영민, 고시계, 1996/2, 51면.
61 대법원 2012.5.24. 선고 2011도7943 판결; 대법원 2004.7.9. 선고 2002도631 판결.
62 김일수/서보학, 형법각론, 163면; 배종대, 형법각론, 249면; 이재상, 고시계, 1992/8, 42면.

니라 정보처리에 이용되는 전자기록에 해당한다. 따라서 소프트웨어의 경우는 후술하는 유형의 행위객체에 해당하고 여기의 유형에는 하드웨어만이 해당된다.[63] 다만 정보처리를 하는 장치에 한해서는 그 크기, 용도, 기능에는 제한이 없으므로, 범용 컴퓨터를 비롯하여 이른바 오피스 컴퓨터, 퍼스널컴퓨터, 제어용 컴퓨터, 마이크로 컴퓨터 등과 이의 주변장치들을 포함한다. 또한 본죄의 성질상 타인의 업무에 사용하는 정보처리장치에 국한된다.[64]

2) 전자기록 등 특수매체기록

전자기록 등 특수매체기록의 개념에 대하여는 전술한 "전자기록 등 손괴죄"의 부분에서 기술한 것과 마찬가지이다. 다만 본죄는 정보처리장치를 이용한 업무를 보호하므로 본죄에서의 전자기록 등 특수매체기록은 컴퓨터 등 정보처리장치에 사용하는 기록만을 의미한다. 따라서 녹음테이프나 녹화필름, 마이크로필름 등은 정보처리장치에 사용하는 기록이 아니므로 본죄의 행위객체에 포함되지 않는다. 이러한 의미에서 본죄의 전자기록은 "전자기록 등 손괴죄"에서의 행위객체인 전자기록 등 특수매체기록보다는 그 범위가 좁다. 또한 사용하는 기록이어야 하므로 현재 사용되고 있지 않은 back-up copy는 행위객체에서 제외된다.

2. 행위유형

본죄의 행위방식은 ① 컴퓨터 등 정보처리장치 또는 전자기록등 특수매체기록을 손괴하거나 ② 정보처리장치에 허위의 정보 또는 부정한 명령을 입력하거나 ③ 기타 방법으로 정보처리에 장애를 발생하게 하는 것이다. 따라서 본죄는 컴퓨터파괴와 컴퓨터의 부정조작이라는 두 가지 유형으로 업무방해를 하는 경우를 포함한다.

컴퓨터 등 정보처리장치 또는 전자기록 등 특수매체기록의 손괴에서 '손괴'의 개념은 재물손괴죄와 전자기록 등 손괴죄에서 이미 기술한 개념이 그대로 적용된다. 즉, 정보처리장치의 물리적 파괴나 멸실뿐만 아니라 전자기록의 삭제도 본죄의 행

---

63 박상기/전지연, 형법학, 559-560면; 이형국/김혜경, 형법각론, 274면.
64 Schönke/Schröder/Stree/Hecker, StGB, 30.Aufl., 2019, § 303b Rn.2.

위방식에 포함된다.

정보처리장치에 허위의 정보나 부정한 명령을 입력하는 것은 컴퓨터 조작범죄의 유형 중에서 입력조작(Inputmanipulation)이나 프로그램조작(Programmmanipulation)을 통하여 업무방해를 하는 행위를 처벌하고자 하는 취지이다.[65]

허위의 정보입력에서 정보가 "허위"라는 것은 정보가 표현한 내용이 사실에 부합하지 않는 것을 말한다. 그러나 여기서 "허위의 정보입력"이라는 표현만 가지고는 입력조작에 의한 업무방해를 포괄적으로 규율할 수 없다. 왜냐하면 예컨대 정보처리과정의 중요하고 결정적인 상황에 대하여 진실을 완전하게 반영하지 않는 정보, 즉 "불완전한" 정보를 입력하여 업무를 방해하는 경우도 발생할 수 있기 때문이다.[66] 따라서 이 부분에 관한 입법적인 흠결이 존재한다. 또한 정보의 허위성 여부에 대한 판단은 처분권한이 있는 사람의 주관적 관점이 아니라 객관적 관점에서 파악되어야 한다.[67] 이러한 의미에서 우리 대법원도 허위의 정보란 객관적으로 진실에 반하는 내용의 정보를 입력하는 것을 말한다고 이해한다.[68]

부정한 명령의 입력이란 사무처리 과정에서 주어서 안 되는 지령을 주는 것이나 정보처리장치를 운영하는 본래의 목적과 상이한 명령을 입력하는 것을 말한다.[69] 예컨대 권한없이 전자기록을 삭제 또는 변경시키는 프로그램을 실행시키거나 전자기록이 삭제, 변경되는 컴퓨터바이러스를 입력하는 경우를 말한다.[70] 따라서 프로그램

---

[65] Kochheim, Cybercrime und Strafrecht in der Informations- und Kommunikationstechnik, 2.Aufl., 2018, S.279, 281.

[66] 상세히는 전지연, 독일형법에서의 컴퓨터사기죄, 김선수교수정년퇴임기념논문집, 1996, 323면 참조.

[67] 정보의 허위성여부에 대한 주관적 관점과 객관적 관점에 대한 논의는 전지연, 상게논문, 305-306면 참조.

[68] 대법원 2020.2.13. 선고 2019도12194 판결.

[69] 대법원 2020.2.13. 선고 2019도12194 판결; 2012.5.24. 선고 2011도7943 판결.

[70] 예컨대 갑 주식회사 대표이사인 피고인이, 악성프로그램이 설치된 피해 컴퓨터사용자들이 실제로 인터넷 포털사이트 '네이버' 검색창에 해당 검색어로 검색하거나 검색 결과에서 해당 스폰서링크를 클릭하지 않았음에도 악성프로그램을 이용하여 그와 같이 검색하고 클릭한 것처럼 네이버의 관련 시스템 서버에 허위의 신호를 발송하는 방법으로 정보처리에 장애를 발생하게 하였다고 하여 컴퓨터등장애업무방해로 기소된 사안에서, 피고인의 행위는 객관적으로 진실에 반하는 내용의 정보인 '허위의 정보'를 입력한 것에 해당하고, 그 결과 네이버의 관련 시스템 서버에서 실제적으로 검색어가 입력되거나 특정 스폰서링크가 클릭된 것으로 인식하여 그에 따른 정보처리가 이루어졌으므로 이는 네이버의 관련 시스템 등 정보처리장치가 그 사용목적에 부합하는 기능을 하지 못하거나 사용목적과 다른 기능을 함으로써 정보처리의 장애가 현실적으로 발생하였고, 이로 인하여 네이버의 검색어 제공서비스 등의 업무나 네이버의 스폰서링크 광고주들의 광고 업무가 방해되었다는 이유로 본죄를 인정하였다(대법원 2013.3.28. 선고 2010도14607 판결).

을 이용하여 댓글 순위 조작 작업을 한 것은 허위의 정보나 부정한 명령을 입력하여 정보처리에 장애를 발생하게 함으로써 피해자 회사들의 댓글 순위 산정 업무를 방해한 것에 해당한다고 판단하였다.[71] 또한 대학의 컴퓨터시스템 서버를 관리하던 피고인이 전보발령을 받아 더 이상 웹서버를 관리 운영할 권한이 없는 상태에서, 웹서버에 접속하여 홈페이지 관리자의 아이디와 비밀번호를 무단으로 변경한 행위는, 피고인이 웹서버를 관리 운영할 정당한 권한이 있는 동안 입력하여 두었던 홈페이지 관리자의 아이디와 비밀번호를 단지 후임자 등에게 알려주지 아니한 행위와는 달리, 정보처리장치에 부정한 명령을 입력하여 정보처리에 현실적 장애를 발생시킴으로써 피해 대학에 업무방해의 위험을 초래하는 행위에 해당하여 본죄가 성립한다고 보았다.[72]

기타 방법은 정보처리장치에 일정한 가해를 함으로써 정보처리장치를 작동불능상태에 빠뜨리거나 사용목적에 부합하지 않도록 하는 일체의 행위를 말한다. 예컨대 컴퓨터의 전원을 절단하거나, 통신회선을 절단하거나, 컴퓨터의 외부환경(실온이나 습도)을 변경시키는 행위, 컴퓨터바이러스에 감염시키는 행위 등이 여기에 포함된다.

3. 행위결과

본죄는 전술한 유형의 행위방식을 통하여 정보처리에 장애를 발생하게 하여 사람의 업무를 방해하였을 때에 성립한다. 즉, 본죄가 성립하기 위해서는 ① 정보처리의 장애발생과 ② 이로 인한 업무방해라는 이중의 결과를 필요로 한다.

정보처리의 장애발생이란 정보처리기능에 장애를 일으키는 일체의 행위를 말한다. 즉, 정보처리장치로 하여금 그 설치관리자의 정상적인 사무처리를 위한 사용목적에 따른 작동을 제대로 못하게 하는 것을 의미한다. 작동이란 정보처리장치가 정보처리를 위하여 행하는 입력, 출력, 검색, 연산 등의 움직임을 말한다. 그리고 장애란 정보처리장치가 설치관리자의 사용목적에 적합한 기능을 하지 못하게 하거나 그 사용목적과 다른 기능을 하게 하는 것을 말한다.

---

71 대법원 2020.2.13. 선고 2019도12194 판결.
72 대법원 2006.3.10. 선고 2005도382 판결.

업무의 방해는 정보처리장치의 실행을 통해 처리하려는 사무에 지장을 주는 일체의 행위를 말한다. 기타의 사항에 대하여는 일반 업무방해죄의 업무방해와 동일하다. 다만 본죄는 일반 업무방해죄와 관련하여 다음의 두 가지 점에서 논란이 될 수 있다.

첫째, 일반 업무방해죄는 통설과 판례에 따르면 추상적 위험범에 해당하므로 위계 또는 위력으로 업무를 방해한 이상 현실적으로 업무방해의 결과가 발생할 필요가 없고 일반적인 위험 내지 업무를 방해할 유려가 있는 상황만 존재하면 성립한다.[73] 이러한 의미에서는 본죄도 역시 업무방해죄와 마찬가지로 업무의 방해라는 결과에 관한 한 추상적 위험범에 해당한다. 따라서 전자기록을 삭제한 경우에 그에 대한 backup copy가 되어 있어서 현실적으로 업무의 방해가 발생하지 않더라도 본죄에 해당한다. 또한 포털사이트 운영회사의 통계집계시스템 서버에 허위의 클릭정보를 전송하여 검색순위 결정 과정에서 위와 같이 전송된 허위의 클릭정보가 실제로 통계에 반영됨으로써 정보처리에 장애가 현실적으로 발생하였다면, 그로 인하여 실제로 검색순위의 변동을 초래하지는 않았다 하더라도 본죄가 성립한다.[74]

다만 본죄를 추상적 위험범으로 본다고 할지라도 정보처리의 장애까지도 추상적 위험으로 볼 수는 없다.[75] 즉, 정보처리의 장애발생과 관련하여서는 정보처리에 장애라는 구체적 결과가 발생하여야 한다.[76] 따라서 피고인들이 불특정 다수의 인터넷 이용자들에게 배포한 '업링크솔루션'이라는 프로그램은, 갑 회사의 네이버 포털사이트 서버가 이용자의 컴퓨터에 정보를 전송하는 데에는 아무런 영향을 주지 않고, 다만 이용자의 동의에 따라 위 프로그램이 설치된 컴퓨터 화면에서만 네이버 화면이 전송받은 원래 모습과는 달리 피고인들의 광고가 대체 혹은 삽입된 형태로 나타나도록 하는 것에 불과한 경우에는, 이것만으로는 정보처리장치의 작동에 직접·간접으로 영향을 주어 그 사용목적에 부합하는 기능을 하지 못하게 하거나 사용목적과 다른 기능을 하게 하였다고 볼 수 없어 컴퓨터 등 장애 업무방해죄로 의율할 수 없

---

73 박상기/전지연, 형법학, 548면; 대법원 2018.7.24. 선고 2015도12094 판결; 대법원 2018.5.15. 선고 2017도19499 판결..

74 대법원 2009.4.9. 선고 2008도11978 판결.

75 박상기/전지연, 형법학, 561면.

76 동일한 취지로 대법원 2010.9.30. 선고 2009도12238 판결; 대법원 2004.7.9. 선고 2002도631 판결.

다고 판단하였다.[77] 또한 업무를 방해할 의도로 정보처리장치의 전원을 절단하였으나 자동전원공급장치에 의하여 전원이 공급됨으로써 정보처리가 제대로 행해진 경우에는 본죄가 성립하지 않는다.

이와 같은 해석에도 불구하고 타인의 전자기록을 삭제한 경우에는 단순히 "전자기록손괴죄"만으로 처벌될 가능성은 거의 없으며, 오히려 대부분의 삭제행위는 본죄로 처벌될 가능성이 크다. 왜냐하면 ① 본죄의 업무는 사람이 사회생활상의 지위에서 계속, 반복적으로 행하는 사무인 한, 주된 사무인지 부수적 사무인지를 구별하지 않기 때문에 업무의 범위가 광범위하고 전자기록들은 거의 모두 다 업무에 제공되는 것이 보통이며, ② 전술한 바와 같이 본죄는 추상적 위험범으로 인정되고 있기 때문에 현실적인 업무의 방해라는 결과가 발생해야 할 필요가 없으므로 전자기록의 삭제 그 자체로 이미 업무에 대한 방해의 위험을 발생시키게 되며,[78] ③ 본죄는 목적범이 아니고 단순한 고의범에 불과하기 때문에 전자기록을 삭제하는 사람은 전자기록이 대부분 업무에 사용되는 것이므로 상대방의 업무에 지장을 줄 수 있다는 점을 인식하게 된다. 따라서 전자기록의 파괴행위는 거의 모든 경우에 업무방해죄를 성립시킬 가능성이 있다.

둘째 컴퓨터에 의한 업무방해죄의 보호범위로서 업무가 공무를 포함하는 가이다. 일반 업무방해죄와 관련하여 보면 업무의 범위에 ① 공무가 포함된다는 견해, ② 공무는 제외된다는 견해와 ③ 원칙적으로 공무는 제외되나 위력에 의한 공무집행방해의 경우에는 업무의 범위에 속한다는 견해로 나누어진다. 공무집행방해죄의 행위유형을 폭행, 협박, 위계로 제한하고 있는 것은 그 이외의 행위방식을 통한 공무방해는 처벌하지 않는다는 취지로 보아 업무의 범위에서 공무를 제외하는 것이 타당하다.[79] 그러나 본죄의 신설로 인하여 업무의 범위를 이와 같이 해석하면 문제가 발생한다. 본죄는 어떻든 정보처리장치에 장애를 발생시켜 업무를 방해하는 것을 처벌하려는 취지로 신설한 것이며, 입법과정에서 공무의 포함 여부에 대하여는 유감스럽게도 전혀 논의되지 않은 것으로 보인다. 그러나 본조의 취지로 보아 공무

---

[77] 대법원 2010.9.30. 선고 2009도12238 선고.

[78] 이러한 의미에서 업무방해의 여부가 양죄의 구별기준이 될 수 있는가에 대한 의문을 제기하기도 한다(박상기/전지연, 형법학, 561 - 562면).

[79] 동지: 배종대, 형법각론, 243면; 이재상/장영민/강동범, 형법각론, 204 - 205면.

도 본죄의 업무에 해당하는 것으로 이해하여야 하며, 이 점은 우리의 형법개정 시에 참고하였던 독일형법 제303b(컴퓨터사보타지)가 기업의 업무뿐만 아니라 관청의 업무도 규율대상으로 하고 있다는 점에서도 알 수 있다. 따라서 본죄에서의 업무는 공무를 포함한다고 해석할 수 밖에 없다. 이런 결과로 기존의 업무범위에 관하여는 새로운 해석이 필요하다. 만약 전술한 ①의 견해를 취하는 경우에는 본죄와 관련해서는 전혀 문제되지 아니하나, 기존의 업무방해와 공무방해의 행위방식이 구별되어 있는 의미를 설명할 수 없다. 만약 ③의 견해를 취하는 경우에는 일반업무방해의 업무의 범위에 대하여는 그대로 적용하나 본죄의 경우에는 부분적으로 수정을 가하여 업무의 범위에 공무를 포함한다고 해석할 수 밖에 없다.[80] 그러나 ②의 견해에 입각하여 일반업무방해에서 업무의 범위에 공무는 포함되지 아니하나, 본죄의 업무에는 공무가 포함된다고 해석하는 것이 적절하다.[81, 82]

Ⅲ 죄수

업무방해죄나 공무방해죄와 컴퓨터에 의한 업무방해죄가 동시에 성립하는 경우에 그 경합에 대하여는 문제점이 발생한다. 컴퓨터에 의한 업무방해죄는 신분범이 아니므로 모든 사람이 본죄의 행위주체가 될 수 있다. 즉, 본죄는 프로그래머, 자료를 직접 정보처리장치에 입력하는 조작자(오퍼레이터), 터미널사용자, 자료처리과정을 준비하는 자료처리담당자(사무직원, 자료타이프원 등)가 범할 수 있을 뿐만 아니라 일반인도 직접 또는 위의 사람들을 선의의 도구로 이용하여 본죄를 범할 수 있다. 여기서 도구로 이용되는 자가 입력되는 자료에 대한 검사의무를 가지고 있다는 이유로 그 도구가 기망의 상대방으로 가능한 사람인지 아닌지는 중요하지 않다. 왜냐하면 이것이 일반인의 컴퓨터에 의한 업무방해죄의 간접정범 성립 가능성을 배제하는 것

---

80 이렇게 해석하는 것은 김일수/서보학, 형법각론, 164면.
81 이에 반하여 업무방해죄에서의 업무범위에 공무를 배제하는 견해를 일관하여 컴퓨터에 의한 업무방해죄에서의 업무 범위에서도 공무를 배제하는 견해도 있다(강동범, 법정고시, 1996/6, 117면). 그러나 이것은 본죄의 입법취지에 적절한 것으로 보기 어렵다.
82 우리 형법이 업무방해죄와 공무집행방해죄를 별도로 규정하고 그 법정형에 차이를 두고 있는 이상 컴퓨터에 의한 업무방해죄도 컴퓨터에 의한 일반 업무방해와 컴퓨터에 의한 공무방해를 구별하는 것을 고려할 수 있다.

이 아니기 때문이다. 그 결과 예컨대 업무에 중요한 전자기록을 아주 쓸모없는 기록이라고 기망하여 담당자로 하여금 이를 삭제하게 하거나, 중복하여 기록되어 있는 자료라고 기망하여 저장되어 있는 프로그램이나 기록을 지워버리게 하는 경우에는 위계에 의한 업무방해죄(제314조 제1항)뿐만 아니라 본죄(제314조 제2항)도 성립한다. 이러한 경우에 컴퓨터에 의한 업무방해죄는 일반 업무방해죄에 보충적인 것이므로 원칙적으로 제314조 제1항의 위계에 의한 업무방해죄만이 성립한다고 볼 수 있다. 이것은 업무방해죄와 유사한 방식으로 기술된 일반 사기죄와 컴퓨터사기죄와의 관련에서도 확인할 수 있다.[83] 그러나 이와 같이 해석하는 경우에는 공무방해와 관련하여 문제점이 발생한다. 컴퓨터에 의한 업무방해에서 업무는 전술한 바와 같이 일반 업무뿐만 아니라 공무도 포함하고 있다고 해석된다. 따라서 위의 사례에서 방해받은 업무가 공무인 경우에는 위계에 의한 공무방해와 컴퓨터에 의한 업무방해가 성립하고, 여기서 양자의 관계를 보충관계로 인정하여 "위계에 의한 공무방해"로 인정하는 것은 곤란하다. 개정형법은 구 형법과 달리 일반 업무방해죄의 법정형(5년 이하의 징역이나 1천 5백만원 이하의 벌금)이 공무방해죄의 법정형(5년 이하의 징역이나 1천만원 이하의 벌금) 보다 낮다. 그 결과 보충관계를 인정하는 것은 부당하고 오히려 양자의 상상적 경합을 인정하는 것이 타당하다. 따라서 중간의 담당자를 기망하여 컴퓨터에 의한 업무방해를 하는 경우에는 침해되는 업무에 따라 그 업무가 일반업무인 경우에는 컴퓨터에 의한 업무방해는 일반 업무방해죄에 대하여 보충적이므로 일반 업무방해죄로 처벌되고, 그 업무가 공무인 경우에는 양자의 상상적 경합이 인정되어 중한 죄에 해당하는 컴퓨터에 의한 업무방해죄로 처벌되어야 할 것이다.

---

[83] 자료처리를 담당하는 직원을 기망하여 그로 하여금 허위의 자료를 입력케 하여 재산상의 손해를 발생시킨 경우에 컴퓨터사기죄와 일반 사기죄가 성립하나, 컴퓨터사기죄는 사기죄에 보충적인 것으로 인정된다(전지연, 독일형법에서의 컴퓨터사기죄, 김선수교수정년퇴임기념논문집, 1996, 315면).

I 서언

사회에서 인적·물적 자원에 더하여 정보가 유력한 자원이 되어 가는 사회를 정보화사회라고 부르며, 우리 사회가 이러한 정보화사회로 변화되어 감에 따라 정보를 저장하고 이를 유통하는 것이 그 사회의 발전척도가 되었다. 여기서 대량의 정보를 보다 집약적으로 저장하는 저장기술의 발전과 무수한 정보를 효율적으로 전달하고 유통시킬 수 있는 통신기술의 발전은 우리 사회를 새로운 산업혁명 시대로 이끌어 왔다. 특히 컴퓨터와 같은 정보처리장치에 전자적으로 저장·기록된 데이터들 가운데 많은 디지털 데이터가 법적 거래에서 중요한 증명기능을 수행하게 되었다. 그러나 형법상 문서는 문자 또는 이를 대신할 부호에 의하여 사상 또는 관념을 표시한 물체로서, 문서개념에는 지속적(계속적) 기능과 증명적 기능 그리고 보증적(보장적) 기능을 가지고 있어야 하는 것으로 이해한다. 이에 따라 문서는 사람의 관념이나 의사가 물체에 고정되어 지속적으로 표시되어야 하며, 이러한 의사표시는 외부에서 시각적 방법에 의하여 이해할 수 있는 즉, 가시성과 가독성 있는 것임을 요한다.[84] 전자적 방식으로 기록된 전자기록이나 전자문서들은 이러한 가시성의 결여로 문서죄에 의하여 보호되는 문서개념에 포섭되지 않았다.[85] 따라서 사회의 거래 현실에서는 증명기능을 수행하는 전자기록을 형법적으로 보호할 필요성이 대두하여 이를 위한 입법적·제도적 대책이 요구되는 상황이었다.

입법자는 이러한 요구에 부응하여 1995년 형법개정을 통하여 전자기록에 대한

---

[84] 박상기/전지연, 형법학, 777-778면; 대법원 2020.12.24. 선고 2019도8443 판결(형법상 문서에 관한 죄에서 문서란 문자 또는 이에 대신할 수 있는 가독적 부호로 계속적으로 물체상에 기재된 의사 또는 관념의 표시인 원본 또는 이와 사회적 기능, 신용성 등을 동일시할 수 있는 기계적 방법에 의한 복사본으로서 그 내용이 법률상, 사회생활상 주요 사항에 관한 증거로 될 수 있는 것을 말하고, 컴퓨터 모니터 화면에 나타나는 이미지는 이미지 파일을 보기 위한 프로그램을 실행할 경우에 그때마다 전자적 반응을 일으켜 화면에 나타나는 것에 지나지 않아서 계속적으로 화면에 고정된 것으로는 볼 수 없으므로, 형법상 문서에 관한 죄에서의 '문서'에는 해당되지 않는다).

[85] 이렇게 보는 것이 일반적 견해였다(상세히는 전지연, 컴퓨터범죄에 대한 형법적 대응방안, 한림법학FORUM, 제5권, 1996, 139-140면 참조).

위작·변작·행사를 처벌하는 규정을 마련하였다. 개정형법의 입법방식은 기존의 형법에서 문서죄를 처벌하는 방식과 동일하다. 즉, 기존 형법이 문서를 공문서와 사문서로 구분하고 각각 공문서와 사문서의 위조·변조 및 행사를 처벌하도록 규정한 것과 상응하게, 개정형법에서는 전자기록을 공전자기록과 사전자기록으로 구분하고 이의 위작·변작·행사를 처벌하도록 규정하였다.[86] 그리고 문서죄에서 고의 이외에 초과 주관적 구성요건으로 '행사할 목적'을 요구한 것과 상응하게, 공전자기록과 사전자기록의 위작·변작죄에서 '사무처리를 그르치게 할 목적으로'라는 초과 주관적 구성요건을 요구하고 있다(형법 제227조의2, 제232조의2).[87]

전자기록의 위작·변작죄가 문서죄에 상응하게 제정되었으므로 그 해석에서도 기존의 문서죄에 상응하게 해석하면 큰 문제가 없을 수 있다. 그럼에도 불구하고 문서와 달리 전자기록이 가지고 있는 특수성으로 인하여 몇 가지 문제가 발생한다. 여기에는 전자기록의 위작·변작죄의 보호법익이 무엇인가라는 문제는 여전히 존재한다. 또한 문서개념이 문제되는 것과 같이 전자기록의 개념 역시 문제되며, 본죄에서는 단순히 전자기록이 아니라 기타 특수매체기록도 구성요건요소로 표현되어 있으므로 이에 대한 해석이 필요하다. 문서죄에서는 행위와 관련하여 위조 또는 변조라는 용어를 사용하였으나 전자기록위작·변작죄에서는 위작·변작이라는 용어를 사용하여 위조·변조와 어떠한 차이가 있는 것인가? 더 나아가 위작·변작이라는 개념이 공전자기록과 사전자기록에 따라 달리 해석되어질 수 있는가 하는 점에 대하여 살펴보도록 한다.

Ⅱ 보호법익

대부분의 문헌은 문서죄에 대한 보호법익을 '문서를 수반하는 공공의 거래상의 안전 및 신용'[88] 또는 '문서에 대한 거래의 안전과 신용'으로 이해하며,[89] 판례 역시

---

86 전지연, 전자기록위작·변작죄: 박상기(외), 문서와 범죄, 집현재, 2017, 170면.
87 여기에서 더 나아가 공정증서원본부실기재죄에 대응하여 공정증서원본의 기능을 하는 전자기록 등 특수매체기록에 부실의 사실을 기재하게 한 행위도 처벌하고 있다(형법 제228조).
88 박상기, 형법각론, 제8판(2011), 516면.
89 이재상/장영민/강동범, 형법각론, 572면. 이상돈, 형법강론, 2015, 1302면은 보호법익을 '문서에 대한 공

문서죄의 보호법익을 '문서에 대한 공공의 신용'[90] 또는 '문서의 진정에 대한 공공의 신용'[91]으로 파악하고 있다. 이러한 점에서 학설과 판례의 문서죄에 대한 보호법익의 이해는 크게 다르지 않다.

문서죄에 상응하게 전자기록에 대한 위작·변작죄의 경우에도 '전자기록에 대한 거래의 안전과 신용'으로 파악하는 것이 학설에서의 입장이다.[92] 이에 대하여 판례는 명확히 보호법익에 대한 표현은 없으나 "형법 제228조 제1항이 규정하는 공정증서원본불실기재죄나 공전자기록등불실기재죄는 특별한 신빙성이 인정되는 권리의무에 관한 공문서에 대한 공공의 신용을 보장함을 보호법익으로 하는 범죄"[93]로 이해하고 있다는 점에서 전자기록에 대한 공공의 신용을 보호법익으로 파악하고 있다고 볼 수 있다.

여기서 공공의 신용이라는 보호법익의 문제를 좀 더 구체적으로 살펴보면 논란이 있다. 문서죄의 경우 보호법익이 구체적으로 무엇인가에 대하여 문서의 성립의 진정성과 문서의 내용의 진실성이라는 두 가지 측면이 고려될 수 있다. 여기서 공문서의 경우에는 위조와 변조뿐만 아니라 허위내용의 문서를 작성하는 것도 처벌대상이 되므로 문서의 성립의 진정과 내용의 진실성 모두 보호법익이 된다. 이에 반해 사문서의 경우에는 원칙적으로 위조와 변조만 처벌되고 허위사문서의 작성은 허위진단서의 경우에만 처벌되므로 사문서에서는 문서의 성립의 진정만이 보호법익이 되며 내용의 진실성은 원칙적으로 보호법익에 해당하지 않는다.[94]

결국 문서죄와 마찬가지로 전자기록위작·변작죄의 경우에도 전자기록의 성립의 진정성이 보호되는 것인가 아니면 전자기록 내용의 진실성이 보호되는 것인가가 문

공의 신용과 법적 교류의 안전'으로, 배종대, 형법각론, 704면은 '문서의 증명력과 문서에 들어있는 의사표시의 안전·신용'으로, 정성근/박광민, 형법각론, 613면은 '문서를 통한 법적 거래 내지 문서의 증명력에 대한 확실성과 신용성'으로 표현하고 있다.

90 대법원 2016.7.14. 선고 2016도2081 판결; 대법원 1970.11.24. 선고 70도1791 판결.

91 대법원 2017.12.22. 선고 2017도14560 판결; 2011.9.29. 선고 2011도6223 판결; 대법원 2005.2.24. 선고 2002도18 전원합의체 판결.

92 박상기, 형법각론, 제8판(2011), 516–517면; 이재상/장영민/강동범, 형법각론, 612면.

93 대법원 2020.3.26. 선고 2019도16592 판결; 대법원 2013.1.24. 선고 2012도12363 판결.

94 이러한 의미에서 대법원은 사문서변조에 있어서 그 변조 당시 명의인의 명시적, 묵시적 승낙 없이 한 것이면 변조된 문서가 명의인에게 유리하여 결과적으로 그 의사에 합치한다 하더라도 사문서변조죄의 구성요건을 충족한다고 이해한다(대법원 1985.1.22. 선고 84도2422 판결).

제된다. 여기서 이러한 전자기록의 보호법익의 문제는 문서죄에서는 허위공문서작성죄를 처벌하는 규정을 두고 있는 반면에, 전자기록의 경우에는 공전자기록과 사전자기록 모두에 대하여 허위전자기록작성죄의 처벌규정을 별도로 두고 있지 않다는 점에서 기원하고 있다. 그리고 이러한 처벌규정의 부재는 전자기록의 위작과 변작의 개념에 대한 해석에서도 영향을 끼치고 있다.

전자기록위작·변작죄 역시 기본적으로 문서죄의 문서와 상응하게 사회 내에서 중요한 증명기능을 담당하는 전자기록의 침해행위를 처벌하려는 것이다. 여기서 구체적인 보호법익의 내용은 전자기록을 '위작'하거나 '변작'하는 용어의 개념을 어떻게 특정할 것인가에 따라 달라진다. 개인적으로는 전자기록이 가지는 성명주체의 불명확성과 위조·변조가 아닌 위작·변작이라는 용어를 사용한 점에 비추어 공전자기록과 사전자기록 모두 전자기록의 성립의 진정과 내용의 진실성이 보호된다고 보아야 할 것이다.[95]

Ⅲ 행위객체: 전자기록 등 특수매체기록

1. 전자기록 등 특수매체기록의 개념

전자기록위작·변작죄의 행위객체는 전자기록 등 특수매체기록이다. 전자기록은 특수매체기록의 하나의 예시이다. 전자기록은 자료나 정보가 기본적으로 일정한 매체에 전자적(電磁的) 방식으로 기록되어 있는 것, 즉 전자적(電子的) 방식이나 자기적(磁氣的) 방식으로 저장되어 있는 기록을 말한다.[96] 여기서 행위객체를 전기적·자기적 기록인 전자기록으로만 제한하는 것은 장래 전자적 정보처리기술과 저장·기억매체기술의 발달을 고려하면 적절하지 않다. 이러한 의미에서 형법상 전자기록을 보호하는 규정들은 모두 '전자기록 등 특수매체기록'이라고 표현하여,[97] 정보통신기

---

95 박상기 교수는 공전자기록은 전자기록의 성립의 진정과 내용의 진실성이 보호된다고 보나, 사전자기록은 특수매체기록에 대한 안전과 성립의 진정성에 대한 공공의 신뢰성이 보호된다고 보며, 내용의 진실성은 보호대상이 아니라고 본다(박상기, 형법학, 제3판(2016), 769면 참조).

96 박상기, 형법각론, 제8판(2011), 530 – 531면.

97 예컨대 형법 제140조 제3항(공무상비밀표시무효), 제141조 제1항(공용서류 등의 무효), 제314조 제2항(컴퓨터등업무방해), 제316조 제2항(비밀침해), 제366조(재물손괴등)가 여기에 해당한다.

술의 발전과정을 고려하였다.

'전자적(電子的) 기록'에는 반도체 기억집적회로(IC Memory)에 수록된 것이 있고, '자기적(磁氣的) 기록'에는 외부메모리로서 이용되고 있는 자기디스크(MD; Magnetic Disk), 자기테이프(MT; Magnetic Tape)에 수록된 것이 여기에 해당된다. '특수매체기록'은 전자적 방식 이외의 광기술이나 레이저기술을 이용한 광학기록 등을 의미하며, 예컨대 콤팩트디스크(CD; Compact Disc) 등이 여기에 해당될 것이다.[98]

문제는 구성요건상 특수매체기록이라는 용어의 사용이 그 개념이 불명확하여 명확성의 원칙을 위반한 것이 아닌가 하는 점이다. 앞에서 언급한 바와 같이 특수매체기록이라는 용어의 사용은 장래 ICT 과학기술의 발달로 인하여 현재까지 생각하지 못한 새로운 저장기록매체가 등장할 가능성도 있으므로, 이러한 매체를 포섭하기 위하여 해당 용어를 사용한 것이다. 특수매체기록의 개념에는 모든 종류의 특수한 매체에 자료가 저장 또는 기록된 것을 의미하는 것이 아니고, 전자적 정보에 상응하는 정보처리장치에 의한 정보처리에 사용되는 자료만으로 국한된다고 보아야 한다. 이와 같이 제한적으로 해석함으로써 '특수매체기록'이 가지고 있는 구성요건상의 불명확성을 한계지울 수 있기 때문에 죄형법정주의에 어긋난다는 비판을 면할 수 있을 것이다. 이러한 의미에서 마이크로필름의 기록은 정보처리장치에 의해서 처리되는 정보가 아니라 단순한 문자의 축소 내지 기계적 확대에 의한 재생에 불과하므로 여기서 말하는 특수매체기록에 해당하는 것이 아니라 문서의 일종으로 보아야 하며,[99] 입법과정에서도 동일한 취지로 이해하였다.[100]

2. 전자기록위작·변작죄의 행위객체로서의 전자기록 등

본죄의 행위객체로서 전자기록 등 특수매체기록은 형법의 다른 범죄에서도 규정되어 있는 '전자기록 등 특수매체기록'의 표현과 동일하므로 그 포섭범위가 동일한 가이다. 본죄는 문서죄의 문서개념과 관련하여 가시성·가독성이 존재하지 않는 전

---

[98] 배종대, 형법각론, 723면; 임웅, 형법각론, 697면.

[99] 동일한 취지로 배종대, 형법각론, 724면; 이재상/장영민/강동범, 형법각론, 613면. 이에 대해서 본죄의 객체로 보는 입장은 박상기, 형법각론, 제8판(2011), 531면.

[100] 법무부, 형법개정법률안 제안이유서, 1992, 229-230면.

자기록 등을 문서와 상응하게 보호하려는 취지에서 마련된 처벌규정이다.[101] 따라서 본죄에서의 행위객체로서의 전자기록 등 특수매체기록은 다른 전자기록 관련 범죄에서의 행위객체와 차별화하여 해석하여야 한다.

1) 컴퓨터 등 정보처리장치에 사용되는 기록

본죄에서의 전자기록 등 특수매체기록은 컴퓨터 등 정보처리장치에 사용되어지는 기록만을 의미한다고 보아야 한다.[102] 본죄를 문서죄에 상응하게 규정한 것으로 보아 전자적인 정보처리장치를 통하여 처리되는 전자기록만을 의미한다. 예컨대 녹음테이프나 녹화필름은 그 자체로는 가시성이나 가독성이 없으며 여기에 기록된 내용은 정보처리장치를 통하여 그 내용을 알 수 있다. 그러나 해당 정보처리장치는 컴퓨터 등과 같이 전자적으로 처리될 수 있는 기록이 아니므로 본죄의 전자기록에 해당하지 않는다.[103]

판례 역시 본죄의 "전자기록은 그 자체로는 물적 실체를 가진 것이 아니어서 별도의 표시·출력장치를 통하지 아니하고는 보거나 읽을 수 없고, 그 생성 과정에 여러 사람의 의사나 행위가 개재됨은 물론 추가 입력한 정보가 프로그램에 의하여 자동으로 기존의 정보와 결합하여 새로운 전자기록을 작출하는 경우도 적지 않으며, 그 이용 과정을 보아도 그 자체로서 객관적·고정적 의미를 가지면서 독립적으로 쓰이는 것이 아니라 개인 또는 법인이 전자적 방식에 의한 정보의 생성·처리·저장·출력을 목적으로 구축하여 설치·운영하는 시스템에서 쓰임으로써 예정된 증명적 기능을 수행하는 것"[104]으로 이해한다. 이러한 의미에서 본죄의 전자기록은 재물손괴죄에서의 행위객체인 전자기록 등 특수매체기록보다는 그 범위가 좁다.

2) 의사나 관념의 표시

본죄의 전자기록 등 특수매체기록에는 문서와 마찬가지로 사람의 의사나 관념이

---

101 문서와 전자기록과의 차이에 대하여는 황태정, 전자기록 부정행사의 형사책임, 형사법연구, 제19권 제4호 (2007 겨울), 264-270면 참조.
102 황태정, 전자기록 부정행사의 형사책임, 형사법연구, 제19권 제4호(2007 겨울), 267면.
103 반대의 견해는 박상기, 형법각론, 제8판(2011), 531면.
104 대법원 2010.7.8. 선고 2010도3545 판결; 대법원 2008.4.24. 선고 2008도294 판결.

표시되어 있어야 한다. 예컨대 컴퓨터에 대한 작업명령을 내용으로 하는 컴퓨터 프로그램의 경우 전자적인 기록에는 해당하나 의사나 관념의 표시가 아닌 기록에 불과하므로 본죄의 대상이 될 수 없다.[105]

3) 영속성

전자기록은 영속성을 지녀야 하며, 보통 전자기록의 영속성은 기록을 담고 있는 물체인 저장매체나 기억매체에 기록이 저장되어 있어야 한다는 것을 의미한다. 따라서 정보통신망을 통하여 유통 중인 자료는 전자기록에 해당하나 이는 저장되어 있는 것이 아니므로 본죄의 전자기록에 해당하지 않는다.[106]

문제는 컴퓨터 화면에 나타나는 이미지파일을 전자기록으로 볼 수 있을 것인가 이다. 비록 모니터상의 이미지파일은 문서에 관한 죄의 문서에는 해당하지 않으나,[107] 이미지파일은 전자기록으로서 전자기록 장치에 전자적 형태로서 고정되어 계속성이 있다고 볼 수 있으므로 전자기록에 해당한다.[108]

또한 램에 올려진 전자기록 역시 본죄에서 말하는 전자기록 등 특수매체기록에 해당한다.[109] 컴퓨터의 기억장치 중 하나인 램(RAM; Random Access Memory)이 임

---

[105] 동일한 취지로 이재상/장영민/강동범, 형법각론, 613면.

[106] 동일한 취지로 박상기, 형법각론, 제8판(2011), 531면. 이와 같이 정보통신망을 통하여 유통·처리되는 정보를 훼손하는 경우에는 정보통신망 이용촉진 및 정보보호 등에 관한 법률 제49조를 위반한 것으로 처벌될 수 있다(동법 제71조 제1항 제11호). 통신망을 통하여 유통되는 전자기록의 입법적 결함에 대한 적절한 지적은 류석준, 전자기록위작·변작행위의 규제법규에 관한 연구, 형사법연구, 제23호(2005년 여름), 146면 이하 참조.

[107] 이미지파일은 문서죄의 문서에 해당하지 않는다. 형법상 문서에 관한 죄에서 문서라 함은, 문자 또는 이에 대신할 수 있는 가독적 부호로 계속적으로 물체상에 기재된 의사 또는 관념의 표시인 원본 또는 이와 사회적 기능, 신용성 등을 동일시할 수 있는 기계적 방법에 의한 복사본으로서 그 내용이 법률상·사회생활상 주요 사항에 관한 증거로 될 수 있는 것을 말한다(대법원 2008.4.10. 선고 2008도1013 판결; 대법원 2006.1.26. 선고 2004도788 판결). 컴퓨터 모니터 화면에 나타나는 이미지는 이미지 파일을 보기 위한 프로그램을 실행할 경우에 그때마다 전자적 반응을 일으켜 화면에 나타나는 것에 지나지 않아서 계속적으로 화면에 고정된 것으로는 볼 수 없으므로, 형법상 문서에 관한 죄에 있어서의 '문서'에는 해당되지 않는다(대법원 2007.11.29. 선고 2007도7480 판결).

[108] 대법원 2008.4.10. 선고 2008도1013 판결. 반대의 견해는 황태정, 전자기록 부정행사의 형사책임, 형사법연구, 제19권 제4호(2007 겨울), 270면.

[109] 동일한 취지로 전지연/박상기, 형법학, 803면; 이상돈, 형법강론, 2015, 1335면; 이재상/장영민/강동범, 형법각론, 613면.

시기억장치 또는 임시저장매체이기는 하지만, 형법이 전자기록위작·변작죄를 문서위조·변조죄와 따로 처벌하고자 한 입법취지, 저장매체에 따라 생기는 그 매체와 저장된 전자기록 사이의 결합강도와 각 매체별 전자기록의 지속성의 상대적 차이, 전자기록의 계속성과 증명적 기능과의 관계, 본죄의 보호법익과 그 침해행위의 태양 및 가벌성 등에 비추어 볼 때 램상의 전자기록을 본죄의 전자기록으로 보는 것이 타당하다. 전자기록이 컴퓨터에 연결된 모니터에 표시된 경우 그 내용이 외부에 표출되는 것이기는 하지만, 단순히 모니터에 표시되는 화상형태로만 존재하는 것이 아니라 모니터에 표시되기 전에 작업자의 명령 처리를 위하여 임시기억장치인 램에 올라가 있었던 것이고, 그 프로그램 처리 구조상 원본파일로부터 이와 같이 램에 올려지는 임시적 복제파일의 생성이 당연히 예정되어 있었던 점에 비추어 볼 때, 램에 올려진 전자기록은 원본파일과 불가분적인 것으로 원본파일의 개념적 연장선상에 있는 것이므로 본죄에서의 전자기록에 해당한다.[110]

3. 공전자기록·사전자기록

형법은 위작 또는 변작된 전자기록을 공전자기록과 사전자기록으로 구분하여 처벌하고 있다. 따라서 전자기록의 경우에도 이를 구분하여 살펴본다.

1) 공전자기록

공전자기록은 공무원 또는 공무소의 전자기록 등 특수매체기록으로써, 공무원 또는 공무소의 직무수행상 만들어지도록 되어 있거나 이미 만들어진 전자기록 등 특수매체기록을 말한다.[111] 예컨대 주민등록표 파일이나 등기부등본 파일, 토지대장 파일, 경찰 범죄정보시스템,[112] 자동차등록원부 파일[113] 등의 전자기록이 공전자기록에 해당된다.

---

110 대법원 2003.10.9. 선고 2000도4993 판결.
111 법무부, 형법개정법률안 제안이유서, 1992, 229면.
112 대법원 2005.6.9. 선고 2004도6132 판결.
113 대법원 2011.5.13. 선고 2011도1415 판결.

2) 사전자기록

사전자기록은 권리·의무 또는 사실증명에 관한 타인의 전자기록 등 특수매체기록을 말한다.

(1) 여기서 '권리·의무에 관한 전자기록'이란 권리·의무 또는 법률관계의 발생·존속·변경·소멸 등과 관련한 의사표시를 내용으로 하는 전자기록을 말한다. 사실증명에 관한 전자기록은 권리·의무에 관한 전자기록 이외의 전자기록으로서 '법률상 또는 사회생활상 중요한 사실이 표시되어 있는 전자기록'[114]을 말한다.

(2) 타인의 전자기록 등

사전자기록위작·변작죄에서 행위객체는 단순히 전자기록 등이 아니라 '타인'의 전자기록이다. 여기서 일반적으로 '타인'과 관련하여 행위자 이외의 사인(私人)이 지배·관리하는 전자기록을 말하며, 구체적으로 타인의 의미와 관련하여 다툼이 있다.

일부에서는 타인을 사문서위조·변조죄의 경우와 동일하게 작성명의상의 타인, 즉 전자기록 등 매체기록의 작성권자 이외의 자를 의미한다고 이해한다.[115] 이에 반하여 다수의 견해는 작성명의인에 한정하지 않고 널리 전자기록 등 매체기록의 소유·점유상의 타인까지를 포함한다고 해석한다.[116]

두 견해의 차이는 전자기록 등의 작성권자가 전자기록을 작성한 이후에 해당 기록매체를 제3자에게 넘겨주어, 제3자가 이를 정당하게 소유하거나 점유한 상황에서 이전의 작성권자가 전자기록의 내용을 무단으로 임의변경한 경우 본죄의 성립을 인정할 수 있는가의 문제이다.[117] 소수설에 의하면 작성권자의 손을 떠나 권리·의무 또는 사실증명과 이해관계가 없는 제3자의 점유에 들어온 특수매체기록에 대해서는 본죄인 위작·변작죄의 문제가 아니라 전자기록 등 손괴죄(제366조)의 문제로 본다.[118] 이에 반해 다수설에서는 타인의 범위에 작성권자도 포함되므로 본죄가 성립

---

114 이러한 표현은 문서죄에서 문서는 '표시된 내용이 적어도 법률상 또는 사회생활상 중요한 사항에 관한 의사표시'(대법원 1989.10.24. 선고 88도1296 판결)라는 개념에 상응한다.

115 박상기, 형법각론, 제8판(2011), 531면; 이형국, 형법각론, 2007, 633면.

116 김성돈, 형법각론, 2008, 599면; 김일수/서보학, 형법각론, 746면; 임웅, 형법각론, 697-698면; 정성근/박광민, 형법각론, 639면

117 임웅, 형법각론, 698면.

118 박상기, 형법각론, 제8판(2011), 531면.

하는 것으로 파악한다. 후술하는 바와 같이 사전자기록위작·변작죄에서 위작·변작의 개념에 유형위조뿐만 아니라 무형위조도 포함한다고 해석하면 다수설의 입장이 타당하다.

또한 법인과 법인의 임직원과의 관계에서 임직원은 법인의 전자기록에 대하여는 타인의 전자기록이 인정된다. 따라서 법인이 컴퓨터 등 정보처리장치를 이용하여 전자적 방식에 의한 정보의 생성·처리·저장·출력을 목적으로 전산망 시스템을 구축하여 설치·운영하는 경우 위 시스템을 설치·운영하는 주체는 법인이고, 법인의 임직원은 법인으로부터 정보의 생성·처리·저장·출력의 권한을 위임받아 그 업무를 실행하는 사람에 불과하다. 따라서 법인이 설치·운영하는 전산망 시스템에 제공되어 정보의 생성·처리·저장·출력이 이루어지는 전자기록 등 특수매체기록은 그 법인의 임직원과의 관계에서 '타인'의 전자기록 등 특수매체기록에 해당한다.[119]

Ⅳ 행위유형: 위작·변작

1. 위작·변작 용어의 사용

본죄의 행위태양은 타인의 전자기록 등 특수매체기록을 위작·변작하는 것이다. 입법자는 행위태양을 기술하는 용어로 문서죄에서 사용한 '위조·변조'라는 용어를 사용하지 않고 '위작·변작'이라는 용어를 사용하였다. 그 이유는 문서와 달리 전자기록은 가시성·가독성이 없을 뿐만 아니라, 기록과정에 다수인의 의사나 행위가 관여할 수 있으므로 처음부터 작성명의를 확정하기 어렵고, 전자기록의 작출과정도 문서와 다르기 때문이라고 이해한다.[120]

2. 위작·변작에 대한 견해의 대립과 검토

이와 같은 용어상의 차이에도 불구하고 위작과 변작의 개념을 어떻게 이해할 것인가에 대하여는 다양한 견해가 대립하고 있다.

---

119 대법원 2020.8.27. 선고 2019도11294 전원합의체 판결.
120 이재상/장영민/강동범, 형법각론, 612면.

1) 유형위조설

본죄의 위작을 문서에 대한 죄에서 유형위조에 상응하게 파악하는 견해이다.[121] 이 견해에 따르면 본죄에서 위작은 권한 없이 전자기록을 만들어 내는 것을 의미하며, 변작은 이미 만들어진 전자기록의 내용을 권한 없이 변경하는 것을 의미한다.

이 견해에 의하면 문서에 관한 죄의 체계와 그대로 전자기록에 대한 죄에서의 위작·변작을 해명하고자 한다는 점에서는 명쾌한 점이 있다. 즉, 문서에 대한 죄에서의 위조인 유형위조만을 처벌대상으로 하여 본죄에서 위작으로, 이미 작성된 문서의 내용변경을 변조로 파악하여 본죄에서 이를 변작으로 설명하고 있다. 그러나 이러한 문서죄와의 엄격한 상응해석에도 불구하고 이 견해는 다음과 같은 몇 가지 점에서 의문이 제기된다.

첫째, 문서죄의 규정과 완전히 동일하게 전자기록죄를 규정하면서 문서죄의 유형위조만을 전자기록에서도 처벌하고자 하였다면 전자기록의 경우에도 위조라는 표현을 사용하여도 충분한데 왜 위조와 별도로 위작이라는 용어를 사용한 것인지에 대한 해명이 필요하다. 오히려 문서죄의 위조와 다르다는 점을 분명히 하기 위하여 위작이라는 용어를 사용하였다는 점이 더 설득력이 있을 것으로 생각된다. 즉, 문서죄의 위조가 유형위조만을 의미하고 허위내용 작성의 무형위조를 허위문서 작성으로 표현하고 있으므로, 전자기록에서 위작은 유형위조를 넘어서 그 이상의 것을 포함한다고 해석하는 것이 적절하다. 이것은 형법개정 과정에서 본 규정의 토대가 된 법무부의 입법제안이유서에서도 마찬가지로 위작을 권한 없이 전자기록 등을 만드는 경우뿐만 아니라 허위내용의 전자기록을 만드는 경우를 포함하고 있는 것으로 명시하고 있다.[122]

둘째, 전자기록의 유형위조만을 처벌하는 경우에는 허위인 내용의 전자기록과 관련하여 처벌상의 흠결이 발생한다. 공문서의 경우 무형위조를 처벌하면서 전자기록의 무형위조를 처벌하지 않는다는 것은 이해할 수 없다. 더구나 공전자기록의 경우에는 명의인에 해당하는 명의주체가 직접 해당 전자기록을 만들어 내는 경우는

---

121 강동범, 공전자기록 위작·변작죄에서 위작과 변작의 개념, 형사판례연구[24], 2016, 519–520면; 류석준, 전자기록위작·변작행위의 규제법규에 관한 연구, 형사법연구, 제23호(2005 여름), 141면 이하.
122 법무부, 형법개정법률안 제안이유서, 1992, 230면.

거의 존재하지 않는다. 공문서와 달리 전자기록은 대부분 명의주체의 업무를 담당하는 하위의 공무원이 시스템 등에 전자기록을 입력하는 방식으로 전자기록을 만들어 낸다. 그럼에도 불구하고 공무원이 시스템에 허위의 데이터를 입력하는 것을 불처벌한다는 것은 사실상 전자기록 관련 범죄의 형법적 보호를 포기하는 것과 마찬가지이다. 따라서 위작을 단순히 문서의 유형위조만으로 이해할 수 없다.

2) 유형·무형위조설

본죄의 위작을 문서에 대한 죄에서 유형위조와 무형위조를 포함하는 개념으로 이해하는 견해이다.[123] 이 견해에 따르면 본죄에서 위작은 권한 없이 전자기록을 작성하는 경우와 허위의 내용을 가지는 전자기록을 만드는 것이며, 변작은 권한 없이 또는 허위내용의 전자기록에 변경을 가하는 것으로 파악한다.

대법원의 판례도 이러한 입장을 취하고 있다. 먼저 공전자기록의 위작에 대해서는 "형법 제227조의2에서 정하는 전자기록의 '위작'이란 전자기록에 관한 시스템을 설치·운영하는 주체와의 관계에서 전자기록의 생성에 관여할 권한이 없는 사람이 전자기록을 작출하거나 전자기록의 생성에 필요한 단위 정보의 입력을 하는 경우는 물론이고, 시스템의 설치·운영 주체로부터 각자의 직무 범위에서 개개의 단위 정보의 입력 권한을 부여받은 사람이 그 권한을 남용하여 허위의 정보를 입력함으로써 시스템 설치·운영 주체의 의사에 반하는 전자기록을 생성하는 경우도 포함한다"[124] 라고 하여 무형위조도 포함하는 것으로 이해한다. 예컨대 경찰관이 고소사건을 처리하지 아니하였음에도 경찰범죄정보시스템에 그 사건을 검찰에 송치한 것으로 허위사실을 입력한 행위를 공전자기록위작죄에서 말하는 위작에 해당하는 것으로 판단하였다.[125]

사전자기록의 위작과 관련하여서는 예컨대, 피고인이 인터넷카페의 설치·운영 주체로부터 위 카페에 글을 게시할 수 있는 권한을 부여받아 피고인의 아이디로 접

---

123 김성돈, 형법각론, 2008, 599면; 김일수/서보학, 형법각론, 746면; 배종대, 형법각론, 725면; 이상돈, 형법강론, 2015, 1335면; 임웅, 형법각론, 698면; 정성근/박광민, 형법각론, 640면.
124 대법원 2011.5.13. 선고 2011도1415 판결; 대법원 2007.7.27. 선고 2007도3798 판결.
125 대법원 2005.6.9. 선고 2004도6132 판결.

속하여 허위의 내용으로 전자기록을 작성하여 게시한 것에 대하여 사전자기록의 위작으로 판단하였다.[126] 그리고 최근에 대법원은 전원합의체를 통하여 형법 제227조의2에서 말하는 공전자기록의 '위작'의 개념은 형법 제232조의2의 사전자기록등위작죄에서 행위의 태양으로 규정한 '위작'에 대해서도 마찬가지로 적용된다는 점을 분명히 하였다.[127] 따라서 다수설과 판례는 공전자기록과 사전자기록의 구분 없이 위작에는 무형위조를 포함하는 것으로 해석한다.

이러한 해석은 처벌에 있어 결함을 나타내지는 않으며, 전자기록의 위작을 문서죄의 위조와 차별하여 파악하고 있다는 점에서는 의미가 있다고 생각된다. 그럼에도 불구하고 이 견해 역시 다음과 같은 몇 가지 점에서 의문이 제기된다.

첫째, 공문서에 대한 처벌과 공전자기록에 대한 처벌의 법정형에 형평성이 없다. 문서죄의 경우 유형위조에 해당하는 공문서위조는 10년 이하의 징역으로 처벌하나 (제225조), 무형위조에 해당하는 허위공문서작성죄는 7년 이하의 징역 또는 2천만원 이하의 벌금으로 처벌(제227조)한다. 이와 같이 문서의 경우에는 유형위조와 무형위조를 차별화하여 처벌하고 있다. 그러나 이 견해에 따르면 공전자기록의 위작의 경우에는 유형위조와 무형위조의 구별 없이 두 경우를 모두 공전자기록위작죄로 10년 이하의 징역으로 처벌(제227조의2)하게 된다. 이는 한편으로는 공전자기록의 경우에는 왜 유형위조와 무형위조를 동일하게 처벌되는가에 대한 문제가 해명되어야 한다. 다른 한편으로는 컴퓨터나 전자기록 등 특수매체기록이 관련되는 범죄에서 전자기록 등이라는 이유로 법정형이 기본범죄보다 형을 가중되는 유형의 범죄는 존재하지 않는다. 예컨대, 사기죄와 컴퓨터사용사기죄, 재물손괴에서 전자기록이나 특수매체기록의 손괴, 비밀침해죄에서 전자비밀기록의 침해, 업무방해죄에서 컴퓨터 등 업무방해죄 모두 기본범죄와 동일한 법정형으로 처벌한다. 여기서 허위공문서작성죄보다 허위내용의 전자기록을 작성하는 것이 왜 더 무겁게 처벌되는지 해명하여야 한다.

둘째, 사문서의 경우 유형위조는 처벌하나 무형위조는 원칙적으로 처벌되지 아니한다. 그러나 이 견해에 의하면 한편으로는 사전자기록의 경우 무형위조도 처벌

---

126 다만 해당 사건에서는 "사무처리를 그르치게 할 목적"이 있어야 하나 이를 인정하기 어렵다는 이유로 사전자기록위작·위작사전자기록행사죄의 성립을 부정하였다(대법원 2008.4.24. 선고 2008도294 판결).
127 대법원 2020.8.27. 선고 2019도11294 전원합의체 판결.

되어 처벌범위가 확대되는 문제점이 발생한다.[128] 여기서 허위 내용을 작성하는 경우 왜 사문서와 사전자기록이 처벌상의 차이가 존재하는가에 대한 해명이 필요하다. 다른 한편 사전자기록의 경우 무형위조도 처벌할 것을 의도하였더라면 앞의 내용과 마찬가지로 사전자기록의 허위내용 작성의 법정형을 별도로 규정하였어야 한다.[129]

셋째, 허위내용의 사문서를 작성하는 경우에는 이를 처벌하지 않으나, 해당 문서를 이미지한 디지털 파일로 만드는 경우에는 이를 처벌한다는 것은 이해하기 어렵다. 현실에서 많은 경우 문서로 보관하기보다는 이를 이미지화하여 전자기록으로 보관하는 경우가 많은 상황에서 문서가 아닌 전자기록이라는 이유로 처벌되어야 한다는 것은 이해하기 어렵다.

3) 차별화설

본죄의 위작과 변작을 문서에 대한 죄와 상응하게 공전자기록과 사전자기록을 구별하여 위작과 변작의 개념을 파악하는 견해이다. 즉, 공전자기록 등의 위작·변작행위에는 유형위조와 무형위조를 포함하는 것으로 보고, 사전자기록의 위작·변작행위에는 유형위조만을 의미한다고 이해하는 견해이다.[130] 따라서 이 견해에 의하면 공전자기록에서의 위작은 권한 없이 공전자기록을 작성하는 경우와 허위의 내용을 가지는 공전자기록을 만드는 것을 의미하나, 사전자기록에서의 위작은 권한 없이 사전자기록을 작성하는 경우만을 의미한다. 이와 같이 이해하는 근거는 공문서의 경우 유형위조와 무형위조를 처벌하는 별도의 규정을 가지고 있으나 공전자기록의 경우에는 유형위조와 무형위조를 구별하여 처벌규정을 두고 있지 않기 때문이라고 본다. 이에 반해 사문서의 경우 유형위조만을 처벌하고 사문서의 내용의 진실성을 보호하는 것은 우리 형법상 예외적이므로, 사전자기록의 경우에도 동일하게 이해하여야 하는 것으로 본다.[131] 결국 이 견해가 가지고 있는 장점은 문서에 관한 죄의

---

128 심준보, 공전자기록위·변작죄에서 위작과 변작의 개념, 대법원판례해설, 제56호(2005년 상반기), 244면.
129 원칙적으로 허위사문서작성죄는 처벌되지 않으나, 예외적으로 허위진단서작성죄는 처벌한다. 그러나 허위 진단서작성죄는 사문서위조죄(5년 이하의 징역 또는 1천만원 이하의 벌금)의 법정형보다 가볍게 처벌(3년 이하의 징역이나 금고, 7년 이하의 자격정지 또는 3천만원 이하의 벌금)한다.
130 박상기, 형법각론, 제8판(2011), 530면; 박상기, 형법학, 제3판(2016), 769면, 777면.
131 박상기, 형법각론, 제8판(2011), 530면; 박상기, 형법학, 제3판(2016), 777면.

처벌에 상응하게 전자기록죄를 처벌하도록 해석한다는 점이다. 그럼에도 여전히 이 견해 역시 다음과 같은 몇 가지 점에서 의문이 제기된다.

첫째, 위작이라는 용어를 해석함에 있어 공전자기록과 사전자기록에 달리 해석하는 것이 적절한가에 대한 의문이다.[132] 문서죄에서는 명확히 유형위조를 위조로 무형위조를 허위문서의 작성으로 표현하였으나, 공전자기록에서는 이러한 규정의 구분 없이 위작은 둘을 모두 포함하나, 사전자기록에서는 유형위조만을 포함하여 해석하는 것이 부적절하다는 취지이다.

둘째, 유·무형위조상응설에서 지적하였던 바와 같이 여기에서도 법정형의 불균형문제가 발생한다. 즉, 문서죄에서는 유형위조와 무형위조를 구분하여 이를 구분하여 별개의 법정형으로 처벌함에 반하여 공전자기록의 경우에는 유형·무형위조에 상응하는 경우를 동일하게 처벌한다는 것은 적절하지 못하다.

4) 권한일탈설

(1) 내용

본죄의 위작과 변작을 기본적으로는 문서에 대한 죄의 위조와 변조에 상응하는 개념으로 파악하나, 문서와 달리 명의인이 누구인지 특정하기 어려운 전자기록의 특성에 주목하여 전자기록을 입력·처리·저장하는 시스템의 설치·운영주체의 의사에 반하여 권한 없이 또는 권한의 범위를 일탈하여 전자기록을 작성하는 것을 위작이라고 이해한다. 이 견해는 결국 문서에 대한 죄 중 무형위조에 상응하는 형태 중에서 권한의 일탈이나 남용에 의한 경우만을 위작에 포함시키고 있다. 따라서 이 견해에 의하면 입력의 권한이 있는 공무원이 허위의 전자기록을 만드는 경우 실질적으로 전산시스템의 설치·운영주체인 국가나 공공단체가 부여한 권한의 범위를 일탈한 것이므로 전자기록의 위작에 해당한다고 이해한다. 이에 반하여 전산시스템의 설치·운영주체인 자영업자가 탈세를 위하여 거래에 관한 허위의 데이터를 전자파일로 입력한 경우에는 시스템운영자의 의사에 반하는 것이 아니므로 위작에 해당하지 않는다고 이해한다.[133]

---

132 심준보, 공전자기록위·변작죄에서 위작과 변작의 개념, 대법원판례해설, 제56호(2005년 상반기), 244면.
133 심준보, 공전자기록위·변작죄에서 위작과 변작의 개념, 대법원판례해설, 제56호(2005년 상반기), 245면;

(2) 다양한 해석

권한일탈설에 대하여는 그 해석에 있어 차이를 나타내고 있다. 일부에서는 이 견해가 공전자기록과 사전자기록의 구분 없이 유형위조와 권한일탈적(또는 권한남용적) 무형위조의 경우를 위작이라고 이해하는 것으로 파악한다.[134] 이에 반해 이 견해를 공전자기록에서는 권한남용적 무형위조를 포함하고, 사전자기록에서는 유형위조에 한정하는 것으로 해석하는 견해도 있다.[135] 이러한 차이는 부분적으로 권한일탈설을 주장하는 문헌상 표현의 불명확성에서 유래하는 것으로 판단된다. 권한일탈설을 주장하는 견해는 공전자기록의 위작·변작과 관련하여 "여기서 말하는 위작과 변작에는 시스템 운영주체의 의사에 반하여 권한 없이 또는 권한을 남용하여 전자기록을 작성하거나 변경한 경우뿐만 아니라 공무원이 허위내용의 전자기록을 만드는 것도 포함된다. 권한 있는 공무원이 허위의 기록을 만든 경우는 실질적으로 권한의 범위를 일탈했다고 할 수 있기 때문이다"[136]라고 한다. 이에 반하여 사전자기록에 대해서는 "위작 또는 변작은 권한 없이 또는 권한의 범위를 일탈하여 전자기록을 작성·변경하는 것을 말한다. … 전자기록의 작성권은 어떤 기록을 만드는가에 대한 결정권을 포함하므로 작성권자가 허위내용의 기록을 만드는 때에는 본죄에 해당하지 않는다"[137]라고 한다.

(3) 해석에 대한 검토

여기서 일견하여 보면 후자의 견해처럼 이 견해는 공전자기록에서는 권한남용적 무형위조를 포함하고, 사전자기록에서는 유형위조에 한정하는 것으로 해석하는 것처럼 보인다. 왜냐하면 공전자기록에서 위작은 ① 권한 없이 또는 ② 권한을 남용하여 작성하거나 변경하는 경우뿐만 아니라 ③ 공무원이 허위의 기록을 만드는 경우도 위작이라고 본다. 여기서 ①과 ②는 유형위조를, ③은 무형위조를 의미하는 것으로 이해할 수 있다. 이에 반하여 사전자기록에서 위작 또는 변작은 ① 권한 없

이재상/장영민/강동범, 형법각론, 613-615면 참조.

이재상/장영민/강동범, 형법각론, 613-615면 참조.
[134] 심준보, 공전자기록위·변작죄에서 위작과 변작의 개념, 대법원판례해설, 제56호(2005년 상반기), 243면.
[135] 강동범, 공전자기록 위작·변작죄에서 위작과 변작의 개념, 형사판례연구[24], 2016, 509면.
[136] 이재상/장영민/강동범, 형법각론, 615면.
[137] 이재상/장영민/강동범, 형법각론, 613-614면.

이 또는 ② 권한의 범위를 일탈하여 전자기록을 작성·변경하는 것을 말한다고 표현하여, 공전자기록의 ③에 해당하는 내용이 없다. 오히려 그 역으로 사전자기록에서는 "작성권자가 허위내용의 기록을 만드는 때에는 본죄에 해당하지 않는다"고 하여 무형위조의 경우 불처벌한다고 표현하고 있다. 이렇게 해석하면 후자의 견해처럼 이해할 가능성이 있다.

그러나 정확히 살펴보면 권한일탈설은 전자의 해석처럼 공전자기록과 사전자기록의 구분 없이 유형위조와 권한일탈적(또는 권한남용적) 무형위조의 경우를 위작으로 파악하고 있는 것으로 보인다. 공전자기록위작의 경우 앞에서 논의한 ①의 '권한 없이'는 유형위조에 해당하나, ②의 '권한을 남용하여 작성하거나 변경하는 것'은 유형위조가 아니라 무형위조에 해당한다. 작성할 권한이 있는 사람이 권한을 남용하여 기록을 작성하는 것에서 작성권한 있는 자가 권한을 남용한다는 것은 그 내용에서 허위가 존재한다는 것을 의미하기 때문이다. 또한 ③의 표현은 그것이 어떤 특별한 독자적인 내용을 가지는 것이 아니라 ②의 내용을 예시적으로 설명하는 것으로 이해할 수 있다. 그리고 사전자기록의 경우에도 ①과 ②를 위작의 내용으로 이해하기 때문에 공전자기록에서의 위작과 해석상 차이가 없다. 다만 사전자기록에서는 공전자기록의 ③에 해당하는 내용의 설명이 없고, 그 대신 "작성권자가 허위내용의 기록을 만드는 때에는 사전자기록위작죄가 성립하지 않는다"는 표현은 권한일탈적인 무형위조를 처벌하나 허위의 판단을 누구의 입장에서 할 것인가에 대하여 작성권자의 입장에서 허위를 판단한다는 취지의 예에 불과하다고 보인다. 따라서 권한일탈설의 입장에서는 공전자기록과 사전자기록 모두 유형위조와 권한일탈적인 무형위조를 위작으로 이해하고 있다고 파악된다.

(4) 문제점

권한일탈설의 입장은 전자기록의 경우 문서죄와 같은 위조·변조가 아닌 위작·변작이라는 용어의 사용이라는 점과 전자기록의 경우 명의인이 누구인지 명확하지 않다는 점에서는 수긍할 수 있다. 그러나 구체적으로 그 내용에 있어도 타당한가는 의문이다.

첫째, 이 견해는 권한의 범위를 일탈하거나 남용하여 전자기록을 작성하는 경우, 즉 권한일탈적 무형위조의 경우를 전자기록의 위작으로 인정한다. 이러한 주장의 전제는 무형위조 가운데 권한일탈적 무형위조가 존재하며, 이러한 권한남용적 무형위조만이 위작에 해당하는 것으로 본다. 그러나 '권한남용적' 무형위조와 일반 무형위조가 구별되는 것인가가 문제된다.[138] 이 견해를 따르는 사람은 공전자기록의 경우 권한남용적 무형위조의 예로 작성권한이 있는 공무원이 허위의 기록을 작성하는 것을 예시하고 있다.[139] 여기서 굳이 이 사례를 권한남용적 무형위조라고 말할 필요는 없다고 생각한다. 작성권한 없는 공무원이나 일반인이 허위의 공전자기록을 작성하는 경우는 이미 무형위조가 아닌 유형위조에 해당한다. 또한 작성권한 있는 공무원이 허위의 전자기록을 작성하면 이는 당연히 무형위조에 해당한다. 여기서 '권한남용적 또는 권한일탈적' 무형위조라고 말할 필요가 없으며 그대로 무형위조인 것이다. 사전자기록의 경우에도 사정은 마찬가지이다. 권한일탈설에 의하여 사전자기록의 위작·변작은 ① 권한 없이 또는 ② 권한의 범위를 일탈하여 전자기록을 작성·변경하는 것을 말한다고 표현하여 사실상 공전자기록과 동일하다. 다만 사전자기록에서는 "작성권자가 허위내용의 기록을 만드는 때에는 본죄에 해당하지 않는다"[140]고 하여 무형위조의 경우를 불처벌하는 것처럼 표현하고 있다. 그러나 권한 없이 허위의 사전자기록을 작성하면 유형위조에 해당하고, 그리고 작성권자 허위의 사전자기록을 작성하면 이는 원래 무형위조에 해당하나, 이 견해는 허이의 판단기준을 작성권자의 입장에서 판단한다는 점에서 허위가 아니라고 보는 것이다. 따라서 허위의 기록을 작성하는 것이 아닌 것으로 이해하는 것이다. 이것은 결국 무형위조가 되는 것인가 아닌가의 문제라기보다는 허위작성에서 허위의 판단을 어떻게 할 것인지의 문제인 것이다. 그리고 권한일탈설과 같이 이해하면 결국에는 앞의 차별화설과 다를 바가 없다. 왜냐하면 공전자기록의 경우 무형위조가 포함되고, 사전자기록의 경우 허위의 판단주체를 작성권자로 이해하므로 객관적으로 허위일지라도 작성권자가 이를 의도한 경우에는 허위가 아니므로 사전자기록의 경우에는 유형위조만 처벌하는 논리가 된다. 다만 작성권자와 시스템의 설치·운영주체가 다를 경우에는 사전자

---

138 유사한 지적으로 강동범, 공전자기록 위작·변작죄에서 위작과 변작의 개념, 형사판례연구[24], 2016, 519면.
139 심준보, 공전자기록위·변작죄에서 위작과 변작의 개념, 대법원판례해설, 제56호(2005년 상반기), 246면; 이재상/장영민/강동범, 형법각론, 615면.
140 이재상/장영민/강동범, 형법각론, 614면.

기록을 작성할 권한이 있는 자도 시스템 운영자의 의사에 반하는 내용의 기록을 하는 경우에는 사전자기록의 위작이 될 수 있다.

둘째, 권한일탈설은 허위내용의 전자기록과 관련하여 허위 여부에 대한 판단을 시스템관리·운영주체의 입장에서 파악한다. 문서죄의 허위공문서작성에서 허위는 객관적 진실에 반하는 것이라는 점에 학설상 거의 일치하고 있다.[141] 판례 역시 "허위공문서작성죄에서 허위라 함은 표시된 내용과 진실이 부합하지 아니하여 그 문서에 대한 공공의 신용을 위태롭게 하는 경우를 말하는 것"[142]이라고 하여 객관적 사실과 작성내용이 부합하지 않는 것을 허위라고 이해한다. 권한일탈설의 주장자 역시 문서죄의 허위는 진실에 반하는 것이라고 해석한다.[143]

문서죄에서 허위는 이와 같이 객관적 사실에 반하는 것으로 이해하면서 전자기록에서는 허위 여부를 시스템의 설치 운영주체의 의사에 따라 판단함으로서 공전자기록의 위작에서는 무형위조를 포함하고, 사전자기록에서는 무형위조를 포함하지 않는 효과를 나타내고 있다. 왜냐하면 공전자기록의 경우 전자기록을 작성·보관하는 시스템관리주체가 국가나 자치단체에 해당하므로 시스템관리주체인 국가 등이 사실상 객관적 사실에 위반하는 것을 내용으로 하는 기록을 작성할 것을 의도하기는 불가능하다고 보기 때문에 사실상 객관적 사실 여부가 기준이 되어 무형위조가 포함될 것이다. 이에 반해 사전자기록에서 시스템의 관리주체인 사인의 경우에는 해당 사인의 의사에 따라 허위 여부가 결정된다. 따라서 객관적 사실에 반하는 내용일지라도 시스템관리자가 그것을 의도하였던 경우 또는 역으로 객관적 사실에 부합하는 내용이라도 시스템관리자가 그것을 의도하지 않았던 경우 모두 허위가 부정된다. 그 결과 사전자기록에서는 무형위조가 포함되더라도 허위 여부가 시스템관리자의 의사에 따라 결정되므로 사문서 허위작성이 불처벌되듯이, 시스템관리자의 의사에 따르는 사전자기록의 작성은 객관적 사실에 부합하거나 부합하지 않는가에 상관없이 불처벌되는 것이다.

그러나 허위의 판단을 객관적 사실이 아닌 시스템관리자의 의사에 의하여 판단

---

141 배종대, 형법각론, 729면; 이상돈, 형법강론, 2015, 1340면; 임웅, 형법각론, 705면; 정성근/박광민, 형법각론, 652면.
142 대법원 2015.10.29. 선고 2015도9010 판결; 대법원 2013.10.24. 선고 2013도5752 판결.
143 이재상/장영민/강동범, 형법각론, 596면.

한다는 것에는 동의할 수 없다. 문서죄와 전자기록 관련 범죄뿐만 아니라 형법상 많은 규정에서 '허위'라는 용어가 사용되고 있으나,144 '허위'를 해석함에 있어 객관적 사실에 부합하지 않는 것을 의미한다는 것에 일치한다. 오직 유일한 예외로 인정되는 경우가 위증죄(형법 제152조)의 경우이다. 위증죄는 선서한 증인이 허위의 진술을 함으로써 성립한다. 여기서 허위의 진술에 해당하는가의 여부에 대하여 객관적 진실에 반하는 것이라는 입장(객관설)과 증언자 자신의 기억에 반하는 것이라는 입장(주관설)이 대립하며,145 다수설과 판례146는 주관설의 입장이다. 그러나 엄밀히 살펴보면 위증죄에서 주관설의 입장도 증인의 기억이라는 사실에 기초하여 허위가 판단된다는 점에서 권한일탈설의 주관적 의미의 허위와는 다르다. 대법원의 판례 또한 전자기록과 관련하여 "'허위의 정보'라 함은 진실에 반하는 내용을 의미하는 것으로서, 관계 법령에 의하여 요구되는 자격을 갖추지 못하였음에도 불구하고 고의로 이를 갖춘 것처럼 단위 정보를 입력하였다고 하더라도 그 전제 또는 관련된 사실관계에 대한 내용에 거짓이 없다면 허위의 정보를 입력하였다고 볼 수 없다"147라고 하여 객관적 사실에 반하는 내용을 허위로 파악한다.

그리고 권한일설탈과 같이 해석하는 경우 공전자기록의 시스템관리주체를 누구로 볼 것인가의 문제도 발생한다. 그 주체를 국가기관으로 보는 경우에는 자연인이 아닌 국가기관의 의사를 인정할 수 있는가의 문제가 있다. 다른 한편 해당 국가기관의 장을 관리주체로 보는 경우에는 기관장이 시스템에 객관적 진실에 반하는 내용의 기록을 입력하여 저장하도록 하위 공무원에게 요구한 경우, 그 요구에 따라 사실에 반하는 내용의 시스템에 입력한 하위 공무원은 허위공전자기록의 입력에 해당하지 않고, 반대로 그 요구에 따르지 않고 사실에 부합하는 내용으로 시스템에 입력한 하위 공무원은 허위공전자기록의 입력에 해당한다. 사전자기록의 경우에도 이와 상응하는 동일한 문제점을 야기한다. 기업의 입장에서 조세를 회피할 목적으로 시스

---

144 예를 들면 형법 제156조(무고), 제307조 제2항(허위사실적시 명예훼손), 제313조(신용훼손), 제314조(업무방해), 제347조의2(컴퓨터등사용사기) 등이 여기에 해당된다.
145 이에 대한 상세한 논의는 전지연, 위증죄에서 진술의 허위성, 한림법학FORUM, 제7권(1998), 111 - 123면.
146 대법원 2007.10.26. 선고 2007도5076 판결; 대법원 1996.3.12. 선고 95도2864 판결.
147 대법원 2011.5.13. 선고 2011도1415 판결.

템에 매출액을 의도적으로 축소하여 입력하도록 담당 직원에게 요구하는 경우 이를 수용하여 매출액을 축소 입력하는 직원은 사전자기록위작에 해당하지 않고, 사실 그대로 입력하는 직원은 사전자기록위작에 해당한다. 이를 타당한 결론이라고 보기는 어렵다.

3. 소결: 유형·무형위조설로

전자기록위작·변작죄에서의 위작과 변작의 개념에 대한 다양한 견해들에 대한 검토에서 보는 바와 같이 어떤 견해도 완전히 만족할 만한 논증을 보여주지는 못하는 것 같다. 그럼에도 불구하고 현재의 규정들에 대한 문언적·체계적 해석과 처벌필요성 등에 대한 관점에서 필자는 유형·무형위조설이 제일 적합한 해석이라고 판단한다. 그 이유는 다음과 같다.

첫째, 전자기록 관련 범죄들을 조문화하는 과정에서 입법자는 문서죄와 상응하는 방식으로 전자기록범죄들을 규정하였다. 그럼에도 불구하고 용어를 선택함에 있어 위조와 변조라는 용어 대신에 위작·변작이라는 용어의 사용은 위조·변조와 차이가 있음을 나타내는 것이라 이해된다.[148] 따라서 문언상의 의미에서 위작(僞作)을 위조(유형위조)를 포함하여 특정한 다른 내용을 포섭하며, 그것을 (허위)작성이라는 요소(무형위조)를 포함한다고 해석할 수 있다고 생각한다.

둘째, 본 규정을 입법하는 과정에서 정부가 제안한 1992년의 전면적인 형법개정안이 시일이 촉박한 관계로 법사위 수정안으로 제안되어 전면개정이 아닌 컴퓨터범죄를 포함한 일부 형법개정이 이루어지게 되었다.[149] 여기서 정부가 제안하였던 전자기록과 관련한 개정안의 내용이 사실상 그대로 수정안에 반영되어 본 규정의 도입이 이루어지게 되었다. 당시 개정안의 입법제안이유서에 의하면 '제309조(공전자기록위작·변작)라는 명칭하에 명시적으로 "위작이란 권한없이 전자기록등을 만드는 경우뿐 아니라 허위내용의 전자기록을 만드는 경우를 포함하고, 변작이란 권한 없

---

[148] 비슷한 취지로 대법원 2020.8.27. 선고 2019도11294 전원합의체 판결.

[149] 이에 대하여는 전지연, 형법개정의 역사와 전망, 비교형사법연구, 제14권 제2호(2012.12), 113 – 144면 참조. 본 규정과 관련한 입법과정은 심준보, 공전자기록위·변작죄에서 위작과 변작의 개념, 대법원판례해설, 제56호(2005년 상반기), 238면 참조.

이 또는 허위내용으로 기록을 변경하는 경우를 말한다"고 하였다.[150] 또한 개정안의 제315조 사전자기록위작·변작에서는 본 규정을 컴퓨터범죄에 따라 신설된 규정이며, 신설취지 및 내용은 제309조와 동일하다고 설명하고 있다.[151] 따라서 입법제안자나 입법자의 의사는 분명하게 위작의 개념에 무형위조를 포함하고 있으며, 여기서 공전자기록과 사전자기록의 구분에 차이를 두고 있지 아니하다. 이러한 의미에서 전자기록과 관련하여 무형위조를 포함하지 않도록 규정하고 있는 것이 입법의 흠결이나 미비 또는 입법의 실수라고 지적하는 것[152]에 동의할 수 없다. 더 나아가 개정안의 제안이유서의 설명을 입법자의 자의적인 판단이라고 주장하는 것은 적절하지 않다.[153]

셋째, 유형·무형위조설에 의하는 경우 가장 문제가 될 수 있는 것은 사전자기록의 무형위조에 해당하는 경우 이를 처벌한다는 점이다. 문서죄와 관련하여 사문서의 경우 허위작성은 원칙적으로 처벌하지 않으며, 예외적으로 특별한 경우인 허위진단서 등의 작성 경우에만 처벌된다. 허위진단서의 경우 사문서임에도 불구하고 허위작성을 처벌하는 취지는 의사 등과 같은 전문적 식견을 가지는 자가 작성하는 진단서나 검안서, 생사에 관한 증명서 등은 해당 문서에 대한 사회적 신뢰가 인정되고 있는 문서이므로 이를 허위로 작성하는 것을 처벌한다고 판단된다. 이를 넘어서 사전자기록의 작성권자가 허위의 내용을 작성하는 경우를 모두 처벌한다면 그에 적합한 처벌필요성이 인정되어야 할 것이다. 사전자기록의 무형위조를 처벌할 필요성에 대하여는 다음을 고려할 수 있을 것이다. ① 사전자기록을 포함하여 전자기록은

---

150 법무부, 형법개정법률안 제안이유서, 1992, 230면.
151 법무부, 형법개정법률안 제안이유서, 1992, 231면.
152 강동범, 공전자기록 위작·변작죄에서 위작과 변작의 개념, 형사판례연구[24], 2016, 519면.
153 여기서 일부 견해는 위작은 위조와 같은 의미로 쓰이는 것이지, 권한 있는 사람이 허위내용의 문서를 포함하고 있다고 보기는 어렵고, 법무부의 형법개정안 제안이유서가 '위작'을 권한 있는 자에 의한 허위의 작성기록까지 포함한다고 본 것은 아무런 근거가 없는 독단적 개념정의에 지나지 않는다고 지적한다(심준보, 공전자기록위·변작죄에서 위작과 변작의 개념, 대법원판례해설, 제56호(2005년 상반기), 240면). 그러나 위작이나 위조는 어떻든 사전적 의미로 가짜를 만들어 내는 것이며, 여기에는 명의도용이든 허위내용이든 모두 가짜라는 점에는 동일하다. 따라서 문언적 의미에서 위작이 무형위조를 포함하지 못한다고 해석하는 것은 타당하지 못하다. 또한 입법과정에서 입법제안자가 마련하였던 규정이 그대로 입법화되었다면 해당 입법제안자의 의사가 입법자의 의사에 투영된 것으로 이해하여야 하며, 이러한 의미에서 법무부나 입법자의 의사가 독단적이라고 하는 것은 적절하지 못하다고 생각한다.

그것을 작성하거나 입력함에 있어 일반적으로 작성·입력의 정당한 권한이 있는 의사표시의 주체가 표시되어 있어야 한다.[154] 그러나 전자기록의 경우에는 문서와 달리 그 특성상 작성명의인이 없거나 불분명한 경우가 대부분이므로, 여기서 유형위조와 무형위조를 구별하여 처벌한다는 것은 큰 의미가 없다.[155] ② 전자기록을 작성하는 행위는 종류에 따라서는 기술적으로 단순 작업이 아닌 정보나 자료 입력에 전문성과 신뢰성을 요하는 작업이며,[156] 작성되어 저장된 전자기록 역시 단순한 문서보다 업무적으로 작성된 것과 같은 이유로 일반인의 신뢰가 상당히 높다고 볼 수 있으므로 이를 처벌할 필요가 있다. ③ 오늘날 대부분의 데이터는 서류나 문서의 형태에 의하지 않고 정보처리장치에 의하여 처리된다. 여기서 작성권한 있는 자가 증명에 중요한 기능을 하는 전자기록을 허위의 내용으로 작성하여도 처벌하지 못한다면 전자기록의 위작·변작 관련 범죄를 입법화한 의미는 사실상 없다고 볼 수밖에 없다. ④ 예컨대 현실적으로 현재의 의료상황에서 의사가 진단서를 작성함에 있어 의료시스템을 통하여 환자에 대한 진단서나 검안서 등을 작성하며, 이 과정에서 허위 내용을 작성하여 입력·저장한 경우, 이는 문서가 아니므로 허위진단서작성죄에 해당하지 않고, 사전자기록위작으로도 처벌하지 못한다면 이는 불합리하다. 따라서 사전자기록에 허위내용을 작성하거나 입력하는 것을 처벌할 필요가 있다고 판단된다. 다만 이를 일반적으로 인정하는 경우에는 사적 자치의 영역에 대한 과도한 처벌 가능성이 있기 때문에 이를 제한하기 위하여 전자기록을 권리·의무 또는 사실증명에 관한 전자기록의 해석을 엄격히 하고, 또한 단순한 고의를 넘어 사무처리를 그르치게 할 목적을 요구하고 있다.[157]

넷째, 전자기록위작·변작죄를 신설하는 과정에서 공문서 위조·변조죄와 법정형의 상한이 동일하였던 허위공문서작성죄의 법정형을 하향하였으며 벌금형까지도 선

---

154 이와 같이 문서에 작성명의인이 명시되어 있거나 그렇지 않은 경우 작성명의인을 특정할 수 있어야 하며, 이를 문서가 갖는 보증적 기능이라고 한다. 여기서 작성명의인은 현실적으로 문서를 작성한 자만을 의미하는 것이 아니라 문서의 실질적인 작성권자를 의미한다(박상기, 형법각론, 제8판(2011), 521면).

155 이에 비판적 것은 류석준, 전자기록위작·변작행위의 규제법규에 관한 연구, 형사법연구, 제23호(2005 여름), 142면.

156 비슷한 취지로 임웅, 형법각론, 698면.

157 허위공문서작성죄의 경우 행사할 목적을 요구하나, 허위진단서등작성죄의 경우 행사할 목적을 요구하지 않는다.

택형으로 규정한 점을 고려하면 유형위조와 무형위조의 불법과 책임이 상이하다는 것을 반영한 것으로 무형위조를 위작개념에 포함시키는 것이 부적절하다는 지적이 있다.[158] 그러나 엄밀히 말하면 이전의 형법에서는 공문서위조·변조죄는 1년 이상 10년 이하의 징역에 해당하고, 허위공문서작성죄는 10년 이하의 징역에 해당하여 둘 사이의 법정형에 차이를 인정하고 있었으므로, 이전부터 유형위조와 무형위조의 불법과 책임의 상이함은 인정하였던 것으로 본 규정의 신설에 의하여 비로소 인정된 것은 아니다.[159] 이것은 사문서위조·변조죄와 허위사문서작성죄의 법정형의 부분도 동일하다.[160] 여기서 인정할 수 있는 것은 문서의 경우 유형위조와 무형위조가 불법성이나 책임에 있어 상이하다는 점은 수긍할 수 있다. 그러나 전자기록의 경우에도 유형위조에 해당하는 경우와 무형위조에 해당하는 경우 그 불법성이나 책임에서 상이한가에 대하여는 의문이다. 유형위조와 무형위조의 차이는 허위명의와 허위내용의 차이이나, 앞에서 지적한 바와 같이 전자기록의 작성·입력에 있어서는 일반적으로 작성·입력의 정당한 권한이 있는 표시주체가 결여되어 있는 경우가 보통이므로 둘 사이의 불법성이나 책임의 차이를 구분하기 어렵다. 따라서 전자기록에서 유형위조와 무형위조의 법정형을 동일하게 규정한 것이 부당하다고 보이지는 않는다.

Ⅴ 초과 주관적 구성요건: 사무처리를 그르치게 할 목적

1. '사무처리를 그르치게 할 목적'의 필요성

본죄는 목적범으로서, 본죄가 성립하기 위해서는 고의 이외에 초과 주관적 구성

---

158 강동범, 공전자기록 위작·변작죄에서 위작과 변작의 개념, 형사판례연구[24], 2016, 518면; 심준보, 공전자기록위·변작죄에서 위작과 변작의 개념, 대법원판례해설, 제56호(2005년 상반기), 244면.

159 현행 형법은 공문서위조·변조는 10년 이하의 징역으로, 허위공문서작성은 7년 이하의 징역 또는 2천만원 이하의 벌금으로 처벌한다.

160 구 형법은 사문서위조·변조를 5년 이하의 징역으로, 허위진단서작성을 3년 이하의 징역이나 금고, 7년 이하의 자격정지 또는 2만5천원 이하의 벌금으로 처벌하였다. 현행 형법은 이를 개정하여 사문서 위조·변조를 5년 이하의 징역 또는 1천만원 이하의 벌금으로, 허위진단서작성을 3년 이하의 징역이나 금고, 7년 이하의 자격정지 또는 3천만원 이하의 벌금으로 처벌한다.

요건요소로 '사무처리를 그르치게 할 목적'이 존재하여야 한다. 여기서 "사무처리를 그르치게 한다"는 것은 위작 또는 변작된 전자기록을 사무처리에 사용함으로써 사무처리를 잘못되게 하는 것을 의미한다.[161] 여기서 누구의 사무처리를 잘못되게 하는 것인가에 대하여는 전자기록의 명의자나 내용적 주체의 사무처리가 아니라 전자기록 시스템의 설치·운영자의 사무처리라고 보며, 이러한 의미에서 "'사무처리를 그르치게 할 목적'이란 위작 또는 변작된 전자기록이 사용됨으로써 시스템을 설치·운용하는 주체의 사무처리를 잘못되게 하는 것을 말한다"[162]고 한다.[163]

이와 같은 주관적 요건은 문서위조죄의 '행사할 목적'에 대응하는 요건이다. 다만 형법은 문서위조죄의 '행사할 목적'처럼 단순히 '사람의 사무처리에 사용할 목적'이라고 하지 않고 '사무처리를 그르치게 할 목적'이라고 하였다. 이것은 다음과 같은 두 가지 이유에서 그렇게 표현한 것이다.

첫째, 전자기록은 그 기록 자체가 독자적으로 사회적 기능을 발휘하는 것이 아니라 일정한 시스템에 들어가서 사용되어야 비로소 예정된 증명작용을 하는 것이므로 사무처리에 사용된다는 것은 전자기록 고유의 성격이다.

둘째, 부정하게 작출된 전자기록이라 하더라도 그것이 본래의 전자기록과 동일한 내용인 경우에는 전자기록의 증명작용에 대한 실제적 침해가 발생하지 않는다. 따라서 '그르치게'라는 용어를 사용하여 본죄의 처벌대상을 '증명작용에 실제적 침해를 발생시킬 것'을 목적으로 하는 경우로 한정하자는 취지이다.[164] 이와 같은 목적이 없는 경우에는 비록 전자기록의 위작·변작이 있다 하더라도 본죄는 성립하지 않는다. 예컨대 전자기록을 기존의 방식과 다른 방식으로 저장한 경우에는 본죄는 성립하지 않는다.

---

161 박상기, 형법학, 제3판(2016), 770면.
162 대법원 2013.11.28. 선고 2013도9003 판결; 대법원 2011.5.13. 선고 2011도1415 판결; 대법원 2010.7.8. 선고 2010도3545 판결.
163 이에 대하여 일부에서는 시스템의 설치·운영자의 사무뿐만 아니라 전자기록의 명의자의 사무처리를 그르치게 할 목적의 경우도 포함하여야 한다고 해석하는 입장도 있다(이상돈, 형법강론, 2015, 1334–1335면 참조).
164 정성근/박광민, 형법각론, 641면.

2. 공전자기록위작·변작에서 '사무처리를 그르치게 할 목적'

공전자기록위작·변작에서 '사무처리를 그르치게 할 목적'이라 함은 위작·변작된 전자기록 등이 사용됨으로서 공무처리가 그르치게 되도록 할 목적을 말한다. 그리고 '그르치게' 한다는 것은 정당하거나 정상적인 공무처리 이외의 하자 있는 처리를 하게 하는 모든 경우를 의미한다.[165]

3. 사전자기록위작·변작에서 '사무처리를 그르치게 할 목적'

사전자기록위작·변작에서 '사무처리를 그르치게 할 목적'이란 위작 또는 변작된 전자기록을 사무처리 전산시스템에 사용함으로써 정당하거나 정상적인 사무처리 이외의 하자있는 처리를 하게 할 목적을 말한다.[166] 즉, 위작 또는 변작된 전자기록이 사용됨으로써 전자적 방식에 의한 정보의 생성·처리·저장·출력을 목적으로 구축·설치한 시스템을 운영하는 주체인 개인 또는 법인의 사무처리를 잘못되게 하는 것을 목적으로 한다는 것을 말한다.[167] 구체적으로는 전자기록이 사용됨으로써 개인 또는 법인이 전자적 방식에 의한 정보의 생성·처리·저장·출력을 목적으로 구축하여 설치·운영하는 시스템이 증명적 기능을 수행하지 못하도록 하는 것을 의미한다.[168] 따라서 예컨대 새마을금고의 예금 및 입·출금 업무를 총괄하는 직원이 전 이사장 명의 예금계좌로 상조금이 입금되자 전 이사장에 대한 금고의 채권확보를 위해 내부 결재를 받아 금고의 예금 관련 컴퓨터 프로그램에 접속하여 전 이사장 명의 예금계좌의 비밀번호를 동의 없이 입력한 후 위 금원을 위 금고의 가수금계정으로 이체한 경우, 위 금고의 내부규정이나 여신거래기본약관의 규정에 비추어 이는 위 금고의 업무에 부합하는 행위로서 피해자의 비밀번호를 임의로 사용한 잘못이 있다고 하더라도 직원에게 사전자기록위작·변작죄의 '사무처리를 그르치게 할 목적'을 인정할 수 없다고 보았다.[169]

---

165 법무부, 형법개정법률안 제안이유서, 1992, 229면.
166 임웅, 형법각론, 699면; 법무부, 형법개정법률안 제안이유서, 1992, 229면.
167 대법원 2020.8.27. 선고 2019도11294 전원합의체 판결.
168 대법원 2008.6.12. 선고 2008도938 판결; 대법원 2008.4.24. 선고 208도294 판결.
169 대법원 2008.6.12. 선고 2008도938 판결.

I 서언

사이버공간에서의 신종범죄의 하나인 DDoS공격은 공격의 대상이 국가기관이나 금융기관에 집중되기 때문에 그 피해가 크게 나타나, 사이버공간에서의 테러로서의 특징을 보여준다. 테러로서의 특징을 보여주는 제일 좋은 예가 2009.7.7.부터 3~4일간 우리나라에서 있었던 DDoS 공격이다. 이 DDoS 공격은 동시다발적으로 청와대를 포함한 정부의 각 기관과 금융기관 및 언론기관에 대하여 공격이 행하여졌다. 이 DDoS 공격으로 국가의 전산망이 마비되고 금융기관의 인터넷서비스가 중단되는 큰 혼란이 발생하였으며, 공격의 전후에 미국의 백악관과 국가기관도 접속이 느려지는 문제가 발생하였다. 이때 행해진 DDoS 공격에는 약 2만 대가 좀비 PC로 이용되어졌으며, 이용된 좀비 PC의 90% 이상이 국내에 소재한 것으로 파악되었다고 한다.[170] 그리고 공격이 계속되고 있는 기간 중 공격을 차단하기 위하여 좀비 PC의 인터넷접속을 차단하는 문제를 검토하였다. 그러나 좀비 PC로 이용되기는 하였지만 개인도 자신의 PC가 좀비 PC로 이용되는 상황을 모를 수 있음에도 불구하고 일방적으로 좀비 PC에 대하여 인터넷을 차단할 법적 근거도 없었다. 이와 같이 정부의 적절한 대책이 마련되지 못한 상황에서, 다행히 보안업체 등이 좀비 PC를 확인하는 안내를 하고 이를 치유할 백신을 신속하게 보급하여 DDoS의 공격을 완화하였다.[171] 이후에도 수차례에 걸쳐 크고 작은 DDoS 공격이 있었으며,[172] 최근인 2019년 1월 초에는 커뮤니티 사이트인 '디시인사이드'가 DDOS 공격

---

170 http://www.shinailbo.co.kr/news/articleView.html?idxno=136983
171 7.7.의 DDoS 공격이 종료된 이후 한국인터넷진흥원은 DDoS 공격에 대한 종합대책을 마련하기 위한 세미나를 개최하였다. 이 세미나를 통하여 DDoS 공격에 대한 기술적 대응방안, 좀비 PC를 최소화하기 위한 법적·제도적 정비방안 등이 논의되었다.
172 잘 알려진 사건은 2011년 3월 3일에 일어난 공격으로, 이 공격 역시 그 대상은 국내의 정부기관, 포털사이트, 금융기관 등이었다. 그러나 이 공격은 지난 7.7. DDoS 때와 패턴과 방법 면에서 유사한 점이 많아 상대적으로 대응이 수월하여 상대적으로 피해가 크지 아니하였다. 원래 4-7일 가량이 지나면 하드디스크가 파괴되도록 되어 있었지만, 피해가 크지 않자 이를 앞당겨 좀비 PC의 하드디스크를 파괴하는 명령

을 받아 서비스 장애가 일어났고, 이는 엔디소프트, 보배드림 등 다른 기업에까지 영향을 미쳐 그 피해가 커졌다.

Ⅱ DDoS 공격의 방식

1. DoS 공격과 DDoS 공격

1) DoS 공격

DoS 또는 DoS 공격은 의도적으로 시스템에 대량의 접속을 유발해 해당 시스템 또는 서비스자원을 고갈시켜 시스템을 마비시킴으로써 정상적인 서비스를 제공하지 못하도록 방해하는 행위를 말하며,[173] 이러한 의미에서 '서비스거부(Denial of Service)'라는 용어를 사용하고 있다.[174] DoS 공격은 특정 컴퓨터나 시스템에 침입하여 자료를 열람하거나 삭제하거나 복사하여 가는 것과 같은 일반적인 해킹행위가 아니다. 오히려 DoS 공격은 목표사이트에 접속하여 지속적으로 Reload 버튼(예컨대 F5)을 클릭함으로써 한 명 또는 그 이상의 사용자가 시스템의 리소스를 독점함으로써 다른 이용자가 정상적인 접속을 하지 못하도록 방해하는 단순하고 원시적인 형태의 시스템에 대한 공격이다. 즉, DoS 공격은 1인이나 소수의 유저가 대량의 접속을 유발하고, 이로 인하여 다른 유저들이 목표한 시스템의 서버에 접속을 방해하는 결과를 나타내는 것이다. 이와 같은 방해작용은 유저들이 가짜 접속을 통해서 여러 곳에서 동시에 피해 회사의 컴퓨터 시스템이 처리할 수 없는 엄청난 분량의 정보를 한꺼번에 쏟아부으면 시스템에 과부하가 걸리게 되고, 정상적인 유저들이 접속할 수 없는 상태가 되는 것이다. 이것은 마치 한 전화번호에 집중적으로 전화가 걸려

을 내린 것으로 알려졌다. 방송통신위원회에 따르면 이때의 DDoS 공격으로 756건의 하드디스크 손상이 신고되었고, 보호나라, 안철수연구소, 하우리 등 백신업체, ISP 등을 통해 백신 총 1151만 건이 배포되었다(http://www.dt.co.kr/contents.html?article_no=2011031702010960746002).

173 Eisele, Computer- und Medienstrafrecht, 2013, 4/73, S.58; Kochheim, Cybercrime und Strafrecht in der Informations- und Kommunikationstechnik, 2.Aufl., 2018, S.829.
174 이와 같은 방식으로 행해지는 시스템에 대한 공격은 인터넷의 초창기부터 존재하였다고 한다(Vetter, Gesetzeslücken bei der Internetkriminalität, Diss., 2002, S.56).

오면 일시 불통되는 현상과 같은 것이다. 유저들의 정상적인 접속이 불가능하여질 뿐만 아니라 심하면 주 컴퓨터 시스템의 기능이 치명적인 타격을 입을 수도 있다. 2002년 야후의 웹사이트가 DoS 공격을 받았으며, 이때 공격이 가장 극심한 시점에는 접속한 데이터 분량이 초당 1기가 바이트(1Gbps)에 달하였으며,[175] 이 정도의 데이터 분량은 당시 보통 인터넷 사이트에 접속한 데이터의 1년치 분량보다 더 많은 것이라고 한다.

2) DDoS 공격

DDoS 공격은 다수의 공격자를 분산하여 배치시켜 놓은 다음, 특정한 시간대에 여러 대의 컴퓨터를 일제히 동작하게 하여 특정 사이트나 시스템을 공격하는 방식으로, 다수가 분산되어 공격한다는 의미에서 '분산서비스'(Distributed Denial of Service) 공격이라고 불리는 것이다.[176] 여기서 DDoS 공격이 진행되는 방식은 먼저 공격자의 명령에 따라 이미 명령을 수행할 준비가 되어있는 다수의 좀비 PC에 명령을 내리고, 명령을 받은 PC들은 공격대상이 된 컴퓨터 시스템에 동시에 접속하여 시스템이 처리할 수 없을 정도의 엄청난 분량의 유해 트래픽을 공격대상 시스템에 전송하고, 이로 인하여 서비스 시스템의 자원이 고갈되도록 하여 시스템의 성능을 저하시키거나 또는 정당한 유저들이나 심각한 경우에는 시스템관리자들 역시 시스템에 접근하지 못하도록 시스템을 마비시켜 정상적인 서비스를 못하도록 방해하는 것이다.[177]

DDoS 공격에 이용되는 대표적인 도구는 '트린'(Trin00)와 'TFN'(Trible Flood Network), '슈타헬드라트'(Stacheldraht) 등이 있으며, 최근에는 빈발하는 웜·바이러스에 분산서비스거부(DDoS) 공격 프로그램이 내장되어 특정 웹사이트를 공격하기도 한다.

결국 DoS 공격과 DDoS 공격의 가장 큰 차이는 공격자의 숫자로, DoS 공격은

---

175 Vetter, Gesetzeslücken bei der Internetkriminalität, S.57, 주)183 참조.
176 Kochheim, Cybercrime und Strafrecht in der Informations- und Kommunikationstechnik, 2.Aufl., 2018, S.36, 830; Vetter, Gesetzeslücken bei der Internetkriminalität, Diss., 2002, S.56).
177 전용희/장종수/오진태, DDoS 공격 및 대응 기법 분류, 정보보호학회지, 제19권 제3호(2009.6.), 47면.

단일 유저나 소수의 유저가 공격자로 자신이 직접 공격하기 때문에 쉽게 차단할 수 있다. 이에 반하여 DDoS 공격은 다수의 유저가 공격자가 되어 공격하기 때문에 이를 방어하기 어렵고 DoS 공격보다 훨씬 더 큰 피해를 가져온다. 즉, DoS 공격은 소수에 의해서 이루어지는 경우이므로 해당되는 공격자 몇 명만 출입하지 못하도록 함으로써 손쉽게 방어하는 것이 가능하다.[178] 그러나 DDoS 공격의 경우에는 불특정 다수에 의해서 동시다발적으로 공격이 이루어지므로 누가 정상적인 고객이고 누가 공격자인지 쉽게 판별할 수 없는 상황이 되어 방어하기가 쉽지 않다.[179]

2. DDoS 공격의 유형

DDoS공격은 크게 '다수유저형'과 '좀비 PC형'의 두 가지로 구분할 수 있다.

첫째, 다수유저형은 DoS공격의 방식을 다수의 유저들이 함께하는 방식으로 DDoS공격을 하는 유형이다. 예컨대 다수의 유저들이 커뮤니티를 형성하여 자신들이 공격대상으로 삼을 시스템이나 사이트를 정한 다음, 약속한 대로 특정한 시간대에 회원유저들이 각자의 PC를 이용하여 공격대상 시스템에 집중적으로 접속함으로써 해당 시스템이나 사이트를 공격하는 경우이다.

둘째, 좀비 PC형은 악성코드나 이메일을 통하여 일반 유저들의 PC를 감염시켜 이른바 좀비 PC를 만든 다음, 이와 같은 봇(Bot)[180]에 감염된 좀비 PC를 활용하여 특정한 시간대에 목표한 시스템을 공격하게 하는 경우이다. 일반적인 DDoS 공격은 이러한 좀비 PC형으로서 공격 형태에서도 수 Gbps에서 수십 Gbps 규모로 DDoS 공격규모가 확대되었으며, 과거에는 소수의 좀비 PC가 공격을 시도하였으나 최근에는 봇넷으로 구성된 다수의 좀비 PC가 공격에 활용되고 있다고 한다.[181]

2009년 7월 7일의 DDoS 공격은 C&C서버로부터 공격명령을 하달받는 것이 아

---

[178] 공격 IP를 차단하는 방법을 통하여 상대적으로 손쉽게 방어할 수 있다.

[179] Kochheim, Cybercrime und Strafrecht in der Informations- und Kommunikationstechnik, 2.Aufl., 2018, S.830.

[180] 봇은 스팸메일 전송이나 DDoS 공격에 악용할 수 있는 프로그램이나 실행 가능한 코드를 말하며, 봇넷은 인터넷에 연결된 채로 DDoS 공격을 수행하거나 악성코드를 전파하도록 하는 악성코드 봇(Bot)에 감염되어 해커가 마음대로 제어할 수 있는 IoT(사물 인터넷) 기기들로 구성된 네트워크를 말한다.

[181] 전용희/장종수/오진태, 전게논문, 47면.

니라 감염 시 생성되는 공격목표 설정 파일을 기반으로 자동공격을 수행하는 방식이었다. 감염된 2만여 대의 컴퓨터가 좀비 PC로 활동하면서[182] 국내 주요 기관, 금융기관, 포털사이트에 장애를 일으켰다.

봇(bot)의 사용은 계속하여 증가할 것으로 예상되고,[183] 봇에 의한 공격은 훨씬 정교하고 집중적일 것으로 예상된다고 한다.[184] 따라서 좀비 PC 문제를 해결하기 위해서 PC가 좀비 PC로 감염되는 것을 막기 위하여 백신 프로그램을 사용하지 않는 사용자에 대한 처벌규정을 만들자는 의견도 있으며, 좀비 PC의 IP를 차단해 피해확산을 막는 방안으로 강제로 인터넷서비스를 중단하는 방안도 제시되었다.[185] 그리고 DDoS 공격에 대한 예방책이 전 국가적으로 강구되고 있으며 이에 대한 종합적인 대책이 수립될 것으로 보인다.[186]

3. DDoS 공격의 단계별 모습

여기에서는 DDoS 공격의 전형적인 모습인 좀비 PC형에 대하여 살펴보며, 좀비 PC형 공격은 보통 다음과 같은 두 단계를 거쳐 진행된다.

---

[182] 악성코드에 감염된 PC는 악성코드가 윈도 서비스 형태로 등록되어 컴퓨터 시작과 함께 자동으로 실행되고, 방화벽 설정이 활성화되지 않으며, 다수의 특정 도메인을 대상으로 HTTP, UDP, ICMP Ping 패킷을 지속적으로 전송하는 증상 등을 나타낸 것으로 보고되었다.

[183] 봇에 감염된 PC는 전 세계적으로 약 90만 대에 이르며, 이 중 우리나라의 봇 감염된 PC가 차지하는 비중은 2008년 평균으로 8% 내외인 약 7만 대인 것으로 파악되고 있다(한국인터넷진흥원, 인터넷침해사고 동향 및 분석월보, 2009.9., 10면).

[184] Chantler/Broadhurst, Social Engineering and Crime Prevention in Cyberspace, 한국형사정책연구원 2008년 추계학술회의 발표문, 2008.11.1., 88면.

[185] 이와 같은 의견이 구체적으로 실현될 수 있는가는 매우 의심스럽다.

[186] 다만 현재의 상황에서 DDoS 예방책으로는 윈도 운영체계에 최신 보안패치를 적용할 것, 인터넷 로그인 계정의 패스워드를 자주 변경하고 영문·숫자·특수문자를 조합하여 6자리 이상 설정할 것, 신뢰할 수 있는 기관의 서명이 없는 액티브X 보안경고 창이 뜨면 설치 동의를 묻는 '예', '아니오' 중 어느 것도 선택하지 말고 창을 닫을 것, 이메일을 확인할 때 발신인이 불분명하거나 수상한 첨부파일은 모두 삭제할 것, 메신저 프로그램에 첨부된 URL이나 첨부파일에 대하여 메시지를 보낸 이가 직접 보낸 것이 맞는지 반드시 확인할 것, P2P 프로그램에서 파일을 다운로드할 때 반드시 보안제품으로 검사한 후 사용할 것, 정품 소프트웨어를 사용할 것, 공유권한을 '읽기'로 설정하고 사용 후 공유를 해제할 것, 보안제품은 항상 최신 버전의 엔진을 유지할 것 등이 권장되고 있다.

1) 제1단계: 좀비 PC 감염단계

DDos 공격에 사용할 좀비 PC를 만드는 단계로, 이 단계에서는 일반적으로 공격자는 우선 봇넷(BotNet)에 명령전달을 위한 C&C(Command& Control, 명령&제어)서버와 악성코드를 유포하기 위해 보안이 취약한 웹서버를 해킹한다. 악성코드유포에 악용된 사이트 방문자 중 보안이 취약한 사용자의 경우, 사이트를 방문하는 것만으로도 봇에 감염되게 된다. 봇에 감염된 PC는 좀비 PC가 되어 C&C서버를 통한 공격자의 명령을 받아 DDoS 공격에 이용되게 된다.

물론 이 과정에서 다른 PC를 감염시키거나, PC 사용자의 개인정보를 유출하거나, 불법 스팸메일을 발송하는 등 다양한 불법행위들에 이용하는 것도 가능하다. 그리고 공격자는 자신이 침입하였던 흔적을 제거하거나 DDoS 공격과정이 드러나는 것을 숨기기 위하여 "루트킷"(root-kits)[187]이라는 프로그램을 설치하기도 한다.[188] 이러한 방법은 몇 번의 해킹만으로 손쉽게 대량의 좀비 PC로 이루어진 봇넷을 손에 넣을 수 있고, 언제든지 공격자의 명령에 따라 다양한 불법행위를 할 수 있다.[189]

2) 제2단계: 공격단계

공격자의 공격명령에 따라 공격대상이 되는 타깃 시스템을 공격하는 단계로, 이 단계에서는 공격자의 공격명령에 따라 좀비 PC에게 공격명령이 전달되거나 또는 이미 좀비 PC에 하달된 명령에 따라 자동적으로 공격이 활성화된다. 여기서 좀비 PC들의 공격은 동시에 대량의 자료 패킷을 타깃 시스템에 송신하고, 타깃 시스템은 요청받은 작업을 수행하기 시작한다. 그리고 좀비 PC는 계속적으로 작업요청을 하

---

[187] 루트킷은 시스템에 전반적으로 접근할 수 있는 루트(Root) 권한을 얻게 해 주는 킷(Kit)라고 할 수 있다. 즉, 시스템에 침입한 후 침입한 사실을 숨기고 추후의 침입을 위한 백도어를 설치하고, 원격접근, 사용흔적 삭제, 관리자 권한의 획득 등과 같이 주로 불법적인 해킹에 사용되는 기능들을 제공하는 프로그램들의 모음이다(Kochheim, Cybercrime und Strafrecht in der Informations- und Kommunikationstechnik, 2.Aufl., 2018, S.880).

[188] Vetter, Gesetzeslücken bei der Internetkriminalität, S.57.

[189] 봇넷을 이용하여 광고의 클릭수를 조작하는 방법으로 사용하는 사례도 있다고 한다(정완, 사이버범죄의 현상, 형사정책, 제19권 제2호(2007), 18면). 그리고 최근에는 기업들을 대상으로 업무 메일로 위장해 사용자의 PC를 좀비 PC로 만드는 악성코드를 유포하여 사용자의 PC를 좀비 PC로 만든 다음 기업의 비밀이나 금융 관련 자료들을 빼내 가는 경우가 많다고 한다.

고 타깃 시스템은 결국 자신의 작업능력을 초과하게 되어 더 이상 자신의 정상적인 작업을 감당할 수 없게 된다.

　DDoS 공격으로 인하여 타깃 시스템에 발생할 수 있는 결과는 다양하다. 공격대상이 된 서버에 시스템의 과부하나 시스템에의 접근차단(봉쇄)으로 이어질 수 있다. 이에 따라 정상적인 유저나 관련자가 시스템에 접근하는 것이 곤란하거나 불가능하게 된다. 또한 경우에 따라서는 타깃 시스템이 붕괴될 수도 있으며, 심각한 경우에는 시스템을 새로이 설치하여야 한다.

Ⅲ DDoS 공격의 형사법적 책임

　DDoS 공격은 앞에서 설명한 바와 같이 '다수유저형'과 '좀비 PC형'으로 구분할 수 있고, 현실에서는 좀비 PC형이 보통이다. 그리고 좀비 PC형의 공격은 크게 PC를 감염시켜 좀비 PC로 만드는 단계와 공격단계로 나누어진다. 이러한 좀비 PC형의 DDoS 공격에 대한 형법적 처벌 가능성을 검토하기 위하여는 각 단계의 행위를 보다 세분하여 그 처벌 가능성을 검토하여 본다.

1. 제1단계: 봇에 감염시킴(명령 수행 프로그램의 설치)

1) 재물(전자기록)손괴죄(형법 제366조)

　DDoS 공격자가 자신의 명령에 따라 대상시스템에 공격을 수행할 '명령 수행 프로그램'인 봇을 감염시키는 행위를 형법적으로 어떻게 평가할 것인가이다. 즉, 명령 수행 프로그램을 개인의 PC에 설치하는 행위에 대하여 형법상 어떤 구성요건을 적용할 수 있는가이다. 여기서 우선 검토될 수 있는 것은 해당 프로그램의 설치가 형법 제366조의 재물손괴죄를 구성하는가이다. 특히 재물손괴죄의 성립과 관련하여 문제되는 것은, 첫째는 다른 사람의 PC에 '명령 수행 프로그램'을 설치하는 것이 재물손괴죄에서 말하는 '재물'의 손괴에 해당하는가, 둘째 만일 재물손괴죄의 '재물'의 손괴에 해당하지 않는다면 동일한 죄의 '전자기록'의 손괴에 해당하는 것은 아닌가이다.

(1) '재물'의 손괴

재물손괴죄는 타인의 재물을 손괴 또는 은닉 기타의 방법으로 그 효용을 해하는 것을 내용으로 하는 범죄로서, 명령 수행 프로그램의 설치로 인하여 PC를 소유한 사람의 재물이 손괴되었다면 재물손괴죄가 성립한다. DDoS 공격을 수행하는 명령 수행 프로그램이 개인의 PC에 설치되어도 일반적으로는 컴퓨터 하드웨어 자체에는 아무런 영향이 없고, 다만 공격 명령 프로그램이 PC의 저장장치나 시스템에 전자적으로 기록되어 있을 뿐이다. 이와 같은 전자적 기록의 재물성을 인정할 수 있는가에 대하여는 논란이 있었다. 그러나 전자기록은 유체성설에 의하면 유체성이 결여되어 있기 때문에 유체물에 해당하지 않는다. 관리가능설에 의하는 경우에도 전자적 기록은 재물죄의 재물에 포함되지 않는다. 왜냐하면 재물죄에서 관리 가능하다는 의미는 사무적으로 관리 가능하다는 것을 뜻하는 것이 아니라 물리적으로 관리 가능하다는 것을 뜻하며, 그 대상도 관리 가능한 '동력'을 의미한다. 물론 전자기록의 경우 사무적으로는 관리할 수 있으나 '동력'이라고 보기도 어렵기 때문에 재물손괴죄의 '재물'에 해당하지 않는다.[190] 입법자의 의사 역시 형법의 개정을 통하여 재물손괴죄의 구성요건에 '재물'이라는 표현 이외에 '전자기록 또는 특수매체기록'을 규정하였다.[191] 따라서 공격 수행 프로그램을 설치하는 행위는 하드웨어인 재물의 부분에는 어떤 변화를 가져오는 것은 아니므로 '재물'손괴죄에는 해당하지 아니한다.

(2) 전자기록손괴죄

명령 수행 프로그램의 설치는 개인의 PC에 있는 저장장치에 전자적으로 기록되는 방식으로 보관·저장되어 있다. 여기서 프로그램이 전자적으로 저장되었기 때문에 설치 이전에 존재하였던 기존의 저장내용이 변화되어 전체적으로 보면 전자기록이 변화되었다는 점은 분명하다. 문제는 전자기록의 변화가 기존의 전자기록의 내용에는 전혀 영향을 주지 않고, 다만 새로 저장된 프로그램이 특정한 다른 역할만을 수행하는 기능을 하는 경우 이것이 전자기록에 대한 '손괴죄'에 해당하는가이다.

전자기록손괴죄는 타인의 전자기록 등 특수매체기록인 전자적 정보를 손괴 또는

---

190 동일한 취지로 강동범, 사이버범죄 처벌규정의 문제점과 대책, 형사정책, 제19권 제2호(2007), 46면; 대법원 2002.7.12. 선고 2002도745 판결.
191 법무부, 형법개정법률안 제안이유서, 1992, 190–191면.

은닉, 기타 방법으로 그 효용을 해한 경우에 성립한다.

첫째, 전자기록의 '손괴'는 컴퓨터나 저장매체에 기록되어 있는 전자적 기록을 삭제하거나 본래의 기록에 내용상 변경을 가하거나 기록을 읽을 수 없는 상태에 빠지게 하는 것을 의미한다.[192] 예컨대 저장장치에 기록된 종전의 전자적 기록 위에 새로운 기록을 덮어쓰기하는 경우이다.

둘째, 전자기록의 '은닉'은 전자기록의 소재를 불분명하게 하여 발견을 곤란 또는 불가능하게 함으로써 그 본래의 효용을 해하는 것을 말한다. 즉, 정당한 권한 있는 자가 전자기록을 이용할 수 없거나 이용하기 어렵게 그의 이용 가능 영역으로부터 벗어나게 하여 계속적 또는 일시적으로 전자기록의 사용을 불가능하게 하는 것을 의미한다.[193] 예컨대 전자기록에 대한 파일명을 임의로 변경하여 저장하거나, 기존의 파일의 위치와는 다른 위치(디렉토리)에 숨겨 놓아 다른 권한 있는 사람이 이를 찾기 어렵게 만들거나, 기존에 자유로이 열 수 있었던 파일에 비밀번호를 설정하거나, 기존의 비밀번호를 변경하여 새로운 비밀번호를 설정하여 권한 있는 사람이 전자기록에 접근하는 것을 곤란하게 만드는 경우가 여기에 해당한다.

셋째, '기타 방법'이란 손괴 또는 은닉 이외의 방법으로 전자기록의 이용가치나 그 효용을 침해하는 일체의 행위를 말한다. 즉, 전자기록의 효용침해라는 것은 전자기록의 사용 가능성을 침해하여 해당 전자기록을 더 이상 사용할 수 없고, 그 결과 더 이상 전자기록의 목적을 달성할 수 없는 것을 의미한다.[194] 예컨대 컴퓨터나 기억매체에 기록되어 있는 데이터의 일부를 변경하거나 컴퓨터바이러스를 감염시켜 컴퓨터가 정상적으로 작동하지 못하도록 하는 경우[195]를 의미한다.

명령 수행 프로그램의 설치에도 불구하고 PC에 저장되었던 기존의 전자기록의 내용에는 어떠한 침해도 일어나지 않기 때문에 명령 수행 프로그램의 설치를 전자

---

192 박상기, 형법각론, 2008, 435-436면.

193 BT-Drucksache 10/5058, S.35; Heckmann, in: jurisPK-Internetrecht, 2.Aufl., 2009, Kap.8 Rn.20; Hilgendorf/Frank/Valerius, Computer- und Internetstrafrecht, 2005, Rn.196;Schönke/Schröder/Stree/Hecker, StGB, 30.Aufl., 2019, § 303a Rn.4.

194 BT-Drucksache 10/5058, S.35; Schönke/Schröder/Stree/Hecker, StGB, 30.Aufl., 2019, §303a Rn.4.

195 Hilgendorf/Frank/Valerius, Computer- und Internetstrafrecht, 2005, Rn.198. 그러나 이러한 경우를 '손괴'로 보는 입장은 배종대, 형법각론, 403면.

기록에 대한 '손괴'로 파악할 수는 없다. 또한 기존의 다른 파일이나 자료에 접근하는 것에 어려움을 발생시킨 것도 아니기 때문에 '은닉'으로 파악할 수도 없다. 전자기록 전체에는 부분적으로 변화가 있으나, 기존의 전자기록에는 아무런 내용적 변경이 가해지는 것이 아니고, 명령 수행 프로그램이라는 새로운 전자기록만 첨가된다. 이로 인하여 기존의 소프트웨어나 하드웨어의 작동에 아무런 영향이 없으므로 기타 방법으로 효용을 해한 경우에도 해당하지 않는다.[196]

결론적으로는 명령 수행 프로그램을 설치하는 행위에 대하여는 형법 제366조의 재물손괴죄나 전자기록손괴죄가 성립하지 아니한다.

2) 컴퓨터에 의한 업무방해죄(제314조 제2항)

명령 수행 프로그램의 설치가 해당 PC 소유자의 업무를 방해하는 것이 아닌가이다. 컴퓨터에 의한 업무방해죄(형법 제314조 제2항)는 컴퓨터 등 정보처리장치 또는 전자기록 등 특수매체기록을 손괴하거나 정보처리장치에 허위의 정보 또는 부정한 명령을 입력하거나 기타 방법으로 정보처리에 장애를 발생하게 하여 사람의 업무를 방해한 경우에 성립한다. DDoS 공격자는 개인 PC에 명령 수행 프로그램을 설치함으로써 타인의 정보처리장치에 '허위의 정보나 부정한 명령'을 입력한 것으로 보일 수 있다. 그러나 프로그램의 설치행위에도 불구하고 앞에서 설명한 바와 같이 프로그램이 설치된 개인의 PC인 정보처리장치는 그 기능을 함에 있어 아무런 장애도 발생하지 않았다. 따라서 공격 수행 명령 프로그램을 설치행위는 컴퓨터에 의한 업무방해죄를 구성한다고 볼 수 없으며, 이에 대한 미수범의 처벌규정도 존재하지 않으므로 프로그램 설치행위는 컴퓨터에 의한 업무방해죄에 해당하지 않는다.

3) 악성프로그램 전달·유포죄(정보통신망법 제48조 제2항, 제71조 제9호)

DDoS 공격자가 설치하여 놓은 프로그램은 '컴퓨터바이러스'[197]는 아니지만 다

---

196 Vetter, Gesetzeslücken bei der Internetkriminalität, 2002, 62면. 트로이목마의 경우에 동일하게 해석하는 것은 Hilgendorf/Frank/Valerius, Computer – und Internetstrafrecht, 2005, Rn.202.

른 컴퓨터 프로그램이 기능을 함에 있어 장애를 가져오거나 컴퓨터가 정상적으로 작동하는 것을 방해하는 결과를 야기할 가능성이 있다. 이와 같이 컴퓨터의 정상적인 기능이나 작동에 방해를 일으키는 프로그램을 유포하는 것에 대하여 처벌하도록 규정하고 있다. 즉, 정보통신망법은 제48조 제2항에서 정당한 사유 없이 정보통신 시스템, 데이터 또는 프로그램 등을 훼손, 멸실, 변경, 위조 또는 그 운용을 방해할 수 있는 프로그램(소위 '악성프로그램')을 전달 또는 유포하는 것을 금지하며, 이를 위반하여 악성프로그램을 전달 또는 유포한 자를 7년 이하의 징역 또는 7천만원 이하의 벌금으로 처벌하도록 하고 있다(동법 제70조의2). 특히 주요 정보통신 기반시설에 대하여 데이터를 파괴하거나 주요 정보통신 기반시설의 운영을 방해할 목적으로 컴퓨터바이러스·논리폭탄 등의 프로그램을 투입하는 행위는 정보통신 기반 보호법에 의하여 10년 이하의 징역 또는 1억원 이하의 벌금으로 처벌하도록 하여 정보통신망법상의 악성프로그램 전달·유포죄보다 더 무겁게 처벌된다(정보통신 기반 보호법 제12조 제2호, 제28조 제1항).[198]

따라서 DDoS 공격자의 프로그램 설치행위는 컴퓨터바이러스와 달리 기존의 전자기록이나 프로그램을 훼손, 멸실, 변경, 위조하는 행위에는 해당하지 아니한다. 그러나 공격 명령을 수행하는 프로그램은 정보통신 시스템이나 정보통신망에 영향을 주어 '정보통신 시스템의 운용을 방해할 수 있는 프로그램'에 해당하기 때문에, 이를 유포하는 행위는 정보통신망법의 '악성프로그램 전달·유포죄'에 해당한다고 볼 수 있다.

---

197 일반적으로 컴퓨터바이러스는 프로그램의 일종으로 자기복제 명령어 이외에 하드디스크와 같이 저장매체에 저장된 데이터를 삭제하거나 변경하는 명령어를 포함하고 있다. 이러한 점에서 컴퓨터바이러스를 유포하는 행위는 정보통신망법상의 악성프로그램 유포죄에 해당한다(동일한 취지로 강동범, 사이버범죄 처벌규정의 문제점과 대책, 형사정책, 제19권 제2호(2007), 43면).

198 [정보통신 기반 보호법] 제12조(주요 정보통신 기반시설 침해행위 등의 금지) 누구든지 다음 각호의 1에 해당하는 행위를 하여서는 아니된다.
2. 주요정보통신기반시설에 대하여 데이터를 파괴하거나 주요정보통신기반시설의 운영을 방해할 목적으로 컴퓨터바이러스논리폭탄 등의 프로그램을 투입하는 행위
제28조(벌칙) ① 제12조의 규정을 위반하여 주요정보통신기반시설을 교란, 마비 또는 파괴한 자는 10년 이하의 징역 또는 1억원 이하의 벌금에 처한다.

2. 제2단계: 공격대상 시스템에 대한 DDoS공격

1) 재물손괴죄(형법 제366조)

공격자가 타깃으로 삼은 시스템에 DDoS 공격을 가하는 행위는 공격받은 시스템 서버에 대한 재물손괴죄에 해당하는가가 문제된다.

재물손괴죄는 타인의 재물을 손괴 또는 은닉 기타 방법으로 그 효용을 해한 경우에 성립한다. 여기서 재물은 유체물은 물론 관리할 수 있는 동력을 포함한다. 또한 동산이든 부동산이든 불문하고 동물도 재물손괴죄의 재물에 포함된다. 재산권의 목적이 되면 충분하고 반드시 경제적 교환가치를 지닐 필요도 없다. 재물은 또한 자연인, 법인, 국가, 법인격 없는 단체 등 누구든지 관계없이 본인 이외의 타인의 소유물이어야 하며, 타인성이 인정되는 한 그 점유자가 누구인가는 문제되지 않는다.[199]

그리고 행위는 타인 소유의 재물을 손괴, 은닉, 기타 방법으로 재물의 효용을 해하여야 한다.

여기서 '손괴'는 재물의 전부 또는 일부에 대하여 유형력을 행사하여 그 물질적 효용을 침해하는 것을 말한다. 반드시 재물의 중요 부분을 훼손하거나 물체 자체가 소멸될 것을 필요로 하는 것은 아니고,[200] 그 물건의 용도에 따른 중요한 기능을 상실하게 하는 정도면 손괴에 해당한다.[201] 또한 은닉이란 재물의 소재를 불분명하게 만들어 그 발견을 곤란 또는 불가능하게 함으로써 그 효용을 해하는 것을 의미하며, 물건 자체의 상태에는 변화를 가져오지 않는다는 점에서 손괴와 구별된다. 그리고 은닉의 경우에는 재물의 점유가 행위자 상대방에게 이전될 필요는 없다. '기타 방법'이란 손괴나 은닉 이외의 방법으로 물건을 본래의 용도로 사용할 수 없게 하는 일체의 행위를 의미한다.[202]

---

199 Lackner/Kühl, StGB, 25.Aufl., 2004, § 303 Rn.7; Schönke/Schröder/Stree/Hecker, StGB, 30.Aufl., 2019, § 303 Rn.3,4.

200 BGHSt 44, 38; Schönke/Schröder/Stree/Hecker, StGB, 30.Aufl., 2019, § 303 Rn.8; Fischer, StGB, 65.Aufl., 2018, § 303 Rn.6; 박상기/전지연, 형법학, 723면; 대법원 2006. 12.22. 선고 2006도7219 판결.

201 박상기/전지연, 형법학, 723면; 박상기, 형법각론(제7판), 2008, 435면.

202 Schönke/Schröder/Stree/Hecker, StGB, 30.Aufl., 2019, § 303 Rn.8; 박상기/전지연, 형법학, 723면.

공격받은 시스템 서버 자체는 유체물로서 재물에 해당하고, 공격자 자신의 소유에 속하는 것이 아니므로 타인의 재물에 해당한다. 그리고 '손괴'나 '효용의 침해'는 결국 물건의 사용 가능성이 침해되는 것을 말하며, DDoS 공격으로 인하여 공격당한 시스템 서버를 본래의 용도대로 사용할 가능성이 중대하게 침해된 경우에는 재물손괴죄가 성립한다.[203] 대량의 데이터 패킷이 유입되면 이것은 통상적으로 시스템 서버의 과부하로 연결되어 결국 시스템에 접근하는 것이 차단된다. 이와 같은 시스템에로의 접근이 차단되어 본래의 시스템 운영자나 그 시스템을 이용하는 유저들 역시 시스템에 접근하는 것이 매우 어렵거나 아예 접근이 불가능하게 될 수 있다. 따라서 시스템 서버나 그와 연결된 정보통신망은 기능에 따른 정상적인 이용이 불가능하게 된다. 예컨대 메일서버가 DDoS공격을 당하면 이용자들이 전자메일을 열람하거나 송수신하는 것이 사실상 불가능하게 된다. 또한 금융기관의 서버가 DDoS 공격을 받으면 고객들이 서버에 접속하여 자금을 인출하거나 이체하는 것이 어렵게 되는 것이다. 이와 같이 시스템 서버는 DDoS 공격으로 인하여 그 서버인 물건 자체가 손상을 입는 것은 아니고 또한 서버에 직접적이고 외형적인 변화가 일어나는 것은 아니고, 서버 자체를 발견하는 것이 불가능한 것도 아니다. 이러한 점에 시스템 서버에 대한 재물손괴죄는 성립하지 아니한다.

2) 전자기록손괴죄(형법 제366조)

DDoS 공격에 대하여 공격자에게 '재물'손괴죄는 성립하지 않으나, '전자기록'손괴죄가 성립하는 것은 아닌가가 문제된다.

전자기록손괴죄에서 전자기록의 '손괴'는 컴퓨터나 저장매체에 기록되어 있는 전자기록을 삭제하거나 본래의 기록의 내용을 변경하거나 자료를 읽을 수 없는 상태에 빠지게 하여, 전자기록을 더 이상 회복할 수 없게 하는 것을 말한다.[204] 예컨대 전자적 저장장치에 기록된 종전의 전자기록 위에 새로운 기록을 덮어씌우는 경우이다.

---

[203] Vetter, Gesetzeslücken bei der Internetkriminalität, S.66.

[204] 동일한 해석은 Marberth – Kubicki, Computer – und Internetstrafrecht, 2005, Rn.79; Vetter, Gesetzeslücken bei der Internetkriminalität, S.57. 이에 반해 전자기록의 회복 가능성은 본죄의 성립과 관련이 없다는 주장은 Lenckner/Winkelbauer, CR 1986, 829면.

DDoS 공격이 시작되면 공격받은 시스템 서버는 밀물처럼 계속하여 몰려오는 자료들을 처리하기 시작한다. 여기서 해당 시스템이 감당할 수 있는 양보다 더 많은 양의 요구들이 들어오면 시스템의 과부하가 발생한다. 그러나 시스템에 과부하가 걸리는 것은 전자기록손괴죄에서 말하는 전자기록의 손상을 가져오는 것은 아니므로 전자기록의 손괴에 해당하지 아니한다. 또한 시스템 운영자가 DDoS 공격이 진행된다는 것을 적시에 알아차리고 목표가 된 시스템의 콘솔[205] 등을 조작하여 시스템이 접속불능 상태에 빠지기 이전에 이를 해소할 수도 있다.[206] 따라서 DDoS 공격의 일반적인 경우에는 타깃이 된 시스템에 접속하는 것이 어려울 수는 있어도 전자기록의 '손괴'에 해당하지는 아니한다.

다만 예외적으로 DDoS 공격의 결과, 시스템이 붕괴된 경우에는 다르게 판단될 수 있다. 즉, 시스템의 붕괴라는 불가피한 결과가 나타나면 잠정적으로 RAM에서 작업하였던 모든 기록들 역시 마찬가지로 사라진다. 그리고 사라진 자료들을 다시 찾아내 복구하는 것은 가능하지 않으며, 이러한 범위 내에서 예외적으로 전자기록에 대한 '손괴'가 성립할 수 있다.[207]

3) 전자기록은닉죄(형법 제366조)

(1) 전자기록은닉죄에서 '은닉'의 의미

DDoS 공격은 일반적으로 타깃 시스템에 접근하는 것이 불가능한 것으로 되기 때문에 DDoS 공격과 그 공격으로 인한 결과가 전자기록의 '은닉'에 해당하는 것은 아닌가가 문제된다. DDoS 공격에 의하여 정상적인 이용자들과 경우에 따라서는 시

---

[205] 콘솔은 시스템관리자가 시스템의 상태를 알아보거나, 각종 업무를 처리하기 위해 사용하는 특수한 기능의 단말장치를 말한다. 이는 보통의 단말기와 유사하나 중앙 처리 장치(CPU)에 직결되어 여러 특수 기능을 수행하며, 대개 컴퓨터의 본체와 가까운 곳에 설치된다. 시스템관리자는 이러한 단말기를 통하여 현재 시스템의 동작 상태를 확인하고 작업을 조작하거나 시스템을 재시동하는 작업 등을 수행한다(Kochheim, Cybercrime und Strafrecht in der Informations- und Kommunikationstechnik, 2.Aufl., 2018, S.853).

[206] DDoS 공격을 탐지하는 기술은 침입탐지시스템, DDoS 대응시스템, Netflow, ACL 등 다양한 탐지기술이 있다고 한다(탐지기술과 그에 대한 공격차단기술에 대하여 상세히는 전용희/장종수/오진태, 전게논문, 48-50면 참조).

[207] Vetter, Gesetzeslücken bei der Internetkriminalität, S.68.

스템 관련자도 타깃 시스템 서버에 존재하는 전자기록에 접속하는 것이 어렵거나 곤란하다. 물론 시스템 이용자인 제3자가 가지는 전자기록에 대한 접근 가능성은 시스템 운영자가 가지는 접근 가능성과 비교하여 보면 처음부터 매우 제한적이기는 하다. 일반적으로 시스템관계자는 타깃 시스템에 저장된 모든 데이터들에 접근할 수 있으나, 제3자 유저들은 자신들에게 접근이 허용된 전자기록만 접근할 수 있다는 점에서 그 접근이 다소 제한되어 있다.

본죄에서 전자기록의 '은닉'은 전자기록이 위치한 곳을 불분명하게 하여 발견을 곤란 또는 불가능하게 하는 방식으로 전자기록 그 본래의 효용을 해치는 것을 말한다. 즉, 전자기록을 권한 있는 자의 이용 가능 영역에서 이탈케 하여 전자기록의 이용을 불가능하게 하는 것을 의미한다.[208] 예를 들면 전자기록의 파일명을 변경하여 다른 파일명으로 저장시켜 놓거나, 다른 디렉토리나 다른 저장공간에 숨겨 놓아 정당한 권한 있는 사람이 이를 찾기 곤란하게 만든 경우, 또는 기존의 비밀번호를 변경하거나 새로이 비밀번호를 설정하여 권한 있는 사람이 해당 자료에 접근하는 것을 어렵게 만든 경우이다. 그리고 여기서 접근을 못하게 한 이유와 방식은 아무런 역할을 하지 못한다.[209]

일반적으로 손괴와 은닉의 구별은 자료의 물리적 동일성이 유지되고 있는가에 의하여 결정된다.

(2) 은닉에서의 정당한 권한자

DDoS 공격으로 인하여 시스템에 접속하는 것이 곤란하여 시스템에 저장된 전자기록에 접근하지 못하는 경우, 해당 행위가 은닉이 되려면 전자기록을 '정당한 권한 있는 자'의 이용 가능성으로부터 이탈시켜야 한다. 문제는 누가 정당한 권한 있는 자에 해당하며, 공격자는 누구에 대하여 전자기록을 '은닉'한 죄를 범한 것인가이다.

---

208 BT-Drucksache 10/5058, S.34 f.; Fischer, StGB, 65.Aufl., 2018, § 303a Rn.4; Heckmann, Internetrecht, 2009, Kap.8 Rn.20; Hilgendorf/Frank/Valerius, Computer-und Internetstrafrecht, 2005, Rn.196; Lackner/Kühl, StGB, 25.Aufl., 2004, § 303a Rn.3; Marberth-Kubicki, Computer-und Internetstrafrecht, 2005, Rn.80.
209 LK-Tolksdorf, StGB, 11.Aufl., 2004, § 303a Rn.26; Vetter, Gesetzeslücken bei der Internetkriminalität, S.68.

즉, DDoS 공격자는 제3자인 시스템 사용자(일반 유저)의 전자기록에 대한 사용 가능성을 배제한 것인지 시스템 운영자(또는 관리자)의 사용 가능성을 배제한 것인지가 의문이다. 공격받은 시스템에 저장된 전자기록의 정당한 권한이 있는 자는 자신이 직접 작업하여 해당 전자기록을 생산하였거나 혹은 해당 전자기록을 직접 저장 내지는 전송하였던 자가 정당한 권한이 있는 자이다.[210] 공격받은 시스템의 서버에 기록된 전자기록은 시스템 운영자에 의하여 생산되고 저장된 것이다. 따라서 전자기록은닉죄에서의 정당한 권한이 있는 자는 제3자인 일반 시스템 이용자나 유저가 아니라 시스템 운영자(관리자)이다. 이러한 의미에서 전자기록은닉죄는 제3자인 시스템 이용자에 대하여가 아니라 시스템 운영자에 대하여 성립하는 것이다.

(3) 일시적 또는 지속적 사용 불가능

전자기록의 은닉에서 은닉의 결과 전자기록의 사용이 지속적으로 불가능한 경우가 보통이다. 문제는 전자기록의 사용이 불가능하기는 하나 이것이 지속적인 불가능이 아니고 일시적으로 불가능한 경우에도 은닉에 해당하는가이다.

절도죄에서 불법영득의사의 경우에는 권리자의 점유를 일시적이 아니라 일정 기간 동안 계속하여 배제하려는 의사가 존재하여야 한다.[211] 이와 상응하게 일부의 견해에서는 '지속적'인 사용 불가능의 경우만 여기에서의 은닉에 해당하는 것으로 이해하고, 일시적인 사용 불가능의 경우는 형법상 처벌되지 않는 단순한 전자기록의 사용 방해행위에 불과하다고 이해한다.[212]

그러나 이와 같은 좁은 해석에는 동의할 수 없다. 전자기록의 '은닉'을 전자기록의 '영득'과 동일한 기준으로 해석할 필요도 없고, 전자기록은닉죄를 절도죄의 구성요건에 상응하게 해석할 필요도 없다.[213] 오히려 전자기록의 은닉죄와 상응하는 규

---

210 Hilgendorf/Frank/Valerius, Computer- und Internetstrafrecht, 2005, Rn.197; Vetter, Gesetzeslücken bei der Internetkriminalität, S.71. 이에 반해 일부 시스템의 경우에는 시스템관리자뿐만 아니라 제3자인 이용자도 정당한 권한자로 인정될 수 있다고 보는 견해는 Ernst, NJW 2003, 3238; Heckmann, Internetrecht, 2009, Kap.8 Rn.20.
211 Schönke/Schröder/Bosch, StGB, 30.Aufl., 2019, § 242 Rn.51; 박상기/전지연, 형법학, 587면.
212 SK-Samson, StGB, BT, 7.Aufl., 2005, § 303a Rn.20.
213 동일한 취지로 LK-Tolksdorf, 11.Aufl., 2004, § 303a Rn.27; Vetter, Gesetzeslücken bei der Internetkriminalität, S.69.

정을 찾는다면 오히려 형법 제366조에 규정된 재물은닉죄 유형의 하나인 문서은닉죄의 경우이다. 문서은닉죄에서 문서의 은닉은 반드시 지속적·계속적으로 행하여질 필요는 없으며, 일시적 은닉행위에 의해서도 사용 불능의 상태는 발생하므로 은닉행위에 해당한다.[214] 또한 전자기록의 은닉에 지속적인 사용 불가능을 요구하는 견해에 의하면 이용이 불가능한 전자기록을 새로이 복구하는 경우에는 은닉죄가 성립하지 않는다는 문제가 발생하고, 전자기록은 나중에 복구 가능한 경우가 많으므로 그 결과 실무상 '은닉'은 거의 발생할 수 없다고 이해되어야 한다. 따라서 통설과 같이 전자기록이 일시적으로 사용 불가능하게 된 경우에도 전자기록의 '은닉죄'가 성립한다.

(4) 사용 불가능의 시간적 한계

통설에 의하는 경우에도 여전히 전자기록이 시간적으로 어느 정도 사용불능이 되어야 '은닉'에 해당하는가라는 문제는 남는다.

일부 견해에 의하면 전자기록을 적어도 "확실한 정도로 계속하여"(gewisse Dauer)[215] 또는 '중대한 시간적 여유를 두고'(erheblicher Zeitraum)[216] 정당한 권한 있는 자의 사용 가능성을 배제시킨 시점이라고 한다.

그러나 시간적으로 얼마나 오랜 시간 접근이 차단되어야 은닉으로 볼 것인가에 대하여는 일률적으로 결정되는 것은 아니라고 생각된다. 오히려 구체적인 경우에 따라 개별적으로 판단하여야 할 것으로 보인다. 그리고 이러한 판단을 함에는 발생하는 침해의 손상 정도나 손상의 중대성 여부, 접근 차단된 전자기록의 사용 목적 그리고 전자기록의 사용 가능성에 대한 정당한 권리자의 이익 등이 고려될 수 있다. 따라서 시스템에의 접근을 차단한 범행이 시간적 중요성의 최소한의 한계에도 미치지 못하는 경우에는 '은닉'의 구성요건을 부정하여야 한다.[217] 이것은 마치 전자기록

---

214 Lackner/Kühl. § 274 Rn.2; Marberth-Kubicki, Computer- und Internetstrafrecht, 2005, Rn.80; Schönke/Schröder/Heine/Schuster, StGB, 30.Aufl., 2019, § 274 Rn.10; 박상기, 형법각론, 436면.

215 Lenckner/Winkelbauer, CR 1986, 829.

216 Schlüchter, Zweites Gesetz zur Bekämpfung der Wirtschaftskriminalität, S.73.

217 예컨대 실무상으로 이제까지 전혀 발생하지 않았던 개인의 홈페이지에 대한 DDoS 공격의 경우에 그것이 단지 몇 분 동안만 공격이 지속된 경우에는 공격의 중대성이 결여되어 있으므로 이 경우 전자기록은닉죄

의 사용 가능성을 배제시킨 시간이 너무 짧아 정당한 권한 있는 자에게 전혀 전자기록에 대한 사용 가능성의 침해를 의미한다고 볼 수 없는 경우가 여기에 해당한다.[218]

DDoS 공격을 받은 시스템에 저장된 전자기록들은 대부분 경제자료, 전송자료 또는 데이터베이스 자료 등이다. 보통 DDoS 공격의 경우 해당 자료들은 정당한 권한 있는 자에게 일시적으로 접근이 어렵게 되므로 원칙적으로 전자기록'은닉죄'의 구성요건은 충족되지 아니한다.[219] 따라서 은닉이 되려면 침해결과가 중대성을 나타내는 '최소한의 한계'를 넘어야 한다.

전자기록에 대한 사용 가능성이 정당한 권한 있는 자에게서 이탈되었으나 권한 있는 자에게 더 큰 손해가 없는 상황에서, 권한 있는 자가 전자기록에 대한 사용 가능성을 포기할 수 있는 경우에는 '중대한 한계'인가의 판단은 전적으로 시간적 요소에 달려 있다. 이러한 경우 전자기록에 대한 은닉을 인정하려면 전자기록에 접근하는 것이 봉쇄된 시간이 적어도 하루 정도는 지속되어야 할 것으로 보인다.

이에 반해 전자기록 '은닉죄'는 정당한 권한 있는 자 자신의 전자기록을 불가침적으로 제한 없이 사용하는 이익을 보호하는 것이기 때문에, 개별적인 경우에는 아주 짧은 시간 동안 전자기록을 접근하지 못하게 만든 경우에도 은닉이 인정될 수도 있다. 이러한 의미에서 일부의 견해에 의하면 30분간의 접근 불가능이라도 충분히 은닉이 될 수 있는 경우도 있다고 해석한다.[220] 또한 전자기록의 내용이 정당한 권한 있는 자에게 상당히 중대한 자료인 경우에는 공격으로 인하여 시스템에 있는 자료에 접근하는 것이 1시간이나 또는 그 이상 계속하여 접근 불가능된 경우에는 전자기록은닉죄가 성립할 수 있다.

정보사회인 현대사회에서 정보통신망이 가지는 중요성은 계속하여 증대하고 있

를 인정하기는 곤란할 것이다.

218 Hilgendorf/Frank/Valerius, Computer- und Internetstrafrecht, 2005, Rn.197; Schönke/Schröder/Hecker, StGB, 30.Aufl., 2019, § 303a Rn.4; Vetter, Gesetzeslücken bei der Internetkriminalität, S.71.

219 미국에서의 DoS 공격에 대한 분석에 의하면 이러한 공격시간은 매우 짧다고 한다. 거의 50%가 10분 미만이라고 하며, 80%가 30분 미만인 것으로 나타났으며, 10시간 이상인 것은 1%에 불과하였다고 한다(http://www.intern.de/news/1840.html).

220 Sondermann, Computerkriminalität, S.53 f.

으며, 시스템에의 접근이 특히 중요한 활동영역도 존재한다. 또한 경제활동의 분야에서는 인터넷과 온라인을 통하여 지속적인 자금의 거래, 자원의 배분과 유통이 이루어지고 있다. 예를 들면 업자와 고객이 온라인으로 물건의 매매를 수행하는 텔레마케팅 업소나 인터넷에 의하여 금융거래를 하거나 주식거래 또는 외환거래를 하는 경우에는 특별한 고려가 필요하다. 이와 같은 영역에서는 그 업무 특성상 기한이나 시간이 중요하게 관련되는 업무이기 때문에 DDoS 공격에 의하여 전자기록에 접근하지 못한 시간만큼 이익상실의 형태로 실질적인 손해가 발생할 수 있다.

또한 전자기록 은닉죄에서 그 보호법익이 '전자기록을 언제든지 사용할 수 있는 이익'[221]이라고 여겨지는 경우에는 단지 몇 분간만 전자기록의 은닉이 발생하여도 해당 법익은 침해되고, 그 결과 형법상 전자기록은닉죄가 성립할 수 있을 것이다.

(5) DDoS 공격자의 의사

DDoS 공격자를 전자기록 은닉죄로 처벌하는 것과 관련하여 공격자에게 있어 제3자가 전자기록에 접근하는 것을 막으려고 하였는지는 어떤지는 중요하지 않다. 또한 정당한 권한 있는 자인 시스템 운영자가 전자기록이 은닉되어 있는 시간 동안 자신이 접근에 대한 어떠한 이익도 가지고 있지 않았는지 어떤지도 중요하지 않다. 마찬가지로 또한 공격자가 시스템 운영자의 의사에 대하여 도대체 어떠한 생각을 가지고 있었는가, 아무런 생각도 없었는가 하는 점도 중요하지 아니하다.

일반적인 견해에 따르면[222] 전자기록은닉죄는 저장되어 있는 자료에 대한 사용에 대한 현실적 이익뿐 아니라 잠재적 이익도 보호한다. 따라서 그 결과로 사용 권한 있는 자가 자신의 전자기록에 접근할 수 없는 시간 동안에 이것을 실제로 사용하려고 하였는지는 아무런 역할도 하지 못한다. 마찬가지로 정당한 권한 있는 자에게 사용의사가 있었는가에 대한 행위자의 생각도 중요하지 않다.[223]

---

221 Vetter, Gesetzeslücken bei der Internetkriminalität, S.73.
222 Schönke/Schröder/Stree/Hecker, StGB, 30.Aufl., 2019, § 303a Rn.4
223 Marberth-Kubicki, Computer- und Internetstrafrecht, 2005, Rn.80; Sondermann, Computerkriminalität, S.54; Vetter, Gesetzeslücken bei der Internetkriminalität, S.74.

4) 컴퓨터에 의한 업무방해(형법 제314조 제2항)

DDoS의 공격으로 인하여 해당 시스템을 운영·관리하는 운영자의 측면에서는 자신의 영업이 방해받는 결과가 발생할 수 있으므로 공격자에게 컴퓨터에 의한 업무방해죄가 성립할 수 있는가의 문제가 발생한다.

컴퓨터에 의한 업무방해죄는 컴퓨터 등 정보처리장치 또는 전자기록 등 특수매체기록을 손괴하거나 정보처리장치에 허위의 정보 또는 부정한 명령을 입력하거나 기타 방법으로 정보처리에 장애를 발생하게 하여 사람의 업무를 방해한 경우에 성립하며 일반 업무방해죄와 동일한 형으로 처벌하고 있다.[224]

(1) 컴퓨터 업무방해의 유형

컴퓨터에 의한 업무방해죄가 성립하기 위해서는 구체적으로, ① 컴퓨터 등 정보처리장치 또는 전자기록 등 특수매체기록을 손괴하거나, ② 정보처리장치에 허위의 정보 또는 부정한 명령을 입력하거나, ③ 기타 방법으로, ④ 정보처리에 장애를 발생하게 하여야 한다.

첫째 유형은 '손괴' 유형으로, 컴퓨터 등 정보처리장치 또는 전자기록 등 특수매체기록을 손괴하여 정보처리에 장애를 발생하여야 한다. 여기서 손괴의 개념은 이미 '재물손괴죄'와 '전자기록손괴죄'에서 기술한 개념이 그대로 적용된다. 즉, 정보처리장치의 물리적 파괴나 멸실뿐 아니라 전자기록의 삭제도 본죄의 행위방식에 해당된다.

DDoS 공격이 행하여진 경우 일반적으로 정보처리장치인 하드웨어적인 면에서의 (재물)손괴는 발생하지 않고, 시스템에 저장되어 있던 전자기록의 '손괴'도 발생하지 않는다. 따라서 DDoS 공격의 경우에는 이러한 손괴유형에 해당하는 컴퓨터 업무방해죄는 성립하지 아니한다.[225]

둘째 유형은 '입력조작'유형으로, 정보처리장치에 허위의 정보 또는 부정한 명령

---

224 일본의 경우 일반 업무방해죄를 3년의 징역, 컴퓨터 업무방해죄를 5년의 징역으로 규정하고 있다. 그리고 독일에서는 컴퓨터 업무방해를 5년의 자유형으로 규정(제303b조)하고 있다. 이와 같이 컴퓨터에 의한 업무방해죄를 일반 업무방해죄보다 무겁게 처벌하거나, 일반 업무방해죄의 처벌규정은 없으나 컴퓨터에 의한 업무방해죄의 처벌규정은 존재하는 등 컴퓨터 업무방해와 관련하여서는 다양한 입법방식이 존재한다.

225 동일한 결론으로 Heckmann, Internetrecht, 2009, Kap.8 Rn.23.

을 입력하여 정보처리에 장애를 발생시켜 업무를 방해하는 경우이다. 여기서 정보처리장치에 '허위의 정보를 입력'하는 것은 정보가 표현한 내용이 객관적 사실에 부합하지 않는 내용을 입력하는 것을 의미한다. 이와 같은 허위정보의 입력은 컴퓨터 조작범죄의 유형 중에서 입력조작을 통하여 업무를 방해하는 행위를 처벌하고자 하는 취지이다. 그리고 '부정한 명령의 입력'은 사무처리 과정에서 주어서는 안 되는 명령을 내리는 것을 의미한다. 예컨대 권한 없이 전자적 기록을 삭제 또는 변경시키는 프로그램을 실행시키거나 전자기록이 삭제·변경되는 컴퓨터바이러스를 입력하는 경우를 말한다.[226]

DDoS 공격은 동시에 대량의 데이터 패킷을 목표한 시스템에 보내고, 공격받은 시스템은 요청받은 작업을 수행하기 시작하고, 계속적인 작업요청은 해당 시스템의 작업능력을 초과하게 되어 감당할 수 없게 된다. 여기서 대량의 데이터 패킷을 시스템에 보내는 것은 허위의 정보나 부정한 명령을 '입력'하는 것이 아니라, 정보처리장치에 전송하는 것이다. 따라서 입력조작유형에 의한 업무방해죄의 성립도 부정된다.

셋째 유형은 '기타 방법'으로 정보처리장치에 장애를 발생시키는 경우이다. 여기서 '기타 방법'은 정보처리장치에 일정한 가해를 함으로써 정보처리장치를 작동불능한 상태에 빠뜨리거나 사용 목적에 부합하지 않도록 하는 일체의 행위를 말한다.[227] 예컨대 컴퓨터의 전원을 절단하거나, 통신회선을 절단하거나, 컴퓨터의 외부환경(실온이나 습도)을 변경시키는 행위 등이 여기에 포함된다.

DDoS 공격이 시작되고, 대량의 유해 트래픽에 의하여 시스템에 과부하가 걸리고, 이로 인하여 시스템의 작동이 늦어지거나 시스템에 접근하는 것이 불가능하게 되는 경우는 여기서 말하는 '기타 방법'에 의하여 정보처리장치인 시스템에 장애가 발생한 것이다. 따라서 이러한 정보처리장치는 대부분 업무에 사용되어지는 것이므로 DDoS 공격에 의하여 제3자인 일반유저나 시스템관리자가 시스템에 접근하는 것이 어려워져 컴퓨터에 의한 업무방해죄가 성립한다.[228]

---

226 여기서 일부에서는 컴퓨터사용사기죄와의 균형상 '무권한입력'의 경우도 포함하도록 입법하여야 한다고 주장한다(오영근, 형법각론, 250면).

227 박상기, 형법각론, 214면; 오영근, 형법각론, 250면('기타 방법'이라는 표현은 죄형법정주의에 위반된다는 지적과 함께).

228 컴퓨터에 의한 업무방해죄를 인정하는 것은 최호진, 새로운 해킹기법과 관련된 형법 적용의 흠결과 해결방

(2) 컴퓨터에 의한 업무방해죄에서 업무에 공무의 포함 가능성

여기서 DDoS 공격을 받은 시스템이 사기업, 금융기관, 언론기관 또는 교육기관 등과 같이 일반사무에 이용되는 시스템의 경우에는 공격자에게 컴퓨터에 의한 업무 방해죄가 성립한다는 점에는 문제가 없다. 그러나 만일 해당 시스템이 일반 개인이나 법인의 시스템이 아니라 국가기관이나 자치단체의 시스템인 경우에도 컴퓨터에 의한 업무방해죄가 인정되는가에 대하여는 문제가 있다.

컴퓨터에 의한 업무방해의 업무에 공무가 포함되는가에 대하여는 논란이 있다.[229] 일반 업무방해죄와 관련하여 보면 업무의 범위에 ① 공무가 포함된다는 견해(포함설), ② 공무는 제외된다는 견해(불포함설), ③ 원칙적으로 공무는 제외되나 '위력에 의한 공무집행방해'의 경우에는 업무의 범위에 속한다는 견해(차별화설)로 나누어진다. 공무집행방해죄에서 행위유형을 폭행·협박·위계로 제한하고 있는 것은 그 이외의 행위유형을 통하여 공무를 방해하는 행위는 처벌하지 않는다는 취지에서 업무의 범위에서 공무를 제외하는 것이 타당하다.

동일한 논지로 일부에서는 컴퓨터에 의한 업무방해의 경우도 일반 업무와 공무는 구분되고 컴퓨터에 의한 업무방해죄는 존재하나 컴퓨터에 의한 공무방해죄의 처벌규정은 별도로 규정되어 있지 않기 때문에 컴퓨터에 의한 공무방해죄는 처벌되지 않는다고 주장한다.[230]

그러나 컴퓨터 업무방해의 경우를 일반 업무방해의 경우와 동일하게 해석하는 입장에는 다음과 같은 몇 가지 점에서 동의하기 어렵다.

첫째, 일반 업무방해죄에서 업무의 범위에 공무를 제외하는 것으로 해석하는 근거는 공무집행방해죄의 규정이 별도로 존재하기 때문이다. 즉, 일반 업무방해죄에서 업무의 개념에 문언의 의미로 보면 공무를 포함하는 것이 불가능한 해석은 아니다. 그러나 입법자는 일반 업무방해죄의 조문 이외에 공무집행방해죄의 조문을 별도로 규정함으로써 공무의 경우에는 해당 조문에 의한 범행방식의 경우만 처벌대상으로 고려한 것으로 판단할 수 있다. 이러한 점에서 업무방해죄의 업무에 공무가 포함되

안, 형사정책연구, 제18권 제4호(2007), 234면(다만 어느 유형에 기초하여 컴퓨터에 의한 업무방해죄가 성립하는지에 대하여는 언급이 없다).

229 견해의 대립에 대하여는 앞의 "제3절 컴퓨터업무방해"의 부분을 참조.

230 강동범, 전게논문, 49면; 오영근, 형법각론, 248면.

지 않는 것으로 축소해석할 수 있다.

그러나 컴퓨터에 의한 공무집행방해죄를 별도로 규정하지 않은 현재의 입법상황에서는 업무에 공무를 포함하여 해석하는 것이 문리해석상 허용된다고 볼 수 있다.[231] 또한 행위방식에서도 컴퓨터에 의한 업무방해와 컴퓨터에 의한 공무집행방해죄가 구별될 필요가 없으므로 컴퓨터에 의한 공무방해죄를 별도로 규정할 필요가 없었을 것이다.

둘째, 만일 컴퓨터 업무방해죄의 업무에 공무는 포함되지 않는 것으로 해석하면 입력조작 등을 통하여 공무에 사용되는 정보처리장치에 장애를 발생시켜 공무를 방해한 경우에도 컴퓨터에 의한 공무죄는 부존재하므로 결국 불처벌이라는 결론에 이른다. 이러한 결론이 타당하다고 볼 수는 없다.

다수의 국가에서는 컴퓨터에 의한 업무방해죄를 일반 업무방해죄보다 더 무겁게 처벌하는 상황이다. 우리 형법에서도 컴퓨터에 의한 업무방해죄를 입법하는 과정에서도 컴퓨터에 의한 업무방해죄를 일반 업무방해죄보다 가중처벌할 것인가를 논의하였다. 그럼에도 불구하고 '컴퓨터에 의한 공무방해죄'의 독자적 처벌규정이 없다는 이유만으로 이를 불처벌로 해석하는 것은 적절하지 못하다. 그리고 일반 공무집행방해죄의 법정형보다 무겁다고 생각되는 컴퓨터에 의한 공무 방해행위의 불법성을 입법적 결함으로만 돌리는 것은 부적절한 해석으로 판단한다.

셋째, 컴퓨터에 의한 업무방해죄는 정보처리장치에 장애를 발생시켜 업무를 방해하는 것을 처벌하려는 취지로 신설한 것이며, 공무의 포함 여부에 대하여 입법과정에서는 전혀 논의되지 않았다. 그러나 본죄의 행위방식이 정보처리장치가 가지고 있는 특성상 일반적인 업무인가 혹은 공무인가에 따라 달라질 수 있는 성격을 지닌 것이 아니므로 업무와 공무를 구분할 필요도 없었을 것이다. 그리고 컴퓨터에 의한 업무방해죄의 입법 당시 참고하였던 독일의 컴퓨터 업무방해죄의 규정[232] 역시 이를 구분하지 않는 상황이었다.

따라서 컴퓨터에 의한 업무방해죄의 규정에서의 업무에는 공무도 포함되는 것으

---

[231] 예컨대 업무상 과실치사상죄에서 업무에 공무가 포함되는 것에 대하여는 의문이 없다.
[232] 독일 형법 제303b는 기업의 업무뿐 아니라 국가기관의 업무도 컴퓨터 업무방해죄의 규율대상으로 하고 있다.

로 이해하여야 할 것이다.

만약 전술한 ①의 견해(포함설)를 따르는 경우에는 컴퓨터 업무방해죄와 관련해서는 전혀 문제되지 아니하나, 기존의 업무방해와 공무방해의 행위방식이 구별되어 있는 의미를 설명할 수 없다. ③의 견해(차별화설)를 따르는 경우에는 일반 업무방해의 업무의 범위에 대하여는 그대로 적용하나, 본죄의 경우에는 부분적으로 수정을 가하여 업무의 범위에 공무를 포함한다고 해석할 수밖에 없다.

그러나 ②의 견해(불포함설)에 따라 일반 업무방해에서 업무의 범위에 공무는 포함되지 아니하나, 컴퓨터 업무방해죄의 업무에는 공무가 포함된다고 해석하는 것이 적절하다.[233]

따라서 DDoS 공격에 의하여 타깃이 된 시스템에 장애가 발생한 경우 해당 시스템이 담당하는 역할이 개인의 업무이든 법인의 업무이든 그리고 공무에 사용되는 시스템이든 관계없이 컴퓨터에 의한 업무방해죄가 성립한다.

5) 대량 데이터전송 업무방해죄(정보통신망법 제48조 제3항, 제71조 제10호)

정보통신망법은 업무방해죄의 특수한 형태로 대량의 데이터전송 등을 통하여 정보통신망에 장애를 야기한 경우 이를 처벌하는 규정을 마련하고 있다. 즉, 누구든지 정보통신망의 안정적 운영을 방해할 목적으로 대량의 신호 또는 데이터를 보내거나 부정한 명령을 처리하도록 하는 등의 방법으로 정보통신망에 장애가 발생하게 하여서는 아니 되며(동법 제48조 제3항), 이를 위반하여 정보통신망에 장애가 발생하게 한 자에게는 5년 이하의 징역 또는 5천만원 이하의 벌금에 처하도록 한다(동법 제71조 제1항 제10호).

정보통신망법의 이 규정은 DDoS 공격과 같은 행위를 처벌하기 위하여 목적범의 형태로 마련한 것이다. DDoS 공격자는 좀비 PC들을 통하여 대량의 패킷을 시스템에 전송하고 이로 인하여 정보통신망에 장애가 발생한다. 여기서 DDoS 공격자는 이미 개인적인 어떤 다른 목적이 있을 수 있으나, 적어도 봇넷을 통한 개인 PC

---

233 동일한 결론으로 박상기/전지연, 형법학, 562면.

의 감염과 이를 통한 공격 명령은 처음부터 해당 시스템에 장애를 일으킬 목적을 수반하고 있다. 그리고 그 결과 제3자나 시스템관리자들이 해당 시스템에 접근하는 것이 곤란하게 된다. 따라서 DDoS 공격자는 정보통신망법상의 '대량 데이터전송 업무방해죄'로 처벌된다.[234]

Ⅳ 결어

DDoS 공격은 다양한 유형으로 발생하나, 여기에서는 DDoS 공격 중에서 가장 전형적인 방법의 DDoS 공격에서 공격자에 대한 형사책임을 검토하여 보았다.

제1단계인 개인들의 PC를 봇(Bot)에 감염시키기 위하여 명령 수행 프로그램을 설치하는 행위는 프로그램이 설치된 이후에도 컴퓨터의 하드웨어는 아무런 손상이나 영향이 없으므로 '재물'손괴죄는 성립하지 않는다. 또한 명령 수행 프로그램의 설치는 기존의 전자기록에 아무런 변화를 가져오지 아니하고, 새로운 전자기록만 첨가되는 것이고, 이로 인하여 기존의 소프트웨어나 하드웨어의 작동에 아무런 영향이 없다. 따라서 효용을 해한 것이 없으므로 '전자기록'손괴죄도 성립하지 아니한다. 다만 DDoS 공격자의 프로그램 설치행위는 정보통신시스템의 운용을 방해할 수 있는 프로그램을 유포한 것으로 정보통신망법의 악성프로그램 유포죄에 해당한다.

제2단계인 목표한 시스템에 DDoS 공격을 가한 행위는 첫째, 공격받은 서버 자체는 DDoS 공격으로 인하여 물건이 침해되거나 물건에 대한 직접적이고 외형적인 변화가 일어나는 것도, 서버 자체의 발견이 불가능한 것도 아니라는 점에서 변경된 것은 없기 때문에 재물손괴죄는 성립하지 않는다. 둘째, DDoS 공격에 의한 시스템의 과부하는 전자기록손괴죄에서 말하는 '손괴'의 의미에서 전자기록의 손실을 일으키는 것은 아니기 때문에 전자기록손괴죄에 해당한다고 볼 수는 없다. 셋째, DDoS 공격이 발생하면 일반적으로 정당한 권한 있는 자의 경우에도 타깃 시스템에 접근

---

[234] 이상에서 논의한 바와 같이 DDoS 공격자에게 성립하는 범죄는 다양하나, 봇넷에 감염되어 좀비 PC로 이용되는 개인PC 이용자의 경우에는 해당 범죄들에 대한 구성요건적 고의를 인정할 수 없기 때문에 처벌할 수 없을 것이다. 따라서 DDoS 공격자에 대한 범죄의 성립은 간접정범의 형태로 범죄를 범한 것으로 이해하여야 할 것이다(동일하게 해석하는 것은 최호진, 새로운 해킹기법과 관련된 형법 적용의 흠결과 해결방안, 형사정책연구, 제18권 제4호(2007), 235면).

하는 것이 어렵기 때문에 DDoS 공격과 그 공격으로 인한 결과는 전자기록의 '은닉'에 해당한다. 여기서 전자기록의 사용이 불가능한 것이 지속적으로 불가능한 경우만 '은닉'에 해당하는가가 문제되나, 일시적 은닉행위에 의해서도 전자기록은 사용 불능의 상태에 빠질 수 있으므로 은닉행위에 해당한다고 해석된다. 따라서 DDoS 공격으로 인한 결과는 전자기록은닉죄에 해당한다. 넷째, DDoS 공격은 '기타 방법'으로 정보처리장치에 장애를 발생시키는 경우이다. 대부분의 정보처리장치는 업무에 사용되므로 DDoS 공격으로 제3자(일반유저)나 시스템관리자가 시스템에 접근하는 것이 어려워져 컴퓨터에 의한 업무방해죄가 성립한다. 다섯째, 정보통신망법에서는 DoS 공격이나 DDoS 공격과 같은 행위를 처벌하기 위하여 '대량 데이터 전송 업무방해죄'의 규정을 마련하였으며, 이 규정은 DDoS공격의 경우에도 마찬가지로 적용된다.

제6절 악성프로그램 전달·유포

I 서언

정보통신망법은 "누구든지 정당한 사유없이 정보통신시스템, 데이터 또는 프로그램 등을 훼손, 멸실, 변경, 위조 또는 그 운용을 방해할 수 있는 프로그램(이하 "악성프로그램"이라 한다)을 전달 또는 유포"(동법 제48조 제2항)하는 것을 금지하며, 이를 위반하여 "악성프로그램을 전달 또는 유포한 자"를 7년 이하의 징역 또는 7천만원 이하의 벌금에 처하도록 규정하고 있다(동법 제70조의2).

특히 주요정보통신기반시설에 대하여 데이터를 파괴하거나 주요정보통신기반시설의 운영을 방해할 목적으로 컴퓨터바이러스·논리폭탄 등의 프로그램을 투입하는 행위는 특별히 정보통신기반보호법에 의하여 가중하여 처벌(10년 이하의 징역 또는 1억원 이하의 벌금)하고 있다(정보통신기반보호법 제12조 제2호, 제28조 제1항).[235]

---

235 정보통신기반보호법 제12조(주요정보통신기반시설 침해행위 등의 금지) 누구든지 다음 각 호의 1에 해당

Ⅱ 성립요건

1. 악성프로그램

악성프로그램은 정보통신시스템, 데이터 또는 프로그램 등을 훼손, 멸실, 변경, 위조 또는 그 운용을 방해할 수 있는 프로그램으로, 컴퓨터바이러스는 사실상 컴퓨터프로그램의 일종으로 전형적인 악성프로그램이다. 컴퓨터바이러스는 일단 감염이 된 상태에서는 자신이 인식하지 못한 상태에서 타인의 컴퓨터를 감염시키고 이로 인하여 그 컴퓨터의 작동을 방해하거나 다른 프로그램을 작동시키거나 하여 결국 사람의 업무를 방해하거나 재산상의 손해를 발생시키게 된다. 이러한 의미에서 컴퓨터바이러스와 같은 악성프로그램을 형사처벌의 대상으로 고려하는 것이다.[236]

악성프로그램에 해당하는지는 프로그램 자체를 기준으로 하되, 그 사용용도와 기술적 구성, 작동 방식, 정보통신시스템 등에 미치는 영향, 프로그램의 설치나 작동 등에 대한 운용자의 동의 여부 등을 종합적으로 고려하여 판단하여야 한다.[237]

1) 악성프로그램의 인정

이에 따라 피해 컴퓨터가 작동하는 동안 사용자가 인식하지 못하는 상태에서 추가적인 명령 없이 자동으로 실행되면서, 서버 컴퓨터와 주기적으로 통신을 하다가, 그 서버 컴퓨터의 작업지시에 따라 네이버에서 특정 검색어를 검색하거나 검색 후 나오는 결과 화면에서 특정 링크를 클릭한 것처럼 네이버 시스템에 허위의 신호를 발송하는 등의 작업을 하도록 되어 있다면, 이는 피해 컴퓨터사용자가 의도하지 않은 작업이 자신도 모르는 상태에서 이루어지고 그 과정에서 피해 컴퓨터의 CPU나 네트워크의 점유율을 높여 컴퓨터의 성능 및 인터넷 속도를 저하시킬 수 있으므로,

---

하는 행위를 하여서는 아니된다.

2. 주요정보통신기반시설에 대하여 데이터를 파괴하거나 주요정보통신기반시설의 운영을 방해할 목적으로 컴퓨터바이러스, 논리폭탄 등의 프로그램을 투입하는 행위

제28조(벌칙)① 제12조의 규정을 위반하여 주요정보통신기반시설을 교란, 마비 또는 파괴한 자는 10년 이하의 징역 또는 1억원 이하의 벌금에 처한다.

[236] 이정훈, 사이버범죄에 관한 입법동향과 전망, 사이버커뮤니케이션학보, 제20호(2006), 252 – 253면.
[237] 대법원 2020.10.15. 선고 2019도2862 판결; 대법원 2019.12.12. 선고 2017도16520 판결.

이러한 프로그램은 정보통신시스템, 정보자료 또는 프로그램의 운용을 방해할 수 있는 프로그램으로서 본조에서 규정한 '악성프로그램'에 해당한다.[238]

또한 DDoS 공격에 사용하기 위하여 공격자가 일반인의 컴퓨터를 좀비 PC로 만드는 프로그램을 설치하는 경우 해당 설치된 프로그램은 컴퓨터바이러스와 달리 기존의 데이터나 프로그램을 훼손, 멸실, 변경, 위조하는 것은 아니다. 그러나 해당 프로그램은 정보통신시스템이나 통신망에 영향을 주어 '정보통신시스템의 운용을 방해할 수 있는 프로그램'에 해당하기 때문에 악성프로그램에 해당한다고 보아야 한다.[239]

2) 악성프로그램의 부정

이에 반하여 NHN주식회사가 제공하는 게임사이트에서 정상적인 포커게임을 하고 있는 것처럼 가장하면서 통상적인 업무처리 과정에서 적발해 내기 어려운 사설프로그램('한도우미 프로그램')을 이용하여 약관상 양도가 금지되는 포커머니를 약속된 상대방에게 이전해 준 사건과 관련하여 대법원은 여기에서 이용된 '한도우미 프로그램'을 정보통신망 이용촉진 및 정보보호 등에 관한 법률 제48조 제2항에서 정한 '악성프로그램'에 해당하지 않는 것으로 보았으며, 형법 제314조 제2항(컴퓨터 업무방해)에 정한 '부정한 명령의 입력'에도 해당하지는 않는 것으로 보았다. 오히려 회사의 정상적인 게임사이트 운영 업무를 방해한 것이므로 위계에 의한 업무방해죄를 인정하였다.[240]

피고인이 인터넷 커뮤니티 등에 업체나 상품 등을 광고하는 데 사용하기 위한 것으로, ○○○ 카페나 블로그 등에 자동적으로 게시글과 댓글을 등록하고 '좋아요'를 입력하며 쪽지와 초대장을 발송하는 작업을 반복 수행하도록 설계되어 있는 프로그램을 판매하였다. 이 프로그램 중 일부는 IP 변경 기능, 보안문자 우회 기능, 랜덤 딜레이 설정 기능 등을 사용하여 ○○○가 가동하고 있는 어뷰징 필터링 프로그램을 우회할 수 있도록 설계되어 있다. 그러나 이는 ○○○의 정보통신시스템

---

238 대법원 2013.3.28. 선고 2010도14607 판결.
239 전지연, 사이버상의 신종범죄 DDoS 공격에 대한 형사법적 책임, 비교형사법연구, 제11권 제2호(2009), 12면; 박상기/전지연/한상훈, 형사특별법, 제3판(2020), 168면.
240 대법원 2009.10.15. 선고 2007도9334 판결.

등을 훼손·멸실·변경·위조하는 등 그 기능을 물리적으로 수행하지 못하게 하는 방법으로 어뷰징 필터링 프로그램의 작동을 방해하는 것이 아니라, 그 프로그램이 예정한 대로 작동하는 범위 내에서 차단 사유에 해당하지 않고 통과할 수 있도록 도와주는 것에 불과하기 때문에 이를 악성프로그램으로 볼 수 없다고 판단하였다.[241]

또한 피고인이 갑 유한회사가 운영하는 온라인 슈팅게임에서, 위 게임의 이용자가 상대방을 더욱 쉽게 조준하여 사격할 수 있도록 도와주기 위한 것으로 처음 사격이 성공한 다음부터 상대방 캐릭터를 자동으로 조준해 주는 기능을 하는 을 프로그램을 판매한 경우이다. 위 게임의 이용자가 상대방 캐릭터를 처음 사격하는 데 성공하면 상대방 캐릭터 근처에 붉은색 체력 바(bar)가 나타나는데, 을 프로그램은 체력 바의 이미지를 분석한 다음 게임 화면에서 그와 동일한 이미지를 인식하여 해당 좌표로 마우스 커서를 이동시키는 작업을 반복적으로 수행하도록 설계되어 있는 점, 을 프로그램은 이용자 본인의 의사에 따라 해당 이용자의 컴퓨터에 설치되어 그 컴퓨터 내에서만 실행되고 정보통신시스템이나 게임 데이터 또는 프로그램 자체를 변경시키지 않으며, 정보통신시스템 등이 예정한 대로 작동하는 범위에서 상대방 캐릭터에 대한 조준과 사격을 더욱 쉽게 할 수 있도록 해줄 뿐, 을 프로그램을 실행하더라도 기본적으로 일반 이용자가 직접 상대방 캐릭터를 조준하여 사격하는 것과 동일한 경로와 방법으로 작업이 수행되는 점, 을 프로그램이 서버를 점거함으로써 다른 이용자들의 서버 접속 시간을 지연시키거나 서버 접속을 어렵게 만들고 서버에 대량의 네트워크 트래픽을 발생시키는 등으로 정보통신시스템 등의 기능 수행에 장애를 일으킨다고 볼 증거가 없는 점을 종합하면, 을 프로그램이 정보통신망법 제48조 제2항의 '악성프로그램'에 해당한다고 단정하기 어렵다고 하였다.[242]

2. 전달 또는 유포

본죄는 악성프로그램이 정보통신시스템, 데이터 또는 프로그램 등에 미치는 영향을 고려하여 악성프로그램을 전달하거나 유포하는 행위만으로 범죄성립을 인정하

---

241 대법원 2020.4.9. 선고 2018도16938 판결.
242 대법원 2020.10.15. 선고 2019도2862 판결.

고, 그로 말미암아 정보통신시스템 등의 훼손·멸실·변경·위조 또는 그 운용을 방해하는 결과가 발생할 것을 필요로 하지 않는다.[243] 그러나 DDoS 공격자의 프로그램 설치행위는 다른 컴퓨터 프로그램 수행에 장애를 초래하거나 컴퓨터의 정상작동을 방해하는 결과를 야기할 위험이 있으므로 이를 유포하는 행위는 본죄에 해당한다.[244]

본죄의 구체적인 행위는 악성프로그램을 전달 또는 유포하는 행위를 처벌하므로 단순히 악성프로그램을 제작하거나 소지·보유하는 것을 처벌할 수는 없다.[245] 유럽의회의 사이버범죄조약은 제6조에서 컴퓨터바이러스의 제작행위를 처벌할 것을 제안하나 우리는 이를 입법화하지 아니하였다. 일본의 경우에는 이에 대한 처벌을 규정하는 입법안을 제안하고 있다고 한다.[246]

본죄는 목적범이 아니므로 정보통신시스템의 안정적 운영을 방해할 목적과 특별한 요건을 필요하지 않으므로 이러한 목적이 존재하지 않더라도 악성프로그램을 전달 또는 유포함으로써 성립한다.[247]

---

243 대법원 2020.10.15. 선고 2019도2862 판결.
244 박상기/전지연/한상훈, 형사특별법, 제3판(2020), 168면.
245 박상기/전지연/한상훈, 형사특별법, 제3판(2020), 168면; 이주원, 특별형법, 제6판(2020), 743면.
246 이정훈, 사이버범죄에 관한 입법동향과 전망, 사이버커뮤니케이션학보, 제20호(2006), 253면.
247 이주원, 특별형법, 제6판(2020), 743면.

컴퓨터 · 인터넷 이용범죄

제1절 │ 개인정보 · 비밀의 침해

Ⅰ 서언

정보화사회라고 불리는 현대사회에서는 각종의 정보가 홍수를 이루고, 그 가운데 개인이나 국가는 자신이 필요로 하는 정보를 얼마나 효과적으로 획득할 수 있는가 또는 정보의 홍수를 얼마나 효율적으로 체계화하여 이를 이용할 수 있는가가 개인이나 국가의 성패를 좌우할 수 있다. 따라서 국가기관은 정보를 수집하고 이를 체계화하는 것에 인적 · 물적 투자를 아끼지 않으며, 수집된 정보를 분석함에도 많은 노력을 기울이고 있다. 금융기관, 기업, 관공서, 의료기관, 교육기관 등 사회의 거의 모든 민간영역에서도 자신들의 업무에 필요한 자료와 정보의 수집 · 탐색 · 전송이 보다 신속하고 편리하게 이루어질 수 있도록 업무환경을 조성한다. 이와 같이 국가와 사회, 개인 그리고 다양한 업무영역에서 각종의 다양한 정보들을 수집하고 이를 신속하고 정확하게 처리함으로써 매우 편리한 생활환경이 조성되었다.

그러나 다른 한편 정보처리기술의 발전을 통해 개인이나 기업의 세세한 정보까지 수집하며, 수집된 막대한 양의 정보는 적은 크기의 저장매체에 엄청난 양의 정보가 저장되기 때문에, 저장된 정보를 권한 없이 탐색하거나 복사하여 개인적 사생활이나 기업의 영업비밀 또는 국가기밀에 속하는 정보 등이 대량으로 유출될 위험성 또한 상대적으로 커졌다. 특히 최근에는 온라인상에서 성명이나 주민등록번호 등 개인정보를 요구하는 경우가 증대하고 있는 상황에서 이렇게 수집 · 저장된 대량의 개인정보가 순식간에 정보통신망을 통해 유출될 위험성도 커지고 있다.

2020년 개인정보보호위원회가 국회에 제출한 자료에 의하면, 2016년 이후 해킹 및 직원 과실 등으로 인한 개인정보 유출 건수는 총 5,316만 723건에 달하며, 작년 436만 72건에서 2020년 6월 기준 1,302만 3,577건으로 반년 만에 지난해보다 2배 이상 급증하고 있는 것으로 나타났다. 이외에도 2016년 2,932만 6,566건으로 가장 많았으며, 2017년 101만 5,496건·2018년 543만 5,012건인 것으로 확인됐다. 이것은 2020년 기준으로 최근 3년 사이 개인정보 유출량이 12배 이상 폭발적으로 증가했다고 한다.[1]

외국의 경우를 보면 2013년 6월에 공개된 문건에 따르면 미국의 국가안보국(NSA)은 2007년부터 프리즘을 통해 미국 주요 인터넷 기업 9곳[2]의 서버에 접속해 이메일·동영상·사진 등 개인정보 20조 건을 탐색했다고 한다. 특히 국가안보국이 프리즘을 운영하면서도 미국인들 대다수가 이용하는 인터넷기업의 서버를 열람하였다는 사실이 충격을 주었다. 또한 2011년 1월에 작성된 별도 문건에서는 국가안보국이 2010년 11월부터 수집한 미국인들의 통신기록을 토대로 이들의 사회적 관계까지 분석한 것으로 나타났으며, 전화나 이메일, 보험 가입정보, 납세기록, 항공기 탑승정보 등 광범위한 자료를 모은 뒤 특정인의 직장 동료나 여행 동행인 등 인간관계까지 알아냈다고 한다.[3]

최근에는 클라우드 컴퓨팅, 스마트폰, 소셜미디어 등으로 인해 웹브라우징 기록, 검색정보, 구매 이력, 성향 등의 개인정보가 인터넷상에서 더욱 많이 축적되고 있다. 통신기술의 발달에 따른 개인정보의 수집과 저장 이외에도 최근의 첨단 과학기술은 동적인 측면에서의 개인정보를 수집하는 것을 용이하게 하고 있다. GPS 등을 이용하여 개인의 위치를 추적하고, RFID에 의하여 개인의 현존과 이동경로를 탐색하며, 우리 일상생활의 도처에 존재하는 CCTV를 이용하여 개인의 활동영역과 활동상황을 추적하는 것이 가능하게 되었다. 이러한 첨단기술의 활용은 한편으로는 범죄를 예방하고, 범죄가 발생한 경우 범죄인을 찾아내 이를 추적하는 것을 용이하게 할 뿐만 아니라 범죄에 대한 증거로서의 활용, 위난상황이나 긴급상태에서 개인의 생명, 신체 또는 재산을 보호하는 역할을 하는 등, 첨단과학기술이 개인과 사회에 유용한 도구로서 긍정적인 역할을 담당하고 있다. 그러나 다른 한편 통신수단을 이용하는 이용자나 개인이 자신들이 전혀 의식하지 못하는 사이에 자신과 관련한 다

---

1 https://www.boannews.com/media/view.asp?idx=91754
2 마이크로소프트, 야후, 구글, 팰토크, 스카이프, 애플, 유튜브, 페이스북, AOL이라고 한다.
3 http://news.khan.co.kr/kh_news/khan_art_view.html?artid=201311102314415&code=970201

양한 정보가 수집되기도 하며, 저장된 정보들이 정보를 저장한 의도와 무관하게 개인정보가 전파·공유되고, 또 제3자에게 전달되는 등 개인정보가 유출되거나 프라이버시가 침해될 수 있는 구체적 위험성이 존재한다.

II 개인정보의 개념과 구체적 내용

1. 개인정보의 개념

개인정보가 무엇을 의미하는가에 대하여는 다양한 견해가 제시되고 있다. 전통적으로 개인정보는 일반적으로 알려지지 않은 사실 또는 특정된 소범위의 사람들에게만 알려진 사실로서 이를 타인에게 알리지 않음으로써 본인에게 이익이 되는 사실을 의미한다.[4]

이에 반하여 일부에서는 다소 구체적으로 개인정보를 '특정한 또는 특정 가능한 자연인의 인적·물적 관계에 대한 개별적 정보'[5] 또는 '생존하는 자연인에 대한 식별된 또는 식별 가능한 정보로서 그 자체로서 또는 다른 정보와 결합하여 특정 개인을 식별할 수 있게 하는 정보'[6]라고 정의하기도 한다.

우리 헌법재판소 역시 일관되게 "개인정보는 개인의 신체, 신념, 사회적 지위, 신분 등과 같이 개인의 인격주체성을 특징짓는 사항으로서 그 개인의 동일성을 식별할 수 있게 하는 일체의 정보"[7]라고 하고 있다. 그리고 이러한 개인정보에는 생존하는 개인에 관한 정보에 포함되어 있는 성명, 주민등록번호뿐만 아니라 이것에 의하여 당해 개인을 식별할 수 있는 비밀이나 프라이버시도 개인정보에 포함된다.

개인정보의 구체적인 종류로는 내면의 비밀에 속하는 개인의 사상, 신조, 종교,

---

4 장영민, 정보통신망발전에 따른 개인정보보호, 정보사회와 범죄, 제18회 형사정책세미나자료집, 한국형사정책연구원, 1996.5.21, 71면.

5 § 3 Abs.1 BDSG; Achenbach/Ransiek, Handbuch Wirtschaftsstrafrecht, 3.Aufl., 2012, 6.Teil Rn.91; Kochheim, Cybercrime und Strafrecht in der Informations – und Kommunikationstechnik, 2.Aufl., 2018, S.870.

6 황태정, 개인정보 보호법제 체계의 입법적 개선방향, 한국형사정책연구원, 2005, 26면.

7 헌법재판소 2009.9.24. 선고 2007헌마1092 결정; 헌법재판소 2005.7.21. 선고 2003헌마282 결정; 헌법재판소 2005.5.26. 99헌마513 결정.

가치관, 양심 등을 포함하고, 체력, 건강상태, 신체적 특징, 병력 등 심신의 상태나 학력, 범죄경력, 직업, 자격, 소속 정당단체 등과 같은 개인의 사회경력은 물론 그의 재산상황, 소득, 채권채무관계 등 경제관계와 성명, 주소, 본적, 가족관계, 출생지 등의 생활관계, 가정관계, 신분관계 등을 포함한다.[8] 이러한 의미에서 개인정보는 한 개인이 요람에서 무덤에 이르기까지의 일생을 관통하는, 말 그대로의 그의 존재

✚ 표 2-1 개인정보의 유형과 종류[9]

구분	개인정보의 종류
일반정보	이름, 주민등록번호, 운전면허번호, 주소, 전화번호, 생년월일, 출생지, 본적지, 성별, 국적
가족정보	부모·배우자·부양가족의 이름 및 직업, 가족구성원의 출생지 및 생년월일, 주민 등록번호, 직업
교육 및 훈련정보	학교 출석사항, 최종학력, 학교성적, 기술자격증 및 전문면허증, 이수한 훈련 프로그램, 동아리활동, 상벌사항, 성격 및 형태 보고
병역정보	군번 및 계급, 제대유형, 주특기, 근무부대
부동산정보	소유주택, 토지, 자동차, 기타 소유차량, 상점 및 건물 등
동산정보	보유 현금, 저축현황, 현금카드, 주식·채권 및 기타 유가증권, 수집품, 고가의 예술품, 보석
소득정보	현재 봉급액, 봉급경력, 보너스 및 수수료, 기타소득의 원천, 이자소득, 사업소득
기타 수익정보	보험(건강, 생명 등) 가입현황, 수익자, 회사차·회사의 판공비, 투자프로그램, 퇴직프로그램, 휴가·병가
신용정보	대부잔액 및 지불상황, 저당, 신용카드, 지불연기 및 미납의 수, 임금압류 통보에 대한 기록
고용정보	현재의 고용주, 회사주소, 상관의 이름, 직무수행 평가기록, 훈련기록, 출석기록, 상벌기록, 성격 테스트 결과, 직무태도
법적정보	전과기록, 자동차 교통 위반기록, 파산 및 담보기록, 구속기록, 이혼기록, 납세기록
의료정보	가족병력기록, 과거의 의료기록, 정신질환기록, 신체장애, 혈액형 등
조직정보	노조가입, 종교단체가입, 정당가입, 클럽회원
습관 및 취미정보	흡연, 음주량, 선호하는 스포츠 및 오락, 여가활동, 비디오 대여기록, 도박성향

---

8 백윤철/김상겸/이준복, 인터넷과 개인정보 보호법, 2012, 113면; 전지연, 개인정보보호 관련법제의 형사정책적 검토, 형사정책연구, 제16권 제3호(2005, 가을), 42면.
9 김주영/손형섭, 개인정보 보호법의 이해, 법문사, 2012, 161면.

성 내지 정체성이 타인과 명백하게 구별되는 일체의 징표를 일컫는다고 할 수 있다. 이러한 개인정보에 대한 구체적인 내용을 도표화하여 살펴보면 <표 2-1>과 같다.

앞의 표에 나타난 개인정보의 구분에서 더 나아가 통신에 관련한 개인정보로서 전자우편(E-mail), 전화 통화내용, 로그파일(Log file), 쿠키(Cookies)의 정보, 위치정보로는 GPS나 휴대폰에 의한 개인의 위치정보, 신체정보로 지문, 홍채, DNA, 신장, 가슴둘레 등의 정보를 개인정보의 종류로 분류하기도 한다.[10]

2. 법률상 개인정보의 개념

개인정보의 일반적 정의 이외에도 우리의 일부 법률에서도 개인정보의 개념을 명시적으로 정의하고 있기도 하다. 예를 들면 개인정보 보호법은 제2조 제1호에서 "개인정보"란 살아 있는 개인에 관한 정보로서, ① 성명, 주민등록번호 및 영상 등을 통하여 개인을 알아볼 수 있는 정보, ② 해당 정보만으로는 특정 개인을 알아볼 수 없더라도 다른 정보와 쉽게 결합하여 알아볼 수 있는 정보(이 경우 쉽게 결합할 수 있는지 여부는 다른 정보의 입수 가능성 등 개인을 알아보는 데 소요되는 시간, 비용, 기술 등을 합리적으로 고려하여야 한다), ③ 앞의 두 경우를 가명처리함으로써[11] 원래의 상태로 복원하기 위한 추가 정보의 사용·결합 없이는 특정 개인을 알아볼 수 없는 정보(가명정보)를 말한다"고 규정하고 있다.[12] 개인정보 보호법 이외에 정보통신망 이용촉진 및 정보보호 등에 관한 법률에서도 개인정보의 개념을 규정하고 있었으나,[13] 해당 규정은 2015. 6. 22.에 삭제되었다.

---

10 황태정, 개인정보 보호법제 체계의 입법적 개선방향, 한국형사정책연구원, 2005, 27면.

11 여기서 "가명처리"란 개인정보의 일부를 삭제하거나 일부 또는 전부를 대체하는 등의 방법으로 추가 정보가 없이는 특정 개인을 알아볼 수 없도록 처리하는 것을 말한다(동법 제2조 제1의2호).

12 이러한 개인정보 보호법에서의 개인정보의 정의는 일본 개인정보 보호법에서 그 보호의 대상으로 하는 개인정보를 "생존하는 개인에 관한 정보로서 특정한 개인을 식별할 수 있는 정보(다른 정보와 쉽게 대조하여 특정한 개인을 식별할 수 있는 정보를 포함한다)를 의미한다"(일본 개인정보 보호법 제2조 제1항)라는 개념규정을 기본으로 보다 구체적으로 기술하고 있다.

13 동법상 개인정보란 "생존하는 개인에 관한 정보로서 성명·주민등록번호 등에 의하여 특정한 개인을 알아볼 수 있는 부호·문자·음성·음향 및 영상 등의 정보(해당 정보만으로는 특정 개인을 알아볼 수 없어도 다른 정보와 쉽게 결합하여 알아볼 수 있는 경우에는 그 정보를 포함한다)를 말한다"(제2조 제1항 제6호)고 규정하고 있었다.

3. 개인정보의 구체화

1) 정보의 임의성

개인정보를 성명, 주민등록번호 및 영상 등을 통하여 개인을 알아볼 수 있는 정보라고 정의하고 있을 뿐 정보의 성격, 내용과 형식에 대하여는 특별한 제한을 두고 있지 아니하다. 따라서 개인을 알아볼 수 있는 정보인 한 모든 종류 모든 형태의 정보가 개인정보가 될 수 있다.[14] 사람의 키, 나이, 몸무게 등과 같이 객관적 사실에 관한 정보이든 그 사람에 대한 제3자의 의견과 같은 주관적 평가에 관한 정보이든 불문한다.

정보의 처리형식이나 처리매체에도 제한이 없다. 문자·부호·그림·숫자·사진·그래픽·이미지·음성·음향·영상·화상 등의 형태로 처리된 모든 정보가 포함되며, 바이너리 코드를 이용하여 컴퓨터 메모리에 저장된 디지털정보와 비디오테이프에 저장된 자기정보와 같은 전자적 정보는 물론 손으로 수기된 정보와 종이에 인쇄된 활자정보도 포함된다.

2) 살아있는 개인에 관한 정보

(1) 개인정보는 '살아 있는' 개인의 정보이므로 사망한 사람에 관한 정보는 여기에서의 개인정보에 해당하지 않는다. 즉, 사망한 자에 대한 정보는 법률에 의하여 보호의 대상이 되는 개인정보가 아니다. 일부 국가에서는 사자의 개인정보도 개인정보의 개념에 포함시키고 있기도 하지만(뉴질랜드, 캐나다 등), 대부분의 국가에서는 '생존하고 있는 개인'에 관한 정보만을 보호의 대상으로 하고 있다. 여기서 일부의 견해에서는 사자의 개인정보도 사망 후 일정한 기간은 보호하도록 법적인 개선이 필요하다고 주장한다.[15] 사자의 정보가 사자와 유족과의 관계를 나타내는 정보이거나 유족 등의 사생활을 침해하는 등의 경우에는 사자의 정보인 동시에 관계되는 유족의 정보이기도 하므로 개인정보로 보호대상이 된다.[16] 따라서 사자의 개인정보 자

---

14 이하의 설명은 이창범, 개인정보 호보법, 법문사, 2012, 14면 이하를 주로 참고함.
15 김재광, 개인정보 보호법에 관한 새로운 법적 문제, 강원법학, 제6권(2012.6), 99면.
16 김주영/손형섭, 개인정보 보호법의 이해, 법문사, 2012, 160면.

체를 독자적으로 보호할 필요는 없다.

(2) 개인정보는 살아 있는 '개인'에 관한 정보이므로 법인에 관련된 정보, 예컨대 기업명이나 기업의 자본금과 같은 정보는 기본적으로 개인정보에 해당하지 아니한다. 여기서 개인정보를 '개인'에 관한 정보로 국한하는 것은 개인정보 관련 법규범들은 개인정보를 인격권의 관점에서 접근하여 개인의 사생활 영역에 대한 침해배제 및 인간존엄성의 확보라는 차원에서 이를 이해하고 있기 때문이다. 이러한 입장에 의하면 법인이나 단체에 관한 정보는 개인정보로서의 보호대상에서 제외되게 된다.

그리고 법인의 경우에는 그 명칭, 상호 기타 영업표지 등 법인의 사회활동상의 기본적 요소들이 법적 보호의 필요성이 있으나 이는 타 법률(예를 들면 상표법, 부정경쟁방지 및 영업비밀보호 등에 관한 법률)에 의하여 보호되기 때문에 개인정보로 별도로 보호할 필요가 없다.

3) 식별 가능성 있는 정보

개인정보는 성명, 주민등록번호 및 영상 등을 통하여 개인을 알아볼 수 있는 정보이어야 한다. 즉, 개인정보는 주어진 정보를 통하여 정보의 주체인 생존하는 개인이 누구인지를 식별할 수 있도록 하여 주는 정보여야 한다. 개인을 식별하거나 식별할 수 있는 정보는 특정 개인의 신원을 확인할 수 있는 일체의 정보를 의미한다.

그리고 식별할 수 있는 개인정보에는 식별의 정도(난이도)에 따라 직접적으로 식별이 가능한 직접식별 개인정보와 간접적으로 식별이 가능한 간접식별 개인정보로 구분된다.

직접식별 개인정보는 당해 정보만으로도 직접 개인을 식별할 수 있는 정보로서, 해당 정보만으로도 당해 개인에 대하여 직접적인 침해를 가할 수 있는 정보를 말한다. 이와 같은 직접식별 개인정보는 일반적으로 절대식별 개인정보와 상대식별 개인정보로 구분되기도 한다. 여기서 절대식별 개인정보는 사람과 일체화된 고유의 개인정보로서 그 자체만으로 그 개인을 직접적으로 식별할 수 있는 정보를 말하며, 하나의 정보가 직접식별정보가 되는 경우는 매우 드물며 지문이나 홍채 등이 여기에 해당한다.[17] 상대식별 개인정보는 정보주체가 자신의 개인정보를 타인에게 제공

---

17 이름의 경우에도 동명이인인 경우가 많아서 그 사람의 소속이나 주소를 알지 못하면 누구인지 알기 어려우

하고 타인은 수집된 개인정보를 기초로 2차적 개인정보를 생성함으로써 그에 의해 개인이 특정되는 정보이다. 주민등록번호, 운전면허번호, 이동전화번호, 전자우편계정, 이용자계정(ID) 등을 그 예로 들 수 있다.

간접식별 개인정보는 당해 정보만으로는 특정 개인을 식별할 수 없으나 다른 정보와 여러 가지 조합에 의해 결합하여 용이하게 당해 개인을 식별할 수 있게 하는 정보를 말한다. 간접식별 개인정보는 구체화 식별정보와 추상화 식별정보로 나눌 수 있다. 구체화 식별정보라 함은 직접식별 개인정보와 결합하여 당해 개인을 직접적으로 식별할 뿐 아니라 그 개인을 구체화하여 더욱 명확히 하는 정보로서 주소, 유선전화번호 등이 여기에 속한다. 추상화 식별 정보는 다른 식별정보와 결합했을 때에만 비로소 의미를 가질 수 있는 개인정보로서 추상화 식별정보의 조합만으로는 당해 개인을 전혀 식별할 수 없는 정보이다. 성별, 나이, 신장, 병적기록 등이 여기에 해당한다.

다른 정보와 결합하여 개인을 식별 가능한 정보를 개인정보에 포섭할 것인가에 대하여는 논란이 있었다. 그러나 오늘날 정보기술의 발전으로 인한 정보결합의 용이성을 고려할 때, 이 또한 개인정보의 범주에 넣는 것이 바람직하다는 견해에 따라[18] 전술한 바와 같이 이를 명문으로 입법화하였다. 이에 따라 해당 정보 단독으로는 개인의 식별에 이를 정도는 되지 못하더라도 다른 정보와 용이하게 결합하여 특정한 개인을 식별하는 것이 가능한 정보도 개인정보에 해당한다. 예를 들면 전기통신인 전화를 통하여 이용자인 선거구민의 지지 정당, 지지 후보와 같은 정보를 통계처리하여 의뢰자에게 전달하는 등의 매개행위를 한 경우 해당 정보는 전화번호, 주소 등에 의하여 특정할 수 있는 전화 응답 상대방의 개인정보에 해당한다.[19]

그리고 개인정보의 정의에 '쉽게 결합하여'라는 단어를 사용하고 있지만 여기서 쉽게라는 단어는 합리적으로라는 의미로 해석되어야 한다. 즉, '쉽게'라는 단어는 과학적 가능성보다는 수단과 방법의 합리성에 무게가 있다. 과학적으로 정보주체의 식별이 가능하다고 하더라도 식별을 위해 불합리할 정도의 시간, 노력, 비용이 투입되어야 한다면 그런 단편적인 정보들은 식별성이 있다고 할 수 없다. 예를 들면 개

므로, 이름은 직접식별 개인정보로 인정되지 아니한다(이창범, 개인정보 보호법, 법문사, 2012, 21면).

18 황태정, 개인정보 보호법제 체계의 입법적 개선방향, 한국형사정책연구원, 2005, 25-26면.

19 대법원 2011.9.29. 선고 2011도6213 판결.

인정보를 암호화한 경우 통상 당해 암호의 발신자 및 수신자에 있어서는 쉽게 해당 정보를 개인을 식별하는 정보로 복원할 수 있다면 개인정보에 해당하지만, 일반적으로 그 암호에 접근한 제3자는 당해 정보로부터 특정 개인을 쉽게 식별할 수 없기 때문에 개인정보에 해당하지 않는다고 볼 것이다.[20] 그 밖에 정보의 처리목적, 처리 및 보유기간, 정보의 처리방식, 정보처리자와 정보주체의 이해관계 등을 종합적으로 고려해야 한다.[21]

Ⅲ 사이버상 개인정보의 수집

1. 정보주체에 의한 개인정보제공

사이버공간에서 개인정보를 수집하는 가장 기본적인 방법은 정보주체로부터 직접 자신에 관한 정보를 수집하는 것이다. 대부분의 사이버공간에서는 인터넷이라는 통신수단을 이용하고 있다. 그리고 인터넷 홈페이지에는 해당 홈페이지 이용조건으로 유료이든 무료이든 간에 회원가입을 요구하고 있으며, 이 회원가입신청서에 개인의 정보를 입력하도록 하고 있다. 이러한 사이트에의 회원가입 등과 같은 방법을 통한 개인정보수집은 대부분 본인의 동의하에 이루어지는 것이므로 이용자 자신이 정보를 제공하고 있다는 사실을 알고 있다.[22]

2. 컴퓨터기술을 이용한 개인정보수집

컴퓨터기술을 이용한 개인정보수집은 대부분 인터넷을 이용하여 본인이 인식하지 못하는 상태에서 개인정보를 수집하는 것이므로 법률적인 문제를 야기할 뿐 아니라 사회적 문제로 발전되고 있는 것이라 할 수 있다. 사이버공간에서 개인의 정보수집을 통한 개인정보의 침해는 대부분 이 방법에 의한 것이라 할 수 있다. 오늘날 인터넷을 이용한 개인정보수집 수단으로 이용되는 컴퓨터기술은 크게 다음과 같은 것 들이 있다.

---

20 김주영/손형섭, 개인정보 보호법의 이해, 법문사, 2012, 162면.
21 이창범, 개인정보 호보법, 법문사, 2012, 19면.
22 이하의 내용은 주로 정대관, 사이버공간에서의 인권보호, 비교형사법연구, 제5권 제2호, 913면 이하를 참조함.

1) 쿠키(Cookie)

쿠키란 이용자가 접속한 웹서버로부터 웹브라우저로 보내지는 텍스트파일 형태의 메시지로서 그 메시지는 이용자의 하드디스크의 주어진 폴더에 저장되어 있다가 이용자가 당해 웹서버에 접속하여 웹페이지를 요청할 때마다 다시 웹서버로 보내진다. 쿠키에 의한 개인의 정보수집과정에서 이용자는 전혀 그 내용을 모르므로 개인의 프라이버시 침해가 매우 높은 편이라 할 수 있다. 물론 관리자 또는 이용자가 웹브라우저의 옵션설정을 통하여 쿠키에 의한 저장을 차단할 수 있지만, 그러나 대부분의 인터넷 사이트들이 웹브라우저가 쿠키를 허용하지 않는 경우에는 그 사이트의 사용을 배제하고 있어 인터넷 사이트의 정보이용을 포기하지 않는 한 쿠키에 의한 정보유출은 불가피한 실정이다.[23]

2) 웹버그(Web bug)

웹버그는 일명 웹비콘(Web beacon)이라고도 불리는 것으로 일반적으로 쿠키와 함께 사용되는 1×1 픽셀 정도의 작은 크기의 투명한 그림파일[24]로서 인터넷 사이트의 홈페이지 또는 이메일 속에 숨어 홈페이지 방문자나 이메일 이용자의 정보를 수집하는 것을 말한다. 웹페이지는 텍스트(글)와 이미지(그림)로 구성되어 있다. 그런데 웹페이지에 마케팅 회사가 불순한 의도로 끼워 넣은 이미지가 섞여 있을 수도 있다. 이 그림은 보통의 그림과는 달라 사용자가 방문한 사이트를 추적하는 기능이 있다. 이 그림을 일컫는 말이 웹버그다. 대개는 이 그림을 최소 크기인 1×1 화소로 축소하고 색깔도 바탕색과 같게 처리해 눈에 띄지 않게 만든다. 그래서 웹버그는 '클리어 GIF(그림파일)', '트래커(tracker) GIF', '1×1 GIF'라고도 불린다. 쉽게 말하면 보이지 않는 배너다.

---

23 예컨대 국내 최대 인터넷 사이트인 Daum의 경우 회원은 쿠키에 대한 선택권을 가지고 있으므로 회원은 웹브라우저에서 옵션을 선택함으로써 모든 쿠키를 허용하거나, 쿠키가 저장될 때마다 확인을 거치거나, 모든 쿠키의 저장을 거부할 수 있다. 그러나 쿠키의 저장을 거부할 경우에는 로그인이 필요한 Daum의 모든 서비스는 이용할 수 없다는 명문의 규정을 두고 있다. 따라서 사실상 쿠키의 사용을 요구하고 있다 (http://www.daum.net/doc/info_protection.html?_top_footer&protection#e).

24 웹버그는 바탕색과 동일한 색으로 이용자가 그 그림의 존재를 인식할 수 없다.

3) 스파이웨어(Spyware)

스파이웨어란 일명 에드웨어(Adware)라고도 불리는 것으로 일반적으로 광고목적으로 이용자가 모르는 동안 이용자가 알 수 없는 방법으로 인터넷 연결을 통하여 이용자에 관한 정보를 수집하는 소프트웨어를 말한다. 스파이웨어는 이용자들이 다른 프로그램을 설치할 때 자신도 모르는 사이에 함께 설치되는 것이 그 특성으로 대표적 컴퓨터바이러스인 트로이목마 프로그램[25]과 유사하다고 할 수 있다. 스파이웨어는 최근 유행하는 인터넷 직접연결 및 파일공유 프로그램을 통하여 전파되고 있기도 하다.[26]

3. 수집된 개인정보의 불법거래

관리자 또는 이용자 그리고 개인의 정보를 불법으로 수집한 자들이 영리의 목적으로 수집된 개인의 정보를 불법적으로 거래를 하고 있다. 또한 불법적 거래의 방법 역시 사이버공간을 통해 일어나기도 한다. 이러한 방법은 관리자 또는 컴퓨터기술을 이용한 개인정보의 불법수집과는 달리 가장 빠른 시간에 가장 많은 정보를 거래할 수 있기 때문에 그 폐해는 이루 말할 수 없을 정도이다.

Ⅳ 외국에서의 개인정보보호에 관한 법제

1. OECD 지침

경제협력개발기구(OECD)는 1980년 9월 23일 "개인정보의 국제유통과 프라이버시 보호에 관한 가이드라인"(Guidlines on the Protection of Privacy and Transborder Flows of Personal Information)을 가맹국에 대한 권고안으로 채택하였다. 이 가이드라인은 국제사회에서 개인정보 보호에 대한 초기의 대응으로 지금까지 영향을 미치고 있는 지침이다. 이러한 OECD 가이드라인이 요구된 배경에는 한편으로는 컴퓨

---

25 이 프로그램은 타인의 컴퓨터에 숨어 제3자가 컴퓨터를 해킹할 수 있도록 해 주거나 바이러스기능을 하도록 하는 프로그램으로 이에 감염되면 치명적인 손상을 입는 악성프로그램이다.
26 스파이웨어의 종류에 따라서는 이메일주소나 심지어 비밀번호 또는 신용카드번호를 수집하여 전송하기도 한다.

터에 의한 대량의 개인정보처리가 가능하게 되어 개인정보의 자유로운 유통을 확보할 필요가 존재하였고,[27] 다른 한편으로는 개인정보에 대한 보다 적절한 보호가 필요하게 되었다는 점과 각국의 개인정보 관련 법제도의 적합성이 요구되었다는 점을 들 수 있다.[28]

OECD의 이 지침은 제1부 총칙, 제2부 국내에서의 개인정보보호에 관한 기본원칙, 제3부 국제적인 개인정보유통에 관한 기본원칙, 제4부 제2부와 제3부에서 선언한 기본원칙의 국내이행을 위한 국내입법에 관한 내용, 제5부 국제협력에 관한 내용 등으로 구성되어 있다. OECD의 가맹국에 대한 이러한 지침은 개인의 프라이버시보호뿐 아니라 개인정보의 자유로운 흐름을 보장하는 것을 목적으로 하여 개인의 정보가 공적 목적이 아닌 사적 목적이나 영리적 목적으로 이용되는 것을 금지하고 있다.

특히 OECD 권고안에는 개인정보의 보호에 대한 8개 원칙을 제시하고 있으며, 이 원칙들은 부분적인 수정이나 보완이 있기는 하였으나 여전히 개인정보보호의 기본원칙으로 인정되고 있다. 8개 원칙을 간단히 설명하면 다음과 같다.[29]

① 수집제한의 원칙(Collection Limitation Principle)은 개인정보의 수집에는 제한을 두어야 하며, 적법하고 공정한 수단에 의하여, 그리고 적당한 경우에는 정보주체에게 알리거나 동의를 얻어 정보를 수집하여야 한다는 원칙을 의미한다.
② 정보정확성의 원칙(Data Quality Principle)은 개인정보 자료 자체에 대한 원칙으로 개인정보는 사용목적과 범위가 부합되어야 하며, 정확하고 완전하게 그리고 가장 최신의 상태로 유지되어야 한다는 원칙이다.
③ 목적명확성의 원칙(Purpose Quality Principle)은 개인정보를 수집할 때에는 목적이 명확해야 하고, 이를 이용할 경우에도 처음의 목적과 모순되지 않아야 한다는 원칙이다.

---

27 이전에는 각국은 개인정보보호에 관하여 각기 다른 법률이나 가이드라인을 가지고 있으므로 자유로운 데이터의 교환이 이루어지지 않아 상거래 등에 장애가 발생하였다(백윤철/김상겸/이준복, 인터넷과 개인정보 보호법, 2012, 205면).
28 김주영/손형섭, 개인정보 보호법의 이해, 법문사, 2012, 84면.
29 8개 원칙에 대하여 상세한 설명은 김주영/손형섭, 개인정보 보호법의 이해, 법문사, 2012, 85–86면; 백윤철/김상겸/이준복, 인터넷과 개인정보 보호법, 2012, 205–210면 참조.

④ 이용제한의 원칙(Use Limitation Principle)은 개인정보는 명확화된 목적 이외의 용도로 공개되거나 이용되어서는 안 된다는 원칙을 말한다.

⑤ 안전보호의 원칙(Security Safeguards Principle)은 개인정보가 분실, 불법적인 접근, 파괴, 정보수정 및 공개와 같은 위험에 대비하여 합리적인 안전보호 조치가 취해져야 한다는 원칙이다.

⑥ 공개의 원칙(Openness Principle)은 개인정보에 대한 개발, 운영 및 정책에 대해서는 공개되어야 한다는 원칙이다.

⑦ 개인참가의 원칙(Individual Participation Principle)은 개인정보를 제공한 개인은 자신과 관련된 정보의 존재확인, 열람요구, 이의제기 및 정정·보완·삭제의 청구권을 가진다는 원칙이다.

⑧ 책임의 원칙(Accountability Principle)은 개인정보관리자는 위에서 언급한 원칙들이 지켜지도록 책임을 부담하여야 한다는 원칙을 말한다.

2. 유럽연합(EU)의 개인정보에 대한 지침

1) 유럽연합조약(마스트리히트조약)은 유럽연합 안에 있는 인물, 자본, 서비스 등의 자유로운 이동을 주된 목적으로 하고 있지만, EU 안에 있는 개인정보의 원활한 유통과 그 보호도 유럽연합의 과제 중 하나이다. 그러나 개인정보의 원활한 유통을 확보한 뒤에 그 보호를 꾀하게 됨에 따라 각국의 대응에 있어 혼란이 있었기 때문에, 가맹국 간의 개인정보 보호에 관한 법률의 조화를 이룰 필요가 있었다. 유럽위원회는 1980년의 OECD 가이드라인 및 1981년의 유럽평의회 조약이 개인정보 보호를 둘러싼 그 후의 상황에 적절한 대응을 하지 못하였고, 가맹국에서 제정된 정보보호를 목적으로 하는 다양한 법률들 역시 개인정보에 대한 보호수준이 일정치 않다고 판단하였다.

2) 이러한 배경에서 1990년 9월에 국내법을 조정함으로써 개인정보의 자유로운 유통을 확보하는 것을 목적으로 하는 지침의 기초안을 제의하였고, 5년 후인 1995.10.24 유럽연합이사회는 "유럽연합의 개인정보보호에 관한 지침"[30](보통 이 지침을 '1995년

---

[30] 이 지침의 정식명칭은 "Directive 95/461 EC of the European Parliament and of the Council

지침'이라 부른다)을 채택하였다. 이 EU 지침은 유럽평의회의 1981년 조약을 그 모델로 하여 더욱 발전시킨 지침으로서, 전 7장 및 최종규정의 전 34조로 되어 있다. 이 '1995년 지침'은 가맹국의 개인정보보호에 관한 국내법을 통일하기 위해 제정된 것으로 가맹국은 개인에 관한 정보를 수집·처리함에 있어 개인의 기본적 인권과 자유 특히 개인의 프라이버시권을 보호하는 것을 최우선시 하고 있어 사이버공간에서의 인권보호 장치로는 가장 발전된 지침으로 평가받고 있다.[31] 특히 이들 규정 가운데 국제관계에서 주목이 되는 것은 '개인정보의 제3국에로의 이전'에 관한 규정이다. 동 규정에 의하면, 회원국은 처리 중이거나 이전 후 처리를 예정하고 있는 개인정보의 제3국에의 이전은 이 지침에 따라서 채택된 회원국법규정과 부합되고, 그 제3국이 적정한 보호수준을 보장하는 경우에만 허용된다는 것을 규정하여야 한다.[32] 이로 인하여, 유럽연합(EU)과 무역 등 거래관계를 갖고 있는 여러 국가들은 이에 대한 대책이 요청되었다. 미국의 경우에는 EU와 이른바 「세이프하버(Safe Harber) 협상」에 의해 해결하였고,[33] 그렇지 아니한 국가에서도 그에 대한 대책을 강구하지 않을 수 없는 상황이었다.

3) 이러한 상황에서 다시 EU는 2012년 1월 25일에 '1995 지침'을 대체하는 새로운 '일반 정보보호 규칙'[34](보통 이것을 '2012년 규칙'이라고 부른다)을 공표하였다. 새로이 공표된 '2012년 규칙'은 '1995년 지침'에 비하여 그 내용과 효력이 한층 강화된 것으로 판단된다.[35] 2012년 규칙이 이전의 지침보다 더 강화되었다는 점은 특히

---

of 24 October 1995 on the protection of individuals with regard to the processing of personal data and on the free movement of such data"이다

[31] EU 지침에 대하여 상세한 내용은 백윤철, 인터넷과 EU의 개인정보보호, 인터넷법률, 제14호(2002.12), 21면 이하 참조.

[32] EU 지침, 제25조.

[33] 임규철, 각 국의 개인정보 보호법제 비교연구 – 미국과 유럽연합의 개인정보 보호법제를 중심으로–, 공법연구, 제31집 제5호(2003), 81 – 82면.

[34] 이 규칙의 정식명칭은 "EUROPEAN COMMISSION, Proposal for a REGULATION OF THE EUROPEAN PARLIAMENT AND OF THE COUNCIL on the protection of individuals with regard to the processing of personal data and on the free movement of such data (General Data Protection Regulation)"이다.

[35] '2012년 규칙'의 강화된 내용과 효력에 대하여 상세한 설명은 함인선, EU 개인정보 보호법제에 관한 연구, 저스티스, 통권 제133호(2012.12), 4면 이하 참조.

다음과 같은 몇 가지 점에서도 확인할 수 있다.[36]

첫째, 2012년 규칙은 그 법형식에 있어서 '지침'(Directive)이 아니라 '규칙'(Regulation)의 형식을 취하고 있다는 점이다. EU법의 법원과 관련하여 좁은 의미의 EU법의 연원은 보통 일차적 연원(primary sources)으로 간주되는 설립조약과 회원국이 부여한 권한에 의하여 EU기관이 제정한 이차적 연원(secondary sources)으로 구분된다. 넓은 의미의 EU법의 연원은 EU법질서의 모든 규칙을 포함하는데, 여기에는 앞에서 언급한 일차적 연원과 이차적 연원 이외에 부수적 연원으로 제3국과 체결한 조약, EU사법재판소의 판례법 및 법의 일반원칙이 포함된다.[37] 이 가운데 가장 우위에 있는 것은 일차적 연원이며 여기에는 다시 EU 설립조약(Founding Treaties)[38]과 EU가 제3국이나 다른 국제조직 간에 체결한 조약[39]으로 나눌 수 있다. 이차적 연원은 일차적 연원으로부터 파생되는 법으로서 파생법이라고도 하며, 또한 EU의 기관이 채택하는 조치라는 의미에서 EU입법이라고도 한다. 이들 EU입법에는 규칙(Regulation, Verordnung), 지침(Directive, Richtlinie), 결정(Decision, Beschluss), 권고(Recommendation, Empfehlung) 및 의견(Opinion, Stellungnahme)이 있는데,[40] 이 중에서 규칙, 지침, 결정에는 구속력이 있는 반면에 권고, 의견에는 구속력이 없다. '규칙'은 EU기능조약 제288조 2문과 3문에 의하여 일반적으로 적용되며, 그 모든 부분이 법적 구속력을 가지며, 모든 회원국에서 직접 적용된다. 유럽의회와 이사회가 공동으로 또는 집행위원회 단독으로 채택하는 규칙은 모든 사람을 수범대상으로 하고 있다는 점에서 지침이나 결정과 구별된다. '지침'은 달성되어야 할 결과에 대하여 각 회원국에게 구속력이 있지만, 그 방식 및 수단의 선택은 각 회원국이 결정한다. 유럽의회와 이사회가 공동으로 또는 집행위원회 단독으로 채택하는 '지침'은

---

36 이하의 내용은 주로 함인선, EU 개인정보 보호법제에 관한 연구, 저스티스, 통권 제133호(2012.12), 30면 이하를 참조하였음.

37 박덕영 외, EU법 강의, 박영사, 2010, 65면.

38 유럽공동체와 유럽연합을 설립한 조약에는 1951년의 파리조약, 1957년의 로마조약과 1992년의 마스트리히트조약이 여기에 해당한다.

39 이와 같은 조약에는 1986년의 단일유럽의정서, 1997년의 암스테르담조약, 2001년의 니스조약, 2007년의 리스본조약 등이 있다.

40 일부에서는 Regulation을 '명령', Directive를 '준칙'으로 표현하기도 한다(박덕영 외, EU법 강의, 박영사, 2010, 69면).

회원국을 수범대상으로 하는데, 모든 회원국을 대상으로 하는 것은 아니며 회원국에게 지침의 형식과 수단을 결정할 재량이 주어진다. 따라서 지침은 특정 영역에 대한 법률을 조화시키거나 복잡한 법률적 변경을 도입할 경우에 특히 유용한 것으로 파악된다. '결정'은 전체로서 구속력을 가지며, 상대방을 특정하는 결정은 그 상대방에게만 구속력이 있다. 그리고 이들 규칙, 지침과 결정 간에는 그 효력에 있어 우열은 없다. 다만, 규칙은 일반적으로 적용된다는 점에서 보통 수범자가 특정되는 결정과 다르며, 규칙의 모든 부분이 구속력을 갖는다는 점에서 상대방인 회원국만 그리고 결과의 달성만을 구속하는 지침과 다르며, 규칙은 직접 적용할 수 있기 때문에 일단 발효가 되면 자동적으로 모든 회원국의 국내법이 되고 비준과 같은 회원국의 국내조치를 필요로 하지 않는다는 점에서 지침이나 결정과 구별된다고 할 수 있다. 이러한 점에서 EU의 개인정보보호에 관한 입법이 '지침'이 아니라 '규칙'의 형식을 취하는 것은 EU 역내에서의 개인정보보호정책을 일관되고 통일적으로 실시할 수 있게 되었다는 점을 의미한다.

둘째, 2012년 규칙은 1995년 지침에 비하여 각 회원국이 자국 내에서 개인정보를 감독하는 기관과 관련한 규정들을 강화하였다. 우선 개인정보 감독기관에 관한 규정 자체도 1995년 지침에서는 1개의 조문(제28조)에 불과하였으나, 2012년 규칙에는 독립된 1개의 장으로 편성(제6장)하였으며, 세부조문의 경우도 9개조(제46조~제54조)에 이르고 있다. 그리고 조문의 규정내용에 있어서도 1995년 지침은 감독기관의 권한으로서 조사권, 실효적인 중재권과 법적 쟁송 참가권만을 규정하고 있었는데 비하여, 2012년 규칙은 여기에 더하여 관리자에 대한 규칙위반 시정명령권 등 다수의 강화되고 폭넓은 감독권한을 규정하였다(제53조).[41] 또한 감독기관의 독립성을 유지하기 위하여 감독기관은 그 임무와 부여된 권한을 행사함에 있어서 완전히 독립적으로 활동하여야 할 것과 회원국은 감독기관의 독립성에 영향을 주지 않는 재정 통제를 하여야 하고, 감독기관에 별도의 예산을 갖도록 보장해야 하며, 그 내용을 공개하도록 하였다. 또한 EU 역내에서의 개인정보보호에 관하여 통일적이고 일관성 있는

---

41 Article 53 provides the powers of the supervisory authority, in parts building on Article 28(3) of Directive 95/46/EC and Article 47 of Regulation (EC) 45/2001, and adding some new elements, including the power to sanction administrative offences.

임무수행을 위하여 유럽정보보호위원회(European Data Protection Board)를 설치하고 있다. 유럽정보보호위원회는 각 회원국 감독기관의 장으로 구성되며, EU 내에서 2012년 규칙의 일관성 있는 적용을 보장하기 위한 임무를 수행한다.[42]

셋째, 2012년 규칙은 개인정보보호의 실효성을 확보하기 위한 수단을 강화하고 있다. 2012년 규칙은 개인정보의 보호와 관련하여 정보주체의 권리와 개인정보관리자 또는 처리자 등의 의무에 대하여 상세히 규정하고 있다. 그리고 이러한 정보주체의 권리를 침해하거나 관리자 등이 의무를 위반하는 경우 1995년 지침에 비하여 강력한 제재규정을 두고 있다. 2012년 규칙은 위반행위에 대하여 '벌칙'과 '행정적 제재'를 나누어 규정하고 있으며, 벌칙에 대해서는 회원국의 입법에 위임하고, 행정적 제재에 대해서는 직접 구체적으로 규정하는 방식을 채택하고 있다.[43] 즉, 회원국들에 대하여는 2012년 규칙을 위반하는 행위를 하는 경우 적용할 수 있는 벌칙에 관한 법규를 제정할 의무를 부과하고 있다. 행정적 제재의 경우에는 금전적 제재를 하도록 하여, 위반유형별로 분류하여 과태료를 부과하도록 하였다. 특히 이들 행정적 제재규정은 모두 "감독기관은 과태료를 부과하여야 한다"고 규정하여,[44] 과태료의 부과가 감독기관의 재량사항이 아니라 의무사항으로 규정함으로써, 과태료의 부과가 개인정보를 취급하는 기업 등에 대해 대단히 강력한 제재로서의 효과를 발휘할 것으로 보인다.

넷째, 2012년 규칙은 정보주체의 권리와 관련하여 보다 다양한 권리를 보장하고 있으며, 특히 새로운 정보기본권으로 인정되는 '잊혀질 권리'(Right to be forgotten)의

---

42 3.4.7.3. Section 3 - - European Data Protection Board Article 64 establishes the European Data Protection Board, consisting of the heads of the supervisory authority of each Member State and of the European Data Protection Supervisor. The European Data Protection Board replaces the Working Party on the Protection of Individuals with regard to the Processing of Personal Data set up under Article 29 of Directive 95/46/EC. It is clarified that the Commission is not a member of the European Data Protection Board, but has the right to participate in the activities and to be represented.

43 함인선, EU 개인정보 보호법제에 관한 연구, 저스티스, 통권 제133호(2012.12), 21면.

44 예를 들면 Article 79 Administrative sanctions

   4. The supervisory authority shall impose a fine up to 250,000 EUR, or in case of an enterprise up to 0,5 % of its annual worldwide turnover, to anyone who, intentionally or negligently:

규정을 신설하였다.[45] '잊혀질 권리'의 주된 내용은 정보주체와 관련된 개인정보의 삭제와 처리의 제한 또는 배포의 금지이다. 이러한 '잊혀질 권리'는 개인이 자기의 개인정보를 보유하고 있는 기업 등 단체에 대하여 정당한 이유가 없는 한 그들이 보유하고 있는 개인정보를 삭제할 것을 요구할 수 있고, 또한 그들 단체는 그 개인정보를 처리하고 있는 제3자에게 개인이 개인정보를 삭제하기를 원한다는 사실을 통지하도록 하는 것이다. 그리고 이러한 의무를 이행하지 아니하거나 위반한 경우 앞에서 언급한 벌칙이나 과태료가 부과된다.

3. 미국의 개인정보보호

미국은 개인정보보호를 위해 정부의 적극적인 관여는 정보기술의 발전과 기업의 경제활동의 위축을 초래한다고 판단하여 개인정보 보호문제를 민간자율에 맡기는 것을 그 원칙으로 하고 있다. 이에 따라 미국은 개인정보보호에 관한 사항을 포괄적으로 규정하고 있는 개인정보보호기본법은 가지고 있지 않지만, 공공부문과 민간부문의 영역을 나누어 각 영역별로 개인정보보호를 위한 법규범을 마련하고 있다.

공공부문에 있어서는 1974년 12월 31일에 공포된 프라이버시법(The Privacy Act of 1974)에 의하여 미국정부기관이 보유하고 있는 개인정보가 보호되고 있다. 비록 법률의 명칭은 프라이버시라는 용어를 사용하고 있으나 사실상 개인정보를 보호대상으로 하고 있는 법률이며, 이 법률은 공공기관이 보유하는 개인에 대한 기록에 관하여 규율하고 있는 것이었다. 그리고 이 법률은 세계적으로 공공부문에 있어서 개인정보의 자기결정권을 법제화한 최초의 입법례로 인정받고 있다고 한다.[46] 민간부문에 대하여는 자율규제를 원칙으로 하면서 예외적으로 민감한 정보를 다루는 분야에서는 부문별로 프라이버시를 보호하는 개별법을 제정하는 형태를 취하고 있다. 즉, 공적으로는 1974년 제정된 프라이버시법으로, 사적으로는 자유로운 정보유통의 확보를 전제로 통신·의료·아동 등 필요에 따른 개별 분야별로 프라이버시보호를 목적으로 하는 법률을 제정하는 영역별 접근방식을 취하면서 양자를 분리하고 있다.

---

45 Article 17 Right to be forgotten and to erasure.
46 김주영/손형섭, 개인정보 보호법의 이해, 법문사, 2012, 90면; 성낙인(외9명), 개인정보 보호법제에 관한 입법평가, 한국법제연구원, 2008, 461면.

이와 같은 개별법은 특별한 보호가 요구되는 개인정보를 다루고 있는 영역에 한정하여 규제를 하는 것이 가능하다는 장점이 있는 반면 개별 영역별로 정비하기 때문에 관련업계나 이익단체의 영향을 받기 쉬운 단점도 존재한다.[47]

공적부문의 입법에 대해서는 연방행정기관의 개인정보취급에 관한 1974년의 프라이버시법(Privacy Act of 1974),[48] 1980년의 프라이버시 보호법(Privacy Protection Act of 1980), 1986년의 전자통신 프라이버시법(Electronic Communications Privacy Act of 1986),[49] 연방데이터베이스의 비교 및 합성에 관한 1988년의 컴퓨터정보조합 및 프라이버시 보호법(Computer Matching and Privacy Protection Act of 1988), 1994년의 법집행 통신지원법(Communications Assistance for Law Enforcement Act of 1994), 1996년의 통신법(Telecommunications Act of 1996) 등을 들수 있다.

사적부문의 입법에는 1970년 제정되고 1997년 개정된 공정신용조사법(Fair Credit Reporting Act of 1970), 1978년의 금융 프라이버시권법(Right to Financial Privacy Act of 1978), 1984년의 케이블 통신정책법(Cable Communications Policy Act of 1984), 1988년의 비디오 프라이버시보호법(Video Privacy Protection Act of 1988) 및 1999년의 아동 온라인 프라이버시법(Children's Online Privacy Protection Act of 1999; 소위 COPPA),[50] 1999년의 금융서비스 현대화법(The Financial Modernization Act of 1999) 등이 있다. 또한 의료기록상의 개인정보보호에 관하여는 1996년의 건강보험의 이전과 책임에 관한 법(Health Insurance Portability and Accountability Act of 1996; 소위

---

47 한국인터넷법학회, 개인정보 보호법 정비방안 연구, 개인정보보호위원회, 2012, 26면; 황태정, 개인정보보호법제 체계의 입법적 개선방향, 한국형사정책연구원, 2005, 54면.
48 이 법률은 연방정부가 보유하는 개인의 신상정보를 보호하기 위한 일반 법률로 "특정 목적을 위해 수집된 정보는 당해 주체의 동의 없이 다른 목적을 위해 이용되어서는 안 된다"는 것을 그 기본원칙으로 규정하고 이를 위반하는 경우에는 민사 및 형사상의 책임을 묻고 있다.
49 이 법률은 컴퓨터와 원거리통신기술의 발전에 발맞추어 새로운 프라이버시보호의 기준을 만들기 위해 제정된 법이었다. 이 법의 특징은 음성우편, 전자우편 및 온라인 컴퓨터 데이터베이스 같은 전자적으로 저장된 정보를 보호하고 있다는 점이다.
50 COPPA를 이행하기 위해 구체적인 내용을 포함한 규칙을 'COPPA Rule'이라고 하며, 2012년 12월 개정내용을 발표하였고, 2013년 7월 1일부터 개정된 규칙이 시행되고 있다. 이 규칙은 개인정보의 개념을 확대하여 기존에 개인정보로 분류하지 않았던 어린이의 이미지와 목소리를 담고 있는 사진/비디오/오디오 파일, 도로명과 도시명을 확인할 수 있는 지리적 위치정보, 서로 다른 웹사이트나 온라인 서비스상에서 지속적으로 사용하는 이용자의 아이디, 고객번호 등의 정보를 포함하고 있는 Cookie, IP 주소, 기기의 고유한 시리얼 넘버 등을 개인정보의 개념에 포섭하고 있다.

HIPAA)이 제정되기 전까지 개인의료정보보호에 관해 정부기관이나 민간부분 모두에 적용되는 법률은 없었다. HIPAA는 세부적인 사항을 별도로 정하도록 하고 있는데, 이에 따라 제정된 규칙이 「식별가능한 개인보건의료정보의 보호에 관한 표준」 (Standards for Privacy of Individually Identifiable Health Information; HIPAA프라이버시규칙)[51] 이다.

그리고 이와 같이 공공부문과 민간부문의 개인정보보호체계가 분리되고, 민간부문에 있어서도 각 영역별로 입법이 이루어지고 규율됨에 따라 포괄적인 개인정보보호기구도 없는 상황이다. 따라서 공공부문과 민간부문을 나누어 살펴보면, 공공부문에 있어서는 예산관리국(OMB; The Office of Management and Budget)에서 프라이버시법에 따라 연방정부의 프라이버시 정책을 정립하는 역할을 맡고 있다. 그러나 OMB는 예산관리차원에서의 제한적인 역할만을 맡고 있는 것으로 볼 수 있다. 한편 민간부문에 있어서는 연방거래위원회(FTC; Federal Trade Commission)가 아동의 온라인 프라이버시, 소비자신용정보, 공정한 거래관행과 관련하여 개인정보(프라이버시)를 보호하는 법률을 집행하고 준수 여부를 감독할 권한을 부여받아 행사하고 있다.

특히 대량으로 저장·보관되는 인터넷상의 개인정보의 침해와 관련하여 오바마 정부는 2012년 2월에 2010년에 발표된 상무성 소속 인터넷정책 TF의 그린페이퍼에 기초하여 세계 디지털경제의 성장과 변화를 꾀하는 동시에, 소비자의 프라이버시 보호를 개선할 수 있는 전면적 청사진으로서 '네트워크화된 세계에서 소비자 데이터 프라이버시'(Consumer Data Privacy in a Networked World)를 발표하였다. 이는 디지털경제에서 소비자의 신뢰를 유지하기 위해서는 소비자의 데이터 프라이버시 보호가 필수불가결한 것이라는 판단에 따른 것이다. 동 보고서는 글로벌화한 네트워크 사회와 디지털경제에서 프라이버시를 보호하고 혁신을 촉진하기 위한 방안으로서, 소비자를 위한 온라인 프라이버시 권리장전(Consumer Privacy Bill of Right)의

---

51 이 규칙의 주요내용을 살펴보면, 동 규칙은 규모에 관계없이 공공·민간기관의 의료보험자, 의료제공자(의료기관), 의료정보전달기관(요금청구 수납조직, 의료보험청구 심사기관, 학교, 건강정보관리서비스업체 등)에 통일적으로 적용된다. 또한 규칙의 정의 규정이 명확하며, 예외에 대해서도 상세한 열거사항을 두어 자의적인 해석의 여지를 미리 차단하고 있다. 개인 식별 의료정보를 보호대상으로 하고 있고, 개인 식별이 불가능하도록 한 익명화정보에 대해서는 이용·제공에 제한을 두지 않고 있으며, 익명화에 대해서 매우 상세하고 명확한 기준을 제시하고 있다(김한나/김계현, 의료정보보호에 관한 법적 연구, 경희법학, 제45권 제1호 (2010), 403-404면 참조).

제정, 집행가능한 실시규범 책정(Codes of Conduct), FTC의 법집행 강화(FTC Enforcement), 국제적 상호 운용성(Global Interoperability)의 4가지 주요 추진과제를 도모하였다. 그리고 이 가운데 가장 중요한 것은 소비자 프라이버시 권리장전의 제정이라고 하며, 이 권리장전은 소비자의 자기정보통제권, 투명성, 맥락의 존중, 정보보안, 접근성 및 정확성 강화, 최소수집의 원칙, 책임성강화라는 7가지 권리를 보장하는 것을 핵심이라고 보았다.[52]

그리고 FTC는 2012년 3월에 '급속히 변화하는 시대에 있어서의 소비자 프라이버시 보호'(Protecting Consumer Privacy in an Era of Rapid Change)를 발표했다. FTC 권고안은 450개 이상의 전문가 논평과 프라이버시 옹호론자와 온라인 광고업계 간에 수차례 이뤄진 토론내용을 바탕으로 한 것이다. 이 보고서는 자신도 모르게 이루어지는 개인정보의 노출로부터 인터넷 이용자들의 프라이버시를 보호하는 데 그 목적이 있다.[53] 대표적인 방안은 추적 금지(Do Not Track)로, 여기서 추적이란 인터넷 이용자의 행동 및 구독습관의 기록을 공간, 가상공간, 시간과 연결시킬 수 있는 정보를 습득행위를 말하며, FTC는 브라우저 벤더들이 이용자가 직접 개인정보추적 수준을 제한할 수 있도록 '추적금지옵션'[54]을 제공해야 한다고 명하고 있다. 그리고 FTC는 모바일앱 업체 측에도 '간결하고 효과적이며 사용자들이 접근할 수 있는'(Short, Effective and Accessible to Consumers) 모바일 프라이버시 보호책을 마련하라고 권고했다. 또한 개인정보보호를 위해서 설계 단계부터 이용자의 프라이버시를 고려하도록 하여(Privacy by Design), 개인정보보호를 위한 설계 단계에서 기업이 서비스·상품 성격 및 개인정보 주기를 반영한 취급방침을 마련하고, 개인정보 취급방침을 통해 개인정보 기술적 보호, 최소한의 정보수집, 목적에 합당한 보유 기간 설정, 개인정보 파기 방침, 정보 정확성의 유지 등을 보장하도록 하고 있다. 정보수집에 대한 투명성을 강화하기 위해서는 '중앙 집권적으로 관리할 수 있는 웹사이트'

---

52 이에 대하여 상세히는 한국인터넷법학회, 개인정보 보호법 정비방안 연구, 개인정보보호위원회, 2012, 31 – 35면 참조.
53 이 권고안의 주요내용에 대하여는 유지연, 미국 개인정보보호 동향, 동향, 정보통신정책연구원, 제24권 제13호, 2012/7/16, 76 – 77면; 한국인터넷법학회, 개인정보 보호법 정비방안 연구, 개인정보보호위원회, 2012, 35면 이하 참조.
54 추적금지옵션이란 이용자가 개인정보수집을 거부할 선택권을 갖는 시스템이며 이용자가 자신의 개인정보 추적 수준을 제한할 수 있다.

(Centralized Website)를 만들어 데이터 브로커들의 정체를 공개하고, 사용자의 개인 정보를 수집하는 방법 등에 대해 밝힐 것을 요구했다. 나아가 사용자 개개인이 데이터 브로커가 수집한 정보에 접근할 수 있도록 할 것을 의회 측에 제청했다.

4. 독일의 개인정보보호

독일은 미국과는 달리 처음부터 국가가 강력히 개인의 정보보호를 위해 적극적으로 개입한 대표적인 국가라 할 수 있다.

독일에서는 1971년 헤센주가 세계 최초로 개인정보 보호법을 제정·발효하였으며, 그 후 다른 주들도 개인정보 보호법을 제정했다. 1977년에는 독일연방 차원의 개인정보 보호법이 제정되었다. 주 차원의 개인정보 보호법은 각 주의 공공 부문만을 그 대상으로 하는 반면, 연방법은 공공과 민간부문에 모두 적용된다는 점에서 차이가 있다.[55]

개인정보보호에 관한 연방차원의 일반법으로 공공부문 및 민간부문 모두에 적용되는 "연방개인정보 보호법"(BDSG; Bundesdatenschutzgesetz)은 1977년에 제정된 이후, 1990년에 완전히 새롭게 개편되었으며, 1994년, 1997년, 2001년, 2009년, 2015년, 2017년, 2019년에 개정된 바 있다. 동법의 개정은 주로 EU 회원국이 EU 개인정보보호지침에 적합하도록 자국 내의 관련 입법을 정비하도록 한 데에 따른 것이었다. 왜냐하면 EU의 개인정보보호지침은 단순한 권고사항이 아니라 집행력을 가진 것으로 회원국은 자국내의 법률 및 제도를 동지침에 맞도록 정비하여야만 하기 때문이다. 특히 2001년 5월 동법의 개정은 EU의 개인정보보호지침에 맞추어 개정되었다.

동법은 개인정보의 취급에 있어 인격권침해로부터 개인을 보호하는 것을 입법목적으로 하여 자신에 관한 정보처리의 우선권을 정보주체가 가지며, 자유롭고 민주적인 의사소통의 기초를 제공한다. 공공부문의 데이터파일형식 및 서류형식(다만 메모나 초고류는 포함하지 않음)에 의한 데이터의 처리 및 민간부문의 데이터파일형식에 의한 영업으로서의 데이터처리 또는 직업상 혹은 사업목적을 위한 데이터처리를 그 대상으로 한다. 이 법의 특징은 컴퓨터에 의해 처리되는 개인의 정보뿐 아니라 공공

---

55 독일에서 개인정보 보호법의 법적 근거 및 보호대상은 정보의 자기결정(informationelle Selbstbestimmung)에 대한 기본권으로, 이 권리는 헌법에 명시된 것이 아니라 헌법재판소의 판결에 따른 것이다.

기관의 자료를 포함한 모든 정보를 그 적용대상으로 하여 정보의 피해자에게 ① 정보주체의 청구권 ② 정정권 ③ 폐쇄권 ④ 삭제권 등의 권리를 보장하고 있다는 점이다. 그리고 연방개인정보보호관은 연방의 공적 부문 관련 개인정보 보호법과 기타 관련 법규의 준수 여부를 통제하는 역할을 담당하며, 개인정보보호담당자는 연방개인정보 보호법과 기타 관련 법규의 준수를 위한 역할을, 감독관청은 연방개인정보 보호법과 기타 관련법규의 시행을 감독한다.

또한 1997년에는 정보·통신서비스에 관한 기본조건의 규율에 관한 법률(Gesetz zur Regelung der Rahmenbedingungen für Information- und Kommunikationsdienste)을 제정하였으며, 특히 동법률 규정중 제1편 전자통신서비스법(TDG; Teledienstegesetz)과 제2편 전자통신서비스정보보호법(TDDSG; Teledienstedatenschutzgesetz)이 개인정보와 관련이 있다. 동법에 의하여 사이버공간에서 행하여지는 인권침해뿐 아니라 전자상거래환경에서 발생할 수 있는 제반 문제점을 법률적으로 해결할 수 있는 기반이 마련되었다. 그리고 통신서비스와 관련한 전자통신서비스정보보호법이 적용되는 범위에서는 연방개인정보 보호법은 그 적용이 제한된다.

5. 일본의 개인정보보호

일본은 공공부문에 대해서는 1988년 12월에 제정한 "행정기관이 보유하는 전자계산기처리에 따른 개인정보보호에 관한 법률"로 규율하고 있으나, 민간부문을 대상으로 한 포괄적인 법은 없는 상태였다. 그러나 일본은 EU지침에 의해 민간부문에 있어서도 많은 변화를 시도하였는데, 그 대표적인 것이 1997년 3월 통상산업성이 "민간부문에 있어서 전자계산기처리와 관련한 개인정보보호에 관한 가이드라인"을 고시하였다.[56] 그리고 일본의 각 단체는 이 통상산업성의 가이드라인을 참고하여 1997년 사이버산업연합회의 "사이버산업에서의 개인정보보호를 위한 가이드라인", 1998년 전자상거래실증추진협의회의 "전자상거래에 있어서의 개인정보보호 가이드라인" 등이 제정되어 운영되고 있었다.[57]

---

56 1997.3.4 통산산업성 고시 제98호. 이 지침은 1989년의 통상산업성의 동명 지침을 대폭 수정한 것이다.
57 그러나 "행정기관이 보유하는 전자계산기처리에 따른 개인정보보호에 관한 법률"에는 벌칙규정이 없었고, 민간부문을 대상으로 하는 가이드라인은 법적 구속력이 없다는 점에서 개인정보의 보호에 부족하였다(김주

그렇지만 일본은 급변하는 세계 환경변화에 적극적으로 대처하기 위하여 2000년도에 이르러 정부, 국회, 경제인단체, 학계 등의 전문가가 참여하여 개인정보에 관한 통합형 기본법인 개인정보 보호법을 제정하기 위한 준비를 하였다.

그 결과 2003년 5월에 공공 및 민간에 공통으로 적용되는 부분과 민간사업자의 의무를 정한 부분으로 구성되어 있는 "개인정보의 보호에 관한 법률"을 제정·공포하여 일부 시행되었고, 2005년 4월부터 전면 시행되었다.

이와 같은 일본의 개인정보 보호법을 개관하여 보면 다음과 같다.[58]

제1장에서 제3장까지는 공공 및 민간에 공통으로 적용되는 내용을 규정하고 있는데, 개인정보는 개인의 인격존중의 이념하에 신중하게 다루어져야 하며 적정하게 취급되어야 한다는 동법의 기본 이념이 명기되어 있다(제3조).

제4장에서 제6장은 민간부문에 대하여 규정하고 있는데 주로 모든 사업 분야에서 공통적으로 필요한 최소한의 사업자의 의무에 대하여 규정하고 있으며, 각 사업 분야를 지도·감독하는 주무부처는 각 사업 분야에서 다루어지는 개인정보의 내용이나 성격, 이용방법 등을 고려하여 개별적으로 그 분야의 실정에 맞는 가이드라인[59]을 마련하여 시행하고 있다. 의무규정의 대상이 되는 일정 규모의 민간사업자를 개인정보취급사업자라고 하며, 개인정보취급사업자는 5,000명을 초과하는 개인정보를 종이매체 또는 전자매체를 막론하고 데이터베이스화하여 사업활동을 하고 있는 자를 의미한다. 그리고 이러한 개인정보취급사업자는 ① 개인정보 이용 목적의 특정(제15조) 및 목적 외 이용의 금지(제16조), ② 적정한 취득(제17조), 취득에 있어서의 이용목적의 통지 등(제18조), ③ 개인데이터 내용의 정확성의 확보(제19조), ④ 안전관리 조치(제20조),[60] ⑤ 종업원 및 위탁 상대에 대한 감독(제21조, 제22조), ⑥ 제3자

영/손영섭, 개인정보 보호법의 이해, 법문사, 2012, 97면).

58 구체적인 내용은 백윤철/김상겸/이준복, 인터넷과 개인정보 보호법, 2012, 273면 이하 참조.

59 개인정보 보호법과 관련한 사업분야별 가이드라인으로는 2011년 10월 현재 전기통신, 의료, 금융 등 총 24개 분야에서 40개의 가이드라인이 존재한다고 한다(백문흠/전혜정, 일본의 개인정보 보호법제에 관한 소고, 2012년도 통합 법제연구보고서, 31면, 사업분야별 가이드라인의 구체적인 명칭과 제정일시에 대하여는 보고서, 34면 도표 참조).

60 이것은 개인데이터의 누설이나 손실을 막기 위해 적절한 안전관리 조치를 강구해야 하는 의무를 말한다. 구체적인 조치의 예로는 보안 확보를 위한 개인정보보호관리자의 임명, 내부관계자의 접근 관리, 시스템·기기 등의 정비나 사업자 내부의 책임체제의 확보 등이 있다.

제공의 제한(제23조), ⑦ 이용목적의 통지 및 개인데이터의 개시, 정정, 이용정지 등(제24조 내지 제27조)의 의무를 부담한다.

공공부문에 대하여는 공공부문별로 별도의 법령에 의하여 개인정보의 보호를 도모하고 있다. 행정기관의 개인정보 취급에 관하여 규정하고 있는 「행정기관이 보유한 개인정보 보호에 관한 법률」은 「행정기관이 보유하는 전자계산기처리에 관한 개인정보의 보호에 관한 법률」을 전부 개정한 것으로, 국가의 모든 행정기관에 대하여 구법이 대상으로 한 전자계산기처리에 관한 개인정보뿐만 아니라, 행정문서에 기록된 모든 개인정보(보유개인정보)에 관하여, 그 취급을 규율하고 있다.[61] 독립행정법인이나 국립대학법인 등의 개인정보 취급에 관하여는 「독립행정법인 등이 보유한 개인정보 보호에 관한 법률」에 규정하고 있으며, 이 법률은 행정기관과 동일하게 취급하는 것이 적절한 독립행정법인, 특수법인 및 인가법인에 관하여 행정기관이 보유하는 개인정보 보호에 관한 법률과 동일한 개인정보보호의 장치를 마련하였다. 그리고 독립행정법인이나 각 지방공공단체에 의해 제정된 「개인정보보호 조례」가 공공부문의 별도 법령에 해당한다.[62]

이러한 점에서 보면 일본의 개인정보 보호법제는 민간부문의 개인정보보호에 있어서 개별 분야마다 규제함으로써 일반법을 가지 않는 미국형의 개별방식(섹터럴방식)을 부정하고, 민간부문의 개인정보보호의 일반법(개인정보 보호법)을 제정하고 있으며, 한편으로 공공 분야를 규율하기 위한 행정기관 개인정보 보호법을 별도의 법률로 두고 있다는 점에서는 통합적이면서 분할적이기도 하다.[63]

Ⅴ 우리나라의 개인정보 · 비밀보호

1. 우리나라의 개인정보 보호법제의 개관

개인정보보호에 대한 법제는 규제대상과 규제방식에 따라 그 형식을 달리하게

---

61 백문흠/전혜정, 일본의 개인정보 보호법제에 관한 소고, 2012년도 통합 법제연구보고서, 16면.
62 김주영/손영섭, 개인정보 보호법의 이해, 법문사, 2012, 103면; 성낙인(외9인), 개인정보 보호법제에 관한 입법평가, 한국법제연구원, 2008, 462면.
63 백문흠/전혜정, 일본의 개인정보 보호법제에 관한 소고, 2012년도 통합 법제연구보고서, 31면.

된다. 특히 오프라인에서의 개인정보의 수집·이용뿐만 아니라 컴퓨터나 인터넷 등에 의하여 수집되고 처리되는 개인정보의 이용과 보호를 목적으로 하는 법률에는 다양한 규제방법이 있기 때문에 이러한 방식들에 대한 이해가 선행되어야 한다. 개인정보보호를 목적으로 하는 법령의 입법방식은 첫째 EU 지침과 EU회원국들이 취하고 있는 통합방식(옴니버스방식), 둘째 캐나다를 대표로 하는 분할방식(세그먼트방식), 셋째 미국을 대표로 하는 개별방식(섹터럴방식)으로 나눌 수 있다. 통합방식은 공공부문 및 민간부문을 하나의 법률에 의해 포괄적인 규제의 대상으로 하는 방식이고, 분할방식은 공공부문과 민간부문을 각각 별개의 법률에 의해 규제의 대상으로 하는 방식이며, 개별방식은 규제의 대상을 한정해서 개별영역별로 규제를 행하는 방식이다.[64]

우리나라의 개인정보보호 법률체계는 「개인정보 보호법」이 시행되기 이전에는 공공부문과 민간부문이 각각 별개의 법률로 규율되고 있었으며, 공공부문은 공공기관의 개인정보보호에 관한 법률에서 공공기관의 컴퓨터 등 정보처리 또는 송수신 기능을 가진 장치에 의하여 처리되는 개인정보의 보호에 관한 사항을 그 규율대상으로 하고 있었으며, 민간부문에서는 정보통신망 이용촉진 및 정보보호 등에 관한 법률에서 정보통신서비스를 이용하는 자의 개인정보 보호에 관한 사항을 규율하는 등 분야별로 금융실명거래 및 비밀보장에 관한 법률, 신용정보의 이용 및 보호에 관한 법률, 통신비밀보호법 등을 제정하여 운영하였다. 이러한 점에서 분할방식을 채택하고 있었다.

그러나 공공부문과 민간부문의 이원적 법체계는 포괄적인 개인정보 보호가 이루어지지 않는다는 비판이 제기되어 왔으며,[65] 각각의 법률에서 규정하고 있는 개인정보 보호기구가 적극적이고 체계적으로 개인정보를 보호함에 미흡하다는 문제점도 지적되어 왔다.[66] 더 나아가 개인정보가 기본권으로 보호된다는 명문의 규정은 없으나,[67] 우리 헌법은 국민의 자유와 권리가 헌법에 열거되지 아니한 이유로 경시되지

---

64 백윤철/김상겸/이준복, 인터넷과 개인정보 보호법, 2012, 203-204면; 성낙인(외9인), 개인정보 보호법 제에 관한 입법평가, 한국법제연구원, 2008, 357면 이하.

65 황태정, 개인정보 보호법제 체계의 입법적 개선방향, 한국형사정책연구원, 2005, 86면.

66 백문흠/전혜정, 일본의 개인정보 보호법제에 관한 소고, 2012년도 통합 법제연구보고서, 31면.

67 개인정보보호에 대한 헌법적 근거에 대한 상세한 논의는 이경렬, 개인정보침해의 형법적 대응, 비교형사법

아니한다고 규정함으로써 헌법상의 명문규정에 의해 보호되지 않는 기본권영역도 보호하고 있으며(제37조 제1항), 헌법재판소도 이러한 기본권의 하나로서 개인정보의 자기결정권을 인정하고 있다. 즉, 개인정보자기결정권은 자신에 관한 정보가 언제 누구에게 어느 범위까지 알려지고 또 이용되도록 할 것인지를 그 정보주체가 스스로 결정할 수 있는 권리로서, 헌법 제10조 제1문에서 도출되는 일반적 인격권 및 헌법 제17조의 사생활의 비밀과 자유에 의하여 보장된다. 또한, 그러한 개인정보를 대상으로 한 조사·수집·보관·처리·이용 등의 행위는 모두 원칙적으로 개인정보자기결정권에 대한 제한에 해당한다고 본다.[68]

따라서 공공부문과 민간부문을 통합하는 단일한 개인정보 보호법을 제정하여야 한다는 주장이 설득력을 얻었다.[69] 이에 따라 기존에 공공부문과 민간부문으로 분산되어 있던 법률을 정비하여 공공부문과 민간부문을 불문하고 모든 개인정보처리자가 법률의 적용을 받도록 하는 「개인정보 보호법」을 제정하여 2011년 9월 30일부터 시행하였다.[70]

따라서 2011년에 제정된 우리의 「개인정보 보호법」의 적용대상이 공공기관, 법인, 단체 및 개인 등 공공기관으로 한정하지 않고 민간사업자에게도 적용하고 있다는 점에서 통합방식을 취하고 있다고 볼 수 있다.

2. 개인정보 보호법에 의한 개인정보의 보호

1) 개인정보 보호법의 주요내용과 최근개정

(1) 2011년 제정된 「개인정보 보호법」은 본문 9장과 75개 조문, 부칙으로 구성되어 있으며, 그 주요 내용을 요약하여 살펴보면 다음과 같다.[71]

연구, 제12권 제2호(2010), 579-582면 참조.

68 헌법재판소 2009.9.24. 선고 2007헌마1092 결정; 헌법재판소 2005.7.21. 선고 2003헌마282 결정; 헌법재판소 2005.5.26. 선고 99헌마513 결정.

69 이은영, 한국의 정보화 관련법, 인터넷법률, 제15호(2003.1), 13면.

70 개인정보 보호법의 추진과정에 대하여 상세히는 김운석, 개인정보보호 2.0시대의 개인정보 보호법 개관, 법학연구(충남대학교), 제22권 제2호(2011), 19면 이하 참조.

71 이하의 개인정보 보호법의 주요내용은 김운석, 개인정보보호 2.0시대의 개인정보 보호법 개관, 법학연구(충남대학교), 제22권 제2호(2011), 23면 이하; 김주영/손영섭, 개인정보 보호법의 이해, 법문사, 2012, 111면 이하를 참고함.

첫째, 개인정보 보호법의 적용대상을 국회, 법원 등 헌법기관과 비영리단체까지 확대하여 공공부문과 민간부문 모든 부문에서의 개인정보를 처리하는 자는 모두 이 법에 따른 개인정보 보호규정을 준수하도록 하였다. 또한 컴퓨터 등과 같이 전자적으로 처리되는 개인정보뿐만 아니라 수기문서까지 개인정보의 보호범위에 포함하여 그동안 개인정보보호 관련 법률의 적용을 받지 아니하였던 사각지대까지 그 적용범위를 확대하였다. 그 결과 본법은 개인정보를 처리하는 약 350만 개 모든 공공기관과 사업자에게 적용된다고 한다.

둘째, 개인정보보호 기본계획, 법령 및 제도 개선 등 개인정보에 관한 주요사항을 심의·의결하기 위하여 대통령 소속의 개인정보보호위원회를 설치하여, 개인정보 보호를 위한 전담추진체계를 마련하였다. 개인정보보호위원회의 구성은 위원장 1명, 상임위원 1명을 포함한 15명 이내의 위원으로 구성하되, 상임위원은 정무직 공무원으로 임명한다. 위원장은 위원 중에서 공무원이 아닌 사람으로 대통령이 위촉하고, 위원은 ① 개인정보 보호와 관련된 시민사회단체 또는 소비자단체로부터 추천을 받은 사람, ② 개인정보처리자로 구성된 사업자단체로부터 추천을 받은 사람, ③ 그 밖에 개인정보에 관한 학식과 경험이 풍부한 사람의 어느 하나에 해당하는 사람을 대통령이 임명하거나 위촉한다. 이 경우 위원 중 5명은 국회가 선출하는 자를, 5명은 대법원장이 지명하는 자를 각각 임명하거나 위촉한다(제7조). 그리고 행정안전부에 개인정보 보호업무의 총괄·조정권한을 부여하여 보다 책임 있는 개인보호 정책의 수립·추진이 가능하게 되었다.

셋째, 개인정보의 수집, 이용, 제공 및 파기 등 단계별로 개인정보의 처리원칙을 규정하고, 목적 달성 등으로 개인정보가 불필요한 경우에는 개인정보가 복구·재생되지 않도록 파기를 의무화하였다(제21조). 이것은 본래 개인정보를 수집하였던 목적이 달성되어 보존필요성이 없어졌는데도 이를 계속 보유할 경우 개인정보의 유출과 오용 가능성이 높기 때문에 더 이상 개인정보가 불필요하게 된 경우에는 이를 파기시킴으로써 개인정보를 안전하게 보호하려는 것이다. 즉, 개인정보를 수집, 이용하거나 제3자에게 제공할 경우에는 정보주체의 동의 등을 얻도록 하고, 개인정보의 수집·이용 목적의 달성 등으로 불필요하게 된 때에는 지체 없이 개인정보를 파기하도록 하였다.

넷째, 주민등록번호 등과 같은 고유식별정보는 원칙적으로 처리를 금지하고, 별도의 동의를 얻거나 법령에 의한 경우 등에 한하여 제한적으로 예외를 인정하는 한편, 특정한 개인정보처리자[72]는 홈페이지 회원가입 등 일정한 경우 주민등록번호 외의 방법을 반드시 제공하도록 의무화하였었다(제24조). 그 밖에도 영상정보처리기기의 설치제한을 위한 근거를 마련하였었고, 개인정보영향평가제도를 도입하여 미리 위험요인을 분석하고 이를 조기에 제거할 수 있는 방안을 마련하였다.

(2) 2020.8.5.부터 시행된 개인정보 보호법은 새로운 기술의 확대에 맞추어 개인정보에 대한 보호와 활용의 필요성이 제기되었다. 4차 산업혁명 시대를 맞아 핵심 자원인 데이터의 이용 활성화를 통한 신산업 육성이 범국가적 과제로 대두되고 있고, 특히, 신산업 육성을 위해서는 인공지능, 클라우드, 사물 인터넷 등 신기술을 활용한 데이터 이용이 필요한 바, 안전한 데이터 이용을 위한 사회적 규범 정립이 시급한 상황이었다.

그러나 기존 법에 의하면 개인정보의 보호·감독기능은 행정안전부·방송통신위원회·개인정보보호위원회 등으로, 개인정보 보호 관련 법령은 개인정보 보호법과 정통망법 등으로 각각 분산되어 있어 신산업 육성을 위한 데이터 이용 활성화를 지원하는 데 한계가 있어 왔다. 이에 따라 정보주체의 동의 없이 과학적 연구, 통계작성, 공익적 기록보존 등의 목적으로 가명정보를 이용할 수 있는 근거를 마련하되, 개인정보처리자의 책임성 강화 등 개인정보를 안전하게 보호하기 위한 제도적 장치를 마련하는 한편, 개인정보의 오용·남용 및 유출 등을 감독할 감독기구는 개인정보보호위원회로, 관련 법률의 유사·중복 규정은 개인정보 보호법으로 일원화함으로써 개인정보의 보호와 관련 산업의 발전이 조화될 수 있도록 개인정보 보호 관련 법령을 체계적으로 정비하였다.

개정된 주요내용을 살펴보면, ① 개인정보의 일부를 삭제하거나 일부 또는 전부를 대체하는 등의 방법으로 추가 정보가 없이는 특정 개인을 알아볼 수 없도록 처리하는 것을 가명처리로 정의하였다. ② 개인정보보호위원회의 소속을 대통령 소속에서 국무총리 소속으로 변경하고, 행정안전부와 방송통신위원회의 개인정보 관련

---

[72] 공공기관과 공공기관 외에 인터넷 홈페이지를 운영하는 개인정보처리자로서 전년도 말 기준 직전 3개월간 그 인터넷 홈페이지를 이용한 정보주체의 수가 하루 평균 1만 명 이상인 개인정보처리자를 말한다(시행령 제20조 제1항).

사무를 개인정보보호위원회로 이관하여 개인정보 보호 컨트롤타워로서의 기능을 강화하였다. ③ 개인정보처리자는 당초 수집 목적과 합리적으로 관련된 범위 내에서 정보주체에게 불이익이 발생하는지 여부, 안전성 확보에 필요한 조치를 하였는지 여부 등을 고려하여 정보주체의 동의 없이 개인정보를 이용하거나 제공할 수 있도록 하였으며, ④ 개인정보처리자는 통계작성, 과학적 연구, 공익적 기록보존 등을 위하여 정보주체의 동의 없이 가명정보를 처리할 수 있도록 하되, 서로 다른 개인정보처리자 간의 가명정보의 결합은 개인정보보호위원회 또는 관계 중앙행정기관의 장이 지정하는 전문기관이 수행하도록 하였다. ⑤ 개인정보처리자는 가명정보를 처리하는 경우 해당 정보가 분실·도난·유출·위조·변조 또는 훼손되지 않도록 안전성 확보에 필요한 기술적·관리적 및 물리적 조치를 하도록 하고, ⑥ 누구든지 특정 개인을 알아보기 위한 목적으로 가명정보를 처리해서는 안 되고, ⑦ 정통망법상의 개인정보 보호 관련 규정을 개인정보 보호법으로 일원화함에 따라, 정보통신서비스 제공자 등의 개인정보 처리에 관한 특례 등을 규정하게 되었다.

2) 개인정보 보호법에 의한 개인정보의 형사법적 보호

(1) 공공기관의 개인정보 변경·말소에 의한 업무방해

공공기관의 개인정보 처리업무를 방해할 목적으로 공공기관에서 처리하고 있는 개인정보를 변경하거나 말소하여 공공기관의 업무 수행의 중단·마비 등 심각한 지장을 초래한 자는 10년 이하의 징역 또는 1억원 이하의 벌금에 처한다(제70조).

형법상의 공무집행방해죄는 폭행, 협박 또는 위계라는 특정의 방식에 의하여 공무의 집행을 방해하는 경우에 한하여 적용되므로, 공공기관의 개인정보를 변경·말소하여 공무집행을 방해한 경우에도 공무집행방해죄의 적용은 불가능하다. 또한 개인정보가 전자적 기록으로 저장되어 있는 경우 해당 개인정보는 공전자기록에 해당하나, 공전자기록을 변경·말소하여 공무를 집행하지 못하게 한 경우에도 공전자기록위작·변작죄는 성립하여도 별도의 공무집행방해죄는 해당하지 아니한다. 이 경우 공무방해죄가 아닌 업무방해죄로 처벌할 수 있는가와 관련하여 업무방해죄의 업무에는 공무가 포함되지 아니하므로[73] 업무방해죄나 컴퓨터에 의한 업무방해죄의 성

---

[73] 대법원 2011.7.28. 선고 2009도11104 판결; 대법원 2009.11.19. 선고 2009도4166 전원합의체 판결.

립도 부정된다. 따라서 본죄는 개인정보에 대한 변경·말소에 의한 공무방해를 처벌하도록 규정한 것이다.[74]

(2) 부정한 수단에 의한 개인정보 취득·제공

개인정보를 처리하거나 처리하였던 자[75]는 거짓이나 그 밖의 부정한 수단이나 방법으로 개인정보를 취득하거나 처리에 관한 동의를 받는 행위를 하여서는 안 된다(제59조 제1호). 이를 위반하여 거짓이나 그 밖의 부정한 수단이나 방법으로 개인정보를 취득하거나 개인정보 처리에 관한 동의를 받는 행위를 한 자 및 그 사정을 알면서도 영리 또는 부정한 목적으로 개인정보를 제공받은 자는 3년 이하의 징역 또는 3천만원 이하의 벌금에 처한다(제72조 제2호).[76]

본죄의 행위주체는 개인정보를 처리하거나 처리하였던 자이며 개인정보처리자뿐만 아니라 개인정보취급자도 본죄의 행위주체가 된다. 따라서 개인정보처리자에게 소속되어 개인정보를 처리하거나 처리하였던 적이 있는 전·현직 임직원, 파견근로자, 수탁자 등이 여기에 속한다.[77]

본죄의 '거짓이나 그 밖의 부정한 수단이나 방법'이란 개인정보를 취득하거나 또는 그 처리에 관한 동의를 받기 위하여 사용하는 위계 기타 사회통념상 부정한 방법이라고 인정되는 것으로서 개인정보 취득 또는 그 처리에 동의할지에 관한 정보주체의 의사결정에 영향을 미칠 수 있는 적극적 또는 소극적 행위를 뜻한다. 그리고 거짓이나 그 밖의 부정한 수단이나 방법으로 개인정보를 취득하거나 그 처리에 관한 동의를 받았는지를 판단할 때에는 개인정보처리자가 그에 관한 동의를 받는 행위 자체만을 분리하여 개별적으로 판단하여서는 안 되고, 개인정보처리자가 개인정보를 취득하거나 처리에 관한 동의를 받게 된 전 과정을 살펴보아 거기에서 드러난

---

74 공공기관의 개인정보가 아닌 민간영역에서의 개인정보 처리업무를 방해할 목적으로 해당 민간기관에서 처리하고 있는 개인정보를 변경하거나 말소하여 기관의 업무 수행의 중단·마비 등 심각한 지장을 초래한 경우에는 (컴퓨터에 의한) 업무방해죄가 성립한다.

75 본법에서 "개인정보처리자"란 업무를 목적으로 개인정보파일을 운용하기 위하여 스스로 또는 다른 사람을 통하여 개인정보를 처리하는 공공기관, 법인, 단체 및 개인 등을 말한다(제2조 제5호)

76 단순히 정보주체의 동의를 받지 않고 개인정보를 수집한 경우에는 형벌이 아닌 5천만원 이하의 과태료를 부과한다(제75조 제1항 제1호).

77 이창범, 개인정보 호보법, 법문사, 2012, 404면.

개인정보수집 등의 동기와 목적, 수집 목적과 수집 대상인 개인정보의 관련성, 수집 등을 위하여 사용한 구체적인 방법, 개인정보 보호법 등 관련 법령을 준수하였는지 및 취득한 개인정보의 내용과 규모, 특히 민감정보·고유식별정보 등의 포함 여부 등을 종합적으로 고려하여 사회통념에 따라 판단하여야 한다.[78]

(3) 부정한 수단에 의한 개인정보 취득 후 제3자 제공·교사·알선

거짓이나 그 밖의 부정한 수단이나 방법으로 다른 사람이 처리하고 있는 개인정보를 취득한 후 이를 영리 또는 부정한 목적으로 제3자에게 제공한 자와 이를 교사·알선한 자는 10년 이하의 징역 또는 1억원 이하의 벌금에 처한다(제70조 제2호). 이 경우는 앞의 경우와 유사하나 개인정보를 처리하거나 하였던 자라는 주체의 제한을 두고 있지 않다. 따라서 거짓과 같이 부정한 수단이나 방법으로 개인정보를 취득한 다음, 해당 개인정보를 제3자에게 영리 등의 목적으로 제공한 경우 또는 제공하도록 교사하거나 알선한 자를 처벌하는 경우이다.

(4) 정보주체 무동의 개인정보 제공·이용

① 정보주체 무동의 개인정보 제공

개인정보처리자는 정보주체의 동의를 받은 경우에는 정보주체의 개인정보를 제3자에게 제공할 수 있다(제17조 제1항 제1호). 법률에 특별한 규정에 따르는 등 개인정보를 수집한 목적 범위 내에서 개인정보를 제공하는 경우에 해당하지 아니함에도 불구하고 이를 위반하여 정보주체의 동의를 받지 아니하고 개인정보를 제3자에게 제공한 자 및 그 사정을 알고 개인정보를 제공받은 자는 5년 이하의 징역 또는 5천만원 이하의 벌금에 처한다(제71조 제1호).

여기서 개인정보의 '제공'이란 개인정보의 저장매체 또는 개인정보가 담긴 출력물이나 책자 등의 물리적 이전, 네트워크를 통한 개인정보의 전송, 개인정보에 대한 제3자의 접근권한의 부여, 개인정보처리자와 제3자의 개인정보 공유 등 개인정보의 이전과 공동으로 이용할 수 있는 상태를 초래하는 모든 행위를 말한다. 그러나 여기서의 제공의 개념에는 공개는 포함되지 아니한다. 왜냐하면 제공은 특정의 사람에

---

78 대법원 2017.4.7. 선고 2016도13263 판결.

게 행하여지는 것이므로 불특정 다수의 사람에 제공하는 것은 제공이 아니라 공개
에 해당하기 때문이다.[79]

② 개인정보 동의 초과 이용·제3자 제공

개인정보처리자는 정보주체의 동의를 받거나 법률의 특별한 규정 등에 의하여
개인정보를 수집할 수 있으며 그 수집 목적의 범위 내에서 이용할 수 있다. 이에 따
른 범위를 초과하여 이용하거나 제3자에게 제공하여서는 아니 된다. 다만 이 경우
에도 불구하고 개인정보처리자는 정보주체로부터 별도의 동의를 받은 경우나 다른
법률에 특별한 규정이 있는 경우 등의 경우에는 정보주체 또는 제3자의 이익을 부
당하게 침해할 우려가 있을 때를 제외하고는 개인정보를 목적 외의 용도로 이용하
거나 이를 제3자에게 제공할 수 있다(제18조 제1항, 제2항). 이와 같은 수집 목적의
범위와 관련한 규정을 위반하여 개인정보를 이용하거나 제3자에게 제공한 자 및 그
사정을 알면서도 영리 또는 부정한 목적으로 개인정보를 제공받은 자에게는 5년 이
하의 징역 또는 5천만원 이하의 벌금에 처한다(제71조 제2호).

③ 개인정보 목적외 이용·제3자 제공

개인정보처리자로부터 개인정보를 제공받은 자는(정보주체로부터 별도의 동의를 받은
경우나 다른 법률에 특별한 규정이 있는 경우는 제외) 개인정보를 제공받은 목적 외의 용도
로 이용하거나 이를 제3자에게 제공하여서는 아니 된다(제19조). 이를 위반하여 개
인정보를 목적외로 이용하거나 제3자에게 제공한 자 및 그 사정을 알면서도 영리
또는 부정한 목적으로 개인정보를 제공받은 자에게는 5년 이하의 징역 또는 5천만
원 이하의 벌금에 처한다(제71조 제2호).

④ 수탁자 개인정보 범위초과 이용·제3자 제공

개인정보처리자가 제3자에게 개인정보의 처리 업무를 위탁한 경우 수탁자는 개
인정보처리자로부터 위탁받은 해당 업무 범위를 초과하여 개인정보를 이용하거나
제3자에게 제공하여서는 아니 된다(제26조 제5항). 수탁자가 이를 위반하여 위탁받은
업무범위를 초과하여 개인정보를 이용하거나 제3자에게 제공한 자 및 그 사정을 알
면서도 영리 또는 부정한 목적으로 개인정보를 제공받은 자에게는 5년 이하의 징역

---

[79] 이창범, 개인정보 호보법, 법문사, 2012, 143면.

또는 5천만원 이하의 벌금에 처한다(제71조 제2호).

⑤ 이전 개인정보 목적외 이용·제3자 제공

개인정보처리자는 영업의 전부 또는 일부의 양도·합병 등으로 개인정보를 다른 사람에게 이전한 경우 영업양수자 등은 영업의 양도·합병 등으로 개인정보를 이전받은 경우에는 이전 당시의 본래 목적으로만 개인정보를 이용하거나 제3자에게 제공할 수 있다(제27조 제3항). 이를 위반하여 영업양수자 등은 당시의 본래의 목적을 초과하여 개인정보를 이용하거나 제3자에게 제공한 자 및 그 사정을 알면서도 영리 또는 부정한 목적으로 개인정보를 제공받은 자에게는 5년 이하의 징역 또는 5천만원 이하의 벌금에 처한다(제71조 제2호).

(5) 정보주체의 무동의 민감정보·고유식별정보처리

개인정보처리자는 원칙적으로 사상·신념, 노동조합·정당의 가입·탈퇴, 정치적 견해, 건강, 성생활 등에 관한 정보, 그 밖에 정보주체의 사생활을 현저히 침해할 우려가 있는 개인정보로서 대통령령으로 정하는 정보(소위 "민감정보")를 처리하여서는 아니 된다(제23조). 여기에서의 대통령령으로 정하는 민감정보에는 유전자검사 등의 결과로 얻어진 유전정보, 「형의 실효 등에 관한 법률」 제2조 제5호에 따른 범죄경력자료에 해당하는 정보, 인종이나 민족에 관한 정보가 여기에 해당한다.[80]

또한 개인정보처리자는 원칙적으로 법령에 따라 개인을 고유하게 구별하기 위하여 부여된 식별정보로서 대통령령으로 정하는 정보(소위 "고유식별정보")를 처리할 수 없다(제24조 제1항). 여기에서의 대통령령으로 정하는 고유식별번호에는 「주민등록법」에 따른 주민등록번호, 「여권법」에 따른 여권번호, 「도로교통법」에 따른 운전면허의 면허번호, 「출입국관리법」에 따른 외국인등록번호에 해당하는 정보가 여기에 해당한다.[81]

이를 위반하여 민감정보나 고유식별번호를 처리한 자는 5년 이하의 징역 또는 5천만원 이하의 벌금에 처한다(제71조 제3호, 제4호).

---

80 개인정보 보호법 시행령 제18조.
81 개인정보 보호법 시행령 제19조.

(6) 개인정보처리자의 권한초과 개인정보처리

개인정보를 처리하거나 처리하였던 자는 업무상 알게 된 개인정보를 누설하거나 권한 없이 다른 사람이 이용하도록 제공하는 행위를 하여서는 아니 되며(제59조 제2호), 정당한 권한 없이 또는 허용된 권한을 초과하여 다른 사람의 개인정보를 훼손, 멸실, 변경, 위조 또는 유출하는 행위를 하여서도 안 된다(제59조 제3호).

개인정보를 처리하거나 처리하였던 자는 개인정보의 처리를 행하는 직원 등이 직무상 알게 된 개인정보를 누설하는 등의 행위를 하는 것을 금지하고 있을 뿐 그러한 자로부터 개인정보를 건네받은 타인이 그 개인정보를 이용하는 행위를 금지하는 것은 아니라고 판단된다.[82] 따라서 개인정보의 처리를 행하는 직원 등이 개인정보를 누설하거나 타인에게 이를 이용하게 하는 행위를 처벌할 뿐이고, 개인정보를 건네받은 타인이 이를 이용하는 행위는 여기에 해당하지 않는다. 이러한 의미에서 개인정보 처리업무를 담당하지 않는 군청 직원이 그 담당하는 직원으로부터 건네받은 개인정보를 부당하게 이용한 경우 본죄로 처벌할 수 없다.[83]

또한 경찰공무원 갑이 수사과정에서 취득한 개인정보인 을과 병의 통화내역을 임의로 병에 대한 고소장에 첨부하여 타 경찰서에 제출한 경우, 이것이 비록 병의 위증 혐의를 증명하기 위한 목적이 포함되어 있다고 하더라도, 을의 동의도 받지 아니하고 관련 법령에 정한 절차를 거치지 아니한 경우에는 이것은 부당한 목적하에 이루어진 개인정보의 누설에 해당한다.[84] 이를 위반하여 업무상 알게 된 개인정보를 누설하거나 권한 없이 다른 사람이 이용하도록 제공한 자 및 그 사정을 알면서도 영리 또는 부정한 목적으로 개인정보를 제공받은 자, 다른 사람의 개인정보를 훼손, 멸실, 변경, 위조 또는 유출한 자는 5년 이하의 징역 또는 5천만원 이하의 벌금에

---

[82] 제공 받은 사람을 처벌할 수 있는가와 관련하여 "공공기관의 개인정보 보호에 관한 법률 제11조의 문리해석상 '개인정보의 처리를 행하는'이라는 문언과 '공공기관의'라는 문언은 함께 '직원이나 직원이었던 자'를 수식하는 것으로 해석하여야 할 것이고, 한편 위 조문은 개인정보의 처리를 행하는 공공기관의 직원 등이 직무상 알게 된 개인정보를 누설하는 등의 행위를 하는 것을 금지하고 있을 뿐 그러한 자로부터 개인정보를 건네받은 타인이 그 개인정보를 이용하는 행위를 금지하는 것은 아니므로, 결국 같은 법 제23조 제2항은 개인정보의 처리를 행하는 직원 등이 개인정보를 누설하거나 타인에게 이를 이용하게 하는 행위를 처벌할 뿐이고, 개인정보를 건네받은 타인이 이를 이용하는 행위는 위 조항에 해당하지 않는다"(대법원 2006.12.7. 선고 2006도6966 판결)라고 하여 이를 부정하였다.

[83] 대법원 2006.12.7. 선고 2006도6966 판결.

[84] 대법원 2008.10.23. 선고 2008도5526 판결.

처한다(제71조 제5호, 제6호).

여기에서 제71조 제5호 후단은 그 사정을 알면서도 영리 또는 부정한 목적으로 개인정보를 제공받은 자를 처벌하도록 규정하고 있을 뿐 개인정보를 제공하는 자가 누구인지에 관하여는 문언상 아무런 제한을 두지 않고 있는 점과 개인정보 보호법의 입법 목적 등을 고려할 때, 개인정보를 처리하거나 처리하였던 자가 업무상 알게 된 개인정보를 누설하거나 권한 없이 다른 사람이 이용하도록 제공한 것이라는 사정을 알면서도 영리 또는 부정한 목적으로 개인정보를 제공받은 자라면, 개인정보를 처리하거나 처리하였던 자로부터 직접 개인정보를 제공받지 아니하더라도 제71조 제5호의 '개인정보를 제공받은 자'에 해당한다고 본다.[85]

(7) 관련 기관 업무자의 비밀유지

개인정보 보호법에 의한 보호위원회의 업무(제7조의8, 제7조의9), 개인정보 인증업무(제32조의2), 개인정보 영향평가 업무(제33조) 또는 분쟁조정위원회의 분쟁조정 업무(제40조)에 종사하거나 종사하였던 자는 직무상 알게 된 비밀을 다른 사람에게 누설하거나 직무상 목적 외의 용도로 이용하여서는 아니 된다(제60조). 다만 다른 법률에 특별한 규정이 있는 경우[86]에는 예외로 한다. 이에 위반하여 직무상 알게 된 비밀을 누설하거나 직무상 목적 외에 이용한 자는 3년 이하의 징역 또는 3천만원 이하의 벌금에 처한다(제72조 제3호).

직무상 알게 된 비밀은 예를 들면 보호위원회의 심의과정에서 알게 된 국가정보기관이 보유하는 개인정보파일 현황이나 수사과정이 진행 중인 수사 관련 내용, 분쟁조정원회의 조정과정에서 알게 된 개인의 민감한 사생활에 관한 정보, 개인정보 영향평가 업무의 수행과정에서 알게 된 기업의 영업비밀 또는 정보시스템 등이 여기에 해당한다.[87]

---

85 대법원 2018.1.24. 선고 2015도16508 판결.
86 예를 들면 국회에서의 증언·감정 등에 관한 법률에 의하여 증인이나 참고인으로 출석하는 경우나 형사소송법에 의한 증인 또는 참고인으로 소환받은 경우가 여기에 해당한다.
87 이창범, 개인정보 호보법, 법문사, 2012, 409.

(8) 영상정보처리기기

누구든지 특정한 경우를 제외하고는 공개된 장소에 영상정보처리기기를 설치·
운영하여서는 아니 되며(제25조 제1항), 영상정보처리기기 운영자는 영상정보처리기
기의 설치 목적과 다른 목적으로 영상정보처리기기를 임의로 조작하거나 다른 곳을
비춰서는 아니 되며, 녹음기능은 사용할 수 없다(제25조 제5항). 이를 위반하여 영상
정보처리기기의 설치 목적과 다른 목적으로 영상정보처리기기를 임의로 조작하거나
다른 곳을 비추는 자 또는 녹음기능을 사용한 자는 3년 이하의 징역 또는 3천만원
이하의 벌금에 처한다(제72조 제1호).[88]

(9) 안전성확보조치 미이행에 의한 개인정보 분실 등

개인정보처리자가 고유식별정보를 처리하는 경우에는 그 고유식별정보가 분실·
도난·유출·변조 또는 훼손되지 아니하도록 대통령령으로 정하는 바에 따라 암호화
등 안전성 확보에 필요한 조치를 하여야 한다(제24조 제3항). 그리고 영상정보처리기
기 운영자는 개인정보가 분실·도난·유출·변조 또는 훼손되지 아니하도록 안전성
확보에 필요한 조치를 하여야 하며(제25조 제6항), 개인정보처리자는 개인정보가 분
실·도난·유출·변조 또는 훼손되지 아니하도록 내부 관리계획 수립, 접속기록 보관
등 대통령령으로 정하는 바에 따라 안전성 확보에 필요한 기술적·관리적 및 물리적
조치를 하여야 한다(제29조). 이를 위반하여 안전성 확보에 필요한 조치를 하지 아니
하여 개인정보를 분실·도난·유출·변조 또는 훼손당한 자는 2년 이하의 징역 또는
1천만원 이하의 벌금에 처한다(제73조 제1호).

(10) 정정 등 요구 개인정보의 이용·제3자 제공

정보주체는 개인정보처리자가 처리하는 자신의 개인정보에 대한 열람을 해당 개
인정보처리자에게 요구할 수 있으며(제35조 제1항), 이에 따라 자신의 개인정보를 열
람한 정보주체는 개인정보처리자에게 그 개인정보의 정정 또는 삭제를 요구할 수
있다. 다만, 다른 법령에서 그 개인정보가 수집 대상으로 명시되어 있는 경우에는
그 삭제를 요구할 수 없다(제36조 제1항). 그리고 개인정보처리자는 정보주체의 요구
를 받았을 때에는 개인정보의 정정 또는 삭제에 관하여 다른 법령에 특별한 절차가

---

[88] 영상정보처리기기와 관련한 개인정보보호의 문제는 보통 CCTV에 대한 개인정보보호의 문제로 다루어진다.

규정되어 있는 경우를 제외하고는 지체 없이 그 개인정보를 조사하여 정보주체의 요구에 따라 정정·삭제 등 필요한 조치를 한 후 그 결과를 정보주체에게 알려야 한다(제36조 제2항). 이를 위반하여 정정·삭제 등 필요한 조치를 하지 아니하고 개인정보를 계속 이용하거나 이를 제3자에게 제공한 자는 2년 이하의 징역 또는 1천만원 이하의 벌금에 처한다(제73조 제2호).

정보주체는 개인정보처리자에 대하여 자신의 개인정보 처리의 정지를 요구할 수 있으며, 개인정보처리자는 이러한 요구를 받았을 때에는 지체 없이 정보주체의 요구에 따라 개인정보 처리의 전부를 정지하거나 일부를 정지하여야 한다(제37조 제1항, 제2항).[89] 이를 위반하여 개인정보의 처리를 정지하지 아니하고 계속 이용하거나 제3자에게 제공한 자는 2년 이하의 징역 또는 1천만원 이하의 벌금에 처한다(제73조 제3호).

(11) 양벌규정

법인의 대표자나 법인 또는 개인의 대리인, 사용인, 그 밖의 종업원이 그 법인 또는 개인의 업무에 관하여 '개인정보처리 업무방해'(제70조)에 해당하는 위반행위를 하면 그 행위자를 벌하는 외에 그 법인 또는 개인을 7천만원 이하의 벌금에 처한다. 다만, 법인 또는 개인이 그 위반행위를 방지하기 위하여 해당 업무에 관하여 상당한 주의와 감독을 게을리하지 아니한 경우에는 그러하지 아니하다(제74조 제1항). 그리고 법인의 대표자나 법인 또는 개인의 대리인, 사용인, 그 밖의 종업원이 그 법인 또는 개인의 업무에 관하여 전술한 위반행위의 어느 하나에 해당하는 위반행위를 하면 그 행위자를 벌하는 외에 그 법인 또는 개인에게도 해당 조문의 벌금형을 과한다. 다만, 법인 또는 개인이 그 위반행위를 방지하기 위하여 해당 업무에 관하여 상당한 주의와 감독을 게을리하지 아니한 경우에는 그러하지 아니하다(제74조 제2항).

---

[89] 다만 다음 각 호의 어느 하나에 해당하는 경우에는 정보주체의 처리정지 요구를 거절할 수 있다.
1. 법률에 특별한 규정이 있거나 법령상 의무를 준수하기 위하여 불가피한 경우
2. 다른 사람의 생명·신체를 해할 우려가 있거나 다른 사람의 재산과 그 밖의 이익을 부당하게 침해할 우려가 있는 경우
3. 공공기관이 개인정보를 처리하지 아니하면 다른 법률에서 정하는 소관 업무를 수행할 수 없는 경우
4. 개인정보를 처리하지 아니하면 정보주체와 약정한 서비스를 제공하지 못하는 등 계약의 이행이 곤란한 경우로서 정보주체가 그 계약의 해지 의사를 명확하게 밝히지 아니한 경우

3. 형법에 의한 개인정보의 보호

1) 형법에 의한 비밀침해의 처벌(비밀침해죄)

형법은 비밀침해와 관련하여 "봉함 기타 비밀장치한 사람의 편지·문서 또는 도화를 개봉하거나"(제316조 제1항), "봉함 기타 비밀장치한 사람의 편지·문서·도화 또는 전자기록 등 특수매체기록"을 기술적 수단을 이용하여 그 내용을 알아낸 경우를 처벌한다(제316조 제2항). 그리고 "공무원이 그 직무에 관하여 봉함 기타 비밀장치한 문서 또는 도화를 개봉하거나"(제140조 제2항), "공무원이 그 직무에 관하여 봉함 기타 비밀장치한 문서·도화 또는 전자기록 등 특수매체기록"을 기술적 수단을 이용하여 그 내용을 알아낸 경우에는 더 무겁게 처벌(제140조 제3항)한다. 따라서 비밀침해죄가 성립하기 위해서는 (1) 봉함 기타 비밀장치한 사람의 편지·문서 또는 도화를 개봉하거나, (2)-① 봉함 기타 비밀장치 한 전자기록 등 특수매체기록을, (2)-② 기술적 수단을 이용하여, (2)-③ 그 내용을 알아내었어야 한다.

(1) 봉함 기타 비밀장치한 사람의 편지·문서 또는 도화를 개봉

본죄의 객체는 봉함 기타 비밀장치한 사람의 편지·문서 또는 도화로, 봉함 기타 비밀장치가 되어 있어야 한다. 따라서 우편엽서나 봉하지 아니한 편지나 문서는 비밀침해죄의 객체가 되지 아니한다. 그리고 본죄의 행위는 개봉으로, 개봉이란 봉함 기타 비밀장치를 해제하거나 무용으로 만들어 편지·문서 또는 도화의 내용을 알아볼 수 있는 상태에 두는 것을 말한다. 개봉은 반드시 파손을 필요로 하는 것은 아니나, 단순히 투시하여 그 내용을 알아내는 것은 그 요건이 아니다. 따라서 편지 등의 개봉을 하였으나 그 내용을 알아내지 못한 경우에도 본죄의 기수범이 성립한다는 점에서 본항의 범죄는 추상적 위험범에 해당한다.[90]

---

90 박상기/전지연, 형법학, 570면; 이형국/김혜경, 형법각론, 286면; 임웅, 형법각론 239면. 구체적 위험범으로 보는 입장은 배종대, 형법각론, 225-226면.

(2) 봉함 기타 비밀장치한 전자기록 등 특수매체기록을 기술적 수단을 이용하여 그 내용을 알아냄

① 봉함 기타 비밀장치한 전자기록 등

일반적으로 컴퓨터시스템은 타인의 침입을 방지하기 위하여 각종 보안장치를 가동하고 패스워드 등을 입력하도록 하여 권한이 있는 사람이 아니면 시스템에 접근할 수 없도록 하고 있다. 따라서 이러한 보안장치는 여기에서 말하는 기타 비밀장치에 해당한다.

여기서 이와 같은 보안장치를 한 객체가 전자기록 등 특수매체기록이어야 한다. 전자기록 등 특수매체기록은 일정한 데이터에 관한 전기적 기록, 자기적 기록 또는 광학적 기록 등으로서 감각기관에 의하여 직접 지각할 수 없는 기록을 말한다. 예컨대 컴퓨터하드디스크의 기록, 컴퓨터디스켓이나 USB, CD, 녹화필름, 녹음테이프 등이 여기에 속한다.[91] 다만 기록 등은 저장되어 있어야 하기 때문에 전송 중인 이메일의 내용을 알아내거나 이를 손괴하는 경우에는 전자기록 등 특수매체기록의 내용을 알아내는 것이 아니므로 형법상의 비밀침해죄에 해당하지 아니한다.[92]

② 기술적 수단의 이용

비밀침해죄가 성립하기 위하여는 "기술적 수단을 이용하여" 그 내용을 알아내었어야 한다. 특별한 해킹프로그램을 침투시키거나, 프로그램자체의 오류를 이용하여 시스템에 침입한 경우를 "기술적인 수단을 이용한" 것으로 보는 것은 별다른 문제가 없어 보인다. 또한 수많은 경우의 수를 대입하거나, 그러한 경우의 수를 자동으로 대입하여 주는 별도의 프로그램 등을 이용하여 패스워드를 알아낸 후 시스템에 침입한 경우도 이와 같은 기술적인 수단을 이용한 것으로 볼 수 있을 것이다.

그러나 그 시스템 관리자를 기망하여 패스워드를 알게 되었거나, 우연한 기회에 다른 경로를 통하여 알게 된 패스워드을 이용하여 시스템에 침입한 경우에도 본조에서 말하는 "기술적인 수단을 이용한" 것인지에 대하여는 논란의 여지가 있을 것으로 보인다.

기술적인 수단이라 함은 일정한 정도의 기능이나 기술이 요구되는 것으로서 불

---

91 동일한 취지로 이형국/김혜경, 형법각론, 285면; 임웅, 형법각론 239면.
92 오영근, 인터넷범죄에 관한 연구, 형사정책연구, 제14권 제2호(2003 여름), 306면.

빛에 비추어 보거나, 손으로 만져 보는 것과 같은 별다른 방법에 의하지 아니하고 누구나 쉽게 접근할 수 있는 방법까지를 의미한다고 할 수는 없을 것이므로 위와 같이 기망에 의하거나, 우연한 기회에 알게 된 패스워드를 이용하는 경우까지 기술적 수단에 의한 경우라고 인정하기는 어려울 것으로 생각된다.

③ 내용을 알아냄

비밀침해죄의 구성요건은 기술적 수단을 이용하여 그 "내용을 알아내는 것"으로서, 패스워드를 입력하거나, 기타의 방법으로 컴퓨터의 시스템에 부당하게 접근한 것만으로는 그 내용을 알아낸 것으로 보기 어려울 것이다. 즉, 비밀번호를 입력하여 시스템에 접근하였으나 그 내용을 확인하지 아니한 경우[93]에는 '그 내용을 알아낸' 경우에 해당한다고 보기 곤란하다. 일부의 견해에서는 여기서 일반적인 비밀침해죄의 성립에 개봉하는 것으로 충분하고 개봉 후 반드시 내용을 읽고 확인하였어야 할 필요는 없는 것과 마찬가지로 해당 비밀을 기술적 수단을 이용하여 이를 복사하거나 녹화하는 것으로 충분하고 그 내용을 인식할 필요까지는 없다고 주장한다.[94] 그러나 본죄의 구성요건상으로 명백하게 그 내용을 알아내었음을 요구하고 있을 뿐 아니라, 내용을 지득하지 못한 경우 그 위험성면에서 차이가 있다 할 것이므로 기술적 수단을 이용한 복사나 녹화만으로는 본죄를 구성하지 아니한다고 이해하는 것이 타당하다고 생각한다.

또한 패스워드를 알아내기 위하여 트로이목마 등 해킹 프로그램을 해당 시스템에 침투시켜 실제로 패스워드를 알아내었다면, 위 패스워드를 이용하여 시스템에 다시 부당침입을 하지 않았다 하더라도 이미 패스워드를 알아내는 과정 자체가 비밀침해죄의 구성요건을 충족한 것이므로 여기에 해당된다 할 것이다.

그러나 이와는 달리 경우의 수를 대입하는 방법으로 비밀번호를 알아내는 경우 등 시스템 자체의 내용을 탐지하지 아니하고 다른 방법에 의하여 그 비밀번호를 알아내었으나 아직 그 패스워드를 이용하여 해당 컴퓨터의 시스템에 부당침입을 하지 않았을 경우에는 실제로 위와 같은 방법으로 패스워드를 알아내었다 하더라도 이를

---

[93] 예를 들면 비밀번호를 입력한 후 실행키를 눌렀으나, 그 내용을 확인하기 전에 발각된 경우나 혹은 비밀번호를 입력하였으나 그 내용이 자신이 알지 못하는 외국문자나 특수기호 또는 숫자로 기재되어 있어 그 의미를 알지 못하게 된 경우를 의미한다.

[94] 박상기, 형법각론, 제8판(2011), 219면; 오영근, 형법각론, 261면.

해당 시스템의 '전자기록 내용을 알아낸' 경우에 해당한다고 할 수는 없을 것이다. 따라서 이와 같은 방법으로 패스워드를 알아낸 것만을 별도로 비밀침해죄로 처벌할 수는 없을 것으로 생각된다.[95]

2) 업무상 비밀누설

의사, 한의사, 치과의사, 약제사, 약종상, 조산사, 변호사, 변리사, 공인회계사, 공증인, 대서업자나 그 직무상 보조자 또는 차등의 직에 있던 자가 그 업무처리 중 지득한 타인의 비밀을 누설한 때에는 업무상 비밀누설죄로 처벌된다. 또한 이 죄는 종교의 직에 있는 자 또는 있던 자가 그 직무상 지득한 사람의 비밀을 누설한 때에도 마찬가지이다(제317조).

본죄의 행위주체는 의사 등 또는 차등의 직에 있었던 자에 국한되므로 진정신분범에 해당하며, 다수설에 의하면 자수범이다.[96] 행위객체는 업무처리 중 또는 직무상 지득한 타인의 비밀이다. 여기서 비밀은 한정된 범위 내의 사람에게만 알려져 있는 사실로서 타인에게 알려짐으로써 비밀의 주체에게 불리하게 될 성질의 것을 말한다. 비밀인가의 여부에 대한 판단은 본인의 비밀유지의사에만 따르는 것이 아니라 객관적인 비밀유지이익이 있는지도 함께 고려하여야 한다.[97] 그리고 위의 직업에 종사하는 자가 알게 된 비밀이라고 하더라도 업무상 알게 된 것이 아니라면 본죄의 객체에 해당하지 아니한다. 행위는 누설로서, 누설은 비밀을 모르고 있는 자로 하여금 알게 하는 것을 말하며, 특정한 1인에게만 알리는 것도 누설에 해당한다. 누설행위로 인하여 상대방이 비밀을 인식하였는지 여부는 본죄의 성립에 영향이 없다는 점에서 추상적 위험범에 해당한다.[98]

검찰, 경찰 기타 범죄수사에 관한 직무를 행하는 자 또는 이를 감독하거나 보조

---

95 다만, 필자가 말하는 해킹의 개념은 '컴퓨터시스템에의 부당침해'를 의미하므로 이와 같이 컴퓨터시스템에 대한 부당한 침해 없이, 단순히 경우의 수를 대입하여 패스워드를 알아내는 것 자체만으로는 해킹이라고 할 수는 없을 것으로 생각된다.

96 이형국/김혜경, 형법각론, 289면; 박상기, 형법각론, 제8판(2011), 223면; 임웅, 형법각론, 245면. 반대로 자수범을 부정하는 견해는 오영근, 형법각론 264면.

97 Schönke/Schröder/Lenckner/Eisele, StGB, 30.Aufl., 2019, § 203 Rn.7; 박상기/전지연, 형법학, 573-574면.

98 임웅, 형법각론 246면.

하는 자가 그 직무를 행함에 당하여 지득한 피의사실을 공판청구 전에 공표한 때에는 피의사실 공표죄로 처벌된다(제126조). 또한 공무원 또는 공무원이었던 자가 법령에 의한 직무상 비밀을 누설한 때에는 공무상 비밀누설죄로 처벌된다(제127조).

4. 「정보통신망 이용촉진 및 정보보호 등에 관한 법률」에 의한 개인정보의 보호

1) 속이는 행위에 의한 개인정보수집(소위 피싱)

누구든지 정보통신망을 통하여 속이는 행위로 다른 사람의 정보를 수집하거나 다른 사람이 정보를 제공하도록 유인하여서는 아니 되며(제49조의2 제1항), 이를 위반하여 다른 사람의 개인정보를 수집한 자는 3년 이하의 징역 또는 3천만원 이하의 벌금에 처한다(제72조 제1항 제2호).[99]

이와 같은 속이는 행위에 의한 개인정보수집의 금지규정은 메일형 피싱[100]과 같은 방법으로 개인정보를 알아내는 것을 처벌하기 위하여 마련한 규정으로, 피셔는 사이트를 위장하여 피해자를 속임으로써 피해자의 개인정보를 취득한다는 점에서 인터넷피싱행위는 이 규정으로 처벌할 수 있다.[101]

---

99 정보통신서비스제공자는 속이는 행위에 의하여 개인정보를 수집하는 등의 사실을 발견하면 즉시 방송통신위원회나 한국인터넷진흥원에 신고하여야 하며(동법 제49조의2 제2항), 방송통신위원회나 한국인터넷진흥원은 이러한 신고를 받거나 속이는 행위에 의하여 개인정보를 수집하는 사실을 알게 되는 경우에는 위반 사실에 관한 정보의 수집·전파, 유사 피해에 대한 예보·경보, 정보통신서비스제공자에 대한 접속경로의 차단요청 등 피해 확산을 방지하기 위한 긴급조치와 같은 필요한 조치를 취하도록 규정하고 있다(동법 제49조의2 제2항).

100 메일형 피싱은 기본적으로 다음과 같은 단계를 거치며 진행된다. 첫째, 피셔는 피싱에 이용할 금융기관 명의의 전자메일을 작성하고, 위장 웹사이트를 제작하고 이를 설치하며, 보통의 경우 이러한 행위와 함께 발신할 메일주소를 수집한다. 둘째, 수집된 메일주소로 클릭하면 이미 설치해 놓은 위장 웹사이트로 링크하도록 하는 내용을 포함한 전자메일을 발송한다. 셋째, 전자메일을 수신한 예상 피해자가 해당 위장 웹사이트 주소를 클릭하고, 피해자 자신은 진정한 금융기관의 웹사이트인줄 알고 해당 사이트에 개인의 금융 관련 정보(계좌정보, 비밀번호, 신용카드번호, 주민등록번호 등)를 입력하고, 피셔는 이를 획득한다. 넷째, 피셔는 획득한 개인금융정보를 이용하여 피해자의 계좌나 신용카드로 자금을 이체하는 등의 행위를 하여 재산상의 이득을 취득한다.

101 인터넷피싱에 대하여는 전지연, 인터넷 피싱의 형사법적 책임, 형사정책연구, 제20권 제4호(2009), 97면 이하 참조.

2) 정보통신망처리 타인 정보·비밀 침해 등

(1) 규정내용과 취지

누구든지 정보통신망에 의하여 처리·보관 또는 전송되는 타인의 정보를 훼손하거나 타인의 비밀을 침해·도용 또는 누설하여서는 안 되며(제49조), 이를 위반하여 타인의 정보를 훼손하거나 타인의 비밀을 침해·도용 또는 누설한 자는 5년 이하의 징역 또는 5천만원 이하의 벌금에 처한다(제71조 제11호).

형법상 비밀침해죄의 행위객체는 전자기록 등 특수매체기록에 저장되어 있는 비밀로 제한되기 때문에 정보통신망을 통하여 전송 중이거나 현재 처리 중인 정보는 형법상의 비밀침해죄에 해당되지 않는다. 정보통신망법상의 비밀침해죄의 규정은 이와 같은 정보통신망을 통한 비밀침해를 처벌할 수 있도록 규정한 것이다.[102]

(2) 타인의 비밀

여기서 '타인의 비밀'에서 '타인'에는 생존하는 개인뿐만 아니라 이미 사망한 자도 포함되는지에 대하여는 다소 의문이 있다. 왜냐하면 개인정보의 개념에서 개인은 '생존하는 개인에 대한 정보'를 의미하기 때문에(동법 제2조 제1항 제6호) 이미 사망한 사람에 대한 정보는 포함되지 않는 것으로 해석될 수도 있기 때문이다. 그러나 여기서 '개인정보의 훼손'이나 '개인의 비밀'이라고 표현하지 않고 '타인'의 정보 또는 '타인'의 비밀이라고 표현하였으므로 개인과 타인을 동일하게 해석할 필요는 없고 타인에 사망한 사람도 포함되는 것으로 해석되고,[103] 대법원도 동일하게 해석한다.[104]

---

102 더 나아가 내용을 알아내지 않고 정보를 훼손하거나 침해하는 행위는 형법의 비밀침해죄에 해당하지 않는데 정보통신망법은 비밀을 침해하는 경우뿐만 아니라 정보 자체를 훼손하는 경우도 이를 범죄로 규정하였다(오영근, 인터넷범죄에 관한 연구, 형사정책연구, 제14권 제2호(2003 여름), 308-309면; 홍승희, 정보통신범죄의 전망, 형사정책, 제19권 제1호(2007), 21면).

103 박상기/전지연/한상훈, 형사특별법, 182면.

104 대법원 2007.6.14. 선고 2007도2162 판결. "여기에서 말하는'타인'에 이미 사망한 자가 포함되는지에 관하여 보건대, '정보통신망의 이용을 촉진하고 정보통신서비스를 이용하는 자의 개인정보를 보호함과 아울러 정보통신망을 건전하고 안전하게 이용할 수 있는 환경을 조성'(제1조)한다는 입법 취지에서 제정된 법은 정보통신망의 이용촉진(제2장) 및 개인정보의 보호(제4장)에 관한 규정과 별도로 정보통신망의 안정성과 정보의 신뢰성 확보를 위한 규정들을 두고 있는데(제6장) 그 중의 하나가 제49조인 점, 이미 사망한 자의 정보나 비밀이라고 하더라도 그것이 정보통신망에 의하여 처리·보관 또는 전송되는 중 다른 사람에 의하여 함부로 훼손되거나 침해·도용·누설되는 경우에는 정보통신망의 안정성 및 정보의 신뢰성을 해칠

'비밀'이란 일반적으로 알려져 있지 않은 사실로서 이를 다른 사람에게 알리지 않는 것이 본인에게 이익이 되는 것을 의미한다.[105] 그리고 비밀의 '누설'이란 비밀을 아직 알지 못하는 타인에게 이를 알려주는 행위를 말하고, 그 방법에 제한이 있다고 볼 수 없으므로 구두의 고지, 서면에 의한 통지 등 모든 방법이 가능하다.[106]

(3) '정보통신망에 의하여 처리·보관 또는 전송'되는 타인의 비밀

'정보통신망에 의하여 처리·보관 또는 전송되는 타인의 비밀 누설'이란 타인의 비밀에 관한 일체의 누설행위를 의미하는 것이 아니라, 정보통신망에 의하여 처리·보관 또는 전송되는 타인의 비밀을 정보통신망에 침입하는 등 부정한 수단 또는 방법으로 취득한 사람이나, 그 비밀이 위와 같은 방법으로 취득된 것을 알고 있는 사람이 그 비밀을 아직 알지 못하는 타인에게 이를 알려주는 행위만을 의미하는 것으로 제한하여 해석하여야 한다.

이러한 해석이 형벌법규의 해석 법리, 정보통신망법의 입법 목적과 규정 체제, 정보통신망법 제49조의 입법 취지, 비밀 누설행위에 대한 형사법의 전반적 규율 체계와의 균형 및 개인정보 누설행위에 대한 정보통신망법 제28조의2 제1항과의 관계 등 여러 사정에 비추어 정보통신망법 제49조의 본질적 내용에 가장 근접한 체계적·합리적 해석이기 때문이다. 따라서 피고인이 자신이 운영하는 인터넷 사이트 카페에 개인정보가 담겨 있는 '특정 종교 교인 명단' 파일을 업로드하여 이에 접속하는 다른 회원들로 하여금 이를 다운로드받아 볼 수 있게 함으로써 정보통신망에 의하여 처리·보관 또는 전송되는 타인의 비밀을 침해·도용 또는 누설하였다는 내용

우려가 있는 점, 법 제2조 제1항 제6호는 '개인정보'가 생존하는 개인에 관한 정보임을 명시하고 있으나 제49조에서는 이와 명백히 구분되는 '타인의 정보·비밀'이라는 문언을 사용하고 있는 점, 정보통신서비스 이용자의 '개인정보'에 관하여는 당해 이용자의 동의 없이 이를 주고받거나 직무상 알게 된 개인정보를 훼손·침해·누설하는 것을 금지하고 이에 위반하는 행위를 처벌하는 별도의 규정을 두고 있는 점(법 제24조, 제62조 제1호 내지 제3호), 형벌법규에서 '타인'이 반드시 생존하는 사람만을 의미하는 것은 아니며, 예컨대 문서의 진정에 대한 공공의 신용을 그 보호법익으로 하는 문서위조죄에 있어서 '타인의 문서'에는 이미 사망한 자의 명의로 작성된 문서도 포함되는 것으로 해석하고 있는 점(대법원 2005.2.24. 선고 2002도18 전원합의체 판결 참조) 등에 비추어 보면, 법 제49조 및 제62조 제6호 소정의 '타인'에는 생존하는 개인뿐만 아니라 이미 사망한 자도 포함된다고 보는 것이 체계적이고도 논리적인 해석이라 할 것이다."

105 동일한 취지로 대법원 2918.12.27. 선고 2017도15226 판결; 대법원 2007.6.28. 선고 2006도6389 판결; 대법원 2007.4.26. 선고 2005도9259 판결; 대법원 2006.3.24. 선고 2005도7309 판결.
106 대법원 2008.4.24. 선고 2006도8644 판결; 박상기/전지연/한상훈, 형사특별법, 183면.

으로 기소된 경우, 설령 위 명단이 타인의 비밀에 해당하여 보호받을 필요성이 인정된다 하더라도 원래 정보통신망에 의하여 처리·보관 또는 전송되던 것을 정보통신망을 침해하는 방법 등으로 명단의 작성자나 관리자의 승낙 없이 취득한 것이라는 점을 인정할 증거가 없는 경우에는 피고인의 행위가 정보통신망에 의하여 처리·보관 또는 전송되는 타인의 비밀을 침해·도용 또는 누설한 경우에 해당한다고 볼 수 없다.[107]

또한 '정보통신망에 의해 처리·보관 또는 전송되는 타인의 비밀'에는 정보통신망으로 실시간 처리·전송 중인 비밀, 나아가 정보통신망으로 처리·전송이 완료되어 원격지 서버에 저장·보관된 것으로 통신기능을 이용한 처리·전송을 거쳐야만 열람·검색이 가능한 비밀이 포함됨은 당연하다. 그러나 이에 한정되는 것은 아니다. 정보통신망으로 처리·전송이 완료된 다음 사용자의 개인용 컴퓨터(PC)에 저장·보관되어 있더라도, 그 처리·전송과 저장·보관이 서로 밀접하게 연계됨으로써 정보통신망과 관련된 컴퓨터 프로그램을 활용해서만 열람·검색이 가능한 경우 등 정보통신체제 내에서 저장·보관 중인 것으로 볼 수 있는 비밀도 여기서 말하는 '타인의 비밀'에 포함된다고 보아야 한다.[108]

(4) 누설

타인의 비밀을 누설하는 행위의 주체와 관련하여, 동법 제1조는 "이 법은 정보통신망의 이용을 촉진하고 정보통신서비스를 이용하는 자의 개인정보를 보호함과 아울러 정보통신망을 건전하고 안전하게 이용할 수 있는 환경을 조성하여 국민생활의 향상과 공공복리의 증진에 이바지함을 목적으로 한다"고 규정하고 있고, 동법 제49조가 '누구든지'라고 규정하여 '타인의 비밀 누설'행위의 주체를 제한하고 있지 않다. 또한 비밀의 침해행위와는 별도로 도용, 누설행위를 금지하고 있는 점, 비밀의 '누설'이란 비밀을 아직 알지 못하는 타인에게 이를 알려주는 행위를 말하고, 그 방법에 제한이 없는 점 등에 비추어 보면, '정보통신망에 의하여 처리·보관 또는 전송되는 타인의 비밀'을 정보통신망으로부터 직접 취득하지 아니하고 제3자를 통하

---

[107] 대법원 2012.12.13. 선고 2010도10576 판결.
[108] 대법원 2018.12.27. 선고 2017도15226 판결.

여 취득한 사람이라 하더라도 그 정을 알면서 그 비밀을 알지 못하는 제3자에게 이를 알려 준 경우에는 타인의 비밀누설죄가 성립한다.[109]

Ⅵ 결어

전자적 개인정보의 형사법적 보호와 관련하여 구 형법하에서는 전자적 정보의 보호는 사실상 전무하였으며, 단지 부분적으로 전자적 정보를 기록하고 있는 매체에 대한 침해로 인한 범죄의 성립만이 긍정될 수 있었다. 따라서 기억매체나 저장매체의 파괴로 인한 재물손괴죄나 이로 인한 업무방해의 경우 업무방해죄를 구성할 수밖에 없었으며, 전자적 정보 자체를 탐지·누설하거나 또는 삭제·부정조작하는 경우는 구 형법에서는 범죄로 포섭될 수 없었다. 개정형법은 이러한 문제점을 해소하기 위하여 전자적 정보를 보호하기 위한 다양한 입법적인 해결책으로 마련되었다. 그 결과 전자적 개인정보의 보호를 위하여 저장된 전자적 개인정보를 권한 없이 탐지·누설하는 행위를 '비밀침해죄'에 포섭되도록 하였다. 또한 전자적 정보를 무단히 위작·변작한 경우에는 해당 전자적 정보를 공전자기록과 사전자기록으로 나누어 이를 처벌하도록 하였다. 또한 이와 같은 범죄들은 단순히 전자적 정보를 부정조작하거나 삭제·변경하는 경우뿐만 아니라 전자적 정보를 담고 있는 기억매체를 파괴하는 등의 방식을 통하여 발생할 수 있으므로 이러한 유형도 함께 포섭할 수 있도록 규정하였다. 개정형법에 반영되지 아니하였던 정보통신망과 관련된 전자적 개인정보의 침해행위는 포괄적으로 「정보통신망법」에 의하여 규율되도록 하거나 기타 특별법에 의하여도 규율되도록 하였다. 이와 같이 전자적 정보를 형사법적으로 보호하기 위한 노력에도 불구하고 부분적으로 전자적 개인정보의 형사법적 보호가 완벽하게 규정되었다고 볼 수는 없으며, 일부의 경우에는 과잉형벌화를 보여주기도 한다.

---

[109] 따라서 자신의 뇌물수수 혐의에 대한 결백을 주장하기 위하여 제3자로부터 사건 관련자들이 주고받은 이메일 출력물을 교부받아 징계위원회에 제출한 사안에서, 이메일 출력물 그 자체는 정보통신망 이용촉진 및 정보보호 등에 관한 법률에서 말하는 '정보통신망에 의하여 처리·보관 또는 전송되는' 타인의 비밀에 해당하지 않지만, 이를 징계위원회에 제출하는 행위는 '정보통신망에 의하여 처리·보관 또는 전송되는 타인의 비밀'인 이메일의 내용을 '누설하는 행위'에 해당한다고 보았다(대법원 2008.4.24. 선고 2006도8644 판결).

첫째, 현재 정보통신망법은 누구든지 정당한 접근권한 없이 또는 허용된 접근권한을 초과하여 정보통신망에 침입하는 경우를 처벌하도록 규정하여, 단순 해킹행위를 처벌의 대상으로 삼고 있다. 즉, 정보통신망서비스제공자의 보호조치 여부에 관계없이 행위자가 정보통신망에 부정하게 접근하는 것을 처벌하며, 더 나아가 2004년 1월 29일의 개정으로 미수범에 대하여도 처벌하고 있다. 이는 과거의 전산망법의 규정에 따르면 보호조치를 침해 또는 훼손한 경우를 전제로 해킹을 처벌하던 것을 (구 전산망법 제22조 제2항), 보호조치 없는 경우에도 접근하는 것을 처벌한다는 취지와 미수의 경우도 처벌한다는 취지로 처벌범위를 이중적으로 확장하였다. 그러나 이러한 태도가 바람직한 것인가에 대하여는 의문이다. 단순해킹은 아직 구체적으로 법익침해의 모습을 보이지는 않으나 정보통신망의 안정성을 교란하는 행위로 볼 수는 있을 것이므로 처벌필요성이 존재할 수 있다. 그러나 ID나 Password와 같은 기본적인 보호조치조차 없는 정보통신망에 단순히 무권한 접속하거나 또는 부정 접속하는 것과 같은 단순해킹의 경우에는 이러한 정보통신망의 안정성이 교란된다고 보기는 어렵다. 그럼에도 불구하고 이를 처벌하는 것은 사이버공간을 이용하는 수많은 네티즌을 단순한 클릭 하나로 범죄자로 만드는 것이며, 역으로 이용자의 희생 위에 정보통신망관리자의 보호조치의무를 소홀히 하도록 조장할 위험이 있다. 오히려 정보통신망의 안정성 교란은 정보통신망관리자의 보호조치의무와의 연관 속에서 찾는 것이 바람직할 것으로 보인다. 따라서 일체의 보호장치나 안전장치가 설치되지 않은 시스템이나 정보통신망에 대한 해킹은 그 가벌성을 인정하기 어렵고, 보호조치가 존재하는 정보통신망의 경우에 해당 보호조치를 무력화시키는 해킹의 경우 처벌필요성이 존재한다. 또한 단순해킹의 미수를 처벌하는 것에 대해서도 의문이다. 미수범의 처벌은 정보통신망에 보호조치가 존재하는 경우 해당 보호조치나 안전장치를 기술적 수단을 이용하여 훼손하거나 해독프로그램을 이용하여 보호조치 등을 무력화시키려는 시도 자체를 처벌하려는 취지로 보인다. 그러나 정보통신망에 부정 접속하기 위하여 정보통신망의 보호조치 등을 해체하는 모든 과정이 미수에 해당하게 되므로 현실적으로 처벌범위가 너무 확대되어, 극단적으로 말하자면 정보통신망에 접속할 권한이 없음에도 접속하여 보고자 아무런 ID나 Password를 입력하는 행위도 미수에 해당한다고 볼 수 있기 때문이다. 따라서 해킹의 미수범을 처벌하고 싶으면 보다 상세하게 규정하여 미수범의 처벌규정을 두어야 할 것이다.

둘째, 특별법인 「정보통신망법」에 규정된 처벌조항이 사실상 일반조항적인 성격을 띠고 있어 결과적으로 동일한 내용과 동일한 행위에 대해 처벌을 규정하고 있는 다른 법률이나 형법의 규정들은 경우에 따라서는 사실상 불필요하다. 예컨대 전자적인 개인정보인 비밀이 시스템에 저장되어 있는 경우 이를 정보통신망을 통한 해킹의 방법으로 해당 비밀을 탐지한 경우 형법상의 비밀침해죄와 특별법인 정보통신망법의 비밀침해죄인 양자 모두에 해당된다. 따라서 시스템에 수록된 데이터를 탐지하여 비밀을 알아내는 경우에는 특별법인 「정보통신망법」에 의하여 처벌할 수밖에 없다. 이러한 의미에서 처벌의 흠결이 생기지는 않지만 양자를 통일적으로 규율하는 것이 타당하다.

셋째, 특별법상의 비밀침해의 구성요건이 조금씩 차이가 있는 것도 또 다른 문제를 야기시킬 수 있다. 예컨대 어떤 법률에서는 비밀의 '침해'행위만이 처벌되고 또 다른 법률에서는 비밀의 '누설과 도용' 등이 구성요건으로 되어 있는 것도 입법의 일관성을 결여한 것이라고 할 수 있다. 이는 결국 일반인들에게 처벌법규의 존재와 그 내용을 홍보하는 걸림돌이 될 뿐만 아니라 필요 없는 낭비가 된다.

넷째, 너무 다양한 법률과 규정들을 통하여 전자적 개인정보가 보호되는 상황이므로 용어상의 통일성이 존재하지 않고 부분적으로 중복·흠결을 나타내기도 한다. 또한 이러한 이유로 각 경우의 처벌에 있어 형평을 기할 수 있는지의 문제도 발생한다. 예컨대 부정하게 정보통신망을 통해 전자적 개인정보를 탐지한 경우에는 형법상의 비밀침해죄(3년 이하 징역 또는 500만원 이하의 벌금)인 동시에 정보통신망법의 비밀침해죄(5년 이하의 징역 또는 5천만원 이하의 벌금)에도 해당된다. 따라서 이 경우에는 정보통신망법의 비밀침해죄가 성립한다. 그러나 단순히 전자적으로 저장된 개인정보를 기술적 수단을 이용하여 알아내는 경우에는 형법상의 비밀침해죄만이, 정보통신망을 통해 전송 중인 비밀을 탐지해 내는 경우에는 정보통신망법의 비밀침해죄만이 성립한다. 따라서 전자의 경우는 3년 이하의 징역, 후자의 경우는 5년 이하의 징역이라는 형의 불균형이 나타난다. 그러나 과연 인터넷상의 비밀침해가 현실적인 비밀침해보다 불법성이 더 큰 것인지는 의문스러우며, 그 반대의 경우도 가능하다고 보인다. 이러한 의미에서 양자의 형의 균형이 필요하다고 생각된다.

다섯째, 전체적으로 전자적 개인정보나 정보기술의 급격하고 신속한 발달로 인하여 정보의 형사법적인 보호가 이러한 정보기술의 발전속도를 따라가지 못하고 있다. 따라서 사이버상의 개인정보보호의 모든 경우를 포섭할 수 있는 통일적이고 체계적인 입법적 보완이 필요하다. 이를 위한 합리적인 방법은 전자적 개인정보의 보호나 사이버상의 범죄들에 대한 특별법을 제정하는 것도 생각해 볼 수 있다. 그러나 개인적으로는 특별법의 방식보다는 일반 형법의 보충이나 개정을 통하여 이루어지는 합리적이라 생각한다. 이를 통해서 범죄간의 형의 균형을 유지하고, 범죄의 중복규정을 막을 수 있으며, 해당 범죄유형들에 대한 체계적인 고찰이 가능하게 될 것이다.

제2절 | 컴퓨터사용사기

I 서언

컴퓨터 등과 같은 정보처리장치는 금융기관, 기업, 관공서, 의료기관, 가정 등 현대의 모든 활동영역에서 획기적인 변화를 가져왔다. 특히 경제활동과 관련한 부문에서 정보처리장치가 보여주는 편리함은 이루 말할 수 없다. 그러나 다른 한편 정보처리장치를 남용하거나 오용하여 재산상 손해를 발생시킬 수 있는 위험도 그만큼 증가하였으며, 그리고 이 경우 발생하는 재산상 손해는 엄청나게 큰 액수에 이를 가능성도 높아졌다. 그럼에도 불구하고 이전의 형사법은 이러한 재산상의 위험을 효과적으로 통제할 수 있는 구성요건을 가지고 있지 못하였다.[110]

이와 같은 처벌의 결함을 제거하기 위하여 입법자는 1995.12.29. 컴퓨터범죄와 관련하여 형법을 개정하면서 제347조의2에 컴퓨터등 사용사기죄의 규정을 신설하

---

[110] 이에 따라 독일은 1986.5.15. "제2차 경제범죄 대책법"(2. Gesetz zur Bekämpfung der Wirtschaftskriminalität)을 통하여 특별법이 아닌 형법 제263a조에 컴퓨터사기죄의 규정을 기존의 사기죄와 유사한 방식으로 신설하였다(BT – Drucksache 10/318, S.16). 동 조문의 내용은 다음과 같다: 형법 제263a(컴퓨터사기죄) (1) 본인 또는 제3자에게 위법한 재산상의 이익을 취득할 의도로써 프로그램의 허위적 형성, 허위의 혹은 불완전한 자료의 사용, 권한 없는 자료사용 기타 처리과정에 권한 없이 영향을 줌으로 인하여 자료처리과정의 결과에 영향을 끼쳐서 다른 사람의 재산을 침해한 자는 5년 이하의 자유형이나 벌금형에 처한다. (2) 제263조 2항부터 5항(미수범처벌규정, 특히 중한 경우 가중처벌규정, 경미한 피해의 경우, 보호관찰에 관한 규정)까지는 준용된다.

였고, 동 규정은 2001.12.29. 현재와 같은 내용으로 개정되었다.[111] 즉, 입법자는 컴퓨터조작을 통하여 재산상의 이익을 취득하는 행위에 대한 구성요건을 특별법이 아닌 사기죄와 유사한 방식으로 처벌하려고 하였으며, 현행 컴퓨터사용사기죄의 조문은 다음과 같다:

> 형법 제347조의2(컴퓨터등 사용사기) 컴퓨터 등 정보처리장치에 허위의 정보 또는 부정한 명령을 입력하거나 권한없이 정보를 입력·변경하여 정보처리를 하게 함으로써 재산상의 이익을 취득하거나 제3자로 하여금 취득하게 한 자는 10년 이하의 징역 또는 2천만원 이하의 벌금에 처한다.

II 의의

1. 규정필요성

정보처리장치의 오·남용을 통하여 재산상 이익을 취득하는 경우 이를 기존의 사기죄에 의하여 처벌할 수 있는 경우도 존재한다. 그러나 사기죄의 규정으로는 정보처리장치의 오·남용에 의한 손해발생을 처벌할 수 없는 경우가 다수 존재한다. 특히 사기죄는 자연인인 사람이 기망에 의하여 착오에 빠지고, 착오의 결과로 재산상의 손해가 되는 처분행위를 한 경우에 성립한다.[112] 여기서 사람이 착오한 것이 아니라 정보처리장치라는 기계의 착오에 의한 처분행위도 사기죄의 구성요건에 해당하는 착오라고 해석하는 것은 유추해석에 해당하기 때문에 허용되지 않는다.[113] 따라서 행위자가 직접 정보처리장치에 자료를 입력하고, 입력된 자료를 다른 사람이 더 이상 통제하지 않는 경우 착오가 존재하지 않기 때문에 사기죄의 적용은 원천적으로 배제된다.[114] 이러한 점에서 당해 입력조작은 중간에 입력하는 사람이 따

---

111 본죄의 입법과정에 대해서는 오병두, 컴퓨터사용사기죄의 입법경과와 입법자의 의사, 형사법연구, 제19권 제1호(2007 봄), 109-126면 참조.

112 이것은 반대의 견해가 없는 것으로 보인다: vgl. Schönke/Schröder/Perron, StGB., 30.Aufl., 2019, § 263a Rn.1.

113 vgl. Lenckner, Computerkriminalität und Vermögensdelikte, 1981, S.25 f.

114 우리 대법원도 이러한 취지에서 컴퓨터등사용사기죄를 신설하였음에 동의한다(대법원 2014.3.13. 선고 2013도16099 판결).

로 존재하여 그 사람이 기망당한 경우에만 전통적인 사기죄의 구성요건이 충족되었다. 그러나 금융이나 경제관리체계와 관련한 기술의 발전으로 인하여 중간의 통제인이 개입되는 경우는 오히려 점점 더 줄어들게 되어 기존의 사기죄가 적용되는 경우는 축소된 반면, 그 역으로 불처벌의 위험 가능성은 점점 더 확대되었다. 또한 중간에 자료를 입력하는 사람이 별도로 존재하는 경우에도 그 입력자는 일반적으로 자료의 형식적인 부분만 검토하여 입력한다. 따라서 허위의 내용의 자료를 정보처리장치에 입력하는 입력자는 자료의 내용적인 오류와 관련하여서는 착오가 존재하지 않을 수 있다.

이와 같은 입력조작의 경우는 비교적 실제에서 잘 알려져 있다. 그러나 입력조작 이외에도 전통적인 사기죄의 구성요건은 소위 프로그램조작이나 콘솔조작을 포섭하기에 불충분하였다. 프로그램조작이나 콘솔조작은 자료의 입력단계에서 조작되는 입력조작과 달리 자료가 처리되는 과정에서 조작되는 것이다. 예컨대 프로그램조작의 경우 행위자는 자신이 직접 프로그램의 진행에 영향을 미치고, 행위자 이외의 어떤 다른 사람도 그 프로그램진행을 통제하는 것에 관여하지 않는 것이 보통이다. 따라서 이 경우에도 사기죄의 기망과 착오야기라는 구성요건요소가 존재하지 않는다. 이러한 상황은 또한 이제까지 별로 중요한 것으로 고려하지 않았던 소위 하드웨어조작에서도 마찬가지이다. 즉, 하드웨어조작의 경우 행위자가 예컨대 "중단키"(break)를 눌러서 특정한 과정의 자료출력을 저지하는 방식으로 하드웨어에 영향을 줌으로써 정보처리과정의 결과에 영향을 발생시킨다. 결국 기존의 사기죄규정은 행위자에 의하여 조작된 자료의 출력이 다른 사람에 의하여 내용적으로 검토되는 것이 아니라 단지 형식적인 검토만이 되는 경우와 같은 출력조작의 경우를 파악할 수 없다.[115]

결국 입력조작, 프로그램조작, 출력조작 등의 조작행위에 대한 처벌 가능성은 기존의 사기죄에 따르면 사태 진행의 우연성에 달려 있었다. 즉, 행위자가 컴퓨터조작과 관련하여 중간에 개입된 자연인을 기망하여 재산상의 처분행위로 유인했느냐 아니냐에 따라 사기죄의 성립여부가 결정되었다. 물론 부분적으로 사기죄가 아니라

---

[115] 정보처리장치에 대한 각종의 조작가능성에 대하여 보다 상세히는 vgl. Sieber, Computerkriminalität und Strafrecht, 2.Aufl., 1980, S.40 ff.; Tiedemann, JZ 1986, 869.

다른 범죄로 행위자를 처벌할 가능성이 있는 경우도 존재한다. 예컨대 컴퓨터조작자가 손해를 입는 피해자에 대하여 사무를 처리할 신뢰관계가 존재하는 경우에는 행위자에게 배임죄가 성립할 수 있다. 그러나 대부분의 경우 통설과 판례[116]가 요구하는 피해자의 '재산상' 사무처리자라는 지위가 결여되어 있으므로 배임죄는 성립하지 아니한다. 이것은 기업 내에서의 사무원에게는 배임죄를 적용할 수 있으나, 외부의 프로그래머나 기타 제3자에게는 배임죄를 적용할 수 없다는 것을 의미한다.[117]

2. 사기죄와의 관계

컴퓨터사용사기죄는 사기죄와 유사한 방식으로 제정하였기 때문에 컴퓨터사용사기죄의 구성요건요소를 표현함에 있어서도 사기죄에 상응한다. 즉, 컴퓨터사용사기죄의 구성요건은 기망행위, 착오, 재산상의 처분행위 등과 같이 구체적 인간의 사고나 행동을 필요로 하는 사기죄의 구성요건요소의 위치에 정보처리장치를 대체시키고 있다. 따라서 컴퓨터사용사기죄의 구성요건상 그 적용범위는 정보처리과정의 결과가 직접 재산상의 손해를 야기하거나 재산상의 이익을 취득하는 경우로 제한된다. 이것은 모든 정보처리과정이 본죄의 보호범위에 들어오는 것이 아니라 재산상 의미 있는 정보처리과정만이 본죄의 보호범위에 속한다는 것을 의미한다. 이 점은 컴퓨터사용사기죄에 명시적으로 표현되어 있지는 않다. 그러나 본조의 신설과정에서 일본형법의 예에 따라 정보처리장치를 사무처리에 사용하는 정보처리장치에 제한할 것인가에 관하여도 논의하였으나 이는 사기죄의 본질에 비추어 당연한 규정이므로 별도로 규정할 필요가 없다고 이해하였다.[118]

컴퓨터사용사기죄에서 잘못된 결과를 가져오는 정보처리과정과 그 처리과정의 결과는 사기죄의 구성요건요소인 기망, 착오, 처분행위에 상응하는 것이다. 이러한 상응성을 통하여 입법자는 컴퓨터사용사기죄가 원하지 않는 범위에로 처벌이 확장되는 것을 방지하려고 하였던 것이다.[119] 그러나 엄밀하게 보면 사기죄에 대한 구성

---

116 박상기/전지연, 형법학, 694면; 대법원 2003.9.26. 선고 2003도763 판결.

117 Vgl. Möhrenschlager, wistra 1986,131; Maurach/Schroeder/Maiwald, BT-1, 7.Aufl., 1988, § 41 Rn.223.

118 법무부, 형법개정법률안 제안이유서, 형사법개정자료(XIV), 1992.10, 182면.

119 독일의 경우는 BT-Drucksache, 10/318, S.19.

요건의 구조는 기망, 착오 그리고 이로 인한 재산처분행위로 이루어져 있으나, 컴퓨터사용사기죄의 구성요건에는 이러한 요소들이 결여되어 있기 때문에 양 구성요건 사이의 유사성은 단지 표현적 유사성에 불과하다. 특히 컴퓨터사용사기죄는 사기죄적 요소뿐만 아니라 배임죄적인 요소도 포함하고 있기 때문에 양 범죄는 그 기본에 있어서 구조적으로 상이한 것이다.[120] 다만 입법자가 원래 의도하였던 것을 고려하면 컴퓨터사용사기죄의 보호범위와 컴퓨터사용사기죄의 해석에 대한 논거를 얻을 수 있을 것이다. 이러한 의미에서 우리 대법원도 컴퓨터사용사기죄를 처벌하는 것은 재산변동에 관한 사무가 사람의 개입 없이 컴퓨터 등에 의하여 기계적·자동적으로 처리되는 경우가 증가함에 따라 이를 악용하여 불법적인 이익을 취하는 행위도 증가하였으나 이들 새로운 유형의 행위는 사람에 대한 기망행위나 상대방의 처분행위 등을 수반하지 않아 기존 사기죄로는 처벌할 수 없다는 점 등을 고려하여 신설한 규정이라는 점에 동의한다. 그리고 컴퓨터사용사기죄에서 "정보처리는 사기죄에서 피해자의 처분행위에 상응하므로 입력된 허위의 정보 등에 의하여 계산이나 데이터의 처리가 이루어짐으로써 직접적으로 재산처분의 결과를 초래하여야 하고, 행위자나 제3자의 '재산상 이익 취득'은 사람의 처분행위가 개재됨이 없이 컴퓨터 등에 의한 정보처리 과정에서 이루어져야 한다"[121]고 파악하고 있다.

3. 보호법익

본죄의 보호법익은 사기죄의 그것과 마찬가지로 전체로서의 재산이다.[122] 사기죄가 재산권에 부가하여 재산적 거래에서 신의성실 또는 진실성을 보호한다는 주장도 있으나,[123] 이는 기망이라는 침해방식에서 나타나는 하나의 외부적 모습이며 이를 보호법익으로 인정하기는 곤란하다. 이와 상응하게 일부에서는 재산권과 함께 데이

---

120 Schönke/Schröder/Perron, § 263a Rn.2; Otto, BT, 3.Aufl., 1991, S.226. 이와 달리 컴퓨터사기죄와 사기죄의 광범위한 구조적·가치적 동일성을 인정하는 견해는 vgl. Lackner, § 263a Rn.2.
121 대법원 2014.3.13. 선고 2013도16099 판결.
122 동일한 취지로 이재상/장영민/강동범, 형법각론, 356면.
123 김종원, 형법각론(상), 1971, 212면; 진계호, 형법각론, 1985, 348면; 대법원 1992.9.14. 선고 91도2994 판결.

터를 입력하고 그것을 프로그램을 통하여 작동시키는 기계적 자동적 과정도 본죄의 보호법익에 해당한다고 주장한다.[124] 그러나 컴퓨터와 같은 정보처리장치의 오용이라는 행위를 통하여 재산상의 손해를 가한다는 이유로 재산권에 부가하여 그 행위방식도 보호법익이 된다고 할 수는 없다. 다만 본죄와 사기죄의 보호법익상 차이는 사기죄는 재물죄일 뿐만 아니라 이득죄였음에 반하여, 본죄는 이득죄의 형태로 규정하고 있을 뿐이다.

또한 컴퓨터의 오·남용이 무엇보다도 주로 기업에서 일어난다는 이유로 본 범죄가 경제범죄가 되는 것은 아니다. 왜냐하면 컴퓨터사용사기죄의 독자적인 의미가 구성요건을 통하여 경제질서나 경제제도를 보호하는 것에 있는 것은 아니기 때문이다.[125] 따라서 컴퓨터사용사기죄로 처벌함으로 인하여 발생하는 경제나 관리체계에 투입된 컴퓨터시스템의 기능적 유용성이라는 일반의 이익은 단지 하나의 반사효과에 불과하다. 이것은 특히 컴퓨터사용사기죄와 관련한 판례들을 살펴보면 손해의 액수나 행위자의 수행방식이 과연 '경제범죄'라는 이름으로 불릴 수 있는가는 의심스럽기 때문이다.[126] 어쨌든 컴퓨터사용사기죄를 '광의의 의미에서의 경제범죄'[127]라고 부른다 할지라도 컴퓨터사용사기죄가 보호하는 법익은 경제구조나 컴퓨터관리체계가 아니라, 개인의 재산에 한정되는 것이다.

---

[124] 장영민, 개정형법의 컴퓨터범죄, 고시계, 1996.2, 48면.

[125] Frisch, § 263a Rn.2; Schönke/Schröder/Perron, § 263a Rn.1; BGHSt 40, 331, 334.

[126] 독일의 경우에도 컴퓨터사기죄의 규정은 "제2차 경제범죄 대책법(2.WiKG)"이라는 이름을 통하여 입법화되었으나, 이점이 컴퓨터사기죄를 당연히 경제범죄로 만드는 것은 아니다(이에 대하여는 Weber, Aktuelle Problem bei der Anwendung des Zweiten Gesetzes zur Bekämpfung der Wirtschaftskriminalität, in: Krause-FS, 1990, S.427 f.).

[127] 경제범죄의 의미와 대상에 대하여는 vgl. Tiedemann, Wirtschaftsstrafrecht und Wirtschaftskriminalität, Bd.1,2, 1976; Müller/Wabnitz, Wirtschaftskriminalität, 3.Aufl., 1993. 우리나라에서 이에 대한 논의는 강동범, 경제범죄와 그에 대한 형법적 대응, 형사정책, 제7호(1995), 6-37면 참조.

Ⅲ 성립요건

1. 의의

본죄는 컴퓨터 등 정보처리장치에 허위의 정보 또는 부정한 명령을 입력하거나 권한 없이 정보를 입력·변경하여 정보처리를 하게 함으로써 재산상의 이익을 취득하거나 제3자로 하여금 취득하게 한 경우에 성립한다(형법 제347조의2).

2. 행위주체

컴퓨터사용사기죄는 신분범이 아니므로 모든 사람이 본죄의 행위주체가 될 수 있다. 즉, 본죄는 프로그래머, 자료를 직접 정보처리장치에 입력하는 조작자(오퍼레이터), 터미널사용자, 정보처리과정을 준비하는 정보처리담당자(사무직원, 자료타이프원 등)가 범할 수 있을 뿐만 아니라 일반인도 직접 또는 위의 사람들을 선의의 도구로 이용하여 본죄를 범할 수 있다. 여기서 도구로 이용되는 자가 검사의무를 가지고 있기 때문에 그 도구가 기망의 상대방으로 가능한 사람인지 아닌지는 중요하지 않다. 왜냐하면 이것이 일반인의 컴퓨터사용사기죄의 간접정범의 성립가능성을 배제하는 것이 아니기 때문이다.

3. 행위객체

본죄에서 행위의 객체는 문언상으로는 '컴퓨터 등 정보처리장치'이다. 그러나 컴퓨터와 같은 정보처리장치 그 자체나 정보처리장치에 수록된 전자정보 그 자체는 본죄의 행위객체로 인정될 수 없다. 왜냐하면 정보처리장치나 정보 자체를 행위객체로 삼는 것은 본죄의 유형이 아니라 재물손괴죄나 새로이 입법화된 전자기록손괴죄 또는 컴퓨터 등 업무방해죄에 의하여 포섭되기 때문이다. 즉, 정보처리장치에 대하여 외부적으로 공격하는 것은 본죄와는 원칙적으로 관계가 없다. 본죄의 행위객체는 정확히 말하면 정보처리장치의 외부에 대한 것이 아니라 정보처리장치의 정보처리과정에서 나타나는 '정보처리과정의 결과'가 행위객체가 된다.

본죄의 '컴퓨터 등 정보처리장치'에서 컴퓨터는 정보처리장치의 하나의 예시이다. '정보처리'는 자료를 입력하고 그것을 프로그램에 따라 결합시킴으로써 작업결과를 얻으려는 기술적 과정을 의미하며,[128] 정보처리장치는 이러한 과정을 수행하는 도구를 말한다. 다만 모든 기술적 정보처리장치에 대한 침해가 본죄의 보호범위에 속하는 것은 아니다. 오히려 본죄의 목적론적 해석상 정보처리장치는 다음과 같이 제한될 수 있다.

첫째, 본죄에서는 '컴퓨터 등 정보처리장치'라고 기술하였으므로 그 해석에서 컴퓨터와 같은 방식으로 정보처리를 하는 장치라고 해석하여, 현재의 기술상황에 따라 전자적(電磁的)으로 정보처리를 하는 장치에 대한 침해만이 본죄의 보호범위에 속한다. 따라서 자동설비 중에서도 그 설비가 전자적 정보처리체계로 행하여지지 않는 경우에는 본죄의 보호범위에 속하지 않는다.

문제는 자동판매기나 자동용역제공기와 같은 자동설비도 본죄의 보호범위에 속한다고 볼 수 있는가이다. 왜냐하면 대부분의 자동설비는 통상 화폐검사설비를 갖추고 있으며, 이 설비는 화폐검사시에 전기적으로 정보처리를 실행하는 기구이기 때문이다.[129] 본죄의 정보처리장치는 그 자체가 자동적으로 정보처리를 행하는 장치로서 일정한 독립성을 가지고 당해 업무에 사용되고 있는 것에 한정된다.[130] 즉, 본죄의 보호범위에 속하는 정보처리장치는 전자적 정보처리체계를 지녀야 할 뿐만 아니라 일정한 독립성도 지녀야 한다. 그러나 자동판매기의 경우에는 정보처리를 하는 마이크로프로세서 등이 자동판매기 안에 넣어져 그 부품으로 인정되기 때문에 정보처리장치가 독립성을 지녔다고 볼 수 없다. 따라서 자동판매기의 경우는 부분적으로 전자적 정보처리를 행한다고 할지라도 본조에서 말하는 정보처리장치에 포함되지 않는다고 해석된다.[131]

보통 이와 같이 전자적으로 정보처리를 하는 장치를 전자계산기 또는 컴퓨터시스템이라고 부른다. 여기에는 하드웨어뿐만 아니라 소프트웨어도 포함된다는 견해

---

[128] BT-Drucksache 10/318, S.21.
[129] 이와 같이 자동판매기를 정보처리장치로 인정하는 것은 컴퓨터사기죄의 경우에는 일반적인 견해이다. vgl. Lackner, StGB, 20.Aufl., 1993, § 263a Rn.4; Lenckner/ Winkelbauer, CR 1986,658 f.; Otto, BT, 4.Aufl.,1995, S.227.
[130] 강동범, 법정고시, 1996/6, 118면; 장영민, 고시계, 1996.2, 51면.
[131] 이와 같이 자동판매기와 같은 자동설비를 부정하게 이용하는 경우에는 컴퓨터사용사기죄가 아니라 편의시설부정이용죄에 해당할 것이다.

가 다수의 견해이나,[132] 소프트웨어는 정보처리장치가 아니라 정보처리에 이용되는 전자기록에 해당한다. 따라서 소프트웨어의 경우는 여기에서의 행위객체에 해당하고 보기 어렵다.

둘째, 본죄가 재산범죄로서의 성격을 가지고 있다는 점에서 본죄의 정보처리장치는 재산상 이익의 득실변경이라는 재산상 사무처리에 사용되는 정보처리장치를 말한다. 다만 재산상의 정보처리를 하는 장치인 한에는 그 크기, 용도, 기능에는 제한이 없으므로, 범용컴퓨터를 비롯하여 이른바 오피스컴퓨터, 네트워크시스템의 단말장치, 금융기관의 현금자동지급기[133] 등과 이의 주변장치들이 여기에 포함된다.

4. 행위유형

1) 허위의 정보의 입력(입력조작)

(1) 허위의 '정보'의 입력

허위의 '정보'라는 행위유형에서 일반적으로 "허위의 정보를 입력한다"는 표현은 적절하지 못한 것으로 판단된다. 여기서 의미하는 바는 '정보'가 아니라 '자료'라는 의미로 이해된다. 왜냐하면 정보란 이미 필요하고 적절한 자료를 활용이 가능한 형태로 처리한 것만을 의미하기 때문이다. 즉, 자료는 사회현상 자체를 의미하는 반면에, 그것이 특정한 사람이나 사항에 대하여 의미 있는 상태로 가공되었을 때에 비로소 정보라고 할 수 있기 때문이다.[134] 그러나 어쨌든 법문은 양자를 동일한 의미로 사용한 것으로 생각되고, 이것은 다른 조문(예컨대 제314조 제2항의 컴퓨터 등 업무방해죄)과 관련하여 표현의 동일성을 위하여 이렇게 사용한 것으로 보인다. 따라서 정보와 자료를 동일한 개념으로 이해할 수 밖에 없다.

정보가 무엇인가라는 개념에 대한 일반적 정의[135]는 존재하나 입법적인 정의는

---

132 김일수/서보학, 형법각론, 163면; 배종대, 형법각론, 249면; 이재상, 고시계, 1992.8, 42면.
133 이재상/장영민/강동범, 형법각론, 356면; 이형국/김혜경, 형법각론, 422면.
134 유인모, 법학연구와 교육을 위한 컴퓨터활용, 영남법학, 제1권 제2호(1994), 65면. 또한 이와 비슷한 개념정의는 김문일, 컴퓨터범죄론, 17면.
135 보통 현실세계로부터 단순한 관찰이나 측정을 통해서 수집한 사실, 개념, 값을 표현한 것이라고 한다(김문일, 컴퓨터범죄론, 18면).

존재하지 않으므로 법규정의 목적으로부터 추론할 수 밖에 없다. 다만 여기서 정보라는 개념은 넓게 해석되어진다. 따라서 정보는 그것의 처리정도를 고려하지 않고 정보처리과정의 대상이 될 수 있는 모든 종류의 자료나 정보가 포함된다. 정보는 전신부호화된 모든 자료들을 포함하고 또한 정보처리에 사용되는 프로그램도 이에 포함된다. 왜냐하면 프로그램들도 고정된 작업방법으로써 자료로부터 컴퓨터에 연결되어 있으며, 그것 자체가 정보처리과정의 결과이기 때문이다.[136]

(2) 정보의 '입력'

'입력'이란 프로그램이나 처리할 자료를 주기억장치 내부로 읽어 들이게 하는 것이다. 이것은 입력장치를 통하여 행하여지며 일반적으로 Punch Card나 종이테이프 등 입력매체에 정하여진 약속에 따라 부호화하여 컴퓨터가 이해할 수 있는 코드(Code)로 바꾸어 읽어 들인다.

본죄의 입력이란 개념은 독일의 컴퓨터사기죄의 규정과 비교하여 좁은 의미이다. 왜냐하면 독일의 경우에는 허위자료의 '사용'(Verwendung)이라는 개념을 사용하여 입력뿐만 아니라 정보처리에서 정보의 이용을 포함하는 것으로 이해된다. 그러나 우리 형법은 입력이라는 용어를 사용하고 있으므로 좁게 해석하여야 한다. 즉, 여기서의 입력은 시작하는 또는 이미 진행 중인 정보처리과정에 자료를 읽어 들이는 것으로 이해될 수 있다. 어쨌든 이러한 행위유형은 컴퓨터의 부정조작에서 입력조작의 경우들을 포함하려고 한 것으로 이해되며, 그에 한에서는 본조의 해석으로도 입력조작을 포섭할 수 있다. 이것은 또한 다음의 행위유형인 부정한 명령의 '입력'에서도 마찬가지이다.

(3) '허위'의 정보

'허위'의 정보를 입력한다는 것은 사실관계에 반하는 자료를 입력시키는 것을 의미한다. 예컨대 법률안 제안이유서에 설명하는 바와 같이 허위의 입금데이터를 입력하여 예금원장파일의 잔고를 증액시킨 경우와 같이 사실관계와 일치하지 않는 자

---

136 BT-Drucksache 10/5058, S.30; Lackner, § 263a Rn.3; Lenckner/Winkelbauer, CR 1986,485; Möhrenschlager, wistra 1986,132; Maurach/Schroeder/Maiwald, BT-1, § 41 Rn.225; Otto, BT, S.227.

료를 입력하는 것이 여기에 해당한다.[137]

그러나 허위의 정보를 입력한다는 규정이 입력조작의 모든 경우를 포섭하려고 규정하였다면, 여기서 '허위'라는 표현만으로는 부족하다. 여기서 사실에 반하는 정보의 입력뿐만 아니라 사실관계에 일치하더라도 '불완전한 자료'를 입력하는 경우도 이 유형에 포섭되어야 한다. 왜냐하면 불완전한 자료를 입력하는 경우에도 입력된 부분만은 사실관계에 합치될 수 있으므로, 이것을 포섭하지 못한다면 입력조작의 상당 부분을 불처벌로 처리하여야 하기 때문이다.[138] 따라서 입법자가 의도하는 바가 자료가 표현한 내용이 실제와 상응하지 않거나 또는 불완전하게 입력하는 경우를 포함한 입력조작에 대하여 처벌을 하고자 원하였다면 '허위'의 정보라는 표현보다는 더 정확히 '허위의 정보 또는 불완전한 정보의 입력'이라고 표현하여야 한다.

또한 입력한 정보가 허위인가의 여부에 대한 판단기준의 문제이다. 법문언이나 법률안 제안이유서는 이에 대하여 전혀 언급하고 있지 않고, 학설에 위임한 것으로 생각된다. 허위의 판단기준에 대하여는 객관적 관점과 주관적 관점을 생각해 볼 수 있으나,[139] 객관적 관점에서 허위의 여부를 판단하여야 할 것이다. 따라서 정보가 객관적으로 올바른 것이고 완전한 자료를 사용하는 경우 그 정보는 허위의 정보가 아니다. 이러한 의미에서 진실한 정보의 권한없는 사용은 이 행위유형이 아니라 후술하는 정보의 권한 없는 사용에 해당한다.

2) 부정한 명령의 입력(프로그램조작)

(1) 프로그램조작

부정한 명령을 입력하는 것은 프로그램을 조작하는 경우를 말하는 것으로 이해하며,[140] 프로그램을 조작하여 예금을 인출해도 자신의 계좌잔액이 감소되지 않도록 한 것이 여기에 해당하는 것으로 파악한다.[141] 프로그램조작은 프로그램을 구성하는

---

137 법무부, 형법개정법률안 제안이유서, 1992, 182면.
138 예를 들면 생활보호대상자가 실제로는 사망하였음에도 불구하고 이를 알리지 않아 은행을 통하여 계속적으로 관공서에서 주는 생활보조금을 받는 경우를 생각할 수 있다.
139 구체적인 기준에 대하여는 다음의 행위유형인 "부정한 명령의 입력"에서 '부정'의 여부에 대한 판단기준과 동일한 기준으로 판단하면 될 것이다.
140 법무부, 형법개정법률안 제안이유서, 182면.
141 이재상, 형법개정안중 각칙의 신설규정, 고시계, 1992.8, 42 - 43면.

개개의 명령을 부정하게 변경, 삭제, 추가하거나 또는 프로그램 전체를 변경하는 것을 의미한다. 그러나 프로그램 역시 자료들로 이루어져 있기 때문에 프로그램 자체가 특별한 종류의 정보이다. 따라서 부정한 명령의 입력은 허위의 정보의 입력에 대한 특별한 경우에 해당된다.

판례에 의하면 비슷한 취지로 '부정한 명령의 입력'은 당해 사무처리시스템에 예정되어 있는 사무처리의 목적에 비추어 지시해서는 안 될 명령을 입력하는 것을 의미한다고 본다. 따라서 설령 '허위의 정보'를 입력한 경우가 아니라고 하더라도, 당해 사무처리시스템의 프로그램을 구성하는 개개의 명령을 부정하게 변개·삭제하는 행위는 물론 프로그램 자체에서 발생하는 오류를 적극적으로 이용하여 그 사무처리의 목적에 비추어 정당하지 아니한 사무처리를 하게 하는 행위도 특별한 사정이 없는 한 위 '부정한 명령의 입력'에 해당한다고 본다. 그 결과 피고인이 갑 주식회사에서 운영하는 전자복권구매시스템에서 은행환불명령을 입력하여 가상계좌 잔액이 1,000원 이하로 되었을 때 복권 구매명령을 입력하면 가상계좌로 복권 구매요청금과 동일한 액수의 가상현금이 입금되는 프로그램 오류를 이용하여 잔액을 1,000원 이하로 만들고 다시 복권 구매명령을 입력하는 행위를 반복함으로써 피고인의 가상계좌로 구매요청금 상당의 금액이 입금되게 한 사안에서, 피고인의 행위는 형법 제347조의2에서 정한 '허위의 정보 입력'에 해당하지는 않더라도, 프로그램 자체에서 발생하는 오류를 적극적으로 이용하여 사무처리의 목적에 비추어 정당하지 아니한 사무처리를 하게 한 행위로서 '부정한 명령의 입력'에 해당한다고 보았다.[142]

이와 같은 프로그램조작에 의한 범죄는 동일한 처리과정을 계속적·반복적으로 하기 때문에 그 피해 또한 막대할 가능성이 있다. 그리고 프로그램조작은 프로그램에 대하여 특별한 지식을 가져야 하며, 정보통신시스템의 관리나 운영에 관한 상세한 정보를 가지고 있어야 하므로 행위자의 범위가 제한되는 것이 보통이다. 또한 일단 프로그램조작에 성공한 경우 피해자는 피해 발생사실을 인식하지 못하는 경우가 많기 때문에 프로그램조작 범행에 대한 발견이 쉽지 않다.[143]

---

142 대법원 2013.11.14. 선고 2011도4440 판결.
143 예를 들면 P는 북부 독일에 있는 은행의 수석 프로그래머로 있으면서 동 은행에서 이자계산을 소수점 이하 3자리까지 하지 않는 것을 기화로 각 고객의 이자를 우선 소수점 2자리까지 계산하여 합한 후 이를 개별적인 고객의 계좌에 계산하고 위 3자리 이하 숫자는 이를 모아서 동 은행에 있는 자신의 계좌에 예치시

(2) 명령의 '부정' 여부

부정한 명령의 입력에서 문제는 언제 명령이 '부정한' 것인가이다. 프로그램의 부정 여부에 대한 판단은 객관적 관점과 주관적 관점의 두 관점을 생각해 볼 수 있다. 먼저 주관적 관점에 의하면 구체적인 정보처리과정에 관하여 처분권한 있는 사람의 의사를 기준으로 하여 프로그램의 부정 여부를 판단한다. 이와 달리 객관적 관점에 의하면 프로그램의 임무상 객관적으로 도출해서는 안 되는 결과를 도출케 하는 프로그램을 형성하는 것을 부정한 명령의 입력으로 인정한다. 예컨대 기업의 경영자가 노동자에게 낮은 임금을 주기 위하여 자신의 정보처리장치에 임금계산에 대한 프로그램을 형성하였다. 그 결과 이 프로그램은 노동자의 월급을 노동자의 실적에 상응하는 것보다 낮게 산출해 냈다. 이 경우 해당 프로그램은 주관적 관점에서는 올바르나, 객관적 관점에서는 부정한 것이다.

여기서 일부 견해는[144] 주관적 관점에서 부정 여부를 판단하여 처분권한 있는 사람의 의사에 반한 프로그램을 부정한 것으로 판단한다. 그러나 다음과 같은 이유에서 객관적 관점에서 파악하는 것이 타당하다.[145] ① 컴퓨터사용사기죄는 불성실한 프로그래머를 처벌하는 것이 아니라 컴퓨터를 오용하여 컴퓨터로 하여금 제3자의 재산을 처분하도록 하는 프로그래머를 처벌하고자 하는 것이다. 그러나 만일 여기서 부정한 명령의 여부를 처분권한 있는 사람의 의사에 의하여 판단하는 경우에는 처분권한 있는 자가 프로그래머에게 프로그램을 조작하도록 지시한 경우에 이를 따른 프로그래머는 처분권한 있는 자의 의사에 따른 것이므로 본죄에 해당하지 않는다. 또한 그 역으로 처분권한 있는 자가 지시하였으나 프로그래머가 그 지시를 어기고 올바른 프로그램을 형성한 경우에는 처분권한 있는 사람의 의사에 반한 것이기 때문에 본죄에 해당한다는 불합리한 결과가 나온다. ② 객관적 관점이 명령의 부정성과 재산상의 손해발생이라는 양자의 요소에 대한 내용적 관련을 만들어 내기

키는 부당한 프로그램을 입력하여 불법하게 재산상 이익을 취득한 경우이다

144 BT-Drucksache 10/318, S.20; Lenckner/Winkelbauer, CR 1986, 654; Möhrenschlager, wistra 1986,132; SK-Samson, StGB, BT, 4.Aufl., 1991, § 263a Rn.5; Schönke/Schröder/Perron, § 263a Rn.6.

145 Frisch, § 263a Rn.6; Haft, NStZ 1987, 7; Lackner, § 263a Rn.7; Schlüchter, Zweites Gesetz zur Bekämpfung der Wirtschaftskriminalität, 1987, S.87; Otto, BT, S.227.

에 적합하다. 사기죄에서와 마찬가지로 본죄에서 손해는 객관적 척도나(가능한 방식에 서는) 규범적 척도에 따라 조사되어야 한다. 컴퓨터사용사기죄의 구성요건 구조상 부정한 명령의 입력이 손해에 대한 기초를 이루어야 하기 때문에 이러한 '부정한'의 개념은 객관적 자료와 관련되어어만 한다. ③ 컴퓨터사용사기죄는 그 보호범위와 관련하여 사기죄적 특성을 가지는 것으로 해석되어진다. 그렇다면 컴퓨터사용사기 죄는 프로그램에 대하여 정당한 권한이 있는 사람의 보호에 봉사할 뿐만 아니라 권한 있는 사람이 프로그램에 의한 자료처리를 통하여 이를 오용하는 것도 저지하여야 하기 때문이다. 따라서 프로그램이 올바르고 완전한 자료를 사용하는 경우에 체계적인 작업 단계를 거쳐 자료처리의 목표에 상응하는 결과를 제공하는 경우에만 그 명령은 정당한 것이다. 이러한 결론에 따라 전술한 임금계산의 사례의 경우 경영자가 만든 프로그램은 부정한 것이다.

(3) 프로그램조작과 권한 없는 정보의 사용

컴퓨터사용사기죄를 신설하였던 최초의 규정에 의하면 본죄의 행위유형은 '허위의 정보입력'과 '부정한 명령의 입력'이라는 두 개의 행위유형만이 존재하였으며, '권한 없이 정보를 입력·변경'하는 행위는 조문화되지 아니하였다. 그 대신 부정한 명령의 입력에서 '부정한'의 개념을 '허위'의 개념보다 넓은 개념으로 사용하여 그 적용범위를 넓히려고 한 것으로 보인다. 즉 허위의 것은 전부 부정한 것에 해당하나 여기서 더 나아가 진정한 것이라도 경우에 따라서는 부정한 것으로 인정하려고 한 것이다. 이에 따라 부정한 명령입력을 예금을 인출하여도 잔액이 감소하지 않게 프로그램을 조작한 경우뿐만 아니라 "진실한 자료를 부정하게 사용하는 경우에도 이 유형에 포함된다"[146]고 설명하였다.

그러나 이러한 주장에 대하여 법문언상의 표현과 관련하여 의문이 제기되었다. 먼저 부정한 명령에서 "부정한"은 허위의 개념을 포함한다는 부분에는 동의할 수 있다. 여기서 더 나아가 진실한 정보라도 경우에 따라서는 부정한 명령입력에 해당하는 것으로 인정하는 경우, 즉 진실한 자료를 부정하게 사용하는 경우에도 이 유형

---

[146] 법무부, 형법개정법률안 제안이유서, 182면. 또한 동일한 표현으로 이를 설명하는 것은 이재상, 고시계, 1992.8, 43면.

에 포함된다는 주장은 수긍하기 곤란하다. 법문언상의 부정한 명령이라는 표현은 일본의 개정형법에서 영향받았다. 이는 일본 형법 제246조의2(전자계산기사용사기죄)의 표현인 " … 사무처리에 사용하는 전자계산기에 허위의 정보 또는 부정한 지령을 주어 …"와 우리나라 법률의 표현이 그대로 일치(지령 대신에 명령을 사용함)하는 것을 보면 알 수 있다. 또한 일본 형법은 독일 형법의 제263a에서 영향을 받은 것으로 보인다. 다만 독일 형법은 "부정한"이라는 표현을 사용하고 있지 않다. 그럼에도 불구하고 독일에서는 "권한 없는 자료사용"(unbefugte Verwendung von Daten)을 통한 컴퓨터 사기죄를 규정하고 있으며, 여기서 "권한 없는"이라는 단어의 해석은 "부정한"(unberechtigt)으로서 해석하는 것이 보통이다.[147] 따라서 이 해석에 의거하여 일본 형법에 부정한이라고 표현한 것을 본죄의 초기 조문도 그대로 표현한 것이라고 볼 수 있다. 이러한 표현을 통하여 독일의 입법자는 무엇보다도 현금자동지급기에서 현금카드를 오용하는 경우와 영상문자체계에 권한 없이 접속하는 경우를 포섭하려고 하였다.[148] 본죄의 규정도 "부정한"이라는 표현을 사용하여 이러한 행위유형을 처벌하려고 한 것으로 보인다. 이는 "진실한 자료를 부정하게 사용하는 경우"라는 그 예시에서 쉽게 이해할 수 있다.

그러나 이러한 주장은 타당하지 않다. '부정한 명령의 입력'이라는 문구를 정확히 분석하자면 부정한 것은 입력이 부정한 것이 아니라 명령이 부정할 것을 요구한다. 여기서 비밀번호를 알고 있는 타인의 현금카드를 이용하여 현금자동지급기에서 자금을 이체하는 행위는 진정한 자료를 무권한하게 사용한 것이기 때문에 입력이 부정한(더 정확히는 무권한인) 것이지 명령이 부정한 것이 아니다. 따라서 이 경우는 진정한 자료를 일정한 프로그램에 따라 처리하는 것으로서, 프로그램 자체를 변경, 삭제, 추가와 같은 프로그램조작을 통하여 프로그램을 침해하는 부정한 명령을 입력하는 행위와 구별된다.[149]

이와 같이 진정한 정보를 권한 없이 사용하는 행위를 부정한 명령에 해당한다고 해석하는 것은 문제가 있었으나, 2001년 12월 29일 형법개정을 통하여 '권한 없이 정보를 입력·변경'하는 행위를 추가함으로써 입법적으로 해결하였다.

---

[147] Vgl. Frisch, § 263a Rn.10; Otto, BT, S.228.
[148] BT-Drucksache 10/5058, S.30.
[149] 동지: 장영민/조영관, 컴퓨터범죄에 관한 연구, 186면; 최영호, 컴퓨터와 범죄현상, 495면.

3) 권한 없이 정보의 입력·변경(무권한사용)

권한 없이 정보의 입력·변경은 진실한 자료를 권한 없는 자가 사용하는 것을 말한다. 예를 들면 절취한 타인의 현금카드를 이용하여 현금자동지급기에서 비밀번호를 입력하여 예금을 다른 계좌에 이체하거나, 타인의 인터넷뱅킹 보안카드를 알아내서 인터넷뱅킹에 접속한 후 타인의 계좌에서 자신의 계좌로 이체하는 경우이다.

여기서 '권한 없이'의 의미는 '부정' 또는 '부당'하게 정보를 입력이라고 해석하는 것이 문언에 가장 합당할 것이다. 이 행위유형은 "권한 없이"라는 요소의 주관화 없이는 이해될 수 없는 유형이다. 이 유형은 무엇보다도 현금자동지급기에서 타인의 현금카드 등을 이용하여 권한 없이 인터넷뱅킹 등에 접속하여 자금을 이체하려는 행위를 포섭하려고 하였다.[150] 따라서 "권한 없이"는 정보처리시스템 등에 계약상 합의된 허가를 받지 아니한 채 정보처리시스템을 이용하여 재산상 이득을 취득하는 행위는 권한 없이(unbefugt) 행위하는 것이다.[151]

이러한 의미에서 판례 역시 행위자가 권한 없이 A 회사의 아이디와 패스워드를 입력하여 인터넷뱅킹에 접속한 다음 위 A 회사의 예금계좌로부터 자신의 예금계좌로 특정 금액을 이체하는 내용의 정보를 입력하여 자신의 예금액을 증액시킨 경우에 컴퓨터사용사기죄의 성립을 인정하였다.[152]

그러나 "권한 없이"라는 표현은 상당히 광범위하게 확장해석될 위험이 있고 그 결과 죄형법정주의의 명확성원칙에 반할 위험성이 존재한다.[153] 따라서 '권한 없이'의 해석에서 문헌은 이를 다양한 방식을 동원하여 제한적으로 해석할 것을 제안하고 있다. 즉, 한편에서는 정보가 그것의 기능과 관련하여 프로그램안에서 권한 없이 사용되는 경우에만 "권한 없이"를 인정한다(소위 기능종속적 해석).[154] 다른 한편에서는 사기죄의 특질적 해석을 제안한다. 즉, 행위자의 권한이 행위자와 관련당사자 사이를 연결시키는 기초에 속하고 그 결과 업무거래의 관찰에 따라 참가자가 침묵하

---

150 BT-Drucksache 10/5058, S.30.
151 Maurach/Schroeder/Maiwald, BT-1, § 41 Rn.229; Otto, BT, S.228.
152 대법원 2004.4.16. 선고 2004도353 판결.
153 Vgl. Kleb-Braun, JA 1986,249; Spahn, Jura 1989, 519.
154 Vgl. Lenckner/Winkelbauer, CR 1986,657 f.; SK-Samson, § 263a Rn.8; Schönke/Schröder/Perron, § 263a Rn.8 ff.

는 경우에도 묵시적으로 이를 인정하는 것으로 파악되는 경우에만 행위자의 자료사용은 권한에 따른 사용이고, 이를 초과하는 경우에는 권한 없이 정보를 입력하는 것에 해당한다(사기죄특질적 해석).[155]

예를 들면 이미 타인의 현금카드의 비밀번호를 알고 있는 행위자가 그 현금카드를 입수하여 이것을 이용하여 은행의 현금자동지급기에서 예금을 이체한 다음 현금카드를 다시 돌려준 경우를 생각할 수 있다. 이 경우에 Wiesbaden 지방법원은 자료의 권한 없는 입력을 통한 자료처리과정의 결과는 규칙위반적인 방식으로 작용한 것이 아니기 때문에 컴퓨터사용사기죄는 성립하지 않는다고 판시하였다.[156] 또한 일부 학설[157]도 이러한 견해에 동의를 나타내고 있다. 그러나 이러한 주장은 적절하지 않다. 컴퓨터사용사기죄의 앞의 두 가지 행위유형은 '정보처리과정의 결과'가 정보처리과정에서 조작되어 이러한 결과에 영향을 주어야만 한다는 인상을 주고 있다. 그러나 반드시 이러한 행위유형만이 정보처리과정의 결과의 필연적인 요소로서 인정될 수는 없다. 마찬가지로 정보처리과정에 영향을 주는 것이 필연적으로 이미 진행 중인 정보처리과정에 영향을 주는 것과 구별되는 것이 아니다. 정보처리과정을 야기(Auslösung)하거나 조종(Steuerung)에서 가장 강한 형태의 영향을 주는 것을 고려하는 것도 주장가능하다.[158] 이러한 사례는 또한 기능종속적인 해석에 따를지라도 행위자는 (은행에 의하여) 이미 진행 중인 프로그램안에서 권한 없이 정보를 입력하는 것이라고 볼 수 있다. 사기죄특질적 해석에 의하면 범죄성립 여부가 논란이 될 수 있으나 사기죄특질적으로 해석하는 견해의 대부분이 이를 긍정하고 있다.[159]

4) 정보처리를 하게 함

정보처리는 자료를 입력하고 그것을 프로그램에 따라 결합시킴으로써 작업결과

---

155 Vgl. Lackner, Tröndle-FS, S.53; Lampe, JR 1988, 437 ff.; Schlüchter, NStZ 1988, 59.
156 LG Wiesbaden NJW 1989, 2552.
157 Vgl. Kleb-Braun, JA 1986, 259; Jungwirth, MDR 1987, 542; Ranft, wistra 1987, 83 f.
158 Vgl. BT-Drucksache 10/5058, S.30; BGHSt 38, 120; Dreher/Tröndle, § 263a Rn.8; Ehrlicher, Der Bankomatenmißbrauch, 1989, S.76 ff. 80 ff.; Otto, JR 1987, 224; Maurach/ Schroeder/Maiwald, BT-1, § 41 Rn.229; Spahn, Jura 1989, 519 f.
159 Lackner, § 263a Rn.14; Schlüchter, Zweites Gesetz zur Bekämpfung der Wirtschafts- kriminalität, 1987, S.92.

를 얻으려는 기술적 과정을 의미한다.[160] 그리고 여기서 정보처리를 하게 한다는 의미는 입력된 허위의 정보 등에 의하여 컴퓨터 등 정보처리장치를 실행하여 계산이나 자료의 처리가 이루어지도록 하는 것을 말한다. 또한 정보처리는 단순히 정보를 처리하는 것이 아니라 이를 통하여 재산상의 이득이나 손실과 같은 효과를 발생하게 하는 사무처리를 의미한다. 따라서 정보처리로 인하여 직접적으로 재산처분의 결과를 초래하여야 하고, 행위자나 제3자의 재산상 이익취득은 사람의 처분행위가 개재됨이 없이 컴퓨터 등에 의한 정보처리 과정에서 이루어져야 한다.[161]

피고인이 시설공사 발주처인 지방자치단체 등의 재무관 컴퓨터에는 암호화되기 직전 15개의 예비가격과 그 추첨번호를 해킹하여 볼 수 있는 악성프로그램을, 입찰자의 컴퓨터에는 입찰금액을 입력하면서 선택하는 2개의 예비가격 추첨번호가 미리 지정된 추첨번호 4개 중에서 선택되어 조달청 서버로 전송되도록 하는 악성프로그램을 각각 설치하여 낙찰하한가를 미리 알아내고, 특정 건설사에 낙찰이 가능한 입찰금액을 알려주었다. 이 사건에 대하여 대법원은 적격심사를 거치게 되어 있는 이 사건 각 시설공사의 전자입찰에 있어서 특정 건설사가 낙찰하한가에 대한 정보를 사전에 알고 투찰할 경우 그 건설사가 낙찰자로 결정될 가능성이 높은 것은 사실이나, 낙찰하한가에 가장 근접한 금액으로 투찰한 건설사라고 하더라도 적격심사를 거쳐 일정 기준 이상이 되어야만 낙찰자로 결정될 수 있는 점 등을 감안할 때, 피고인이 조달청의 국가종합전자조달시스템에 입찰자들이 선택한 추첨번호가 변경되어 저장되도록 하는 등 권한 없이 정보를 변경하여 정보처리를 하게 함으로써 직접적으로 얻은 것은 낙찰하한가에 대한 정보일 뿐, 위와 같은 정보처리의 직접적인 결과 특정 건설사가 낙찰자로 결정되어 낙찰금액 상당의 재산상 이익을 얻게 되었다거나 그 낙찰자 결정이 사람의 처분행위가 개재됨이 없이 컴퓨터 등의 정보처리과정에서 이루어졌다고 보기 어렵다는 이유로 본죄의 성립을 부정하였다.[162]

---

160 BT-Drucksache 10/318, S.21.
161 대법원도 이러한 취지에서 '정보처리'는 사기죄에 있어서 피해자의 처분행위에 상응하는 것이므로 입력된 허위의 정보 등에 의하여 계산이나 데이터의 처리가 이루어짐으로써 직접적으로 재산처분의 결과를 초래하여야 하고, 행위자나 제3자의 '재산상 이익 취득은 사람의 처분행위가 개재됨이 없이 컴퓨터 등에 의한 정보처리과정에서 이루어져야 한다고 본다(대법원 2014.3.13. 선고 2013도16099 판결).
162 대법원 2014.3.13. 선고 2013도16099 판결.

5. 재산상 이익의 취득

본죄는 재산상 이익을 취득함으로써 성립한다. 사기죄와 달리 본죄에서의 행위 객체로서 재물을 명시적으로 규정하지 않고 있다는 점에서 차이가 있다. 여기서 본 죄에서의 재산상 이익에 재물을 포함할 것인가에 대하여 견해가 대립된다.

다수설과 판례는 재산상의 이익만 규정하고 있으므로 재물은 본죄의 객체에 해 당하지 않는다고 이해한다(부정설).[163] 즉, 우리 형법은 재산범죄의 객체가 재물인지 재산상의 이익인지에 따라 이를 재물죄와 이득죄로 명시하여 규정하고 있는데, 형 법 제347조가 일반 사기죄를 재물죄 겸 이득죄로 규정한 것과 달리 형법 제347조 의2는 컴퓨터사용사기죄의 객체를 재물이 아닌 재산상의 이익으로만 한정하여 규정 하고 있으므로, 절취한 타인의 신용카드로 현금자동지급기에서 현금을 인출하는 행 위가 재물에 관한 범죄임이 분명한 이상 이를 위 컴퓨터사용사기죄로 처벌할 수는 없다고 할 것이고, 입법자의 의도가 이와 달리 이를 위 죄로 처벌하고자 하는 데 있 었다거나 유사한 사례와 비교하여 처벌상의 불균형이 발생할 우려가 있다는 이유만 으로 그와 달리 볼 수는 없다는 것이다.[164]

이에 반하여 일부에서는 재물은 재산상의 이익에 포함되므로 본죄의 행위객체에 포함되는 것으로 해석한다(긍정설).

부정설의 취지는 우리 형법이 재물죄와 이득죄를 구별하며, 여기서 입법자는 본 죄의 입법과 개정과정에서 재산상 이익만을 규정하는 것으로도 충분한 것으로 이해 한 것으로 보인다. 즉, 타인의 현금카드 등을 이용하여 현금을 인출하는 행위와 같 이 권한 없이 정보처리장치에서 재물을 취득하는 행위는 이미 본죄의 신설 이전부 터 수차례에 걸쳐 절도죄로 처벌하여왔다. 따라서 재물의 경우는 절도죄로 처벌할 수 있으므로 본죄는 재산상 이익으로 국한한 것으로 파악하고 있다.

그러나 이는 본죄의 입법동기나 목적에 비추어 타당하지 않다. 예를 들어 현금

---

[163] 배종대, 형법각론, 361면; 이형국/김혜경, 형법각론, 422면.
[164] 대법원 2003.5.13. 선고 2003도1178 판결. 다른 한편 소위 초과 인출사건에서는 예금주인 현금카드 소유자로부터 일정액의 현금을 인출해 오라는 부탁과 함께 현금카드를 건네받아 그 위임받은 금액을 초과 하여 현금을 인출한 행위를 컴퓨터사용사기죄에 해당하는 것으로 보았다(대법원 2006.3.24. 선고 2005 도3516 판결).

자동지급기에서 타인의 카드를 입력하여 타인의 계좌로부터 현금을 인출하는 경우에는 절도죄로, 자금을 이체하는 경우에는 본죄로 처벌하는 것은 형의 균형이 맞지 않는다. 즉, 취득한 재산의 형태에 따라 적용되는 구성요건이 다르고 법정형에 차이가 있다는 것은 합리적이지 않다. 따라서 본죄의 재산상 이익에는 재물이 포함된다고 해석하는 것이 타당하다.

Ⅳ 실행의 착수와 기수시기

1. 실행의 착수

본죄에서의 실행의 착수는 정보처리장치에 허위정보나 부정한 명령을 입력하거나, 권한 없이 정보를 입력·변경한 때 인정된다. 본죄는 정보입력 → 정보처리 → 재산상의 손해발생이라는 단계에서 인과관계가 존재하여야 성립하므로 각 단계에서 인과관계가 존재하지 않는 경우에는 본죄의 미수가 성립한다.

하급심의 판례에서 모바일상품권을 구매하면서 타인의 신용카드정보를 권한 없이 입력하여 결제하였다가 카드회사에 의해 거래승인이 취소되어 재산상 이익을 취득하지 못한 경우 본죄의 미수를 인정하였다.[165]

2. 기수시기

본죄의 기수시기에 대하여 학설은 피해자에게 재산상 손해가 발생한 때 기수가 되며, 행위자나 제3자가 재산상의 이익을 얻었는지 여부는 불문한다.[166] 이에 반하여 판례는 사기죄와 같이 재산상 손해가 실제로 발생하지 않더라도 행위자가 재산상 이익을 취득했다고 평가할 수 있는 시점에서 기수가 된다고 본다.

대법원은 금융기관 직원이 전산단말기를 이용하여 다른 공범들이 지정한 특정계좌에 돈이 입금된 것처럼 허위의 정보를 입력하는 방법으로 위 계좌로 입금되도록

---

165 전주지방법원 2008.9.4. 선고 2008노690 판결.
166 박상기/전지연, 형법학, 660면.

한 경우, 이러한 입금절차를 완료함으로써 장차 그 계좌에서 이를 인출하여 갈 수 있는 재산상 이익을 취득하였으므로 형법 제347조의2에서 정하는 컴퓨터등 사용사기죄는 기수에 이르렀고, 그 후 그러한 입금이 취소되어 현실적으로 인출되지 못하였다고 하더라도 이미 성립한 컴퓨터등 사용사기죄에 어떤 영향이 있다고 할 수는 없다고 이해한다.[167] 그러나 이 사건의 경우 공범들이 지정한 계좌에 입금됨으로 인하여 이미 재산상의 손해가 발생하였으므로 학설의 입장도 본죄의 기수가 성립한다는 점에는 의문이 없다.

Ⅴ 친족상도례의 준용

본죄의 경우에도 친족상도례의 규정이 준용된다(형법 제354조, 제328조). 따라서 직계혈족 등의 경우에는 형을 면제하고, 기타 친족의 경우에는 친고죄에 해당한다.

1. 친족의 범위

친족상도례가 적용되려면 친족관계가 범인과 피해자와의 사이에 존재하여야 한다. 다만 피해자는 보호법익의 귀속 주체를 의미하므로 보호법익을 무엇으로 보는가에 따라 피해자가 달라질 수 있다. 본죄의 보호법익은 재산이므로 본죄의 피해자는 재산상 손해를 입은 자라고 할 것이다. 즉, 본죄에서 친족상도례가 적용되려면 행위자와 재산상 피해자 사이에 친족관계가 존재하여야 하며 시스템의 운영주체와의 사이에 친족관계가 존재할 것을 요하지는 않는다.[168]

2. 본죄에서의 피해자

본죄에서의 피해자는 재산상 손해를 입은 자에 한정된다고 할지라도 예금이체의 경우 피해자는 누구인가가 다시 문제된다. 여기에서는 어떤 견해를 취하느냐에 따

---

167 대법원 2006.9.14. 선고 2006도4127 판결.
168 강동범, 예금이체에 의한 컴퓨터사용사기죄에 있어 친족상도례의 적용, 법학논집, 제11권 제2호(2007), 141면.

라 친족의 예금을 불법이체한 경우 친족상도례의 적용 여부가 달라진다. 예컨대 피고인이 자신의 동생 甲이 사망한 후 甲의 미성년 자녀인 乙과 그의 친권자인 생모 丙에게 알리지 않고 甲명의의 현금카드를 사용하여 甲의 계좌에 있는 예금을 자신의 계좌로 이체한 경우 하급심에서는 乙이 피해자가 된다고 하여 친족상도례의 규정이 적용되지 아니한다고 해석하였다.[169] 그러나 이와 같은 사례의 경우 피해자는 자금이체 거래의 직접적인 당사자이자 이중지급 위험의 원칙적 부담자인 거래 금융기관이므로 친족 간의 범행을 전제로 하는 친족상도례 규정이 적용되지 않는다고 해석된다.[170]

손자가 할아버지 소유 농업협동조합 예금통장을 절취하여 이를 현금자동지급기에 넣고 조작하는 방법으로 예금 잔고를 자신의 거래 은행 계좌로 이체한 사안에서, 대법원은 그 범행으로 인한 피해자는 이체된 예금 상당액의 채무를 이중으로 지급해야 할 위험에 처하게 되는 그 친척 거래 금융기관이라 할 것이고, 거래 약관의 면책 조항이나 채권의 준점유자에 대한 법리 적용 등에 의하여 위와 같은 범행으로 인한 피해가 최종적으로는 예금 명의인인 친척에게 전가될 수 있다고 하여, 자금이체 거래의 직접적인 당사자이자 이중지급 위험의 원칙적인 부담자인 거래 금융기관을 위와 같은 컴퓨터등 사용사기 범행의 피해자에 해당하지 않는다고 볼 수는 없으므로, 위와 같은 경우에는 친족 사이의 범행을 전제로 하는 친족상도례를 적용할 수 없다고 판단하였다.[171]

Ⅵ 죄수 및 타죄와의 관계

1. 죄수

동일한 의사로 수회에 걸쳐 정보처리장치에 허위의 정보 등을 입력하여 동일인에게 재산상 손해를 입히고 이익을 취득한 경우는 본죄의 포괄일죄가 된다.[172]

---

169 서울중앙지법 2012.3.29. 선고 2011노3337 판결.
170 동일하게 해석하는 것은 강동범, 예금이체에 의한 컴퓨터사용사기죄에 있어 친족상도례의 적용, 법학논집, 제11권 제2호(2007), 154면.
171 대법원 2007.3.15. 선고 2006도2704 판결.
172 배종대, 형법각론, 363면; 이형국/김혜경, 형법각론, 424면.

2. 타죄와의 관계

은행직원을 기망하여 컴퓨터에 허위의 정보를 입력시켜 재산상 이익을 취득한 경우, 본죄는 사기죄에 대해 보충관계에 있으므로 사기죄만 성립한다.[173]

허위의 정보를 입력하는 등의 방법으로 자신의 예금계좌의 잔고를 부정하게 증액시킨 후 자신의 예금통장에서 예금을 인출한 경우, 본죄와 사기죄의 실체적 경합이 된다는 견해[174]도 있으나, 예금의 인출행위는 이미 컴퓨터사용사기죄에서 취득한 이익을 현실화하는 행위이므로 불가벌적 사후행위로 봄이 타당하다. 이러한 취지로 대법원도 컴퓨터등사용사기죄의 범행으로 예금채권을 취득한 다음 자기의 현금카드를 사용하여 현금자동지급기에서 현금을 인출한 경우, 현금카드 사용권한 있는 자의 정당한 사용에 의한 것으로서 현금자동지급기 관리자의 의사에 반하거나 기망행위 및 그에 따른 처분행위도 없었으므로, 별도로 절도죄나 사기죄의 구성요건에 해당하지 않는다 할 것이고, 그 결과 그 인출된 현금 역시 재산범죄에 의하여 취득한 재물이 아니므로 장물이 될 수 없다고 파악한다.[175]

제3절 인터넷피싱

I 서언

인터넷의 급속한 보급과 확대는 생활의 편리함을 가져왔으나, 다른 한편 인터넷의 부정적인 측면이 나타나기 시작하였다. 인터넷피싱은 이러한 인터넷의 부정적 모습의 하나이다. 다른 인터넷범죄와 인터넷피싱의 차이는 다른 인터넷범죄는 인터

---

173 Maurach/Schroeder/Maiwald, BT - 1, § 41 Rn.233; Otto, BT, S.230; Lackner, § 263a Rn.27; 이재상/장영민/강동범, 형법각론, 356면; 이형국/김혜경, 형법각론, 422면. 이와 다른 견해는 Dreher/Tröndle, § 263a Rn.16.
174 정성근/박광민, 형법각론, 401면.
175 대법원 2004.4.16. 선고 2004도353 판결.

넷에 의하여 비로소 가능하게 된 범죄이지만, 인터넷피싱은 기본적으로 사기의 한 형태로서 인터넷이라는 수단을 이용하여 사기를 한다는 점에서 기존의 일반사기의 변형된 형태에 해당한다.

피싱이라는 용어는 보통 '신원절도'(identity theft; Identitätsdiebstahl)의 변형된 형태를 의미하며, 비밀번호(password)와 낚시(fishing)가 결합된 용어라고 한다.[176] 여기서 피싱을 하는 피셔는 개인정보들 가운데 특히 인터넷뱅킹에 필요한 주민등록번호, ID, 비밀번호, 계좌번호, 인증서의 인증번호 등 금융관련 정보들을 알아낸 다음, 이를 이용하여 피해자의 계좌에서 자금을 이체하는 행위를 한다.

특히 우리나라의 경우 금융거래에 있어 인터넷뱅킹이 차지하는 비율이 매우 높은 것으로 나타나 피싱의 위험성이 더욱 크다고 보인다. 2020년 6월 말 현재 국내 은행의 인터넷뱅킹(모바일뱅킹 포함) 등록고객수는 1억 6,479만 명으로 전년 말 대비 3.5% 증가하였으며, 이는 18개 국내은행, 우체국예금 고객 기준(동일인이 여러 은행에 가입한 경우 중복 합산)으로 한 수치이다. 모바일뱅킹 등록고객수는 1억 2,825만 명으로 6.0% 증가하였다. 2020년 상반기 중 인터넷뱅킹(모바일뱅킹 포함, 일평균)을 통한 조회·자금이체·대출신청서비스 이용 건수 및 금액은 전년 하반기에 비해 각각 25.5%, 10.9% 증가하였고, 모바일뱅킹 이용실적(일평균)은 건수 및 금액 기준 각각 22.8%, 22.9% 증가하였다.[177] 그 결과 인터넷피싱의 위험성 또는 사용하게 증가할 것으로 판단된다.

Ⅱ 인터넷피싱의 유형

인터넷상에서 아이디와 비밀번호, 계좌번호, 주민번호, 신용카드번호 등 개인정보를 빼내 가는 신종 수법을 가리키는 피싱은 이와 같은 개인정보를 획득하는 방법

---

176 Marberth‒Kubicki, Computer‒ und Internetstrafrecht, 2005, 80면; Stuckenberg, Zur Strafbarkeit von Phishing, ZStW 2006, 877‒878면; 박희영, 인터넷 금융사기(Phishing) 관련자의 형사책임에 관한 연구, 인터넷법률, 통권 제36호(2006.10), 88면. 이에 반하여 개인정보(private data)와 낚시(fishing)의 합성어로 보는 견해는 유용봉, 피싱범죄에 관한 형법적 고찰, 한국경찰연구, 제6권 제3호(2007 겨울), 278면 참조.
177 한국은행, "2020년 상반기중 국내 인터넷뱅킹서비스 이용현황"(2020년 9월 28일 공보 2020‒09‒26호).

으로 다양한 수법이 사용되고 있다.[178] 이와 같은 다양한 수법 가운데 가장 많이 사용되는 피싱의 수법은 '메일을 통한 피싱'(메일형 피싱)과 '악성코드유포를 통한 피싱'(악성코드유포형 피싱)의 두 가지 수법이 있다.[179]

1. 메일형 피싱

메일형 피싱은 은행이나 카드사에서 보낸 것처럼 착각하게 만드는 메일을 이용하여 정보를 취득하는 피싱이다. 그리고 이러한 피싱에 많이 사용하는 사이트는 PayPal, eBay, MSN, Yahoo, Bestbuy, America Online 등이 있다고 한다.[180] 인터넷피싱의 전통적인 수법은 금융기관의 관리자를 사칭하는 것이다. 예를 들면 "안녕하십니까. ○○은행 웹사이트 관리자입니다"라고 시작되는 이메일을 은행고객들에게 보낸 후, 메일 안에서 '회원정보 수정' 등의 내용을 변경하는 것처럼 유도하여 해당 란을 클릭하면 마치 진정한 해당 ○○은행의 홈페이지인 것으로 위장한 사이트로 이동하여, 여기서 고객의 개인정보를 입력하게 하여, 입력한 개인정보를 빼내는 방식이다.[181]

최근에는 좀 더 지능적으로 '이벤트 경품당첨' 등의 메일을 발송해 해당 부분을 클릭하면 팝업창으로 인터넷이용자의 개인적인 정보를 묻는 것처럼 유인하여 여기에 입력하는 개인정보를 빼내는 피싱도 등장했다. 또 유명 포털 사이트 게시판에 '인터넷대출' 등을 미끼로 내세워 개인정보 획득을 시도하기도 한다. 그리고 많은 경우 피셔는 국외에서 국내에 있는 자금세탁보조인을 구하여 피해자의 계좌에서 보조인 등의 계좌로 자금을 이체한 후, 다시 보조인으로 하여금 피셔가 있는 국외로 송금하게 하는 등으로 자금세탁과 범죄은닉을 하고 있다고 한다.[182]

---

178 피싱의 진행과정에 대한 보다 상세한 설명은 Stuckenberg, Zur Strafbarkeit von Phishing, ZStW 2006, 878-880면 참조.

179 피싱방식에 대한 상세한 설명은 유용봉, 전게논문, 279면 이하 참조.

180 Chantler/Broadhurst, Social Engineering and Crime Prevention in Cyberspace, 한국형사정책연구원 2008년 추계학술회의 발표문, 2008.11.1., 81면.

181 Walden, Computer Crimes and Digital Investigations, Oxford Uni. Press, 2007, 115-116면. 이와 거의 동일하게 진행된 미국의 AOL피싱사건에 대하여는 Chantler/Broadhurst, 전게논문, 81-82면 참조.

182 Heckmann, in: jurisPK-Internetrecht, 2.Aufl., 2009, Kap.8, Rn.111.

2. 악성코드유포형 피싱

이메일을 통해 위장사이트로 유인하여 개인정보를 획득하는 것이 주종이었던 피싱 유형이 최근에는 악성코드유포 등을 수반하는 다소 복잡하고 지능화된 유형으로 변하고 있다.[183] 미국의 세계적인 취업사이트 'Monster.com'을 대상으로 가해진 피싱·해킹복합공격은 이를 잘 보여준다. 이 사건을 조사한 보안업체 시만텍사에 따르면, 범인은 신종 트로이목마를 사용해 Monster.com에 보관된 구직자들의 이력서에서 이메일주소와 기타 개인정보를 수집하고, 그런 다음 해당 구직자들에게 Monster.com 명의의 피싱메일을 발송해 메일을 클릭한 구직자들의 컴퓨터를 감염시켰다. 그 피싱메일은 구직자들의 PC에 'Banker.c' 파일을 설치했다.[184] 'Banker.c'는 평범한 정보절취용 트로이목마로, 이 트로이목마는 감염된 PC를 통해 PC사용자가 인터넷뱅킹에 로그인하는가를 감시한다. 로그인 과정이 진행되는 것을 포착하면 'Banker.c'는 사용자명과 비밀번호를 기록해 해커에게 전송한다.

Ⅲ 인터넷피싱의 형사법적 처벌 가능성

전술한 피싱의 유형 가운데 가장 전형적이고 자주 발생하는 피싱인 메일형 피싱을 중심으로 살펴본다. 메일형 피싱은 기본적으로 다음과 같은 단계를 거치며 진행된다. 첫째, 피셔는 피싱에 이용할 금융기관 명의의 전자메일을 작성하고, 위장 웹사이트를 제작하고 이를 설치하며, 보통의 경우 이러한 행위와 함께 발신할 메일주소를 수집한다. 둘째, 수집된 메일주소로 클릭하면 이미 설치해 놓은 위장 웹사이트로 링크하도록 하는 내용을 포함한 전자메일을 발송한다. 셋째, 전자메일을 수신한 예상 피해자가 해당 위장 웹사이트 주소를 클릭하고, 피해자 자신은 진정한 금융기관의 웹사이트인 줄 알고 해당 사이트에 개인의 금융 관련 정보(계좌정보, 비밀번호, 신용카드번호, 주민등록번호 등)를 입력하고, 피셔는 이를 획득한다. 넷째, 피셔는 획득

---

183 박희영, 전게논문, 89면.
184 이 사건에서 일부 구직자들의 PC에는 'Gpcoder.e'라는 파일을 설치하게 하였다. 이 파일은 이른바 랜섬웨어(ransomware)로 인터넷사용자의 컴퓨터에 잠입해 내부문서나 스프레드시트 그림파일 등을 암호화해 열지 못하도록 만든 후 돈을 보내주면 해독용 열쇠프로그램을 전송해 주겠다며 금품을 요구하는 등의 방법으로 사용하였다고 한다.

한 개인금융정보를 이용하여 피해자의 계좌나 신용카드로 자금을 이체하는 등의 행위를 하여 재산상의 이득을 취득한다.

이하에서는 이와 같은 인터넷 메일피싱에서의 해당 단계별 행위에 대하여 각각의 형사처벌 가능성을 검토하여 본다.

1. 전자메일작성과 위장 웹사이트의 제작·설치 그리고 발신 메일주소의 수집

1) 사문서위조·변조죄(형법 제231조)

피셔는 피싱에 이용할 전자메일과 여기에 첨부할 위장 웹사이트를 제작·설치함에 있어 보통 금융기관명의로 메일을 작성하고 해당 기관의 사이트를 위장한다. 문제는 여기서 전자메일을 작성하고 위장된 웹사이트를 제작한 다음 자신의 하드디스크나 특정한 서버에 저장시켜 놓는 행위가 문서에 관한 죄를 구성하는가이다. 전자메일이나 위장 웹사이트가 컴퓨터언어로 작성된 전자기록에 해당함에는 의문이 없으나, 이를 문서로써 인정할 수 있는가에 대하여는 의문이다.

문서는 사상이나 관념의 표시가 그 본질이므로 전자기록이 이러한 요소를 포함하고 있는 한에는 문서개념에 포섭될 수 있는 기본적 요건은 충족된다. 그러나 문서로 인정되기 위해서는 여기에서 더 나아가 그 표시가 가시적·가독적 부호에 의하여 표현되어야 하며, 시각적으로 볼 수 있는 것이어야 한다. 전자적으로 저장장치에 저장된 기억장치 내부의 데이터나 외부기억장치에 저장된 자료는 시각적으로 인식될 수 있는 것이 아니므로 그 자체로는 가시성이 없고, 단지 데이터의 보존기능을 가지는데 불과하다. 따라서 전자기록은 표시된 내용을 시각적 방법에 의하여 인식할 수 있는 가시성이 결여되기 때문에 문서의 개념에 포함될 수 없다.[185] 그러므로 전자메일의 작성이나 웹사이트를 제작하여 설치하는 행위를 문서에 관한 죄로 처벌하는 것은 가능하지 않다.

---

[185] Schönke/Schröder/Heine/Schuster, StGB, 30.Aufl., 2019, § 267 Rn.4; Lackner/Kühl, StGB, 25.Aufl., 2004 § 267 Rn.7; 오영근, 형법각론, 723면.

2) 사전자기록위작·변작죄(형법 제232조의2)

피셔가 제작하는 전자메일과 위장 웹사이트는 저장매체에 기록되는 전자기록에 해당하기 때문에 전자메일의 작성과 위장사이트를 제작하는 것이 사전자기록위작·변작에 해당하는가가 문제된다.

사전자기록위작·변작죄는 모든 전자기록의 위작·변작을 처벌하는 것이 아니라 사무처리를 그르치게 할 목적으로 "권리·의무 또는 사실증명에 관한 타인의 전자기록 등 특수매체기록"을 위작·변작하는 경우에 성립한다. 여기서 '권리·의무에 관한 전자기록'이란 권리·의무 또는 법률관계의 발생·존속·변경·소멸 등과 관련한 의사표시를 내용으로 하는 전자기록을 말하며, 사실증명에 관한 전자기록이란 '법률상 또는 사회생활상 중요한 사실이 표시되어 있는 전자기록'[186]을 말한다.

전자메일의 경우에는 금융기관의 명의를 도용하여 금융기관시스템의 관리자인 것처럼 작성한다. 그리고 그 내용은 일반적으로 고객의 계좌번호와 비밀번호 등을 변경하여야만 한다거나, 금융정보시스템이 변경되어 다시 고객의 개인정보를 재등록하여야만 인터넷뱅킹을 이용할 수 있으며, 일정시간 동안 이를 하지 않는 경우에는 이용에 있어 불편함이 있을 수 있다는 등의 내용을 포함한다. 이와 같은 메일의 내용은 결국 고객과 금융기관간의 거래에 있어 중요한 사항에 대한 변경이나 확인을 요청하는 것이기 때문에 사전자기록에 해당하고,[187] 이를 기망하여 작성한 메일은 사전자기록위작에 해당한다.[188]

더 나아가 첨부한 위장 웹사이트 역시 '권리·의무 또는 사실증명에 관한' 전자기록인가에 대하여는 논란이 된다. 여기서 일부의 견해는 피싱을 위하여 위장 홈페이지를 제작하여 설치한 경우 해당 위장웹사이트 설치 역시 사전자기록위작죄(형법 제232조의2)가 성립하는 것으로 이해한다.[189] 그러나 이러한 해석에는 다소 문제가

---

[186] 이것은 문서에 관한 죄에서 문서는 '표시된 내용이 적어도 법률상 또는 사회생활상 중요한 사항에 관한 의사표시'이어야 한다는 판례의 입장(대법원 1989.10.24. 선고 88도1296 판결)에 상응하는 것이다.

[187] Goeckenjan, wistra 2008, 130; Heckmann, in: jurisPK-Internetrecht, 2009, Kap.8, Rn.115; Stuckenberg, Zur Strafbarkeit von Phishing, ZStW 2006, 885.

[188] 이에 반하여 전자메일의 경우 금융기관을 사칭함에 있어 해당 금융기관이 실재하지 않는 경우도 많으며, 그 내용 자체도 증명기능을 가진다고 보기 어렵다는 이유로 사전자기록성을 부정하는 입장도 있다(Graf, NStZ 2007, 131 f.).

[189] Stuckenberg, Zur Strafbarkeit von Phishing, ZStW 2006, 889; 강동범, 사이버범죄 처벌규정

있다. 위장 웹사이트는 금융기관의 홈페이지 화면인 것처럼 가장하고 있으나 이는 권리·의무나 법률관계의 변동을 가져오는 내용은 아니다. 또한 해당 사이트 내에 중요한 사실이 표시되어 있지는 않다. 오히려 피셔에 기망당한 피해자가 해당 위장 사이트나 부수된 팝업창에 자신의 개인적인 정보를 기입함으로써 비로소 사회생활상 중요한 사실이 표시되어진다. 오프라인의 경우로 말하면 공란으로 되어 있는 서식에 피해자가 개인적인 사회생활상의 중요내용(성명, 주민등록번호, 주소 등)을 기입함으로써 비로소 문서로 될 수 있다. 따라서 위장 웹사이트를 제작하여 설치하는 행위를 사전자기록위작·변작죄로 처벌하기는 어렵다고 생각한다.

3) 전자우편주소의 무단 수집행위금지

메일피싱의 경우에는 피셔가 위장 사이트를 동봉한 전자메일을 보낼 사람들의 메일주소를 알아야 한다. 따라서 이를 위해 피셔는 다른 사람들의 메일주소를 수집하여야 한다. 메일주소를 수집하는 방법은 다양하나, 메일주소의 수집행위 자체가 대부분 불법한 방식이다. 개인정보 보호법에 의하면 정보주체의 동의 없이 전자우편주소 등 개인정보를 수집하는 것을 금지하고 있으며(개인정보 보호법 제15조), 이를 위반하는 경우 과태료에 처할 수 있다(동법 제75조). 또한 정보통신망법에 따르면 전자적 전송매체를 이용하여 영리목적의 광고성 정보를 전송하는 자는 영리목적의 광고성 정보를 전송할 목적으로 전화번호 또는 전자우편주소를 자동으로 등록하는 조치를 하여서는 아니 되고(동법 제50조 제5항 제3호), 이를 위반한 자에 처벌하도록 규정하고 있다(동법 제74조 제1항 제4호).[190] 따라서 피셔가 메일을 수집하는 과정에서 이와 같은 방법으로 수집한 경우에는 개인정보 보호법과 정보통신망법에 의하여 처벌되며, 더 나아가 메일주소를 얻는 과정에 악성코드를 사용하여 메일주소를 수집

의 문제점과 대책, 형사정책, 제19권 제2호(2007), 44면; 박희영, 전게논문, 92면.
190 구 정보통신망법은 누구든지 인터넷 홈페이지 운영자 또는 관리자의 사전 동의 없이 인터넷 홈페이지에서 자동으로 전자우편주소를 수집하는 프로그램 그 밖의 기술적 장치를 이용하여 전자우편주소를 수집하여서는 아니 되고(구 정보통신망법 제50조의2). 이를 위반하여 전자우편주소를 수집·판매·유통 또는 정보전송에 이용한 자는 정보통신망법상에 의하여 처벌하도록 하였다(구 동법 제74조 제1항 제5호). 그리고 이 행위를 처벌하는 규정은 2002년 12월 정보통신망법의 개정 당시에 신설된 조문으로 기본적으로는 스팸메일을 규제하기 위해 스팸메일의 발송의 전단계인 메일주소의 수집, 판매, 유통하는 행위를 처벌하려는 취지로 만든 규정이었다. 그러나 동 규정은 현재 개인정보 보호법의 규율대상으로 포섭되었다.

하는 경우에는 정보통신망법상의 악성프로그램유포죄(정보통신망법 제48조 제2항, 제71
조)에도 해당한다.

4) 저작권법위반

위장 웹사이트는 전자기록에 해당하고 이는 컴퓨터프로그램이다. 위장웹사이트
는 기존의 금융기관의 사이트를 복사하여 위장사이트를 제작하므로 기존의 웹사이
트에 대한 저작권의 침해가 발생할 수 있다. 진정한 금융기관 사이트는 컴퓨터 언어
로 작성된 일련의 지시와 명령의 표현물이다. 따라서 저작권법 제2조 제16호의 정
의규정에 따라 금융기관의 진정한 웹사이트는 '컴퓨터프로그램저작물'[191]에 해당하
며, 이와 같은 컴퓨터프로그램저작물은 저작권법의 저작물로 인정된다(저작권법 제4조
제9호).[192] 따라서 금융기관의 홈페이지를 위장하기 위하여 동 사이트를 복제하는 행
위는 저작권법 제136조 제1항의 규정[193]에 따른 저작권침해로 처벌 가능하다.[194]

2. 위장웹사이트로 링크하도록 하는 메일의 발송

금융기관 명의의 전자메일을 작성하는 행위는 전술한 바와 같이 사전자기록위작
죄에 해당하므로, 이와 같이 위작된 사전자기록을 고객에게 발송하는 경우 위작사
전자기록행사죄(형법 제234조)에 해당할 수 있다.

여기서 전자메일의 경우 피셔가 메일을 발송하면 수신자가 가입한 인터넷서비스
제공자의 서버컴퓨터 메일계정에 자동으로 입력이 된다. 따라서 수신자는 발송된

---

191 저작권법 제2조 제16호: "컴퓨터프로그램저작물"은 특정한 결과를 얻기 위하여 컴퓨터 등 정보처리능력을
가진 장치(이하 "컴퓨터"라 한다) 내에서 직접 또는 간접으로 사용되는 일련의 지시·명령으로 표현된 창작
물을 말한다.
192 이전까지는 전자기록과 같은 컴퓨터저작물들은 '컴퓨터프로그램보호법'에 의하여 법적 보호가 행하여졌으나
(이에 대하여는 홍승희, 정보통신범죄의 전망, 형사정책, 제19권 제1호(2007), 24-25면 참조), 2009년
4월부터는 컴퓨터프로그램보호법을 폐지하고 저작권법에서 이를 보호하도록 개정하였다.
193 저작재산권 그 밖에 이 법에 따라 보호되는 재산적 권리(제93조의 규정에 따른 권리를 제외한다)를 복제·
공연·공중송신·전시·배포·대여·2차적 저작물 작성의 방법으로 침해한 자는 5년 이하의 징역 또는 5천
만원 이하의 벌금에 처하거나 이를 병과할 수 있다
194 동일한 해석은 Goeckenjan, wistra 2008, 130; Heckmann, in: jurisPK-Internetrecht,
2009, Kap.8, Rn.122.

전자메일을 읽을 수 있는 상태에 있게 되므로 위작사전자기록행사죄는 성립한다.[195] 이에 반하여 위장 웹사이트는 증명기능을 갖추었다고 볼 수 없기 때문에 사전자기 록성이 인정되지 않으므로 별개의 범죄가 성립하지 아니한다.[196]

3. 개인정보의 획득

1) 절도죄(형법 제329조)

개인정보를 획득한 피셔는 타인의 재물을 절취한 절도에 해당하는가이다. 절도 죄가 성립하기 위해서는 첫째, 타인이 점유하는 타인의 재물을, 둘째, 점유자의 의 사에 반하여 기존의 점유를 배제하고 자기 또는 제3자의 점유로 옮기는 절취행위를 하여야 하고, 셋째, 주관적으로 타인의 재물을 절취한다는 점에 대한 인식(고의)뿐만 아니라 불법영득의사를 가지고 있어야 한다.

피싱을 통하여 피셔가 취득한 개인의 신용정보나 금융 관련 정보는 본래 피셔의 것이 아니라 피해자의 것이었으므로 타인의 것이었다. 문제는 이와 같은 개인적인 금융 관련 정보 등이 타인의 '재물'인가이다. 만일 이와 같은 전자적 정보들을 저장 매체에 담겨져 있는 형태로 해당 저장매체를 취득하여 해당 내용들을 알았다면 저 장매체에 기록된 전자정보에 대한 범죄가 아니라 해당 저장매체 자체에 범죄가 성 립한다. 그러나 여기에서는 전자적 기록의 형태로 되어 있는 정보를 전자적 기록 형 태로 취득하였다는 점에서 차이가 있다.

절도죄에서 '재물'의 개념에 대하여는 유체성설과 관리가능성설이 대립되고 있 다. 여기서 유체성설에 의하면 외부세계에 공간을 차지하고 형태를 띠고 있는 유체 물만이 재물에 해당하며, 형법 제346조를 예외규정으로 보아 관리가능성 있는 동력 을 예외적으로 재물개념에 포함되는 것으로 이해한다.[197] 이것에 반해서 관리가능성

---

195 박희영, 전게논문, 94면.
196 다만 피셔가 발송한 전자메일에 비밀번호 등 개인정보를 변경하지 않는 경우에는 시스템의 보안상 해당 계좌를 이용할 수 없다는 내용이 기술되어 있는 경우에는 강요죄의 가능성이 있다(Heckmann, in: jurisPK-Internetrecht, 2009, Kap.8, Rn.115; Stuckenberg, Zur Strafbarkeit von Phishing, ZStW 2006, 905).
197 김일수/서보학, 형법각론, 274면; 박상기/전지연, 형법학, 589면.

설에 따르면 관리가 가능한 것이라면 유체물뿐만 아니라 무체물도 재물에 해당하는 것으로 이해하며, 형법 제346조의 규정을 주의규정으로 파악하고 있다.[198]

개인적인 금융 관련 정보 등은 유체성이 결여되어 있으므로 유체물은 아니다. 물론 개인정보가 관리 가능하다는 점에서는 관리가능성설에 의하면 재물로 간주될 가능성이 있다. 그러나 재물에서의 관리 가능은 '사무적 관리가능성'을 의미하는 것이 아니라 '물리적 관리가능성'을 의미하며, 그 대상도 관리 가능한 '동력'을 의미하기 때문에 개인의 금융정보들을 사무적으로는 관리할 수 있지만 그것을 '동력'이라고 보기는 어렵다.

또한 일부의 견해에서는 재물의 개념을 목적론적 확장해석을 통해 탄력적으로 해석하여 '컴퓨터에 저장된 데이터'나 전자적 자료들을 형법상 재물로 보고자 하는 시도도 있다.[199] 그러나 이와 같은 해석은 형법의 보장적 기능을 나타내는 기본원리인 죄형법정주의, 특히 유추해석금지원칙에 반할 우려가 높은 것으로 생각되며,[200] 판례 역시 전자기록의 재물성을 부정하고 있다.[201]

따라서 피셔가 취득한 개인 신용정보들은 절도죄의 객체인 '재물'에 해당하지 아니하므로, 이를 전자적 형태로 전송받은 경우에도 절도죄로 처벌할 수는 없다.

---

198 오영근, 형법각론, 294면; 임웅, 형법각론, 263면.
199 하태영, 비교형사법연구, 제5권 제2호(2003), 298면 참조.
200 상세한 논증은 전지연, 사이버범죄의 과거, 현재 그리고 미래, 형사법연구, 제19권 제3호(2007 가을), 10면 이하 참조.
201 대법원은 "… 절도죄의 객체는 관리 가능한 동력을 포함한 재물에 한한다고 할 것이고, 또 절도죄가 성립하기 위하여는 그 재물의 소유자 기타 점유자의 점유 내지 이용가능성을 배제하고, 이를 자신의 점유 하에 배타적으로 이전하는 행위가 있어야만 할 것인 바, 컴퓨터에 저장되어 있는 정보 그 자체는 유체물이라 볼 수 없고 물질성을 가진 동력도 아니므로 재물이 될 수 없다고 할 것이다. …"라고 하며 전자기록의 재물성을 부정하고 있다(대법원 2002.7.12. 선고 2002도745 판결). 또한 동일한 취지로 수수료를 받고 음란한 영상화면을 수록한 컴퓨터프로그램파일 73개를 컴퓨터통신망을 통하여 전송하는 방법으로 판매한 사건에서 컴퓨터 프로그램파일은 형법 제243조의 음란한 '물건'(기타 물건)으로 볼 수 없다고 판시하였다. 즉, 전자기록으로 존재하는 화상이나 동영상들은 컴퓨터 프로그램파일형식으로 되어 있으며, 이러한 컴퓨터 프로그램파일은 음화반포죄에서 규정하고 있는 문서, 도화, 필름 기타 '물건'에 해당한다고 할 수 없다고 판단하였다(대법원 1999.2.24. 선고 98도3140 판결).

2) 사기죄(형법 제347조)

피셔가 취득한 개인의 금융관련 정보는 재물에는 해당하지 않으나, 위장된 사이트의 이용이라는 기망의 방법에 의하여 취득한 것이므로 취득한 개인의 신용정보가 '재산상 이익'에 해당하는 경우에는 사기죄가 성립할 수 있다.

사기죄에서 '재산상 이익'은 일반적으로 재물 이외에 재산적 가치가 있는 모든 이익을 의미한다.[202] 구체적으로 재산상 이익의 대상범위가 어디까지인지를 파악하려면 형법상 재산개념을 어떻게 파악하느냐에 따라 재산상 이익의 내용이 달라지기 때문에 재산개념에 관한 학설대립을 검토해 보아야 한다.

형법상 재산개념에 대하여는 기본적으로 법률적 재산설, 경제적 재산설, 법률적·경제적 재산설의 세 가지 학설이 대립하고 있다.[203] ① 법률적 재산설은 경제적 가치를 고려하지 않고 순전히 법률적으로만 재산을 파악하는 견해로서, 이에 의하면 민법상 개인이 갖는 모든 재산상의 권리와 의무가 곧 재산이다. 반면 법률적으로 승인되지 않은 불법재산이나 권리가 아닌 사실상의 이익이나 노동력은 재산에 포함되지 않는다. ② 경제적 재산설은 재산의 법률적 측면을 전혀 고려하지 않고 경제적 교환가치만을 재산의 판단기준으로 삼자는 견해이다.[204] 이에 따르면 경제적 교환가치 없는 개인의 사법상의 권리는 재산이 아닌 반면, 경제적 가치 있는 사실상의 이익과 노동력을 비롯하여 불법한 이익이라도 경제적 교환가치만 있으면 얼마든지 재산에 해당한다. 따라서 불법원인급여물에 대해서도 사기죄, 공갈죄 등이 성립하게 된다. 예컨대 매춘부의 불법한 성적 서비스도 형법상 재산상의 이익에 속하기 때문에 매춘부를 기망하여 화대를 편취한 경우에는 사기죄가 성립한다. 이 견해는 재산범죄의 재산개념을 가장 넓게 볼 수 있는 관점이며, 판례[205]의 입장이기도 하다. ③ 법

---

202 Schönke/Schröder/Perron, StGB, 30.Aufl., 2019, § 263 Rn.3; 박상기/전지연, 형법학, 654면; 오영근, 형법각론, 400-401면.

203 전체적인 개관은 Schönke/Schröder/Perron, StGB, § 263 Rn.80 ff. 참조.

204 이재상/장영민/강동범, 형법각론, 347면; 오영근, 형법각론, 401면; 임웅, 형법각론, 249면.

205 대법원은 사기죄의 객체가 되는 재산상 이익이 반드시 사법상 보호되는 경제적 이익만을 의미하지 아니하고, 부녀가 금품을 받을 것을 전제로 성행위를 하는 경우 그 행위의 대가는 사기죄의 객체인 경제적 이익에 해당하므로, 부녀를 기망하여 성행위 대가의 지급을 면하는 경우 사기죄의 성립을 인정하고 있다(대법원 2001.10.23. 선고 2001도299 판결). 또한 동일한 취지의 판례는 대법원 1999.6.22. 선고 99도1095 판결; 대법원 1987.2.10. 선고 86도2472 판결 참조.

률적·경제적 재산설은 경제적 교환가치가 있는 재화 가운데서 법질서에 의해 승인된 것만이 재산이라고 보는 관점이다. 법질서의 통일성이라는 측면에서 다른 법률이 보호해 주지 않는 재산은 형법상의 재산으로 인정할 수 없다는 취지이다. 절충설이라고는 하지만 형법상 재산의 범위를 가장 좁게 인정하는 태도이다.

피셔가 취득한 피해자의 개인적인 금융정보는 거래계에서 유통이 금지되는 것이므로 이를 거래하는 것은 불법한 거래에 해당한다. 따라서 법률적 재산설이나 법률적·경제적 재산설에 의하면 개인의 금융 관련 정보는 재산상 이익으로 볼 수 없다. 또한 경제적 재산설에 의하는 경우에도 해당 정보는 영업비밀과 같이 그 자체가 재산적 가치를 가지고 있다고 볼 수 없다. 개인적인 금융 관련 정보는 오히려 재산적 거래를 가능하게 해 주는 열쇠의 역할을 하는 것이지 그 자체가 재산적 가치를 가지고 있다고 볼 수는 없다. 따라서 피셔가 취득한 개인정보를 재산상 이익으로 보아 사기죄로 처벌하는 것도 가능하지 않다.[206]

여기서 일부의 견해는 기망에 의해 비밀번호를 넘겨줌으로써 해당 계좌에 대한 재산상 처분행위를 한 것으로 볼 수 있어 사기죄가 성립한다고 본다.[207] 물론 이 경우 아직 피해자에게 직접적으로 손해가 발생한 것은 아니지만 손해와 유사한 재산상의 위험은 발생하였다는 것이다. 즉, 비밀번호와 같은 개인정보의 이전으로 피해자에게 언제든지 손해가 발생할 수 있기 때문에 이는 손해에 상응한다는 것이다. 또한 사기죄에서의 재산상 처분행위는 피해자 자신이 이러한 처분행위를 인식할 필요가 없기 때문에 이미 비밀번호를 이전함으로써 사기죄는 성립한다는 것이다.

그러나 이러한 해석에는 동의할 수 없다. 피해자는 자신의 계좌에 있는 재산에 대한 처분행위 자체가 존재하지 아니하며, 또한 이를 인정한다고 할지라도 피해자의 손해는 비밀번호를 넘겨준 행위에 의하여 직접 발생하는 것이 아니라 그것을 이용하여 계좌이체 등의 별개의 행위로 발생한다는 점에서 처분행위와 피해자의 손해 사이에 직접성도 결여되어 있다.[208] 또한 '손해발생의 위험성' 역시 재산가치의 감소

---

206 같은 결론은 Marberth – Kubicki, Computer – und Internetstrafrecht, 2005, S.81; 박희영, 전 게논문, 96면.

207 Hilgendorf/Frank/Valerius, Computer – und Internetstrafrecht, Ein Grundriß, 2005, Rn.765; Weber, HRRS 2004, 408 f.

208 Heckmann, in: jurisPK – Internetrecht, 2009, Kap.8, Rn.116; Popp, NJW 2004, 3518;

가 구체적이며, 이를 피해자가 막을 수 없는 예외적인 경우에 인정될 수 있으나, 이 경우는 여기에 해당되지 아니한다. 따라서 기망에 의하여 계좌의 비밀번호 등을 이전한 행위에 대하여 금융계좌에 대한 사기죄로 처벌하기는 곤란하다.

3) 형법상 비밀침해죄(형법 제316조 제2항)

형법은 비밀침해와 관련하여 "봉함 기타 비밀장치한 사람의 편지·문서·도화 또는 전자기록 등 특수매체기록"을 기술적 수단을 이용하여 그 내용을 알아낸 경우를 처벌하도록 규정하고 있다(제316조 제2항). 따라서 형법상의 비밀침해죄가 성립하려면 첫째, 봉함 기타 비밀장치 한 전자기록 등 특수매체기록을, 둘째, 기술적 수단을 이용하여, 셋째, 그 내용을 알아내야 한다[209]는 세 가지 요건이 충족되어야 한다.

피해자가 위장 웹사이트에 자신의 개인정보를 기입하여 발송함으로써 피셔가 피해자의 개인정보를 취득하는 경우 해당 개인정보는 비밀에 해당한다. 또한 웹사이트를 위장하여 개인적인 정보들을 알아냈다는 점에서 전자기록의 내용인 비밀을 취득한 것이다.

그러나 형법상의 비밀침해죄가 성립하려면 비밀을 알아낸 대상이 '비밀장치한' 전자기록 등의 비밀을 알아내야 한다. 일반적으로 정보처리시스템은 타인의 침입을 방지하기 위하여 각종 보안장치를 가동하고 패스워드 등을 입력하도록 하여 권한 있는 사람이 아니면 시스템에 접근할 수 없도록 하고 있다. 따라서 이러한 보안장치가 여기에서 말하는 '비밀장치'에 해당한다. 피싱의 경우에는 해당 비밀이 전자기록 등의 매체에 저장되어 있는 것이 아니라 피해자 자신이 직접 전자기록으로 작성하여 송부하고, 그에 대하여 다시 패스워드 등의 조치를 취하지 아니하였으므로 '비밀

Stuckenberg, Zur Strafbarkeit von Phishing, ZStW 2006, 899.

209 여기서 '내용을 알아낸' 것과 관련하여 형법 제316조의 제1항에 규정되어 있는 일반 비밀침해의 경우 비밀보호를 위한 추상적 위험범으로서 비밀장치한 편지나 문서 등의 개봉행위가 구성요건적 행위로 되어 있지만, 제2항의 경우에는 비밀을 알아내야 한다는 의미에서 침해범의 형태로 구성요건적 행위를 규정하고 있다. 따라서 편지 등을 개봉한 이상 그 내용을 알지 못한 경우에도 본죄는 기수에 이르나(통설: 박상기, 형법각론, 207면; 오영근, 형법각론, 260면; 이재상, 형법각론, 203면), 전자기록 등을 취득하였으나 아직 그 내용을 알아내지 못한 경우에는 제2항의 기수로 볼 수 없다. 다만 일부에서는 내용을 '알아냄'을 제1항의 '개봉'과 같은 의미로 해석하여 추상적 위험범으로서의 성격을 가지는 것으로 이해해야 한다는 주장(오영근, 형법각론, 261면)도 있다.

장치한' 전자기록에 해당하지 아니한다.[210]

또한 피셔가 개인정보를 취득한 방법 역시 '기술적 수단을 이용하여' 비밀을 알아냈다고 보기도 어렵다.[211] '기술적 수단을 이용하여 그 내용을 알아낸다'는 의미는 비밀장치한 전자기록의 내용을 알아내기 위하여 특별한 해킹프로그램을 침투시키거나, 프로그램자체의 오류를 이용하거나, 수많은 경우의 수를 자동으로 대입하여 주는 별도의 프로그램 등을 이용하여 비밀장치를 해제한 후 그 내용을 알아내는 경우를 말한다.[212] 피셔의 기망에 의하여 피해자 자신이 위장사이트에 개인적인 비밀내용을 기입함으로써 피셔가 비밀을 알게 된 것을 기술적 수단을 이용하였다고 볼 수는 없기 때문에 이를 형법상의 비밀침해죄로 처벌하기는 불가능하다.

4) 정보통신망법상 비밀침해죄

정보통신망법에 의하면 누구든지 정보통신망에 의하여 처리·보관 또는 전송되는 타인의 정보를 훼손하거나 타인의 비밀을 침해·도용 또는 누설하여서는 안 되며(정보통신망법 제49조), 이를 위반하여 타인의 정보를 훼손하거나 타인의 비밀을 침해·도용 또는 누설한 경우에는 정보훼손죄나 비밀침해죄로 처벌하도록 규정하고 있다(동법 제71조 제11호). 형법상 비밀침해죄에서의 행위객체는 전자기록 등 특수매체기록에 저장되어 있는 비밀로 제한되기 때문에 정보통신망을 통하여 전송 중이거나 현재 처리 중인 정보를 객체로 포섭할 수 없었으나, 정보통신망법상의 비밀침해죄의 규정은 이와 같은 정보통신망을 통한 비밀침해를 처벌할 수 있도록 규정하였다.[213] 그리고 여기서 타인의 '비밀'이란 일반적으로 알려져 있지 않은 사실로서 이를 다른

---

210 Heckmann, in: jurisPK-Internetrecht, Kap.8, Rn.113; Hilgendorf/Frank/Valerius, Computer- und Internetstrafrecht, Ein Grundriß, 2005, Rn.763; Popp, MMR 2006, 85.

211 Marberth-Kubicki, Computer- und Internetstrafrecht, 2005, S.81.

212 따라서 정보시스템 관리자를 기망하여 패스워드를 알아내거나, 우연한 기회에 다른 경로를 통하여 들어서 알게 된 비밀번호 등을 이용하여 정보시스템에 침입하여 내용을 알아낸 경우에는 형법상의 비밀침해죄에서 말하는 '기술적인 수단을 이용'한 것이라고 보기는 곤란하다.

213 더 나아가 내용을 알아내지 않고 정보를 훼손하거나 침해하는 행위는 형법의 비밀침해죄에 해당하지 않는데 정보통신망법은 비밀을 침해하는 경우뿐만 아니라 정보 자체를 훼손하는 경우도 이를 범죄로 규정하였다(오영근, 인터넷범죄에 관한 연구, 형사정책연구, 제14권 제2호(2003 여름), 308-309면; 홍승희, 정보통신범죄의 전망, 형사정책, 제19권 제1호(2007), 21면).

사람에게 알리지 않는 것이 본인에게 이익이 있는 것을 의미한다.[214]

피셔는 위장 웹사이트를 통하여 피해자가 기입한 개인정보를 습득하였다는 점에서는 정보통신망을 통하여 비밀을 취득하였다. 그러나 이러한 비밀은 정보통신망을 통하여 처리 또는 전송되는 비밀을 취득한 것이 아니라 정보통신망을 통하여 이미 처리되었거나 전송된 피해자의 비밀을 취득한 것이다.[215] 따라서 피셔가 피해자의 개인정보를 취득한 것은 비록 위장 웹사이트를 통해 비밀을 취득하기는 하였으나, 정보통신망에 의하여 처리·보관 또는 전송되는 비밀을 취득한 것은 아니므로 정보통신망법상의 비밀침해죄에 해당하지 아니한다.

5) 속이는 행위에 의한 개인정보수집 위반죄(개인정보 보호법)

개인정보 보호법에 의하면 개인정보를 처리하거나 처리하였던 자는 "거짓이나 그 밖의 부정한 수단이나 방법으로 개인정보를 취득하거나 처리에 관한 동의를 받는 행위"를 하여서는 아니 된다(제59조 제1호). 이를 위반하여 거짓이나 그 밖의 부정한 수단이나 방법으로 개인정보를 취득하거나 개인정보 처리에 관한 동의를 받는 행위를 한 자를 처벌한다(동법 제72조 제2호). 이와 같은 속이는 행위에 의한 개인정보수집의 금지규정은 여기서 문제되는 메일피싱과 같은 방법으로 개인정보를 알아내는 것을 처벌하기 위하여 마련한 규정이다. 피셔는 사이트를 위장하여 피해자를 속임으로써 피해자의 개인적인 정보를 취득하였다는 점에서 인터넷피싱의 피셔는 개인정보 보호법의 본 규정으로 처벌할 수 있다.

4. 획득한 개인정보를 이용한 재산상 이익의 취득

피셔는 전술한 방법으로 취득한 비밀번호와 같은 개인의 금융 관련 정보를 이용하여 금융기관의 시스템에 접속하여 피해자의 계좌상황을 열람하고, 해당 피해자의 은행계좌에서 자신이나 제3자의 계좌로 자금을 이체하는 등의 행위를 하여 재산상

---

214 동일한 취지로 대법원 2006.3.24. 선고 2005도7309 판결; 대법원 2007.6.28. 선고 2006도6389 판결.
215 Goeckenjan, wistra 2009, 51; Heckmann, in: jurisPK-Internetrecht, Kap.8, Rn.114; Hilgendorf/Frank/Valerius, Computer- und Internetstrafrecht, Ein Grundriß, 2005, Rn.762; Stuckenberg, Zur Strafbarkeit von Phishing, ZStW 2006, S.883.

의 이득을 취득한다. 여기서 비밀번호를 입력하여 은행의 시스템에 접속하여 피해자의 계좌를 열람하는 것은 형법상의 비밀침해죄, 정보통신망법상의 무단침입죄와 비밀침해죄의 가능성이 있으며, 피해자의 계좌에서 자금을 이체하는 행위는 컴퓨터사용사기죄의 가능성이 있다.

1) 정보통신망법상의 무단침입죄

보통 '단순해킹'[216]으로 불리는 정보통신망에의 무단침입을 처벌할 필요가 있는가에 대하여는 논란이 있다.[217] 이에 대하여 입법자는 "누구든지 정당한 접근권한 없이 또는 허용된 접근권한을 초과하여 정보통신망에 침입"하는 경우를 처벌하도록 규정하였으며(제72조 제1항 제1호), 더 나아가 그에 대한 미수범도 처벌하도록 규정하였다(제72조 제2항).

따라서 문제는 피셔가 피해자로부터 기망하여 얻은 비밀번호와 계좌번호 등과 같은 개인금융정보를 이용하여 금융기관의 시스템에 접속한 경우 이를 "정당한 접근권한 없이 또는 허용된 접근권한을 초과하여" 정보통신망에 침입하였는가이다.[218]

정보통신망법상의 무단침입은 해당 정보통신망이나 시스템에 보호조치가 있는 것을 전제로 하지 아니하고, 해당 통신망에 접근할 권한이 있는지의 여부에 의하여 무단침입의 여부가 결정된다. 여기서 정당한 접근권한의 존재 여부를 누구를 기준으로 판단할 것인가에 대하여 해당 정보통신망을 이용하는 이용자를 기준으로 할 것인가, 아니면 정보통신망 서비스제공자(또는 관리자)를 기준으로 할 것인가에 대하여 논란이 될 수 있다.

정보통신망법상 무단침입죄를 규정하여 이를 처벌하고 있는 한에는 그 입법취지가 권한 없이 정보통신망에 침입하는 것을 막아 정보통신망 자체의 안정성과 그 정

---

216 해킹의 개념에 대한 유형별 설명은 이정훈, 사이버범죄에 관한 입법동향과 전망, 사이버커뮤니케이션학보, 제20호(2006), 249 – 252면 참조.

217 이에 대하여는 류석준, 해킹에 대한 규제법규에 관한 연구, 비교형사법연구, 제6권 제2호(2004), 187면 이하; 류인모, 정보형법의 과제와 전망, 형사정책, 제12권 제1호(2000), 71 – 73면; 이상돈, 해킹의 형법적 규율방안, 법조, 2002/3(통권 546권), 112면 이하; 전지연, 사이버범죄의 과거, 현재 그리고 미래, 형사법연구, 제19권 제3호(2007 가을), 18 – 20면 참조.

218 상세한 내용은 앞의 "Chpater 01 제1절 해킹" 부분을 참고.

보의 신뢰성을 확보하는 것이고, 이는 이용자에 의하여 결정될 것이 아니라 정보통신망의 관리자(서비스제공자)에 의하여 결정되어야 할 것이다. 따라서 서비스제공자가 접근권한을 부여하거나 허용되는 범위를 설정하고, 서비스제공자로부터 이와 같은 권한을 부여받은 이용자가 아닌 제3자가 정보통신망에 접속한 경우 그에게 접근권한이 있는지 여부는 서비스제공자가 부여한 접근권한을 기준으로 판단하여야 할 것이다.[219]

어쨌든 메일 피싱에서 피셔의 경우에는 정당한 이용권자로부터 비밀번호와 같은 금융정보를 받기는 하였으나 이는 기망에 의하여 취득한 것이므로 이용자의 기준에서 정당한 접근권한 있는 자로 볼 수 없다. 또한 정보통신서비스제공자의 입장에서도 기망하여 비밀번호 등과 같은 정보를 취득한 피셔에게 정보통신망에 접근할 수 있는 권한을 부여하였다고 보기도 어렵다. 이러한 점에서 피셔의 경우에는 '정당한 접근권한'의 판단기준에 대하여 어떠한 기준에 의할지라도 정당한 접근권한이 있다고 볼 수 없다. 따라서 금융기관의 시스템에 접속하여 피해자의 계좌를 열람하는 등의 피셔의 행위는 정보통신망에 무단침입한 것에 해당하므로 정보통신망법상의 무단침입죄로 처벌할 수 있다.

2) 형법상의 비밀침해죄

피셔가 피해자를 기망하여 취득한 비밀번호를 입력하여 피해자 개인의 계좌를 열람하는 것은 비밀번호를 통하여 '비밀장치'되어 있는 전자기록의 내용을 알아내는 것이다. 문제는 이와 같은 전자기록의 비밀을 알아낸 것을 '기술적 수단'을 이용하여 알아내는 것인가이다.

형법상 비밀침해죄에서 '기술적 수단을 이용하여' 그 내용을 알아낸다는 의미는 비밀장치한 전자기록의 내용을 알아내기 위하여 특별한 해킹프로그램을 침투시키거나, 프로그램자체의 오류를 이용하거나, 수많은 경우의 수를 자동으로 대입하여 주는 별도의 프로그램 등을 이용하여 비밀장치를 해제한 후 그 내용을 알아내는 경우를 말한다. 정보시스템 관리자를 기망하여 패스워드를 알아내거나, 우연한 기회에

---

[219] 동일한 결론은 최호진, 전게논문, 222면.

다른 경로를 통하여 알게 된 비밀번호 등을 이용하여 정보시스템에 침입하여 내용을 알아낸 경우에는 여기서의 '기술적 수단을 이용'한 것이라고 보기는 곤란하다.

따라서 피해자 자신이 위장사이트에 개인적인 비밀번호 등을 기입하여 송부함으로써 피셔가 비밀번호를 알게 되고, 이러한 비밀번호를 진정한 금융기관의 사이트에 입력하여 피해자 개인의 계좌상태를 알아낸 경우에는 비밀침해죄에서의 '기술적 수단을 이용'하였다고 볼 수 없으므로, 이를 형법상의 비밀침해죄로 처벌할 수는 없다.

3) 정보통신망법상 비밀침해죄

정보통신망법상 비밀침해죄는 정보통신망에 의하여 처리·보관 또는 전송되는 타인의 정보를 훼손하거나 타인의 비밀을 침해·도용 또는 누설하는 경우에 성립한다(정보통신망법 제49조, 제71조 제11호).

피셔는 피해자를 기망하여 취득한 피해자의 비밀번호나 계좌번호 등을 금융기관의 사이트에 입력함으로써 '타인의 비밀을 도용'한 것에 해당한다.

더 나아가 피셔가 비밀을 '침해'한 것인가에 대하여는 의문이다. 먼저 법문에서 사용된 '침해'라는 용어는 매우 불확실하고 모호한 개념이다. 형법상의 비밀침해죄에서는 명시적으로 '침해'라는 용어를 사용하지 않으나, 비밀침해죄의 내용상 '침해'는 기본적으로는 '비밀을 알아내는 것'이라고 이해할 수 있다. 침해의 개념을 이와 같이 이해하면 피셔는 이미 피해자의 착오로 인하여 비밀번호 등을 알았으므로, 이후에 해당 비밀번호를 입력하는 것을 '비밀의 침해'로 보기는 어렵다. 따라서 금융기관사이트에 피해자의 비밀번호를 입력하는 것은 정보통신망법상의 비밀의 '침해'에 해당하지는 아니한다.

비밀번호의 입력은 비밀의 침해가 아니지만 비밀번호의 입력을 통하여 시스템에 접속하여 피해자 개인의 계좌상태를 열람할 수 있었기 때문에, 이와 같은 피해자의 금융계좌를 열람한 것이 타인의 비밀을 침해한 것이 아닌가이다. 여기서도 전술한 바와 같이 '침해'를 '내용을 알아내는 것'이라는 의미로 이해하면, 이 경우에는 피셔는 정보통신망에 의하여 보관되는 타인의 비밀인 피해자의 계좌상태를 알아냈으므로 정보통신망법상의 비밀침해에 해당한다.[220]

---

220 동일한 결론은 박희영, 전게논문, 102면.

따라서 이 단계에서 피셔는 비밀번호의 입력으로써 타인의 비밀을 도용하고, 피해자의 계좌를 열람함으로써 비밀을 침해하는 정보통신망법상의 두 개의 비밀침해죄를 범한 것으로 평가할 수 있다.

4) 컴퓨터사용사기죄(형법 제347조의2)

피셔가 취득한 비밀번호를 입력하여 금융기관의 시스템에 접속하여 피해자의 예금계좌에서 자기 또는 제3자의 계좌로 자금을 이체시키는 경우 어떤 범죄가 성립 가능한가가 문제된다.

자금의 계좌이체는 '재물'의 취득이 없다는 점에서 절도죄의 성립이 부정되고,[221] 사람에 대한 기망과 그에 따른 처분행위가 없다는 점에서 사기죄의 성립도 부정되며,[222] 피셔가 금융기관과의 관계에서 신뢰관계가 없다는 점에서 배임죄의 성립을 인정하기도 불가능하다.[223]

우리 형법은 이러한 인터넷뱅킹 등을 통해 부당하게 재산상 이득을 취득하는 것을 처벌하기 위해 '컴퓨터사용사기죄'의 규정을 두었다. 즉, "컴퓨터 등 정보처리장치에 허위의 정보 또는 부정한 명령을 입력하거나 권한 없이 정보를 입력·변경하여 정보처리를 하게 함으로써 재산상의 이익을 취득하거나 제3자로 하여금 취득하게 한"(형법 제347조의2)[224]경우를 처벌하고 있다.

여기서 허위의 정보를 입력은 '입력조작'을 의미하며, 객관적 진실에 반하는 내용의 정보를 입력하는 것을 말한다.[225] 그리고 부정한 명령을 입력한다는 것은 소위 '프로그램조작'을 의미하며, 당해 시스템의 사무처리 목적에 비추어 주어서는 안 되는 명령을 입력하는 것을 말하고,[226] 권한 없이 정보를 입력·변경한다는 것은 권한

---

221 이를 절도죄로 인정하는 것은 재물의 개념을 확대하는 것으로 허용되지 않으며 결과적으로 이익절도를 인정하는 것이 되어 타당하지 않다.

222 Stuckenberg, Zur Strafbarkeit von Phishing, ZStW 2006, S.905.

223 홍승희, 정보통신범죄의 전망, 형사정책, 제19권 제1호(2007), 18면.

224 컴퓨터사용사기죄의 입법과정에 대해서는 오병두, 컴퓨터사용사기죄의 입법경과와 입법자의 의사, 형사법연구, 제19권 제1호(2007 봄), 109-126면 참조.

225 형법개정법률안 제안이유서에 의하면 허위의 정보입력을 "예컨대 허위의 입금데이터를 입력하여 예금원장파일의 잔고를 증액시킨 경우와 같이 사실관계와 일치하지 않는 자료를 입력하는 경우"(법무부, 형법개정법률안 제안이유서, 1992, 182면)라고 설명하고 있다.

226 예를 들면 "프로그램을 조작하여 예금을 인출해도 잔액이 감소되지 않게 하는 것"(법무부, 형법개정법률안

없이 시스템에 접속하여 부정하게 프로그램이나 데이터를 변경·조작하는 것을 말한다.

피셔가 피해자의 비밀번호를 입력하여 자금을 이체하도록 입력하는 행위는 '허위의 정보'나 '부정한 명령'을 입력하는 것이라고 보기는 어렵다.[227] 그러나 피셔는 사취한 비밀번호를 입력하였으며, 또한 진정한 예금의 소유권자가 아님에도 불구하고 해당 계좌의 자금을 다른 계좌로 이체시키는 행위를 함으로써 '권한 없이 정보를 입력'한 것에 해당한다.[228] 또한 이를 통하여 재산상의 이익을 취득하였으므로 피셔의 행위는 컴퓨터사용사기죄에 해당한다.[229]

Ⅳ 결어

인터넷의 부정적 모습의 하나인 피싱은 사기의 한 형태로서 인터넷이라는 수단을 이용하여 사기를 한다는 점에서 기존의 일반사기의 변형된 형태에 해당한다. 특히 우리나라의 경우 금융거래에 있어 인터넷뱅킹의 비율이 매우 높다는 점에서 인터넷피싱의 위험성은 더욱 크다고 생각된다.

매우 다양한 피싱의 유형 가운데 여기에서는 가장 전형적이고 자주 발생하는 피싱인 메일형 피싱의 형사법적 처벌 가능성을 검토하였다. 특히 이와 같은 형사법적 처벌 가능성은 메일형 피싱이 행하여지는 단계에 따라 검토하여 본 결과 다음과 같은 결론에 이르렀다.

첫째, 피셔가 피싱에 이용할 전자메일을 작성하고 여기에 첨부할 위장사이트를 제작·설치하며, 발신할 메일주소를 수집한다. 여기서 전자메일의 작성과 금융기관을 위장하는 사이트의 제작·설치는 해당 전자기록의 문서성(가시성과 가독성)을 인정할 수 없으므로 사문서위조·변조죄로 처벌하기는 곤란하다. 또한 해당 위장사이트가 전자기록에는 해당하지만 증명적 기능을 수행한다고 보기 어렵기 때문에 사전자

제안이유서, 1992, 182면)이 여기에 해당한다.

[227] 판례는 권한 없는 자에 의한 명령입력행위를 '명령을 부정하게 입력하는 행위' 또는 '부정한 명령을 입력하는 행위'에 포함된다고 해석하고 있다(대법원 2003.1.10. 선고 2002도2363 판결). 이에 대한 적절한 비판은 유용봉, 전게논문, 286–287면.

[228] Tröndle/Fischer, 54.Aufl., 2007, § 263a Rn.11.

[229] Marberth–Kubicki, Computer– und Internetstrafrecht, 2005, S.80.

기록위작·변작죄에 해당하지 않는다. 그러나 금융기관을 사칭하는 전자메일의 경우에는 고객과 금융기관 사이의 법적 거래에 중요한 의미를 지니는 내용이 포함된 전자기록이므로 사전자기록위작죄에 해당한다. 그리고 위장 웹사이트는 일반적으로 기존의 금융기관의 홈페이지를 복사하여 위장 사이트를 제작하므로 홈페이지를 복제하는 행위는 저작권법 제136조 제1항의 규정에 따른 저작권침해로 처벌 가능하다. 그리고 피셔가 메일주소를 수집하는 과정에서 홈페이지 운영자 또는 관리자의 사전 동의 없이 인터넷 홈페이지에서 자동으로 전자우편주소를 수집한 경우에는 정보통신망법의 전자우편주소의 무단수집죄로 처벌되며, 더 나아가 메일주소를 얻는 과정에 악성코드를 사용하여 메일주소를 수집하는 경우에는 정보통신망법상의 악성프로그램유포죄에도 해당한다.

둘째, 위장 웹사이트로 링크하도록 하는 내용을 포함한 전자메일을 발송하는 행위는 위작사전자기록행사죄에 해당하고, 첨부한 위장 웹사이트의 발송에 대하여는 별도로 범죄가 성립한다고 볼 수는 없다.

셋째, 피해자가 위장 웹사이트를 클릭한 후 개인의 금융 관련 정보를 입력하고 피셔는 이를 획득한다. 여기서 피셔가 취득하는 개인금융정보는 전자기록으로 재물에 해당하지 않기 때문에 절도죄의 성립은 부정된다. 또한 개인금융정보가 거래계에서 경제적 교환가치를 가지고 있다고 볼 수 없고, 그 자체의 거래가 불법한 것이므로 개인금융정보는 재산상 이익으로 볼 수도 없기 때문에 기망으로 이를 취득한 것은 사기죄에도 해당하지 아니한다. 피셔의 기망에 의하여 피해자 자신이 위장 사이트에 개인적인 비밀내용을 기입함으로써 피셔가 비밀을 알게 된 것을 형법상의 비밀침해죄에서 말하는 '기술적 수단을 이용'하였다고 이해하기도 곤란하다. 또한 정보통신망에 의하여 처리 또는 보관되는 비밀을 취득한 것이 아니라 정보통신망을 통하여 이미 처리되었거나 전송된 피해자의 비밀을 취득한 것이므로 정보통신망법상의 비밀침해죄에도 해당하지 아니한다. 다만 이 행위는 개인정보 보호법에 규정된 '거짓이나 부정한 수단이나 방법에 의한 개인정보수집 위반죄'에 해당할 것이다.

넷째, 피셔는 비밀번호와 같은 개인금융정보를 이용하여 피해자의 계좌에서 자금을 이체하는 등의 행위를 하여 재산상 이득을 취득한다. 여기서 피해자의 비밀번호를 입력하여 금융기관의 시스템에 접속하는 행위는 정당한 권한 없이 정보통신망에 침입한 것으로 정보통신망법상의 무단침입죄에 해당한다. 그리고 금융기관의 시스템에 접속하여 피해자의 계좌를 열람하는 것은 '기술적 수단을 이용'하였다고 볼 수 없으므로 형법상의 비밀침해죄에는 해당하지 않는다. 그러나 비밀번호의 입력으로써 정보통신망법상의 타인의 비밀을 도용하고, 피해자의 계좌를 열람함으로써 정보통신망에 보관되는 비밀을 침해하는 정보통신망법의 비밀침해죄에 해당한다. 피해자의 계좌에서 자기나 제3자의 계좌로 자금을 이체하는 행위는 기존의 재산범죄로 포섭하기는 불가능하고, '권한 없이 정보를 입력'하여 재산상의 이익을 취득하였으므로 컴퓨터사용사기죄에 해당한다.

결론적으로 인터넷피싱 가운데 전형적인 메일피싱의 경우 피셔는 금융기관을 사칭하는 전자메일의 작성으로 사전자기록위작죄, 해당 메일을 발송하는 행위로 위작사전자기록행사죄, 메일을 발송하기 위하여 전자메일의 주소를 수집하는 과정에 전자우편주소의 무단수집죄, 위장 웹 사이트 제작을 위하여 금융기관의 홈페이지를 복사한 경우 저작권법위반, 피해자가 위장 웹사이트에 개인의 금융 관련 정보를 입력하여 이를 취득하는 행위는 '속이는 행위에 의한 개인정보수집 위반죄', 해당 피해자의 비밀번호 등을 이용하여 계좌를 열람하는 행위는 정보통신망법상의 무단침입죄와 비밀침해죄, 그리고 자금을 이체하는 행위는 형법상의 컴퓨터사용사기죄에 해당한다.

제4절 | 사이버 저작권 침해

I 의의

저작권법상 저작물은 인간의 사상 또는 감정을 표현한 창작물을 말하고, 저작자는 저작물을 창작한 자를 말한다(저작권법 제2조 제1호, 제2호).[230] 보다 구체적으로 저작권법에 의하여 보호되는 저작물은 소설·시·논문·강연·연설·각본 그 밖의 어문저작물, 음악저작물, 연극 및 무용·무언극 그 밖의 연극저작물, 회화·서예·조각·

---

230 대법원 2020.6.25. 선고 2018도13696 판결.

판화·공예·응용미술저작물 그 밖의 미술저작물, 건축물·건축을 위한 모형 및 설계도서 그 밖의 건축저작물, 사진저작물(이와 유사한 방법으로 제작된 것을 포함한다), 영상저작물, 지도·도표·설계도·약도·모형 그 밖의 도형저작물, 컴퓨터프로그램저작물[231] 등이다(동법 제4조). 이전까지는 전자기록과 같은 컴퓨터저작물들은 '컴퓨터프로그램보호법'에 의하여 법적 보호가 행하여졌으나,[232] 2009년 4월부터 '컴퓨터프로그램보호법'을 폐지하고 '저작권법'에서 이를 보호하도록 개정되었다. 따라서 인터넷상의 개별 홈페이지의 글이나 사진, 영상 및 프로그램 등은 저작권법상의 보호대상이 되며,[233] 이를 복제·공연·공중송신·전시·배포·대여·2차적 저작물 작성의 방법으로 침해한 경우에는 5년 이하의 징역 또는 5천만원 이하의 벌금에 처하거나 이를 병과할 수 있다(동법 제136조 제1항).

Ⅱ 사이버공간에서 저작권 침해행위

인터넷상 다른 사람의 홈페이지에 있는 문서나 사진 등이 특정 저작권자의 창작물인 경우,[234] 이를 그대로 가지고 와서 자신의 홈페이지나 개인 블로그에 올리는 것은 저작권 침해에 해당한다.[235] 여기서 인터넷 이용자들은 '퍼온 글' 형식으로 출처를 밝히면 아무런 문제가 없다고 생각하나, 저작권법상에는 복제권이나 배포권, 전송권이 저작권자에게 부여된 이상, 인터넷상의 복제행위나 저작물의 배포행위[236] 혹은 전송행위는 저작권 침해에 해당하는 것이다.

---

231 저작권법 제2조 제16호: "컴퓨터프로그램저작물"은 특정한 결과를 얻기 위하여 컴퓨터 등 정보처리능력을 가진 장치 내에서 직접 또는 간접으로 사용되는 일련의 지시·명령으로 표현된 창작물을 말한다.

232 홍승희, 정보통신범죄의 전망, 형사정책, 제19권 제1호(2007), 24–25면 참조.

233 원혜욱, 인터넷범죄의 특징과 범죄유형별 처벌조항, 형사정책연구, 제11권 제2호(2002 여름), 106면.

234 보통의 상용 홈페이지에는 저작권 표시로 하단에 copyright나 ⓒ 등의 표시를 하는데, 우리나라 현행 법제는 아무런 저작권 표시를 하지 않았다고 하더라도 보호되므로(무방식주의), 이를 표시하지 않았다고 저작권이 없는 것이 아니다.

235 심재무, 디지털저작권의 형법적 보호, 경성법학, 제11호(2002), 238–239면.

236 '배포'란 저작물의 원작품이나 그 복제물을 유형물의 형태로 일반 공중에게 양도·대여하는 것을 말하므로, 컴퓨터 하드디스크에 저장된 MP3 파일을 다른 P2P 프로그램 이용자들이 손쉽게 다운로드받을 수 있도록 자신의 컴퓨터 내 공유폴더에 담아 둔 행위는 이에 해당하지 않는다(대법원 2007.12.14. 선고 2005도872 판결).

다만 해당 텍스트나 사진 등이 저작권법상 보호받지 못하는 저작물이거나 혹은 문서나 신문기사의 '일부'를 정당한 방식으로 출처를 밝히며 인용하는 경우 등에는 허용될 수 있을 것이다. 주의할 것은 허용될 수 있는 '인용'은 공표된 저작물에 대해 보도, 비평, 교육, 연구 및 이에 준하는 목적으로 정당한 범위 내에서 부수적으로 되어야 하고, 또한 인용저작물과 피인용저작물의 필연적 연관을 가진 채 되어야 하고, 출처를 명시하여야 한다. 따라서 문서 전체를 퍼온 경우에는 인용의 범위를 넘어서고 있다고 판단된다.[237]

다른 웹페이지나 서버에 저장된 저작물에 링크한 것을 저작권침해행위로 볼것인가에 대하여 논란이 된다. 판례에 의하면 인터넷 링크(Internet link)는 인터넷에서 링크하고자 하는 웹페이지나, 웹사이트 등의 서버에 저장된 개개의 저작물 등의 웹 위치 정보 내지 경로를 나타낸 것에 불과하여, 인터넷 이용자가 링크 부분을 클릭함으로써 링크된 웹페이지나 개개의 저작물에 직접 연결하더라도, 이는 저작권법 제2조 제22호에 규정된 '유형물에 고정하거나 유형물로 다시 제작하는 것'에 해당하지 아니하고, 같은 법 제19조에서 말하는 '유형물을 진열하거나 게시하는 것'에도 해당하지 아니한다. 또한 위와 같은 인터넷 링크의 성질에 비추어 보면 인터넷 링크는 링크된 웹페이지나 개개의 저작물에 새로운 창작성을 인정할 수 있을 정도로 수정·증감을 가하는 것에 해당하지 아니하므로 2차적 저작물 작성에도 해당하지 아니한다. 이러한 법리는 모바일 애플리케이션(Mobile application)에서 인터넷 링크와 유사하게 제3자가 관리·운영하는 모바일 웹페이지로 이동하도록 연결하는 경우에도 마찬가지라고 이해하여 저작권 침해를 인정하지 아니한다.[238] 비슷한 취지로 인터넷 링크를 하는 행위가 저작권법상 복제 및 전송에 해당하지 않는다고 해석한다.[239]

---

237 오승종, 저작권법, 2008, 598면.
238 대법원 2016.5.26. 선고 2015도16701 판결.
239 대법원 2015.3.12. 선고 2012도13748 판결.

Ⅰ 서언

컴퓨터로 대표되는 각종 정보처리장치는 금융기관, 기업, 관공서, 의료기관, 교육기관, 가정 등 현대생활의 거의 모든 영역에서 정보처리에 대한 획기적인 변화를 가져왔으며, 이 변화는 현재에도 놀라운 속도로 빨리 진행되고 있다. 특히 금융기관의 고객에 대한 업무영역에서 정보처리장치가 보여주고 있는 편리함은 이루 말할 수 없다. 예금주는 거의 24시간 언제든지 현금자동지급기가 설치된 곳에서 현금카드와 비밀번호를 입력하여 자신의 예금을 확인하거나 인출하거나 자동이체하는 것이 가능하다. 또한 이러한 행위들은 현금카드를 발행한 금융기관의 자동지급기뿐만 아니라 일정한 제한하에 다른 금융기관의 자동지급기를 통하여도 가능하다.[240]

그러나 다른 한편, 이용의 편리함과 금융기관의 업무경감 등으로 인하여 거의 모든 예금주가 현금카드를 소지하고 있는 결과 그 위험성 또한 증가되고 있다. 즉, 타인의 현금카드를 절취하거나 현금카드의 위조 또는 변조 등을 통하여 현금자동지급기에서 현금을 인출 또는 전자적으로 자금을 이체하는 경우가 증대하고 있다.[241] 그럼에도 불구하고 종래의 형법규정들이 이러한 현금카드오용의 위험을 효과적으로 통제할 수 있는가 하는 점은 대단히 의문시되었다. 이에 따라 컴퓨터범죄라는 이름 하에 입법적 필요성을 느껴, 1995년 12월 "형법중개정법률"을 통과, 본법은 1996년 7월 1일부터 시행되었다. 이 개정법률의 많은 부분이 본고가 다루고자 하는 현금카드오용에 대한 형법적 처벌 가능성을 유형별로 나누어 검토한다.

---

[240] 보통 현금카드를 사용하여 작동되는 기기는 현금자동인출기(CD; Cash Dispenser)와 자동출납기(ATM; Automated Teiler Maschine)의 두 가지 종류가 있다. 여기서 현금인출의 기능만을 하는 컴퓨터를 현금자동인출기(CD)라고 하고, 자동출납기는 현금인출 이외에 입금, 계좌 간 이체 등도 자동적으로 행한다. 양자 모두 현금인출업무를 수행하므로 여기에서 사용되는 '현금자동지급기'라는 용어는 양자를 모두 포함하는 의미이다.

[241] 특히 행위자가 현금카드를 획득하고 이의 비밀번호를 알아내는 경우에는 현금인출을 막을 수 있는 기술적 방법이 거의 없다. 다만 피해자의 신고에 의하여 현금의 지급정지가 가능하나, 이것 역시 피해자가 카드를 절취당하거나 분실한 사실을 깨닫기까지는 불가능하다.

Ⅱ 현금카드오용의 유형

현금카드를 오용하는 행위는 크게 다음의 두 가지 유형으로 대별될 수 있다.

첫째, 이미 존재하는 타인의 현금카드를 이용하여 현금자동지급기에서 현금을 인출하거나 자기 또는 제3자의 계좌로 자금을 이체시키는 사례유형이다. 이 사례유형의 경우 행위자가 현금자동지급기에서 현금인출이나 자동이체를 하기 위해서는 행위자가 타인의 현금카드를 소지하여야 하고 또한 해당 현금카드의 비밀번호를 알아야 한다.

먼저 행위자가 타인의 현금카드를 소지하게 되는 방법은 타인의 현금카드를 절취하는 경우, 횡령하는 경우, 기망하여 타인의 현금카드를 교부받는 경우, 정당한 현금카드소지인으로부터 현금자동지급기에서 현금을 인출하도록 위임을 받아 현금카드를 교부받은 경우, 자동지급기를 사용하였던 정당한 이용자가 자동지급기에서 현금카드를 꺼내가지 않아 이를 획득하는 경우, 자동지급기의 카드투입구 안에 일정한 설비를 하여 현금카드가 배출되지 않도록 한 후 이를 획득하는 경우 등 아주 다양한 방식이 알려져 있다.

또한 타인의 현금카드의 비밀번호를 입수하여야 하며, 이를 입수하는 방법도 다양하다. 예컨대 행위자가 고객이 비밀번호를 입력하는 것을 관찰하여 비밀번호를 알아낸 후 고객의 현금카드를 절취하는 경우, 정당한 예금주의 위임을 받은 자가 예금주로부터 현금카드와 비밀번호를 함께 입수하는 경우, 전화로 신용기관이라 속이고 예금주로부터 해당 현금카드의 비밀번호를 입수하는 경우, 정당한 현금카드소지인의 주민등록번호나 생일일자 등 몇 개의 번호를 통하여 비밀번호를 알아내는 경우, 자동지급기의 키보드 위에 파우더나 스프레이를 뿌린 후 지문을 채취하여 비밀번호를 알아내는 경우 등이다.

둘째, 현금카드를 위조 또는 변조한 후에 이를 이용하여 현금을 인출하거나 계좌이체시키는 사례유형이다. 이 사례유형은 아직 현실적으로 빈번하게 발생하는 유형은 아니다. 왜냐하면 현금카드를 위조 또는 변조하여 사용하기 위하여는 행위자가 기본적으로 현금카드라는 재료를 가지고 있거나 기존의 현금카드를 재생할 수 있는 설비를 구비하여야 하고, 현금카드의 자기스트라이프를 위조 또는 변조함에 필요한 기술적 설비들도 갖추어야 하기 때문이다.[242] 그러나 이러한 유형은 최근 대만과 홍콩에서 신용카드를 대량으로 들여와 국내에서 행사한 사례가 보고된 것과 같이 기술적 설비를 갖추고 있는 한에는 대량으로 유통될 가능성이 있다. 또한 새로운 기술의 발달은 이러한 위조나 변조를 용이하게 할 가능성이 크다. 따라서 이러한 현금카드의 오용사례는 장래에 주목하여야 할 모습 중의 하나이다.

Ⅲ 유형별 형법적 평가

현금카드의 오용은 현금카드를 획득하는 행위와 그 카드로 현금을 인출하는 행위와 같이 여러 개의 행위들이 함께 결합되어 일어난다. 이러한 경우 일부의 학설과 판례에서는 독립적인 행위과정을 인정하지 않고, 전체적으로 하나의 범행의 부분적인 행위라는 관점에서 출발하기도 한다. 예컨대 현금카드를 절취하여 이를 이용해 권한 없이 현금을 인출하는 경우 현금에 대한 절도가 성립하기 때문에 현금카드에 대한 절취행위는 인출된 현금에 까지 미친다고 주장하거나,[243] 현금카드의 절취에서 절도를 인정하고 현금을 인출한 행위는 법적으로 의미가 없는 이용행위로 보기도 한다.[244] 그러나 다음과 같은 점에서 양자를 구분하여 고찰하여야 한다.

첫째, 양자의 행위가 모두 타인의 재산권을 침해하는 범죄라는 점에서는 동일할지 모르지만 재산권의 귀속주체가 다를 수 있으며,[245] 또한 재산권의 침해방식이 다를 수 있기 때문이다. 이러한 이유로 양자의 행위는 독자적인 법익침해의 가능성이 있는 것이다.

둘째, 획득행위의 처벌·불처벌 여부를 떠나 현금인출행위만의 처벌 가능성에 대해서도 논란이 될 수 있다. 이러한 경우에는 행위형법이라는 형법의 기본원리에 환원하여 행위의 외부적, 자연적 모습에 따라 획득행위와 현금인출행위의 처벌 가능성을 분리하

---

242 이러한 점에서 현금카드의 위조나 변조를 통한 현금카드오용은 현재로는 금융기관 내부인에 의하여 행해질 가능성이 있다. 이에 대한 국내에서의 사례는 장영민/조영관, 컴퓨터범죄에 관한 연구, 한국형사정책연구원, 1993, 60면 참조.
243 Vgl. Schroth, NJW 1981, 729 ff.
244 Vgl. OLG Düsseldorf CuR 1987, 439.
245 후술하는 바와 같이 현금카드의 소유권과 인출되는 현금의 소유권은 별개의 주체에 귀속되는 것으로 판단된다.

여 검토하고, 다수의 범죄가 성립하는 경우에는 경합관계에서 다루는 것이 타당하다.

1. 반환의사 없이 타인의 현금카드를 획득하는 행위

현금카드는 재물성이 존재하므로[246] 행위자가 소유자를 계속적으로 배제할 의도 (소위 불법영득의사)로 타인의 현금카드를 절취한 경우 절도죄가 성립된다는 점은 의문이 없다. 다만 이와 같은 현금카드의 절취와 관련하여 문제가 될 수 있는 것은 소유권의 침해 여부이다. 통상적으로 현금카드의 소유권자는 예금주가 아니라 카드를 발행한 금융기관이다.[247] 따라서 행위자가 금융기관의 소유권을 침해하였는가가 문제되는 것이다.

절도죄의 의미에서 영득은 소유자에게 재물에 대한 소유자 유사적 지배권능을 빼앗는 것을 의미하며, 이것은 행위자가 물체 자체나 또는 재물에 화체된 물체가치를 자신의 재산에 병합시킴으로써 경제적으로 소유자의 지위를 대신하려는 것에 있다. 그러나 여기서 행위자는 자신이 금융기관의 지위를 차지하려고 하지도 않았으며, 금융기관을 그 지위에서 쫓아내려고 하지도 않았다. 오히려 행위자는 단지 예금주의 지위를 차지하려고 하였다. 이것이 절도죄의 불법영득의사를 인정하기에 충분한가라는 것이 문제이다.

현금카드의 소유자인 금융기관은 그 카드의 기능에 따른 사용을 단지 정당한 예금주로 지정하였음에 틀림없다. 이러한 정당한 예금주를 재물지배의 지위에서 종국적으로 추출하는 것은 동일한 방식으로 역시 소유권자 자신에로 향한 것과 동일하기 때문에 금융기관에 대한 소유권침해를 인정할 수 있다.[248]

현금카드의 절도 이외에도 행위자는 물론 횡령, 장물취득, 사기 등을 통하여서도 타인의 현금카드를 획득할 수 있다.[249]

---

[246] 대법원 1993.11.23. 선고 93도604 판결; 대법원 1995.7.28. 선고 95도997 판결(양 판례 모두 신용카드에 대한 절도를 인정).

[247] 예컨대 우리은행의 "직불카드 회원약관"의 제3조 제1항에 따르면 "카드의 소유권은 은행에 있으며, …"라고 규정하고 있다.

[248] 동일한 취지로 vgl. Ranft, wistra 1987, 80.

[249] Vgl. Otto, JR 1987, 222.

2. 반환의사로 현금카드를 교부받은 경우

1) 절도죄의 성립 여부에 대한 견해의 대립

현금카드를 이용하여 현금자동지급기에서 현금을 인출한 후 카드를 다시 정당한 권리자에게 돌려 줄 의도로 현금카드를 절취한 경우 현금카드에 대한 재산범죄가 성립하는가에 대하여는 견해가 대립한다. 이 경우는 사용절도로 절도죄가 성립하지 않으므로 불가벌로 된다는 주장과 현금카드를 예금통장과 동일하게 이해하여 절도죄로 처벌할 수 있다는 주장이 그것이다.

(1) 독일연방법원의 해석이나[250] 통설의 입장에[251] 따르면 이러한 현금카드 획득행위는 불법영득의사가 존재하지 않기 때문에 절도죄를 구성하지 않는다고 본다. 이러한 의미에서 행위자는 단지 불가벌적인 사용절도(furtum usus)를 행한 것이다. 여기서 절취에 대한 형법적 평가는 예컨대 행위자가 열쇠를 훔쳐 상자를 열고 그 내용물을 훔치려는 경우에서의 열쇠 절취와 동일하게 판단된다. 행위자가 현금카드를 사용한 후에 카드를 버리거나 자신이 소지하려는 경우와 같이 정당한 소지인에게서 그 카드의 처분권한을 종국적으로 배제하려고 한 경우에만 현금카드에 대한 절도가 성립한다. 현금카드 자체는 예금계좌의 자산상태나 처분 가능한 신용의 정도에 대하여 아무런 것도 표현하고 있지 않다. 따라서 현금카드는 예금통장이나 상품권 등과 달리 어떤 특정한 재산적 가치를 포함하고 있지 않다. 현금카드 그 자체는 해당 비밀번호를 알지 못하면 결코 사실상의 이익획득기회를 구현하지 못한다. 또한 현금카드는 자격증권(면책증권)[252]에도 해당하지 않는다.

(2) 이에 반하여 현금카드는 직접 예금계좌에 있는 돈이나 또는 예금주의 신용 범위 내에서 처분 가능한 돈을 화체하고 있는 것이라고 주장하기도 한다.[253] 이에

---

[250] BGHSt 35, 150, 156.

[251] Vgl. Lackner/Kühl, StGB, 21.Aufl., 1995, § 242 Rn.23; Lenckner/Winkelbauer, wistra 1984, 85; Otto, JR 1987, 221; Steinhilper, Jura 1983, 411; 박상기/전지연, 형법학, 666면; 이재상/장영민/강동범, 형법각론, 248면.

[252] 면책증권은 증권의 소지인이 관리자의 자격을 갖는 것으로 인정되는 증권으로서, 채무자가 증권의 소지인에게 이행을 하면 악의, 중과실이 없는 한 면책되는 증권이며, 예컨대 예금통장, 신발표, 옷 또는 휴대품보관증, 철도수하물상환증 등이 여기에 속한다(정찬형, 어음수표법강의, 11면 참조).

따르면 현금카드 사용은 마치 예금통장의 이용과 마찬가지로 부기과정을 야기시키는 것이며, 단지 그러한 부기과정이 현금카드 그 자체로부터는 보여지지 않으나 그것과 분리된 기초자료 위에서 실행되는 것이라고 한다. 현금카드와 예금통장을 법적으로 차별화하여 고찰하는 것이 정당화될 수 있을 만큼 양자의 차이가 그렇게 중대한 것은 아니라는 것이다. 또한 현금카드는 예금통장과 마찬가지로 자격증권(면책증권)으로 고려될 수 있다는 것이다.

(3) 이와 유사하게 수정된 물체설에 근거하여 현금카드와 예금통장을 동일하게 보는 것이 타당하다고 주장하기도 한다.[254] 이 견해에 의하면 현금카드로 결제계좌에서 특정한 액수를 인출하면 그 만큼 현금카드의 사용 가능성이 박탈된다고 한다. 즉, 행위자는 현금카드를 이용하여 자신의 재산의 이미 인출된 액수를 이용하려는 예금주의 지배권능을 그에게서 계속적으로 박탈한다는 것이다. 여기서 예금주가 카드를 가지고 원칙적으로 자동지급기에서 돈을 계속하여 인출할 수 있다는 사실로 인하여 아무런 것도 변경되지 않는다고 한다. 즉, 자신의 처분 가능한 신용이 고갈되는 경우에는 경우에 따라서는 자동지급기가 그 카드를 회수한다. 따라서 특정한 액수를 인출하는 것은 예금주의 지배권능을 침해한다는 것이다.

2) 검토

본 사례유형의 경우 역시 행위자에게 불법영득의사를 인정할 수 있는가가 문제의 핵심이 된다. 따라서 불법영득의사가 인정되기 위해서는 행위자는 무엇을 영득하여야 하는가 논의가 전면에 등장한다. 그러나 이러한 경우에 불가벌적인 사용절도라는 결론이 현재 주장되고 있는 결합설이나 수정된 물체설에 의하여도 근거될 수 있다고 본다.

(1) 판례와 통설의 입장[255]인 결합설에 따르면 행위자가 소유자를 배제하고 물

---

253 이러한 의미로 이해하는 견해는 Schroth, NJW 1981, 732.

254 Vgl. Seelmann, JuS 1985, 289.

255 대법원 1981.10.13. 선고 81도2394 판결; 박상기/전지연, 형법학, 595면; 배종대, 형법각론, 272면; 이재상/장영민/강동범, 형법각론, 247면; Lackner/Kühl, § 242 Rn.22; Schönke/Schröder/Bosch, StGB, 30.Aufl., 2019, § 242 Rn.49.

건 자체나 또는 물건에 화체된 가치를 자신의 재산에 병합시키는 경우에 영득이 인정된다. 타인의 현금카드를 갈취하여 이를 사용하고 다시 반환하는 것은 정당한 권리자가 현금카드 자체를 다시 가지게 되기 때문에 물체에 대한 영득은 존재하지 않는다. 따라서 고려할 수 있는 것은 가치를 영득하였는가의 여부이다.

통설의 가치개념에 따르면 "물건을 사용하여 도달할 수 있는 이득"이 결정적인 것이 아니라 단지 "물체에 특별히 내재된 가치"가 결정적이다.[256] 따라서 문제는 현금카드의 특별한 가치가 어디에 있는가하는 점이다. 만일 현금카드가 유가증권이라면 현금카드는 예금계좌에 있는 돈이나 또는 신용범위 내에서 처분 가능한 돈을 화체한 것이라고 볼 수 있다. 그러나 현금카드는 유가증권이 아니다. 현금카드는 예금계좌에 있는 돈을 화체하고 있는 것이 아니라 단지 열쇠의 기능만을 가지고 있다.[257] 이와 같은 가치개념의 의미에서 가치를 빼앗았다고 인정할 수 있기 위해서는 행위자가 현금카드로부터 그 현금카드에 특별히 내재되어 있는 열쇠로서의 기능을 계속적으로 박탈하였어야만 한다. 그러나 현금카드가 손상되지 않은 채 반환된 이후에는 정당한 권리자가 다시 현금자동지급기에서 현금을 인출할 가능성을 가지기 때문에 그 기능이 상실되고 있지 않다. 따라서 통설의 가치개념에 따른 영득은 존재하지 않는다.

(2) 수정된 물체설에 의하면 영득의 대상은 가치가 아니라 물건에 대한 소유자의 지배권능 내지는 소유자의 법적 지위에 근거하여 소유자에게 존재하는 물건의 전형적인 사용 가능성이라고 한다.[258] 예금주에게서 현금카드의 사용 가능성, 즉 열쇠로서의 현금카드의 기능은 일시적으로는 박탈되었으나, 그것은 계속적인 것은 아니었다. 현금카드의 반환이후에는 예금주는 다시 현금자동지급기를 이용할 가능성을 가지게 된 것이다. 따라서 수정된 물체설에 근거하여도 현금카드의 일시적 사용 후에 반환하는 경우에는 절도죄의 의미에서의 영득이 인정될 수 없는 것이다.

---

[256] 이와 반대로 물건의 사용을 통하여 도달할 수 있는 이익으로 보는 것에 대하여는 vgl. BGHSt 4, 236, 238; 17, 87, 92.

[257] 동지: 하태훈, 현금자동인출기 부정사용에 대한 형법적 평가, 형사판례연구[4], 1996, 337면.

[258] Vgl. Rudolphi, GA 1965,33; Welzel, Lb, S.340 ff.

3. 타인의 현금카드로 돈을 인출하는 행위

1) 편의시설부정이용죄

타인의 현금카드로 현금자동지급기에서 돈을 인출하는 행위가 개정형법에 새로이 규정된 제348조의2의 편의시설부정이용죄에 해당하는가가 문제될 수 있다. 편의시설부정이용죄는 부정한 방법으로 대가를 지급하지 아니하고 자동판매기, 공중전화 기타 유료자동설비를 이용하여 재물 기타 재산상의 이익을 취득하는 경우에 성립하는 범죄이다.

여기서 문제는 현금자동지급기에서 피해자의 현금카드로 돈을 인출한 행위가 유료자동설비를 이용하여 재물을 취득한 것인가의 여부이다. 유료자동설비는 일정한 방법으로 대가를 지급하면 기계적 또는 전자적 조종장치의 작동에 의하여 물품이나 편익을 제공하도록 고안된 자동설비를 말하며, 자동판매기나 공중전화는 그 예시에 해당한다.[259] 현금자동지급기는 카드를 입력하면 그에 대한 정보를 읽고 그에 합당하는 비밀번호를 입력한 후 돈의 인출을 요구하면 이에 대하여 상응하는 돈을 인출하여 준다는 점에서 그 작동방식은 자동설비에 해당된다. 그러나 현금카드를 발행한 신용기관의 현금자동지급기를 사용하는 경우에는 그에 대한 대가가 존재하지 않으므로 이러한 범위 내에서 자동설비이용은 유료로 행하여지는 것이 아니다.

다만 현금카드를 이용하여 현금을 인출하는 경우 그 현금자동지급기가 타 금융기관의 자동지급기인 경우에는 인출한 액수에 따라 일정한 수수료를 지불하게 된다. 예컨대 행위자는 처음에 A은행의 현금카드로 B은행 지점의 현금자동지급기에서 현금을 인출한 경우 그에 대한 유료성의 여부가 논란이 될 수 있다. 그러나 이 경우에 지불되는 수수료가 완전한 대가성을 갖는지 의문스럽다. 보통 편익을 제공하여 주는 유료자동설비는 공중전화나 지하철과 같이 지불하는 액수와 그에 따라 이행하는 편익이 완전히 대가적인 관련을 갖는 것이 보통이다. 이에 반하여 여기서는 그에 대한 완전한 대가성이 부족하다.

또한 만일 이와 같은 대가성이 인정된다고 할지라도 이 경우에 행위자는 자동설

---

259 이에 반하여 자동판매기는 이미 규정되어 있으므로 본죄의 유료자동설비는 용역자동제공장치만을 의미한다는 견해도 있다(박상기, 형법각론, 349면).

비의 메카니즘을 비정상적으로 조종하는 것은 아니다. 즉, 행위자는 부정한 방법으로 대가를 지불하지 아니하고 현금자동지급기를 이용한 것이 아니라 대가가 지불된 채 이용한 것이므로 본죄의 적용은 없다.

결국 행위자가 피해자의 현금카드를 이용하여 현금자동지급기에서 현금을 인출하는 행위는 유료자동설비의 이용에 해당하지 않기 때문에 편의시설부정이용죄가 성립한다고 볼 수 없다.

2) 절도죄

(1) 견해의 대립

행위자가 현금자동지급기에서 현금을 인출한 것이 절도죄에 해당하는가이다. 이와 같은 인출된 현금에 대한 절도죄의 성립 여부에 대한 논란의 핵심은 과연 현금을 인출한 행위자가 타인의 재물을 "절취"하였는가에 달려있다. 왜냐하면 절도죄의 의미에서 절취는 "타인의 점유를 배제하고 새로운 점유를 취득하는 것"을 의미하기 때문에 만일 이전까지의 점유자가 현금에 대한 자신의 점유를 행위자에게 인도한 경우에는 점유의 배제가 부정되기 때문이다. 따라서 자동지급기에서 인출된 현금이 금융기관이라는 이전까지의 점유권자에 의하여 행위자에게 인도된 경우에는 점유의 배제가 부정되고, 만일 인도가 아니라 권한없는 이용자인 새로운 점유자에 의하여 탈취된 경우에는 절취가 존재한다.

독일의 통설과 판례[260] 그리고 우리나라의 소수견해는[261] 진정한 현금카드와 해당 비밀번호를 입력하는 경우에 은행은 현금자동지급기를 통한 현금지급을 양해하였다고 한다. 즉, 이와 같은 조건들이 충족되는 경우에 은행은 자동지급기를 수단으로하여 건네지는 돈에 대하여 스스로의 의사에 따라 자의로 점유의 배제에 동의하였다는 것이라고 한다. 따라서 절도죄의 의미에서 "점유의 배제"는 부인되고 절도죄는 성립하지 않는다고 한다. 항소심판결 역시 "현금인출행위를 은행의 의사에 반하여 은

---

260 Vgl. Lackner/Kühl, § 242 Rn.14; Steinhilper, Jura 1983, 409; Wiechers, JuS 1979, 847; BGHSt 35, 152, 158 f.
261 김영환, 신용카드부정사용에 관한 형법해석론의 난점, 형사판례연구[3], 1995, 318면; 손동권, 고시연구, 1996/5, 173면; 하태훈, 전게논문, 330면 이하.

행 소유의 현금을 취거한 절도행위라고 볼 수 없다"고 판시하고 있다.

이에 반하여 대법원은 타인의 카드로 현금자동지급기에서 현금을 인출하는 경우 "그 현금을 취득함으로써 현금자동인출기 관리자의 의사에 반해 그의 지배를 배제하고 그 현금을 자기의 지배하에 옮겨 놓는 것"[262]이라는 이유로 점유배제를 긍정하여 절도죄를 인정하고 있었다.

또한 우리나라의 다수설[263]과 독일의 소수설[264]에서도 현금자동지급기에서 현금이 지급되는 경우 돈의 점유포기는 단순히 건네주었다는 것에 있는 것이 아니라고 한다. 오히려 은행은 돈의 수령자가 정당한 카드소지인이라는 조건하에 점유가 이전되는 것을 허용하였다고 주장한다. 여기서 조건부 양해가 존재하는 것이며, 이 양해는 명시적으로 표현되어야만 하거나 외부적으로 통지되어야만 하는 것은 아니라고 한다. 여기서 중요한 것은 단지 은행의 내적 의사라는 것이다.[265] 즉, 현금의 지급시점에 자동지급기를 운영하는 은행의 어떤 자연적 또는 법률행위적 의사활동은 배제되기 때문에 여기서 절도죄와 사기죄의 구별에 의미가 있는 절취와 교부와의 구별은 파악되어질 수 없다. 왜냐하면 교부라는 것은 현금카드와 비밀번호의 사용자에 의한 기망행위의 결과로 어떤 인간적인 의사활동이 요건으로 되는 것이기 때문이다. 현금카드와 비밀번호를 프로그램에 따라 형식적인 자격검사를 한 후 현금을 지급하도록 놓아 두는 현금자동지급기는 이러한 한도내에서 형법상 중요한 의사를 표현하는 것이 아니다.[266] 따라서 목표로 되어져야만 하는 것은 단지 은행의 내적 의사인 것이다.

(2) 비판적 검토

① 현금카드 회원약관은 점유이전의 동의를 부정하는가?

양해를 부정하는 견해는 현금카드를 발행한 신용기관은 정당한 예금소유자에게만 자동지급기에서 인출되는 현금에 대한 점유이전을 동의하였고 부정한 이용자에

---

262 대법원 1995.7.28. 선고 95도997 판결. 그러나 유감스럽게도 어떤 근거로 현금자동인출기 관리자의 의사에 반하는가 등에 대한 더 이상의 근거는 제시되지 않고 있다.

263 김우진, 신용카드부정사용죄의 기수시기, 형사판례연구[3], 1995, 295면; 김일수, 한국형법 IV, 239면; 박상기, 형법각론, 344면; 장영민/조영관, 전게서, 133면; 차용석, 고시연구, 1988/6, 110면.

264 Gropp, JZ 1983,487; Lenckner/Winkelbauer, wistra 1984, 87.

265 Gropp, JZ 1983,490 f.; Schönke/Schröder/Bosch, § 242 Rn.36.

266 Bieber, WM Sonderbeilage Nr.6, 1987, S.17; LG Köln WM 1987, 235.

게는 점유이전에 동의하지 않으려고 하였다는 사실을 다음의 몇 가지 점에서 파악할 수 있다고 한다.

첫째, 신용기관은 현금카드의 오용에 대비하여 이중의 안전장치를 두고 있다. 즉, 현금카드사용에는 현금카드 그 자체를 투입하여야 하며 또한 그에 해당하는 비밀번호를 입력하여야 한다. 이것은 모든 금융기관의 현금카드 회원약관에 의하면 명시적으로 현금카드를 이용하는 경우 비밀번호를 조작하도록 하고(우리은행 현금카드 이용약관[267] 제2조 제2항), 회원은 카드를 타인에게 대여하거나 양도 또는 담보의 목적으로 이용할 수 없고, 선량한 관리자로서 주의를 다하여 카드를 이용, 관리하여야 하고(제4조 제1항), 비밀번호가 타인에게 누설되지 않도록 항상 주의하여야 한다(제4조 제3항)고 규정하고 있다. 이와 같은 사실로부터 이미 신용기관은 단지 정당한 예금소유자에게만 점유를 이전하려고 하였다는 것을 인식할 수 있다고 한다.

둘째, 만약 현금카드에 대한 이용과 관리에서 선량한 관리자의 주의의무를 위반하거나 또는 비밀번호의 유지에 대한 주의를 태만히 하여 발생하는 모든 책임은 회원에게 귀속되며(제5조 제4항), 이것은 카드의 분실이나 도난신고에 대한 통지를 하기 이전에는 모든 손해를 회원이 부담하고, 통지 이후의 손해에 대하여는 은행이 부담하도록 되어 있다(제10조). 따라서 통지 이후의 손해발생에 대하여는 은행의 손해부담분이 존재하는 것이다. 또한 더 나아가서 카드이용자에게 손해의 귀책이 존재하는 경우일지라도 은행의 예금소지인에 대한 손해배상청구권이 이용자가 충분한 지불능력이 없는 경우에는 회수불능이 될 수 있기 때문에 은행에 대하여는 잔여위험이 존재한다. 따라서 이러한 손해부담분이나 잔여위험을 안고 부정한 이용자에게도 현금의 점유이전을 동의하였다고 생각할 수 없다는 것이다.

셋째, 금융기관은 합리화의 근거로 현금자동지급기체계의 확대보급에 중대한 경제적 이익을 가지고 있다. 따라서 신용기관은 현금자동지급기체계의 신용을 떨어트리지 않기 위하여 현금카드오용을 방지하여야 하기 때문에 부정한 이용자에게는 현금의 점유이전에 동의하지 않았을 것이라는 점이다.[268]

---

[267] 별도의 표시가 없는 경우에 이하의 이용약관에 대한 조문은 "우리은행 현금카드 이용약관"을 나타내는 것이며, 사실상 각 신용기관의 현금카드에 대한 약관은 그 내용에 있어서 거의 차이가 없다.

[268] Gropp, JZ 1983, 491; LG Köln WM 1987, 235 f.

그러나 다음과 같은 이유로 앞의 주장들에 동의할 수 없다.

첫째, 신용기관은 현금카드의 이용시 회원이 조작한 비밀번호와 회원이 신고한 비밀번호를 대조하여 일치함이 인정되는 경우에 한하여 거래를 허용하며(제3조 제3항), 동일함이 인정되어 발생한 거래에 대하여는 회원에게 손해가 생겨도 그 책임을 지지 아니한다고 규정하고 있다. 이것은 비밀번호를 입력하여 해당 번호가 일치하는 경우에는 그 사람에게 사실상 자동지급기에서 나온 돈의 수령을 허용한다는 의사표시와 다름이 아니다.[269]

둘째, 회원은 선량한 관리자로서 주의를 다하여 카드를 이용·관리하여야 하며, 비밀번호가 타인에게 누설되지 않도록 항상 주의하여야 한다고 규정(제4조 제1항, 제3항)하고 있으며, 이는 전술한 요건이 충족되는 경우에는 현금카드를 이용하는 제3자에게도 돈을 지급하기 때문에 회원들에 대한 경고적 주의를 부여하는 주의규정에 불과한 것이다. 이것은 또한 진정한 카드의 사용과 비밀번호가 일치하여 돈이 인출된 경우 그에 대한 손해는 회원의 책임으로 돌아가며(제3조 제3항), 도난이나 분실로 인한 경우에도 신고접수 이전에 발생한 손해에 대하여 은행이 책임을 부담하지 아니한다는 점(제10조 제2항)에서도 동일하다.

셋째, 물론 자동지급기체계를 통한 신용기관의 합리화에 대한 이익은 존재한다. 그러나 이러한 이익은 현재의 기술적 능력에 의하여 제한을 받는다. 즉, 진정한 현금카드와 비밀번호를 입력하면 현금을 지불할 수밖에 없는 현재의 기술하에서 신용기관이 잔여위험을 떠 안지 않은 채로는 현재의 자동지급기를 운영할 수 없다. 그럼에도 불구하고 현금자동지급기를 운영하는 것은 이를 운영하는 이익이 그로부터 발생하는 손해나 손해발생 가능성보다 크기 때문이다. 따라서 회원약관에 근거하여 정당한 이용자에게만 현금을 지불하는 것에 동의하였다는 주장은 인정할 수 없다.

② 자동판매기와 현금자동지급기는 동일하게 평가되는가?

점유배제를 인정하는 견해는 현금자동지급기의 기능이나 담당하는 업무의 측면에서 본다면 현금자동지급기는 동전을 투입하면 작동되는 자동판매기와 달리 평가될 수 없다고 한다. 자동판매기의 설치자는 이용자가 진정한 동전을 투입하는 경우에만 (절취를 막기 위하여 자동판매기통으로 보호되고 있는) 물건을 가져가는 것에 동의한

---

[269] 동일한 취지로 하태훈, 전게논문, 331면.

것이라는 점에는 의문이 없다. 이와 마찬가지로 금융기관은 예금주에게 미리 통지된 개인적 비밀번호를 사용한다는 조건하에 단지 정당한 예금주의 인출행위만 해당 금액의 인출에 동의하였다는 것이다.[270]

일반적으로 자동판매기에 위조된 동전을 투입하여 물품을 빼낸 경우에는 절도죄가 성립한다.[271] 그러나 타인의 현금카드로 현금자동지급기를 오용하여 현금을 인출한 행위는 이와 같은 자동판매기에서의 위조된 동전을 사용한 것과 동일하게 평가할 수 없다.

점유소지인이 점유이전에 대한 동의를 조건부로 할 수 있다는 점에는 의문이 없다. 자동판매기의 경우 자동판매기의 설치자는 앞의 견해와 같이 물품에 대한 점유이전의 동의를 이러한 조건부로 한 것이다. 즉, 자동판매기에서는 그 기구를 이용방식에 합당한 방식으로 이용하는 사람에게만 물품을 이전하도록 하는 조건이 기술적 점유제한으로서 부가되어 있다. 왜냐하면 이것은 원칙적으로 진정한 동전의 경우만을 받아들이는 것이기 때문이다. 그러나 현금자동지급기의 경우에는 이와 같은 기술적 점유제한이 결여되어 있다. 오히려 현금자동지급기는 해당 비밀번호를 맞추고 진정한 현금카드를 사용하는 사람에게 돈을 건네준다는 특징을 가지고 있는 것이다. 자동판매기의 경우에 자동판매기 설치자의 유보는 일종의 기술적인 등가물을 포함하고 있다. 유보의 내용과 구조적 제한은 대가동일성이 존재한다. 이에 반해서 현금자동지급기의 경우에는 요구되어진 조건을 통하여 일어나는 제한은 기술적 제한보다 훨씬 좁다. 여기서 신용기관의 유보는 어떤 기술적인 등가물이 존재하지 않는다.[272] 정당한 현금카드이용자에게만 현금을 지급하려고 하였다는 은행의 의사가 현실적인 점유이전의 제한에 표현되어 있지 아니한 이상에는 그 의사는 중요한 것이 아니다. 이와 같은 요청이 법률에 명시적으로 표현되어있지 않다고 할지라도 이와 같은 의사를 기술적 설비들에 객관화시키는 것이 필수적이다. 절취의 개념에서 정당한 권리자의 현실적 의사에 반해서 행위하는 것이 그 요건으로 되는 것이지, 절취

---

270 Gropp, JZ 1983, 491; AG Kulmbach NStZ 1985, 8; Bay ObLG JR 1987, 252. 이와 달리 Bieber, WM Sonderbeilage Nr.6, 1987, S.18; LG Köln WM 1987, 237는 어쨌든 점유배제는 인정한다. 그러나 현금자동지급기와 자동판매기의 비교에 대하여는 부정한다.
271 Vgl. Ranft, JA 1984, 6; Schönke/Schröder/Bosch, § 242 Rn.36.
272 Vgl. Steinhilper, GA 1985, 124; 또한 이와 동일한 취지로 OLG Hamburg WM 1987, 66.

를 긍정함에 정당한 권리자의 실질적 이익에 반하는 행위로 충분하다는 결론이 나오는 것이 아니다.[273] 즉, 절취의 성립 여부가 정당한 권리자의 실질적 이익에 반하는가에 의하여 결정되는 것은 아니다.

③ 점유소지인의 거부의사

일반적인 경우 점유배제가 인정되기 위해서는 점유소지인이 그러한 점유배제에 동의하지 않는다는 의사가 행위시에 존재하여야 한다. 따라서 이와 같은 점유배제에 동의하지 않는다는 의사가 현금을 지급하는 과정에서 존재하여야 하나, 현금지급과정에서 당해 신용기관은 이러한 거부의사를 표명하고 있지 않다. 현금지급과정을 살펴보면 신용기관의 직원은 현금인출자가 현금카드를 오용하고 있는 상황을 알지 못하기 때문에, 돈의 손실에 대하여 내적으로 반대하고 있는 의사를 가지고 있는 상태에 있지도 아니하다. 오히려 만약 점유소지인이 관찰하고 있었다면 양해적 점유이전이 될 것을 그가 보고 있지 지 않았다는 이유로 그 행위를 점유배제로 만들 수는 없을 것이다.[274]

④ 자동화된 현금지급은 일반적 절취행위와 달리 평가되는가?

현금자동지급기체계에서와 같이 자동화된 현금지급은 그 현금지급과정의 외부적 모습의 측면에서 기존의 점유소지자인 신용기관이 직접 행하는 점유이전이나 또는 새로운 점유취득자인 부정한 사용자의 점유배제와는 달리 평가할 수 있지 않는가라는 문제가 제기될 수 있다.[275]

설치자가 자동지급기에 입력한 프로그램에 따라 요구된 액수를 정당한 이용자에게 인도하는 경우 민법 제188조의 의미에서[276] 소유권취득에 필요한 물건의 양도가 존재한다. 자동지급기를 기능에 따라 이용하는 경우 프로그램에 상응하는 현금지급과정은 현금자동지급기가 권한 없는 자에 의하여 사용되어진다고 하여 전술한 점유

---

273 Otto, JR 1987, 222; 어쨌든 기술적인 점유제한이 요구된다는 견해는 또한 Huff, NStZ 1985, 440; Ranft, JA 1984, 7 f.; AG Berlin-Tiergarten NStZ 1987, 122.

274 Steinhilper, GA 1985, 124 f.; 이와 동일한 취지로 AG Berlin-Tiergarten NStZ 1987, 122; OLG Schleswig NJW 1986, 2652; OLG Stuttgart NJW 1987, 666.

275 Vgl. BGHSt 35, 150, 158 f.

276 민법 제188조는 "동산물권양도의 효력"이라는 표제하에 제1항에서 "동산에 관한 물권의 양도는 그 동산을 인도하여야 효력이 생긴다"고 규정하고 있다.

이전의 행위로서의 자신의 외부적 출현모습이 상실되지는 않는다. 점유취득의 방식을 고려하여 이러한 사례유형은 신용기관의 대표자가 부하직원에게 자신이 없는 동안 유효한 현금카드를 소지하고 해당 비밀번호를 증명하는 사람에게 요구하는 현금을 지불하도록 지시한 것과 달리 평가할 수 없다.

신용기관은 본래 정당한 사용자에게만 돈을 건네주려고 하였다는 이러한 의사만 가지고 현금자동지급기에 의하여 지불된 돈에 대한 부정한 사용자의 "점유배제"를 근거지울 수는 없다. 점유소지인의 자연적 지배의사가 어떤 특정한 형태로 표시되었는지 어떤지에 관계없이 그러한 지배의사가 "점유이전"에 대립되는 경우에야 비로소 "점유배제"가 인정될 수 있다. 따라서 이제까지의 점유소지인이 단지 특정한 부류의 사람에게만 취득을 허용하려 하였고 행위자가 이러한 부류의 사람에 속하지 아니하는 상황이 존재하는 경우에만 행위자는 임의의 제3자에게로 점유가 포기되어진 물건에 대한 점유를 배제하는 것이다. 이것은 예컨대 무인신문판매대와 같이 감독하는 사람이 없이 통에 돈을 집어넣으면 누구나 집을 수 있는 물건을 통에 판매가격을 집어넣지 않은 채로 그 물건을 집어 가는 경우가 여기에 해당하는 것이다.

그러나 자동화된 현금지급은 이러한 경우들과 다르다. 즉, 신용기관은 현금자동지급기의 특별한 설비를 통해 임의의 제3자의 접근으로부터 보호되는 돈을 유효한 현금카드와 해당 비밀번호를 입력하는 모든 이용자에게 지불하도록 신용기관이 미리 프로그램화하여 놓았기 때문에 이러한 조건의 충족하에 신용기관은 돈에 대한 포기행위를 한 것이다. 여기서 지불된 돈은 신용기관의 의사에 반한다는 것은 의미가 없다. 왜냐하면 예컨대 은행 내에서 은행직원이 행위자로부터 기망당하여 예금주라고 믿고 그에게 돈을 지불한 경우에 은행직원은 단지 정당한 예금주에게만 지불하려고 하였다는 의사를 가지고 "점유이전"을 "점유배제"라고 주장할 수는 없기 때문이다. 점유소지인 자신이나 현금자동지급기 자체에서 점유이전의 실제행위가 일어나는 경우에는 신용기관이 가지고 있었던 내적 의사는 그 의미를 상실하는 것이다. 따라서 지불된 돈은 그것의 이제까지의 상태로부터 권한 없는 자에 의하여 절취되는 것이 아니라 그 물건은 권한 없는 자에 의하여 기술적으로 올바로 사용되어진 현금자동지급기를 통하여 점유가 이전된 것이다.

(3) 소결론

현금자동지급기에서 타인의 현금카드로 해당 비밀번호를 입력하여 현금을 인출하는 행위는 절도죄의 의미에서 점유배제로 볼 수 없다. 현금자동지급기에서 현금을 지불하는 행위가 점유이전인가 아니면 점유배제인가 하는 문제의 대답은 이러한 지불과정의 외부적 출현모습을 살펴보아야 한다. 외부적 출현모습에서 행위자는 돈을 절취하는 것이 아니라 자동지급기가 교부하는 돈을 자신이 지니는 것이므로 점유배제가 아니라 점유이전에 해당한다. 따라서 본 사례유형에서는 절도죄의 성립을 인정할 수 없다.

3) 횡령죄

절취한 타인의 현금카드로 해당 비밀번호를 입력하여 권한 없이 현금자동지급기를 이용하여 현금을 인출한 자를 횡령죄로 처벌할 수 있는가는 논란이 있다.

(1) 일부학설[277]과 독일 연방법원의 해석에 따르면[278] 이 경우 행위자는 자동지급기에서 인출된, 그러나 아직 신용기관의 소유로 남아있는 돈을 점유획득함으로써 불법하게 영득한 것이라고 한다. 즉, 현금지급절차가 자동화되어 있으므로 권한 없는 사용자는 점유이전의 양해로 인하여 돈에 대한 신용기관의 점유를 배제하지는 않았다. 그러나 이러한 사실로부터 신용기관이 돈에 대한 소유권을 이전하는 것도 양해하였다는 주장을 이끌어 낼 수 없다고 한다. 왜냐하면 점유배제는 하나의 사실적 과정이나, 소유권양도는 법률행위이기 때문이라는 것이다. 현금카드의 회원약관에 대한 해석과 신용기관이나 고객에게 존재하는 이익을 고려하면 신용기관이 현금카드의 부정한 사용자에게도 역시 자동지급기에서 나온 돈에 대한 소유권을 법률행위적으로 이전하려고 하였다는 것을 받아들이는 것을 정당화할 수는 없다.[279] 물론 현금의 지불을 통한 점유이전은 존재하나, 권한 없는 자에게 신용기관 대신에 소유자가 되라는 법률행위적 청약은 존재하지 않는다는 것이다. 따라서 이러한

---

277 Vgl. Kleb – Braun, JA 1986, 260; Ranft, JA 1984, 8; ders., wistra 1987, 82.
278 Vgl. BGHSt 35, 150, 161 f. 또한 이와 동일한 취지로 횡령죄를 인정하는 하급심판례는 예컨대 OLG Stuttgart NJW 1987, 666.
279 동일한 취지로 BGHSt 35, 150, 152, Lackner/Kühl, § 242 Rn.23.

해석에 따르면 행위자를 형법 제355조 제1항에 따른 인출된 돈의 횡령으로 처벌할 수 있다.

(2) 횡령죄는 위탁관계에 의하여 타인의 재물을 보관하는 자가 그 재물을 횡령하거나 반환을 거부함으로써 성립한다. 타인의 현금카드를 이용하여 자동지급기에서 현금을 인출한 경우 횡령죄를 인정하는 견해는 이러한 횡령죄의 구성요건과 관련하여 다음과 같은 몇 가지 지점에서 문제가 제기될 수 있다.

첫째, 과연 자동화된 현금지급의 경우 청약과 승낙이 존재하지 않는가이다. 정당한 이용자가 현금카드를 투입하고 비밀번호를 입력하여 현금을 인출하는 경우 현금자동지급기가 돈을 지불하는 행위는 청약이고 이용자가 이를 수령함으로써 승낙이 성립하여, 돈의 소유권이 이전된다는 점에는 의문이 없다. 그런데 왜 외부적으로 동일한 모습인 부정한 사용자의 경우에는 소유권의 이전을 인정하지 않는가. 이러한 의미에서 신용기관의 양도에 대한 청약은 규정에 합치되는 현금카드와 해당 비밀번호에 의하여 증명되는 모든 사람에게 향하여졌다고 주장할 수 있다.[280] 현금자동지급기의 권한 없는 사용자 일지라도 규정에 합치하는 사용자는 현금을 수령함으로써 이러한 양도의 청약을 승낙하는 것이다. 이러한 반대해석에 따르면 결국 행위자는 민법 제188조에 따라 돈의 소유자가 되기 때문에 횡령죄의 구성요건요소인 "재물의 타인성"이 부정된다.[281]

그러나 이러한 반론은 타당하지 않다. 점유개념에 관하여는 형법의 독자적인 해석이 가능하며, 이는 사실적으로 파악되어진다. 이에 반하여 소유권의 경우에는 형법상의 독자적 개념은 존재하지 않기 때문에 민법의 소유권개념에 종속되어 있다. 자동지급기에서 사실적으로는 돈의 지불이 존재하지만 이에 대한 소유권이전의사는 신용기관의 의사에 달려 있다. 신용기관의 이익이나 고객보호의 측면에서 신용기관이 부정한 이용자에게까지 돈의 소유권을 이전하려고 하였다는 점을 인정하기는 곤란하다. 따라서 지불된 돈에 대한 소유권은 아직 신용기관에 있기 때문에 타인의 재물성은 인정된다.

둘째, 인출된 돈을 소지하는 부정한 이용자에게 횡령죄의 주관적 요소로서의 불

---

280 예컨대 Otto, JR 1987, 224; Spahn, Jura 1989, 517.
281 Wiechers, JuS 1979, 847; Steinhilper, Jura 1983, 409.

법영득의사를 인정할 수 있는가이다. 횡령죄에서의 불법영득의사는 타인의 재물을 보관하는 자가 위탁의 취지에 반하여 자기 또는 제3자의 이익을 위하여 권한 없이 그 재물을 자기의 소유인 것 같이 처분하려는 의사를 의미한다.[282] 여기서 일부의 견해는 ① 현금카드의 부정사용자의 경우 권리자를 배제한다는 의사인 "배제의사"가 결여되어 있고, ② 영득행위에서 소유자의 권리를 배제한다는 것은 행위자가 정당한 권리자의 재산상태에 불법적인 침해를 가하는 것을 그 요건으로 하나 현금의 양도는 소유권의 이전이 존재하므로 이와 같은 불법적 침해를 배제시킨다는 두가지 이유로 영득의사가 인정될 수 없다고 한다.[283]

그러나 이와 같은 반론 역시 부분적으로 수긍하기 어렵다. 전술한 비판은 기본적으로 현금카드를 부정이용한 경우에 인출된 현금의 소유권이 신용기관에서 이용자에게로 넘어간다는 전제하에 영득의사를 부정하는 것이다. 앞에서 언급한 바와 같이 돈에 대한 소유권이 여전히 신용기관에 남아 있다고 해석하는 경우에는 영득의사를 부정할 수 없기 때문이다.

셋째, 현금카드의 부정이용자가 자동지급기에서 지급된 현금을 수령하는 경우 점유시점과 관련하여 행위자에게 횡령행위가 인정될 수 있는가이다. 횡령죄의 횡령행위는 행위자가 이미 재물을 점유하고 있으므로 영득의 의사가 객관적으로 인식할 수 있을 정도로 외부에 표현되어야 한다. 횡령죄의 경우에 횡령행위 이전에 이미 행위자가 재물에 대한 점유를 가지는 것이 일반적이다. 그런데 본 사례유형에서 현금카드의 부정이용자는 자동지급기에서 현금을 인출한 행위를 통하여 비로소 점유를 개시하기 때문에 문제가 된다. 즉, 점유취득과 동시에 횡령행위가 이루어지는 경우에도 횡령죄가 성립할 수 있는가가 문제되는 것이다. 독일의 통설과 판례에 따르면[284] 소위 "좁은 교정해석"(kleine berichtigende Auslegung)이라는 이름하에 점유획득과 영득행위가 동시에 일어나는 것이 가능하다고 본다.[285] 따라서 본 사례유형의

---

282 대법원 1989.9.12. 선고 89도382 판결.

283 Vgl. Otto, JR 1987, 224; Hans OLG Hamburg WM 1987, 66.

284 Vgl. Charalambakis, Der Unterschlagungstatbestand de lege lata und de lege ferenda, 1985, S.92; Lackner/Kühl, § 246 Rn.3; Schönke/Schröder/Bosch, § 246 Rn.1; BGHSt 4, 76; 40, 8, 22.

285 이에 반하여 소위 "넓은 교정해석"(große berichtigende Auslegung)이라는 이름하에 횡령죄의 성립에 행위자가 물건을 점유하는가는 고려되지 않는다고 하는 견해도 있다(vgl. RGSt 49, 194, 198;

경우 점유시점과 관련하여서는 횡령행위가 인정될 수 있을 것이다.

넷째, 타인의 현금카드로 자동지급기에서 현금을 인출하는 경우 행위자에게 절도죄나 또는 컴퓨터사기죄가 성립하는 경우에는 다시 횡령죄가 성립할 수 있는가를 검토하면서 영득행위가 부정될 수 있다. 왜냐하면 절도죄나 컴퓨터사기죄의 경우도 영득행위를 필요로 하기 때문에 이미 영득행위가 인정되었다. 따라서 동일한 재물의 소유권과 관련하여 횡령죄에서 다시 영득행위를 인정할 수는 없기 때문에 횡령죄의 영득행위가 인정되지 아니한다.[286]

그러나 이와 같은 영득행위의 중복성으로 인하여 횡령죄가 성립하지 않는다는 해석은 다른 재산범죄의 성립을 전제로 한다. 만일 다른 소유권범죄가 성립하지 않는다고 해석하는 한에는 결국 횡령죄의 영득행위를 인정하여야 한다는 결론에 이른다. 타인의 현금카드로 현금을 인출하는 경우 전술한 바와 같이 절도죄는 성립하지 않는다. 또한 이 경우 컴퓨터사기죄의 성립에 대하여도 논란은 있으나 현재의 조문으로는 컴퓨터사기죄도 성립할 수 없다고 해석된다. 따라서 행위자의 영득행위를 중복인정하는 것이 아니기 때문에 횡령죄의 영득행위가 인정될 수 있다.

(3) 결국 이와 같은 반론으로는 행위자의 횡령죄의 불성립을 근거지울 수 없다. 오히려 횡령죄가 성립하지 않는다는 점은 횡령죄의 본질로부터 파악되어야 한다. 횡령죄의 행위객체는 명시적으로는 "자기가 보관하는 타인의 재물"이나, 그 재물은 위탁관계에 의한 보관이어야 한다.[287] 이러한 위탁관계에 의한 점유 여부에 따라 행위자가 재물을 영득하는 경우 횡령죄와 점유이탈물횡령죄가 구별된다. 점유이탈물횡령은 위탁관계없이 점유를 이탈한 물건을 영득하는 것인데 반하여, 횡령죄는 위탁관계에 기초하여 행위자가 재물을 점유한다는 점에서 차이가 있다. 타인의 현금카드로 현금을 인출한 경우 인출된 돈은 전술한 바와 같이 점유이전에 의하여 점유

Welzel, JZ 1952, 617). 그러나 이러한 견해는 유추해석금지의 원칙에 어긋난다는 것이 통설이다(이에 대하여 상세히는 Charalambakis, aaO., S.84 참조).

[286] 타인의 현금카드를 오용하여 현금을 인출한 경우 컴퓨터사기죄가 성립하고 그 결과 이와 같은 영득행위의 중복을 인정할 수 없기 때문에 횡령죄가 성립하지 않는다는 것이 독일의 판례와 다수의 견해이다(vgl. BGHSt 38, 120, 124; Lackner/Kühl, § 263a Rn.28).

[287] 대법원 1994.11.25. 선고 93도2024 판결. 학설에서도 거의 이론이 없다: 박상기/전지연, 형법학, 672면; 이재상/장영민/강동범, 형법각론, 337면.

를 취득한 것이다. 따라서 점유이탈물횡령죄는 성립하지 않는다. 문제는 행위자가 인출한 돈에 대한 점유이전이 위탁관계에 의하여 일어난 것인가의 여부이다. 여기서 일부 학설은 관습이나 조리에 의한 위탁관계도 인정하고 있으나 이를 인정하는 것은 타당하지 않다. 횡령죄의 본질은 행위자가 단순히 보관하고 있는 재물을 영득하는 것이 아니라 신임관계에 위배하여 타인의 재물을 영득한다는 배신성에 있는 것이다. 따라서 행위자가 타인의 현금카드를 이용하여 현금자동지급기에서 나온 돈에 대한 점유를 획득하는 경우 처음부터 이러한 신임관계를 인정하기가 곤란하다. 이것은 행위자가 범죄를 통하여 피해자로부터 점유이전을 받은 재물에 대하여 그 행위자에게 위탁관계를 인정할 수 없는 것과 동일하다. 결국 행위자는 타인의 재물을 보관하기는 하나 신임관계성을 인정할 수 없으므로 횡령죄의 성립이 부정되는 것이다.[288]

4) 사기죄

타인의 현금카드로 현금을 인출한 경우 은행의 손해나 또는 예금주의 손해로 인한 사기죄의 성립은 부정된다.[289] 그 근거는 대부분 이러한 경우에는 이미 행위자의 기망행위가 존재하지 않는다는 점에서 찾고 있다. 왜냐하면 사기죄의 의미에서 기망은 사람의 의사에 영향을 끼쳐야 하나 이 경우에는 사람의 의사형성에 영향을 주는 것이 아니라 단지 현금자동지급기에 이미 프로그래밍된 과정에 영향을 끼치기 때문이다. 여기서 더 나아가 사실을 객관적으로 기망하거나 왜곡하거나 은폐하는 것이 기망행위의 요소로 충분하다고 인정할지라도 어쨌든 기망으로 인한 착오도 존재하지 않는다.[290] 여기서 사람과 컴퓨터 사이의 역할분담을 근거로 컴퓨터에 의하여 처리된 내용이 결국에는 컴퓨터작업의 배후에 존재하는 컴퓨터사용자인 사람에게 전달되므로 그 사람에게 착오가 존재한다는 주장도 타당하지 않다. 왜냐하면 사기죄에서 처분행위는 착오에 빠진 자가 처분행위를 하여야 하나, 현금자동지급기의 체계에서는 누가 처분권한 있는 자인지를 확인할 수 없기 때문이다. 또한 처분권한

---

288 동일한 취지의 결론에 이르는 것은 하태훈, 전게논문, 333면.
289 통설: 전지연, 컴퓨터범죄에 대한 형법적 대응방안, 한림법학FORUM, 제5권(1996), 136면 이하.
290 Lenckner/Winkelbauer, wistra 1984, 84.

의 여부를 확인한다고 하더라도 해당 신용기관직원의 착오는 어쨌든 재산에 대한 현금자동지급기의 처분행위 이후에야 비로소 일어날 수 있으며, 따라서 그 착오는 더 이상 재산상의 처분행위와 인과적이지 않기 때문이다.[291]

5) 컴퓨터사용사기죄

타인의 현금카드를 이용하여 현금을 인출하는 행위가 새로이 신설된 컴퓨터사용사기죄의 구성요건에 포섭되는가에 대하여는 다음과 같은 두 가지 점에서 의문이 있다.

(1) 현금자동지급기에서 인출된 현금을 수령하는 것이 컴퓨터사용사기죄에서 명시적으로 규정되어 있는 "재산상의 이익"을 취득하는 것인가의 문제이다. 일반 사기죄의 경우 재물의 교부나 재산상의 이익취득을 그 요건으로 하기 때문에 일반 사기죄는 재물죄인 동시에 이득죄라는 데에 이론이 없다. 이에 반하여 컴퓨터사용사기죄의 경우는 재산상의 이익취득을 필요로 하기 때문에 일반 사기죄와 달리 순수한 이득죄의 성격을 가진다고 한다.[292] 본죄를 이와 같이 이득죄로 제한하여 해석하는 경우에는 자동지급기에서 인출된 현금은 재물에 해당하기 때문에 처음부터 컴퓨터사용사기죄의 적용범위에 들어오지 못한다.[293] 그리고 이렇게 해석하는 것이 타당하다는 주장도 있다. 즉, 본죄의 행위객체에서 재물을 제외한 것은 재물을 취득한 경우에는 이미 절도죄로 처벌 가능하다는 점에 근거를 두고 있다. 타인의 카드로 현금을 인출한 경우 역시 다수설과 판례가 행위자에게 인출한 현금에 대한 절도죄의 성립을 인정하기 때문에 이를 다시 컴퓨터사용사기죄로 처벌할 필요는 없었다는 것이다. 따라서 컴퓨터사용사기죄는 타인의 카드로 현금을 인출하는 경우가 아니라 후술하는 사례유형인 자동이체의 경우 등에만 적용된다는 것이다.[294]

---

[291] Vgl. Steinhilper, GA 1985, 116.
[292] 이재상/장영민/강동범, 형법각론, 316면; 이형국/김혜경, 형법각론, 422면; 김일수/서보학, 형법각론, 300면; 배종대, 형법각론, 343면.
[293] 이러한 의미에서 다수설이 컴퓨터사용사기죄가 이득죄의 성격을 가진다고 하면서 동시에 타인의 현금카드로 현금을 인출한 경우 컴퓨터사용사기죄가 성립한다고 주장하는 것은 논리적인 일관성이 없다.
[294] 강동범, 법조, 1993/3, 38면.

그러나 이러한 해석은 두 행위 간의 균형성에 문제가 있다. 행위자가 타인의 현금카드로 현금을 인출한 경우에는 절도죄에 해당하여 7년 이하의 징역이나 1천만원 이하의 벌금으로 처벌되고, 이에 반하여 단순히 계좌이체시킨 경우에는 컴퓨터사용사기죄에 해당하여 10년 이하의 징역이나 2천만원 이하의 벌금으로 처벌된다. 동일하게 평가될 수 있는 컴퓨터의 오용행위가 단순히 재물을 취득하였는가 아니면 재산상 이익을 취득하였는가라는 재산취득의 대상에 의하여 적용법조와 형량이 차이를 나타낸다는 것은 수긍하기 어렵다.[295] 따라서 본죄의 재산상 이득은 재물을 포함한 전체 재산이라고 이해하여야 할 것이다.

(2) 제안이유서나 다수의 견해는[296] 본죄에서 "부정한 명령의 입력"을 프로그램 조작으로 이해하며, 예컨대 예금을 인출하여도 잔액이 감소하지 않게 프로그램을 조작한 경우뿐만 아니라 "진실한 자료를 부정하게 사용하는 경우에도 이 유형에 포함된다"고 설명한다.[297] 이러한 입장에 따르면 타인의 현금카드를 절취하여 현금을 인출하는 자는 진실한 자료를 부정사용하여 재산상의 이득을 얻으므로 컴퓨터사용사기죄로 처벌된다는 것이다.

그러나 이러한 주장에 대하여는 법문언상의 표현과 관련하여 수긍하기 어렵다.[298] 즉, 본죄의 부정한 명령입력에서 진실한 정보라도 경우에 따라서는 부정한

---

295 이에 대한 적절한 지적은 박상기, 형법각론, 335면.

296 법무부, 형법개정법률안 제안이유서, 1992, 182면; 강동범, 법정고시, 1996/6, 111면; 김일수/서보학, 형법각론, 제9판(2018), 301면; 박상기, 형법각론, 336면; 배종대, 형법각론, 344면; 이재상, 고시계, 1992.8, 43면.

297 법문언상의 부정한 명령이라는 표현은 일본의 개정형법에서 영향 받은 것으로 보인다. 이는 일본형법 제 246조의 2(전자계산기사용사기죄)의 표현인 " … 사무처리에 사용하는 전자계산기에 허위의 정보 또는 부정한 지령을 주어 …"와 우리나라 개정형법의 표현이 그대로 일치하는 것을 보면 알 수 있다. 또한 일본 형법은 독일형법의 제263a조에서 영향을 받은 것으로 보인다. 다만 독일형법은 "부정한"이라는 표현을 사용하고 있지 않다. 그럼에도 불구하고 독일에서는 "권한 없는 자료사용"을 통한 컴퓨터 사기죄를 규정하고 있으며, 여기서 "권한 없는"이라는 용어의 해석은 "부정한"(unberechtigt)으로서 해석하는 것이 보통이다 (Vgl. Otto, BT, S.228). 따라서 이 해석에 의거하여 일본형법에 부정한이라고 표현한 것을 우리 개정형법도 그대로 표현한 것이라고 볼 수 있다. 이러한 표현을 통하여 독일의 입법자는 무엇보다도 현금자동 지급기에 현금카드를 오용하는 경우와 영상문자체계에 권한 없이 접속하는 경우를 파악하려고 하였다 (BT-Drucksache 10/5058, S.30). 개정형법도 "부정한"이라는 표현을 사용하여 이러한 행위유형을 처벌하려고 한 것으로 보인다. 이는 "진실한 자료를 부정하게 사용하는 경우"라는 그 예시에서 쉽게 이해할 수 있다.

명령입력에 해당하는 것으로 인정하는 경우, 즉 진실한 자료를 부정하게 사용하는 경우를 이 유형에 포함된다고 볼 수 없다. 컴퓨터사용사기죄의 문구를 정확히 분석하자면 부정한 것은 "입력이 부정"한 것이 아니라, "명령이 부정"할 것을 요구한다. 여기서 비밀번호를 알고 있는 타인의 현금카드를 이용하여 현금자동지급기에서 현금을 인출하는 행위는 진정한 자료를 무권한하게 사용한 것이기 때문에 입력이 부정한(더 정확히는 무권한인) 것이지 명령이 부정한 것이 아니다. 이 경우는 진정한 자료를 일정한 프로그램에 따라 처리하는 것으로서, 프로그램 자체를 변경, 삭제, 추가하는 것과 같은 프로그램조작을 통하여 프로그램을 침해하는 부정한 명령을 입력하는 행위와 구별된다.

결론적으로 처음에 신설된 컴퓨터사용사기죄는 타인의 현금카드를 오용하여 현금을 인출하는 행위를 포섭하지 못한다. 이러한 타인의 현금카드를 이용하여 현금을 인출하는 행위와 같은 현금카드의 무권한사용을 처벌하기 위하여 컴퓨터사용사기죄의 조문을 수정하여 입법적인 흠결을 보완하였다.

4. 타인의 현금카드를 이용하여 이체시키는 행위

행위자는 타인의 현금카드를 이용하여 현금자동지급기에서 직접 현금을 인출하지 않고, 그 대신에 예금주의 계좌에서 자신의 계좌나 또는 제3자의 계좌로 자금을 이체시킬 수 있다. 물론 이러한 방식은 현금자동지급기 가운데 현금의 인출만을 담당하는 현금자동인출기(CD)를 통하여 일어나는 것이 아니라 보다 향상된 정보처리장치인 자동지급기(ATM)를 통하여 발생하게 된다.[299] 이와 같이 행위자가 타인의 현금카드로 자금이체를 행한 경우 행위자의 처벌과 관련하여서는 이체하는 행위와 이체된 후 현금을 인출하는 행위의 두 가지 경우로 나누어 고찰할 수 있다.

---

298 컴퓨터사용사기죄의 내용과 비판에 대해 상세히는 전지연, 전게논문, 175 - 183면 참조.
299 여기서 더 나아가 현금카드의 소지없이 단순히 PC에서 금융기관의 전산망에 접속하여 비밀번호를 입력하여 전자적으로 자금거래를 하는 Home Banking의 경우도 있다. 그러나 여기에서는 현금카드를 통한 거래의 경우만을 다루기 때문에 이와 같은 Home Banking시스템의 오용에 대한 논의는 언급하지 아니한다.

1) 이체하는 행위

타인의 현금카드를 이용하여 정당한 예금주의 계좌에서 자신의 계좌나 또는 제3자의 계좌로 계좌이체시키는 행위는 재물과 관련한 범죄로 볼 수 없다. 단순히 현금자동지급기에서 현금을 인출하는 경우 그 현금에 대한 재물성은 인정된다. 그러나 이와 달리 계좌이체한 경우에는 그 이체된 예금은 소유권자의 여부에 관계없이 재물을 행위대상으로 하는 범죄에서 재물성을 인정할 수 없기 때문이다.[300] 따라서 재물을 대상으로 하는 범죄인 절도죄나 횡령죄의 성립은 처음부터 가능하지 않다. 사기죄의 성립 여부에 대하여도 이미 전술한 바와 같이 자동화된 현금자동지급기는 사기죄의 의미에서 착오가 존재하지 않기 때문에 그 성립을 인정할 수 없다. 가장 문제가 될 수 있는 구성요건은 새로이 개정형법에 규정된 컴퓨터사용사기죄의 성립 여부이다. 그러나 컴퓨터사용사기죄는 허위의 정보나 부정한 명령을 입력하는 행위유형을 통한 재산상의 이익취득을 규정하고 있으므로 이 경우 처럼 진실한 자료의 부정이용은 컴퓨터사용사기죄의 행위유형에 포섭되지 않았었다. 따라서 형법의 개정을 통하여 권한 없는 사용을 포섭하여 타인의 현금카드로 자신이나 제3자의 계좌로 계좌이체하는 행위는 입법적인 결함이 해소되어 컴퓨터사용사기죄로 처벌하는 것이 가능하다.

2) 이체된 구좌에서 현금을 인출하는 행위

전술한 바와 같이 타인의 현금카드로 계좌이체하는 행위 자체는 처벌이 가능하지만 이체된 예금을 다시 자동지급기에서 인출하는 경우 행위자에게 다시 처벌 가능성이 존재하지 않는가이다.

행위자가 자신의 계좌로 계좌이체된 예금을 인출하는 경우 그 예금의 소유권에 대하여는 신용기관이나 본래의 예금주에게 있다고 보는 것이 타당하다. 다만 행위자의 계좌에 이미 예금이 남아 있었고 그 계좌에 계좌이체된 후 그 가운데 일부의 돈만을 인출하는 경우에는 민법상의 혼동의 결과 소유권과 관련하여 문제가 될 수 있다. 이 경우에는 만약 인출하는 액수가 본래 자신의 계좌에 있었던 액수의 범위

---

300 동지: 하태훈, 전게논문, 336면.

내인 때에는 자신의 예금채권을 인출한 것으로 보아 앞의 유형이 적용된다고 할 것이다. 이에 반하여 인출액수가 본래 자신의 예금계좌에 있던 액수를 초과하는 경우에는 초과한 부분만큼 자신에게 소유권이 없는 것으로 보아 본 사례유형의 해결이 적용된다고 해석된다.

행위자가 자신의 계좌로 이체한 후에 그 계좌로부터 현금을 인출하는 경우는 사실상 타인의 현금카드로 현금을 인출하는 경우와 다르지 않다. 즉, 인출된 현금의 재물성과 재물의 타인성은 인정되나[301] 자동지급기의 지급은 점유이전에 해당하기 때문에 절도죄의 의미에서의 절취가 부정되므로 절도죄가 성립하지 않는다. 행위자는 이미 부정한 방법으로 돈을 계좌이체하였기 때문에 지급된 돈의 소유권자와 관련하여 신임관계에 의하여 물건을 보관하는 자에 해당하지 않는 결과 횡령죄도 성립하지 않는다. 또한 사기죄나 컴퓨터사용사기죄와 관련하여서도 역시 타인의 현금카드를 이용하여 현금을 인출하는 행위유형에서 해석한 것이 그대로 적용된다.

5. 예금주의 위임을 받은 제3자의 현금인출행위

예금주의 부탁으로 다른 사람이 예금주의 현금카드로 현금자동지급기에서 현금을 인출하는 경우 인출자의 처벌 여부에 대하여는 절도죄, 횡령죄, 컴퓨터사용사기죄의 성립 가능성이 검토될 수 있다.

1) 절도죄

이 사례유형의 경우 행위자를 절도죄로 처벌할 수 없다는 점에서는 견해가 일치한다. 다만 불처벌의 근거에 대하여는 크게 두 가지 주장이 존재한다.

첫째는 신용기관에 의하여 예금주에게 행해지는 현금양도의 청약은 위임받은 사람은 대리인으로서, 그는 본인의 이름으로 승낙할 수 있다는 주장이다.[302] 여기서

---

[301] 이에 반하여 하태훈 교수는 전자이체된 자금을 인출하는 경우 이는 청구권자의 인출행위로 재물의 "타인성"이 부정된다고 한다(하태훈, 전게논문, 339면). 그러나 처음부터 타인의 현금카드로 자금을 이체하지 않고 직접 현금을 인출하는 경우에 행위자는 그 인출된 현금에 대하여 점유는 취득하나 소유권을 취득하지 못한다고 해석하면서(하태훈, 전게논문, 332면), 계좌이체시킨 후 현금을 인출하는 경우에는 인출된 현금에 대한 소유권을 취득한다고 해석하는 것은 이해하기 곤란하다.

행위자는 단순한 점유보조자의 자격으로 돈을 수령하는 것이며, 인출된 돈에 대한 소유권은 직접 예금주에게 속한다. 따라서 행위자는 권한을 가지고 타인의 소유권 취득을 대신하는 것이므로 소유권의 침해가 없다는 것이다.

둘째는 행위자의 불법영득의사가 존재하지 않기 때문에 절도죄로 처벌할 수 없다는 주장이다. 이 주장에 따르면 일단 절도죄의 의미에서 절취는 존재한다. 즉, 예금주에 의하여 위임받은 제3자가 자동지급기에서 현금을 인출하는 경우에는 점유배제가 존재한다.303 왜냐하면 현금카드의 약관에 의하면 비밀번호가 타인에게 누설되지 않도록 주의하여야 하며, 회원은 발급받은 카드를 타인에게 대여하는 등의 행위가 금지되기 때문에 신용기관은 제3자에 대한 현금지급을 양해하지 아니하였다는 이유 때문이다. 다만 위임받은 자가 자신의 위임받은 범위내에서 예금주의 계좌에서 돈을 인출하고 초과로 빼내지 않는 한 그에게는 불법영득의사가 결여되어 있다는 것이다.

그러나 행위자가 절도죄로 처벌되지 않는 것은 오히려 절취가 존재하지 않는다고 해석하는 것이 타당하다. 이미 타인의 현금카드를 사용하여 현금을 인출하는 경우 절도죄의 성립 여부에 대한 검토에서 상세히 설명한 바와 같이 진정한 현금카드를 투입하고 비밀번호를 입력하는 한에는 점유배제가 존재하는 것이 아니라 점유이전이 성립한다. 따라서 이 사례유형의 경우에도 소유권의 이전 여부와 관계없이 점유배제라는 요소가 결여되기 때문에 절도죄가 성립하지 않는다고 보는 것이 타당하다.

2) 횡령죄

횡령죄는 위탁관계에 의하여 자기가 보관하는 타인의 재물을 횡령하는 경우에 성립한다. 타인의 현금카드를 부정이용하는 경우와 마찬가지로 이 사례유형의 경우 역시 돈에 대한 점유이전과 관련하여서는 동일하게 평가될 수 있다. 다만 타인의 현금카드의 부정이용과 차이가 나는 것은 두 가지 관점에서이다. 하나는 현금카드의 부정이용의 경우 예금주와 이용자 사이에 위탁관계가 존재하지 않으나, 여기서는 행위자가 예금주의 위임을 받고 자동지급기에서 인출된 돈을 보관하므로 예금주와

---

302 Vgl. Bay ObLG JR 1987, 250.
303 Vgl. Bieber, WM Sonderbeilage Nr.6, 1987, S.18 f.

행위자 사이에는 신임관계가 존재한다는 점이다. 다른 하나는 인출된 돈에 대한 소유권자의 차이이다. 전자의 경우 인출된 돈에 대한 소유권은 아직 신용기관에 있다고 보아야 한다. 그러나 본 사례유형의 경우 위임을 받고 돈을 인출하였으므로 돈에 대한 소유권은 예금주에게로 넘어가고 행위자는 이러한 예금주의 돈을 점유하는 것이다. 만일 여기서 회원은 카드의 비밀번호가 누설되지 않도록 주의하고, 카드를 타인에게 대여하는 등의 행위가 금지되므로 신용기관은 오직 예금주 자신이 현금을 인출하는 경우에만 소유권이전에 동의하였다고 해석하면 인출된 현금의 소유권은 여전히 신용기관에 남는다.[304] 그러나 양자의 어떠한 경우로 해석하더라도 횡령죄의 의미에서 재물의 "타인성"은 존재한다.

문제는 횡령행위가 존재하는가와 행위자에게 불법영득의사를 인정할 수 있는가이다. 첫째, 인출된 돈에 대한 소유권이 예금주에게 있다고 보면 행위자는 예금주의 위탁을 받고 현금을 보관하는 자이다. 여기서 행위자는 현금의 수령을 통하여 비로소 보관을 하게 되므로 이 부분에 관한 한 보관하고 있는 재물을 영득하였다고 보기 어렵고, 그 재물에 대한 반환을 거부하는 경우에만 횡령죄가 성립할 것이다. 따라서 예금주의 위임을 받은 자가 자동지급기에서 배출된 돈을 수령하는 것만으로는 횡령행위가 존재하지 않는다. 둘째, 인출된 돈의 소유권이 아직 신용기관에 남아 있다고 인정되는 경우에는 행위자는 신용기관의 재물을 점유하는 것이 된다. 그러나 신용기관과 행위자 사이에 위탁관계가 존재하는가는 의문이다. 또한 양자 사이의 위탁관계를 인정한다고 할지라도 행위자는 자신이 예금주의 위임을 받았기 때문에 인출된 현금을 불법하게 영득한다는 의사를 가지고 있지 않다. 그 결과 행위자가 현금을 수령하는 행위는 횡령죄의 주관적 구성요건을 충족한다고 볼 수 없다.

예외적으로 위임을 받은 자가 이미 자동지급기에서 인출된 돈의 전부 또는 일부의 반환을 거부하거나 횡령행위를 하는 경우 또는 예금주로부터 위임을 받은 액수를 초과하여 인출하는 경우에는 그 초과 액수에 대하여 횡령죄가 고려될 수 있다.

---

304 Vgl. Bieber, aao., S.18 f; Ehrlicher, Der Bankomatenmißbrauch, 1989, S.74.

3) 컴퓨터사용사기죄

예금주로부터 위임받은 자가 현금을 인출하는 경우 결론적으로는 행위자를 컴퓨터사용사기죄로 처벌할 수 없다. 다만 컴퓨터사용사기죄에 대한 불처벌의 근거는 논란이 될 수 있다.

첫째, 위임을 받은 인출자의 경우 컴퓨터사용사기죄의 객관적 구성요건요소인 "부정한 명령의 입력"을 부정하는 것이다. 현금카드의 회원약관에서 예금주의 권한을 타인에게 양도하는 것이 허용되지 않는다는 이유로 위임받은 제3자의 현금인출행위를 무권한사용으로 해석할 수는 있다. 따라서 앞에서 설명한 바와 같이 컴퓨터사용사기죄는 컴퓨터의 무권한사용을 통한 재산변동을 그 처벌범위에 포섭하기 때문에 본죄의 구성요건을 충족한다.

둘째, 행위자에게 요구되는 불법영득의사를 부정함으로써 컴퓨터사용사기죄로 처벌할 수 없다는 것이다.[305] 컴퓨터사용사기죄도 일반 사기죄와 마찬가지로 행위자는 불법영득의사로 행위하여야 한다. 컴퓨터사용사기죄의 적용범위를 다수설은 "부정한 명령의 입력"에는 컴퓨터의 무권한사용을 포함한다고 해석한다. 제3자가 현금을 인출하는 행위는 비록 예금주의 위임을 받았을지라도 회원약관에 위배하여 행위를 하는 것이기 때문에 그는 권한없이 현금자동지급기를 이용하는 것이다. 따라서 위임받은 제3자는 컴퓨터를 무권한하게 사용하는 상황에 있으며, 이러한 행위는 다수설의 입장에 의하면 컴퓨터에 부정한 명령을 입력한 것에 해당한다. 다만 행위자는 예금주의 위임을 받아 행위를 하기 때문에 행위자가 위임을 받은 범위 내에서 현금을 인출하는 경우에는 인출된 현금에 대한 불법영득의사를 인정할 수 없다.

결국 예금주의 위임을 받은 제3자가 위임을 받은 범위 내에서 현금을 인출하는 경우에는 컴퓨터사용사기죄의 부정한 명령의 입력에 무권한사용이 포함되는 지의 문제와 관계없이 제3자를 컴퓨터사용사기죄로 처벌할 수 없다는 결론에 이른다.

문제는 제3자가 위임받은 범위를 초과하여 현금을 인출한 경우에도 초과한 부분

---

305 독일의 경우는 컴퓨터의 권한 없는 사용을 통한 재산상의 이익을 취득하는 경우도 컴퓨터사용사기죄의 처벌범위에 명시적으로 포함되어 있다. 따라서 위임을 받은 제3자를 컴퓨터사용사기죄로 처벌할 수 없는 것은 불법영득의사가 부정된다는 점에서 찾고 있다(상세히는 Vgl. Ehrlicher, Der Bankomatenmißbrauch, 1989, S.71).

에 대하여 컴퓨터사용사기죄가 성립하는가이다. 다수설의 입장을 일관하면 이 경우에도 부정한 명령의 입력에 해당하고, 초과한 범위 내에서 불법영득의사도 존재하므로 컴퓨터사용사기죄가 성립한다고 볼 것이다. 그러나 필자의 해석으로는 이 경우도 부정한 명령의 입력에 해당하지 않기 때문에 컴퓨터사용사기죄는 성립하지 않는다.[306]

6. 현금카드의 위조·변조와 그것을 사용하는 행위

1) 문서위조죄

행위자가 현금자동지급기에서 현금을 인출할 의도로 자기스트라이프가 부착된 현금카드를 만드는 경우 현금카드는 그 자체로서 문제없이 문서성을 지니고 있기 때문에 문서위조죄가 성립한다는 견해도 있다.[307] 즉, 저장매체 역시 문서로서 인정될 수 있고, 문서로서의 이러한 저장매체가 위조된 경우에는 언제든지 문서위조죄가 성립한다는 것이다.

그러나 자기스트라이프를 조작하는 행위, 추가적으로 자기스트라이프를 부착하는 행위 또는 이미 자기스트라이프가 부착된 플라스틱 카드를 단순히 형태에 맞게 만드는 행위들은 문서위조죄의 적용범위에 포섭되지 않는다고 생각한다. 먼저 현금카드와 자기스트라이프는 결합문서(zusammengesetzte Urkunde)에 속하지 않는다. 왜냐하면 자동지급기체계에 필요한 자료들이 하나의 카드 위에 공간적으로는 결합되어 있지만 그것은 서로 독자적이며, 반드시 관련되어야만 하는 것은 아니기 때문이다. 또한 현금카드의 자기스트라이프에 기록된 내용들은 문서로서의 성질을 지니지 못한다. 문자나 부호를 통한 의사표시방식을 채택한 것이 문서이며, 글자나 문언의 특성을 지니고 있어야 여기에 속한다. 자기스트라이프와 같이 전자적 에너지 형태의 방식에 의한 정보들은 가시적인 형태로 저장된 것이 아니다. 따라서 문서개념에

---

306 따라서 초과하여 인출한 현금에 대하여는 행위자를 전술한 횡령죄로서의 죄책만 물을 수밖에 없다.

307 Vgl. Ahrens, Automatenmißbrauch und Rechtsschutz modener Automatensystemen, 1985, S.101 ff. 동일한 취지로 Steinhilper도 현금카드의 문서성을 인정하며, 그는 더 나아가 단순한 고객카드의 경우에도 문서성을 인정한다(Steinhilper, GA 1985, 130).

서 요구되고 있는 결정적인 기준인 가시성이 존재하지 않기 때문에 문서에 해당하지 않는다.[308]

2) 사전자기록위작 · 변작 · 행사죄

현금자동지급기에서 현금을 인출할 의도로 현금카드의 자기스트라이프의 정보를 변경하는 행위는 형법에 새로이 규정된 사전자기록위작 · 변작 · 행사죄가 성립할 수 있다.

컴퓨터에 저장 · 기록된 자료가 각종의 법적 거래에서 사실상의 증명기능을 수행함에도 불구하고 전자적 방식으로 기록된 데이터는 문서죄의 문서개념에 포섭되지 않는다. 따라서 전자기록을 보호하기 위하여 개정형법은 전자기록에 대한 위작 · 변작 · 행사를 처벌하는 규정을 마련하였다.[309] 즉, 사무처리를 그르치게 할 목적으로 권리, 의무 또는 사실증명에 관한 타인의 전자기록 등 특수매체기록을 위작 또는 변작한 자를 사전자기록위작 · 변작죄(제232조의2)로, 그리고 이러한 위작 · 변작된 전자기록 등 특수매체기록을 행사한 자를 동 행사죄(제234조)로 처벌하고 있다.

현금카드의 자기스트라이프를 변경한 경우 자기스트라이프의 정보는 사전자기록에 해당하며, 이 기록은 "법률상 또는 사회생활상 중요한 사실이 표시되어 있는 전자기록"[310]에 해당된다. 또한 본죄에서 전자기록이 컴퓨터에 사용되어지는 기록만을 의미하는가에 대하여는 논란이 있으나, 현금카드는 현금자동지급기라는 정보처리장치를 통하여 처리되는 전자기록이므로 문제가 되지 않는다.

본죄에서 행위는 문서죄의 "위조 · 변조"라는 용어를 사용하지 않고 "위작 · 변작"이라는 용어를 사용하였다.[311] 여기서 '위작'은 처음부터 허위의 기록을 만들어 내어

---

308 이에 반하여 현금카드의 문서성을 인정하기는 하나 문서위조죄의 주관적 구성요건인 '거래계에서 기망할 목적'(우리나라에서는 행사할 목적)이 존재하지 않는다는 이유로 문서위조죄의 성립을 부정하기도 한다 (Ehrlicher, Der Bankomatenmißbrauch, 1989, S.72 f.).

309 문서를 공문서와 사문서로 나누고 이의 위조 · 변조 및 행사를 처벌하는 규정에 상응하게 개정형법은 전자기록을 공전자기록과 사전자기록으로 나누고 이의 위작 · 변작 · 행사를 나누어 처벌하고 있다.

310 이것은 문서에 관한 죄에서 문서는 "표시된 내용이 적어도 법률상 또는 사회생활상 중요한 사항에 관한 의사표시"이어야 한다는 판례의 입장(대법원 1989.10.24. 선고 88도1296 판결)에 상응하는 것이다.

311 그 이유는 전자기록은 문서와 달리 가시성, 가독성이 없을 뿐만 아니라, 기록과정에 다수인의 의사나 행위가 관여할 수 있으므로 작성명의를 생각하기 어렵고, 기록의 작출과정도 문서와 다르기 때문이다.

저장, 기억시키는 행위를 의미하며, '변작'은 기존의 기록을 부분적으로 고치거나 말소하여 새로운 기록을 존재하게 하는 행위를 의미한다. 따라서 현금카드의 자기스트라이프를 새로이 만들어 부착하는 경우에는 위작에 해당하고, 이미 부착된 자기스트라이프의 내용을 변경한 경우에는 변작에 해당한다.

여기서 더 나아가 자기스트라이프를 조작한 행위자는 행위시에 고의 이외에 초과주관적 구성요건요소로 "사무처리를 그르치게 할 목적"이 존재하여야 한다. "사무처리를 그르치게 한다"는 것은 부정작출된 전자기록을 사무처리에 사용함으로써 사무처리를 잘못되게 하는 것을 의미한다.[312] 행위자는 조작된 현금카드를 가지고 현금자동지급기에서 돈을 인출할 의도로 자기스트라이프를 조작하므로 이 한도 내에서 행위자는 자동화된 사무처리를 그르치게 할 목적으로 행위하는 것이다.

또한 행위자가 조작된 현금카드를 사용하여 현금자동지급기에서 돈을 인출하는 행위는 위작 또는 변작된 사전자기록을 행사하는 것이다, 따라서 현금카드를 조작하여 현금을 인출하는 행위자는 사전자기록의 위작·변작죄와 동 행사죄의 구성요건을 실현하는 것이다.

3) 재물손괴죄

행위자가 현금카드를 위조 또는 변조하는 경우 그 현금카드가 타인의 현금카드인 경우 형법 제366조의 재물손괴 등의 죄가 성립한다는 것에는 이론이 없다. 문제는 이 경우 재물, 문서 또는 전자기록 등 특수매체기록 가운데 어떠한 것의 효용을 해하였는가이다.

첫째, '문서'손괴를 인정하는 견해는 기본적으로 현금카드는 문서성을 가지므로 그 자체가 문서에 해당한다는 것에 근거하고 있다. 따라서 타인의 현금카드를 위조 또는 변조하는 것은 문서를 손괴하거나 기타 방법으로 효용을 해하여 재물손괴 등의 죄의 구성요건을 실현시킨다고 한다.[313] 그러나 앞의 문서위조죄에서 살펴본 바

---

312 배종대, 형법각론, 501면. 이 점은 일본에서도 동일하다(형사법개정특별심의위원회, 일본형법개정작업경과와 내용, 1989, 559면).
313 Vgl. Ahrens, Automatenmißbrauch und Rechtsschutz modener Automatensystemen, 1985, S.117.

와 같이 현금카드의 자기스트라이프를 조작하는 것은 현금카드와 자기스트라이프가 결합문서도 아니고, 자기스트라이프 자체도 가시성이 없기 때문에 문서로 볼 수 없다. 따라서 이 경우에 문서손괴는 존재하지 않는다.

둘째, '재물'손괴의 가능성이다. 현금카드를 위조 또는 변조하는 경우에는 현금카드의 자기스트라이프를 조작하여야 한다. 이와 같은 자기스트라이프의 조작은 거기에 기록된 정보가 삭제되거나 경우에 따라서는 새로운 정보로 대체되어야 하므로 재물손괴의 가능성이 고려될 수 있다.

'재물'의 손괴를 인정하는 견해에 의하면,[314] 자기스트라이프 위에 정보를 기록하는 것은 마치 녹음테이프에 저장된 자기적 에너지와 같다는 것이다. 즉, 정보의 기록은 어떤 특정한 형태로 배열되고, 충전매체로서 어떤 특정한 구조로 형성되는 금속미립자를 자기화하여 행해진다는 것이다. 따라서 자기적 에너지는 단순히 플라스틱 스트라이프에 기록되는 것이 아니라 충전매체의 구조를 변화시킴으로써 스트라이프에 저장되는 것이다. 이와 같은 정보를 변화시키는 것은 이미 되어있는 충전매체의 배열을 제거하여 일어나는 것이며, 그러한 점에서 물체구조에 대한 침해가 존재하고 따라서 자기스트라이프의 침해가 존재하고 따라서 자기스트라이프의 유체물에 대한 침해가 존재하는 것이다.

그러나 이러한 주장에 대하여는 다음과 같은 두 가지 점에서 동의할 수 없다. ① 자기적으로 저장된 정보가 재물손괴죄에서 말하는 '재물'에 해당하는가이다. 예컨대 전자적으로 저장된 정보를 삭제하여 녹음테이프의 효용을 해하는 경우에는 거기에 기록된 자기적 에너지가 그의 배열순서에서 변화되는 점에는 동의한다. 그러나 거기서 제거되거나 변경된 자기적 에너지는 전기적 에너지와 마찬가지로 재물손괴죄의 재물의 범위에 해당하지 않는 것으로 보인다.[315] 재물성이 인정되는가에 대하여 관리 가능한 동력이 재물에 해당하는가에 대하여 유체성설과 관리가능성설이 대립하고 있으나, 어쨌든 관리 가능한 동력도 절도죄의 재물에 대한 범죄의 보호범위에 들어온다는 점에는 의문이 없다. 그러나 관리 가능한 동력을 재물로 인정하는

---

314 Vgl. Ahrens, Automatenmißbrauch und Rechtsschutz moderner Automatensystemen, 1985, S.120 ff.; Ehrlicher, Der Bankomatenmißbrauch, 1989, S.73.
315 Gerstenberg, NJW 1956, 540.

것은 절도와 강도의 죄를 규정하고 있는 장에만 적용된다.[316] 따라서 자기스트라이프를 조작하는 것은 재물손괴의 보호범위에 포섭되지 않는다고 해석하는 것이 타당하다. ② 자기적으로 저장된 정보를 변경하는 경우 그 기억매체는 아직 용법에 따른 사용가능성이 남아 있으므로 전과 마찬가지로 여전히 정보매체에 해당한다.[317] 따라서 이와 같이 현금카드의 스트라이프에 기록된 변경하는 것을 '재물'의 손괴로 보는 것이 타당하지 않다.

셋째, 전자기록 등 특수매체기록의 손괴 가능성이다. 개정형법은 재물손괴죄의 행위객체에 기존의 재물, 문서에 부가하여 전자기록 등 특수매체기록을 추가하였다. 이것은 본 사례유형에서와 같은 전자기록 등 특수매체기록에 저장된 자료들을 재물손괴죄의 대상인 재물로 볼 것인가 대하여는 학설대립이 있었으나 이를 명문화하여 입법적으로 해결한 것이다.[318] 따라서 문제가 되는 타인의 현금카드에 부착된 자기스트라이프의 정보를 변경시키는 것은 전자적 기록들의 소거 또는 변경에 해당하므로 전자기록 등의 손괴로 처벌할 수 있다.[319]

4) 절도죄

현금카드의 자기스트라이프를 위조하거나 내용적으로 조작하여 해당 현금카드로 현금자동지급기에서 현금을 인출하는 경우에 절도죄가 성립할 수 있는가? 이 문제와 관련하여서는 역시 행위자의 점유배제가 존재하는가가 중요하다.

자동판매기에 지정된 동전을 사용하여 물품을 빼내는 경우에는 규정에 따른 이용으로 인정되어 점유배제에 대한 양해가 존재한다. 이와 마찬가지로 위조되지 않고 조작되지 않은 진정한 현금카드를 투입하는 경우에만 현금자동지급기의 규정에 따른 이용으로 인정된다. 자동지급기는 투입된 현금카드를 검사하기 때문에 진정한 현금카드의 경우에만 점유를 이전하려 하였다는 점유이전에 대한 제한의사가 기술적으로 표현되었다. 여기서 위조되거나 조작된 현금카드에 의하여도 현금자동지급기

---

316 형법 제346조는 '동력'이라는 제하에 명시적으로 본장의 죄에 있어서 관리할 수 있는 동력은 재물로 간주한다.

317 Lampe, GA 1975, 16.

318 법무부, 형법개정법률안 제안이유서, 1992, 190–191면.

319 전자기록등손괴죄에 대하여 상세히는 전지연, 전게논문, 164–166면 참조.

는 현금을 인출할 수 있다는 사실이 이러한 점유배제의 성립에 아무런 장애가 되지 않는다. 즉, 자동판매기에서 외국의 동전을 투입하거나 동일한 크기의 금속을 투입하는 경우와 마찬가지로 조작된 현금카드를 사용하는 행위는 권한 있는 자의 의사에 따라 자동지급기검사설비에 표현된 자동지급기를 규정에 위반하여 사용하는 것이다.[320] 따라서 조작된 현금카드를 이용하는 것은 자동지급기의 기계장치에 기능위반적인 영향을 주는 것이며, 이러한 의미에서 점유배제가 긍정되어 절도죄가 성립한다.

5) 컴퓨터사용사기죄

현금카드의 자기스트라이프를 위조하거나 내용적으로 조작하여 현금자동지급기에서 현금을 인출하는 경우에 컴퓨터사용사기죄가 성립한다.

컴퓨터사용사기죄는 정보처리장치에 허위의 정보를 입력하거나 부정한 명령을 입력하여 재산상 이익을 취득하는 것을 처벌하기 위하여 신설한 조문이다. 여기서 부정한 명령의 입력은 프로그램을 조작하는 것을 의미한다.[321] 프로그램조작은 프로그램을 구성하는 개개의 명령을 부정하게 변경, 삭제, 추가하거나 또는 프로그램 전체를 변경하는 것을 의미한다. 또한 그 프로그램이 올바르고 완전한 자료를 사용하는 경우에 체계적인 작업단계를 거쳐 자료처리의 목표에 상응하는 결과를 제공하는 경우에만 그 프로그램은 진정한 것이다. 따라서 현금카드의 자기스트라이프를 위조하거나 내용을 변경하는 것은 프로그램을 조작하는 것이며,[322] 그 프로그램은 부정

---

[320] 동일한 취지의 해석은 vgl. Otto, JR 1987, 223; Ranft, wistra 1987, 83; ders., NJW 1994, 275; Werner, Das Geldausgabenautomaten – Geschäft nach deutschem Recht, 1984, S.184. Ehrlicher는 통설과 판례에 반대하여 위조된 동전을 사용하여 자동판매기에 물건을 빼내는 경우에도 점유이전을 인정(점유배제를 부정)하여 절도죄로 처벌할 수 없다고 주장한다. 이러한 논지를 일관하여 위조된 현금카드를 사용하여 현금자동지급기에서 현금을 인출하는 경우에도 점유배제를 부정한다(Ehrlicher, Der Bankomatenmißbrauch, 1989, S.74). 독일 연방법원의 경우 타인의 진정한 현금카드를 가지고 현금자동지급기를 오용한 것에 대한 결정에서 예컨대 자동판매기에 위조동전을 투입하는 것과 같이 기능위반적 침해를 통하여 돈을 획득하는 경우에는 점유배제가 존재한다고 보았다(vgl. BGHSt 35,160 f.). 그러나 이후의 판례에서 조작된 현금카드로 현금을 인출하는 경우 이것은 기능에 따른 사용이라고 판단하여 점유배제를 부정하였다(vgl. BGHSt 38, 120, 122 f.).
[321] 법무부, 형법개정법률안 제안이유서, 1992, 182면; 이재상, 고시계, 1992.8, 42면.
[322] Vgl. Ranft, wistra 1987, 84.

한 것이다. 따라서 이러한 조작된 현금카드를 투입, 현금자동지급기에서 현금을 인출하여 재산상의 이익을 취득하는 경우에는 컴퓨터사용사기죄가 성립한다.

Ⅳ 결어

이상에서 논의한 내용을 사례유형별로 요약하여 결론을 내리면 다음과 같다.

첫째, 현금카드의 오용행위는 현금카드절취와 이를 이용한 현금취득 등의 두 가지 이상의 행위들이 수반되어 일어난다. 이러한 경우 그에 대한 형법적 평가는 각각의 행위들을 분리하여 검토하여야 한다.

둘째, 행위자가 반환의사 없이 타인의 현금카드를 획득하는 행위는 현금카드의 재물성이 인정되기 때문에 절도죄가 성립된다는 점은 의문이 없다. 또한 행위자는 절도 이외에도 사기, 횡령, 점유이탈물횡령, 장물죄 등을 통하여서도 타인의 현금카드를 획득할 수 있다.

셋째, 행위자가 현금카드를 이용하여 현금자동지급기에서 현금을 인출한 후 카드를 다시 정당한 권리자에게 돌려줄 의도로 현금카드를 절취한 경우 현금카드 자체에 대한 절도죄가 성립하는가에 대하여는 논란이 있다. 그러나 절도죄의 성립에 불법영득의사가 필요하기 때문에 물건 자체나 또는 물건에 화체된 가치를 감소시켜야 한다. 현금카드의 반환 후에 정당한 권리자는 다시 현금카드의 사용 가능성을 여전히 가지게 되기 때문에 이 경우에는 가치의 감소를 인정할 수 없다. 따라서 이 사례유형에서 절도죄의 성립은 부정된다.

넷째, 행위자가 타인의 현금카드로 현금자동지급기에서 현금을 인출하는 행위는 구 형법에 따르면 절도죄를 인정하는 견해, 횡령죄를 인정하는 견해, 사기죄를 인정하는 견해, 불처벌로 이해하는 견해 등 다양한 견해의 대립이 있었다. 그러나 개정 형법 이후에도 판례는 절도죄를 인정하나, 일부 학설에서는 새로이 신설된 컴퓨터사용사기죄가 적용된다고 한다. 이러한 사례유형에서 현금자동지급기에서 인출된 현금에 대한 재물성과 그 재물의 타인성을 인정할 수는 있다. 그러나 진정한 현금카드를 투입하고 해당 비밀번호를 입력하여 비밀번호를 맞추는 경우에는 현금자동지급기의 설치자는 현금의 인출에 동의한 것이다. 따라서 절도죄의 의미에서 절취를 인정할 수 없다. 또한 인출된 현금을 수령하는 것은 횡령죄의 의미에서 타인의 재물을 위탁관계에 의하여 보관하는 것이 아니므로 횡령죄도 그 성립이 배제된다. 또한 현금자동지급기는 설치자에 의하여 이미 프로그램화된 처리과정을 거쳐 현금을 지불하게 된다. 따라서 행위자가 타인의 현금카드와 비밀번호를 입력한다고 할지라도 현금자동지급기는 그것이 진정한 것인 한에는 프로그래밍한 내용대로 처리하므로 착오에 빠지지 않는다. 따라서 타인의 현금카드로 현금을 인출하는 경우 이러한 사례유형은 기존의 사기죄에 의하여도 포섭되지 않는다. 컴퓨터사용사기죄는 명문으로 허위의 정보를 입력하거나 부정한 명령을 입력하거나 권한 없이 정보를 입력하여 재산상의 이익을 취득하는 것을 그 대상으로 한다. 본 사례유형의 경우는 이러한 부정한 명령입력이 아니라 단지 진실한 자료를 부정이용하여 재산상의 이익을 얻는 경우에 해당한다. 컴퓨터사용사기죄가 규정하고 있는 부정한 명령의 입력은 원칙적으로 프로그램조작을 의미하는 것을 의미하며, 이와 같은 진실한 자료의 부정이용은 부정한 명령의 입력이 아니라 권한 없이 정보를 입력하는 행위대상에 포섭된다.

다섯째, 타인의 현금카드를 이용하여 현금자동지급기에서 직접 현금을 인출하는 것이 아니라 예금주의 계좌에서 자신의 계좌나 또는 제3자의 계좌로 자금을 이체시키는 경우 전자적으로 거래된 자금은 그 재물성을 인정할 수 없으므로 절도죄나 횡령죄의 성립은 가능하지 않다. 또한 자동화된 현금자동지급기는 사기죄의 의미에서 착오가 존재하지 않기 때문에 사기죄의 성립도 부정된다. 권한 없이 정보를 입력한 것에 해당하여 컴퓨터사용사기죄에 해당한다. 만일 전자적으로 이체된 자금을 나중에 현금자동지급기에서 현금을 인출하는 경우에는 앞의 사례유형인 현금인출의 경우와 동일한 결론에 이른다.

여섯째, 진정한 예금주의 위임을 받은 제3자가 현금카드로 현금자동지급기에서 현금을 인출하는 경우 결론적으로 행위자에 대한 처벌은 가능하지 않다. 지급된 현금에 대한 행위자의 점유배제를 인정할 수 없으므로 절도죄로 처벌할 수 없다. 또한 인출된 현금을 정당한 예금주와의 위탁관계로 행위자가 보관하고 있을지라도 그것의 반환을 거부하지 않는 한 점유취득 자체를 횡령으로 볼 수 없다. 더 나아가 현금카드약관에 의하여 위임을 받은 제3자가 현금을 인출하는 것이 허용되지 않는다고 하더라도 그것은 현금자동지급기에 허위의 정보나 부정한 명령을 입력하는 것이 아니라 진정한 자료를 부정이용하는 경우에 해당하기 때문에 컴퓨터사용사기죄도 인정되지 않는다. 다만 위임받은 액수를 초과하여 인출하는 경우에는 초과된 액수에 대한 횡령죄가 고려될 수 있다.

일곱째, 현금카드를 위조 또는 변조하여 현금을 인출하는 경우 현금카드의 위조 또는 변조행위 자체를 문서위조죄로 처벌할 수는 없다. 왜냐하면 현금카드는 그 자체로서 가시성이 존재하지 아니하므로 그에 대한 문서성을 인정할 수 없다. 다만 개정형법은 사전자기록위작·변작죄를 신설하였으며, 현금카드의 자기스트라이프를 조작하는 것은 사전자기록을 위작 또는 변작하는 것에 해당하기 때문에 본죄로 처벌하는 것이 가능하다. 또한 이미 만들어져 있는 현금카드의 자기스트라이프를 조작하는 행위는 기존의 재물손괴죄의 재물이나 문서에 해당하지 않는다. 그러나 신설된 재물손괴죄는 그 행위객체에 기존의 재물, 문서에 부가하여 전자기록 등 특수매체기록을 추가하였으며, 여기서 현금카드에 부착된 자기스트라이프의 정보는 전자기록에 해당하여 전자기록손괴로 처벌할 수 있다. 이와 같이 위조 또는 변조된 현금카드로 현금자동지급기에서 현금을 인출하는 행위는 진정한 현금카드의 부정한 사용과 달리 위조된 현금카드의 사용이므로 점유배제가 긍정되어 절도죄가 성립한다. 또한 위조된 현금카드의 사용은 현금자동지급기에 부정한 명령을 입력하는 것이므로 컴퓨터사용사기죄도 성립한다.

이상의 결론을 전체적으로 살펴보면 현금카드 부정사용의 경우를 구형법은 합리적으로 통제하지 못하였다. 새로이 신설된 컴퓨터사용사기죄의 규정은 이러한 입법적 흠결을 메우려고 하였으나, 이 규정 또한 이를 효과적으로 적용하는 것에는 문제가 있다. 여기서 문제의 핵심은 컴퓨터사용사기죄의 행위객체에 재물을 포함하는 방식으로 개정하여 재물과 재산상 이익이 본죄의 행위객체로 인정되어야 한다. 따라서 이를 포섭하여 컴퓨터사용사기죄로 처벌할 수 있는 입법적인 해결이 필수적이라고 생각한다.

I 서언

신용카드업·시설대여업·할부금융업·신기술사업금융업등은 수신기능이 없이 여신업무만을 취급하는 유사한 성격의 금융업임에도 개별 근거법에 의하여 별도 회사를 설립하여야만 영위할 수 있도록 되어 있다. 따라서 1997년 8월 28일 법률 제05374호로 여신전문금융업법(이하 '여전법'이라 표현한다)인 단일법을 제정하여 이러한 유사한 금융업을 종합적으로 영위할 수 있도록 하고, 아울러 진입 및 영업에 관한 규제도 대폭 완화하여 자유롭게 영업할 수 있도록 함으로써 국민의 다양한 금융수요를 효과적으로 충족시키는 한편, 이러한 금융업의 경쟁력을 높이기 위하여 여전법을 제정하게 되었다.[323] 이와 같은 여전법의 제정목적은 특히 동법 제1조에 "이법은 신용카드업, 시설대여업, 할부금융업 및 신기술사업금융업을 하는 자의 건전하고 창의적인 발전을 지원함으로써 국민의 금융편의를 도모하고 국민경제의 발전에 이바지함"이라는 점에서 명확히 나타나고 있다.

II 신용카드의 기능과 종류

1. 신용카드의 기능

신용카드(Credit Card)란 카드회사 또는 제3자로부터 신용을 제공받을 수 있음을 증명하는 하나의 자격증권으로, 이를 제시함으로써 반복하여 신용카드 가맹점에서 물품의 구입 또는 용역의 제공을 받을 수 있는 증표로서 신용카드업자가 발행한 것을 말한다.

신용카드는 일정한 자격을 갖춘 카드발행자(은행 또는 카드회사)가 카드신청인의

---

[323] 연혁적으로 보면 여신전문금융업법은 1987년 5월 30일 법률 3928호로 제정된 신용카드업법과 1973년 12월 31일 법률 2664호로 제정된 시설대여산업육성법(이후 시설대여업법으로 변경됨)을 폐지하면서 이를 통합하여 만들어진 법률이다.

신용상태와 미래의 소득을 근거로 신청인(회원)에게 카드를 발급해 주고, 회원은 이 카드에 의하여 지정된 가맹점에서 상품과 용역을 현금 없이 신용 구매하거나 현금서비스를 받을 수 있으며, 이 경우 가맹점에 일정률의 수수료를 공제한 판매대금을 미리 결제해 주고 회원으로부터 일정기간 경과 후 그 대금을 회수하거나 현금서비스 금액에 일정률의 수수료를 대신하는 선불카드나 직불카드와 함께 무현금사회를 위한 중추적 역할을 담당하는 지불수단의 일종인 제도이다. 이처럼 신용카드의 주요한 기능은 신용에 의한 구매(외상구매)이지만 현금이나 수표를 대체할 수 있는 편리한 신용지불수단이다. 또한 신용카드는 현금이나 수표에 비해 안정성, 보편성, 간편성, 기록정리 등의 편리한 장점을 지니고 있을 뿐만 아니라 어느 정도 수준까지는 신용을 아무런 장애 없이 즉각 공여받을 수 있게 해준다는 점에서 소비대출의 새로운 수단으로 인식되고 있다. 그리고 최근에는 신용카드에 개인의 사진 등을 탑재하여 발행함으로써 일정자격을 갖추고 있는 자에 해당하며 자신을 간접적으로 증명하는 신분증명기능을 하기도 한다.

2. 신용카드의 종류

신용카드의 부정사용과 같은 신용카드 관련 범죄에서 행위객체로 다루어지는 카드는 '신용카드', '직불카드', '신용카드 등'이라는 다양한 용어의 카드 등이 존재한다. 이와 같은 카드의 종류에 대하여 그 개념을 설명하면 다음과 같다.

1) 신용카드

신용카드란 이를 제시함으로써 반복하여 신용카드가맹점에서 일정한 경우324를 제외한 사항을 결제할 수 있는 증표로서 신용카드업자(외국에서 신용카드업에 상당하는

---

324 여기에 해당하는 경우는 ① 금전채무의 상환, ② 「자본시장과 금융투자업에 관한 법률」 제3조제1항에 따른 금융투자상품 등 대통령령으로 정하는 금융상품, ③ 「게임산업진흥에 관한 법률」 제2조제1호의2에 따른 사행성게임물의 이용 대가 및 이용에 따른 금전의 지급. 다만, 외국인(「해외이주법」 제2조에 따른 해외이주자를 포함한다)이 「관광진흥법」에 따라 허가받은 카지노영업소에서 외국에서 신용카드업에 상당하는 영업을 영위하는 자가 발행한 신용카드로 결제하는 것은 제외한다. ④ 그 밖에 사행행위 등 건전한 국민생활을 저해하고 선량한 풍속을 해치는 행위로 대통령령으로 정하는 사항의 이용 대가 및 이용에 따른 금전의 지급의 경우를 말한다.

영업을 영위하는 자를 포함한다)가 발행한 것을 말한다(여신전문금융업법 제2조 제3호). 오늘날 신용카드는 현금이나 수표를 대신하는 제3의 통화로서 전 세계적으로 사용되고 있다.[325] 그 종류에서도 신용카드회사와 카드가맹점 그리고 신용카드회원의 3당사자 사이에 거래관계에 사용되는 3당사자 신용카드와 백화점카드와 같이 카드발행 백화점과 카드소지인 사이의 거래관계에 사용되는 2당사자 신용카드가 있다.

2) 직불카드

직불카드란 직불카드회원과 신용카드가맹점 간에 전자적 또는 자기적 방법으로 금융거래계좌에 이체하는 등의 방법으로 결제가 이루어질 수 있도록 신용카드업자가 발행한 증표(자금을 융통받을 수 있는 증표는 제외한다)를 말한다(여신전문금융업법 제2조 제6호). 그리고 직불카드회원이란 신용카드업자와의 계약에 따라 그로부터 직불카드를 발급받은 자를 말한다. 그리고 최근에는 체크카드를 많이 사용하는 경우가 있으며, 이러한 체크카드(check card)는 은행계좌와 연계되어 은행계좌 잔액 내에서 자유롭게 신용카드가맹점에서 사용할 수 있는 직불카드의 일종이다. 다만 직불카드의 일시불결제와 신용카드의 폭넓은 가맹점을 이용할 수 있다는 장점을 갖고 있다.

3) 선불카드

선불카드란 신용카드업자가 대금을 미리 받고 이에 해당하는 금액을 기록(전자적 또는 자기적 방법에 따른 기록을 말한다)하여 발행한 증표로서 선불카드소지자가 신용카드가맹점에 제시하여 그 카드에 기록된 금액의 범위에서 결제할 수 있게 한 증표를 말한다(여신전문금융업법 제2조 제8호).

4) 신용카드 등

신용카드부정사용의 행위유형에 따라서는 그 객체를 '신용카드 등'이라고 규정하고 있다. 여기서 신용카드 등은 모든 종류의 카드를 의미하는 것이 아니라 신용카드·직불카드 또는 선불카드를 의미하는 것이다(여신전문금융업법 제2조 제5호 가.). 따라서 신

---

325 배종대, 형법각론, 346면.

용카드·직불카드 또는 선불카드 이외의 현금카드[326]나 회원(권)카드[327] 등은 이를 부정사용하는 경우에도 해당 카드가 신용카드 기능을 겸하고 있다는 등의 특별한 사정이 없는 한 이에 해당하지 아니한다.[328]

Ⅲ 신용카드의 법적 성격

1. 신용카드의 재물성

일반적으로 신용카드 자체는 앞면에는 발행 카드업자명, 카드번호, 회원번호, 회원 성명, 유효기간 등이 기록되어 있고, 뒷면에는 회원 서명란, 홀로그램과 자기띠 부분이 첨부되어 있는 플라스틱으로 제작되어 있다. 이러한 신용카드가 재산범죄의 목적물이 되기 위해서는 재물이라는 점이 인정되어야 한다.

형법상 재물의 개념에 대해서는 유체성설과 관리기능성설이 대립하고 있는데, 신용카드는 유체물이므로 어느 학설에 의하더라도 그 재물성이 인정된다고 하겠다. 그리고 재산범죄의 객체로서의 재물은 반드시 객관적인 교환가치를 가질 필요는 없고 소유자 또는 점유자가 주관적인 가치를 가지는 것으로 충분하다.[329] 이는 비록 신용카드가 양도성이 없는 것, 즉 교환가치가 없는 것이라고 하더라도 신용카드는 이를 사용할 수 있는 회원임을 증명하는 유일한 것이고, 신용카드를 제시함으로써 신용카드 시스템에 접속하여 다양한 편의성을 누릴 수 있고, 현금 이상의 경제적 효용을 갖는다. 따라서 신용카드는 단순한 플라스틱을 넘어 그 자체가 재산적 가치를 가지는 재물로서 절도, 강도, 사기, 공갈, 횡령 등 재산범죄의 객체가 된다.

---

326 현금카드는 은행에 예금계좌를 설정하여 둔 고객이 출납창구 이외에서 현금자동입출금기 등을 이용하여 자신의 예금계좌로부터 현금을 인출할 수 있도록 은행이 고객에게 발급하여 준 카드를 의미한다.

327 회원권카드는 일반적으로 특정한 시설 이용을 목적으로 하여 고객이 그 시설 경영 기업과 체결한 회원계약상의 지위를 나타낸 카드를 의미한다.

328 대법원 2010.6.10. 선고 2010도3409 판결.

329 박상기/전지연, 형법학, 589면; 대법원 1981.3.24. 선고 30도2903 판결; 대법원 1986.10.19. 선고 86도1205 판결.

2. 신용카드의 문서성

형법상 문서란 문자나 이에 준하는 가독적 부호 또는 상형적 부호로써 어느 정도 계속적으로 물체 위에 고착된 어떤 사람의 의사 또는 관념의 표현으로서, 그 내용이 법률상 또는 사회생활상 의미 있는 사항에 관한 증거가 될 수 있는 것을 말한다. 또한 그 문서 등에 작성명의인의 날인 등이 없다고 하여도 그 명의자의 문서 등이라고 믿을 만한 형식과 외관을 갖춘 경우에는 그 죄의 객체가 될 수 있다.[330] 따라서 문서는 그 개념요소로서 계속적 기능과 증명적 기능 및 보장적 기능을 필요로 한다.

이와 같은 문서의 요건에 비추어 볼 때 신용카드는 신용카드의 명의인이 신용카드 발행업자의 회원으로서 신용카드 가맹점에서 재화를 신용구매할 수 있다는 사실 내지 권리를 나타내는 증표로서 일반적으로는 신용카드의 문서성을 인정함에는 의문이 없다. 다만 문서의 개념요소와 관련하여 자기띠 부분의 경우에도 문서에 해당하는지에 대하여 논란이 있었다

1) 학설

긍정설에서는 전자적 기록물 부분도 기계를 통하여 출력하면 문서로 재현되고 재현된 부분은 전자적 기록물과 일체불가분의 관계에 있다는 점, 전자적 기록을 불법으로 작성, 변개하는 행위를 처벌하지 못하면 공공의 신용을 보호할 수 없다는 점, 과학의 발달로 사람의 생각을 표현하는 수단이 다양해진 현대사회에서는 문서의 의미도 이에 맞추어 해석되어야 한다는 점 등을 근거로 문서성을 긍정한다.

부정설은 전자적 기록에 들어있는 자기는 어떤 형태를 가지고 물체상에 표시되어 있는 것이 아니어서 문자 또는 부호가 될 수 없다는 점, 출력된 자료가 가시적·가독적이라는 이유로 그 전단계인 전자적 기록 자체를 문서라고 하는 것은 지나친 비약이라는 점, 입법의 미비를 법해석으로 해결하는 것은 형법에 있어 유추해석금지의 원칙에 저촉된다는 점 등을 근거로 하고 있다.[331]

---

330 통설과 판례의 입장이다(박상기/전지연, 형법학, 780면; 배종대, 형법각론, 517면; 대법원 2010.7.29. 선고 2010도2705 판결; 대법원 1995.9.5. 선고 95도1269 판결).

331 이상철, 문서의 위조, 변조, 허위작성에 관련된 문제점, 재판자료, 법원행정처, 제50집(1990), 132-133면.

2) 판례

대법원에서 명시적으로 신용카드의 문서성이나 전자기록이 붙어 있는 자기띠의 문서성을 적극적으로 긍정한 판례는 없다. 다만 신용카드와 유사한 성격을 가진 현금카드의 문서성을 간접적으로 인정한 경우는 있다.[332] 또한 신용카드는 아니지만 신용카드와 유사하게 사용하는 플라스틱 카드형태의 전화카드에 대하여 문서성을 인정하였다. 즉, 사용자에 관한 각종 정보가 전자기록되어 있는 자기띠가 카드번호와 카드발행자 등이 문자로 인쇄된 플라스틱 카드에 부착되어 있는 전화카드의 경우 그 자기띠 부분은 카드의 나머지 부분과 불가분적으로 결합되어 전체가 하나의 문서를 구성하므로, 전화카드를 공중전화기에 넣어 사용하는 경우 비록 전화기가 전화카드로부터 판독할 수 있는 부분은 자기띠 부분에 수록된 전자기록에 한정된다고 할지라도, 전화카드 전체가 하나의 문서로서 사용된 것으로 보아야 하고 그 자기띠 부분만 사용된 것으로 볼 수는 없으므로 절취한 전화카드를 공중전화기에 넣어 사용한 것은 권리의무에 관한 타인의 사문서를 부정행사한 경우에 해당한다고 파악하였다.[333]

따라서 이러한 판례의 취지에 의하면 전자적 정보가 기록되어 있는 자기띠의 부분은 전자기록에 해당하지만 신용카드 전체가 하나의 결합문서로 문서에 해당하는 것으로 파악된다.

3) 검토

과거에는 신용카드의 자기띠 부분을 포함한 전자적 기록의 문서성 인정 여부를 둘러싸고 긍정설과 부정설이 대립되어 왔다. 그러나 컴퓨터 관련 범죄의 도입과 함께 개정형법은 전자기록 등 특수매체에 대한 위작과 변작 등을 처벌하는 규정(형법 제227조의2, 제232조의2)을 신설함으로써 이러한 논의는 더 이상 필요하지 아니하다.

신용카드의 특성상 문서와 전자기록의 특성을 함께 가지고 있으므로 신용카드의

---

[332] 대법원 1986.3.25, 선고 85도1572 판결.
[333] 대법원 2002.6.25. 선고 2002도461 판결.

서명란이나 회원 관련 내용의 부분은 문서에, 자기띠의 부분은 전자기록에 해당한다. 따라서 어느 부분을 위·변조하였는가에 따라 문서 또는 전자기록 관련 범죄가 성립한다. 다만 신용카드의 경우 여신전문금융업법 제70조 제1항 제1호의 신용카드 위·변조죄가 특별법이 될 것이다.

3. 신용카드의 유가증권성

형법상 유가증권이란 사법상의 재산권(물권, 채권, 사원권 등)을 표시한 증권으로서 증권상에 표시된 재산상의 권리의 행사와 처분에 반드시 그 증권의 점유가 필요한 것을 총칭한다.[334] 즉, 반드시 유통성을 가질 필요는 없으나,[335] 재산권이 증권에 화체되었다는 것과 그 권리의 행사와 처분에 증권의 점유가 필요하다는 두 가지 요소를 갖추어야 하는 것을 말한다.[336]

여기서 신용카드의 경우 이를 제시하여야 신용카드거래를 할 수 있는 카드거래의 구조상 신용카드가 카드회원의 카드사용권을 화체하고 있는 유가증권인지 여부가 문제된다.

1) 학설

(1) 긍정설

유가증권의 개념요소 기준에 비추어 보면 신용카드를 이용하여 신용거래를 하는 경우 회원이 카드를 제시하지 않으면 가맹점은 신용거래에 응하지 않는다는 점에서 신용카드는 회원의 물품 등의 구입권을 화체시킨 증권이고, 회원으로서의 권리를 행사함에는 카드의 점유를 필요로 한다고 볼 수 있어 일면 유가증권에 해당하는 것으로 생각할 수 있으므로 유가증권성을 긍정하는 견해가 있다.[337]

---

334 대법원 1984.11.27. 선고 84도1862 판결.
335 이 점에서 상법상의 유가증권과 그 개념이 다르다.
336 박상기/전지연, 형법학, 768면; 배종대, 형법각론, 507면.
337 박상기, 형법각론, 제7판(2008), 512면; 백형구, 형법각론, 2003, 501면.

(2) 부정설

신용카드 자체로서는 구체적으로 특정된 권리를 화체시킨 것이 아니라 카드상의 명의인이 신용카드회원이라는 사실을 증명하는 것에 불과하므로 형법상의 유가증권이라 할 수 없다는 견해이다.[338]

2) 판례

대법원은 엘지 신용카드를 절취하여 현금을 인출한 후 반환한 사건에서, 신용카드 업자가 발행한 신용카드는 이를 소지함으로써 신용구매가 가능하고 금융의 편의를 받을 수 있다는 점에서 경제적 가치가 있다 하더라도, 그 자체에 경제적 가치가 화체되어 있거나 특정의 재산권을 표창하는 유가증권으로 볼 수 없다고 판시하여[339] 신용카드의 유가증권성을 부정하고 있다. 다만 한국외환은행의 소비조합이 발행한 신용카드에 대해 유가증권성을 인정한 바 있으나,[340] 이는 유가증권의 실질을 가진 예외적인 경우였다 할 것이다.[341] 따라서 신용카드는 카드회원으로 하여금 현금 없이 물품을 구입하거나 현금서비스 등을 받을 수 있는 자격을 증명하는 일종의 신분증 명시에 불과한 것으로 사실 증명을 위한 사문서라고 보아야 할 것이다.

3) 검토

신용카드는 신용카드상의 명의인이 카드발행자의 회원으로서 그 가맹점에서 신용구매를 할 수 있다는 사실 또는 자격을 나타내는 증명서에 불과하고, 신용카드 자체에 재산권이 화체되어 있다고 볼 수 없으므로 신용카드는 유가증권에 해당하지 않는다.

---

338 정영진, 신용카드범죄의 유형과 제재, 재판자료, 제64집, 214면; 김우진, 신용카드범죄의 기수시기, 형법판례연구(3), 박영사, 1995, 281면. 김일수/서보학, 형법각론, 680면; 이재상/장영민/강동범, 형법각론, 560-561면; 임웅, 형법각론, 347면.

339 대법원 1999.7.9. 선고 99도857 판결.

340 대법원 1984.11.27. 선고 84도1862 판결.

341 본 판례에서 말하고 있는 신용카드는 외환은행 소비조합의 할부판매티켓을 엘칸토양화점(외환은행 소비조합과 할부판매약정을 한 상점)측에서 신용카드라고 칭한 데에서 발생한 착오라고 판단된다(임웅, 형법각론, 347면).

Ⅳ 신용카드의 유형별 처벌 가능성

1. 신용카드 자체에 대한 범죄

1) 신용카드 자체에 대한 재산범죄

앞의 신용카드의 법적 성격에서 언급한 바와 같이 신용카드는 재물에 해당한다. 따라서 신용카드 자체를 절취, 강취, 사취, 습득, 편취, 횡령하는 경우에는 절도죄, 강도죄, 사기죄, 점유이탈물횡령죄, 공갈죄, 횡령죄 등의 재산범죄가 성립한다.

여기서 이와 같은 재산범죄가 성립하기 위해서는 주관적 구성요건요소로 불법영득의사가 존재하여야 한다. 따라서 타인의 신용카드를 사용하여 물품을 구입하거나 현금서비스를 받은 후 신용카드는 반환할 의사로 신용카드를 절취하는 등의 행위를 한 경우에는 신용카드를 사용한 죄책 이외에 신용카드 자체에 대한 절도죄 등의 재산범죄는 별도로 성립하지 아니한다.

대법원도 동일한 취지에서 신용카드를 사용하여 현금자동지급기에서 현금을 인출하였다 하더라도 신용카드 자체가 가지는 경제적 가치가 인출된 예금액만큼 소모되었다고 할 수 없으므로 이를 일시 사용하고 곧 반환한 경우에는 불법영득의사가 없으므로 절도죄의 성립을 부정하고 있다.[342] 그리고 이와 같이 일시 사용하고 반환하는 경우 불법영득의사를 부정하는 입장은 현금카드와 직불카드의 경우에도 동일하다.[343]

2) 신용카드의 부정발급

(1) 자기명의 신용카드 부정발급

카드를 발급받을 당시 이미 결제의사와 능력이 없었던 경우에는 신용카드의 부정취득에 해당하는 것으로서 사기죄에 해당하는지 살펴볼 필요가 있다. 사기죄에 해당하지 않는다는 견해로는 카드회사가 회원의 신용도 평가를 사실상 하지 않고

---

[342] 대법원 1999.7.9. 선고 99도857 판결.
[343] 대법원 1998.11.10. 선고 98도2642 판결(현금카드의 경우); 대법원 2006.3.9. 선고 2005도7819 판결(직불카드의 경우).

카드를 발급하기 때문에 기망이 있다고 보기 어렵고 신용카드 자체의 가치가 경미하기 때문에 비범죄화 하는 것이 바람직하다고 주장한다. 사기죄에 해당한다는 견해로는 카드의 발급으로 행위자는 카드회사의 재산을 처분할 수 있는 자의 지위에 놓이게 되고 이로써 카드회사의 재산에 손해가 발생할 위험이 존재한다는 것을 이유로 제시한다. 생각건대 처음부터 카드회사를 기망하여 회원자격을 사취하고 그러한 기망의사의 연장선상에서 재물이나 재산상 이익을 취함으로써 회사에 손해를 야기하였기 때문에 사기죄가 성립하는 것이 타당하다고 본다. 이에 대해 대법원은 카드대금의 지불의사나 지불능력 없이 자기명의로 카드발급을 받는 행위는 사기죄에 해당한다고 판시하였다.[344]

(2) 타인명의 신용카드 부정발급

행사할 목적으로 타인명의를 사칭하거나 타인명의의 카드를 신청할 자격이 있는 것으로 모용하여 타인명의의 카드발급신청서를 작성·교부하는 것은 카드발급신청서를 작성하는 행위가 사문서위조 및 동 행사죄를 구성하고, 신용카드를 발급받는 행위는 신용카드에 대한 사기죄가 성립한다고 해야 할 것이다.[345]

3) 신용카드 위조·변조(여신전문금융업법 제70조 제1항 제1호, 제5항)

제70조 제1항 제1호는 신용카드 등을 위조 또는 변조한 자를 처벌하도록 규정하고 있다. 본죄의 보호법익은 사회 일반이 신뢰하고 있는 신용카드의 진정이다. 그리고 여기서의 위조·변조의 대상은 신용카드 등으로, 전술한 바와 같이 신용카드·직불카드 또는 선불카드만이 그 대상이 된다. 형법상 통화·유가증권·문서의 위조·변조와 달리 본죄는 '행사할 목적'을 요하지 않는다. 신용카드는 신용카드업자만이 발행할 수 있기 때문에 신용카드업자 아닌 자가 신용카드를 발행하는 것이 신용카드의 위조이고, 신용카드업자가 발행한 신용카드에 동일성을 해하지 아니하는 한도 내에서 변경을 가하면 신용카드의 변조가 된다.

---

344 대법원 1996.4.9. 선고 95도2466 판결.
345 이재상/장영민/강동범, 형법각론, 369면. 이 경우 실행의 착수는 카드발급신청서를 작성하는 때이고 기수시기는 발급받은 신용카드로 물품을 구입하거나 용역을 제공받은 때라고 판단된다.

신용카드 자체는 문서의 요소에 해당하는 계속적·보장적·증명적 기능을 가지고 있으므로 사실증명에 관한 사문서에 해당한다는 점에는 의문이 없다. 또한 신용카드의 자기띠 부분은 사실증명에 관한 전자기록에 해당한다. 따라서 신용카드업자 아닌 자가 신용카드를 만들어 내거나 진정한 신용카드에 변경[346]을 가하면 사문서 위조·변조죄가 성립하며, 공(空)카드의 뒷면 자기띠 부분에 다른 사람의 신용카드 관련 정보를 인자(印磁)하면 형법상의 사전자기록위작죄가 성립한다. 다만 이와 같은 사문서위조·변조죄나 사전자기록위작·변작죄와 관련하여 본법이 신용카드의 위조·변조를 처벌하는 별도의 규정을 두고 있으므로 신용카드위조·변조죄에만 해당한다.[347] 또한 카드회원의 서명이 안 된 타인의 신규카드를 부정하게 취득(예컨대 잘 못하여 자기에게 배달된 타인의 신용카드를 영득한 경우)하여 신용카드 뒷면의 서명란에 회원의 서명을 기입하는 행위도 미완성의 사문서인 신용카드를 완성하는 것이므로 신용카드의 위조에 해당한다.

그리고 신용카드의 위조 또는 변조행위는 기수뿐만 아니라 미수의 경우에도 처벌된다(제70조 제5항). 신용카드의 위조 또는 변조의 미수는 신용카드의 위조·변조행위에 착수하였으나 사실상 위조·변조를 완료하지 못한 경우에 본죄의 미수가 성립한다.

4) 위조·변조된 신용카드 취득(여신전문금융업법 제70조 제1항 제5호)

여전법은 행사할 목적으로 위조 또는 변조된 신용카드를 취득한 자를 7년 이하의 징역 또는 5천만원 이하의 벌금으로 처벌한다. 본죄는 위조·변조된 신용카드가 범죄조직 등에 의해 거래될 위험이 있고, 이러한 신용카드를 취득하는 행위는 신용카드부정사용행위의 준비행위에 해당하여 신용카드에 의한 거래의 안전을 위협할

---

[346] 진정한 신용카드 뒷면의 전자기록을 변경시키는 경우 전자기록 자체를 신용카드와 분리하여 독자적인 기능을 갖는 것으로 파악한다면 이러한 경우에도 사전자기록위작·변작죄에 해당한다고 볼 수도 있다. 그러나 이미 유효하게 발급된 진정한 신용카드인 경우에는 전자기록을 포함하여 전체로서 하나의 신용카드를 위조한 것으로 보는 것이 타당하다고 생각한다.

[347] 이 경우 여신전문금융업법 제70조 제1항 제1호(신용카드위조·변조)와 사문서위조·변조죄에도 해당한다는 견해(안경옥, "타인 명의의 신용카드를 부정 사용한 행위의 형사책임에 대한 재조명", 비교형사법연구, 제4권 제2호(2002), 263면)가 있는데, 여신전문금융업법의 규정이 형법의 특별규정이므로 양자는 법조경합 중 특별관계에 있다고 본다(동일한 취지로 이주원, 특별형법(제6판), 2020, 669면).

수 있다는 점을 고려한 것이다. 취득이란 위조 또는 변조된 신용카드에 대해 사실상의 처분권을 얻는 것을 말하므로 단순히 보관하는 것은 취득에 해당하지 않는다. 또한 신용카드를 위조·변조한 자가 위조 또는 변조한 신용카드를 소지하는 것은 본죄를 구성하지 않는다. 취득이 되려면 현실적으로 점유를 취득하여야 한다. 취득의 방법이나 대가지급의 유무를 묻지 않고 사실상의 처분권을 획득하면 족하므로, 매매·교환·증여와 같이 상대방의 의사에 기한 것은 물론 절취·강취·기망·공갈·횡령·습득 등에 의한 것도 포함한다. 그러나 공범자 사이에 위조신용카드를 수수하는 것은 취득에 해당하지 않는다. 주관적 구성요건으로 고의는 물론 행사할 목적을 필요로 하는 목적범이다.

본죄와 관련하여 문제가 되는 것은 타인이 위조·변조한 신용카드를 그 정을 알면서 절도·강도·사기·공갈·횡령의 방법으로 취득하는 경우 본죄 외에 절도죄·강도죄·사기죄·공갈죄·횡령죄 등의 재산범죄가 성립하는가이다. 이것은 소유나 점유가 금지된 물품인 금제품이 재산범죄의 객체가 될 수 있는가에 달려있다. 이에 대하여는 다양한 견해가 대립되고 있다. 부정설은 금제품은 경제적 이용이 불가능할 뿐 아니라 소유권의 객체도 될 수 없기 때문에 재산죄의 객체가 될 수 없다고 본다.[348] 긍정설은 금제품이라 할지라도 법에 의한 절차에 따라 몰수되기까지는 소유와 점유를 보호해야 하기 때문에 재물성을 인정해야 한다는 견해이다.[349] 절충설에서는 위조통화, 아편흡식기와 같이 소유와 점유가 모두 금지된 절대적 금지품은 재물이 될 수 없지만 불법무기, 마약처럼 단지 형법상 소지만 금지된 상대적 금지품은 재물성을 인정해야 한다는 견해이다.[350] 판례는 유가증권도 그것이 정상적으로 발행된 것은 물론 비록 작성권한 없는 자에 의하여 위조된 것이라고 하더라도 절차에 따라 몰수되기까지는 그 소지자의 점유를 보호하여야 한다는 점에서 형법상 재물로서 절도죄의 객체가 된다고 보아 긍정설의 입장에 있다고 평가할 수 있다.[351] 생각건대 법질서에 의해 보호받을 가치가 있는 재물만이 재산범죄의 객체로서 형법이 보호할 필요가 있고, 재산범죄는 소유권을 보호법익으로 하므로 소유가 금지된 금제품은

---

348 서일교, 형법각론, 1982, 134면.
349 김일수/서보학, 형법각론, 278면; 임웅, 형법각론, 284면.
350 배종대, 형법각론, 358면; 이재상/장영민/강동범, 형법각론, 258면.
351 대법원 1998.11.24. 선고 98도2967 판결.

그 객체가 될 수 없으나, 신고나 등록과 같이 일정한 절차를 거치면 소유할 수 있는 금제품은 재산범죄의 객체가 될 수 있다는 절충설이 타당하다. 따라서 위조·변조된 신용카드는 소유가 금지된 것으로 재산범죄의 객체가 될 수 없기 때문에, 위조·변조된 신용카드를 그 정을 알면서 절취·강취·사취·갈취·횡령하였다고 하여도 절도죄·강도죄·사기죄·공갈죄·횡령죄 등의 재산범죄는 성립하지 않는다.[352]

5) 신용카드판매(여신전문금융업법 제70조 제1항 제2호, 제3호, 제4호)

(1) 의의와 구성요건

신용카드판매죄는 위조·변조·분실·도난된 신용카드 또는 강취·횡령하거나 사람을 기망·공갈하여 취득한 신용카드를 판매함으로써 성립하는 범죄이다(제70조 제1항 제2호·제3호·제4호). 신용카드 자체의 물질적 가치는 경미하지만 그것의 경제적 효용성은 매우 크기 때문에 신용카드가 거래의 대상이 될 수 있다. 그리하여 여전법은 정상적으로 발행된 진정한 신용카드에 대하여 양도와 질권설정을 처벌할 뿐 아니라, 위조·변조·분실·도난된 신용카드나 강취·횡령하거나 사람을 기망·공갈하여 취득한 신용카드를 판매하는 행위를 처벌한다. 본죄는 재물로서의 신용카드에 대한 재산권을 보호하기 위한 것이 아니라 신용카드부정사용죄의 예비단계의 행위를 처벌함으로써 신용카드제도의 적정한 기능을 보호하기 위한 구성요건이다.

본죄의 객체는 신용카드부정사용죄의 객체와 동일하므로, 분실·도난·강취·횡령·사취·갈취한 신용카드란 소유자 또는 점유자의 의사에 기하지 않고, 그의 점유를 이탈하거나 그의 의사에 반하여 점유가 배제된 신용카드를 가리킨다.[353] 이와 관련하여 신용카드를 발급받은 회원이 관련서류 등을 위조하거나 허위서류를 제출하여 카드회사를 기망함으로써 신용카드를 발급받은 경우 당해 신용카드가 본죄의 객체인 '사람을 기망하여 취득한 신용카드'에 해당하느냐가 문제된다. 견해가 대립할 수 있으나 이러한 경우에도 신용카드 자체에 대한 사기죄가 성립한다고 보아야 하기

---

[352] 여기서 재산범죄의 객체가 될 수 없는 위조·변조된 신용카드를 취득하는 행위를 본죄에 의해 처벌하는 것이 법질서의 모순을 초래하지는 않는다. 왜냐하면 본죄는 재산보호규정이 아니라 신용카드에 의한 거래의 안전을 보호하는 규정이기 때문이다(강동범, 여신전문금융업법상 신용카드의 취득·사용·처분범죄 처벌규정 검토, 법조, 2008/3, 55면).

[353] 대법원 1999.7.9. 선고 99도857 판결; 대법원 2006.7.6. 선고 2006도654 판결.

때문에 그러한 신용카드도 본죄의 객체에 해당한다. 그러한 신용카드의 부정사용에 의해서도 신용카드제도의 적정한 기능이 위태롭게 되기 때문이다.

본죄의 행위인 판매란 유상으로, 즉 대가를 받고 신용카드의 점유를 넘겨주는 것을 말하며, 기수가 되기 위해서는 매매계약의 성립만으로는 부족하고 신용카드의 점유를 현실적으로 이전할 것을 요한다. 따라서 매매대금을 수령하였는가는 본죄의 기수 여부에 영향이 없다.

(2) 미수범 및 매수자의 처벌 여부

본법은 신용카드부정사용죄와 동일하게 위조·변조된 신용카드에 대하여는 판매죄의 미수범을 처벌하고(제70조 제5항), 분실·도난된 신용카드를 판매하는 행위(제70조 제1항 제3호)와 강취·횡령하거나 사람을 기망·공갈하여 취득한 신용카드를 판매하는 행위(제70조 제1항 제4호)에 대하여는 미수범 처벌규정을 두고 있지 않다. 따라서 신용카드에 대한 판매계약을 체결하려다 실패하였거나 판매계약은 성립되었으나 현실적으로 인도하지 못한 경우와 같이 판매행위가 미수에 그친 경우에는 판매자가 판매하려던 신용카드가 위조·변조된 것이었다면 본죄의 미수범으로 처벌되지만, 분실·도난·강취·횡령·사취·갈취된 신용카드인 경우에는 불가벌이 된다.

신용카드 판매행위는 매수행위를 전제로 하는 대향범이다. 그런데 여전법은 신용카드판매죄의 경우 판매자만 처벌하고 매수자를 처벌하는 규정을 두지 않았다. 다만 매수자가 행사할 목적으로 위조·변조된 신용카드를 매수하는 경우에는 제70조 제1항 제5호(위조·변조신용카드 취득죄)에 의해 처벌될 것인데, 이것은 판매죄의 상대방이 처벌되는 것과는 무관하게 취득자 본인의 행위를 처벌하는 별개의 구성요건이 있기 때문에 처벌되는 것이라는 점에서, 판매죄의 상대방으로서의 매수자의 처벌과는 다르다. 판매행위를 처벌하면서 그와 대향적 협력관계에 있는 매수행위를 처벌하는 규정이 없는 것은 신용카드에 대한 질권설정에서 살펴본 바와 동일하므로, 결국 판매자만 처벌되고 매수자는 판매죄의 정범은 물론 공범으로도 처벌할 수 없다.[354]

---

354 대법원 2001.12.28. 선고 2001도5158 판결.

(3) 다른 범죄와의 관계

① 판매대상 신용카드의 취득범죄 및 신용카드판매죄와의 관계

신용카드를 위조·변조한 자가 그 신용카드를 판매한 경우 신용카드위조·변조죄와 위조·변조신용카드판매죄의 관계가 문제된다. 이는 문서위조·변조죄와 위조·변조문서행사죄의 관계와 유사한데, 신용카드위조·변조죄와 위조·변조신용카드판매죄는 행위태양이 다르고 이들 행위는 별개의 범죄의사에 기한 별개의 행위이므로 양 죄는 실체적 경합관계에 있다.

분실·도난·강취·횡령·사취·갈취한 신용카드를 판매하는 행위와 그러한 신용카드를 취득함으로써 성립된 점유이탈물횡령죄·절도죄·강도죄·횡령죄·사기죄·공갈죄와의 관계도 위조·변조죄와 판매죄의 관계와 동일하게 실체적 경합범이 된다고 본다.

② 사기죄와 신용카드판매죄와의 관계

위조·변조·분실·도난된 신용카드나 강취·횡령·사취·갈취한 신용카드를 판매하는 자가 그러한 사실을 숨기고 판매한 경우 판매죄와 사기죄의 관계는 위조통화행사죄와 사기죄 내지 위조사문서행사죄와 사기죄의 관계와 유사한 상황에 놓이게 된다. 위조통화행사죄와 사기죄 내지 위조사문서행사죄와 사기죄의 관계에 대하여는 상상적 경합설, 실체적 경합설 그리고 흡수관계설이 대립한다. 다수설은 상상적 경합범에 해당한다고 함에 반하여, 판례[355]는 실체적 경합설을 취하고 있다. 생각건대 위조통화(또는 위조문서)를 진정한 통화(또는 문서)인양 행사하는 것이 기망행위가 되어 양자는 행위동일성이 인정되므로 상상적 경합설이 타당하다. 동일한 이유에서 사기죄와 신용카드판매죄는 상상적 경합이 된다.

6) 신용카드의 양도·양수(제70조 제3항 제3호)

재물로 인정되는 신용카드의 소유권은 카드발행인에게 있으며 카드회원은 이를 사용할 권한을 가질 뿐이므로 신용카드회원은 선량한 관리자의 주의로 관리하여야

---

[355] 대법원 1979.7.10. 선고 79도840 판결(위조통화행사죄와 사기죄); 대법원 1981.7.28. 선고 81도529 판결(위조사문서행사죄와 사기죄).

한다. 즉, 카드회원은 타인의 재물인 신용카드를 보관하는 자이므로 카드회원이 이를 불법처분하면 횡령죄(형법 제355조 제1항)를 구성할 수 있다. 그런데 여전법이 신용카드를 양도·양수하는 행위를 처벌하고 있으므로 양도·양수의 경우에는 횡령죄가 아닌 여전법위반죄(제70조 제3항 제3호, 제15조)가 된다. 신용카드의 양도·양수는 제3자에 의한 신용카드부정사용으로 이어지기 때문에 이러한 행위를 특별히 처벌하는 것이다. 신용카드의 양도와 양수는 필요적 공범관계에 있다. 여기서 신용카드의 양도란 신용카드에 대한 사용·수익·처분 등 사실상의 처분권을 넘겨주는 것을 말하고, 양수는 처분권을 넘겨받는 것을 말한다. 그리고 본죄의 성립에는 신용카드를 양도·양수하는 것으로 충분하고 여기서 그 양도·양수가 유상이든 무상이든 문제되지 않는다.

2. 타인명의 신용카드 부정사용

1) 신용카드 부정사용죄(여신전문금융법 제70조 제1항 제2호, 제3호, 제4호)

여전법 제70조 제1항은 "위조 또는 변조"된 신용카드(제2호), "분실 또는 도난"된 신용카드(제3호), "강취·횡령하거나 사람을 기망·공갈하여 취득"한 신용카드(제4호)를 사용한 자를 7년 이하의 징역 또는 5천만원 이하의 벌금에 처한다. 2002년 3월 30일의 개정에 의해 제4호가 신설되기 전에는 신용카드부정사용죄의 객체가 '위조·변조·도난·분실'된 카드에 한정되어 있었으므로 부정취득의 방법에 따라 처벌의 불균형이 발생[356]하였으나 제4호를 신설하여 이러한 문제점을 해소하였다.

(1) 신용카드부정사용죄의 객체

신용카드부정사용죄의 객체는 "위조·변조·분실·도난·강취·횡령·기망·공갈"하여 취득한 신용카드이다. 위조·변조의 의미는 신용카드 위조·변조와 동일하다. '분실 또는 도난된' 신용카드 또는 직불카드라는 표현에 근거하여 일부에서는 자기

---

[356] 이를 지적하고 "사취·갈취·횡령"한 신용카드를 부정사용죄의 객체로 추가할 것을 주장한 글로, 강동범, 전게논문, 30면 참조.

가 직접 절취 혹은 습득한 카드를 사용하는 것은 여기에 포함되지 않는다고 해석하기도 한다.[357] 그러나 분실이란 카드소지자의 의사에 의하지 아니하고 그의 점유를 떠나 타인의 점유에 속하게 되었거나 아직 누구의 점유에도 속하지 않는 것이고, 도난이란 카드소지자의 의사에 반하여 그의 점유를 배제하고 행위자가 점유를 취득한 것으로 '절취'를 피해자의 입장에서 표현한 것이다.[358] 강취·횡령하거나 기망·공갈하여 취득한 신용카드란 강도행위, 횡령행위, 사기행위, 공갈행위에 의해 행위자가 점유를 취득하게 된 타인의 신용카드를 말한다. 이러한 행위는 객관적 구성요건요소를 갖추면 족하고, 반드시 주관적 구성요건요소(위조·변조의 경우 행사할 목적, 강취·횡령·사기·공갈의 경우 불법영득의사)까지 갖출 것을 요하는 것은 아니다. 대법원도 "여신전문금융업법 제70조 제1항 제3호에서 분실 또는 도난된 신용카드라 함은 소유자 또는 점유자의 의사에 기하지 않고 그의 점유를 이탈하거나 그의 의사에 반하여 점유가 배제된 신용카드를 가리키는 것으로서, 소유자 또는 점유자의 점유를 이탈한 신용카드를 취득하거나 그 점유를 배제하는 행위를 한 자가 반드시 유죄의 처벌을 받을 것을 요하지 아니한다"[359]고 하였다. 따라서 카드소지자의 의사에 반하여 신용카드에 대한 그의 점유를 배제하고 일시 사용한 후 신용카드를 돌려주었다고 하더라도 그 신용카드는 도난된 신용카드에 해당한다.

그러나 유흥주점 업주가 과다한 술값 청구에 항의하는 피해자를 폭행 또는 협박하여 피해자로부터 일정 금액을 지급받기로 합의한 다음, 피해자가 결제하라고 건네준 신용카드로 합의에 따라 현금서비스를 받거나 물품을 구입한 경우, 신용카드에 대한 피해자의 점유가 피해자의 의사에 기하지 않고 이탈하였거나 배제되었다고 보기 어렵기 때문에 여전법상의 신용카드 부정사용에 해당하지 않는다.[360]

문제는 '사람을 기망하여 취득한 신용카드'에 카드회사가 피고인으로부터 기망을 당한 나머지 피고인에게 피모용자 명의로 발급된 신용카드를 교부하고 피고인이 이를 사용한 경우에도 신용카드부정행사죄의 객체가 되는가이다. 이에 대하여 판례는 "피고인이 타인의 명의를 모용하여 신용카드를 발급받은 경우, 비록 카드회사가 피

---

357 박상기, 형법각론, 제8판(2011), 340면.
358 대법원 1999.7.9. 선고 99도857 판결; 대법원 1996.4.9. 선고 95도2466 판결.
359 대법원 2006.7.6. 선고 2006도654 판결; 대법원 1999.7.9. 선고 99도857 판결.
360 대법원 2006.7.6. 선고 2006도654 판결.

고인으로부터 기망을 당한 나머지 피고인에게 피모용자 명의로 발급된 신용카드를 교부하고, 사실상 피고인이 지정한 비밀번호를 입력하여 현금자동지급기에 의한 현금대출(현금서비스)을 받을 수 있도록 하였다 할지라도, 카드회사의 내심의 의사는 물론 표시된 의사도 어디까지나 카드명의인인 피모용자에게 이를 허용하는 데 있을 뿐, 피고인에게 이를 허용한 것은 아니라는 점에서 피고인이 타인의 명의를 모용하여 발급받은 신용카드를 사용하여 현금자동지급기에서 현금대출을 받는 행위는 카드회사에 의하여 미리 포괄적으로 허용된 행위가 아니라, 현금자동지급기의 관리자의 의사에 반하여 그의 지배를 배제한 채 그 현금을 자기의 지배하에 옮겨 놓는 행위로서 절도죄에 해당한다고 봄이 상당하다. 한편, 형법 제347조의2에서 규정하는 컴퓨터등사용사기죄의 객체는 재물이 아닌 재산상의 이익에 한정되어 있으므로, 타인의 명의를 모용하여 발급받은 신용카드로 현금자동지급기에서 현금을 인출하는 행위를 이 법조항을 적용하여 처벌할 수는 없다"[361]라고 하여 신용카드의 부정사용으로 본다.

(2) 신용카드부정사용의 행위유형

① 신용카드가맹점에서 물품의 구입

신용카드거래는 통상 카드회원이 가맹점에서 카드를 제시하고 매출전표에 서명함으로써 상품을 구입하거나 용역을 제공받는 형태로 이루어진다. 따라서 신용카드의 사용이란 신용카드를 거래수단으로 제공하여 거래를 완성시키는 행위를 말한다. 판례도 "신용카드부정사용죄의 구성요건적 행위인 신용카드의 사용이라 함은 신용카드의 소지인이 본래 용도인 대금결제를 위하여 가맹점에 신용카드를 제시하고 매출전표에 서명하여 이를 교부하는 일련의 행위를 가리킨다"[362]고 한다. 따라서 단순히 신용카드를 제시하는 행위는 신용카드부정사용죄의 실행에 착수한 것일 뿐 신용카드 사용행위를 완성한 것으로는 볼 수 없다.

신용카드부정사용의 경우 매출전표에 서명하고 교부하는 행위를 어떻게 평가할 것인가가 문제로 된다. 매출전표는 가맹점과 카드회원 사이의 매매계약을 증명하는

---

361 대법원 2002.7.12. 선고 2002도2134 판결.
362 대법원 1992.6.9. 선고 92도77 판결; 대법원 1993.11.23. 선고 93도604 판결.

매매계약서이며 가맹점의 신용카드업자에 대한 대금청구서로서의 성격을 가지므로 권리의무에 관한 사문서에 해당한다.363 따라서 매출전표의 서명란에 카드회원의 서명을 기재한 행위는 사문서위조죄에, 이를 가맹점에 교부한 행위는 위조사문서행사죄에 해당한다. 다만 매출전표위조·동 행사행위는 신용카드부정사용행위에 불가분적으로 수반되는 행위이므로 사문서위조죄·동행사죄는 신용카드부정사용죄에 흡수되어 신용카드부정사용죄의 일죄만이 성립한다.364

② 현금자동지급기에서 현금서비스를 제공받음

신용카드의 부정사용이라 함은 도난·분실 또는 위조·변조된 신용카드를 진정한 카드로서 신용카드의 본래의 용법에 따라 사용하는 경우를 말하는 것이다. 여기서 신용카드회원이 대금결제를 위하여 가맹점에 신용카드를 제시하고 매출표에 서명하는 일련의 행위뿐 아니라 신용카드를 현금인출기에 주입하고 비밀번호를 조작하여 현금서비스를 제공받는 일련의 행위도 신용카드의 본래 용도에 따라 사용하는 것으로 보아야 한다. 따라서 타인의 신용카드를 현금인출기에 주입하고 비밀번호를 조작하여 현금서비스를 제공받으려는 일련의 행위는 신용카드부정사용죄에 해당한다.365

여기서 법문의 표현에 의하면 부정사용의 객체가 되는 신용카드는 "위조·변조·분실·도난·강취·횡령·기망·공갈"에 의하여 취득한 신용카드로 되어 있으나 그뿐만 아니라 객관적·목적론적 해석상 취득방법을 불문하고 타인의 신용카드로 현금자동지급기를 부정이용하는 모든 행위가 본죄의 적용대상이 되는 것으로 본다.366

③ 예금의 인출·이체

대부분의 신용카드에는 신용기능에 덧붙여 카드회원의 결제계좌에 예금되어 있는 현금을 인출·이체할 수 있는 기능이 부가되어 있다. 따라서 타인의 신용카드를 부정사용하는 자가 카드회원의 비밀번호를 알고 있으면 카드회원의 예금계좌에서 예금을 인출할 수 있다. 타인의 신용카드에 의한 예금인출은 현금을 인출한다는 점

---

363 이재상, 불법영득의사와 크레디트카드사기, 고시계, 1994.6, 201면; 이상돈, 신용카드의 절도와 사기, 고시연구, 1995.1, 128면.
364 대법원 1992.6.9. 선고 92도77 판결.
365 대법원 1999.7.9. 선고 99도857 판결; 대법원 1995.7.28. 선고 95도997 판결; 임웅, 형법각론 399면.
366 이러한 취지로 배종대, 형법각론, 356면.

에서는 현금대출과 구조적으로 같지만 카드회원의 예금으로부터 인출(즉, 신용기능이 아닌 현금인출기능을 사용)한다는 점이 다르기 때문에 이러한 행위가 신용카드부정사용죄를 구성하는가가 문제된다.

다수의 견해[367]는 현금카드 겸용 신용카드에 의한 예금인출은 신용카드가 아니라 단지 현금카드의 기능만을 사용했기 때문에 신용카드의 부정사용에 포함시킬 수 없다는 점을 근거로, 신용카드부정사용죄에 해당하지 않는다고 한다.

판례는 여전법의 전신인 신용카드업법이 적용되었던 시절에 신용카드를 사용하여 예금을 인출할 수 있는 현금카드기능은 신용카드업법과 동법시행령의 규정 등에 따라 신용카드업자의 부대업무로 볼 수 있으므로, 강취한 신용카드를 현금자동지급기에서 사용하여 피해자의 예금을 인출한 행위도 신용카드 본래 용도에 따라 사용하는 것으로 보아야 하므로 신용카드부정사용의 개념에 포함된다고 한 바 있다.[368] 그러나 신용카드업법이 여전법에 의하여 대체된 후 "여신전문금융업법 제70조 제1항 소정의 부정사용이라 함은 위조·변조·또는 도난·분실된 신용카드나 직불카드를 진정한 카드로서 신용카드나 직불카드의 본래의 용법에 따라 사용하는 경우를 말하는 것이므로, 절취한 직불카드를 온라인 현금자동지급기에 넣고 비밀번호 등을 입력하여 피해자의 예금을 인출한 행위는 여신전문금융업법 제70조 제1항 소정의 부정사용의 개념에 포함될 수 없다"[369]고 판시하여 예금인출기능의 사용은 부정사용이 아니라고 하였다.

타인의 현금카드 겸용 신용카드를 사용하여 그의 예금계좌에서 예금을 인출한 행위가 신용카드부정사용죄에 해당하느냐는 신용카드부정사용죄의 보호법익과 신용카드의 개념적·본질적 기능, 그리고 여전법상 부여된 기능에 의해 판단되어야 한다. 신용카드부정사용죄의 보호법익은 신용카드회사의 재산이 아니라 신용카드제도 내지는 신용카드거래의 적정한 기능인데, 현금카드 겸용 신용카드의 현금인출기능

---

367 김영환, 현금자동지급기의 부정사용에 관한 형법적인 문제점, 형사판례연구[6], 1998, 255면; 하태훈, 현금자동인출기 부정사용에 대한 형법적 평가, 형사판례연구[4], 1996, 341면; 손동권, 신용(현금)카드 부정사용의 유형별 범죄성립과 죄수, 형사판례연구[7], 1999, 332면.

368 대법원 1998.2.27. 선고 97도2974 판결.

369 대법원 2003.11.14. 선고 2003도3977 판결. 동 판결은 명시적으로 "상고이유에서 들고 있는 대법원 1998.2.27. 선고 97도2974 판결은 구 신용카드업법상 신용카드부정사용죄의 해석에 관한 것으로 본건에 원용하기에 적절하지 아니하다"고 하였다.

을 사용한 행위에 의해서는 결코 이러한 기능이 침해되거나 위태롭게 되지 않는다. 단지 금융기관이나 예금자의 재산권이 침해될 뿐이다. 또한 신용카드의 본질적 기능은 신용기능이며 여전법도 이를 분명히 밝히고 있다. 즉, 외상기능(제2조 제3호)과 대출기능(제13조 제1항 제1호)이 신용카드의 본질적 기능 내지 용도이다. 물론 그 외에 다른 기능(예컨대 현금인출기능, 자금이체기능, 신분확인기능 등)을 신용카드에 추가하는 것도 가능하지만 그렇다고 하여 그러한 기능 모두가 신용카드의 본래적 기능으로 되는 것은 아니다. 특히 예금인출기능은 "신용기능"과는 무관한 것으로, 신용카드거래의 결제가 은행의 예금통장을 통하여 이루어지는 상황에서 카드회원이면서 은행고객인 회원의 이용편의를 위해 신용기능과는 전혀 별개로 부가된 것에 불과하다. 즉, 예금 인출기능이 없더라도 신용카드인 것은 분명하며, 오히려 그러한 것이 진정한 신용카 드이다. 따라서 현금카드 겸용 신용카드의 현금카드기능만을 이용하여 피해자의 예금 계좌에서 예금을 인출한 행위는 신용카드부정사용죄에 해당하지 않는다고 할 것이다.

(3) 신용카드부정사용죄의 실행의 착수시기

위조·변조된 신용카드를 부정사용하는 경우에는 그 미수범을 처벌하지만 분실· 도난·강취·횡령·사취·갈취한 신용카드의 부정사용행위는 그 미수범을 처벌하지 않는다(제70조 제5항, 제1항 제2호). 신용카드부정사용죄의 구성요건적 행위인 신용카 드의 사용이라 함은 신용카드의 소지인이 신용카드의 본래 용도인 대금결제를 위하 여 가맹점에 신용카드를 제시하고 매출표에 서명하여 이를 교부하는 일련의 행위를 가리킨다.[370] 여기서 위조 또는 변조된 신용카드부정사용죄의 실행의 착수는 신용카 드를 제시하는 행위에서 인정될 수 있다. 이에 반해 위조 또는 변조가 아닌 분실· 도난·강취·횡령·사취·갈취한 신용카드의 부정사용행위는 그 미수범을 처벌하지 아니하므로 신용카드를 제시하는 것만으로는 처벌되지 아니한다.[371] 따라서 신용카 드부정사용의 다수의 경우를 신용카드부정사용죄의 미수로 처벌할 수 없다는 문제 가 있다.[372]

---

370 대법원 2008.2.14. 선고 2007도8767 판결; 대법원 1993.11.23. 선고 93도604 판결; 대법원 1992.6.9. 선고 92도77 판결.
371 대법원 1993.11.23. 선고 93도604 판결.
372 동일한 지적으로 배종대, 형법각론, 355면.

(4) 신용카드부정사용죄의 기수시기

신용카드의 부정사용죄의 기수시기에 관하여는 매출전표에 서명하고 동 매출전표를 가맹점주에게 교부한 때라는 견해,[373] 서명한 매출전표를 교부받은 가맹점주가 서명을 확인하여 이상 없음의 표시로 매출전표 중의 한 장을 다시 교부한 때라는 견해[374] 그리고 가맹점으로부터 상품 등을 교부받은 시점이라는 견해[375]가 대립한다. 대법원은 "신용카드부정사용죄의 구성요건적 행위인 신용카드의 사용이라 함은 신용카드의 소지인이 신용카드의 본래 용도인 대금결제를 위하여 가맹점에 신용카드를 제시하고 매출표에 서명하여 이를 교부하는 일련의 행위를 가리키고 단순히 신용카드를 제시하는 행위만을 가리키는 것은 아니라고 할 것이다"[376]라고 한다. 여기서 단순히 신용카드를 제시하는 행위만으로는 신용카드부정사용죄의 실행에 착수한 것이라고 할 수는 있을지언정 그 사용행위를 완성한 것으로 볼 수 없고, 신용카드를 제시한 거래에 대하여 카드회사의 승인을 받았다고 하더라도 마찬가지로 보며, 따라서 부정사용자가 서명한 매출전표를 가맹점에 교부한 때를 신용카드부정사용죄의 기수시기로 파악하고 있다.[377]

범죄는 구성요건적 행위를 종료하거나 결과가 발생하여야 기수가 되므로(형법 제25조) 위험범인 신용카드부정사용죄는 구성요건적 행위인 사용을 종료하여야 기수가 된다. 신용카드거래는 카드사용자가 가맹점에서 카드를 제시하고 가맹점이 카드의 유효 여부를 확인한 후 매출전표를 작성하여 카드사용자에게 교부하면 카드사용자가 이에 서명하여 교부함으로써 상품을 구입하거나 용역을 제공받는 형태로 이루어진다. 따라서 사용이 종료되는 시점은 신용카드에 의한 거래가 완성된 때이다. 즉, 신용카드의 사용은 카드의 제시만으로는 부족하지만 물품교부와는 무관하다. 신용카드에 의한 거래는 요물계약이 아니기 때문이다. 따라서 동죄의 기수시기는 매출전표에 서명하고 동 매출전표를 가맹점주에게 교부한 때라는 견해가 타당하다.

---

[373] 김우진, "신용카드부정사용죄의 기수시기", 형사판례연구[3], 1995, 293면; 손동권, 전게논문, 333면.
[374] 하태훈, 전게논문, 340면.
[375] 박상기, 형법각론, 제8판(2011), 345면.
[376] 대법원 1993.11.23. 선고 93도604 판결; 대법원 1992.6.9. 선고 92도77 판결.
[377] 대법원 2008.2.14. 선고 2007도8767 판결.

(5) 죄수

① 신용카드부정사용과 매출전표의 작성

신용카드부정사용죄의 구성요건적 행위인 신용카드의 사용은 신용카드의 소지인이 신용카드의 본래 용도인 대금결제를 위하여 가맹점에 신용카드를 제시하고 매출표에 서명하여 이를 교부하는 일련의 행위를 통하여 이루어진다. 여기서 물품의 구입과정에서 신용카드를 제시한 후 매출표에 서명을 하고 이를 가맹점에 교부하는 행위는 사문서위조 및 동행사의 죄의 구성요건에 해당하나, 이 사문서위조 및 동행사의 죄는 신용카드부정사용죄에 흡수되어 신용카드부정사용죄의 일죄만이 성립하고 별도로 사문서위조 및 동행사의 죄는 성립하지 않는다.[378]

② 일련의 신용카드부정사용의 죄수

타인의 신용카드를 부정사용하는 행위는 단순히 일회성으로 사용하는 것이 아니라 보통 수차례에 걸쳐 여러 신용카드가맹점을 다니면서 다양한 물품 등을 구입하는 방법으로 해당 신용카드를 사용한다. 이 경우 타인의 신용카드로 가맹점들로부터 물품을 구입하겠다는 단일한 범의를 가지고 그 범의가 계속된 가운데 동종의 범행인 신용카드 부정사용행위를 동일한 방법으로 반복하여 행하였고, 또 위 신용카드의 각 부정사용의 피해법익도 모두 위 신용카드를 사용한 거래의 안전 및 이에 대한 공중의 신뢰인 것으로 동일하므로, 피고인이 동일한 신용카드를 위와 같이 부정사용한 행위는 포괄하여 일죄에 해당한다.[379] 동일한 근거로 타인의 신용카드를 이용하여 수회의 현금서비스를 받는 경우에도 신용카드부정사용죄의 포괄일죄로 보아야 한다.

③ 신용카드부정취득행위와 신용카드부정사용죄

타인의 신용카드를 부정사용하는 경우 이에 대한 선행행위로 타인의 신용카드를 취득하는 행위가 존재한다. 여기서 타인의 신용카드를 취득하는 행위가 범죄에 해당하는 경우 이러한 취득행위와 부정사용죄와의 관계를 어떻게 이해할 것인가의 문제가 제기된다. 이에 대하여는 ㉠ 타인의 신용카드를 절도·강도·사기·공갈·횡령·장물 등의 재산범죄에 의해 취득한 경우, ㉡ 타인의 신용카드를 위조·변조에 의해

---

[378] 대법원 1992.6.9. 선고 92도77 판결.
[379] 동일한 취지로 대법원 1996.7.12. 선고 96도1181 판결.

취득한 경우, ⓒ 다른 사람이 위조·변조한 신용카드를 행사할 목적으로 취득한 경우의 세가지 경우로 나누어 각각의 행위와 부정사용과의 관계를 검토하여 본다.

㉠ 타인의 신용카드를 절도·강도·사기·공갈·횡령·장물 등의 재산범죄에 의해 취득하여 이를 부정사용한 경우에는 해당 재산범죄와 신용카드부정사용죄는 실체적 경합에 해당한다.[380] 왜냐하면 이 경우 절도 등의 재산범죄는 신용카드에 대한 소유권을 보호하기 위한 구성요건이며, 신용카드부정사용죄는 신용카드거래의 적정한 기능을 보호하기 위한 구성요건으로 양 죄의 보호법익이 상이하며, 신용카드의 취득행위(재산범죄)와 이의 부정사용행위는 별개의 범의에 기초한 별개의 행위이기 때문이다. 이러한 의미에서 판례 역시 "신용카드를 절취한 후 이를 사용한 경우 신용카드의 부정사용행위는 새로운 법익의 침해로 보아야 하고 그 법익침해가 절도범행보다 큰 것이 대부분이므로 위와 같은 부정사용행위가 절도범행의 불가벌적 사후행위가 되는 것은 아니다"[381]라고 하여 동일한 입장을 취하고 있다.

㉡ 타인의 신용카드를 위조·변조에 의해 취득한 다음 해당 신용카드를 사용한 경우 신용카드위조·변조죄(여전법 제70조 제1항 제1호)와 위조·변조신용카드부정사용죄(동항 제2호)의 죄수관계에 대하여 견해가 대립할 수 있다. 이 문제는 사문서위조·변조죄와 위조·변조사문서행사죄와의 관계를 어떻게 볼 것인가 하는 문제와 사실상 동일하며, 여기서 법조경합을 인정하는 견해, 상상적 경합을 인정하는 견해, 실체적 경합을 인정하는 견해가 존재한다.[382] 신용카드의 위조 또는 변조가 행사를 위한 사전행위이지만 양자는 별개의 범의에 기한 별개의 행위이므로 원칙적으로 양죄는 실체적 경합관계를 인정하는 것이 타당하다.

㉢ 다른 사람이 위조·변조한 신용카드를 행사할 목적으로 취득하여 이를 사용한 경우에는 앞의 경우와 마찬가지로 위조·변조신용카드취득죄(여전법 제70조 제1항 제5호)와 위조·변조신용카드부정사용죄의 실체적 경합이 인정된다.

---

[380] 임웅, 형법각론 394면.

[381] 대법원 1996.7.12. 선고 96도1181 판결.

[382] 법조경합을 인정하는 견해는 임웅, 형법각론 394면; 오영근, 형법각론, 742면, 상상적 경합을 인정하는 견해는 이재상/장영민/강동범, 형법각론, 586면, 이에 반하여 통설과 판례는 실체적 경합을 인정한다(박상기, 형법각론, 546면; 대법원 1991.9.10. 선고 91도1722 판결).

④ 신용카드부정사용죄와 기타 재산범죄와의 죄수

㉠ 타인의 신용카드를 부정사용하여 물품을 구매하는 행위가 사기죄에도 해당한 다는 점에는 학설과 판례가 일치한다.[383] 문제는 신용카드부정사용죄와 사기죄의 관 계를 어떻게 볼 것인가로, 이에 대하여는 실체적 경합범설[384]과 상상적 경합범설[385] 이 대립한다. 대법원[386]은 신용카드부정사용죄와 사기죄는 독립된 구성요건으로 양 자의 보호법익이나 행위의 태양이 전혀 다르다는 이유로 양자는 실체적 경합관계에 있다고 본다. 그러나 행위태양이나 보호법익이 다르다는 것은 일죄냐 수죄냐를 결 정하는 기준일 뿐 상상적 경합이냐 실체적 경합이냐를 결정하는 기준은 아니다. 수 죄 중 상상적 경합인가 실체적 경합인가는 "행위가 한 개인가 수 개인가"에 따라 결정된다. 신용카드부정사용죄와 사기죄는 '타인의 신용카드를 부정하게 사용'하는 동일한 하나의 행위에 의해 구성요건의 본질적 부분이 충족되므로 "행위의 단일성" 이 인정되기 때문에 양죄는 상상적 경합관계에 해당한다.

㉡ 타인의 신용카드에 의해 현금서비스를 받는 행위는 전술한 바와 같이 신용카 드부정사용죄에 해당한다. 문제는 해당 행위가 신용카드부정사용죄 이외에 어떤 다 른 재산범죄의 성립이 인정되는가와 해당 재산범죄는 신용카드부정사용죄와 어떠한 관계에 있는가이다.

첫째, 타인의 신용카드의 사용을 통한 현금서비스행위에 대하여는 현금자동인출 기 관리자의 의사에 반하여 그의 지배를 배제하고 그 현금을 자기의 지배하에 옮겨 놓는 것이 되므로 절도죄를 인정하는 견해,[387] 재산상의 이익에는 재물이 포함된다 고 해석하여 컴퓨터사용사기죄를 인정하는 견해,[388] 현재의 형법규정으로는 범죄불 성립을 인정하는 견해[389] 등 다양한 입장이 존재한다.

---

383 박상기, 형법각론, 제8판(2011), 340면; 배종대, 형법각론, 353면; 대법원 1997.1.21. 선고 96도2715 판결.
384 배종대, 형법각론, 353 – 354면.
385 손동권, 전게논문, 336면; 안경옥, 전게논문, 268면; 오경식, 한국과 독일의 신용카드범죄의 실태와 대책 에 관한 비교연구, 형사정책, 제8호(1996), 135면.
386 대법원 1996.7.12. 선고 96도1181 판결; 대법원 1997.1.21. 선고 96도2715 판결.
387 박상기, 형법각론(제8판), 339면; 대법원 1995.7.28. 선고 95도997 판결.
388 김일수/서보학, 형법각론, 451면; 배종대, 형법각론, 357면; 오영근, 신용카드 관련 재산범죄에 대한 판 례이론의 비판적 검토, 법학논총(한양대학교 법학연구소), 제26집 제3호(2009), 111 – 112면; 전지연, 현금카드범죄에 대한 형사법적 대응방안, 한림법학FORUM, 제6권(1997), 68면 이하.
389 임웅, 형법각론 398면; 하태훈, 전게논문, 331면.

둘째, 현금자동지급기에서 현금의 인출이 재산죄(절도죄 또는 컴퓨터사용사기죄)를 구성하는 경우 해당 재산죄와 신용카드부정사용죄의 관계도 물품구입의 경우와 마찬가지로 실체적 경합을 인정하는 견해,[390] 상상적 경합을 인정하는 견해,[391] 그리고 신용카드의 '부정사용'과 재물의 '절취'는 행위태양이 전혀 다르기 때문에 한 개의 행위로 포섭할 수 없기 때문에 판례와 같이 실체적 경합관계를 인정하는 것이 타당할 것이나 신용카드의 '부정사용'과 사기죄의 '기망행위'는 서로 겹치므로 판례와 달리 신용카드부정사용죄와 사기죄 또는 컴퓨터사용사기죄는 상상적 경합관계로 볼 수 있을 것이라는 견해[392]가 대립한다. 실체적 경합설은 신용카드 '부정사용'과 재물(여기서는 현금)의 '절취'는 행위태양과 보호법익이 전혀 다르다는 점을 근거로 하는 것으로 보인다. 그러나 타인의 신용카드를 현금자동인출기에 넣어 비밀번호를 입력하고 원하는 현금서비스 금액을 입력하여 현금인출구에 교부된 금액을 인출하는 일련의 행위가 신용카드부정사용죄에 해당하는 행위로 보여지므로 이는 하나의 행위로 양죄의 구성요건을 실현시켰다는 점에서 상상적 경합으로 보는 것이 타당하다.

3. 자기명의 신용카드 부정사용

1) 물품을 구입한 경우

(1) 사기죄의 성부

카드의 제시는 카드대금납부의 의사를 포함하는 것이 아니며, 가맹점은 카드명의인의 대금지불의사나 능력을 고려하지 않고 대금결제를 카드로 받는 것이므로, 기망행위가 존재하지 않는다는 논거를 들어, 사기죄의 성립을 부정하는 견해가 있다.[393] 그러나 이에 대해 카드회사는 카드명의인의 지불의사와 능력을 신뢰하는 것이므로, 가맹점을 매개로 하여 카드회사가 피기망자가 되며, 가맹점에 귀책사유가

---

390 배종대, 형법각론, 357면; 대법원 1995.7.28. 선고 95도997 판결.
391 김영환, 전게논문, 256면; 하태훈, 전게논문, 342면.
392 손동권, 전게논문, 342면.
393 권오걸, 형법각론, 577면; 배종대, 형법각론, 351면; 오경식, 한국과 독일의 신용카드범죄의 실태와 대책에 관한 비교연구, 형사정책 제8호(1996), 155 – 156면.

있어서 카드회사로부터 카드대금을 받지 못하는 경우에는[394] 가맹점이 재산상의 피해자가 되고, 가맹점에 귀책사유가 없어서 카드회사가 카드대금을 보전해야 하는 경우에는 카드회사가 재산상의 피해자가 된다고 보아 사기죄의 성립을 긍정하는 견해가 타당하다는 견해가 있다.[395] 대법원은 대금결제의 의사와 능력이 없는 자가 카드회사를 기망하여 카드를 발급받은 후 현금자동지급기를 통한 현금대출과 가맹점을 통한 물품구입대금을 대출받은 경우에 일련의 편취행위가 있는 것으로 보고 사기죄의 포괄적 일죄가 성립한다고 판시하였다.[396]

(2) 신용카드부정사용죄(여신전문금융업법)의 성부

자기명의의 신용카드를 부정사용하는 행위는 여신전문금융업법 제70조 제1항의 신용카드부정사용죄에 해당하지 않는다.[397]

---

394 여신전문금융업법 제17조에 따라 가맹점에 고의 또는 중대한 과실이 있는 경우.

395 임웅, 형법각론, 445면. 카드회사가 피기망자 및 피해자라는 견해, 가맹점이 피기망자 및 피해자라는 견해, 가맹점이 피기망 자이고 카드회사가 피해자라는 견해와 같이 견해가 나누어진 것에 대해서는 서보학, 자기명의 신용 카드의 부정사용과 사기죄의 성부, 형사법연구 제21호(2004), 278–279면; 노용우, 전게논문, 133–136면 참조.

이에 대해 사기죄의 성립을 부정하는 견해는 가맹점에 대한 관계에서는 가맹점은 제시된 신용카드가 유효한지 여부와 신용카드 제시자가 명의인이라는 것을 확인하면 족하고, 그 회원의 지급의사, 능력에 도 불구하고 가맹점은 신용카드발행업자로부터 대금의 지급을 받을 수 있으므로 설사 대금지급의사나 능력이 없는 회원이 신용카드를 제시하여 가맹점으로부터 물품을 구입하였다 하더라도 가맹점은 기망된 바 없고, 가맹점에 손해도 없는 이상 회원의 기망행위와 가맹점의 착오, 처분행위간에 인과관계가 없어 사기죄가 성립하지 않는다고 본다. 한편 신용카드회사에 대한 관계에서는 사고통지가 없었던 이상 신용카드회사의 가맹점에 대한 대금지급은 무조건적인 것이어서 카드회원의 기망행위와 필연적 인과관계가 존재하지 않는다고 볼 수 있기 때문에 신용카드회사에 대해서도 사기죄는 성립하지 않는다고 주장한다(노용우, 전게논문, 132면).

396 대법원 2005.8.19. 선고 2004도6859 판결: "피고인이 카드사용으로 인한 대금결제의 의사와 능력 이 없으면서도 있는 것 같이 가장하여 카드회사를 기망하고, 카드회사는 이에 착오를 일으켜 일정 한 도 내에서 카드사용을 허용해 줌으로써 피고인은 기망당한 카드회사의 신용공여라는 하자있는 의사표시에 편승하여 자동지급기를 통한 현금대출도 받고, 가맹점을 통한 물품구입대금 대출도 받아 카드발급회사로 하여금 같은 액수 상당의 피해를 입게 함으로써, 카드사용으로 인한 일련의 편취행위가 포괄적으로 이루어지는 것이다. 따라서 이 사건에서 카드사용으로 인한 카드회사의 손해는 그것이 자동지급기에 의한 인출행위이든 가맹점을 통한 물품구입행위이든 불문하고 모두가 피해자인 카드회사의 기망당한 의사표시에 따른 카드발급에 터 잡아 이루어지는 사기의 포괄일죄라 할 것이다."

397 임웅, 형법각론, 445면; 이재상/장영민/강동범, 형법각론, 375면.

(3) 형법상 배임죄의 성부

자기명의 신용카드의 부정사용행위에 대해 배임죄는 성립할 여지가 없다.[398]

2) 현금자동지급기에서 현금을 인출한 경우

(1) 사기죄의 성부

지불의사와 지불능력 없는 자가 자신의 카드를 사용하여 현금자동지급기에서 현금을 인출한 행위는 ① 사람에 대한 기망행위가 없고 ② 기계에 대한 기망행위도 인정되지 않으므로 사기죄가 성립하지 않는다고 보아야 할 것이다.[399] 그러나 이 경우에 대법원은 사기죄의 성립을 긍정한다.[400]

(2) 컴퓨터사용사기죄의 성부

현금인출을 위한 자기명의의 카드사용은 ① 허위의 정보입력도 아니고 ② 부정한 명령의 입력도 아니며 ③ 권한 없이 정보를 입력·변경하는 것도 아니므로 컴퓨터사용사기죄는 성립하지 않는다.

(3) 절도죄의 성부

자기명의의 신용카드로 현금을 인출하는 행위는 정당한 카드소지인이 자신의 비밀번호를 입력하는 것인데, 이는 현금자동지급기 관리자의 의사에 반하는 것이라고 할 수 없으므로 절취행위에 해당하지 않는다고 보아 절도죄의 성립을 부정하는 것이 타당하다.[401]

---

398 배종대, 형법각론, 352면.
399 권오걸, 형법각론, 577면; 박상기, 형법각론, 제8판(2011), 340면; 배종대, 형법각론, 356면; 오영근, 형법각론, 432면; 이재상/장영민/강동범, 형법각론, 374면; 허일태, 결제능력없이 신용카드로 현금자동지급기에서 현금인출행위, 형법연구(I), 세종출판사, 1997, 338면 이하.
400 대법원 1996.5.28. 선고 96도908 판결: "삼성신용카드주식회사가 무자력자인 피고인으로부터 기망당하여 피고인에게 신용카드를 발급하여 줌으로써 … 피고인이 기망당한 신용카드회사의 신용공여에 편승하여 현금자동지급기를 통하여 현금대출도 받고, 가맹점을 통한 물품구입대금 대출도 받아 신용카드발급회사로 하여금 같은 금액 상당의 피해를 입게 한 것이라면, 그와 같은 현금의 지급이 사람이 아닌 기계에 의하여 이루어졌다고 하더라도 피고인이 현금자동지급기에서 현금을 인출한 행위는 가맹점에서 물품을 구입한 행위와 함께 모두가 피해자인 삼성신용카드주식회사의 기망당한 의사표시에 따른 신용카드발급에 터 잡아 이루어지는 사기의 포괄일죄를 구성한다 할 것이다."
401 임웅, 형법각론, 446면.

(4) 신용카드부정사용죄(여신전문금융업법)의 성부

지불의사와 지불능력 없이 자기명의의 신용카드로 현금을 인출하는 행위는 여신전문금융업법 제70조 제1항의 신용카드부정사용죄에 해당하지 않는다.

4. 기타 신용카드 관련 범죄

1) 신용카드정보 보유·부정이용(제70조 제1항 제6호)

신용카드정보의 보유나 부정이용과 관련하여 여전법은 "거짓이나 그 밖의 부정한 방법으로 알아낸 타인의 신용카드정보를 보유하거나 이를 이용하여 신용카드로 거래한 자"(제70조 제1항 제6호)를 처벌하도록 규정하고 있다. 따라서 여기에서는 신용카드정보의 보유와 이의 부정한 이용을 구별하여 살펴본다.

(1) 신용카드정보의 보유

타인의 신용카드정보를 보유하는 것을 처벌하는 것은 '사위 기타 부정한 방법으로 알아낸 타인의 신용카드정보를 보유한' 경우를 말한다. 그리고 이와 같은 신용카드정보를 보유하는 범죄는 이른바 계속범에 해당한다. 따라서 종전에 타인의 신용카드정보를 보유하여 처벌받은 일이 있다고 하더라도 종전 재판 이후 다시 계속하여 타인의 신용카드정보를 보유하는 행위는 그 타인의 신용카드정보가 종전에 처벌받은 신용카드정보와 동일하다 하더라도 다시 처벌 대상이 된다.[402]

(2) 신용카드정보의 부정이용

여전법은 신용카드 자체를 부정하게 사용하는 행위를 처벌할 뿐만 아니라 사위 그 밖의 부정한 방법으로 알아낸 타인의 신용카드정보를 이용한 카드거래도 처벌한다. 이 규정은 오프라인상 신용카드부정사용죄에 대응하여 온라인상 신용카드부정사용행위를 처벌하기 위한 것이다.

---

[402] 대법원 2008.5.29. 선고 2008도2099 판결: 피고인이 2007.6.30.경 이 사건 신용카드정보를 피고인 자신의 이메일 계정으로 전송하여 보유하였다는 것으로서 이는 별개의 범죄행위로서 처벌 대상이 된다고 할 것이고, 이 사건 신용카드정보가 위 확정판결에서 인정된 범죄사실 중의 신용카드정보와 동일하다고 하더라도 이러한 사정만으로 위 확정판결의 기판력이 이 사건 공소사실에 미친다고 할 수는 없다.

본죄는 사위 그 밖의 부정한 방법으로 알아낸 타인의 신용카드정보를 이용하여 신용카드에 의한 거래를 함으로써 성립한다. 본죄의 행위는 사위 그 밖의 부정한 방법으로 알아낸 "타인의 신용카드정보를 이용하여 신용카드에 의한 거래를 하는 것"이다. 신용카드에 의한 거래를 한다는 것은 오프라인공간에서 신용카드를 사용하는 것에 대응하는 것으로 신용카드에 의한 거래를 완성하는 것을 말한다. 따라서 부정한 방법으로 알아낸 타인의 신용카드정보를 이용하여 거래를 시작하였으나 거래를 완성하지 못하였다면 본죄의 미수에 해당하는데, 본죄의 미수범은 불가벌이므로 처벌되지 않을 것이다.

부정하게 알아낸 타인의 신용카드정보를 이용하여 행하여지는 신용카드거래행위는 두 가지로 나누어 볼 수 있다. 첫째, 타인의 신용카드의 정보를 이용하여 물품의 거래행위를 하는 경우로, 이 경우에는 신용카드정보부정이용죄와 해당 물품거래행위에 의하여 성립되는 재산범죄(사기죄 또는 컴퓨터사용사기죄)는 신용카드부정사용죄와 재산범죄의 관계와 동일하다. 따라서 실체적 경합설과 상상적 경합설이 대립할 수 있는데, 위에서 검토한 바와 같이 양죄의 보호법익은 상이하지만 행위동일성이 인정되므로 상상적 경합관계로 보는 것이 타당할 것이다. 둘째, 타인의 신용카드정보를 이용하여 인터넷뱅킹과 같은 신용카드거래행위를 하는 경우이다. 이 경우 인터넷뱅킹이나 폰뱅킹을 통하여 현금대출을 받는 것은 신용의 공여라는 신용카드에 의한 거래를 한 것이므로 신용카드정보부정이용죄에 해당한다. 신용카드정보부정이용죄가 성립하는 경우 컴퓨터사용사기죄와의 관계가 문제되는데, 이것도 신용카드부정사용죄와 재산범죄의 관계와 동일하다. 따라서 양죄의 보호법익은 상이하지만 행위동일성이 인정되므로, 상상적 경합관계로 보아야 한다.

2) 신용카드이용 부당거래 등(제70조 제2항)

(1) 신용카드의 위장거래 등에 의한 자금융통(제70조 제2항 제2호 가. 나. 다.)

① 서언

여전법은 신용카드를 오용하여 마치 적합한 신용카드의 이용처럼 가장하여 신용카드를 자금융통의 형태로 오용하는 행위를 금지하고 있다. 즉, '물품의 판매 또는 용역의 제공 등을 가장하거나 실제 매출금액을 넘겨 신용카드로 거래하거나 이를 대행하게 하는 행위' 또는 '신용카드회원으로 하여금 신용카드로 구매하도록 한 물품·용역 등을 할인하여 매입하는 행위'를 통하여 자금을 융통하는 행위나 이를 중개·알선하는 행위를 처벌하고 있다.

이는 소위 '카드깡'이라는 것을 불법적인 신용카드오용 사례로 포섭하여 이를 금지하고자 규정한 처벌조항이다. 여기서 '카드깡'이란 신용카드로 가짜 매출전표를 만들어 조성한 현금으로 급전이 필요한 사람들에게 선이자를 떼고 빌려주는 불법 할인대출을 말한다. '깡'이란 일본어 '와리깡'의 준말로 할인이라는 뜻이다. 사채업자는 급전이 필요한 사람에게 신용카드를 받고 미리 15% 내외의 선이자를 떼고 돈을 빌려준 뒤 이 카드로 물건을 사서 되팔아 현금을 챙기거나 특정 가맹점을 통해 허위로 매출전표를 작성, 카드사로부터 돈을 청구하는 수법을 쓴다. 이 과정에서 사채업자들은 '카드깡' 거래 계약을 맺은 가맹점에게 일정 수수료를 줘야 할 뿐 아니라 매출전표가 노출되어 신용카드 회사나 국세청으로부터 전산 추적을 당할 염려가 있다.

그러나 최근 들어 기승을 부리고 있는 '인터넷 카드깡'은 가맹점 개설이 전혀 필요 없어 그만큼 사채업자들의 비용이 줄어들어 선이자도 기존 카드깡보다는 다소 낮다고 한다. 또한 인터넷 경매사이트를 이용한 불법 신용카드대출은 동일인이 경매사이트에 다수의 판매자와 구매자 계정을 각각 개설한 뒤 실제 경매 거래가 이뤄진 것처럼 위장해 결제를 하고 돈을 대출해 주는 수법이다.

② 신용카드의 위장거래

여전법은 물품의 판매 또는 용역의 제공 등을 가장하거나 실제 매출금액을 넘겨 신용카드로 거래하거나 이를 대행하게 하는 행위를 통하여 자금을 융통하는 행위를 하거나 이를 중개·알선하는 행위를 처벌한다.

여기서 본죄의 구성요건을 충족하기 위하여는 실제로 신용카드거래가 없었음에도 불구하고 신용매출이 있었던 것으로 가장하거나 실제의 매출금액을 초과하여 신용카드에 의한 거래를 할 것을 요하고, 실제로 신용카드에 의한 물품거래가 있었을 뿐 아니라 그 매출금액 그대로 매출전표를 작성한 경우는 본죄에서 규정하는 처벌 대상에 포함되지 아니한다.[403] 물론 이 경우 다음의 구매물품의 할인매입에 의한 자

---

[403] 대법원 2004.3.11. 선고 2003도6606 판결; 대법원 2000.11.10. 선고 2000도3916 판결.

금융통의 처벌 가능성은 남는다.

그리고 본죄에서의 '매출전표'라 함은 당해 신용카드가 카드회원 본인에 의하여 정당하게 사용됨으로써 진정하게 성립된 매출전표를 말하는 것이므로, 위조·변조 또는 도난·분실된 신용카드 등의 사용에 의하거나 신용카드의 제시도 없이 카드회원의 서명이 위조되어 작성된 매출전표는 이에 해당한다고 볼 수 없다.[404]

신용카드의 위장거래에 의한 자금융통의 죄수와 관련하여 '물품의 판매 또는 용역의 제공을 가장하거나 실제 매출금액을 초과하여 신용카드 매출전표를 작성하고 자금을 융통하여 준 자'를 처벌하도록 규정하고 있는바, 그 구성요건 및 보호법익에 비추어 볼 때 위 규정 위반의 죄는 신용카드를 이용한 자금융통행위 1회마다 하나의 죄가 성립한다고 할 것이다. 따라서 일정기간 다수인을 상대로 동종의 자금융통행위를 계속하였다고 하더라도 그 범의가 단일하다고 할 수 없으므로 이를 포괄하여 하나의 죄가 성립한다고 할 수 없다.[405]

③ 구입물품의 할인매입에 의한 자금융통

실제로 신용카드에 의한 물품거래가 존재하고 그 매출금액대로 매출전표가 작성된 경우에는 비록 물품판매를 이용하여 자금의 융통을 알선하였다고 하더라도 이를 앞의 '물품의 판매 또는 용역의 제공 등을 가장한 행위'로 처벌할 수 없었다.[406] 이와 같은 행위가 불처벌이라는 점을 악용하여 신용카드소지자로 하여금 쌀, 전자제품, 귀금속 등을 신용카드로 매입하도록 한 후 이를 다시 할인매입하는 방식으로 신용카드소지자에게 자금을 융통하는 방식의 '카드깡'이 성행하였다. 이를 처벌하기 위하여 여전법은 '신용카드회원으로 하여금 신용카드로 구매하도록 한 물품·용역 등을 할인하여 매입하는 행위를 통하여 자금을 융통하거나 이를 중개·알선하는 행위'를 처벌하도록 규정하였다.

본죄는 신용카드회원이 신용카드에 의하여 구매한 물품 등을 자금을 융통하여 주는 자가 직접 할인하여 매입함으로써 신용카드회원에게 그 매입대금 상당의 자금을 융통하여 주는 경우뿐만 아니라, 신용카드회원이 신용카드에 의하여 구매한 물

---

404 대법원 1996.5.31. 선고 96도449 판결.
405 대법원 2001.6.12. 선고 2000도3559 판결.
406 이주원, 특별형법, 677면.

품 등을 자금을 융통하여 주는 자가 제3자로 하여금 할인하여 매입하도록 하고 그 매입대금의 전액 또는 일부를 신용카드회원에게 지급하는 방법으로 자금을 융통하여 주는 경우에도 적용된다. 따라서 피고인이 신용카드회원의 신용카드로 쌀을 구매한 다음, 이를 스스로 할인매입하지 않고 제3자에게 처분하여 그 대금에서 일정 금액을 수수료 명목으로 떼고 나머지를 신용카드회원에게 지급한 경우에도 본죄가 적용된다.[407]

④ 신용카드의 질권설정을 통한 자금의 융통

여전법 제70조 제2항 제2호 다.목에서는 신용카드에 대하여 질권을 설정하여 자금을 융통하여 준 자 또는 이를 중개·알선한 자를 처벌하도록 규정하고 있다. 구 여전법에서는 신용카드를 양도·양수하거나 질권을 설정하는 행위를 처벌하도록 규정하였다.[408] 현행법에서도 신용카드를 양도·양수하는 행위는 여전히 처벌하나, 이에 반하여 신용카드에 질권을 설정하는 행위는 해당 질권 설정행위를 한 자를 처벌하는 것이 아니라 질권 설정행위를 통하여 자금을 융통하여 주는 행위를 하는 자를 처벌하고 있다. 이는 신용카드회원의 처벌보다는 신용카드를 오용하여 자금을 융통하여 주는 업자를 처벌하는 것이 신용카드의 거래 안전에 효과적이라는 점 때문이다.

여기서 여신전문금융업법은 신용카드의 질권설정을 통하여 자금을 융통하여 준 자와 함께 질권설정자도 처벌할 수 있는가의 문제가 발생한다. 물론 신용카드 양도의 경우 모두 상대방의 대향적 행위를 필요로 하는 범죄임에도 불구하고 신용카드 양도의 경우에는 양수자도 함께 처벌한다. 이에 반하여 신용카드의 질권설정의 경우에는 질권자(채권자)만 처벌하고 질권설정자(신용카드회원)에 대한 처벌규정은 두고 있지 않다. 이와 같은 대향범의 경우 처벌대상이 아닌 상대방을 처벌대상자의 공범으로 처벌할 수 있는가에 대하여 학설이 대립한다.[409] 부정설인 다수설은 필요적 공범의 경우에 내부참가자 사이에는 임의적 공범을 전제로 하는 형법총칙의 공범규정

---

407 대법원 2008.5.29. 선고 2007도1925 판결.
408 구 여전법하에서 신용카드에 질권을 설정하는 행위와 관련하여 질권설정자와 질권자를 모두 처벌하여야 한다는 지적이 있었다(강동범, 여신전문금융업법상 신용카드의 취득·사용·처분범죄 처벌규정검토, 법조, 2008/3, 84면). 이에 대하여 현행법은 질권자만 처벌하도록 개정하였다.
409 이에 대하여 상세히는 조국, 대향범 중 불가벌적 대향자에 대한 공범규정 적용, 형사판례연구[11], 2003, 123면 이하 참조.

은 적용되지 않는다고 함에 반하여, **구별설**[410]은 대향자가 구성요건실현에 필요한 최저한의 정도를 넘지 않을 때는 언제나 불가벌이지만 그 정도를 넘어간 가공행위는 공범이 될 수 있다고 한다. 판례 역시 "2인 이상의 서로 대향된 행위의 존재를 필요로 하는 대향범에 대하여는 공범에 관한 형법총칙 규정이 적용될 수 없다. 공무원인 피고인 2가 직무상 비밀을 누설한 행위와 피고인 1이 그로부터 그 비밀을 누설 받은 행위는 대향범 관계에 있다 할 것인데, 형법 제127조는 공무원 또는 공무원이었던 자가 법령에 의한 직무상 비밀을 누설하는 행위만을 처벌하고 있을 뿐, 직무상 비밀을 누설받은 상대방을 처벌하는 규정이 없는 점에 비추어 볼 때, 직무상 비밀을 누설받은 자에 대하여는 공범에 관한 형법총칙 규정이 적용될 수 없다"[411] 고 하여 부정설의 입장이다. 따라서 신용카드에 대하여 질권설정을 통하여 자금융통을 하여 준 자인 질권자(채권자)만 처벌되고 질권설정자인 신용카드회원은 처벌되지 아니한다.

제7절 | 스팸메일

I 서언

인터넷의 성장에 중요한 역할을 한 요인 중의 하나로 PC통신망에서 발전한 전자우편, 이메일을 들 수 있다. 이메일은 기존의 일반우편과 달리 개별적 우편물 발송에 있어 추가적 비용을 들이지 않은 채 대량의 정보를 신속하게 전달할 수 있다. 이러한 유용성을 이용하여 기업은 소비자들에게 광고메일을 보냄으로써 저비용 고효율의 제품홍보를 하게 되었다. 그러나 비용이 저렴하고 신속하게 홍보할 수 있다는 장점 때문에 인터넷을 통하여 수많은 사용자들의 의사와는 관계없이 무작위로

---

[410] 김일수/서보학, 형법총론, 506면; 배종대, 형법총론, 398면.
[411] 대법원 2009.6.23. 선고 2009도544 판결. 이와 동일한 취지로 대법원 2002.1.25. 선고 2000도90 판결; 대법원 2002.7.22. 선고 2002도1696 판결; 대법원 2004.10.28. 선고 2004도3994 판결.

대량적으로 보내는 광고가 넘쳐나고 있다.

이메일 이용자가 하루 평균 수신하는 스팸의 양은 수신 단계에서의 필터링 강화로 인해 2005년 6.9통에서 2009년(1분기) 2.7통으로 꾸준히 감소해 왔으나, 네트워크상에서 유통되는 전체 이메일 중 스팸이 차지하는 비중은 2005년 84.9%에서 2009년(1분기) 90.7%로 오히려 증가하고 있는 추세라고 한다. 또한, 2008년 전 세계 총 스팸유통량 중에서 한국으로부터 발송된 스팸의 비율은 3.7%(6위)로 미국, 러시아, 터키, 중국 등과 함께 주요 스팸발송 국가라는 오명을 쓰고 있다.[412]

특히 스팸메일의 대다수가 불법 프로그램 판매나 상업성 광고이고 때로는 성인사이트와 관련하여 음란물이 고스란히 수신되기도 한다. 광고 내용 중 일부이기 때문에 열람하면 그림파일과 더불어 동영상이 첨부되어 있거나 원조교제, 몰카와 같은 선정적인 문구가 노출되고, 이를 링크로 연결하여 수월하게 음란물에 접근하게 한다. 또한 스팸메일은 불쾌한 내용뿐 아니라 바이러스와 악의적인 소프트웨어인 맬웨어를 포함하기도 한다. '봇'이라 불리는 원격 제어 프로그램에 감염된 좀비 컴퓨터를 연결시켜 컴퓨터 네트워크를 형성할 수 있다. 봇넷이라 칭하는 이러한 네크워크는 스팸메일 발송자에 의해 비밀리에 제어되면서 스팸 배포나 다양한 사이버범죄를 저지르는 데 이용된다.[413]

여기에서는 스팸메일에 대한 대처방안으로 불법한 스팸메일을 형법적으로 어떻게 처벌할 수 있는가를 검토하여 본다.

Ⅱ 스팸메일의 개념과 유형

1. 스팸메일의 개념

스팸메일에서 메일은 이메일을 의미하며, 이메일은 컴퓨터 통신망을 이용하여 컴퓨터사용자 간에 편지나 여러 정보를 주고받는 새로운 개인 통신방법을 뜻하는 것이다. 이러한 이메일 가운데 PC통신이나 인터넷 ID를 가진 사람에게 일방적 · 대량으

---

412 한국인터넷진흥원 불법스팸대응센터(https://spam.kisa.or.kr/block/sub1.do).
413 다음백과사전 "스팸"(https://100.daum.net/encyclopedia/view/b13s1183n9).

로 전달되는 이메일이 스팸메일이다. 즉, 스팸메일은 인터넷 이용자의 의사와 무관하게 불특정 다수의 사람들에게 일방적·대량적으로 발송되는 광고성 전자우편414을 의미하며, 벌크(Bulk)메일, 정크(Junk)메일, 언솔리시티드(unsolicited)메일415 등 다양한 이름으로 불리운다.

원래 스팸은 1920년대부터 미국인들의 식생활에 큰 비중을 차지하던 Hormel Foods사의 돼지고기 햄 통조림의 상표이다. 스팸은 미국은 물론 전 세계적인 유통망을 가진 상품으로 이 상품의 홍보를 위해 Hormel Foods사는 광고에 역량을 총 집중하였고 그 결과 엄청난 물량의 광고로 사람들이 귀찮고 짜증나게 되는 공해와 같은 현상이 발생하게 되었다. 그때부터 일반적으로 사람들을 괴롭히는 대량의 광고를 스팸이라고 부르게 되었고, 시도 때도 없이 계속적으로 들어오는 이메일의 광고물을 스팸메일이라고 부르게 되었다.416

이러한 의미에 따라 스팸메일은 일반적으로 다음과 같은 세 가지 특성을 가진다고 한다.417 첫째, 원하지 않는다는 특성을 가진다. 다만 원하지 않는다는 것에 대하여 수신자의 수신동의의사가 있어야 하는지, 수신거부의사가 있어야 하는지에 대하여는 논란이 된다. 둘째, 상업성을 가지고 있으며, 여기서 상업성은 영리목적으로 발송된다는 것을 의미한다. 따라서 비영리목적으로 발송되는 전자메일의 경우 스팸메일의 개념에서 제외하는 것이 보통이다. 셋째, 대량성이라는 특성을 가지며, 이러한 점에서 대부분의 스팸은 불특정 다수인에 대하여 대량의 메시지를 전송하는 특성을 지니고 있다.

2. 스팸메일의 유형

스팸메일은 그 사용성질에 따라 상업성 메일, 불법유통 광고메일, 폭탄메일, 체인메일로 구분한다.418

---

414 양재모, 메일어드레스를 사칭한 스팸메일의 규제에 관한 소고, 인터넷법률, 통권 제19호(2003), 119면.
415 언솔리시티드메일을 요구하지 않은 요구하지 않은 벌크메일(Unsolicited Bulk Email), 요구하지 않은 상업메일(Unsolicited Commercial Email)로 구분하기도 한다.
416 양재모, 메일어드레스를 사칭한 스팸메일의 규제에 관한 소고, 인터넷법률, 통권 제19호(2003), 119면.
417 권영설, 스팸과 피싱 규제법리의 새로운 전개, 언론과 법, 제7권 제2호(2008), 257 – 258면.
418 백의선(외), 전자우편사용자 보호방안에 관한 연구, 한국정보보호센터, 2000, 14면 이하를 참조함.

첫째, 광고를 목적으로 하는 상업성 스팸메일이 가장 흔한 스팸의 유형으로 자사의 제품이나 서비스 등을 홍보할 목적으로 불특정 다수에게 같은 메일을 보낸 경우다. 또한 자사 사이트에 방문하여 등록하면 앞으로 메일을 보내지 않겠다는 속임수로 유혹을 한다. 하지만 막상 등록하면 그때부터 더 많이 자주 메일을 보내온다. 최근에는 특정 사이트를 방문하고 등록을 하면 이를 통하여 노출된 개인정보를 이용하여 메일이 보내지기도 한다.

둘째, 불법유통 광고메일은 이메일의 특성상 전자게시판과는 달리 특정인 또는 개개인에게 전달되기 때문에 단속이 어렵다는 점을 감안하여 불법적인 유통물에 대한 광고물을 무작위로 발송하는 행위이다.

셋째, 폭탄메일은 스팸메일과는 약간 다르지만 특정 또는 불특정 개인 및 다수에게 메일 시스템이 정상 작동이 안되도록 하거나 업무에 방해를 줄 목적으로 보내는 메일을 말한다. 용량이 큰 메일을 보내거나 메일을 받으면 특정한 프로그램이 작동하도록 하는 메일폭탄(mail bomb)에 해당하는 스팸메일로, 이를 통해 바이러스 전염을 시키는 사례도 보고되고 있다.

넷째, 체인메일은 같은 내용의 메일을 무작위로 보내거나 피라미드 형식으로 배포하는 것을 말한다. 예컨대 흔히 말하는 '행운의 편지'와 같은 유형이 여기에 해당한다. 청소년시절에 누구나 겪어 보았던 행운의 편지가 인터넷상에서도 재연되고 있다. 편지를 받으면 필히 같은 내용의 메일을 몇 명 이상에게 보내야만 자신에게 행운이 따르고 그렇지 않으면 불행이 따른다고 위협한다. 하지만 전혀 그런 일은 없는 하나의 사기행각에 불과하다.[419]

또한 원치 않는 상업적 전자우편 금지 단체인 "CAUCE"(The Coalition Against Unsolicited Commercial Email)에서는 ① 연쇄메일(Chain letter), ② 피라미드 판매, ③ 돈 버는 메일(Get Rich Quick, Make Money Fast), ④ 폰섹스나 포르노 사이트의 광고, ⑤ 전자우편 주소의 수집이나 UCE를 발송하기 위한 프로그램의 광고, ⑥ UCE를 발송하기 위한 벌크메 서비스의 광고, ⑦ 알려지지 않은 창업기업의 주식청약광

---

[419] 그 밖에도 설문조사 유형의 메일로 최근에 나타난 스팸메일의 새로운 유형이다. 보내는 당사자들이 아직 이런 종류의 메일이 스팸인지 모르는 경우가 많다. 자신의 연구나 마케팅 조사를 위해 역시 불특정 다수에게 메일을 보내고 응답을 기다리는 사례가 많아 명백한 스팸메일이다.

고, ⑧ 가짜 건강식품이나 의약품 광고, ⑨ 불법복제 프로그램의 9가지 형태로 스팸메일을 분류하고 있다. [420]

그리고 스팸메일의 발신자와 수신자 사이에 중계서버가 있는 가의 여부에 따라 직접스팸과 중계스팸의 두 가지로 구분할 수 있다. 직접스팸은 스패머(Spammer: 스팸메일을 보내는 사람)가 직접 자신이 이용하는 ISP의 메일 서버를 통해 불특정 다수의 사용자에게 메일을 직접 보내는 것이다. 중계스팸은 이보다 한 단계 복잡한 방법으로 스패머가 자신이 이용하는 메일 서버 대신 임의의 다른 ISP나 기업의 메일 서버를 중계서버로 이용해 마치 중계 서버의 사용자가 불특정 다수에게 광고성 메일을 보내는 것처럼 위장하는 방식이다.

Ⅲ 스팸메일의 규제방식

스팸메일 규제방식에는 Opt in 방식과 Opt out 방식의 두 가지가 있다. Opt in 방식의 경우에는 사전동의가 있어야 전자우편광고를 허용된 것으로 보기 때문에 사전에 동의가 없는 상태에서 메일을 송신하는 경우 불법한 스팸메일이 된다. 이에 반하여 Opt out 방식에서는 수신거부의사를 밝히기 전까지는 메일을 송신하는 것을 허용하는 방식을 말한다.

현행법은 발신자의 스팸메일 전송행위에 대해서 수신자의 동의를 요하지 않고 일방적으로 전송한 광고메일에 대하여 수신자가 수신거부의사를 표시하도록 하고 있으며, 구체적인 수신거부방식에 대해서는 언급하고 있지 않다. 다만 발신자가 전자우편의 제목과 본문에 각각 '광고'라는 표시와 '전송자의 정보'를 기재하도록 하고 있어 수신자가 이메일 관리 프로그램의 필터링 기능을 통해 수신거부하거나 발신자가 고지한 방식 기타 가능한 방법으로 수신거부할 수 있도록 하고 있다.

---

[420] https://web.archive.org/web/20011217204704/http://www.cauce.org/about/problem.shtml

IV 스팸메일의 처벌

1. 전자거래기본법

전자거래기본법은 전자거래에 대한 일반법 내지 촉진법의 성격을 갖고 있기 때문에 별도로 규제규정과 벌칙규정을 두고 있지 않다. 따라서 스팸메일이나 다른 위법행위 등에 관한 사항을 담고 있지 않고, 전자거래의 일반적인 사항과 거래의 안정을 위하여 개인정보보호 등에 관한 사항을 담고 있다. 따라서 전자거래에 있어서 행해지는 스팸메일 등의 문제는 정보통신망법이나 방문판매 등에 관한 법률에서 규제할 수밖에 없다.

2. 정보통신망 이용촉진 및 정보보호 등에 관한 법률

2001년 7월 1일부터 발효된 정보통신망법에 근거하여 영리 목적의 광고성 정보(스팸메일) 전송자는 규제의 대상이 된다. 즉, 우리나라의 경우 정보통신망법에 의하면 수신자의 명시적인 수신거부의사에 반하는 영리목적의 광고성 정보를 전송하는 것은 금지된다(동법 제50조 제1항). 따라서 Opt out 방식을 택하고 있다.

또한 누구든지 정보통신망을 이용하여 이 법 또는 다른 법률에서 금지하는 재화 또는 서비스에 대한 광고성 정보를 전송하여서는 아니 된다(동법 제50조의8). 이를 위반하여 불법한 광고성 정보 전송금지 등의 스팸메일과 관련된 규정을 위반한 경우 1년 이하의 징역 또는 1천만원 이하의 벌금에 처하도록 하고 있다(동법 제74조 제1항 제6호).[421]

특히 시스템 성능을 저하시킬 목적으로 대량메일을 발송한 경우에는 정보통신망법 제48조 제3항의 "정보통신망의 안정적 운영을 방해할 목적으로 대량의 신호 또는 데이터를 보내거나 부정한 명령을 처리하도록 하는 등의 방법으로 정보통신망에

---

[421] 불법 광고전송은 그동안 과태료를 부과하였으나, 미국, 일본 등을 비롯한 대부분의 국가에서 모두 형사처벌로 강하게 규제하고 있다는 점에서, 우리의 경우에도 형사처벌의 필요성이 있다고 주장되어 2005년 12월의 법률개정을 통하여 형사처벌로 전환한 것이다(홍승희, 정보통신범죄의 전망, 형사정책, 제19권 제1호 (2007), 23면).

장애가 발생하게" 한 경우로 인정되어 5년 이하의 징역 또는 5천만원 이하의 벌금에 처해질 수 있다(동법 제71조 제11호). 즉, 전체 시스템에 과부하를 주어 시스템 다운이나 메일전송 지연 등 악의적인 목적으로 발송된 대량 전자우편은 처벌의 대상이 된다.[422]

그리고 영리를 목적으로 광고를 전송하는 자가 숫자·부호 또는 문자를 조합하여 전화번호 등 수신자의 연락처를 자동으로 생성하는 조치를 한 경우를 처벌한다 (제50조 제5항 제2호). 이는 급증하는 스팸형 메일이나 문자메시지 등을 통한 무차별적인 광고성 정보의 전송으로 인한 수신자의 사생활 및 통신의 자유와 자기정보 관리통제권 등 침해 현상에 효과적으로 대처하기 위해 수신자의 의사에 반하는 대량의 광고성 정보 전송행위를 규제하기 위한 조치의 일환으로 신설되었다. 위 규정에서 말하는 '숫자 등의 조합'이나 '전화번호 등의 자동생성' 등의 행위는, 반드시 그것만을 목적으로 만들어진 전문 프로그램이 아닌, 일반 전산 혹은 정보용 프로그램의 관련 기능을 이용하여 이루어진 경우라고 하여 그 규제대상에서 제외되지 않는다. 나아가 위 규정의 입법 취지에 스팸메일 등의 규제를 통한 건전하고 안전한 정보통신환경의 조성도 들어 있는 이상, 위와 같은 방법으로 생성한 다량의 전화번호 중 실제 사용되지 않는 결번이 일부 포함되어 있다 하더라도 마찬가지이다.[423]

3. 방문판매 등에 관한 법률

방문판매 등에 관한 법률에서도 소비자가 상품을 구매하거나 용역을 제공받을 의사가 없음을 밝혔음에도 불구하고 소비자의 정상적인 생활을 저해할 정도로 전화, 팩시밀리, 컴퓨터통신 등의 방법으로 상품을 구매하거나 용역을 제공받도록 강요하는 행위를 금지하고 있다(동법 제11조 제1항 제8호). 따라서 이러한 금지행위를 하는 경우에는 1천만원 이하의 과태료에 처한다(동법 제66조 제2항 제3호).[424]

---

[422] 스팸메일의 발송을 위해서는 우선 상대방의 전자우편 주소가 있어야 하므로 이를 수집하는 것이 전제되고, 이러한 전자우편주소의 무단수집행위의 금지에 대하여는 정보통신망법 제50조의2 참조.

[423] 따라서 핸드폰 가입자 유치 영업을 위하여 컴퓨터에 설치되어 있는 엑셀프로그램으로 다량의 전화번호를 자동 생성한 다음, 수회에 걸쳐 휴대폰 광고용 문자메세지를 전송한 행위는 본죄에 해당한다(대법원 2008.12.11. 선고 2008도7061 판결).

[424] 구 방문판매 행위 등에 관한 법률의 경우에도 소비자가 상품을 구매하거나 용역을 제공받을 의사가 없음을 밝혔음에도 불구하고 소비자의 정상적인 생활을 저해할 정도로 전화, 팩시밀리, 컴퓨터통신 등의 방법

Ⅴ 스팸메일 규제입법의 문제점

스팸메일에 관한 현행 입법은 스팸메일을 발송하는 스패머에 대하여 엄격한 책임을 두고 있음에도 불구하고 스팸메일은 전혀 줄어들고 있지 않다. 이는 현행의 스팸메일방지 입법이 대부분 정상적인 사업자만을 규제대상으로 하여 메일 어드레스를 사칭하는 악의적 스팸메일을 대량으로 발송하는 자에 대하여는 실질적인 방지책이 되지 못하는 데 그 이유가 있다고 본다.[425] 즉, 현행의 입법은 정상적인 사업자를 대상으로 하는 데 대하여 지금의 대다수 스팸메일은 포르노나 성인물 등을 포함하는 불법적인 목적을 위하여 사용되어지고 있다는 것이다. 메일어드레스를 사칭하여 스팸메일을 발송하는 방법은 메일을 자신의 명의로 발송하는 것이 아니라 메일서비스를 제공하는 인터넷서비스제공자의 서버에 주민등록번호추출기로 추출한 주민등록 등으로 허위로 회원등록을 하고, 이 허위의 회원등록이 확인되기 전 2~3일 안에 대량의 메일을 발송하는 방법을 취하고 있다.

또한 이러한 악의적 스팸메일에 의해 광고되는 업체는 우리나라에 존재하지 아니하는 업체이거나[426] 등록되지 않은 업체 또는 개인이어서 사실상 규제가 불가능하다는 점이 문제점이다. 즉, 현행 스팸메일방지 관련 입법은 현실세계에서는 가능한 광고를 인터넷이기 때문에 제한되는 결과[427]를 야기하고 있으면서도 스팸메일에 대한 효과적 방지책은 되지 못하고 있다.

으로 상품을 구매하거나 용역을 제공받도록 강요하는 행위를 금지하고 있었으며(구 동법 제25조 제2호), 이를 위반한 경우에는 1년 이하의 징역 또는 3천만원 이하의 벌금에 처하도록 규정하였다(구 동법 제61조 제7호). 그러나 2002.7.1.부터 시행된 방문판매 행위 등에 관한 법률에서는 형법적 처벌 규정을 삭제하고, 과태료에 의한 행정적 제재로 전환하였다.

425 양재모, 메일어드레스를 사칭한 스팸메일의 규제와 관한 소고, 인터넷법률, 통권 제19호(2003), 127면.
426 2020년 상반기에 한국인터넷진흥원(KISA)에서 운영하는 이메일 스팸트랩시스템(13만 개 계정)에 탐지된 이메일스팸은 국내발 이메일 스팸 9.7만 건, 국외발 이메일 스팸 2,056만 건 등 총 2,066만 건이라고 보고하고 있다(방송통신위원회/한국인터넷진흥원, 2020년 상반기 스팸 유통현황, 2020.9, 14면). 이러한 통계에 의하면 국내보다 국외에서 훨씬 많은 스팸메일이 발송되고 있다.
427 현실 공간에서 개인의 우편함에 광고메일을 지속적으로 투입하는 경우에는 처벌하지 않으면서 사이버공간에서의 메일함에 투입하는 행위는 처벌하는 불합리함이라고 보인다.

Chapter 03 불법 내용물 관련 컴퓨터·인터넷 이용범죄

제1절 사이버 명예훼손

I 서언

정보통신망법에 의하면 사람을 비방할 목적으로 정보통신망을 통하여 공공연하게 사실을 드러내어 타인의 명예를 훼손한 경우에는 3년 이하의 징역이나 금고 또는 2천만원 이하의 벌금에 처하고(동법 제70조 제1항), 사람을 비방할 목적으로 정보통신망을 통하여 공공연하게 거짓의 사실을 드러내어 타인의 명예를 훼손한 자는 7년 이하의 징역, 10년 이하의 자격정지 또는 5천만원 이하의 벌금에 처하도록 규정하고 있다(동법 제70조 제2항). 이와 같이 정보통신망을 통하여 타인의 명예를 훼손하는 경우를 보통 사이버 명예훼손이라고 하며, 사이버 명예훼손죄의 경우에는 피해자가 구체적으로 밝힌 의사에 반하여 공소를 제기할 수 없다.

II 형법과의 관련성

형법상으로는 공연히 사실을 적시하여 사람의 명예를 훼손한 경우 2년 이하의 징역이나 금고 또는 500만원 이하의 벌금에 처하며(형법 제307조 제1항), 허위의 사실을 적시하여 명예를 훼손한 경우에는 5년 이하의 징역, 10년 이하의 자격정지 또는 1천만원 이하의 벌금으로 처벌한다(형법 제307조 제2항). 나아가 '비방할 목적'으로 '신문·잡지·라디오 기타 출판물'이라는 전파성 강한 매체에 의하여 명예훼손을 한 경우에는 출판물에 의한 명예훼손으로 더 무겁게 처벌한다(형법 제309조).[1]

---

1 대법원도 출판물 등에 의한 명예훼손죄를 일반 명예훼손죄보다 중벌하는 이유는 사실적시의 방법으로서의 출

사이버공간에서의 명예훼손행위에 대하여 형법 제309조의 출판물에 의한 명예훼손을 적용할 수 있는가에 대하여 논란이 있으나, 기본적으로는 인터넷 내지 사이버공간은 "신문·잡지·라디오 기타 출판물"에 해당하지 않는다.[2] 따라서 사이버 명예훼손의 높은 전파성으로 인해 그 피해에 있어 오프라인에서의 출판물에 의한 명예훼손죄에 상응하거나 오히려 더 심각할 수 있음에도 불구하고 제309조에 의해 처벌할 수 없다는 점을 고려하여 정보통신망법은 사이버 명예훼손의 규정을 마련하였다.[3]

Ⅲ 성립요건

1. 정보통신망

사이버 명예훼손은 정보통신망을 통하여 명예를 훼손하는 것을 의미하고, 여기서 정보통신망이란 전기통신기본법 제2조 제2호에 따른 전기통신설비[4]를 이용하거나 전기통신설비와 컴퓨터 및 컴퓨터의 이용기술을 활용하여 정보를 수집·가공·저장·검색·송신 또는 수신하는 정보통신체제를 말한다(제2조 제1항 제1호). 그리고 "전기통신"이라 함은 유선·무선·광선 및 기타의 전자적 방식에 의하여 부호·문언·음향 또는 영상을 송신하거나 수신하는 것을 말한다(동법 제2조 제1호). 신문, 잡지 등은 전기통신설비를 이용하거나 컴퓨터 및 컴퓨터 이용기술을 활용한 체제가 아니므로 정보통신망에 해당하지 않는다.

판물 등의 이용이 그 성질상 다수인이 견문할 수 있는 높은 전파성과 신뢰성 및 장기간의 보존 가능성 등 피해자에 대한 법익침해의 정도가 더욱 크다는 데 있다는 점에 비추어 보면, 형법 제309조 제1항 소정의 '기타 출판물'에 해당한다고 하기 위하여는 그것이 등록·출판된 제본인쇄물이나 제작물은 아니라고 할지라도 적어도 그와 같은 정도의 효용과 기능을 가지고 사실상 출판물로 유통·통용될 수 있는 외관을 가진 인쇄물로 볼 수 있어야 한다고 보고 있다(대법원 1997.8.26. 선고 97도133 판결).

2 동일한 취지로 강동범, 사이버범죄 처벌규정의 문제점과 대책, 형사정책, 제19권 제2호(2007), 38면.

3 강동범, 사이버범죄 처벌규정의 문제점과 대책, 형사정책, 제19권 제2호(2007), 38면; 홍승희, 정보통신범죄의 전망, 형사정책, 제19권 제1호(2007), 27면.

4 "전기통신설비"란 전기통신을 하기 위한 기계·기구·선로 또는 그 밖에 전기통신에 필요한 설비를 말한다(전기통신기본법 제2조 제2호).

2. 비방할 목적

1) 비방할 목적의 의미

형법상의 명예훼손죄와 차이는 '사람을 비방할 목적'으로 명예를 훼손할 것을 요구하고 있는 점이다. 여기서 '사람을 비방할 목적'이란 가해의 의사 내지 목적을 요하는 것이다.

'사람을 비방할 목적'이란 가해의 의사와 목적을 필요로 하는 것으로서, 사람을 비방할 목적이 있는지는 드러낸 사실의 내용과 성질, 사실의 공표가 이루어진 상대방의 범위, 표현의 방법 등 표현 자체에 관한 여러 사정을 감안함과 동시에 그 표현으로 훼손되는 명예의 침해 정도 등을 비교·형량하여 판단하여야 한다.[5] 그리고 이러한 사람을 비방할 목적이 있는지 여부는 판례에 따르면 당해 적시 사실의 내용과 성질, 당해 사실의 공표가 이루어진 상대방의 범위, 그 표현의 방법 등 그 표현 자체에 관한 제반 사정을 감안함과 동시에 그 표현에 의하여 훼손되거나 훼손될 수 있는 명예의 침해 정도 등을 비교, 고려하여 결정하여야 한다.[6] 또한 비방할 목적이 있는지 여부는 피고인이 드러낸 사실이 거짓인지 여부와 별개의 구성요건으로서, 드러낸 사실이 거짓이라고 해서 비방할 목적이 당연히 인정되는 것은 아니다. 그리고 이 규정에서 정한 모든 구성요건에 대한 증명책임은 검사에게 있다.[7]

2) 비방할 목적과 공공의 이익

'비방할 목적'은 공공의 이익을 위한 것과는 행위자의 주관적 의도라는 방향에서 상반되므로, 드러낸 사실이 공공의 이익에 관한 것인 경우에는 특별한 사정이 없는 한 비방할 목적은 부정된다. 여기에서 '드러낸 사실이 공공의 이익에 관한 것인 경우'란 드러낸 사실이 객관적으로 볼 때 공공의 이익에 관한 것으로서 행위자도 주관적으로 공공의 이익을 위하여 그 사실을 드러낸 것이어야 한다. 그 사실이 공공의 이익에 관한 것인지는 명예훼손의 피해자가 공무원 등 공인(公人)인지 아니면 사인

---

5 대법원 2020.12.10. 선고 2020도11471 판결.
6 대법원 2010.11.25. 선고 2009도12132 판결.
7 대법원 2020.12.10. 선고 2020도11471 판결.

(私人)에 불과한지, 그 표현이 객관적으로 공공성·사회성을 갖춘 공적 관심 사안에 관한 것으로 사회의 여론형성이나 공개토론에 기여하는 것인지 아니면 순수한 사적인 영역에 속하는 것인지, 피해자가 명예훼손적 표현의 위험을 자초한 것인지 여부, 그리고 표현으로 훼손되는 명예의 성격과 침해의 정도, 표현의 방법과 동기 등 여러 사정을 고려하여 판단하여야 한다. 행위자의 주요한 동기와 목적이 공공의 이익을 위한 것이라면 부수적으로 다른 사익적 목적이나 동기가 포함되어 있더라도 비방할 목적이 있다고 보기는 어렵다.[8]

그리고 공공의 이익에 관한 것에는 널리 국가·사회 기타 일반 다수인의 이익에 관한 것뿐만 아니라 특정한 사회집단이나 그 구성원 전체의 관심과 이익에 관한 것도 포함하는 것이고,[9] 행위자의 주요한 동기 내지 목적이 공공의 이익을 위한 것이라면 부수적으로 다른 사익적 목적이나 동기가 내포되어 있더라도 비방할 목적이 있다고 보기는 어렵다.[10]

3. 사실의 적시

여기서 '사실을 드러내어'란 시간적으로나 공간적으로 구체적인 과거 또는 현재의 사실관계에 관한 보고 또는 진술을 의미한다. 따라서 어느 사람을 비방할 목적으로 인터넷 사이트에 게시글을 올리는 행위에 대하여 본죄를 적용하기 위해서는, 해

---

8 대법원 2020.12.10. 선고 2020도11471 판결.

9 사이버대학교 법학과 학생인 피고인이, 법학과 학생들만 회원으로 가입한 네이버밴드에 갑이 총학생회장 출마자격에 관하여 조언을 구한다는 글을 게시하자 이에 대한 댓글 형식으로 직전 연도 총학생회장 선거에 입후보하였다가 중도 사퇴한 을의 실명을 거론하며 'ㅇㅇㅇ이라는 학우가 학생회비도 내지 않고 총학생회장 선거에 출마하려 했다가 상대방 후보를 비방하고 이래저래 학과를 분열시키고 개인적인 감정을 표한 사례가 있다.'고 언급한 다음 '그러한 부분은 지양했으면 한다.'는 의견을 덧붙임으로써 을의 명예를 훼손하였다고 하여 정보통신망 이용촉진 및 정보보호 등에 관한 법률 위반(명예훼손)으로 기소된 사안에서, 피고인의 주요한 동기와 목적은 공공의 이익을 위한 것으로서 피고인에게 을을 비방할 목적이 있다고 보기 어렵다고 판단하였다(대법원 2020.3.2. 선고 2018도15868 판결).

10 피고인이 "지난 11월에 지인이 **에듀 설명회를 참석하였는데 그 이후 **에듀는 돈부터 입금하라는 독촉이 있었다. 우리 아이를 맡긴 DR**에듀는 운영이 잘 안 되다 보니까 실무책임자들과 직원들이 2년 사이에 100%라고 할 정도로 바뀌었고, 더더욱 학부모들의 큰소리도 끊이지 않았다. 유학원 대표가 미국이나 캐나다에 살다가 한국에 나와서 유학 사업을 하는 경우가 있다. 그들은 사고가 나면 바로 도망갈 가능성이 농후하다"고 자신의 인터넷 블로그에 게시한 사건에서 이러한 비방할 목적을 부정하였다(대법원 2010. 11.25. 선고 2009도12132 판결).

당 게시글이 그 사람에 대한 구체적인 사실관계를 보고하거나 진술하는 내용이어야 한다. 단순히 그 사람을 사칭하여 마치 그 사람이 직접 작성한 글인 것처럼 가장하여 게시글을 올리는 행위는 그 사람에 대한 사실을 드러내는 행위에 해당하지 아니하므로, 그 사람에 대한 관계에서는 위 조항을 적용할 수 없다.[11] 따라서 피고인이 피해자를 사칭하여 마치 피해자가 직접 작성한 글인 것처럼 가장하여 각 게시글을 올렸더라도, 그 행위는 피해자에 대한 사실을 드러내는 행위가 아니므로 본죄에 해당하지 않는다.[12]

또한 '사실을 드러내어' 명예를 훼손하여야 하며, 드러낸 부분은 객관적인 사실에 부합하는 것으로 그 내용이 그 자체로써 피해자의 사회적 가치 내지 평가가 침해될 가능성이 있을 정도로 구체성이 있는 것이라야 한다. '사실'을 드러내어야 하므로 단순히 행위자의 의견을 표명하거나 논평에 해당하는 경우에는 그 부분에 간접적이고 우회적인 표현에 의한 사실의 적시가 있었다고 볼 수 없다.[13]

Ⅳ ISP의 책임

사이버명예훼손죄에서 특히 문제가 되는 것은 사이버공간에 명예훼손적 내용이 게재되어 있는 상태에서 해당 사이트의 관리자나 인터넷서비스제공자가 이를 삭제하는 등의 조치를 취하지 아니한 경우 해당 ISP(또는 OSP)에게도 명예훼손의 형사책임을 물을 수 있는가이다.[14] 이에 대해서는 인터넷에서의 표현의 자유에 대한 제한

---

11 대법원 2018.5.30. 선고 2017도607 판결; 대법원 2016.3.24. 선고 2015도10112 판결.

12 대법원 2018.5.30. 선고 2017도607 판결.

13 피고인은 강원 제1군청 제2면장으로 근무하는 자로서, 2001. 9. 20. 04:00경 강원 제1읍 (이하 생략) 상동 361-28 피고인의 집에서 제1군의회 의장인 피해자를 비방할 목적으로 컴퓨터를 이용하여 제1군청 홈페이지 게시판 소리샘에 접속한 후 '안하무인의 피해자 의장 축사 등 작태'라는 제목으로 "피해자 의장의 축사가 꼴불견이었다. 먼저 '제1군민의 대표이신 공소외인 제1군수님이 여러분께 서 계신 것이 불편하실테니 앉으시라는 선물을 주셨으니 나도 여러분들에게 선물을 드리겠습니다. 이 세상에서 제일 편한 자세인 누워서 들으십시오'라고 하였는데, 이러한 언행이 제1군의회의 대표인 의장의 축사인가? 정말 되고 말고 식의 피해자 의장의 작태다. 마을의 대표가 모두 모인 뜻 깊은 자리이기에 자중하고 겸손했어야 하는데 어찌 안하무인으로 마을의 대표들을 유치원 원생 다루는 식으로 할 수 있는가. 앞으로는 군민 앞에서 되고 말고 식의 껍데기 연설은 하지 말고 진정 깊이 있고 주민이 공감할 수 있는 연설문을 작성하여 (공부하고) 연설할 것을 충고한다.'라는 글을 게재한 경우 사실의 적시를 부정하고 있다(대법원 2003.6.24. 선고 2003도1868 판결).

14 사이버명예훼손에 대한 상세한 연구는 강동범, 사이버명예훼손행위에 대한 형법적 대책, 형사정책, 제19권 1호(2007), 39면 이하; 권창국, 사이버공간에 있어서 표현의 자유와 한계, 형사정책연구, 제19권 제4호

과 부작위범이론과 방조범, 보증의무 등 다양한 형법이론적인 문제를 발생시킨다.[15]

Ⅴ 국가·지방자치단체의 피해자 가능성

국가나 지방자치단체는 명예훼손죄나 모욕죄의 피해자가 될 수 없다.[16] 형법상 명예훼손죄나 모욕죄의 보호법익은 사람의 가치에 대한 평가인 외부적 명예로서의 개인적 법익에 해당한다. 반면에 국민의 기본권을 보호 내지 실현해야 할 책임과 의무를 지고 있는 공권력의 행사자인 국가나 지방자치단체는 기본권의 수범자일 뿐 기본권의 주체가 아니고, 그 정책결정이나 업무수행과 관련된 사항은 항상 국민의 광범위한 감시와 비판의 대상이 되어야 하며 이러한 감시와 비판은 그에 대한 표현의 자유가 충분히 보장될 때에 비로소 정상적으로 수행될 수 있으므로, 국가나 지방자치단체는 국민에 대한 관계에서 형벌의 수단을 통해 보호되는 외부적 명예의 주체가 될 수는 없고, 따라서 명예훼손죄나 모욕죄의 피해자가 될 수 없다.[17]

제2절 | 사이버음란물

Ⅰ 서언

컴퓨터 기술의 발달과 정보통신기술의 발달로 인터넷이 생활의 중요한 도구가 됨으로써 사이버공간도 우리의 생활공간으로 자리잡고 있다. 2020년 12월 현재 우

(2008 겨울), 219면 이하; 박광민, 인터넷상의 명예훼손에 관한 형사법적 규제, 형사법연구, 제24호 (2005 겨울), 107면 이하; 박정난, 사이버 명예훼손의 형사법적 연구, 2020; 주승희, 현행 사이버명예훼손죄 법리의 문제점 및 개선방안관련 최근 논의 검토, 형사정책연구, 제20권 1호(2009 봄), 585면 이하; 황태정, 정보통신서비스제공자의 책임에 관한 비교법적 고찰, 인터넷법률, 제28호(2005/3), 22면 이하 참조.

15 이에 대하여는 앞의 "Part 01 Chapter 07 정보통신서비스제공자(OSP; ISP)의 형사책임"의 부분을 참고.
16 대법원 2018.11.29. 선고 2016도14678 판결.
17 대법원 2016.12.27. 선고 2014도15290 판결.

리나라 전체 가구의 99.7%인 19,800천 가구가 인터넷접속이 가능한 것으로 파악되었으며, 만 3세 이상 인구의 인터넷 이용률(최근 1개월 이내 1회 이상 인터넷을 이용한 사람의 비율)은 91.9%, 인터넷 이용자수는 46,818천 명으로 이른 것으로 나타났다.[18] 이렇게 많은 사람들이 이용하는 인터넷은 사이버 쇼핑 등 전자상거래의 발달, 각종 인터넷 미디어의 발달 등으로 신속한 일처리와 시간과 공간을 초월한 정보의 활용과 같은 유익한 발전을 가지고 왔지만, 적지 않은 역기능을 초래하였는바, 그중 가장 심각한 것 중의 하나가 사이버음란물의 범람이다. 2000년 이후 정보통신망법상의 음란물 유포행위가 계속적으로 증가하여 2012년 7,970건에 이르고 2013년 9,275건에 이르는 결과 사이버음란물에 대한 지속적인 단속과 엄격한 처벌로 인하여 2014년 5,524건, 2015년 5,206건으로 다소 감소세에 이르렀다. 특히 2016년에는 소라넷이라 불리는 최대 규모의 사이버 음란물유통 사이트를 적발하여 처벌에 이른 결과 3,593건으로 대폭 감소하는 효과를 거두었다.[19]

사이버공간상에서 유통되는 음란물은 빠르고 은밀하게 전파되는 특성이 있고 많은 사람이 동시에 그리고 순식간에 음란물을 접할 수 있을 뿐만 아니라 이런 정보가 쉽게 복제되는 등 그 영향력이 매우 크다고 할 것이다. 이렇게 누구나 쉽게 접할 수 있는 방대한 양의 사이버 음란물은 특히 청소년의 성의식에 매우 심각한 악영향을 미칠 수 있다. 따라서 사이버공간에서 넘쳐나는 음란물에 대한 보다 효과적인 대책이 필요하다고 할 것이다.

Ⅱ 음란의 개념

1. 음란의 개념 및 판단기준

음란의 개념이란 규범적 개념이므로 그 시대와 장소, 가치관에 따라 판단되어야 한다. 통설은 음란성이란 그 내용이 사람의 성욕을 자극하거나 흥분 또는 만족하게 하는 내용으로서 일반인의 성적 수치심을 해치고 선량한 성적 도덕관념에 반하는

---

18 과학기술정보통신부/한국인터넷진흥원, 2020 인터넷이용실태조사, 2021, 2면 참조.
19 법무연수원, 2017 범죄백서, 151면 참조.

것이라고 한다.[20] 판례도 같은 입장이다.[21]

음란개념의 판단으로는 다음과 같은 기준이 제시된다.

첫째, 음란성의 판단은 사회일반인의 기준으로 하여야 한다.[22] 즉, 음란성 여부의 판단은 법관 개인도 아니고, 성 해방론자도 아니며, 성에 대해 지나치게 고결함을 추구하는 자도 아닌 일반인을 기준으로 판단해야 한다는 것이다.

둘째, 음란성 유무는 객관적으로 판단하여야 한다. 음란성은 그 제작자의 주관적 의사에 좌우되는 것이 아니라, 객관적으로 그 객체 자체에 의하여 일반인의 성욕을 자극하여 성적 흥분을 유발하고 정상적인 성적 수치심을 해하여 성적 도의관념에 반하는 것인지를 판단하여야 한다.[23]

셋째, 음란성을 판단함에 있어서는 당해 작품의 성에 관한 노골적이고 상세한 표현의 정도와 그 수법·묘사·서술이 그 작품 전체에서 차지하는 비중, 작품에 표현된 사상 등과 묘사·서술과의 관련성, 작품의 구성이나 전개 또는 예술성·사상성 등에 의한 성적 자극의 완화의 정도, 그리고 이들 관점으로부터 당해 작품을 전체적으로 보았을 때 주로 호색적 흥미를 돋우는 것으로 인정되느냐의 여부 등을 검토하여야 한다.[24]

참고로 미국의 판례의 경우 음란물에 대해 다음과 같은 기준을 제시하고 있다.[25]

① 평균인이 현재의 공동체 기준을 적용하여 해당 작품을 전체적으로 판단할 때

---

20 박상기/전지연, 형법학, 815면; 이재상/장영민/강동범, 형법각론, 601면; 임웅, 형법각론, 722면; 오영근, 형법각론, 785면; 조준현, 형법각론, 552면.

21 대법원 1987.12.22, 선고 87도2331 판결 ; 대법원 1982.2.9, 선고 81도2881 판결. 동일한 취지의 최근 판결은 대법원 2019.1.10. 선고 2016도8783 판결('음란'이란 사회통념상 일반 보통인의 성욕을 자극하여 성적 흥분을 유발하고 정상적인 성적 수치심을 해하여 성적 도의관념에 반하는 것을 말한다. 이는 표현물을 전체적으로 관찰·평가해 볼 때 단순히 저속하다거나 문란한 느낌을 준다는 정도를 넘어서 존중·보호되어야 할 인격을 갖춘 존재인 사람의 존엄성과 가치를 심각하게 훼손·왜곡하였다고 평가할 수 있을 정도로 노골적인 방법에 의하여 성적 부위나 행위를 적나라하게 표현 또는 묘사한 것으로서, 사회통념에 비추어 전적으로 또는 지배적으로 성적 흥미에만 호소하고 하등의 문학적·예술적·사상적·과학적·의학적·교육적 가치를 지니지 아니하는 것을 뜻한다. 표현물의 음란 여부를 판단함에 있어서는 표현물 제작자의 주관적 의도가 아니라 그 사회의 평균인의 입장에서 그 시대의 건전한 사회통념에 따라 객관적이고 규범적으로 평가하여야 한다).

22 대법원 1995.2.10. 선고 94도2266 판결.

23 대법원 1995.2.10. 선고 94도2666 판결.

24 대법원 1995.6.16. 선고 94도2413 판결.

25 Miller v. California, 413 U.S. 15(1973)(박상기/전지연, 형법학, 815면).

성적 흥분을 야기할 것, ② 해당 작품이 현저하게 노골적인 방법으로 해당 주법 혹은 연방법에 의하여 특별히 정의된 성행위를 묘사하거나 기술할 것, 그리고 ③ 전체적으로 해당 작품이 심오한 문학성, 예술성, 정치적 혹은 학문적 가치를 결여할 것의 세 가지이다. 그리고 법원은 전국적인 기준을 정하지 않고 해당 지역의 기준에 따라 위 조건을 해석해야 한다고 하였다. 이는 음란성이 때와 장소에 따라 내용을 달리할 수 있는 상대적 개념임을 의미한 것이다.[26]

2. 사이버음란물

사이버음란물이란 위의 기준에 의한 음란물이 사이버공간에 올려진 것을 말한다.[27] 음란한 동영상이나 화상을 컴퓨터 파일에 담아 사이버공간에 올리거나, CD에 저장한 것을 판매하기 위해 인터넷상의 게시판에서 홍보하거나 또는 무작위로 음란한 화상을 담은 이메일을 보내는 방법 등으로 사이버음란물이 전달된다.

사이버음란물의 개념에 대해 사이버음란물은 전자적 형태로 기록된 음란물로서, 유형물에 의하지 않고 파일전송 등을 통하여 사이버공간에서 유통되는 음란물만을 가리킨다고 보는 견해가 있다.[28] 이 견해에 의하면 디지털 파일이 아닌 형태의 음란물, 즉 사이버공간을 통해 판매되는 음란CD나 사이버공간에서의 음란정보 등은 기존의 형사법규들로 처벌이 가능하기 때문에 사이버음란물의 범주에 포함시킬 필요가 없다고 한다.

하지만 사이버음란물을 개념 짓는 실익은 음란물의 형태가 무엇인가에 있는 것이 아니라, 음란물이 거래되고 유통되는 공간이 어디인가에 있다고 생각한다. 예컨대 같은 음란CD라고 할지라도 사이버공간의 특성상 그 전파 속도 등 파급효과는 사이버공간이 아닌 곳에서의 유통과는 비교할 수 없기 때문이다. 그러므로 사이버범죄에 대한 대책을 논의함에 있어 사이버음란물은 그 형태를 불문하고 사이버공간에 올려지거나 유통되는 음란물을 의미한다고 할 것이다.

---

26 박상기, 형법각론, 제8판(2011), 580면.
27 정보통신윤리위원회 심의세칙 제7조 음란성에 관한 기준; 정완, 사이버음란물의 유통과 규제, 형사정책연구, 제11권 제1호(2000), 형사정책연구원, 35면.
28 박희영, 사이버 음란물에 대한 형법적 대응방안, 법학연구, 제41권 제1호(2000), 부산대학교 법학연구소, 10면.

Ⅲ 사이버음란물의 유통형태

어느 조사에 의하면 사이버공간에서 유통되는 음란물의 분량은 매년 60만 건 이상이며 인터넷 홈페이지에는 포르노와 관련된 성인사이트가 28,000개나 구축되어 있고 현재 인터넷상에서 제공되는 모든 정보의 70% 이상이 성인오락과 관련된 유해정보라는 통계가 있다.[29]

1. 인터넷상에서의 음란물 판매 및 동영상의 전송

사이버상에서 음란물이 유통되는 가장 대표적인 형태는 인터넷상에서의 음란물 판매 및 동영상의 전송이다.[30] 음란한 동영상을 담은 CD를 인터넷 게시판을 통해 광고를 한 후 이에 응하는 구매자가 판매자의 계좌로 입금을 하면 광고를 낸 판매자는 우편으로 구매자에게 음란물을 보내는 방식이다. 이는 인터넷 전송속도가 느리던 비교적 초기 형태의 사이버음란물 유통방식으로, 통신기술이 발달하여 인터넷 파일 전송속도가 빠르게 된 지금은 CD를 우편으로 발송하는 것이 아니라, 음란한 동영상이나 화상이 담긴 파일을 인터넷상에서 직접 다운로드받는 형식으로 바뀌고 있다고 볼 것이다. 온라인 송금, 신용카드 결제, 핸드폰 결제 등으로 음란물에 대한 비용을 지불하는 수단도 다양해지고 간편해져서 더욱 빠르고 쉽게 음란물을 손에 넣을 수 있게 되었다.[31] 이러한 형태의 유통방법은 그 판매 대상을 특정하지 않아 청소년들에게도 무차별 판매되고 있으며, 연예인 성행위 몰래카메라 등과 같이 개인의 사생활을 침해하고 명예를 훼손하는 등의 피해도 그 범위가 음란물의 빠른 전파와 함께 더욱 확산되게 되었다.[32] 특히 판매자들은 흔히 타인의 주민등록번호를 이용해 ID를 만들고 예금통장을 개설해서 신분을 위장하는 수법을 쓰고 있다. 그렇기 때문에 이들을 검거하는 데 어려움을 겪고 선의의 피해자가 발생하게 된다.[33]

---

29 김유정, 인터넷: 확장의 시대에서 통제의 시대로, 99 정보통신윤리위원회 세미나자료(심재무, "사이버 음란물에 대한 형법적 규제", 경희법학, 제10호(2001.10), 경희대학교 법학연구소, 132면에서 재인용).

30 정완, "논단 : 사이버음란물 피해의 심각성과 그 대책", 피해자학연구, Vol.11, No.2(2003), 피해자학회,109면.

31 정완, 상게논문, 109면.

32 정완, 상게논문, 37면.

33 정완, 상게논문, 37면. 예컨대 지역신문의 알림방에 아르바이트를 낸 대학생들에게 접근해서 신분증과 예금

2. 음란 화상채팅

인터넷 음란 화상채팅도 사이버음란의 수단으로 활용되고 있다. 인터넷채팅은 사이버공간에 개설된 인터넷 대화방에서 대면을 하거나 음성을 듣지 않고 문자를 통해 이루어지는 의사소통을 말한다. 최근에는 자신의 컴퓨터에 저장되어 있는 동영상을 보여주면서 채팅을 하거나 컴퓨터에 소형 카메라('화상캠'이라고 부른다)를 연결해서 자신의 모습을 직접 보여 주면서 채팅을 하는 화상채팅이 이루어지고 있다. 한국사이버감시단이 채팅사이트를 분석한 결과 분석 대상 대화방 1만 3백여 개 중 40%(4천 6백여 개)가 음란하고 폭력적인 것으로 드러났으며, 대화방 제목부터 성관계를 노골적으로 표현한 경우가 2,480개에 이르렀다고 한다. 음란채팅의 경우 문자에 의한 음란행위, 음란한 방제목을 통한 음란 사이트로의 유인, 대화방에서의 음란물 게시 등으로 나타나고 있으며, 화상채팅의 경우에는 음란한 제목으로 만들어진 대화방에서 음란 동영상정보 등을 유통시키거나 화상캠을 이용하여 자신의 특정 부위를 보여주거나 심지어는 성교하는 장면을 보여주기도 하는 형식으로 나타나고 있다.[34]

특히 인터넷 채팅은 청소년성매매(종래의 원조교제)를 용이하게 하는 역기능을 발휘하고 있다. 인터넷 채팅의 경우 특별히 성인 사이트에만 존재하는 것이 아니기 때문에 청소년이 아무런 제한 없이 참여할 수 있고, 대화방에서는 가명을 사용하므로 익명성이 보장된 아래에서 청소년은 스스럼없이 성매매를 제의 하거나 알선하고, 반대로 상대방이 청소년에게 성매매를 제의할 수 있는 것이다.[35] 실제로 성매매를 경험해 본 청소년 중에서 상대방과의 접촉경로가 인터넷채팅이 28.6%, 전화방 25.7%, 헌팅 22.9%, 친구소개 22.9% 등으로 나타난 것으로 보아 인터넷 채팅이 청소년성매매의 주요수단으로 이용되고 있음을 알 수 있다.[36]

통장을 발급받아 이를 이용하여 PC통신에 ID를 개설받아 불법음란물을 유통하는 경우가 있다. 이 경우 범인의 신분은 위장되고 피해를 본 대학생만 사기죄 등으로 고소당하게 된다.

34 정완, 상계논문, 111면.

35 정완, 상계논문, 112면.

36 한국소년상담원공동조사, "청소년성매매 경험실태 및 설문조사결과", 청소년소식 2000년 7월호(정완, 상계논문, 112면에서 재인용).

3. 음란 스팸메일

스팸메일이 사이버음란물을 유통시키는 방법으로 사용되고 있다. 스팸메일은 광고성 이메일을 의미하는데 성인사이트나 음란물 판매자 등이 값싼 홍보수단으로 스팸메일을 이용하고 있는 것이다.[37] 음란 스팸메일은 노골적인 누드 사진이나 포르노 장면 등 음란한 화상을 담고 있으며 이런 음란 스팸메일은 남녀노소를 불문하고 무작위로 보내지기 때문에 청소년들이 무방비 상태에서 음란물을 접하게 된다는 것이 가장 큰 문제라고 할 것이다.

4. 기타

이 밖에도 사이버음란물의 형태로는 음란 게시글 및 음란 소설,[38] 음란한 이미지나 음란 그래픽 파일, 음란 만화, 인테넷 음란 성인방송, 음란 게임, 음란사이트 배너광고 등이 있다.[39] 최근에는 UCC(User Created Contents)의 범람과 함께 대형 포털사이트에도 음란동영상이 장시간 게재되는 사건이 잇따라 발생하고 있다.[40]

Ⅳ 사이버 음란물에 대한 외국의 규제

1. 미국

1) 입법적 규제

미국의 일반적인 음란물규제는 형법(18 USC of 1998) 제1470조에서 16세 미만의

---

37 정완, 상게논문, 117면.
38 2000년 초 검찰이 수사한 국내의 포르노 사이트들은 주로 "야설"(야한 소설)을 집중적으로 게재하는 사이트들이었다. 검찰이 동영상이나 음란사진보다도 포르노소설을 주로 단속한 이유는 그 내용에 있다. 즉 포르노소설은 시각적 자극은 없지만 상상력을 자극하는 특성이 있어 청소년들에게 더 악영향을 끼칠 우려가 크기 때문이다. 현재 한국의 포르노 사이트에 올려져 있는 포르노소설의 내용은 청소년은 물론 성인들에게도 심한 거부감을 일으킬 정도록 충격적이고 반인륜적인 것들이 대부분이라고 한다(한겨레21, 2000년 7월 6일, 제315호)(심재무, 사이버스페이스에 있어서 음란물의 형법적 규제에 관한 연구, 사회과학논집, 경성대학교, 제19집 제2호(2003), 132면에서 재인용).
39 정완, 사이버음란물의 유통과 규제, 형사정책연구, 제11권 제1호(2000), 형사정책연구원, 36면.
40 경향신문 "유명 포털에 포르노동영상 6시간 노출, 물의" http://news.khan.co.kr 2007.3.19. 기사 및 머니투데이 "네이버, 다음에서도 음란물 노출사고" http://www.moneytoday.co.kr 2007.3.21. 기사 등 참조.

청소년에게 음란물을 제공하는 행위를 금하고 있고, 인터넷상의 음란물로부터 청소년을 보호하기 위한 노력은 다음과 같은 일련의 입법을 통해 시도되고 있으나, 최근까지도 위헌판결을 받는 등 법적 논란을 일으키고 있다.

미국 의회는 사이버상의 성표현물의 경우 미성년자 보호라고 하는 국가적인 책무와 바로 연결되기 때문에 청소년을 보호하기 위한 입법을 적극적으로 하였는바, 1996년의 통신품위법(CDA; Communications Decency Act of 1996)과 아동포르노방지법(CPPA; Child Pornography Prevention Act of 1996), 그리고 1998년에 제정된 아동온라인보호법(Children's Online Protection Act of 1998)이 대표적인 것들이다.

(1) 통신품위법(CDA; Communications Decency Act of 1996)

통신품위법은 인터넷 등 컴퓨터 통신수단을 통한 가입자간 대화창구상의 외설적 대화나 화면전파 금지, 외설적 통신, 혐오적 목적의 이용규제, 유선방송에 의한 외설적 프로그램 규제, 인터넷에 의한 외설적 내용의 통신에 관한 규제 등을 내용으로 한다.[41] 하지만 1997년 연방대법원은 동법에 대해 가상공간에서 범람하는 성표현물로부터 청소년을 보호한다는 입법 목적이 정당하기는 하지만, 동법에서 표현하고 있는 '저속'(indecent), '명백히 혐오적인'(patently offensive), '유해'(harmful) 등의 용어가 대단히 모호하고 과도하게 광범위하기 때문에 표현의 자유를 위축시킬 수 있으며, 청소년의 신원을 확인을 위하여 신용카드만을 사용하도록 하는 것은 신용카드를 가지지 못한 자의 볼 권리를 부당하게 침해한다는 이유로 위헌결정을 내렸다.[42]

(2) 아동포르노방지법(CPPA; Child Pornography Prevention Act of 1996)

미국 의회는 포르노물의 제작과 유통에 청소년들이 악용되는 것을 막기 위한 법을 고안하게 되었는바, 기존의 아동포르노법을 개정하고 아동포르노의 개념을 매체환경의 변화에 맞게 확대하여 가상공간에도 적용할 수 있도록 한 것이 아동포르노방지법이다. 동법은 실제 아동을 이용하여 만들어진 필름, 비디오, 사진 등의 영상

---

41 백광훈, 인터넷범죄의 규제법규에 관한 연구, 형사정책연구원, 2000, 97면.
42 Reno v. American Civil Liberties Union, 521 U.S. 844(1997)(박선영, 가상공간에서의 성표현의 자유와 법적 제한, 한국법제원, 2002, 47면에서 재인용).

뿐만 아니라 미성년자처럼 어려 보이는 성인을 이용해 만들어진 포르노와 컴퓨터를 이용해 아동으로 묘사된 가상화면의 포르노를 제작·소유·반포·조장·광고 등의 행위를 하는 자를 모두 처벌할 수 있도록 규정하였다[18 U.S.C. 2251, 2256(8)].[43] 하지만 동법에 대해 표현의 자유에 대한 지나친 억압이라는 주장이 일기 시작했고, 자유언론연합은 가상화면에 대한 부분[18 U.S.C. 2256(8)(B)]과 어려 보이는 성인 사용 포르노 부분[18 U.S.C. 2256(8)(D)]에 대해 위헌소송을 제기하였고, 연방대법원은 그 용어의 개념이 지나치게 광범위하며 모호하고 애매하여 문면상 무효(invalid on its face)라고 판시하여 위헌판결을 내렸다.[44]

(3) 아동온라인보호법(Children's Online Protection Act of 1998)

아동온라인보호법은 5만 명 이상의 고객을 가진 인터넷서비스업체에 대하여 3년 이내에 미성년자의 음란물의 접근을 원천적으로 봉쇄하는 차단소프트웨어를 설치하도록 하고, 인터넷등급제의 인터넷보조금을 받고 있는 공립학교와 공공도서관에서는 이를 의무적으로 사용하도록 하며, 연방정부는 일정한 정부보조금을 지원하도록 하는 내용을 담고 있다. 하지만 동법은 '사업자로 하여금 검열을 하도록 하는 결과를 초래함으로써 검열을 금지하는 수정헌법 제1조에 위배되며 결과적으로 언론의 자유를 제한하여 위축효과를 초래한다'는 위헌논란에 휩싸여 법정소송이 계속되다가, 2007년 3월 22일에 필라델피아 연방법원은 동법이 수정헌법 제1조의 표현의 자유를 침해한다고 판결하였다. 즉, 법원은 부모가 자녀들을 음란사이트로부터 보호하기 위해 소프트웨어 필터 등과 같은 '훨씬 덜 규제적인 방안'을 활용할 수 있다고 판시하였다.[45]

2) 자율규제

인터넷 정보의 95%가 미국의 서버를 이용하고 있다는 통계가 있는 만큼 미국은

---

43 박선영, 전게서, 47 – 48면.

44 Aschcroft. Attorney General et. v. Free Speech Coalition et., certiorari to the United States Court of Appeals for Ninth Circuit No.00795. decided April 16. 2002(박선영, 전게서, 48면에서 재인용).

45 한국일보, "포르노 규제 보다는 표현의 자유가 우선" http://news.hankooki.com 2007.3.23. 기사.

별다른 입법적 조치가 없더라도 인터넷서비스제공자(ISP)의 자율규제로 인터넷음란물을 어느 정도 관리할 수 있는 유일한 국가이다. 미국 ISP의 자율규제는 각 ISP의 약관에서 법률로 금지된 성표현물을 이용자들이 자신의 서버에 저장해 두지 못하도록 명시하거나, 필터링 소프트웨어 무료 제공, 아동용 웹브라우저 제공, 필터링된 인터넷 접속 서비스 제공, 필터링된 검색엔진 서비스 제공 등 인터넷상의 청소년을 보호하기 위한 다양한 서비스를 제공하고 있다. 또한 대형 ISP들은 음란물을 유통시키는 토론 그룹을 자신의 서버에서 삭제하고, 수많은 시민단체의 인터넷음란물 감시활동을 재정적으로 지원하고 있다.

미국의 음란물 대책에서 가장 특징적으로 드러나는 것은 무엇보다 아동보호자의 역할에 대한 강조이다. 인터넷 사업자들에 의해 보급되는 수많은 Parental Control Tool은 가정과 학교, 공공기관의 아동보호자들에 의해 적절하게 활용되고 있다. 이런 정책이 성공할 수 있었던 것은 인터넷의 공용어가 영어이기 때문에 미국의 아동보호 계층의 인터넷 활용능력이 월등하다는 것을 이유로 들 수 있을 것이다.

2. 독일

독일 형법상 음란물에 대한 규정(제184조)은 현실세계인 물리공간에서의 문서만을 대상으로 하였다.[46] 하지만 독일형법에서 문서는 개념규정인 제11조 제3항에서 규정하고 있었는데, 본 조항은 독일의 정보통신서비스법(IuKDG)에 따라 개정되어 문서개념에 전자기록을 포함함으로써 인터넷음란물에 대한 입법적 흠결을 해결하였다.

독일에서는 음란물을 상대적 음란물과 절대적 음란물로 나누어 규정하고 있는데, 상대적 음란물은 형법 제184조 제1항에서 규정하고 있는 비교적 단순한 내용을 갖는 음란물로서 18세 미만의 청소년과 음란물에 특별히 혐오감을 갖는 성인에 대해서는 접근을 금지하도록 한 음란물을 말한다. 그러므로 상대적 음란물은 원칙적으로 허용되지만 18세 미만의 청소년과 특별한 성인에게만 제한되는 음란물로서,

---

46 이하의 내용은 정완, 사이버공간상 음란물 유통의 심각성과 법적 규제방안, 경희법학, 제42권 제1호 (2007), 경희대법학연구소, 125–127면.

이를 인터넷을 통해 18세 미만의 청소년과 특별한 성인에게 적극적으로 유포하거나 접근을 허용하게 둔 경우에는 1년 이하의 징역에 처하고 있다(제184조 제1항).

절대적 음란물은 청소년뿐만 아니라, 일반 성인에게도 유해한 음란물을 말하는데, 대표적으로는 아동을 대상으로 한 음란물(제184조b), 동물을 대상으로 한 성행위적 음란물 및 폭력을 행사하는 음란물(제184조a), 또한 아동에 대한 간음 및 추행의 행위가 실제와 유사하게 묘사되고 있는 내용도 음란물의 범주에 포함시키고 있다(제184조b 제3항). 이러한 절대적 음란물은 성장하는 청소년뿐만 아니라, 사회적으로도 건전한 성윤리를 해치기 때문에 금지하고 있는 것이다.

한편 청소년에 유해한 전자적 정보통신미디어로부터 아동 및 청소년을 보다 체계적이고 통일적으로 보호하기 위해, 2002년 8월 8일 독일의 모든 16개 주 대표가 모여 "청소년미디어보호에 관한 주간협약"(JMStV)을 체결하였으며, 이에 따라 동 협약은 독일의 전 지역에 효력이 미친다. 동 협약의 객체가 되는 아동은 14세 미만의 자, 청소년은 14세 이상 18세 미만의 자로 규정하고 있고, 동 협약의 '텔레미디어'는 방송을 포함하지 않는 '텔레서비스'[47]와 '미디어서비스'[48]를 의미한다. 구체적으로 텔레미디어는 인터넷, 채팅룸, 이메일 전송을 통해 공급되는 모든 것을 포함한다.

동 협약 제4조에서는 아동 및 청소년에게 배포 및 접근이 허용되지 않는 텔레미디어의 유해물에 대해서 규정하고 있는데, 그 안에 ① 아동이나 청소년이 성기를 부자연스럽게 강조하는 자세를 묘사한 경우(가상적 묘사도 포함), ② 음란물 또는 아동이나 청소년을 성적으로 남용하거나 수간을 대상으로 하는 폭력물인 경우(가상적 묘사도 포함), ③ 기타 다른 형태의 음란물인 경우, ④ 아동 및 청소년의 성장 등을 중대하게 침해할 것이 명백한 경우 등을 포함하고 있다.

그러나 이러한 유해미디어의 공개가 절대적으로 금지되는 것은 아닌데, 그 제공자가 첫째, 기술적 조치, 기타 다른 수단 등을 이용하여 아동과 청소년이 인지하지 못하도록 접근금지조치를 취한 경우, 둘째, 시간대를 조정하여 이들이 접근할 수 없

---

47 기호, 그림, 음성과 같은 조합된 데이터의 개인적 사용을 목적으로 통신 경로를 통해 전송되는 모든 전자 정보 및 커뮤니케이션 서비스를 말한다.
48 일반을 대상으로 무선 또는 유선에 의한 전자파를 이용하여 보급되는 문자, 음성 및 영상 형태의 정보 및 커뮤니케이션 서비스로 정의하지만, 개인 커뮤니케이션 서비스와 방송프로그램은 제외된다.

는 시간대에 제공하는 경우에는 유해물을 공개할 수 있도록 하고 있다(동 협약 제5조 제3항).[49]

Ⅴ 국내법상 사이버음란물 규제

1. 개관

우리나라는 사이버음란물에 대해서 형사법에 의한 규제를 하고 있다. 우선 형법 제243조의 음란물반포 등의 죄가 적용될 수 있고, 「정보통신망 이용촉진 및 정보보호 등에 관한 법률」, 「청소년보호법」과 「아동·청소년의 성보호에 관한 법률」, 「성폭력범죄의 처벌 등에 관한 특례법」에도 사이버음란물에 형법적 규정으로 적용될 수 있는 조항이 있다.

과거에는 전기통신법 제53조와 제53조의2에 의해서 사이버음란물과 관련해 전기통신사업자에 대한 정부의 규제가 가능했지만, 2007년 1월 26일에 이루어진 전기통신법의 일부개정에 의해 본 규정이 삭제됨으로써 정보통신부장관 또는 정보통신윤리위원회에 의한 전기통신사업자에 대한 제한은 사라지게 되었다.

2. 형법상의 음란물반포 등의 죄(제243조)

형법 제243조는 음란한 문서, 도화, 필름, 기타 물건을 반포, 판매 또는 임대하거나 공연히 전시 또는 상영한 자는 1년 이하의 징역 또는 500만원 이하의 벌금에 처한다고 규정하고 있다. 여기서 일부에서는 음란한 내용을 담은 CD와 같은 음란물을 인터넷 사이트를 통해 유통하는 행위에 대하여는 형법 제243조가 적용될 수 있을 것이다.[50]

그러나 음란한 내용의 컴퓨터 파일에 형법 제243조를 적용할 수 있는지가 문제

---

49 시간대를 구체적으로 보면, 아동 및 청소년의 성장을 저해하는 유해물인 경우에는 23시에서 6시 사이, 그리고 아동 및 16세 미만의 청소년 성장을 저해하는 유해물인 경우에는 22시에서 6시 사이에서는 배포 및 접근이 가능하도록 하고 있다(동 협약 제5조 제4항).
50 심재무, 전게논문, 134면.

된다. 즉, 동 죄의 객체는 '음란한 물건'으로 규정하고 있는데, 물질적인 실체가 없는 개념인 컴퓨터 파일을 물건으로 볼 수 있는지가 문제되는 것이다. 인터넷상에서 광고나 선전을 통해 주문을 받고 우편 등을 통해 음란물을 배포하거나 판매하는 경우에는 형법상의 음화반포죄로 처벌할 수 있다(형법 제243조).[51] 그러나 사이버공간에 존재하는 음란한 내용의 화상·동영상들은 컴퓨터 프로그램파일 형식으로 되어 있으며, 이러한 컴퓨터 프로그램파일은 음화반포죄에서 규정하고 있는 문서, 도화, 필름 기타 물건에 해당한다고 할 수 없다. 따라서 음란한 영상화면을 수록한 컴퓨터 프로그램파일을 정보통신망을 통하여 전송하는 방법으로 판매하는 행위는 형법상의 음화반포죄에 해당하지 않는다.

대법원 역시 음란한 영상화면을 수록한 컴퓨터 프로그램 파일은 형법 제243조가 규정하고 있는 문서, 도화, 필름, 기타 물건에 해당하지 않는다고 판시하였다.[52] 반면에 내용이나 반포, 판매 등의 가능성면에서 음란소프트웨어를 일반적인 문서, 도화, 필름과 달리 볼 이유가 없다고 하여 음란한 내용이 담긴 컴퓨터 파일을 형법 제243조의 기타 물건으로 보자는 견해가 있다.[53]

생각건대 형법 제243조가 문서, 도화, 필름과 같이 물질적 실체를 갖고 있는 사물을 예시로 들고 있어 '기타 물건'도 유체물로 보는 것이 타당하다고 할 것이다. 그러므로 비디오 테이프, 오디오 테이프, 컴퓨터 디스켓이나 컴퓨터 프로그램을 담고 있는 CD 등은 '기타 물건'에 포함될 수 있지만, 컴퓨터 프로그램 파일 자체는 유형적 실체가 없으므로 '기타 물건'에는 해당하지 않는다고 볼 것이다. 따라서 음란한 내용을 가진 소프트웨어나 그래픽 또는 동영상을 인터넷에 올리는 경우에는 형법 제243조의 구성요건해당성이 없다고 하겠다.

3. 정보통신망 이용촉진 및 정보보호 등에 관한 법률

컴퓨터 프로그램파일은 형법 제243조의 음란물반포 등의 죄의 객체가 될 수 없

---

51 형법 제243조(음화반포등) 음란한 문서, 도화, 필름 기타 물건을 반포, 판매 또는 임대하거나 공연히 전시 또는 상영한 자는 1년 이하의 징역 또는 500만원 이하의 벌금에 처한다.
52 대법원 1999.2.24. 선고 98도3140 판결.
53 박상기, 형법각론, 제8판(2011), 578면.

고, 또한 기타 현행 법령상의 인터넷 또는 사이버공간에서의 음란물의 통제에 관한 여러 규정을 살펴보면 현실적으로 정보통신망 이용촉진 및 정보보호 등에 관한 법률이 사이버음란물에 대한 가장 핵심적인 통제수단이라 할 것이다.

동법에 의하면 누구든지 정보통신망을 통하여 음란한 부호·문언·음향·화상 또는 영상을 배포·판매·임대하거나 공공연하게 전시하는 내용의 정보를 유통하여서는 아니 된다고 규정하였다(동법 제44조의7 제1항 제1호). 그리고 이를 위반하여 음란한 부호·문언·음향·화상 또는 영상을 배포·판매·임대하거나 공공연하게 전시한 자는 1년 이하의 징역 또는 1천만원 이하의 벌금에 처하도록 하였다(동법 제74조 제1항 제2호).

1) 행위객체

본 규정은 그 적용대상으로서 '부호, 문언,[54] 음향, 화상,[55] 영상'을 들고 있다. 이는 음란한 내용의 텍스트나 음성 및 영상뿐만 아니라 음란한 내용의 이미지나 그 래픽 파일과 같은 화상까지 그 행위객체로 삼고 있는 것이다. 또한 동죄의 객체가

---

[54] 피고인 갑 주식회사의 대표이사 피고인 을과 운영·관리자 피고인 병, 정이 공모하여, 갑 회사 사무실에서 대량문자메시지 발송사이트를 이용하여 불특정 다수의 휴대전화에 여성의 성기, 자위행위, 불특정 다수와의 성매매를 포함한 성행위 등을 저속하고 노골적으로 표현 또는 묘사하거나 이를 암시하는 문언이 기재된 31,342건의 문자메시지를 전송함으로써 정보통신망을 통하여 음란한 문언을 배포하였다고 하여 정보통신망 이용촉진 및 정보보호 등에 관한 법률 위반(음란물 유포)으로 기소된 사안에서, 위 문언은 건전한 성의식을 저해하는 반사회적 성행위 등을 표현함에 있어 단순히 저속하다거나 문란한 느낌을 준다는 정도를 넘어서 사람의 존엄성과 가치를 심각하게 훼손·왜곡하였다고 평가할 수 있을 정도에 이른 점, 피고인 을, 병, 정은 성인 폰팅업체를 운영하거나 관리하는 사람들로 문자메시지를 수신하는 불특정 다수로 하여금 자신들의 업체를 이용하도록 광고하기 위한 목적을 가지고 있었으며, 문자메시지의 내용은 사회통념상 일반 보통인의 성욕을 자극하여 성적 흥분을 유발하고 정상적인 성적 수치심을 해하여 성적 도의관념에 반하는 점, 피고인 을, 병, 정이 문자메시지를 전송한 동기 및 그 내용에 비추어 위 문자메시지에서 하등의 문학적·예술적·사상적·과학적·의학적·교육적 가치를 발견할 수 없는 점을 종합하면 문자메시지는 '음란한 문언'에 해당한다(대법원 2019.1.10. 선고 2016도8783 판결).
[55] 방송통신심의위원회 심의위원인 피고인이 자신의 인터넷 블로그에 위원회에서 음란정보로 의결한 '남성의 발기된 성기 사진'을 게시함으로써 정보통신망을 통하여 음란한 화상 또는 영상인 사진을 공공연하게 전시하였다고 하여 정보통신망 이용촉진 및 정보보호 등에 관한 법률 위반(음란물유포)으로 기소된 사안에서, 피고인의 게시물은 사진과 학술적, 사상적 표현 등이 결합된 결합 표현물로서, 사진은 음란물에 해당하나 결합 표현물인 게시물을 통한 사진의 게시는 형법 제20조에 정하여진 '사회상규에 위배되지 아니하는 행위'에 해당한다고 판단하였다(대법원 2017.10.26. 선고 2012도13352 판결).

되기 위해서는 물리적 실체가 있는 물건이 아닌 디지털 형식으로 저장된 컴퓨터프로그램이나 각종 파일 그 자체이어야 한다. 그리고 이러한 프로그램이나 파일들은 인터넷이나 컴퓨터 통신에 올려진 경우에만 적용대상이 된다. 또한 압축된 파일이나 프로그램 파일처럼 사이버상에 올려진 것을 내려받아(download) 압축을 풀거나 프로그램을 실행시킨 경우에만 음란한 내용을 볼 수 있는 경우에도 인터넷상에서는 음란한 내용을 보여주지 않아 전시에는 해당하지 않지만 음란한 내용을 담고 있으므로 반포나 판매 또는 임대의 대상에는 해당된다고 할 것이다.[56]

문제되는 경우로 토렌트파일을 본죄의 행위객체로 볼 수 있는가이다. 판례에 의하면 음란물 영상의 토렌트 파일은 그 음란물 영상을 P2P 방식의 파일 공유 프로토콜인 토렌트를 통해 공유하기 위해 토렌트 클라이언트 프로그램(이하 '토렌트 프로그램'이라 한다)을 사용하여 생성된 파일이다. 음란물 영상의 토렌트 파일은 음란물 영상의 이름·크기·고유의 해쉬값 등의 메타데이터를 담고 있는 파일이고, 그 메타데이터는 수많은 토렌트 이용자들로부터 토렌트를 통해 전송받을 해당 음란물 영상을 찾아내는 색인(index)과 같은 역할을 한다. 그 토렌트 파일을 취득하여 토렌트 프로그램에서 실행하면 자동으로 다른 토렌트 이용자들로부터 그 토렌트 파일이 가리키는 해당 음란물 영상을 전송받을 수 있다. 이처럼 음란물 영상의 토렌트 파일은 음란물 영상을 공유하기 위해 생성된 정보이자 토렌트를 통해 공유 대상인 해당 음란물 영상을 전송받는 데에 필요한 정보이다.

위와 같이 P2P 방식의 파일 공유 프로토콜인 토렌트에서 토렌트 파일이 수행하는 역할과 기능, 음란물 영상을 공유하기 위해 그 토렌트 파일을 웹사이트 등에 게시하는 행위자의 의도 등을 종합하면, 음란물 영상을 공유하기 위해 생성된 정보이자 토렌트를 통해 그 음란물 영상을 전송받는 데에 필요한 정보인 해당 음란물 영상의 토렌트 파일은 정보통신망법 제44조의7 제1항 제1호에서 정보통신망을 통한 유통을 금지한 '음란한 영상을 배포하거나 공공연하게 전시하는 내용의 정보'에 해당한다.

따라서 음란물 영상의 토렌트 파일을 웹사이트 등에 게시하여 불특정 또는 다수인에게 무상으로 다운로드받게 하는 행위 또는 그 토렌트 파일을 이용하여 별다른

---

56 심재무, 전게논문, 137면.

제한 없이 해당 음란물 영상에 바로 접할 수 있는 상태를 실제로 조성한 행위는 정보통신망법 제74조 제1항 제2호에서 처벌 대상으로 삼고 있는 '같은 법 제44조의7 제1항 제1호를 위반하여 음란한 영상을 배포하거나 공공연하게 전시'한 것과 실질적으로 동일한 결과를 가져온다. 그러므로 위와 같은 행위는 전체적으로 보아 음란한 영상을 배포하거나 공공연하게 전시한다는 구성요건을 충족한다.[57]

2) 행위

(1) 배포

형법 제243조의 '반포'는 현실적인 교부행위의 유무를 기준으로 이해하여 불특정 또는 다수인에게 무상으로 교부하는 행위를 의미한다.[58] 그러나 정보통신망을 통한 음란물배포 등의 죄에서 '배포'의 의미는 동 죄의 객체에서 물건이라는 개념이 빠지고 인터넷이라는 가상공간을 전제로 하기 때문에 형법 제243조의 반포와는 다른 고유한 의미를 갖는다고 할 것이다. 인터넷에 파일을 배포하기 위해서는 먼저 인터넷에 접속하고 다음에는 파일을 업로드해야 한다. 그 다음에 어떤 다른 사람이 그 파일을 다운로드하는 것이다. 음란한 내용의 파일을 배포하기 위해 단지 인터넷에 접속만 하는 것은 문제가 되지 않을 것이다. 하지만 음란한 내용의 파일을 인터넷에 업로드한 경우 누구라도 그 파일을 다운로드할 수 있는 가능성을 갖게 되고, 동 죄의 배포는 형법상의 음란물죄와 달리 현실적인 교부를 필요로 하지 않으며, 또한 정보통신망을 이용한 음란물배포 등의 죄는 추상적 위험범의 성격을 갖고 있으므로 불특정 또는 다수인이 인식하는 결과까지 요구하지 않기 때문에 음란한 내용의 파일을 업로드하는 것으로 배포에 해당한다고 보아야 할 것이다.[59] 하지만 사이버공간은 프라이버시 성격이 강하므로 모든 업로드를 배포로 볼 수는 없다. 공적 영역으로 확산되는 성격이 강한 것만을 문제삼아야 할 것이다. 사이버음란물의 구체적인 유통방법을 통해 배포의 해석적 기준을 살피도록 하겠다.

첫째로, 전자우편(e-mail)을 통해 음란물을 전송하는 경우 특정한 상대방에게만

---

57 대법원 2019.7.25. 선고 2019도5283 판결.

58 박상기, 형법각론, 제8판(2011), 584면.

59 심재무, 전게논문, 138면.

파일을 보내는 것이므로 배포라고 보기 어렵다.[60] 하지만 음란한 파일을 스팸메일의 형태로 불특정 다수인에게 전송하는 경우에는 정보통신망을 이용한 음란물 배포등의 죄의 배포에 해당한다고 할 것이다.

둘째, 메일링 리스트나 뉴스그룹은 인터넷에 이용자가 메시지를 올리면 이를 자동으로 다른 이용자들에게 배포하는 서비스이다. 메일링 리스트와 뉴스그룹은 전세계에 걸친 인터넷 이용자들에게 메시지를 배포하는 것을 목적으로 하는 서비스이므로, 메일링 리스트나 뉴스그룹에 음란한 내용의 글이나 이미지를 올리는 것은 동 죄의 배포에 해당한다.[61]

셋째, 월드 와이드 웹(World Wide Web)은 인터넷에서 가장 유행하는 통신방법으로 전 세계의 모든 웹 정보는 기술적으로 서로 연결되어 있기 때문에 어떤 문서나 파일이 웹에 올려지면 모든 인터넷 이용자는 여기에 접근할 수 있게 된다. 그러므로 이런 개방성에 의해 웹에 음란한 파일을 업로드 하는 것은 동 죄의 배포에 해당한다.

넷째, 인터넷 대화(IRC; Internet Relay Chat)와 같은 실시간 통신의 경우 그 내용은 원칙적으로 배포에 해당한다고 볼 수 없을 것이다. 하지만 불특정 다수인이 참여할 수 있는 인터넷상의 대화방에 음란한 내용의 파일을 업로드하여 누구나 파일을 내려받을(다운로드) 수 있도록 한 행위는 배포로 보아야 할 것이다.[62]

다섯째, 동호회의 경우 비회원이라도 다운로드하는 것이 허용된다면 동호회 게시판에 음란한 파일을 올리는 것은 동 죄의 배포에 해당한다. 하지만 비회원일 경우 읽는(다운로드) 것이 제한되어 있는 동호회나 비회원의 접근 자체가 제한되는 폐쇄이용자그룹(CUG)의 경우에는 일률적으로 판단하기 어렵고 동호회나 CUG의 규모를 고려하여 실질적으로 판단해야 할 것이다.

(2) 판매와 임대

사이버상에서 판매와 임대를 구분한다는 것은 쉽지 않다. 사전적 의미의 판매는 대가를 받고 판매대상의 소유권을 넘기는 행위를 말하며, 임대는 대가를 받고 이용권한만을 넘겨주는 것을 말하는데, 인터넷상에서 소프트웨어나 콘텐츠의 경우 판매

---

60 정완, 사이버음란물의 유통과 규제, 형사정책연구, 제11권 제1호(2000), 한국형사정책연구원, 51면.
61 정완, 전게논문, 51면.
62 심재무, 전게논문, 139면.

를 했을 때 상대방에게 줄 수 있는 것은 사실상 이용권한에 불과하고, 판매 이후에도 여전히 매도인이 매매대상을 가지고 있기 때문이다.[63] 하지만 판매의 경우 음란한 내용을 매도인이 업로드하는 것만으로는 부족하고 매수인이 이를 다운로드하여야 한다. 반면에 임대는 사용료를 지불하고 접속허가를 받은 자가 해당 사이트에 접속하여 일정한 시간동안 임대자가 올려놓은 자료를 실행시켜 보는 경우를 말한다고 할 것이다.[64] 대부분의 경우 판매를 하기 위해서는 배포를 해야 한다. 그러므로 판매를 따로 규정한 것은 배포에 해당하지 않는 경우에만 의미가 있을 것이다.[65]

(3) 전시

전시란 통상 남이 볼 수 있게 공적 장소에 물건을 게시하는 것을 말하는데, 인터넷상에 글이나 이미지를 올리는 것은 그 자체가 '전시'에 해당한다고 할 수 있다. 정보통신망을 이용한 공연전시는 배포라는 개념에 포섭된다고 할 것이다.

대법원은 인터넷 사이트에 링크사이트를 만들어 놓고 이를 통하여 음란사진과 음란소설을 제공하는 사이트에 바로 접속하게 한 것이 음란 부호 등으로 공연히 전시한 것이라고 판시하였다.[66]

4. 청소년보호법

청소년보호법은 청소년에게 유해한 매체물과 약물 등이 청소년에게 유통되는 것과 청소년이 유해한 업소에 출입하는 것 등을 규제하기 위해 제정된 법이다. 동법에 의해 청소년보호위원회 또는 각 심의기관은 심의를 통해 일정한 절차를 거쳐 청소년유해매체물을 결정할 수 있고(동법 제7조 제1항), 청소년유해매체물을 영리의 목적으로 청소년에게 판매, 대여, 배포하거나 시청, 관람, 이용에 제공한 자를 3년 이하의 징역 또는 3천만원 이하의 벌금에 처할 수 있게 하였다(동법 제58조 제1호).

특히 동법 제2조 제2호는 '전기통신사업법'의 규정에 의한 전기통신을 통한 부

---

63 정완, 전게논문, 52면.
64 심재무, 전게논문, 139면.
65 정완, 전게논문, 52면.
66 대법원 2003.7.8. 선고 2001도1335 판결.

호, 문언, 음향 또는 영상정보를 매체물의 범위로 포섭하고 있어, 청소년을 대상으로 한 사이버음란물, 예컨대 청소년을 대상으로 음란한 동영상을 인터넷 게시판에 올려 이를 다운받을 수 있게 하거나 음란 인터넷 사이트를 개설하여 이 사이트에 접속하게 한 행위도 청소년보호법에 의해 처벌될 수 있다.[67]

그러나 동 죄에서 행위객체를 부호, 문언, 음향 또는 영상정보로 규정했기 때문에 사이버 음란물의 가장 기본적인 형태인 이미지 또는 그래픽 파일에 대해서 동 규정을 적용할 수 있는지가 문제된다. 이에 대해 영상의 의미를 반드시 동영상이나 애니메이션으로 제한할 필요 없이 이미지 파일도 영상의 한 유형으로 볼 수 있을 뿐만 아니라 형법과의 균형상 이미지 파일, 즉 도화나 화상을 제외하는 것은 타당하지 않다는 견해[68]가 있는 반면에 이러한 해석은 죄형법정주의의 내용인 유추해석금지원칙에 의해 허용되지 않는다는 견해[69]가 있다.

생각건대, 이러한 구성요건을 두고 있는 형법 제243조와 정보통신망 이용촉진 및 정보보호에 관한 법률 제74조 제1항 제2호도 도화와 영상을 구분하고 있는 만큼, 영상의 개념에 이미지 파일이 포함된다고 할 수 없을 것이다. 다만, 입법론적으로는 동 죄의 객체로 이미지 파일을 포함시키는 것이 타당하다고 생각한다.

5. 아동·청소년의 성보호에 관한 법률

본법에 의해 아동·청소년을 이용한 음란물을 규제할 수 있다. "아동·청소년이용음란물"이란 아동·청소년 또는 아동·청소년으로 명백하게 인식될 수 있는 사람이나 표현물이 등장하여 성교 행위, 구강·항문 등 신체의 일부나 도구를 이용한 유사 성교 행위, 신체의 전부 또는 일부를 접촉·노출하는 행위로서 일반인의 성적 수치심이나 혐오감을 일으키는 행위, 자위행위의 어느 하나에 해당하는 행위를 하거나 그 밖의 성적 행위를 하는 내용을 표현하는 것으로서 필름·비디오물·게임물 또는 컴퓨터나 그 밖의 통신매체를 통한 화상·영상 등의 형태로 된 것을 말한다(동법 제2조 제5호).

---

67 심재무, 전게논문, 135면.
68 백광훈, 전게서, 158면.
69 조병인/정진수/정완/탁희성, 사이버범죄에 관한 연구, 2000, 158면.

여기에서 '아동·청소년으로 명백하게 인식될 수 있는 표현물'이란 사회 평균인의 시각에서 객관적으로 보아 명백하게 청소년으로 인식될 수 있는 표현물을 의미하고, 개별적인 사안에서 표현물이 나타내고 있는 인물의 외모와 신체발육에 대한 묘사, 음성 또는 말투, 복장, 상황 설정, 영상물의 배경이나 줄거리 등 여러 사정을 종합적으로 고려하여 신중하게 판단하여야 한다.[70]

또한 아동·청소년이용음란물을 제작, 수입, 수출한 자는 무기 또는 5년 이상의 유기징역에, 영리를 목적으로 아동·청소년이용음란물을 판매, 대여, 배포하거나 이를 목적으로 소지, 운반하거나 공연히 전시 또는 상영한 자는 10년 이하의 징역에,[71] 아동·청소년이용음란물을 배포·제공하거나 공연히 전시 또는 상영한 자는 7년 이하의 징역 또는 5천만원 이하의 벌금에, 아동·청소년이용음란물을 제작할 것이라는 정황을 알면서 아동·청소년을 아동·청소년이용음란물의 제작자에게 알선한 자는 3년 이상의 징역에, 아동·청소년이용음란물임을 알면서 이를 소지한 자는 1년 이하의 징역 또는 2천만원 이하의 벌금에 처하도록 규정하고 있다(동법 제11조).

아동·청소년의 성보호를 위해 동법은 아동·청소년 이용 프로그램, 인터넷 음란 사이트에까지 그 처벌범위를 확장하여 아동·청소년이용음란물의 제작, 배포 등에 대한 처벌을 강화하고 있다.[72]

---

[70] 대법원 2019.11.28. 선고 2015도12742 판결; 대법원 2019.5.30. 선고 2015도863 판결; 대법원 2019.6.13. 선고 2017도4334 판결.

[71] 여기서 '영리의 목적'이란 위 법률이 정한 구체적 위반행위를 함에 있어서 재산적 이득을 얻으려는 의사 또는 이윤을 추구하는 의사를 말하며, 이는 널리 경제적인 이익을 취득할 목적을 말하는 것으로서 반드시 아동·청소년이용음란물 배포 등 위반행위의 직접적인 대가가 아니라 위반행위를 통하여 간접적으로 얻게 될 이익을 위한 경우에도 영리의 목적이 인정된다. 따라서 사설 인터넷 도박사이트를 운영하는 사람이, 먼저 소셜 네트워크 서비스 앱에 오픈채팅방을 개설하여 아동·청소년이용음란 동영상을 게시하고 1:1 대화를 통해 불특정 다수를 위 오픈채팅방 회원으로 가입시킨 다음, 그 오픈채팅방에서 자신이 운영하는 도박사이트를 홍보하면서 회원들이 가입 시 입력한 이름, 전화번호 등을 이용하여 전화를 걸어 위 도박사이트 가입을 승인해주는 등의 방법으로 가입을 유도하고 그 도박사이트를 이용하여 도박을 하게 하였다면, 영리를 목적으로 도박공간을 개설한 행위가 인정됨은 물론, 나아가 영리를 목적으로 아동·청소년이용음란물을 공연히 전시한 행위도 인정된다(대법원 2020.9.24. 선고 2020도8978 판결).

[72] 심재무, 전게논문, 135면.

6. 성폭력특별법상의 통신매체이용음란죄

1) 서언

사이버공간에서 음란정보를 유통시키는 경우 「성폭력범죄의 처벌 등에 관한 특례법」의 적용을 받을 수 있다. 성폭력특별법에 의하면 자기 또는 다른 사람의 성적 욕망을 유발하거나 만족시킬 목적으로 전화, 우편, 컴퓨터 기타 통신매체를 통하여 성적 수치심이나 혐오감을 일으키는 말이나 음향, 글이나 도화, 영상 또는 물건을 상대방에게 도달하게 한 경우에는 통신매체이용음란죄로 처벌된다(동법 제14조).

본죄는 '성적 자기결정권에 반하여 성적 수치심을 일으키는 그림 등을 개인의 의사에 반하여 접하지 않을 권리'를 보장하기 위한 것으로 성적 자기결정권과 일반적 인격권의 보호, 사회의 건전한 성풍속 확립을 보호법익으로 한다.[73]

2) 성립요건

(1) 목적범

본죄는 목적범으로서 자기 또는 다른 사람의 성적 욕망을 유발하거나 만족시킬 목적으로 통신매체를 이용한 음란정보의 유통행위를 처벌하기 위한 것이다. 따라서 단순한 호기심이나 복수심에서 이를 행한 경우에는 본죄로 처벌할 수 없다.[74] '자기 또는 다른 사람의 성적 욕망을 유발하거나 만족시킬 목적'이 있는지는 피고인과 피해자의 관계, 행위의 동기와 경위, 행위의 수단과 방법, 행위의 내용과 태양, 상대방의 성격과 범위 등 여러 사정을 종합하여 사회통념에 비추어 합리적으로 판단하여야 한다. 여기에서 성적 욕망에는 성행위나 성관계를 직접적인 목적이나 전제로 하는 욕망뿐만 아니라, 상대방을 성적으로 비하하거나 조롱하는 등 상대방에게 성적 수치심을 줌으로써 자신의 심리적 만족을 얻고자 하는 욕망도 포함된다. 또한 이러한 성적 욕망이 상대방에 대한 분노감과 결합되어 있더라도 달리 볼 것은 아니다.[75]

---

[73] 대법원 2018.9.13. 선고 2018도9775 판결.
[74] 강동범, 사이버범죄 처벌규정의 문제점과 대책, 형사정책, 제19권 제2호(2007), 38면.
[75] 대법원 2018.9.13. 선고 2018도9775 판결.

(2) 행위수단

행위수단은 전화, 우편, 컴퓨터 및 그 밖의 통신매체이다. 타인에게 우편이나 전화나 핸드폰상으로 또는 컴퓨터 통신을 이용하여 상대방에게 지속적으로 음란한 글이나 영상 등을 보내는 경우에 성립한다. 예를 들어 핸드폰 문자메시지로 음란한 글이나 영상을 보내는 경우이다. 전화, 우편, 컴퓨터나 그 밖에 일반적으로 통신매체라고 인식되는 수단을 이용하지 아니한 채 직접 상대방에게 말, 글, 물건 등을 도달하게 하는 행위는 본죄에 해당하지 않는다.[76]

(3) 도달

음란한 말 등은 상대방에게 도달하여야 한다(미수범 불처벌). 도달한 상태에서 상대방이 아직 그 내용을 인식하지 않았더라도 성립한다. 비친고죄이다.

본죄는 상대방이 동의하지 않는 가운데 일방적으로 상대방에게 음란한 정보를 제공하는 행위를 처벌하는 것이지, 상대방이 스스로 이러한 음란정보에 접속하여 열람하는 경우에 이러한 음란정보의 제공자를 처벌하는 것은 아니다.[77] 따라서 처음부터 이용자가 스스로 음란정보에 접속하는 경우에는 성폭력특별법에 따라 처벌하는 것은 가능하지 않다.

7. 개별 법률의 비교

정보통신망법(제74조 제1항 제2호)은 동법 제44조의7 제1항 제1호("① 누구든지 정보통신망을 통하여 다음 각 호의 어느 하나에 해당하는 정보를 유통하여서는 아니된다. 1. 음란한 부호·문언·음향·화상 또는 영상을 배포·판매·임대하거나 공공연하게 전시하는 내용의 정보")를 위반하여 음란한 부호·문언·음향·화상 또는 영상을 배포·판매·임대하거나 공공연하게 전시한 자를 1년 이하의 징역 또는 1천만원 이하의 벌금에 처한다고 규정하고 있다. 정보통신망법은 행위방법으로서 상대방에 도달을 규정한 본죄와 달리

---

76 피고인은 2013.11.26.부터 2013.12.16.까지 사이에 6회에 걸쳐 성적 수치심 등을 일으키는 내용의 각 편지를 작성한 다음 이를 옆집에 사는 피해자의 주거지 출입문에 끼워 넣은 것에 대하여 본죄의 성립을 부정하였다(대법원 2016.3.10. 선고 2015도17847 판결).

77 동일한 취지로 강동욱, 인터넷과 음란물, 경제기술법연구, 제1집 제2권(1999), 관동대학교 사헌경제기술법연구소, 27면, 주33.

배포·판매·임대하거나 공공연하게 전시하는 것을 금지하고 있다는 점에서 다르다.

아청법(제11조 제3항)은 아동·청소년이용음란물을 배포·제공하거나 공연히 전시 또는 상영한 자는 7년 이하의 징역 또는 5천만원 이하의 벌금에 처한다고 규정하고 있다. 성폭력처벌법상의 통신매체를 이용한 음란행위와는 음란물을 그 대상으로 하고 있는 점에서는 유사하지만 아청법은 행위대상이 일반 대중을 대상으로 하고 있는 데 반해 성폭력처벌법은 도달의 상대방, 즉 특정인을 대상으로 하고 있다는 점, 아청법은 아동·청소년을 음란물 제작의 대상물로 사용하고 있다는 점 및 배포 등의 수단이 다르다.

Ⅵ 결어

인터넷의 발달과 사이버공간의 생활화는 신속한 사무의 처리와 시간과 장소에 구애받지 않는 정보의 활용 등 여러 혜택을 가지고 왔지만, 사이버음란물의 범람이라는 중대한 역기능을 초래하기도 하였다. 이러한 역기능을 규제하고 인터넷을 더욱 편리한 도구로 만들기 위해 여러 방안들이 시행되고 있는바, 그중에서 형법적 대응방안으로는 정보통신망 이용촉진 및 정보보호 등에 관한 법률이 사이버음란물에 대한 기본적 형법 규범이라고 하겠다. 하지만 이러한 형법적 규제만으로는 사이버음란물이 완전히 통제되지 않는다. 그렇다고 사이버공간에서의 지나친 규제는 바람직하지 않을 것이다. 인터넷은 공개성과 자율성과 자유성에 기초하는 매체이므로 사이버공간에 대한 지나친 규제가 자칫하여 표현의 자유를 위축시킬 수 있기 때문이다. 헌법재판소도 인터넷을 '가장 참여적인 시장, 표현촉진적인 매체'라고 하면서 "인터넷상의 표현에 대하여 질서위주의 사고만으로 규제하려고 할 경우 표현의 자유 발전에 큰 장애를 초래할 수 있다"하여 사이버공간에서의 표현의 자유의 중요성을 강조하였다.[78] 그러므로 현행 형법적 규정 이외에, 사이버음란물에 대한 규제방안은 사이버음란물로부터 청소년을 보호하는 데 초점을 맞추어 논의가 이루어져야 할 것이다. 주로 다음과 기술적 대응방안들이 있을 것이다.

---

[78] 헌법재판소 2002.6.27. 선고 99헌마480 결정.

첫째, 사이버음란물에 대한 자율적 규제정책을 시행하는 것이다. 각종의 공공시설물과 게임방 등 청소년 출입장소에는 음란물 차단 프로그램 설치를 의무화함으로써 청소년들의 음란물 접촉기회를 보다 근본적으로 줄이는 방법이다.[79] 또한 개인 컴퓨터에도 차단 소프트웨어를 설치하도록 권장하는 한편 차단 프로그램의 개발 및 보급을 정부 차원에서 무료로 시행하여야 할 것이다. 미국의 경우도 앞서 살핀 바와 같이 이용자의 자율적 인터넷 음란물 차단에 초점을 맞추어 그와 관련된 소프트웨어와 기준을 마련하고 각각의 장단점, 차단 방법을 알리는 데 주력하고 있다.

둘째, 인터넷 내용등급제를 시행하는 방안이다. 인터넷 내용등급제란 정보제공자가 인터넷에서 유통되는 정보내용을 누드, 성행위, 폭력, 언어 등 일정한 범주별로 일정기준에 따라 등급을 표시하면 정보이용자가 내용등급을 참고해 정보를 선택할 수 있도록 하는 인터넷 내용물의 규제방식이다.[80] 이를 위해서는 보다 광범위한 공론화가 필요하다. 미국의 경우 다양한 등급제 서비스를 이용자가 선정할 수 있도록 선정기준을 공개하고 있는데, 이는 인터넷 등급제 마련에 시민단체, 기업, 정부 등 다양한 집단이 참여한 사이버 음란물에 대한 공론화 과정이 있었기 때문에 가능했던 것이다.[81]

이와 같이 자율적인 인터넷 내용등급제가 정착되고 여기에 더불어 이러한 등급을 기준으로 내용을 선별하는 소프트웨어의 설치가 보편화 된다면, 정부의 개입 없이 이용자 스스로 부적절한 정보를 차단하고 선별할 수 있다는 점에서 발신자의 표현의 자유에 대한 논란에서 어느 정도 벗어나면서 실효적으로 인터넷상의 유해정보로부터 청소년을 보호할 수 있는 방안이 마련될 수 있을 것이다.[82]

셋째, 시간과 장소의 경계에 구애를 받지 않는 인터넷의 특성상 사이버공간에서의 음란물은 국제적 유통을 하고 있다, 이에 대응하기 위해 국제적 공조가 필요하다. 일례로 형사사법공조조약을 통한 국제공조가 있을 것이다. 유럽에서 최초로 체결된 사이버범죄방지조약에는 2020년 11월 현재 유럽연합 회원국뿐 아니라 비회원

---

79 심재무, 전게논문, 141면.
80 박성호, "인터넷 내용등급제와 표현의 자유", 민주사회를 위한 변론(2001 1/2월호), 역사비평사, 26면.
81 정완, 전게논문, 60 - 61면.
82 김유진, "인터넷과 표현의 자유", 재판자료 제99집 CYBER LAW의 제문제(상)(2003), 법원도서관, 112 - 114면.

국인 미국, 캐나다, 일본, 남아프리카공화국 등도 가입되어 있고, 미국을 비롯한 20여개 가입국에서 국회인준을 마치고 발효한 상태에 있다.[83] 우리나라도 사이버범죄의 방지를 위한 국제협력에 적극 동참해야 할 것이다.

I 의의

일반적으로 스토킹이란 '일방적인 호감을 이유로 상대방은 싫다는 데도 불구하고 지속적으로 상대방에게 접근을 시도함으로써 정신적·신체적으로 괴롭히는 행위' 또는 '공포심이나 불안감을 유발하는 표현 또는 그러한 표현이 담긴 정보를 반복적으로 상대방에게 도달하게 하는 것'[84]이라 할 수 있다. 따라서 사이버스토킹은 이러한 행위를 사이버상을 통해서 행하는 것을 말한다.

현실세계의 스토킹이 전화, 편지 등의 수단을 이용하는 것에 비해서, 사이버스토킹은 게시판, 이메일 등 보다 쉽게 이용할 수 있는 인터넷도구들을 이용하기 때문에 상대적으로 스토킹의 빈도와 강도는 훨씬 더 높을 수 있다.[85] 예를 들어 하루에 이메일을 100통씩 보내는 것도 매우 간단하게 보낼 수 있기 때문에, 피해자가 당하는 고통은 실제로 훨씬 더 심각할 수 있다.

현실세계에서의 스토킹 행위는 이전에는 경범죄로 분류되기 때문에 기껏해야 10만원 이하의 벌금으로 처벌되는 행위에 해당하였다. 따라서 일반적으로 스토킹을 행한 가해자들은 스토킹 행위 자체가 아닌 스토킹 과정에서 특정한 법익침해를 발생하는 한 재물손괴, 협박 등으로 처벌이 이루어진다. 이는 물리적인 피해, 협박을 동반한 스토킹 등 피해가 높은 수준을 넘겨야만 처벌이 가능하였다는 의미이다. 사

---

83 정완, "사이버공간상 음란물 유통의 심각성과 법적 규제방안", 경희법학, 제42권 제1호(2007), 경희법학연구소, 134면.

84 강동범, 사이버범죄 처벌규정의 문제점과 대책, 형사정책, 제19권 제2호(2007), 38면. 이와 유사하게 이성호, 사이버스토킹의 개념과 법적 규제, 저스티스, 제83호(2005), 11면.

85 홍승희, 유비쿼터스환경과 사이버범죄, 형사정책연구, 제17권 제3호(2006 가을), 374면.

이버공간에서 발생하는 사이버스토킹은 정보통신망법을 통하여 형법적 처벌대상으로 포섭되나, 현실에서의 스토킹은 그 처벌이 매우 제한된다는 점에서 사이버공간과 현실공간은 차이를 나타냈다. 이에 따라 일반적인 스토킹을 처벌하는 다양한 법률안이 마련되어 국회에서 논의 중,[86] 2021년 3월 24일 국회는 「스토킹범죄의 처벌 등에 관한 법률」을 통과시켰다. 동법률에 따르면 스토킹행위에 대하여 응급조치와 잠정조치를 할 수 있으며, 범죄자에 대하여는 3년 이하의 징역 또는 3천만원 이하의 벌금에 처하도록 하고 있다.

Ⅱ 사이버스토킹에 대한 처벌

1. 정보통신망법에 의한 처벌

사이버스토킹은 오히려 정보통신망법에 따라 정보통신망을 통하여 공포심이나 불안감을 유발하는 말, 음향, 글, 화상 또는 영상을 반복적으로 상대방에게 도달하게 한 자에 대하여 1년 이하의 징역이나 1천만원 이하의 벌금에 처한다(동법 제44조의7 제1항 제3호, 제74조 제1항 제3호). 다만 본죄에 대하여 피해자의 명시한 의사에 반하여 공소를 제기할 수 없도록 하여 반의사불벌죄로 규정하고 있다.[87]

본죄는 공포심이나 불안감을 유발하는 말, 음향, 글, 화상 또는 영상을 반복적으로 상대방에게 도달하게 함으로써 성립한다. 여기에서 '공포심이나 불안감을 유발하는 문언을 반복적으로 상대방에게 도달하게 하는 행위'에 해당하는지는 피고인이 상대방에게 보낸 문언의 내용, 표현방법과 그 의미, 피고인과 상대방의 관계, 문언을 보낸 경위와 횟수, 그 전후의 사정, 상대방이 처한 상황 등을 종합적으로 고려해서 판단하여야 한다.[88]

---

86 2021년 2월 25일 '스토킹범죄 처벌 등에 관한 특례법안' 이 국회에 발의되었다. 본 법안에는 스토킹범죄의 특성을 고려한 종합적인 제정법으로, 스토킹 유형 구체화, 경찰 응급조치, 전담조사 및 재판, 처벌 형량 강화, 피해자 보호 조치 등의 내용을 담고 있다.

87 사이버스토킹을 특별법의 형식으로 입법하려는 시도들에 대하여는 이건호, 스토킹행위에 대한 형사법적 대응과 그 한계, 형사정책, 제16권 제2호(2004), 150 – 158면; 홍승희, 유비쿼터스환경과 사이버범죄, 형사정책연구, 제17권 제3호(2006 가을), 374 – 376면 참조.

88 대법원 2018.11.15. 선고 2018도14610 판결; 대법원 2013.12.12. 선고 2013도7761 판결.

그리고 '도달하게 한다'는 것은 '상대방이 공포심이나 불안감을 유발하는 문언 등을 직접 접하는 경우뿐만 아니라 상대방이 객관적으로 이를 인식할 수 있는 상태에 두는 것'을 의미한다. 따라서 피고인이 상대방의 휴대전화로 공포심이나 불안감을 유발하는 문자메시지를 전송함으로써 상대방이 별다른 제한 없이 문자메시지를 바로 접할 수 있는 상태에 이르렀다면, 그러한 행위는 공포심이나 불안감을 유발하는 문언을 상대방에게 도달하게 한다는 구성요건을 충족한다고 보아야 하고, 상대방이 실제로 문자메시지를 확인하였는지 여부와는 상관없다. 따라서 피해자의 수신 차단으로 위 문자메시지들이 피해자 휴대전화의 스팸보관함에 저장되어 있었다고 하더라도, 피해자가 위 문자메시지들을 바로 확인하여 인식할 수 있는 상태에 있었으므로, 피해자에게 '도달'하게 한 경우에 해당한다.[89]

2. 기타 법률에 의한 처벌

사이버스토킹으로 인해 피해자가 우울증이나 신경쇠약에 빠지는 구체적인 건강 훼손의 결과가 발생하는 경우에는 형법상 폭행치상죄(제262조)나 상해죄(제257조 제1항)가 성립할 수도 있을 것이다.[90] 그러나 이것은 사이버스토킹에 있어서 아주 예외적인 경우이다. 또한 사이버스토킹이 사이버성폭력과 결부되어 행하여지는 경우가 많은데, 이 경우 부분적으로 '성폭력특별법'의 통신매체이용음란죄가 성립될 수 있다. 그러나 사이버스토킹이 모두 성적 욕망과 결부된 것이 아니고, 또한 통신매체이용음란죄에서는 지속성이나 공포심이나 괴롭힘의 등의 내용도 요구하지도 않으므로 통신매체이용음란죄를 사이버스토킹이라고 할 수 없다.[91]

3. 스토킹범죄의 처벌 등에 관한 법률에 의한 처벌

최근에 신설된 스토킹처벌법에 의하여 정보통신망법상 사이버스토킹도 본법상의

---

89 대법원 2018.11.15. 선고 2018도14610 판결.
90 독일의 경우에는 스토킹에 의하여 상해나 중상해가 발생한 경우 이를 결과적 가중범의 형태인 스토킹치상이나 스토킹중상해(독일 형법 제238조 제2항) 등으로 처벌하고 있다. 독일의 스토킹에 대한 처벌에 대하여는 김성룡, 독일의 '스토킹행위의 처벌에 관한 법률'의 고찰, 형사정책연구, 제18권 제4호(2007 겨울), 135-158면.
91 박철현/이상용/진수명, 스토킹의 실태와 대책에 관한 연구, 한국형사정책연구원, 2000.

스토킹행위에 해당하므로(동법 제2조 제1호), 사이버스토킹에 대한 처벌과 관련하여 정보통신망법 위반과 스토킹처벌법 위반은 법조경합으로 판단되어 스토킹처벌법으로 처벌한다.

제4절 | 사이버도박

I 서언

2006년 불법 사행성 게임인 '바다이야기'가 사회적으로 커다란 문제가 되어, 수사기관이 이에 대한 강력한 단속을 진행하여 오프라인에서의 도박장은 많은 부분 사라지게 되었다. 그러나 그 대신 인터넷과 스마트폰의 급속한 확산을 통하여 오프라인상의 도박장은 온라인과 같은 사이버공간의 도박장으로 도박의 장소가 이동하였다. 그 결과 사이버공간에서의 불법한 도박사이트의 운영이 큰 폭으로 확대되었다. 즉, 사행산업통합감독위원회의 통계에 의하면 2017년에 사행산업의 총 매출규모는 21조 7,263억원에 이르는 것으로 보고되었으나,[92] 이에 반하여 불법도박시장의 규모는 2015년 기준으로 총매출규모가 약 83조 7,822억원이라고 추정하여[93] 불법도박시장이 적법한 사행산업보다 4~5배의 큰 시장을 형성하고 있다. 그리고 2018년 9월 서울지방경찰청 지능범죄수사대는 2011년부터 2018년 5월까지 20개의 불법 스포츠도박 사이트를 운영하며 4,300억원의 수익을 올린 범죄조직을 적발하기도 하였다.[94] 사이버도박의 이용이 이와 같이 급속히 증가할 수 있었던 이유는 IT기술의 발달로 PC와 모바일을 통하여 시간적·장소적 장애에 구애됨이 없이 언제 어디서나 도박사이트에 접근하는 것이 가능하게 된 것에 기인한다.

---

[92] 이와 같은 총 매출액에 대한 비중은 경마(35.5%), 체육진흥투표권(19.3%), 복권(19.1%), 카지노(12.6%), 경륜(10.0%)의 순으로 나타났다(사행산업통합감독위원회, 2017년 사행산업 관련 통계, 2018.6, 9면).
[93] 박준휘/김두원, 불법사행산업 단속의 한계와 법·제도적 대응방안, 〈불법도박 근절을 위한 제도개선 포럼〉 (2018.12.17.) 발제문, 1면.
[94] http://www.hani.co.kr/arti/society/society_general/861092.html

사이버도박은 사이버공간이라고 하는 정보통신환경의 특수성, 특히 기존의 법체계가 전제로 하는 공간적 한계설정을 무력화시킨다고 하는 특수성이 존재한다. 이로 인하여 국가적으로도 주요한 정책 아젠다로 인식하고 방송통신심의위원회, 게임물관리위원회, 경찰청 등을 중심으로 관련 조치를 강화하는 상황이다. 이러한 조치들 가운데 가장 강력한 수단은 사이버도박에 대한 형사법적 규제이나, 그에 대하여는 다양한 관점에서 문제가 제기된다. 특히 현재 사이버도박에 대한 형사법적 처벌과 관련하여 매우 다양한 법률규정들이 산재하고 있다. 사이버도박에서 도박장의 개설자나 참가자들에 대하여 어떠한 형사법적 법률규정을 적용하여 처벌할 것인가에 대한 문제, 특별법 규정들 사이에 법정형의 차별성 문제, 법적으로 허용되는 온라인 게임과 불법한 사이버도박과의 한계설정 문제 등이 여기에 해당한다.

Ⅱ 사이버도박의 의의

1. 도박의 개념

사이버도박은 사이버공간에서 행해지는 도박을 의미하므로 먼저 도박에 대한 의미를 정확히 할 필요가 있다. 도박은 사전적으로는 "금품을 걸고 승부를 다투는 일을 말하며, 내기·노름·박희(博戱)라고도 한다. 도박은 우연성이 큰 비중을 차지하며, 여기에 약간의 기량을 발휘할 여지가 있다."[95]고 설명한다. 그러나 도박에 대한 법적 정의는 존재하지 아니한다. 다만 「사행행위 등 규제 및 처벌 특례법」은 사행행위를 "여러 사람으로부터 재물이나 재산상의 이익을 모아 우연적 방법으로 득실을 결정하여 재산상의 이익이나 손실을 주는 행위를 말한다"(동법 제2조 제1항 제1호)라고 정의하고 있다.

우리 형법은 제246조에서 "도박을 한 사람은 …"이라고 표현하고 있으며, 제247조에서는 "영리의 목적으로 도박을 하는 장소나 공간을 개설한 자는 …"이라고 표현하여 도박에 대한 특별한 개념정의를 하지 않은 채 도박행위자와 도박장 개설자를

---

[95] 두산백과사전(http://www.doopedia.co.kr/doopedia/master/master.do?_method=view&MAS_IDX=101013000733787) 참조.

처벌하고 있다.

구 형법은 도박죄의 규정을 '재물로써 도박한 자'라고 하여 현재의 규정보다는 조금 상세히 규정하고 있었다. 그리고 여기에서의 '재물'에는 재산죄에서의 재물과 달리 물건뿐만 아니라 재산상 이익도 포함한다고 해석함에는 판례[96]와 학설[97]이 일치하고 있었다. 그러나 2013. 4. 5. 형법의 개정을 통하여 현재와 같이 '재물로써'의 표현을 삭제하고 단순히 '도박한 자'라는 표현방식으로 개정하였다.

이와 같이 도박죄의 규정을 개정한 구체적 이유는 다음과 같다.[98] 도박죄는 '그 객체에 "재산상 이익"도 포함되는 것으로 해석상 인정되고 있으나 현재는 그 객체를 "재물"로 한정하여 규정하고 있다. 인터넷상에 도박사이트를 개설하여 전자화폐나 온라인으로 결제하도록 하는 경우 판례상 도박개장죄로 처벌하고 있으나 현재는 "도박을 개장"한 경우를 처벌하도록 규정되어 있어 도박할 수 있는 사이버공간을 제공한 경우 처벌되지 않는 것으로 비추어질 수 있다. 또한 도박장소 등의 개설로 인한 수입이 범죄단체의 운영자금 등으로 사용되는 등 도박장소 등의 개설로 인하여 각종 사회문제가 발생하고 있었다. 따라서 도박죄의 객체에 "재물"뿐만 아니라 "재산상 이익"도 포함됨을 명확히 하기 위하여 도박죄의 구성요건 중 "재물로써" 부분을 삭제하고, 도박하는 장소뿐만 아니라 도박하는 공간을 개설한 경우도 처벌할 수 있도록 규정을 명확히 하는 한편, 도박장소의 개설이 「국제연합국제조직범죄방지협약」의 대상범죄가 될 수 있도록 법정형을 "3년 이하의 징역 또는 2천만원 이하의 벌금"에서 "5년 이하의 징역 또는 3천만원 이하의 벌금"으로 상향하였다.

개정된 형법규정에서 학설은 여전히 도박을 "우연성에 의하여 재물의 득실을 다투는 것"[99] 또는 "재물 또는 재산상 이익을 걸고 우연에 의하여 그 득실을 결정하는 것"[100]이라고 하여 기존의 도박 개념과 동일하게 이해한다. 판례 역시 도박을

---

[96] 성인피시방 운영자가 손님들로 하여금 컴퓨터에 접속하여 인터넷 도박게임을 하고 게임머니의 충전과 환전을 하도록 하면서 게임머니의 일정 금액을 수수료 명목으로 받은 행위를 도박개장죄로 인정하였다(대법원 2008.10.23. 선고 2008도3970 판결).

[97] 박상기, 형법각론, 제8판(2011), 587면; 임웅, 형법각론(제3정판), 2011, 763면.

[98] 법무부, 형법[법률 제11731호, 2013.4.5., 일부개정]의 개정이유, 2면 참조.

[99] 박상기/전지연, 형법학, 817면.

[100] 배종대, 형법각론, 568면; 이재상/장영민/강동범, 형법각론, 649면.

"참여한 사람들이 서로 재물을 걸고 우연한 사정이나 사태에 따라 재물의 득실을 결정하는 것"이라고 해석한다.[101]

결국 학설과 판례에서 도박이 인정되기 위하여는 ① 재물이나 재산상 이익을 걸고, ② 우연성에 의하여 그 득실을 결정하는 것이라는 점에서 일치한다. 다만 여기서 우연이란 주관적으로 당사자가 확실히 예견 또는 자유로이 지배할 수 없는 사실에 관하여 승패를 결정하는 것을 말하고, 객관적으로 불확실할 것을 요구하지는 않는다.[102] 따라서 당사자의 능력이 승패의 결과에 영향을 미친다고 하더라도 다소라도 우연성의 사정에 의하여 영향을 받게 되는 때에는 도박이 인정될 수 있다.[103] 이러한 의미에서 도박은 우연성이 없이 일방이 승리를 하게 되는 사기도박이나, 승패의 결정이 우연성에 치중하지 않고 거의 당사자의 능력에 의해 결정되는 경기와는 구별될 수 있는 개념이다. 이와 같은 도박의 개념적 정의는 전술한 사행행위 규제 및 처벌 특례법에서 정의한 사행행위와 동일하다고 판단된다.[104]

2. 사이버도박의 개념

사이버도박은 온라인도박 또는 인터넷도박 등 다양한 용어로 사용되고 있다. 도박에 대한 기본적인 개념을 바탕으로 하여 현실에서 도박하는 행위를 가상공간으로 옮겨 생각해 보면 사이버도박의 개념은 이해하기 어렵지 않다. 즉, 사이버도박은 가상공간인 사이버공간에서 전자화폐나 전자금융거래를 이용하여 결제가 이루어지는 도박이라고 할 수 있다. 따라서 사이버도박은 ① 재물이나 재산상 이익을 걸고 우연에 의해 승패 등을 결정하는 것이 인터넷과 같은 사이버공간에서 이루어진다는 점, ② 재물이나 재산상 이익이 사이버머니라는 점이 기존의 도박과 가장 큰 차이라고 할 수 있다.

여기에서 더 나아가 형법상의 사이버도박은 인터넷이나 온라인에서 진행되는 화

---

101 대법원 2017.4.7. 선고 2016도19704 판결.
102 Fischer, StGB, 65.Aufl., 2018, § 284 Rn.4; Malek/Popp, Strafsachen im Internet, 2.Aufl., 2015, Rn.246; Schönke/Schröder/Heine/Hecker, StGB, Kommentar, 30.Aufl., 2019, § 284 Rn.7.
103 BGHSt 9, 37; BGHSt 36, 80; 대법원 2014.6.12. 선고 2013도13231 판결; 대법원 2008. 10.23. 선고 2006도736 판결.
104 동일한 취지로 이상돈, 형법강론, 1400면.

투나 포커 등과 같은 사행성 게임과 구별되어야 한다. 왜냐하면 이러한 인터넷게임 역시 사이버공간에서 사이버머니를 걸고 게임이 행해진다는 점에서는 동일하기 때문이다. 인터넷게임과 인터넷도박은 게임에 걸게 되는 사이버머니의 성격에 의하여 좌우될 것이다. 즉, 사이버도박을 판단하는 기준은 사이버머니가 환금성을 가지고 있는가의 여부에 의하여 판단하여야 한다. 따라서 사이버공간에서의 게임일지라도 해당 사이버머니가 실제 환금성을 가지지 않는 경우 이를 사이버도박이라고 볼 수 없으며 형사법상의 처벌대상에 포함되지 않는다.

3. 도박과 오락의 구별

형법은 도박을 처벌하도록 규정하면서 도박이 '일시오락 정도에 불과한 경우'에는 예외로 한다(제246조 제1항 단서)고 규정하고 있다. 따라서 도박에 해당한다고 할지라도 그것이 일시오락의 정도에 불과한 경우에는 처벌하지 않는다는 점에는 의문이 없다. 그리고 일시오락의 경우는 오프라인상의 도박뿐만 아니라 사이버도박의 경우에도 동일하게 적용되어 사이버도박이 일시오락 정도에 불과한 경우 마찬가지로 처벌하지 않는다. 여기서 처벌되는 도박과 일시오락의 구별과 관련하여 다음과 같은 세 가지 점에서 문제가 제기된다.

첫째, 일시오락 정도에 불과한 경우 예외로 하여 처벌하지 않는다는 것이 범죄론 체계상 어떠한 지위를 가지는가이다.

일부에서는 일시오락의 도박도 "외형상 도박의 형태를 띠고 판돈의 크기가 도박의 상황에 따라서는 가변적이라는 점에서 도박죄의 구성요건에 처음부터 해당하지 않는 것이 아니라 일단 구성요건에 해당하지만 일시오락의 성격이 유지됨으로써 구성요건해당성이 조각되는 것"[105]으로 이해하기도 한다.

그러나 일시오락의 정도라고 하더라도 전술한 도박의 개념에 포섭되면 도박이 아니라고 할 수 없다. 다만 도박으로 건 재물이나 재산상 이익의 액수가 작은 등의 이유로 이를 흥미를 돋우기 위한 일시오락이나 유희로 볼 수 있으므로 형사처벌 대상에서 제외한 것으로 보는 것이 적절하다. 이러한 점에서 일시오락은 형법 제20조

---

105 이상돈, 형법강론, 1404면. 동일한 결론으로 김일수/서보학, 형법각론, 655면.

의 정당행위에서 기타 사회상규에 위배되지 않는 행위로 이해하여 위법성조각사유로 이해하는 것이 타당하다.[106] 이와 같이 일시오락의 경우를 위법성조각사유로 보는 것이 통설[107]과 판례[108]의 입장이다.

둘째, 일시오락의 정도가 어느 정도의 도박인가에 대하여 법률의 표현은 명확하게 그 기준을 규정해 놓지 않아 도박과 일시오락의 경계가 어디까지로 볼 수 있는가의 문제가 제기된다.

이러한 기준과 관련하여 ① 도박에 건 재물의 재산적 가치가 근소하여 이를 방임하는 경우에도 건전한 근로의식의 저하에 영향를 미치지 않을 정도의 경우에 일시오락으로 인정하는 견해(객관설 또는 재물근소성설)[109]와 ② 일시오락의 여부는 단순히 재물의 근소성만을 가지고 일률적으로 평가할 수는 없고 이를 포함하여 도박의 시간과 장소, 도박자의 사회적 지위와 재산상황 등 다양한 사정들을 종합적으로 참작하여 결정한다는 견해(종합판단설; 다수설)[110]가 있다.

판례는 "도박의 시간과 장소, 도박자의 사회적 지위 및 재산 정도, 재물의 근소성, 그 밖에 도박에 이르게 된 경위 등 모든 사정을 참조하여 구체적으로 판단하여야 할 것"[111]이라고 하거나 "피고인들의 직업, 재산관계, 피고인들이 도박장소에 가게 된 경위, 도박을 하게 된 동기, 도박을 한 시간, 그 규모 등"[112] 구체적인 사건에서 도박과 관련한 여러 요소들을 종합적으로 판단하는 종합판단설을 취하고 있다고 보인다.

---

106 박상기/전지연, 형법학, 818면.
107 배종대, 형법각론, 569면; 이재상/장영민/강동범, 형법각론, 651면; 임웅, 형법각론, 765면.
108 풍속영업자가 풍속영업소에서 도박을 하게 한 때에는 그것이 일시 오락 정도에 불과하여 형법상 도박죄로 처벌할 수 없는 경우에도 풍속영업자의 준수사항 위반을 처벌하는 풍속영업의규제에관한법률 제10조 제1항, 제3조 제3호의 구성요건 해당성이 있다고 할 것이나, 어떤 행위가 법규정의 문언상 일단 범죄 구성요건에 해당된다고 보이는 경우에도, 그것이 정상적인 생활형태의 하나로서 역사적으로 생성된 사회생활 질서의 범위 안에 있는 것이라고 생각되는 경우에는 사회상규에 위배되지 아니하는 행위로서 그 위법성이 조각되어 처벌할 수 없다(대법원 2004.4.9. 선고 2003도6351 판결).
109 박상기/전지연, 형법학, 818면. 과거에는 유기천, 정영석, 황산덕, 진계호 교수 등이 이러한 입장을 취하여 이 견해가 다수의 견해였다.
110 배종대, 형법각론, 569면; 이재상/장영민/강동범, 형법각론, 651면; 임웅, 형법각론, 765면; 정성근/박광민, 형법각론, 757면.
111 대법원 1985.11.12. 선고 85도2096 판결.
112 대법원 1990.2.9. 선고 89도1992 판결.

일시오락의 여부를 다수설과 판례의 입장인 종합판단설에 의하여 판단하는 것에 대하여는 동의하기 어렵다. 일시오락 여부를 종합적으로 판단한다는 것은 결국 도박에 이른 모든 과정과 도박과 관련한 모든 부수 사정 심지어 도박행위자의 사회적 지위와 재정상황까지 고려한다고 한다. 그리고 더 나아가 어떤 상황이나 사정들까지 고려할지 전혀 그 한계가 없다. 이는 결국 일시오락의 여부에 대한 판단에 사실상 객관적인 기준은 적용하지 않고, 개별적인 사건마다 그때그때의 사정에 따라 법관의 자의적 판단에 의존할 위험성이 있다. 이는 형법적 처벌에 대한 예측 가능성을 포기한 것이나 마찬가지로 파악된다.

도박죄의 보호법익의 측면에서 검토하여 보면 종합판단설은 일시오락의 판단기준으로 부적절하다. 도박죄의 보호법익은 '사회의 건전한 근로의식' 또는 '국민의 근로관념과 공공의 미풍양속' 등 사회적 법익을 보호하는 것으로 이해하는 것이 통설이다.[113] 판례 역시 "형법 제246조 도박죄를 처벌하는 이유는 정당한 근로에 의하지 아니한 재물의 취득을 처벌함으로써 경제에 관한 건전한 도덕법칙을 보호하기 위한 것인바, 그 처벌은 헌법이 보장하는 국민의 행복추구권이나 사생활의 자유를 침해할 수 없고, 동조의 입법취지가 건전한 근로의식을 배양 보호함에 있다"[114]고 하여 사실상 통설의 입장과 다르지 않다. 이와 같이 건전한 근로의식이나 사회적 법익의 관점에서 보면 일시오락의 대상을 행위자의 신분이나 계층과 같은 사회적 지위 또는 재산상황에 따라 판단하는 것은 도박죄의 규정을 마련한 취지에 부합하지 아니한다. 따라서 적어도 도박에 건 재물의 가치에 대한 근소성과 같은 객관적 기준을 설정하여 이를 기본적인 판단기준으로 삼은 후에,[115] 근소성을 초과하나 도박에 이른 과정 등을 고려하여 일시오락을 인정하는 것이 적절하다. 그리고 이러한 것이 일시오락을 기타 사회상규에 위배되지 아니하는 행위로 인정하여 위법성을 조각시켜주는 취지에도 부합하리라 보인다.

---

113 박상기/전지연, 형법학, 817면; 이재상/장영민/강동범, 형법각론, 647면; 임웅, 형법각론, 765면; 정성근/박광민, 형법각론, 757면.

114 대법원 1983.3.22. 선고 82도2151 판결. 비슷한 취지로 대법원 2004.4.9. 선고 2003도6351 판결.

115 독일의 경우 이러한 재물의 가치를 기준으로 일시적 오락과 도박을 구별하는 것이 다수의 견해(Fischer, StGB, 65.Aufl., 2018, § 284 Rn.7; Malek/Popp, Strafsachen im Internet, 2.Aufl., 2015, Rn.246; Schönke/Schröder/Heine/Hecker, StGB, Kommentar, 30.Aufl., 2019, § 284 Rn.8)이다.

셋째, 금전을 거는 것을 일시오락으로 볼 수 있는가이다. 일부에서는 금전을 거는 것은 금전 그 자체의 취득을 목적으로 하기 때문에 그 금액의 다과를 떠나 일시오락으로 인정할 수 없다고 주장한다.[116] 그러나 앞에서 언급한 바와 같이 도박이나 일시오락은 재물이나 재산상 이익을 걸고 게임하는 것이 가능하므로, 금전을 걸었다는 이유로 일시오락이 부정되는 것은 아니다.[117] 오히려 중요한 것은 금전을 걸었는가의 여부가 아니라 해당 금액이 근소하거나 어느 정도 근소성을 초과하는 경우에도 다른 사정들을 고려하여 일시오락을 인정할 수 있다.

Ⅲ 사이버도박의 형사법적 처벌

1. 처벌규정 개관

사이버도박을 포함하여 도박과 관련한 행위들에 대한 처벌 가능성을 개괄적으로 살펴보면, 그에 대한 처벌규정들은 형법뿐만 아니라 다양한 형사특별법에 산재하여 규정되어 있다.

형법은 제264조 제1항 본문에 도박을 한 자를 처벌하며, 다만 일시오락의 정도에 불과한 경우에는 불처벌한다(단서). 제246조 제2항에는 상습으로 도박죄를 영리의 목적으로 도박장을 개설한 경우에는 제247조에 따라 처벌하며, 상습도박과 도박장개설의 경우에는 벌금을 병과할 수 있다(제249조).

기타 사이버도박에 관련된 행위들을 처벌할 수 있는 규정을 마련하고 있는 형사특별법을 살펴보면 「게임산업진흥에 관한 법률」, 「국민체육진흥법」, 「경륜·경정법」, 「관광진흥법」, 「정보통신망 이용촉진 및 정보보호 등에 관한 법률」, 「사행행위 규제 및 처벌 특례법」 등이 여기에 해당한다.

---

116 정영석, 형법각론(제5정판), 1983, 205면.
117 판례의 경우에도 "속칭 민화투놀이에 저한 재물이 바로 그 즉시 예정된 방법에 따라 소비되지 아니하고 어느 일방이 승패에 따라 그 재물을 차지하였다 하더라도 그 재물의 득실이 승패결정의 흥미를 북돋우기 위한 것이고 그 재물의 경제적 가치가 근소(매회 1인당 100원식 걸어 합께 300원중 100원은 술값으로 적립하고 200원만 승자소유가 되며 20여회만 하였음)하여 건전한 근로의식을 침해하지 않을 정도라면 일시오락의 정도에 불과하다"(대법원 1983.3.22. 선고 82도2151 판결)라고 하여 비슷한 취지로 판단한다.

2. 형법적 처벌 가능성

1) 사이트운영자

(1) 도박개장죄의 적용

도박개장죄는 영리의 목적으로 도박을 하는 장소나 공간을 개설함으로써 성립하는 범죄로서, 도박죄와는 별개의 독립된 범죄이다. 도박개장죄의 경우 도박을 할 수 있는 장소를 제공하여 도박행위자들을 유인 및 촉진, 교사하는 것이 도박죄보다 반사회성이 더 크다고 평가되므로 이를 더 무겁게 처벌하는 것이다. 도박개장죄에서 '영리의 목적'이란 도박개장의 대가로 불법한 재산상의 이익을 얻으려는 의사를 의미하며, 반드시 도박개장의 직접적 대가가 아니라 도박개장을 통하여 간접적으로 얻게 될 이익을 위한 경우에도 영리의 목적이 인정되고, 또한 현실적으로 그 이익을 얻었을 것을 요하지는 않는다.[118] 그리고 도박을 개장한 자가 직접 도박에 참가하여야 하는 것은 아니다. 다만 도박개장죄의 성립에 스스로 주재자가 되어 그 지배하에 도박장소를 개설하여야 하는가에 대하여는 다툼이 있다. 이에 대하여 도박의 주재자가 되어 도박장소에 대한 지배권이 있어야 한다는 견해(다수설과 판례)[119]와 주재자의 의미가 불명확하다는 점에서 주재자일 필요는 없다는 견해[120]가 대립하고 있다. 도박장의 개설과 단순한 도박장소의 제공은 구별되어야 한다는 점에서 도박장의 '개설'이라고 하려면 해당 도박장을 설치하여 운영하는 것에 대한 지배권을 가지고 있어야 한다고 본다. 따라서 단순히 도박장소나 공간을 제공한 경우에는 도박개장죄가 아니라 도박죄의 방조범이 성립한다.

구 형법에서는 도박개장죄의 행위를 '도박장소'를 개설하는 행위로 표현하였으나, 인터넷상에서 도박사이트를 개설하여 전자화폐나 온라인으로 결제하도록 하는 경우 이미 판례는 도박개장죄로 처벌하고 있었다.[121] 그러나 여전히 형법의 규정이

---

118 대법원 2002.4.12. 선고 2001도5802 판결.
119 배종대, 형법각론, 571면; 이재상/장영민/강동범, 형법각론, 654면; 정성근/박광민, 형법각론, 760면; 한상훈/안성조, 형법입문, 2018, 661면; 대법원 2013.11.28. 선고 2013도10467 판결; 대법원 2002.4.12. 선고 2001도5802 판결.
120 박상기, 형법각론(제7판), 2008, 594면; 임웅, 형법각론, 765면.
121 대법원 2002.4.12. 선고 2001도5802 판결.

"도박을 개장"한 경우를 처벌하도록 규정되어 있어 도박할 수 있는 사이버공간을 제공한 경우 처벌되지 않는 것으로 비추어질 수 있는 가능성이 있어서, 사이버공간에서의 도박행위를 적극적으로 포섭하기 위하여 2013년 도박개장죄에 '도박공간'을 개설하는 행위를 추가하였다.[122] 따라서 사이버공간에 도박사이트를 개설하여 운영하는 경우 이는 도박개장에 해당한다.

여기서 도박사이트의 개설이 도박개장죄의 주재자로서의 요건을 충족하는가이다. 사이버공간에서 도박사이트를 개설하여 운영하는 자는 시간과 장소의 제약이 없이 해당 사이트에 대한 지배권을 가지고 있다는 점에서 주재자로서의 지위를 가지고 있다.[123] 이러한 점에서 도박개장죄에서 주재자의 지위가 필요한가에 대한 논란은 적어도 도박사이트의 운영자에게는 문제되지 않는다. 결국 도박사이트 운영자는 직접 참여하지 않더라도 사이버공간에 도박사이트를 개설하였다는 점에서 도박개장죄로 처벌된다.[124] 그리고 여기에서 도박개장자가 스스로 도박에 직접 참여한 경우에는 도박개장죄와 도박죄의 실체적 경합에 해당한다.[125]

판례의 경우에도 인터넷 고스톱게임 사이트를 유료화하는 과정에서 사이트를 홍보하기 위하여 고스톱대회를 개최하면서 참가자들로부터 참가비를 받고 입상자들에게 상금을 지급한 행위에 대하여 도박개장죄를 인정하였다.[126] 그리고 회원들이 피고인이 개설한 각 사설 사이트를 이용하여 거래한 경우, 그 거래가 '재물을 걸고 우연에 의하여 재물의 득실을 결정하는 것'을 주된 목적으로 하는 행위인 한 도박행위에 해당하기 때문에 피고인이 각 사설 사이트를 개설한 것은 도박개장 행위에 해당하는 것으로 파악하였다.[127] 또한 인터넷 사이트의 회원들에게 도박하게 하고, 이에

---

122 법무부, 형법중개정법률안, [법률 제11731호, 2013. 4. 5., 일부개정], 2면; 이재상/장영민/강동범, 형법각론, 648 - 649면.

123 이러한 의미에서 사이트운영자가 적극적으로 주재자의 역할을 하지 않더라도 주재자에 준하는 것으로 해석하는 입장(김두원, 온라인 도박 규제의 한계와 관리시스템 구축, 형사법연구, 제30권 제2호(2018), 297면; 신치재, 사이버도박에 대한 법적 규제와 대책, 과학기술법연구, 제15집 제1호(2009), 179면)도 있다.

124 김일수/서보학, 형법각론, 520면; 박상기/전지연, 형법학, 819면; 이재상/장영민/강동범, 형법각론, 654면.

125 동일하게 박상기, 형법각론(제7판), 2008, 594면; 배종대, 형법각론, 571면; 이상돈, 형법강론, 1409면; 임웅, 형법각론, 769면; 이재상/장영민/강동범, 형법각론, 655면. 이에 반하여 이를 상상적 경합으로 보는 견해는 김종원(외 6인), 형법각론, 1986, 566면.

126 대법원 2002.4.12. 선고 2001도5802 판결.

127 대법원 2013.11.28. 선고 2013도10467 판결.

참여한 회원들로부터 매회 해당 판돈의 5%를 수수료 명목으로, 회원들이 도박을 하여 얻은 게임코인을 인터넷 포인트 환전사이트에서 환전할 때마다 환전금액의 10%를 환전수수료 명목으로 하여 재산상 이익을 취득한 피고인에 대하여 도박개장죄를 인정하였다.[128] 이와 같이 사이트운영자가 불법 도박사이트를 국내에서 개설한 경우에는 도박개장죄로 처벌함에 문제가 없다.

그러나 문제는 해당 사이트운영자가 국내가 아닌 국외에서 도박사이트를 개설하여 운영하는 경우이다. 도박사이트에 대한 수사기관의 지속적인 단속으로 국내에 개설된 도박사이트는 점점 줄어들었고 그 대신 사이트의 서버를 국외로 옮기는 것으로 파악되고 있다. 그 결과 도박 운영조직 등은 대부분 해외에서 도박 서버를 이용하여 사이트를 개설하고 있으며, 국내에서 서버를 이용하는 비율은 3.7%에 불과하다고 하므로,[129] 현실적으로는 도박사이트를 국외에서 개설한 경우가 보다 직접적인 문제로 대두된다.

먼저 국외에 사이트가 개설된 경우에도 이를 운영하는 사람이 대한민국 국민인 경우에는 형법 제3조(내국인의 국외범)에 따라 운영자를 도박장개설죄로 처벌함에는 문제가 없다. 왜냐하면 우리 형법은 형법 적용에 있어 속인주의 가운데 절대적 적극적 속인주의를 취하고 있다.[130] 따라서 해당 사이트의 운영자가 대한민국 국민인 한에는 사이트의 서버가 존재하는 국가에서 도박장의 개설이 처벌되는지의 여부에 관계없이 우리 형법상의 도박장개설죄를 적용할 수 있기 때문이다.

외국인이 국외에서 사이트를 개설하여 운영하는 경우 우리 형법을 적용하여 해당 외국인을 도박장개설죄로 처벌할 수 있는가에 대하여는 보다 세밀한 검토가 필요하다. 도박장의 개설이 대한민국 영역 내에서 일어난 것이 아니고, 대한민국 국민이 행한 것이 아니므로 속지주의와 속인주의에 의한 한국 형법의 적용은 가능하지 않다. 문제는 보호주의 규정을 적용하여 우리 형법으로 처벌할 수 있는가이다. 보호주의 규정인 형법 제5조(외국인의 국외범)는 한국 형법이 적용되는 범죄유형을 기술해놓았고 도박장개설은 여기에 기술한 범죄에 해당하지 않는다. 따라서 형법 제5조에

---

128 대법원 2008.9.11. 선고 2008도1667 판결.
129 http://www.asiatoday.co.kr/view.php?key=20181224010014821.
130 절대적 속인주의의 문제점에 대하여는 전지연, 형법 제3조의 적극적 속인주의의 문제점과 해결방안, 법학연구, 제19권 제2호(2009.6), 연세대학교 법학연구원, 107 - 129면 참조.

의한 형법의 적용 역시 가능하지 않다. 형법 제6조(대한민국과 대한민국국민에 대한 국외범)의 보호주의 규정을 적용하여 처벌하는 것도 가능하지 않다. 동조에는 단서로 쌍방가벌성을 요구하여 행위지의 국가에서도 이를 처벌하는 규정을 가지고 있어야 할 것을 요구한다. 따라서 외견상으로는 외국인이 도박사이트를 운영하는 국가에서는 도박개장죄를 처벌하는 경우에는 우리 형법을 적용하여 처벌할 수 있으나, 도박개장죄를 불처벌하는 국가의 경우에는 처벌할 수 없는 것처럼 해석될 수 있다.131 그러나 이 경우에도 외국인이 운영하는 국가의 처벌여부와 관계없이 우리 형법의 적용은 불가능하다고 해석된다. 왜냐하면 제6조에서의 '대한민국에 대하여 죄를 범한 경우'는 대한민국이 개인적인 보호법익의 주체가 되어 대한민국이라는 국가의 법익이 직접적으로 침해되거나 위태롭게 되는 경우를 말한다. 예컨대 대한민국의 재산이나 소유권에 대한 침해가 존재하는 경우를 의미한다. 따라서 대한민국 국가 자체의 일반적 법익을 침해하거나 대한민국의 사회적 법익을 침해하거나 위태화하는 범죄는 형법 제6조에 의하여 보호되는 범죄에 해당하지 않는다.132 판례 역시 동일한 취지로 해석하고 있다.133 결국 외국인이 국외에서 도박사이트를 운영하는 경우에는 우리 형법을 적용하지 못하는 관계로 도박개장죄로 처벌할 수 없다.

여기서 도박사이트라는 사이버공간의 특성을 감안하여 사이트의 서버가 국외에 있을지라도 속지주의 원칙을 변형하여 자국 형법을 적용하려는 다양한 시도가 행해지고 있다.134 예컨대 속지주의의 적용근거가 되는 범죄지의 개념을 확대하여 위험범의 경우에도 행위지뿐만 아니라 위험이 발생할 수 있었거나 발생할 가능성이 있었던 장소를 범죄지로 인정하거나, 행위자의 내적 관련성을 고려하여 범죄지를 확대하거나, 행위자가 범죄와 관련하여 해당 국가에 영향을 끼치려는 의도와 같은 것이 존재하면 범죄지로 인정하는 등 범죄지의 개념을 확대하여 속지주의를 실현하려는 방식이다. 이러한 범죄지의 개념확대 기준에 의하면 외국인이 외국에서 한글로

---

131 이렇게 해석하여 외국인이 도박이 합법화된 국외에서 도박사이트를 개설하는 경우 쌍방가벌성의 요구를 충족하지 못하여 우리 형법을 적용할 수 없다고 해석할 수도 있다.

132 전지연, 형법의 적용범위로서 보호주의와 그 개정방안, 동아법학, 제58호(2013.2), 247-286면.

133 대법원 2011.8.25. 선고 2011도6507 판결.

134 이에 대하여 상세히는 앞의 "Part 01 Chapter 06 사이버범죄에서 형법의 적용범위"; 전지연, 사이버공간에서 형법적 적용범위의 수정·제한, 법조, 2003/11(통권 566호), 78-110면; 주승희, 사이버범죄와 국제형법, 형사정책연구, 제16권 제3호(2005), 115-144면; Jörg Eisele, Computer- und Medienstrafrecht, 2013, Rn. 12 ff. 참조.

도박사이트를 개설하는 경우 이는 전적으로 대한민국이나 대한민국 국민에 대하여 영향을 끼치려는 의도로 사이트를 개설하거나 우리나라와의 관련성을 가지고 있으므로 우리 형법을 적용하여 처벌할 수 있을 것이다.

결론적으로 도박사이트를 개설하여 운영하는 경우 국내에 서버가 있는 경우에는 속지주의에 따라, 외국에서 개설하여 운영하는 경우 ① 운영자가 대한민국국민인 경우에는 속지주의에 따라, ② 운영자가 외국인인 경우에는 확장된 속지주의에 따라 도박개장죄를 처벌할 수 있다.

(2) 사기죄의 적용

사이버공간에서 도박사이트의 운영자가 도박프로그램의 설계 시 미리 프로그램을 조작하여 승률을 조작하거나 해킹 등을 통하여 상대 도박행위자의 패나 정보를 조작하거나 이를 훔쳐볼 수 있도록 할 수 있다. 또한 사이버도박의 행위자들 일부가 공모하여 공모자들이 상호 자신들의 정보를 공유할 수 있도록 하여 상대 도박행위자가 이길 수 없게 조작할 수도 있다. 이와 같이 기망행위를 통하여 도박사이트의 운영자가 도박행위자들로 하여금 사이버머니 등의 재산과 관련한 처분행위를 하게 하였다면 사기죄가 성립할 수 있다.[135]

그리고 도박사이트의 운영자가 재물의 교부나 재산상 이익을 취득할 목적으로 처음부터 도박참여자들에게 도박으로 딴 돈을 지급하지 않을 생각으로 도박사이트를 개설한 다음 도박참여자에게 딴 돈을 지급하지 않거나 도박사이트를 폐쇄해 버리는 경우에는 도박개장죄와 사기죄가 경합할 수 있다. 이 경우 해당 도박참여자는 사기죄의 피해자에 해당하지만 도박사이트 운영자는 기망행위를 통하여 재산상 이익을 취하였을 뿐만 아니라 도박장을 개설하였다는 점에서 양죄의 성립을 모두 긍정하여야 할 것이다.

2) 도박사이트 중개자

도박사이트를 직접 개설하거나 이를 직접 운영하지 않고 도박사이트를 중개하는 경우에는 사이트의 중개를 어떠한 방식으로 하는가에 따라 구분하여 처벌할 수 있

---

135 김두원, 온라인 도박 규제의 한계와 관리시스템 구축, 형사법연구, 제30권 제2호(2018), 299 – 300면.

을 것으로 보인다.

첫째, 외국의 도박사이트를 단순히 링크하거나 중개하는 경우이다. 예컨대 직접 도박사이트를 개설하거나 운영하는 것이 아니라 다른 사람이 개설한 도박사이트를 사이버공간에서 링크시켜 주거나 사이트의 주소 등을 알려주는 등의 행위를 하는 것을 말한다. 이 경우에는 해당 행위자에게 도박장개설죄에서 말하는 도박장의 개장에서 의미하는 도박장소나 도박공간에 대한 지배자로서의 지위를 인정하기 어렵다. 따라서 이에 대하여는 실제로 도박장을 개장한 자에 대한 도박개장죄의 공범이나 해당 사이트를 통하여 도박을 하는 자에 대한 도박죄의 공범이 성립할 것이다.

둘째, 도박사이트를 단순히 링크하는 것이 아니라 도박사이트의 개설이나 운영에 일정한 기여를 하는 경우이다. 예컨대 외국 도박사이트와 계약을 맺고 중계사이트를 개설하여 이를 통하여 도박참가자에게 사이버머니를 환전하여 주고 외국 도박사이트로부터 국내에서 발생한 이익금의 일부를 배당금으로 수령하는 경우이다. 이와 같이 직접 도박사이트를 운영하지 않는다 하더라도 중개자는 수익금의 일부를 받는 등 영리를 목적으로 하고 있고, 도박을 유인하는 역할을 했으며 직접 도박프로그램을 만들지는 않았지만 도박에 제공되는 사이버머니를 환전하는 등을 통하여 도박공간을 제공했다고 볼 수 있으므로 도박개장죄가 적용될 수 있다.

3) 사이버도박 참여자

(1) 도박죄 · 상습도박죄 적용

도박죄의 성립에 도박이 행해진 장소에 관한 제한은 없으므로 도박이 오프라인에서 행하여진 경우뿐만 아니라 사이버공간에서 행하여진 경우에도 도박죄가 성립한다. 판례의 경우에도 인터넷 고스톱 게임 사이트를 유료화하는 과정에서 사이트를 홍보하기 위하여 고스톱대회를 개최하면서 참가자들로부터 참가비를 받고 인터넷상에서 게임머니로 게임을 하게 한 후에 승리한 자들에게 상금을 지급한 사례에서 고스톱대회를 개최한 것에 대하여 도박개장죄를 인정하고 참가자들의 고스톱대회 참여는 도박에 해당한다고 판단하였다.[136] 즉, 사이버상에서의 도박도 도박죄의 도박에 해당하며, 이와 같은 사이버공간에서의 도박행위에 참가한 자에 대하여는

---

136 대법원 2002.4.12. 선고 2001도5802 판결.

도박죄가 성립한다.

그리고 상습적으로 사이버공간에서 도박행위를 한 자에 대하여는 상습도박죄(제 246조 제2항)로 처벌된다. 여기서 상습성은 도박행위를 반복적으로 하는 습벽이 있는 경우에 인정된다. 상습성이 인정되기 위하여는 전과를 요하는 것이 일반적이지만 전과가 없는 경우에도 상습성이 인정될 수 있다.[137] 구체적으로 상습성이 인정되는 가의 여부는 도박의 종류, 도금의 다과, 도박을 한 기간, 도박 전과 유무 등 제반 사정을 참작하여 판단한다.[138]

(2) 사기죄 적용

도박죄는 재물이나 재산상의 이익을 걸고 그 승패에 있어 우연성이 필요하나 사기도박의 경우에는 이러한 우연성이 결여되어 있으므로 도박죄가 성립하지 않는다. 즉, 도박은 우연한 승패에 의하여 그 재물의 득실을 결정되어야 하나 사기도박과 같이 도박당사자의 일방이 사기의 수단으로써 승패의 수를 지배하는 경우에는 도박에서의 우연성이 결여되어 사기죄만 성립하고 도박죄는 성립하지 아니한다. 그리고 사기죄는 편취의 의사로 기망행위를 개시한 때에 실행에 착수한 것으로 보아야 하므로, 사기도박에서도 사기적인 방법으로 도금을 편취하려고 하는 자가 상대방에게 도박에 참가할 것을 권유하는 등 기망행위를 개시한 때에 실행의 착수가 있는 것으로 보아야 한다.[139] 실행에 착수한 이후 사기도박을 숨기기 위하여 정상적인 도박을 하였더라도 이는 사기죄의 실행행위에 포함되며, 사기금액은 사기도박의 피해자가 도박 당일 잃은 도금 상당액이라 할 것이다.[140]

3. 특별법상 처벌 가능성

1) 사행행위 등 규제 및 처벌 특례법

「사행행위 등 규제 및 처벌 특례법」(이하 '사행행위 규제법'이라 함)은 건전한 국민

---

137 배종대, 형법각론, 570면; 이재상/장영민/강동범, 형법각론, 654면; 대법원 1995.7.11. 선고 95도955 판결.
138 대법원 1985.6.11. 선고 85도748 판결.
139 대법원 2011.1.13. 선고 2010도9330 판결.
140 대법원 2015.10.29. 선고 2015도10948 판결.

생활을 저해하는 과도한 사행심의 유발을 방지하고 선량한 풍속을 유지하기 위하여 사행행위 관련 영업의 지도와 규제 및 사행행위 관련 영업 외의 투전기 또는 사행성 유기기구로 사행행위를 하는 자 등에 대한 처벌 특례에 관한 사항을 규정함을 목적으로 한다. 여기에서 사행행위는 '여러 사람으로부터 재물이나 재산상의 이익을 모아 우연적(偶然的) 방법으로 득실을 결정하여 재산상의 이익이나 손실을 주는 행위'를 말한다(동법 제2조 제1항 제1호). 이러한 점에서 사행행위와 도박은 개념적으로 사실상 거의 동일하다.[141] 다만 도박의 경우에는 2인 이상의 도박행위자들이 참여할 것이 요구됨에 반하여, 사행행위의 경우에는 1인의 참가도 무방하다는 점에서 구별될 수 있다.[142] 결국 해당 행위에 참가한 사람이 다수인가의 여부에 따라 구별될 수 있다는 점에서 보면 사행행위의 개념이 도박의 개념보다 조금 더 넓은 것으로 이해된다.

그럼에도 불구하고 형법상의 도박죄와 사행행위 규제법의 적용에서는 다소 차이가 존재한다. 형법상의 도박 관련 범죄는 도박행위 그 자체나 도박장을 개설하는 행위를 금지하는 것을 목적으로 하나, 사행행위 규제법은 사행행위 그 자체보다 사행행위 영업의 종류를 규정하고 사행행위 영업 외의 영업을 하거나 허가 없이 사행행위 영업을 하는 것을 금지한다. 따라서 단순히 사행행위에 참가하는 사람은 도박죄로 처벌할 수는 있으나 사행행위 규제법에 의하여 처벌하는 것은 가능하지 않다. 이에 반하여 사행행위에 사용될 유기기구를 설치하여 이를 업으로 하는 자에게는 형법상의 도박장개설죄와 사행행위 규제법 위반의 죄(동법 제30조)가 적용된다.

문제는 사이버공간에서의 사행성 게임이 사행행위 규제법의 적용을 받는가이다. 인터넷상의 고스톱, 포커류 등의 게임에서 사용되는 사이버머니가 오프라인에서도 변칙적 거래로 이루어지고 있으며, 그 액수가 큰 경우에는 돈세탁 등의 범죄수단으로 악용되고 있다. 사이버머니를 현금이나 상품권 등으로 환전 가능하여 환금성 또는 환가성이 존재하는 경우에는 사행성 역시 인정될 수 있으므로 형법상 도박죄가 성립한다. 그러나 환금성이 없는 사이버머니를 이용하여 인터넷 도박을 하는 경우

---

141 김두원, 온라인 도박 규제의 한계와 관리시스템 구축, 형사법연구, 제30권 제2호(2018), 303면; 이정훈, 사행성게임물에 대한 형사책임, 중앙법학, 제8집 제4호(2006), 37 – 38면.

142 여기에서 더 나아가 사행행위와 도박을 재물의 소유권이전 여부, 재물의 환가성 여부에서 둘을 구별하는 견해에 대하여는 김용찬, 도박·도박개장죄, 사행행위 등 규제 및 처벌특례법위반죄 및 게임산업진흥에 관한 법률위반죄의 관계에 대한 고찰, 저스티스, 제113호(2009), 141면 이하 참조.

에는, 인터넷 사행성 게임 자체는 사행행위 규제법 제2조 제1항 제3호의 '사행행위 영업에 이용되는 기계, 기판, 용구 또는 컴퓨터프로그램을 제작 및 개조하거나 수리하는 영업'에 해당한다고 보기 어려우며, 제6호의 '사행심을 유발할 우려가 있는 기계나 기구'로 볼 수도 없기 때문에 사행행위 규제법의 적용을 받지 않게 된다.[143]

2) 게임산업진흥에 관한 법률

「게임산업진흥에 관한 법률」(이하 '게임산업법'이라 함)은 도박으로 취급할 가능성이 있는 사행성 게임물에 대한 본격적인 규제체계를 달리하기 위하여 제정되었다.[144] 본 법에 따라 설립된 게임물관리위원회[145]가 게임물에 대한 등급분류 업무를 담당함과 동시에 게임물의 사행성 확인 및 교육 등의 사후관리 업무도 함께 담당하고 있다.

게임산업법에 의하면 게임물 관련사업자는 게임물을 이용하여 도박 그 밖의 사행행위를 하게 하거나 내버려 두지 아니하여야 하며(제28조 제2호), 게임머니의 화폐 단위를 한국은행에서 발행되는 화폐단위와 동일하게 하는 등 게임물의 내용구현과 밀접한 관련이 있는 운영방식 또는 기기·장치 등을 통하여 사행성을 조장하지 아니하여야 한다(제28조 제2의2호). 그리고 이를 위반하여 도박 그 밖의 사행행위를 하게 하거나 이를 하도록 방치한 자의 경우에는 5년 이하의 징역 또는 5천만원 이하의 벌금에 처하도록 하고 있다(제44조 제1항 제1호).

따라서 인터넷 도박행위가 게임물을 매개로 하여 이루어지는 경우에는 형법상 도박죄및 도박개장죄 등으로 처벌되지 않고 특별법인 게임산업법이 적용된다고 볼 수 있다.[146] 문제는 여기서의 사행성게임물을 이용한 사행행위의 개념이다. 이에 대

---

143 사행행위 규제법 제2조 제1항
   3. "사행기구 제조업"이란 사행행위영업에 이용되는 기계, 기판(機板), 용구(用具) 또는 컴퓨터프로그램(이하 "사행기구"라 한다)을 제작·개조하거나 수리하는 영업을 말한다.
   6. "사행성 유기기구"란 제5호의 투전기 외에 기계식 구슬치기 기구와 사행성 전자식 유기기구 등 사행심을 유발할 우려가 있는 기계·기구 등을 말한다.
144 동법은 사회적으로 크게 문제되었던 '바다이야기'라는 일본의 파칭코 형태의 유기기구와 같은 게임물을 규제하기 위하여 제정하여 시행되었다.
145 게임산업법의 제정 당시에는 '게임물등급위원회'라는 명칭으로 운영되어 오다 현재에는 게임물관리위원회로 변경되어 운영되어 오고 있다.
146 이정훈, 사행성게임물에 대한 형사책임, 중앙법학, 제8집 제4호(2006), 55면.

하여 판례는 사행행위란 우연적 방법으로 득실을 결정하여 행위자에게 재산상 손실 또는 이익을 가져오는 행위를 의미한다.[147] 그리고 구체적으로 게임산업법은 사행성 게임물을 ① 베팅이나 배당을 내용으로 하는 게임물, ② 우연적인 방법으로 결과가 결정되는 게임물, ③ 「한국마사회법」에서 규율하는 경마와 이를 모사한 게임물, ④ 「경륜·경정법」에서 규율하는 경륜·경정과 이를 모사한 게임물, ⑤ 「관광진흥법」에서 규율하는 카지노와 이를 모사한 게임물, ⑥ 그 밖에 대통령령이 정하는 게임물에 해당하는 게임물로서, 그 결과에 따라 재산상 이익 또는 손실을 주는 것을 말한다(제2조 제1의2호).

여기서 고스톱, 포커 등과 같이 외관상은 도박에 해당하는 게임을 운영하는 인터넷 도박사이트들이 법규제를 회피하기 위한 방법으로 자신의 사이트 내에서는 환전을 못하도록 하고 타 환전사이트를 이용하여 환전하는 경우 문제가 될 수 있다. 이러한 문제를 해결하기 위하여 동법은 "누구든지 게임물의 이용을 통하여 획득한 유·무형의 결과물(점수, 경품, 게임 내에서 사용되는 가상의 화폐로서 대통령령이 정하는 게임머니 및 대통령령이 정하는 이와 유사한 것을 말한다)을 환전[148] 또는 환전 알선하거나 재매입을 업으로 하는 행위"를 금지하고 있으며(제32조 제1항 제7호), 이를 위반한 경우에는 처벌하며, 해당 범죄행위에 의하여 수익은 몰수하도록 하고 있다(제44조 제1항, 제2항).

3) 정보통신망 이용촉진 및 정보보호 등에 관한 법률

「정보통신망 이용촉진 및 정보보호 등에 관한 법률」(이하 '정보통신망법'이라 함)에 의하면 정보통신망을 통하여 법령에 따라 금지되는 사행행위에 해당하는 내용의 정보를 유통하거나(제44조의7 제1항 제6호) 범죄를 목적으로 하거나 교사 또는 방조하는 내용의 정보를 유통하는(제9호) 행위를 금지한다. 이 규정은 형법상 도박죄 및 도박개장죄에 해당하는 내용, 사행행위 규제법상의 사행행위에 해당하는 내용이면 원칙적으로 적용이 가능하고, 도박개장죄 등의 교사 또는 방조에 해당하는 행위에 대하

---

147 대법원 2016.7.29. 선고 2015도19075 판결.
148 여기서 '환전'에는 '게임결과물을 수령하고 돈을 교부하는 행위'뿐만 아니라 '게임결과물을 교부하고 돈을 수령하는 행위'도 포함되는 것으로 해석함이 상당하고, 이를 지나친 확장해석이나 유추해석이라고 할 수 없다(대법원 2012.12.13. 선고 2012도11505 판결).

여도 적용이 가능하다.[149]

따라서 사이버공간에서 도박사이트를 운영하거나 이를 중개하는 행위는 정보통신망을 통하여 사행행위에 해당하는 내용의 정보나 범죄를 목적으로 하는 방조하는 내용을 불법내용물을 유통하는 것이다. 다만 본 금지규정에 대한 형사법적 제재가 별도로 규정되어 있지 아니하므로 사행행위 규제법이나 게임산업법 또는 일반 형법에 의하여 처벌될 것이다.

4) 기타 특별법

기타 사이버도박을 처벌하는 형사특별법을 살펴보면 우선 「경륜·경정법」에 의하면 본법에 따른 경주에 관하여 영리를 목적으로 도박을 한 자 또는 이를 방조한 자를 처벌하며(제27조 제1항), 이 경우 미수범도 처벌한다(동조 제2항). 또한 「관광진흥법」에 의하면 카지노업의 허가를 받지 아니하고 카지노업을 경영한 자를 처벌하며 징역과 벌금을 병과할 수 있다(제81조 제1호). 「국민체육진흥법」은 서울올림픽기념국민체육진흥공단과 수탁 사업자가 아닌 자가 체육진흥투표권 또는 이와 비슷한 것을 발행(정보통신망에 의한 발행을 포함한다)하여 결과를 적중시킨 자에게 재물이나 재산상의 이익을 제공하는 행위를 하여서는 아니 되며, 누구든지 정보통신망을 이용하여 체육진흥투표권이나 이와 비슷한 것을 발행하는 시스템을 설계·제작·유통 또는 공중이 이용할 수 있도록 제공하는 행위를 하여서는 안 된다(제26조 제1항, 제2항 제1호). 이를 위반하여 행위한 경우에는 동법 제47조와 제48조에 따라 처벌된다. 이러한 의미에서 정보통신망과 같은 사이버공간을 통하여 체육진흥투표권이나 이와 유사한 것을 발행하는 행위를 처벌한다. 더 나아가 소싸움경기에 관하여 영리를 목적으로 도박을 한 자 또는 이를 방조한 자를 처벌하며(「전통 소싸움경기에 관한 법률」 제26조 제1항), 마사회가 시행하는 경주를 이용하여 도박을 하거나 이를 방조한 자 역시 처벌한다(「한국마사회법」 제50조 제1항). 따라서 소싸움이나 경마를 이용하여 사이버공간에서 도박을 행한 경우에는 동법에 의하여 처벌된다.[150]

---

149 김두원, 온라인 도박 규제의 한계와 관리시스템 구축, 형사법연구, 제30권 제2호(2018), 302면.
150 기타 특별형법에서의 도박에 대한 규제에 대하여 상세히는 김두원, 온라인 도박 규제의 한계와 관리시스템 구축, 형사법연구, 제30권 제2호(2018), 301–306면 참조.

형사법적 개선방안

1. 사이버도박의 형사법적 체계의 정비

일반인들이 손쉽게 인터넷과 모바일을 사용할 수 있게 됨으로써 사이버도박이 급증하고 도박의 행태는 기존의 도박과는 전혀 새로운 변화를 겪게 되었다. 이에 따라 기존의 도박 관련 법규들만으로는 사이버도박을 효과적이고 체계적으로 규제하는 것에 한계가 있었다. 형법은 도박죄와 관련하여 '재물로써 도박한 자'의 규정을 재물을 삭제하고 단순히 '도박을 한 사람은'이라고 규정함으로써 재물뿐만 아니라 재산상 이익을 포섭하도록 하였으며, 도박개장죄와 관련하여 '도박을 개장한 자'의 표현을 '도박을 하는 장소나 공간을 개설한 사람'이라고 표현하여 도박장을 오프라인 공간에서의 도박뿐만 아니라 사이버공간에서의 도박공간을 개설하는 행위도 도박장개장에 포함하였다. 그럼에도 불구하고 여전히 사이버머니가 도박죄의 재산상 이익의 여부에 대하여는 논란이 있으며,[151] 우리의 형사법적 처벌규정들은 현실공간을 전제로 했던 정형화된 도박 관련 규제를 기본으로 하고 있다는 점에서 벗어나지 못하고 있다. 가상공간인 사이버상의 도박과 오프라인의 도박을 구별하지 않고 도박행위 자체에 대한 법률을 연구하여 실질적으로 적용될 수 있는 인터넷도박 법체계를 정비해야 할 것이다. 특히 형법 이외에 특별법상의 사이버도박에 대한 규제를 함에 있어 규제 관련 기관들이 중첩되거나 또는 규제기관별로 도박들이 구분되어 있어 실효성 있는 규제가 되기 어렵거나 그 처벌에 있어 불균형을 나타낼 수 있다. 따라서 사이버공간에서의 도박에 대해 이를 전체적으로 정비하여 처벌할 수 있도록 관련 규정들을 개정하여야 할 것이다.

2. 사이버도박의 규제원칙의 변경

사이버도박에 대한 형사법적 처벌에서 살펴본 바와 같이 도박에 대하여는 형법적으로 원칙적 금지 형태를 취하면서 일시적 오락이나 특별법에서 예외적으로 허용

---

[151] 윤태영, 사이버머니의 법적 성격과 화폐가치 부여 가능성, 민사법의 이론과 실무, 제18권 제1호(2014), 1-29면.

하는 방식을 취하고 있다.[152] 그러나 사이버도박이 한편으로는 일반인들의 오락행위들처럼 인식되기도 하며, 사이버도박의 행태가 점점 비밀화되고 조직화되어 가는 상황이고, 미성년자들 포함한 모든 일반인들이 쉽게 사이버도박에 접근하기 용이하며, 그 결과 사이버도박의 중독자를 양산시킬 위험성이 높아졌다. 이러한 현실에서 사이버도박을 어두운 지하세계에서 지상 위로 끌어내 이를 적극적으로 규제할 필요가 있다고 생각한다. 즉, 사이버 도박을 포함하여 모든 도박행위들에 대하여 원칙적 허용과 예외적 금지라는 프레임으로 도박에 대한 형법적 처벌을 전환하여야 한다.

그리고 사이버도박을 포함한 도박의 경우 일반적인 도박행위는 불처벌로 하고 상습적인 도박행위만을 처벌할 필요가 있다. 그 이유는 보호법익의 측면에서 상습성이 없는 단순 도박은 건전한 근로의식을 침해한다고 볼 수 없으며, 범죄성의 본질적인 면에서 도박심리는 인간의 자연스러운 속성 중의 하나이기 때문에 상습성이 없는 이상 범죄로 처벌하기 어렵다.[153] 현실론적 측면에서 처벌되는 단순 도박과 불처벌되는 일시적 오락을 구별하기가 용이하지 않으며, 특히 사이버도박과 온라인 게임을 구분하는 것이 힘든 상황이고, 양자의 행위 모두 우리 사회에서는 일상적인 모습에 속한다.[154] 이러한 취지에서 외국의 일부 입법례에서도 단순 도박의 경우 불처벌하며 상습도박만을 처벌하며,[155] 우리나라의 경우에도 이미 수차례에 걸쳐 일반 도박죄의 규정을 폐지하고 상습도박의 경우에만 처벌하도록 하는 개정안이 제시되었다.[156] 그러나 현재까지 이에 대한 개정이 이루어지지 못하고 있는 실정이므로, 빠른 시일 내에 도박에 대한 처벌을 상습도박으로 제한하는 개정안이 입법적으로 완성되었으면 한다. 다만 그 표현에 있어 '상습적으로 도박한 자'라는 표현보다는 '영리의 목적으로 반복하여 도박한 자'라는 표현이 더 적절할 것으로 보인다. 또한 도박개장죄의 경우는 현재와 같이 원칙적으로 금지하는 체계를 유지하여야 한다.

---

152 김두원, 온라인 도박 규제의 한계와 관리시스템 구축, 형사법연구, 제30권 제2호(2018), 307면.
153 형법개정연구회, 형사법개정연구(IV), 형법각칙개정안, 한국형사정책연구원, 2009, 445면.
154 김두원, 온라인 도박 규제의 한계와 관리시스템 구축, 형사법연구, 제30권 제2호(2018), 297면.
155 예컨대 독일 형법 제284조 제2항; Schönke/Schröder/Heine/Hecker, StGB, Kommentar, 30.Aufl., 2019, § 284 Rn.1.
156 한국형사법학회, 1991년 한국형사법학회 개정시안, 형사법연구, 제4권(1991.12), 291면; 형법개정연구회, 형사법개정연구(IV), 형법총칙개정안(죄수형벌분야), 한국형사정책연구원, 2009, 18면.

3. 국제형사공조의 강화

사이버도박은 많은 경우 외국의 서버에 도박사이트를 개설하고 우리나라에서 접속하여 도박에 참여하는 방식으로 도박이 행하여진다. 여기서 도박사이트의 서버가 개설된 장소의 국가에서 도박이 합법일 수도 있고 불법일 수도 있다. 그러나 중요한 것은 해당 국가에서 도박의 합법이나 불법 여부가 아니라 해당 국가에서 서버를 개설한 사람이 대한민국 국민인 경우에는 속인주의 원칙(형법 제3조)에 따라 도박장개장죄로 처벌할 수 있다. 외국에서의 도박사이트 개설자가 외국인인 경우에는 제한된 범위 내에서 처벌할 수 있다.[157] 그리고 국내에서 외국의 도박사이트에 접속하여 도박한 사람은 (상습)도박죄로 처벌할 수 있다.

문제는 도박사이트의 관련자들에 대한 처벌을 하기 위한 절차에서 발생할 수 있다. 먼저 우리 형법의 적용 여부를 확인하고 수사를 진행하기 위하여는 외국의 도박사이트 서버에 대한 접근이 필요하므로 국제적인 형사공조가 필수적이다. 특히 불법한 도박사이트의 IP를 추적하여 서버에 저장된 디지털 정보들을 증거로서 확보하여야 한다. 이와 같이 디지털 정보를 확보하기 위하여 압수·수색을 하는 경우 국제적 협조가 필요하나, 우리나라에는 역외 압수·수색에 관한 별도의 규정이 존재하지 않는다. 그리고 대한민국의 형사소송법은 대한민국의 법원에서 심판되는 사건에서만 적용되며, 대한민국 영역 외인 경우에는 영사재판권이 미치는 영역을 제외하고는 우리나라의 형사소송법이 적용되지 아니한다.[158] 따라서 피압수·수색의 대상이 외국에 존재하거나 도박사이트 개설자나 운영자가 외국에 소재하게 되면 현실적으로 강제수사의 진행이 불가능하게 된다. 또한 도박사이트의 개설을 합법화한 국가의 경우에는 국가의 세수를 확보하기 위하여 이를 허용한 경우가 많으므로 형사공조에 현실적인 제약이 따를 수 있다.[159] 이러한 점을 고려하면 사이버도박 관련 법률을 입법이나 수사과정에 국제적인 형사공조가 이루어질 수 있도록 하는 조치들이 마련되어야 한다.

---

[157] 이에 대하여는 앞의 "Part 01 Chpater 06"의 부분을 참조.
[158] 이은모/김정환, 형사소송법, 제7판(2019), 9면; 정승환, 형사소송법, 2018, 9면.
[159] 김두원, 온라인 도박 규제의 한계와 관리시스템 구축, 형사법연구, 제30권 제2호(2018), 321면.

V 결어

사이버도박은 사이버공간에서 행해지는 도박을 의미하고, 도박은 우연성에 의하여 재물 또는 재산상 이익을 걸고 그 득실이 결정되는 것이다. 형법상 사이버도박을 별도로 처벌하는 규정은 없으나, 도박을 처벌하면서 일시오락 정도에 불과한 경우에는 처벌하지 아니한다. 여기서 일시적 오락에 해당하는지에 대하여 판례와 다수설은 도박의 시간과 장소, 도박자의 사회적 지위 및 재산 정도, 재물의 근소성, 그 밖에 도박에 이르게 된 경위 등 모든 사정을 참조하여 구체적으로 판단하여야 할 것이라고 하여 종합판단설의 입장을 취한다. 그러나 이는 결국 일시오락의 여부에 대한 판단에 사실상 객관적인 기준은 적용하지 않고, 개별적인 사건마다 그때그때의 사정에 따라 법관의 자의적 판단에 의존할 위험성이 있고, 이는 사실상 형법적 처벌에 대한 예측 가능성을 포기한 것이나 마찬가지로 파악된다. 필자의 생각으로는 적어도 도박에 건 재물의 가치에 대한 근소성과 같은 객관적 기준을 설정하여 이를 기본적인 판단기준으로 삼은 후에, 근소성을 초과하나 도박에 이른 과정 등을 고려하여 일시오락을 인정하는 것이 적절하다.

사이버도박을 포함하여 도박과 관련한 행위들에 대한 처벌 가능성을 개괄적으로 살펴보면, 그에 대한 처벌규정들은 형법뿐만 아니라 다양한 형사특별법에 산재하여 규정되어 있다. 사이트운영자의 경우 도박개장죄로 처벌할 수 있으며, 경우에 따라 도박사이트의 설계자가 미리 프로그램을 조작하거나 또는 해킹 등을 통해 상대 도박행위자의 정보를 훔쳐보거나 공모자들이 서로 정보를 공유할 수 있도록 하여 상대 도박행위자들이 이길 수 없게 조작하는 경우에는 도박죄가 아니라 사기죄에 해당한다. 도박사이트를 직접 개설하거나 이를 직접 운영하지 않고 도박사이트를 중개하는 경우에는 사이트의 중개를 어떠한 방식으로 하는가에 따라 구분하여 처벌할 수 있을 것으로 보인다. 먼저, 외국의 도박사이트를 단순히 링크하거나 중개하는 경우에는 실제로 도박장을 개장한 자에 대한 도박개장죄의 공범이나 해당 사이트를 통하여 도박을 하는 자에 대한 도박죄의 공범이 성립한다. 그리고 도박사이트를 단순히 링크하는 것이 아니라 도박사이트의 개설이나 운영에 일정한 기여를 하는 경우에는 도박개장죄가 적용될 수 있다. 사이버공간에서의 도박행위에 참가한 자에 대하여는 도박죄가 성립하고, 상습적으로 사이버공간에서 도박행위를 한 자에 대하여는 상습도박죄(제246조 제2항)로 처벌된다.

그리고 사이버도박과 관련한 특별법상의 처벌규정으로는 「사행행위 등 규제 및 처벌 특례법」, 「게임산업진흥에 관한 법률」, 「정보통신망 이용촉진 및 정보보호 등에 관한 법률」, 「경륜·경정법」, 「관광진흥법」, 「국민체육진흥법」, 「전통 소싸움경기에 관한 법률」, 「한국마사회법」에 따른 처벌규정이 존재한다.

사이버도박에 대한 형사법적 개선방안으로는 첫째, 사이버도박에 대한 처벌규정들은 전술한 바와 같이 다양한 법률에 산재하여 있다. 그 결과 사이버도박에 대한 규제를 함에 있어 규제 관련 기관들이 중첩되거나 또는 규제기관별로 도박들이 구분되어 있어 실효성 있는 규제가 되기 어렵거나 그 처벌에 있어 불균형을 나타낼 수 있다. 따라서 사이버공간에서의 도박에 대해 이를 전체적으로 정비하여 처벌할 수 있도록 관련 규정들을 개정하여야 한다. 둘째, 사이버도박을 어두운 지하세계에서 지상 위로 끌어내 이를 적극적으로 규제할 필요가 있다고 생각한다. 즉, 사이버도박을 포함하여 모든 도박행위들에 대하여 원칙적 허용과 예외적 금지라는 프레임으로 도박에 대한 형법적 처벌을 전환하여야 한다. 셋째, 피압수·수색의 대상이 외국에 존재하거나 도박사이트 개설자나 운영자가 외국에 소재하게 되면 현실적으로 강제수사의 진행이 불가능하게 된다. 이러한 점을 고려하면 사이버도박 관련 법률을 입법이나 수사과정에 국제적인 형사공조가 이루어질 수 있도록 하는 조치들이 마련되어야 한다.

제5절 | 아이템과 재산범죄

I 서언

컴퓨터의 발명과 이의 급속한 보급에 이어 컴퓨터와 컴퓨터를 연결하는 인터넷이라는 네트워크의 보급으로 인해 우리는 현실세계를 뛰어넘는 가상세계 안에서 과거에는 생각할 수 없었던 다양한 생활을 향유할 수 있게 되었다. 인터넷 사용의 대중적 활성화로 인해 현실이 아닌 가상의 공간은 우리의 일상 속에 깊숙이 자리잡고 있는 생활의 일부분이 되었고, 이제는 오프라인상의 문화산업이 온라인에 기반을 두고 있지 않으면 존속하기가 힘들어질 정도로 인터넷이라는 통신망을 통해 만들어진 사이버 문화는 사회 전반에 걸쳐 중요한 위치를 차지하게 되었다.

게임이라는 엔터테인먼트 산업도 이전에는 오프라인상에서만 즐기던 취미나 여가선용의 방편이었지만, 인간과 프로그램된 기계가 일정한 형식으로 대결을 펼치는 형식을 가졌던 기존의 게임은 인터넷을 기반으로 한 가상공간 속에서 전혀 새로운 성질의 것으로 탈바꿈하게 되었다. 그리고 온라인게임[160]이라고 정의된 이 새로운 문화적 코드는 사이버 문화의 가장 중심에 서게 되었고, 이전에는 우리가 상상할 수 없었던 전혀 새로운 법적·사회적 문제들을 심지어 가상공간 밖의 현실사회로까지 가져오게 되었다.[161]

그 대표적인 예가 온라인게임에서 사용되고 있는 게임아이템[162]이라고 하는 가상재화라고 할 수 있다. 게임아이템과 같은 디지털 재화의 경우 인터넷망의 보급화와 온라인게임이라는 새로운 영역의 부산물로 새롭게 등장한 거래의 객체이므로 그 개념에 있어 확정적인 정의가 없으며 법적 성질도 명확하지 않은 단계에 있다.[163] 그러나 이러한 가상재화인 아이템을 게임이용자들은 현실세계에서 현금으로 거래하고 있을 뿐만 아니라,[164] 거래한다고 속여 현금을 가로채는 것은 물론 해킹 등을 통해 이용자의 동의 없이 무단으로 훔쳐가거나[165] 강제로 빼앗거나, 피해자가 게임레

---

160 온라인게임이란 전화나 케이블 등으로 컴퓨터와 외부 시스템을 연결하여 즐길 수 있는 게임을 말하는데 흔히 머드(MUD; Multiple User Dialogue 또는 Multiple User Dungeon)게임이라고 하거나 머그 (MUG; Multiple User Graphic)게임이라고 불린다(김혜경, 온라인게임 아이템의 재산범죄 성립가능성, 법학연구 제14권 제2호 통권 제23호(2004.6), 연세대학교 법학연구소, 215면).

161 강승희, 온라인 게임에 관한 법적·제도적 고찰, 경희대학교 대학원 법학과 석사학위논문, 2003년 2월, 1면.

162 아이템은 게임의 진행을 위하여 이용자가 사용할 수 있는 여러 가지 도구 내지 소품이다. 이러한 아이템은 게임 프로그램에 의해 생성된 컴퓨터파일로서 온라인게임 내에서 다른 아바타와 게임상 교환이나 거래를 할 수도 있다. 온라인 게임의 가상공간 내에서는 일정한 가치를 가지는 재화로 볼 수도 있을 것이다. 이 경우에는 아이템을 저작물과 물건의 중간에 위치하는 대상으로 파악하기도 한다. 구체적으로 아이템은 게임 속에서 캐릭터가 소지하는 창, 방패, 칼 등의 물건을 말한다(강승희, 전게논문, 9면).

163 변종필, 인터넷 게임 아이템과 재산범죄, 인터넷법률, 제5호(2001), 27면.

164 이는 주로 민사상 거래의 법적 성질, 거래의 유효성 등이 문제가 되나 여기에서는 다루지 않기로 한다.

165 2003년 게임방 주인인 피해자는 지난 3개월간 하루 15시간씩 리니지게임에 매달려 획득한 게임아이템들이 송두리째 없어진 사실을 발견하고 경찰서에 도난 신고를 했고 경찰은 리니지 게임의 개발 운영 업체와 공조해 아이디 역추적을 통해 범인을 찾아내었는데, 평소 피해자의 게임방에 자주 드나들던 고등학생 2명이었다. 우연히 피해자의 게임 계정과 비밀번호를 알게 된 이들이 피해자의 계정으로 게임 속에 들어가 피해자

벨을 올려 달라는 부탁과 함께 맡긴 계정을 통하여 오히려 피해자의 계정에서 아이템을 빼 오는 등과 같은 문제가 발생하고 있다. 이는 현실세계에 있어서의 사기, 절도, 강도, 공갈, 횡령 또는 배임 등과 같은 모습으로 표현되고 있다.[166] 그런데 절도죄, 사기죄, 배임죄 등의 소위 재산범죄가 성립하기 위해서는 먼저 아이템이 재산범죄의 객체에 해당하여야 하고 아이템의 소유권이 누구에게 귀속되는가가 해결되어야 한다. 아이템의 법적 성질에 대한 논의는 디지털콘텐츠의 법적 성질에 대한 논의와 궤를 같이하는 것이기 때문에 향후 디지털콘텐츠 거래에 있어서 중요한 역할을 하게 될 것이다.

Ⅱ 형법상 재산범죄의 객체

재산에 대한 죄는 개인의 재산을 보호법익으로 하는 범죄를 말하며, 재산죄라고도 한다. 형법이 규정하고 있는 절도와 강도의 죄(제38장), 사기와 공갈의 죄(제39장), 횡령과 배임의 죄(제40장), 장물에 관한 죄(제41장), 손괴의 죄(제42장) 및 권리행사를 방해하는 죄(제37장)가 여기에 해당한다. 절도죄(제329조), 횡령죄(제355조 제1항)와 손괴죄(제366조)에서는 재물을, 강도죄(제333조), 사기죄(제347조)와 공갈죄(제350조)에서는 재물과 재산상의 이익을, 배임죄(제355조 제2항)에서는 재산상의 이익을, 장물죄(제362조)에서는 장물을, 권리행사를 방해하는 죄(제323조)에서는 물건을 객체로서 규정하고 있다.

의 아이템들을 자기 캐릭터들에게 다 주어 버린 것이다. 그런데 이 사건에서 경찰은 범인을 찾아놓고도 어떠한 범죄를 적용해야 할지 고심하였다. 아이템은 시가 200여 만원에 해당하지만, 아이템이 절도죄에서의 재물에 해당한다고 보기는 어려웠기 때문에 결국 아이디를 도용한 행위로 사기죄를 적용하였다(김혜경, 전게논문, 217면에서 재인용).

[166] 예컨대 2000년 3월 29일 인천 계양 경찰서는 리니지 게임 이용자를 위협하여 10여 개의 아이템을 빼앗아 자신의 계정으로 옮긴 자에 대하여 공갈혐의로 구속영장을 신청하였고, 2000년 5월 17일 부산 남부 경찰서는 인터넷에서 내려 받은 해킹프로그램으로 타인의 비밀번호를 도용하여 리니지 게임상의 아이템을 훔쳐서 판매한 자에 대하여 정보통신망 이용촉진 및 정보보호 등에 관한 법률 위반 혐의로 불구속하였으며, 2004년 3월 16일 청주 동부경찰서는 인터넷 게임 리니지 아이템을 판다고 속여 60여 차례에 걸쳐 1천여 만원을 가로챈 자를 상습사기죄로 구속하였다(김혜경, 전게논문, 217면에서 재인용).

1. 형법상 재물의 개념

형법에서 말하는 재물이란 일반적으로 민법상의 물건과 같은 의미로 이해되고 있다. 그러나 민법 제98조가 '본법에서 물건이라 함은 유체물 및 전기 기타 관리할 수 있는 자연력을 말한다'고 규정하고 있음에 반하여, 형법은 재물에 관한 정의를 명시적으로 규정하지 않고 제346조에서 '본장의 죄에 있어서 관리할 수 있는 동력은 재물로 간주한다'라고 규정하고 이를 사기, 공갈, 횡령, 배임 및 손괴의 죄에 각각 준용하고 있을 뿐이다. 그런 이유로 민법에서는 물건을 유체물과 관리 가능한 자연력인 무체물을 포함하는 개념으로 이해됨에 반하여 형법에서는 관리 가능한 동력인 무체물을 어떻게 이해하여야 하는지에 따라서 견해가 나뉘고 있다.

1) 형법상 물건의 개념

형법에서 사용되고 있는 물건은 각각의 구성요건[167]에서 동일한 단어를 사용하고 있으나, 그 보호법익 및 그와 관련된 구성요건적 행위양태에 따라 각기 달리 파악될 수 있다. 즉, 보호법익의 종류나 성격 등에 따라 행위객체인 물건 개념의 의미에 있어 광의·협의의 측면에서 포함관계를 이루거나 또는 부분적으로 중첩되고 있다.[168] 그럼에도 모든 '물건'개념에는 일정한 형체를 갖춘(즉, 연장성을 지닌) 물질적

---

[167] 형법법규의 법문언에 언어적 표현상 '물건(또는 재물)'이라고 기술되어 있는 규정들을 열거해 보면 다음과 같다. 시설제공이적죄(제95조), 시설파괴이적죄(제96조), 물건제공이적죄(제97조)상의 '물건', 공용서류무효죄(제141조), 공무상 보관물무효죄(제142조)상의 '물건', 특수공무방해죄(제144조), 특수체포·감금죄(제278조), 특수협박죄(제284조), 특수주거침입죄(제320조), 특수손괴죄(제369조)상의 '위험한 물건', 사체등영득죄(제161조)상의 '물건', 일반건조물방화죄(제166조), 일반물건방화죄(제167조), 연소죄(제168조), 진화방해죄(제169조), 실화죄(제170조), 폭발성물건파열죄(제172조), 타인의 권리대상이 된 자기의 물건(제176조) 등 방화죄와 실화죄상의 '물건', 일반건조물일수죄(제179조), 방수방해죄(제180조), 과실일수죄(제181조) 등 일수죄상의 '물건', 음화반포등죄(제243조), 음화제조등죄(제244조)상의 '물건', 권리행사방해죄(제323조)상의 '물건', 점유강취죄·준점유강취죄)상의 '물건', 재물손괴등죄(제366조)상의 '재물'등이 그것이다.

[168] 예컨대 절도죄 규정과 재물손괴죄 규정을 비교해 보면 양 규정 모두 재물을 행위객체로 하면서 동시에 제346조의 간주규정을 준용하고 있는 재산범죄규정이지만, 재물손괴죄의 규정에는 재물 외에 전자기록 등 특수매체기록도 행위객체로 되어 있다. 입법자가 왜 양 규정의 행위객체를 이와 같이 구분했는지는 명확하게 파악할 수 없지만, 그럼에도 유체물로서의 재물 외에 특수매체기록이라는 새로운 행위객체가 문제되는 경우에는 입법자가 이를 가급적 기존의 재물이나 물건과 구분하려 했음을 감지할 수 있다(변종필, 전게논문, 36면).

대상이라는 일상적 의미가 기본적으로 전제되어 있다고 하겠다.[169]

2) 형법상의 '재물'과 '물건'의 관계

재물의 사전적 의미를 보면 그것은 "돈이나 값나가는 물건을 통틀어 이르는 말, 또는 공간을 실제로 점유하고 있는 물건"[170]을 말한다. 좀 더 일반적인 언어로써 이를 달리 표현해 보면, 재물이란 재산적 가치가 나가는 물건이라고 정의할 수 있을 것이다. 따라서 재물 역시 일정한 형체를 지닌 물질이라는 점에서 물건의 기본적 속성을 갖고 있으면서, 동시에 재산적 가치를 지닌 물건이라는 점에서 그렇지 않은 물건과 구분된다. 이와 같이 파악한다면, 형법상의 재물개념은 민법상의 물건개념과 큰 차이가 없다고 할 것이다. 왜냐하면 두 개념 모두 일정한 형체를 지닌 유체물일 것을 전제로 하면서 예외적으로 관리 가능한 동력이나 자연력을 포함하고 있기 때문이다. 그렇다면 적어도 형법상 재물의 해석에 관한 문제는 관리 가능한 동력의 범위를 어디까지로 볼 것인가로 귀착된다.

3) 형법상 재물에 대한 학설[171]

(1) 유체성설

유체성설은 원칙적으로 재물이란 일정한 공간을 차지하고 있는 유체물에 국한된다고 본다.[172] 따라서 형법 제346조의 동력은 유체물이 아니므로 재물이라고 볼 수 없는 것이지만 특별히 형법이 규정하고 있으므로 재물로 '간주'한다고 해석한다.[173] 이러한 견해에 의하면 무체물에 대한 절취나 강취 혹은 횡령이나 반환의 거부란 불

---

169 변종필, 전게논문, 35 – 37면.

170 다음(https://dic.daum.net/word/view.do?wordid=kkw000220683&supid=kku000278470).

171 형법상 재물의 개념의 요소들을 분설하면 먼저 유체물이거나 관리할 수 있는 동력이어야 한다. 학설상의 대립은 관리할 수 있는 동력을 어떻게 파악할 것인지에 놓여 있다. 다음으로 재물은 재산죄의 객체이므로 경제적·재산적 가치를 가질 것을 요하는가가 문제되는데 판례는 재물이란 경제적 가치를 가질 것을 요한다는 전제에서 경제적 가치의 개념을 넓게 해석하여, 주관적 가치 또는 소극적 가치만 있어도 경제적 가치가 인정되므로 재물이 된다고 해석한다(대법원 1981.3.24. 선고 80도 2902 판결).

172 이재상/장영민/강동범, 형법각론, 246면.

173 이정원, 재산범죄에 있어서 재물간주규정에 대한 새로운 이해 – 편의시설부정이용죄와 관련하여 –, 비교형사법연구 제5권 제2호(2003), 681면.

가능하지만, 과학의 발달에 따라 무체물임에도 불구하고 관리가 가능한 것이 등장함에 따라서 이를 재물로 인정할 가능성과 필요성이 인정되어 형법 제346조가 이러한 가능성과 필요성을 반영한 것이라고 보거나,[174] 재물개념 그 자체는 유체물에 한정되는 것이 언어 관념에 합당하며, 제346조를 단순한 주의규정으로 볼 때에는 절도죄의 객체를 부당히 확대해석할 여지가 있으므로 죄형법정주의의 관점에서 유체성설을 취하기도 한다.[175]

이러한 견해들은 형법 제346조를 단순한 주의규정이 아니라 특별규정 또는 예외규정으로 본다. 따라서 원칙적으로 유체물, 즉 외부세계에 일정한 공간을 차지하고 있는 물체만이 절도죄 등 재물죄의 객체가 되고, 채권 등의 권리는 재물이 될 수 없다. 또한 유체물이라 하더라도 특정 소유자에 의하여 관리될 수 있어야 한다.[176]

(2) 관리가능성설

관리가능성설은 재산범죄에 있어서의 재물을 민법 제98조의 물건, 즉 유체물 및 전기 기타 관리할 수 있는 자연력과 동일한 것으로 이해한다. 재산범죄에 있어서 재물이란 유체물과 관리 가능한 무체물을 포함하는 개념이며, 따라서 제346조는 단순한 주의규정 내지는 당연규정에 해당한다고 본다. 이렇게 해석함으로 인하여 특히 형법이 동력의 재물간주규정을 두고 있지 않은 제323조의 권리행사방해죄에서 자기의 물건이나 제362조의 장물죄에서 장물의 개념에 당연히 동력이 포함된다고 한다.[177]

이러한 견해는 소유권이란 물건을 배타적으로 사용, 수익, 처분할 수 있는 권리를 말하며 관리할 수 있다는 것 역시 배타적 지배가 가능하다는 의미이므로 관리할 수 있다는 것에 중점을 두어 동력도 당연히 소유권의 객체가 되고, 따라서 형법상의 재물에 해당함을 근거로 한다.[178] 형법상의 재물개념은 형법의 독자적 입장에서 합목적적으로 결정되어야 하므로 관리 가능한 무체물도 형법상 재산죄의 보호객체로

---

174 박상기, 형법각론, 제8판(2011), 244면.
175 손동권/김재윤, 형법각론, 228면.
176 김혜경, 전게논문, 220면.
177 김혜경, 전게논문, 221면.
178 이재상/장영민/강동범, 형법각론, 247면.

할 필요가 있는 이상 점유 또는 관리 가능한 것이면 모두 재물로 보는 것이 타당하다고 한다.[179]

2. 형법상 재산상 이익의 개념

재물 이외의 일체의 재산적 가치 있는 이익을 말한다. 재물도 재산상의 이익의 일종이지만 재물죄의 객체로서 독립된 의미를 가지므로 여기서 제외된다. 재산상의 이익이란 사법상 유효한 이익만을 의미하는 것이 아니라 외견상 재산상의 이익을 얻을 것이라고 인정할 수 있는 사실관계가 있으면 족하다. 재산상의 이익을 형법에서 어떻게 파악할 것인가에 대하여는 세 가지 태도로 나누어진다.[180]

1) 법률적 재산설

법률적 재산설은 사실적인 경제적 가치성을 배제한 채, 오로지 법적으로 승인된 권리와 의무만을 형법상 보호대상이 되는 재산으로 본다. 즉, 민법상의 소유권이나 담보권, 채권 등과 같이, 민법상 인정되는 모든 재산상의 권리와 의무는 이득죄에서 보호되는 재산으로 이해한다. 따라서 도품이나 원인무효, 불법원인급여, 사실상의 이익 등은 재산의 범주에 포함되지 않는다. 이러한 법률적 재산설은 실질적으로 보호해야하는 경제적 가치 있는 이익을 보호하지 못한다고 지적받고 있다. 현재 법률적 재산설을 취하는 학자는 없다.[181]

2) 경제적 재산설

경제적 재산설은 위의 법률상 인정되는 권리, 의무의 측면은 고려하지 않고, 실제로 경제적 가치가 있다면 권리가 아니더라도 보호해야 하는 재산상의 이익으로 파악한다. 즉, 재산상의 이익의 범위는 경제적 기준에 의하여 결정되며, 그 판단은

---

179 변종필, 전게논문, 32면.
180 박상기/전지연, 형법학, 654면; 이재상/장영민/강동범, 형법각론, 293면.
181 이재상/장영민/강동범, 형법각론, 293면; 홍승희, 정보재산권의 형법적 보호, 형사정책연구 제16권 제3호 (2005 가을), 99 – 100면.

정산에 의한 종합판단이어야 한다는 것이다. 따라서 법적으로 승인되었는지 여부와는 무관하게, 경제적 재산가치만 있으면 형법적 보호대상이 되므로, 실제 경제생활에 있어서 가치가 있는 경우에는 이득죄에서 보호받는 재산상의 이익에 포함될 수 있다고 한다.

불법한 이익일지라도 재산상의 이익이 될 수 있으며, 따라서 형법에 의하여 보호되지 않는 경제적 이익은 원칙적으로 있을 수 없다. 예컨대 매춘부를 기망하여 화대를 편취하는 경우와 같은 불법원인급여물에까지 이득죄인 사기죄, 공갈죄 등이 성립하게 되는 결과를 가져온다.[182] 그러나 이처럼 명백히 위법한 가치까지 형법으로 보호한다는 것은 형법의 지나친 보호대상의 확장이라는 비난을 피할 수가 없다.[183] 다른 법질서에 의하여 명백히 부정되는 지위를 재산상의 이익에 포함시킴으로써 전체 법질서의 해결할 수 없는 충돌을 결과한다는 비판이 제기된다.[184]

3) 법률적·경제적 재산설

법률적·경제적 재산개념은 경제적 가치 있는 재산을 재산상의 이익이라고 하는 점에서 경제적 재산개념에서 출발하지만, 다만 경제적 가치 있는 지위가 법질서에 의하여 인정되는 것임을 요한다고 한다. 즉, 법질서의 통일성이라는 측면에서 모든 법질서 내에서 보호되는 대상이어야 하고, 또한 경제적인 측면도 고려하여야 하므로 양 측면을 모두 고려하여 형법상 재산개념을 이해해야 한다고 한다. 따라서 불법원인급여물과 같은 위법한 이익은 법질서의 보호를 받은 대상이 될 수 없으므로 이득죄 성립이 부정된다.[185]

---

182 판례는 윤락여성의 성적 서비스의 대가도 형법상 재산상의 이익에 해당한다고 본다. 따라서 "일반적으로 부녀와의 성행위 자체는 경제적으로 평가할 수 없고, 부녀가 상대방으로부터 금품이나 재산상 이익을 받을 것을 약속하고 성행위를 하는 약속 자체는 선량한 풍속 기타 사회질서에 위반한 사항을 내용으로 하는 법률행위로서 무효이나, 사기죄의 객체가 되는 재산상의 이익이 반드시 사법상 보호되는 경제적 이익만을 의미하지 아니하고, 부녀가 금품 등을 받을 것을 전제로 성행위를 하는 경우 그 행위의 대가는 사기죄의 객체인 경제적 이익에 해당하므로, 부녀를 기망하여 성행위 대가의 지급을 면하는 경우 사기죄가 성립한다"고 판시하였다(대법원 2001.10.23. 선고 2001도2991 판결).

183 홍승희, 전게논문, 101면

184 이재상/장영민/강동범, 형법각론, 294면.

185 이재상/장영민/강동범, 형법각론, 295면; 홍승희, 전게논문, 101면, 김혜경, 전게논문, 231면.

Ⅲ 아이템의 법적 성질

1. 아이템의 재물성

형법상의 재물에 대한 학설 중 유체성설에 따르면 재물이란 일정한 형체를 띠고서 외부세계에 일정한 공간을 점하고 있는 물질을 말하고 이에 덧붙여 관리 가능한 동력 또한 법률상의 간주규정에 의해 예외적으로 재물로 인정된다. 그러나 관리 가능한 동력으로 인정하는 범위를 물리적 관리[186]가 가능한 자연적 에너지에 국한시키고 있어[187] 이 견해에 의할 경우 정보, 사상, 아이디어로서의 기획, 이념적 가치, 권리 등은 재물에 해당하지 않는다.

그렇다면 아이템은 재물이라고 할 수 있는가? 일단 아이템은 유체물이라고 보기 어렵다. 왜냐하면 그것 역시 가상공간에서 일정한 형체를 띠고 있긴 하지만 그것은 디지털코드로 이루어진 디지털이미지에 불과하지 현실세계에서 일정한 공간을 점하고 있는 것은 아니기 때문이다.[188] 유체물이 아니더라도 관리할 수 있는 동력이면 재물로 간주되므로 아이템이 관리할 수 있는 동력에 해당되는지 문제가 된다. 물론 게임상에서 게임아이템이 관리 가능하다는 것은 인정할 수 있다.[189] 왜냐하면 게임

---

186 관리할 수 있다는 의미를 물리적 관리에 한할 것인가 또는 사무적 관리를 포함할 것인가 문제되나 사무적 관리까지 포함한다고 해석할 때에는 재물과 재산상의 이익을 구별할 수 없게 되므로 관리란 물리적 관리를 의미한다고 해석하는 것이 통설이다. 그러므로 권리와 같이 사무적으로 관리할 수는 있어도 물리적으로 관리할 수 없는 것은 관리할 수 있는 동력이 아니다(이재상/장영민/강동범, 형법각론, 248면).

187 동력이란 자연적 에너지에 한할 것인가 또는 인간이나 우마차의 힘도 포함할 것인가에 대하여도 견해가 대립하고 있다. 민법의 물건규정과 달리 형법에서는 구체적인 자연력이라는 언급이 없고, 더욱이 자연력이라고 할 수 있음에도 불구하고, 굳이 동력으로만 규정한 것이라는 점을 강조하여, 자연력 이외의 것, 즉 인간 내지 우마차와 같은 힘을 포함하여 하기도 한다. 그러나 자연력 이외의 것까지 포함하는 것은 확장해석이라는 비판적 입장이 지배적이다(홍승희, 전게논문, 91면).

188 변종필, 전게논문, 38면.

189 아이템의 관리가능성 여부에 대하여 예를 들어 살펴보면, 긍정설의 입장은 게이머의 의사에 따라 게임아이템을 포기나 삭제시킬 수 있으므로 이러한 게임아이템에 대한 게이머의 행위는 물건의 포기나 멸실로 볼 수 있고 또한 다른 게이머에게 자신의 의사에 따라 게임아이템을 이전·임대 판매 할 수 있다는 점에서도 관리가능성을 인정할 수 있다고 본다. 부정설의 입장에서는 서버나 서버내부의 저장장치에서만 이용가능하며, 이용자는 그것을 파기시킬 수 없고, 변형을 가할 수도 없으므로 관리가 불가능하고 다른 이용자에게의 이전도 서버내부의 저장장치상의 아이템과 관련한 어드레스의 변화일 뿐이며 따라서 일반적인 물건에 있어서의 관리성을 인정하는 것은 어렵다고 한다(김신의, 온라인게임의 부산물에 관한 법적 연구, 건국대학교 대학원 법학과 석사학위논문(2006.2), 50-52면).

이용자의 IP를 통해 어느 정도 관리가 가능하기 때문이다. 그러나 그것이 과연 물리적 관리인지 여부를 따지면 답변하기가 곤란해진다. 더구나 아이템은 자연적 에너지에 해당한다고 보기도 어려우므로 이를 관리할 수 있는 동력으로 파악할 수는 없다고 하겠다. 그러므로 유체성설에 따르면 아이템의 재물성은 부정된다.

관리가능성설은 유체성설에 비해 재물의 인정범위가 넓다. 이 견해에 의하면 관리 가능한 동력은 자연적 에너지뿐만 아니라 물리적 관리가 가능하기만 하면 사람이나 동물의 힘도 포함한다. 그러나 이 견해에 의할 경우에도 아이템을 동력의 범주에 포함시키기는 곤란하다. 동력이라고 하는 것은 어떠한 물체를 움직이게 하는 힘 또는 일정한 장치에 의해 기계를 움직이게 하는 에너지로 변형되어 발생된 힘, 예를 들어 전력, 수력, 풍력 등을 의미한다고 볼 수 있는데 이럴 경우 아이템이 동력에 해당한다고 볼 수는 없을 것이다.[190] 앞서 말했듯이 아이템은 디지털코드로 이루어진 디지털이미지일 뿐이지 물체를 움직이는 힘과는 무관하기 때문이다. 결과적으로 어느 학설을 따르든지 간에 게임상의 아이템을 재물로 파악하기는 어렵다고 보인다.

2. 아이템과 재산상 이익

앞에서 살펴본 바와 같이 아이템을 재물이라고 할 수는 없다. 그러나 현실적으로 게임이용자들은 아이템의 획득을 위하여 시간과 노력을 투자하고 게임을 통하여 획득된 아이템은 이용자들 사이에서 현금매매의 대상이 되고 있다. 따라서 아이템에 대한 경제적 교환가치라는 것은 당연히 인정할 수 있다.

그런데 아이템에 대해서 이용자가 가지는 권리가 무엇인지가 문제된다. 온라인게임은 저작권법에 의해서 요구되는 창작성을 지닌 저작물에 해당되고 따라서 게임의 한 구성부분인 게임아이템 역시 저작물로서 저작권법에 의하여 보호를 받게 된다. 결과적으로 저작권은 아이템을 제작한 자에게 귀속되고, 아이템의 "소유권" 역시 저작권자에게 귀속된다.[191] 아무리 게임이용자가 아이템을 획득하기 위하여 노력

---

190 변종필, 전게논문, 37 - 38면.

191 아이템의 소유권이 게임사업자에게 있다면 이론적으로 아이템 등의 절도 문제는 애당초 생길 여지가 없다. 왜냐하면 아이템의 점유가 누구에게 있든 간에, 다시 말해 아이템이 어떤 게임이용자의 계정에 들어 있든 간에 그것 자체는 이미 만들어진 게임 프로그램에 의거하여 전개되는 것으로서 게임사업자의 지배범위를

과 시간을 투자하였더라도 이를 온라인게임상의 "창작"이라고 볼 수 없기 때문에 게임이용자가 저작권자, 즉 소유권자가 될 수는 없다.[192 · 193]

결과적으로 게임의 이용자가 아이템에 대하여 가지는 권리란 게임이용권이라는 채권적 이용권이다. 따라서 아이템에 대하여 재물성을 인정할 수는 없지만 게임이용권이라는 재산상의 이익은 인정할 수 있다.[194] 그런데 이러한 재산상의 이익은 앞서 살펴본 경제적 재산설의 입장에 따르면 별다른 논의 없이도 인정될 수 있으나, 법률적·경제적 재산설에 따르면 인정여부가 논해질 여지가 있다. 왜냐하면 현재 온라인 게임을 제공하고 있는 모든 국내 게임업체들은 약관을 통하여 계정, 캐릭터, 아이템 등을 타인에게 양도하거나 질권을 설정하거나 담보에 제공하거나 현금 매매하는 행위 등을 금지하고 있기 때문이다. 이에 대하여 공정거래위원회는 "민법 제98조는 '물건이라 함은 유체물 및 전기 기타 관리 가능한 자연력'이라고 규정하고 있는데, 아이템은 0과 1의 조합인 수치에 불과하므로 물건에 해당하지 않으므로 소유권의 객체에도 해당하지 않는다"고 하면서 아이템 등의 거래가 법률상 허용되

벗어났다고 볼 수 없을 뿐만 아니라 일방의 계정에서 타방의 계정으로 몰래 옮겨졌다 하더라도 게임사업자에게 실질적인 침해가 발생했다고 볼 수 없어 소유의 침해를 인정할 수 없기 때문이다. 또한 일방의 계정에서 타방의 계정으로 몰래 옮겨진 아이템 등에 대해서는 소유권에 기한 권리인 소유물반환청구권(민법 제213조), 소유물방해제거청구권과 소유물방해예방청구권(제214조)이 행사될 수 없다는 점 역시 소유의 침해를 인정하기 어렵게 하는 요인이 된다(변종필, 전게논문, 34 – 35면).

192 이에 대하여 게임을 하는 행위가 저작인접권의 대상이 되기 때문에 게임 자체를 실연의 형태로 보려는 접근도 있지만 게임행위를 실연으로 본다면, 그 자체를 촬영하여 매체에 고정치 않는 이상은 어떠한 권리라고 할 수 없다(김윤명, 온라인게임의 법률문제 – 아이템 거래와 소비자 보호를 중심으로 – ,지적재산권법 연구, 한국지적재산권학회, 제6권(2002), 231면). 또한 프로그램작성자의 창작이 있다 하더라도 게임이용자의 이용이 없다면 의미가 없으므로 양자 공동으로 만들어지는 공동저작물이라고 보아 게임이용자의 "소유"를 인정하려는 견해도 있지만 정해진 조작 방법에 따라 단순히 조작하는 행위를 창작이라고 볼 수 없을 뿐만 아니라 게임을 함으로써 게임의 핵심적인 부분, 즉 반복되는 패턴과 전체적인 이미지가 달라지는 것도 아니므로 역시 게임이용자를 저작자라고 볼 수 없다(이상정, 게임저작물과 저작권, 디지털게임에 관한 법률문제, 한국디지털재산법학회 춘계세미나 자료집, 2002, 83면). 즉, 게임아이템의 취득 등은 이미 게임이용권의 내용 속에 있는 것이고 약관에 따른 게임의 이용과정이라고 보아야 하고, 따라서 게임아이템에 대하여 독립적이고 대세적인 권리가 발생한다고는 볼 수 없다(정해상, 인터넷 게임아이템 거래에 관한 법리, 중앙법학, 제5집 제3호(2003), 중앙법학회, 266면).

193 또한 원칙적으로 아이템의 소유권이 저작권자에게 있으나 아이템의 재물성을 인정하고 이를 민법상 가공(민법 제259조)의 법리를 이용하여 게임이용자에게 소유권을 귀속시키려는 견해도 있다(김신의, 전게논문, 54 – 59면, 63 – 66면).

194 김혜경, 전게논문, 233면.

는가에 대해서는 "현행법상 아이템 매매를 금지하고 있는 법률이 없고 거래 행위가 민법상 무효가 될 만큼 반사회적인 행위라고 보기는 어려우므로 거래 자체는 가능하다"라는 입장을 보이고 있다. 다만 온라인 게임업체들의 약관 재심사에서는 "온라인 게임에 등장하는 캐릭터와 아이템의 매매를 금지하는 게임이용약관은 적법하다"라고 판정을 내렸다. 이러한 점을 고려한다면 아이템의 거래는 약관상 게임업체들과의 관계에서는 무효로 볼 수는 있더라도[195] 이를 민법상 반사회적 행위에 해당하여 무효라고 할 수는 없으므로 거래 당사자 간에는 유효한 법률관계로 파악될 수 있고 법률적·경제적 재산설을 취하더라도 재산상 이익을 인정할 수 있을 것이다.[196]

3. 판례의 태도

판례[197]는 온라인게임 아이템을 객체로 한 범죄에서 공갈죄를 인정하였다. 그러나 공갈죄는 재물 또는 재산상의 이익을 행위객체로 하고 있음에도 판례는 아이템이 재물인지 재산상의 이익인지에 대해서는 구체적인 언급을 하지 않고 있다.

그 밖에도 정보, 프로그램 파일이나 타인의 일반전화 사용에 대하여 일반적으로 재물성을 인정하지 않고 있다.

컴퓨터 파일의 경우 판례는 "컴퓨터 파일은 유체물이나 관리할 수 있는 동력으로 볼 수 없다"며 "파일을 복사하여 가지고 나온 것만으로는 파일에 대한 소유권이나 점유의 침해가 있다고 볼 수 없다"고 밝혔다. 또한 "절도의 객체가 CD라 하더라도 CD가 원래 누구의 것인지, 어떤 경위로 CD를 취득해 파일을 복사하게 된 것인지 알 수 없고 그에 대한 불법영득의 의사가 있었는지도 명백하지 않다"고 덧붙였다.[198]

---

195 그러므로 아이템을 현금 매매하였는데 상대방이 탈퇴하였거나 해킹 등의 사유로 게임이용자가 재산상의 손해를 입었다고 하더라도 이를 이유로 게임업체에 손해배상을 청구하기는 어렵다고 보인다.

196 김혜경, 전게논문, 232 – 234면

197 서울지방법원 서부지원 2000.11.8. 선고 2000고단1366 판결.

198 서울지방법원 2001.7.18. 선고 2001노942 판결. 서울지법 형사항소5부는 18일 전 근무처인 D네트워크에서 개발 중인 해킹방지 방화벽 프로그램을 파일로 무단 복사한 N솔루션 보안팀장 정 모씨(26)에게 컴퓨터프로그램보호법위반 및 절도 등의 혐의를 적용, 징역 8월에 집행유예 2년을 선고한 1심을 깨고 "컴퓨터 파일은 물건이 아니어서 절도죄가 적용되지 않는다"며 절도에 대해 무죄를 인정, 벌금 5백만원을 선고했다(법률신문 2001.7.20. 참조).

또한 전화의 무단사용에 관하여, "타인의 전화기를 무단으로 사용하여 전화통화를 하는 행위는 전기통신사업자가 그가 갖추고 있는 통신선로, 전화교환기 등 전기통신설비를 이용하고 전기의 성질을 과학적으로 응용한 기술을 사용하여 전화가입자에게 음향의 송수신이 가능하도록 하여 줌으로써 상대방과의 통신을 매개하여 주는 역무, 즉 전기통신사업자에 의하여 가능하게 된 전화기의 음향송수신기능을 부당하게 이용하는 것으로, 이러한 내용의 역무는 무형적인 이익에 불과하고 물리적 관리의 대상이 될 수 없어 재물이 아니라고 할 것이므로 절도죄의 객체가 되지 아니한다"[199]고 보고 있으며 그 이후에도 이러한 견해를 지속하고 있다.[200]

그 밖에도 컴퓨터에 저장된 정보가 절도죄의 객체로서 재물에 해당하는지 및 이를 복사하거나 출력해 간 경우 절도죄를 구성하는지에 대하여서도 "절도죄의 객체는 관리 가능한 동력을 포함한 '재물'에 한한다 할 것이고, 또 절도죄가 성립하기 위해서는 그 재물의 소유자 기타 점유자의 점유 내지 이용 가능성을 배제하고 이를 자신의 점유 하에 배타적으로 이전하는 행위가 있어야만 할 것인바, 컴퓨터에 저장되어 있는 '정보' 그 자체는 유체물이라고 볼 수도 없고, 물질성을 가진 동력도 아니므로 재물이 될 수 없다 할 것이며, 또 이를 복사하거나 출력하였다 할지라도 그 정보 자체가 감소하거나 피해자의 점유 및 이용 가능성을 감소시키는 것이 아니므로 그 복사나 출력 행위를 가지고 절도죄를 구성한다고 볼 수도 없다"고 판시하여 정보의 재물성을 인정하지 않았다.[201]

---

199 대법원 1998.6.23. 선고 98도700 판결.
200 이후, 대법원 2000.10.6. 선고 2000도3290 판결에서도 지난 97년 3월 군포시 현 모씨 집 전화선에 별도의 선을 연결, 네덜란드 등지에 78만원어치의 통화를 한 혐의로 기소돼 1·2심에서 무죄를 선고 받았던 피고인에게, "전화통화는 전기통신사업자에 의해 가능하게 된 전화기의 음향송수신기능을 무단 이용하는 것"이라며 "따라서 전기통신사업자의 '역무'는 무형적인 이익으로 물리적 관리의 대상이 될 수 없는 만큼 절도죄의 객체가 되는 '재물'이 아니다"라고 밝혔다(법률신문 2000.10.10. 참조).
201 대법원 2002.7.12. 선고 2002도745 판결.

Ⅳ 아이템과 형법상의 재산범죄에 대한 구체적 논의

1. 타인 ID와 비밀번호를 도용하여 타인계정 내의 아이템을 몰래 이전한 경우

1) 절도죄의 성립 가능성

이러한 행위는 현실세계에서의 절취에 해당한다고 보이지만 앞서 살펴보았듯이 아이템의 재물성이 인정되지 않아 절도죄의 객체에 해당하지 않는다.[202] 또한 아이템의 소유관계에 변화도 없다. 아이템의 소유권자는 게임의 정당한 이용자가 아니라 게임업체이기 때문이다. 아이템이 게임이용자 사이에서 A의 계정에서 B의 계정으로 옮겨진다고 하더라도 A나 B가 보유하는 것은 아이템에 대한 소유권이 아니라 채권적 접속계약에 따른 저작이용권에 불과하다. 아이템의 소유권은 여전히 게임업체에 있고 아이템을 몰래 빼내 온 게임이용자는 자신이 아이템을 소유한다고 생각할지는 모르지만 실상 아이템을 사용할 수 있는 권리를 빼내 온 것에 불과하다.[203] 따라서 절도죄는 성립하지 않는다.

---

[202] 절도죄는 성립하지 않더라도 이러한 경우 범죄의 객체로 선택한 대상이 처음부터 부존재하거나 그 대상이 될 수 없어 행위자가 의도한 결과의 발생이 불가능한 것, 즉 객체의 불가능성(대상의 착오)으로 인해 절도죄의 불능미수가 성립할 가능성도 있다고 본다.

[203] 이와 관련하여 형법상 소유권의 변화가 없는 경우 대법원은 다음과 같은 판단을 내리고 있다. 소속중대의 병기 중 M16 소총 1정이 부족하자 이를 분실한 것으로 알고 보충하기 위하여 타 부대에서 그와 동일한 기종의 총기 1정을 절취한 사건(대법원 1965.2.24. 선고 64도795 판결; 대법원 1977.6.7. 선고 77도1069 판결)에서 대법원은 군용물은 복무 중에는 개인적 사용물이지만 이는 일시적인 것으로서 모두 국가 소유의 물건이라는 점에서 불법영득의사를 인정하지 않았다. 즉, 비록 A부대에서 B부대로 M16소총의 위치가 이전되었더라도 여전히 소유권은 A부대나 B부대가 아닌 국가에게 귀속되기 때문에 소유권의 이전이 없었다고 보고 불법영득의사를 인정하지 않았다(김혜경, 전게논문, 234 – 235면).
다만, 게임이용자를 위의 군용물 분실과 관련된 대법원 사례와 같이 볼 것인지는 생각해 볼 문제이다. 불법영득의 의사라 함은 권리자를 배제하고 타인의 물건을 자기의 소유물과 같이 그 경제적 용법에 따라서 이용하고 처분할 의사를 말한다. 또한 절도죄에 있어서의 불법영득의 의사는 영구적으로 그 물건의 이익을 보유할 의사가 필요치 아니하여도 소유권 또는 이에 준하는 본권을 침해하는 의사, 즉 목적물의 물질을 영득할 의사나 물질의 가치만을 영득할 의사라도 영득의 의사가 있다는 판례(대법원 2006.3.24. 선고 2005도8081 판결)에 따르면 게임이용자에게 불법영득의사를 인정할 가능성도 있다고 본다.

2) 사기죄의 성립 가능성

위와 같은 사례의 경우 아이템을 재물로 보지 않는 이상 게임이용자는 아이템을 이용할 수 있는 권리라는 재산상 이익이 침해된 것으로 보는 것이 타당할 것이다. 그러므로 형법상 이득죄인 강도죄, 사기죄, 공갈죄, 배임죄 중의 하나로 구성하여야 할 것이다.

행위자가 마치 자신이 정당하게 게임업체와 계약을 맺은 ID의 사용권자인 것처럼 계정에 접속한 기망행위의 상대방을 어떻게 판단할 것인가에 따라 삼각사기 또는 컴퓨터등 사용사기죄를 인정할 수 있는 가능성이 있다.[204]

먼저 기망행위의 상대방을 온라인게임을 운영하는 게임업체로 본다면 삼각사기가 가능하다. 사기죄가 성립하기 위해서는 행위자의 기망행위, 상대방의 착오, 재산상의 처분행위, 그리고 재산상의 이득사이에 모두 인과관계가 인정되어야 한다. 그리고 삼각사기란 피기망자와 재산상의 처분행위자가 동일인이 아닌 경우로서, 피기망자의 재산상의 처분행위로 인한 피해자가 제3자인 경우를 말한다. A가 B의 계정에 들어가서 B의 아이템을 '절취'하는 행위는 A가 게임업체를 상대로 마치 자신이 정당한 게임이용권자인 B인 것처럼 기망하고(행위자의 기망행위) 이로 인하여 게임업체는 자신과 이용계약을 맺은 B인 것으로 착오를 일으키고 계정의 접속을 허가하고(상대방의 착오), 이에 A가 B의 계정에 들어가서, B에게 아이템의 손실이라는 재산상의 손해를 입힌 것(재산상의 처분행위와 행위자의 재산상의 이득)이라고 본다면 이러한 삼각사기가 가능하다.[205]

한편 기망행위의 대상을 컴퓨터라고 본다면 컴퓨터등 사용사기죄의 성립이 가능할 것이다. 본죄는 컴퓨터 등 정보처리장치에 허위의 정보 또는 부정한 명령을 입력하거나 권한 없이 정보를 입력 또는 변경하여 재산상의 이익을 취득하거나 제3자로 하여금 취득케 함으로써 성립하는 범죄이다. 본죄는 전통적인 사기죄는 사람을 기망하여 착오에 빠지게 할 경우에만 성립이 가능하기 때문에 컴퓨터의 기능을 이용

---

204 여기에서는 ID 도용에 관한 형사처벌 가능성 문제는 "Part 02 Chapter 01 제1절 해킹"의 부분 참조.
205 여기에서 재산상의 처분행위자이자 기망행위의 상대방은 게임업체이고, 이로 인한 재산상의 피해자는 B라고 보는 것이다. 따라서 타인의 ID를 해킹 등을 통하여 알아냈다는 점에서 사기죄가 성립하는 것이 아니라 B의 아이템 이용권이라는 권리침해가 있었다는 점에서 사기죄가 성립한다고 볼 수 있다(김혜경, 전게논문, 236면).

하여 재산상의 이익을 얻는 경우 처벌할 수 없는 허점을 보완하기 위한 것이다. 예컨대 자신의 집에서 개인 컴퓨터를 이용하여 타인의 인터넷뱅킹 ID와 비밀번호를 도용하여 다른 사람의 계좌로부터 예금을 자신의 계좌로 이체하는 행위 등이 여기에 해당할 수 있다. 동일한 관점에서 타인의 온라인게임 접속 ID와 비밀번호를 알아내 계정으로 들어가 게임아이템을 자신의 계정으로 옮겼다면, 컴퓨터에 권한 없이 진실한 자료인 타인의 ID와 비밀번호를 입력하여 게임아이템이라는 재산상의 이익을 취득한 것으로 볼 수 있을 것이다.[206]

2. 계정위임을 기화로 자신의 계정에 든 아이템을 임의로 이전한 경우

타인에게 자신의 게임레벨을 올려달라고 부탁을 하면서 자신의 계정을 맡겼는데, 타인이 이를 기화로 하여 자신의 계정에 들어가서 그 계정에 든 무기 등의 아이템을 임의로 자신 또는 제3자의 계정으로 옮겨 갔다면 동일한 이유로 재산상의 손해로 인한 배임죄의 성립이 가능하다.[207]

3. 폭행·협박에 의한 아이템이전

게임상대방을 찾아가 폭력을 행사하고 비밀번호를 알아내어 아이템을 빼앗았다면 이는 강도죄 또는 공갈죄가 성립할 수 있을 것이다. 앞서 공갈죄를 인정한 판례[208]에서 아이템이 재물인지 재산상의 이익인지에 대해서 구체적인 언급을 하지

---

[206] 컴퓨터사용사기죄가 도입된 결과, 타인의 ID와 비밀번호를 알아내어 이를 도용한 결과 자신의 계정으로 게임아이템을 옮겼다면 컴퓨터등 사용사기죄에 해당한다고 보아야 할 것이다. ID와 비밀번호의 궁극적인 관리자는 게임업체라 할지라도 게임의 접속은 일괄적으로 ID와 비밀번호가 일치하면 게임업체의 개개의 허락 없이 프로그램상 자동 접속할 수 있는 방식이기 때문이다. 따라서 게임업체에 대한 기망행위가 있었다고 보기는 어렵다. 예컨대 현금자동입출금기의 경우 신용카드를 넣고 비밀번호를 입력하는 경우 현금자동입출금기의 관리자 또는 은행이나 카드회사가 개개의 정보에 대하여 이용 허락을 하는 것이 아니라 프로그램 자체가 처음부터 그러한 접속을 허용하도록 만들어져 있는 것과 마찬가지이다(김혜경, 전게논문, 236면).

[207] 횡령죄도 논의될 수 있으나 앞서 살펴본 절도죄와 마찬가지로 횡령죄의 객체는 재물에 한정되므로 성립할 수 없으나, 객체의 불가능성으로 인해 횡령죄의 불능미수가 논해질 가능성은 있다고 본다.

[208] 서울지방법원 서부지원 2000.11.8. 선고 2000고단1366 판결.

않고 있긴 하지만, 이 경우 재물에 대한 강도나 공갈이 아니라 아이템을 재산상의 이익으로 보아 강도죄나 공갈죄가 성립한다고 보는 것이 현행 형법의 해석상 타당할 것으로 본다.

4. 아이템을 판매한다고 속여 현금을 가로챈 경우

아이템을 판다고 속이는 것은 기망행위의 내용에 불과하고 아이템이 재산범죄의 객체가 되는 것이 아니다. 그러므로 재산범죄의 객체가 되는 것은 피해자가 잃게 되는 현금, 기타 재물 또는 재산상의 이익이기 때문에 이와 같은 경우 사기죄가 성립된다.

5. 타인계정에서 절취·강취한 아이템을 돈을 주고 구입한 경우

만일 아이템에 대하여 재물성을 인정한다면 장물죄에 동력의 재물간주규정이 존재하지 않더라도 유체성설에 의하든 관리가능성설에 의하든 장물죄는 성립할 것이다.[209] 즉, 장물죄는 재물에 관해서만 성립하는 범죄이다. 그런데 아이템은 재물이 아닌 재산상의 이익에 해당하므로 재산 범죄로 인하여 성립된 것임을 알고 취득하였다고 하더라도 장물죄를 인정할 수는 없을 것이다. 다만 경우에 따라 사전에 타인에게 자신이 매수할 것을 제시하여 이득범죄를 행하게 하였을 경우 등 구체적인 정황에 따라 이득죄의 공범 또는 종범의 성립만을 인정할 여지가 있을 뿐이다.

Ⅴ 결론

현행 법체계 내에서 아이템의 재물성을 인정하기는 어렵다고 본다. 유체성설에 따를 경우 아이템은 가상의 형체이지 현실적으로 일정한 공간을 점유하는 유체물이 아니기 때문에 재물이라고 볼 수 없고, 관리가능성설에 의한다고 할지라도 아이템

---

[209] 장물죄에서 동력 간주규정을 두고 있지 않더라도 장물죄의 본범은 재물범죄자이고, 재물범죄자가 취득하는 객체로서 재물에는 관리할 수 있는 동력이 포함되므로, 유체성설의 입장에 선다고 하더라도 관리할 수 있는 동력은 장물죄의 객체에 해당한다는 결론을 내리는 것이 가능하다고 본다(김혜경, 전게논문, 222면).

을 일반적으로 관리할 수 있는 동력으로 보기도 어렵기 때문이다. 따라서 형법상 재산범죄 중에서도 재물만을 행위의 객체로 하는 절도죄나, 횡령죄, 장물죄, 손괴죄가 성립하는 것은 불가능하다.

게임아이템은 게임업체의 약관에 나와 있는 사항으로 미루어 보아 그 소유권이 게임이용자가 아닌 게임업체에 있다고 보이므로 아이템과 관련하여 게임이용자가 가지는 것은 아이템의 소유권이 아니라 게임이용자가 게임을 하면서 이용할 수 있는 채권적 권리일 뿐이다. 다만 이러한 이용권이 경제적 재산개념이나 법률적·경제적 재산개념에 따라 게임이용자들에게 재산상의 이익으로 파악될 수 있을 것이다. 따라서 재산범죄 중에서 이득죄에 해당하는 강도죄, 사기죄, 공갈죄, 배임죄의 성립이 가능하게 된다.

고부가가치 산업인 게임산업은 향후 더욱 큰 폭으로 성장할 것으로 예상되고, 이용자수가 늘어나는 만큼 온라인게임이라는 사이버공간에서 일어나고 있는 범죄행위 역시 비례적으로 증가하고 있다. 따라서 이러한 범죄행위에 대한 규제 또한 시급하다.

특히 온라인게임상의 아이템이 현실적으로 경제적인 가치로 환산되어, 매매의 대상이 되면서 아이템을 매개로 한 재산범죄가 두드러지고 있는 현시점에서 재산상의 피해가 있고 행위의 불법성이 인정됨에도 불구하고 행위의 객체인 게임아이템이 법해석상 재산범죄의 대상이 되지 않는 것은 앞으로 우리가 시급히 풀어 나가야 할 과제이다. 과거 전통적인 재산범죄 객체의 해석에 대하여는 과학기술의 발전에 부합하는 변화의 필요성과 요구성이 요청되고, 법학도 디지털시대에 맞추어 가상공간의 특성을 인정하고 가상공간에서 나타나는 논쟁들에 대하여 현실세계의 공간에 어떻게 하면 가장 합리적으로 대응할 수 있는가에 대한 다각도의 심도 있는 연구가 필요하다. 또한 게임아이템과 같이 과학의 발달로 인해 생긴 새로운 행위객체들을 기존의 재산범죄로는 처벌하기 어려운 지점들에 대한 입법적 고려 역시 필요할 것이다.

I 서언

인터넷으로 대표되는 정보통신기술의 발달은 사회 곳곳에 변화의 물결을 가져왔고, 이러한 사회의 변화는 거대한 국가에서부터 개인의 생활까지 사회제도와 일상생활 거의 전 부문을 바꾸어 놓고 있다. 특히 주목할 만한 것은 현실세계와는 다른 또 하나의 세계, 즉 가상세계인 사이버공간을 만들어 놓은 것이다. 초기의 사이버공간은 전문가나 국가기관들 사이의 정보처리나 정보교류의 장이었다. 그러나 개인용 컴퓨터(PC)의 광범위한 보급과 인터넷의 대중화 및 컴퓨터 통신망의 급격한 확산은 사이버공간을 누구나 접근할 수 있는 토론의 장인 동시에 정보교류의 장으로 변화시켰다. 정보통신부 자료에 의하면 우리나라 국민의 69%인 3,071만 명이 컴퓨터를 이용하며, 국민의 64%인 2,861명이 한 달에 한 번 이상 인터넷을 사용하고 있다고 한다.[210] 이러한 인터넷사용의 확대는 물론 정보통신망의 확대와 개인용 PC의 보급이라는 하드웨어적인 면에 영향을 받은 바 크지만 다른 한편 인터넷사용을 편리하게 하여 이를 누구나 쉽게 자료에 접근하도록 가능케 한 링크의 발전에 힘입은 바 크다.

초기의 인터넷은 국방이나 과학의 연구목적으로 전문가의 범위에서만 사용되어 졌으나 컴퓨터언어나 기술적인 면에 비전문가인 일반인들도 쉽게 인터넷을 사용할 수 있도록 가능하게 한 것은 링크[211]이다. 사용자들은 하이퍼링크를 통하여 같은 문서내의 다른 장소 혹은 수천 킬로 떨어진 다른 컴퓨터에 연결해 주고, 다른 웹페이지상의 정보를 불러들일 수 있다. 그리고 링크를 통하여 인터넷이용자는 컴퓨터나 인터넷의 작동원리나 기술적 측면을 이해하지 못하고도 마우스를 한두 번 클릭하는 손쉬운 방법으로 무수한 웹페이지의 세계를 넘나들 수 있었던 것이다. 즉, 하이퍼링크는 인터넷 이용자가 접속을 원하는 사이트에 접근할 수 있는 방법 중 가장 간편

---

210 http://www.mic.go.kr/index.jsp.

211 링크의 연혁에 관하여는, 영국의 British Telecommunications가 1989년 미국특허청으로부터 받은 특허에 기인한다는 주장과 그 이전에 이미 존재하던 기술이라는 주장이 있다고 한다(배성호, 링크의 저작권침해 여부, 사법행정 제43권 제10호(2002.10), 7면 참조).

하고 보편화된 방법으로, 찾는 데 수 시간이 걸릴지 모를 사이트를 단 한 번의 클릭으로 접속할 수 있게 하여 이용자들에게 많은 편의를 제공하여 주었고, 그 결과 인터넷을 '네트워크의 네트워크'라 불리게 하는 근거가 되었던 것이다.

이와 같은 편리함에도 불구하고 하이퍼링크의 설정은 법적으로 다양한 문제를 제기하고 있다. 인터넷을 통하여 사이버공간에서 유통되는 정보의 다수가 불법내용의 정보라고 한다. 예컨대 인터넷에서 유통되는 음란물의 분량은 매년 60만 건 이상이며, Usenet 뉴스그룹 자료 중 80% 이상의 사진이 음란물이라고 한다. 또한 인터넷홈페이지에는 포르노와 관련된 성인사이트가 28,000개나 구축되어 있고, 현재 인터넷상에서 제공되는 모든 정보의 70% 이상이 성인오락과 관련된 유해정보라고 알려지고 있다.[212] 특히 인터넷의 상업적 이용이 증대되고 보다 더 다양한 링크기술이 발달됨에 따라 하이퍼링크를 통하여 유통되거나 제공되는 정보의 양은 기하급수적으로 확대되고 있다. 이러한 불법한 내용의 웹이나 페이지에 링크를 설정하는 경우 이를 처벌할 수 있는가와 처벌하면 어떻게 처벌할 것인가가 문제이다. 또한 불법한 내용이 아닌 다른 사람의 웹이나 홈페이지에 권한 없이 링크하는 경우에도 저작권침해[213]나 인격권침해 등 문제가 발생할 수 있다.

Ⅱ 링크의 기술적 논의

1. 하이퍼링크의 개념

WWW(월드 와이드 웹)은 전 세계의 사이트들의 상호연결 시스템, 즉 서버들로 이루어져 있고, 하이퍼텍스트는 WWW상의 다양한 종류의 정보(문서, 음향, 화상 또는 동영상)를 정보망을 통하여 각기 다른 웹페이지에 연결되는 것을 가능하게 하는 하나의 정보시스템이다. 이 시스템은 페이지를 웹상에 등재된 것으로 표현하기 위하여 HTML(Hypertext Markup Language)[214]을 사용한다.

---

212 정완, 사이버음란물의 유통과 규제, 형사정책연구, 제11권 제1호(2000 봄), 36면 참조.
213 예컨대 우리나라의 소리바다사건과 같은 P2P방식에 의한 MP3파일 유통사건은 세계적인 화두가 되어 있다.
214 HTML은 인터넷서비스의 하나인 월드 와이드 웹(WWW)을 통해 볼 수 있는 문서를 만들 때 사용하는 프로그래밍 언어의 한 종류이다. 특히 하이퍼텍스트를 작성하기 위해 개발되었으며, 인터넷에서 웹을 통해

웹의 통신구조는 HTTP(Hypertext Transfer Protocol)와 URL(Uniform Resource Protocol)이라는 두 가지 형태에 기초하고 있다. HTTP는 웹상에서 정보를 전송하는 데 이용되는 통신표준(프로토콜)이고, URL은 웹상의 특정자원을 지정하는 주소, 즉 인터넷상의 어떤 정보를 지정함에 있어 접근하는 방법, 호스트의 위치, 호스트 내에서의 위치를 지정하는 표현방식이고 도메인명이 사용되고 있다. 웹에서 방문하는 장소, 구체적으로 말하면 링크된 문서가 저장되어 있는 컴퓨터나 서버의 인터넷상의 위치를 말하는 웹사이트에 접속하려면 웹브라우저 소프트웨어[215]와 URL이라고 하는 그 사이트의 주소를 사용하여야 한다. 브라우저를 사용하여 웹을 서핑하고 부라우즈하거나 여기저기를 검색할 수 있다. 특정 웹사이트에 접속하면 화면에 정보가 담긴 웹페이지가 나타나고, 마우스를 이용한 하이퍼링크의 클릭을 통하여 웹서핑(한 페이지에서 다른 페이지로 이동)을 할 수 있다. 웹페이지에는 색이 칠해져 있거나 밑줄이 그어져서 표시되는 부분이 나타나는데, 마우스 포인터를 그 위로 이동시키면 포인터가 보통 손모양으로 변한다. 그것을 클릭하면 하이퍼텍스트(또는 하이퍼미디어[216]) 링크로 이동할 수 있다. 하이퍼텍스트는 사용자의 선택에 따라 관련 있는 쪽으로 옮겨갈 수 있도록 조직화된 정보를 말한다. 이러한 관련 정보의 실체를 '링크' 또는 '하이퍼링크'라고 부른다.

하이퍼링크는 넓은 의미에서 두 가지 개념을 포함하고 있다. 하나는 링크의 숨겨진 형태이고, 다른 하나는 링크의 표현형태이다. 하이퍼링크라는 용어의 기술적

접근되는 모든 웹 페이지들은 HTML로 작성된다. HTML은 문서의 글자크기, 글자색, 글자모양, 그래픽, 문서이동(하이퍼링크) 등을 정의하는 명령어로서 홈페이지를 작성하는 데 쓰인다. HTML에서 사용하는 명령어를 태그(tag)라고 하는데 태그는 반드시 시작과 끝을 표시하는 2개의 쌍으로 이루어져 있다. 또한 HTML로 작성된 문서를 HTML문서라 하며 이 HTML로 작성된 문서를 웹 브라우저가 해석하여 이용자에게 보여주게 된다. HTML에서는 문서가 별도의 코드(code)를 인식하여 완벽한 하이퍼텍스트를 만들 뿐만 아니라 단어 또는 단문을 인터넷의 다른 장소나 파일로 연결시킬 수 있다. HTML은 전자문서의 서식을 정의하기 위해 만들어졌으며, 국제표준 SGML의 부분 집합으로 정의되었다. HTML은 SGML에서 특히 하이퍼텍스트를 강조하여 만들어진 언어이며, ASCII 문자로 구성된 일반적인 텍스트로 구성되었다. 이 언어는 별도 컴파일러가 필요치 않으며, 웹 브라우저에서 해석이 가능한 사용하기 쉬운 언어로 각광을 받고 있다

215 웹브라우저 소프트웨어는 월드 와이드 웹에서 모든 정보를 볼 수 있도록 해 주는 응용 프로그램이다. 크롬, 넷스케이프 커뮤니케이터와 마이크로소프트의 익스플로러가 많이 사용되고 있다.

216 하이퍼미디어란 하이퍼텍스트의 확장된 개념으로서 문자뿐만 아니라 소리, 애니메이션, 그래픽, 비디오, 정지화상, 동화상 등으로 혼합한 형태를 나타내기 위한 방법이다.

의미는 브라우저가 다른 웹페이지의 문서(외적 링크) 또는 동일한 문서의 다른 부분(내적 링크)에 가도록 지시하는 HTML도구이다. 이렇게 이해할 때 하이퍼링크는 링크된 사이트의 도메인명을 포함하는 하나의 HTML코드의 형태를 띤다. 이것이 링크의 숨겨진 측면이다. 그러나 인터넷사용자는 네비게이터의 'view'와 'source', 익스플로러의 '소스' 명령을 행함으로써 HTML코드를 볼 수 있다. 통상적 의미에서 하이퍼링크라는 용어는 링크의 가시적 부분이고, 그 단어 또는 이미지는 링크에 뒤이어 나타날 수 있는 웹페이지의 방문자를 안내하게 된다. 이것은 자주 커서의 이동에 의해서 확인되어진다. 커서를 하이퍼링크위로 옮기면 보통 손모양이 나타난다. 링크의 가시적 부분을 포인터라고 부른다. 포인터는 보통 밑줄 쳐진 파란색의 단어의 형태를 가진다. 가끔 정지화상 또는 동화상에 의해 표현되어지기도 한다. 다음에서 언급되는 하이퍼링크 또는 포인터는 링크의 가시적 부분을 말하고, HTML코드는 링크의 숨겨진 부분을 위해 사용되는 명칭을 의미한다. 하이퍼링크의 기능은 방문자를 웹페이지, 웹페이지의 그림 또는 일정한 부분 등과 같이 다른 하이퍼텍스트 문서에 이동시키는 것이다. 이러한 기능은 자동적으로 또는 포인터 위를 클릭하여 이용자를 자신의 URL주소를 가진 웹상에 위치하는 문서로 전송하여 그 내용을 보여주게 된다.

2. 하이퍼링크의 유형

1) 단순링크(Surface Link)

링크를 통해 이용자는 동일한 웹사이트나 다른 웹사이트의 특정 지점으로 사이트이동을 하게 되고 이용자는 새로 접속된 웹사이트만 볼 수 있다. 여기서 자신의 사이트의 하부내용에 들어가는 것은 문제가 없으나 다른 사이트로 이동하는 경우가 문제이다. 링크의 유형으로 단순링크는 이용자를 기존의 사이트에서 다른 사이트의 홈페이지[217]로 이동시키는 것을 의미한다. 이 경우 이용자의 화면에는 링크되는 사이트의 본래 모습이 나타난다. 따라서 단순링크의 경우는 이용자가 처음부터 링크

---

217 웹사이트와 홈페이지는 혼동되어 사용되는 경향이 있으나 여기서는 각 웹사이트의 첫 페이지를 홈페이지라고 한다. 즉, 홈페이지는 보통 가장 단순한 형태로 도메인명을 사용할 때 나타나는 페이지를 말한다.

된 사이트에 접속하는 것과 다를 바 없다.[218]

2) 직접링크(Deep Link)

단순링크가 다른 사이트의 홈페이지로 이동시키는 것과 달리 직접링크(deep link)는 다른 사이트의 홈페이지보다 한 단계 또는 여러 단계 아래의 내부페이지 또는 부속적 페이지로 직접 이동시키는 링크유형이다.[219] 이 경우 이용자는 기존의 사이트에서 다른 사이트로 이동함에도 링크된 사이트의 홈페이지를 거치지 아니하므로 링크된 사이트의 운영자에 관한 사항(운영자, 사이트주소, 회사명 등)을 건너뛰게 되고, 사이트의 운영 등에 관해 알고 싶으면 해당 홈페이지로 돌아가야 한다. 또한 경우에 따라서는 이용자는 직접 내용들이 있는 페이지를 보게 됨으로써 해당 페이지의 내용이 기존 사이트의 내용이라는 인상을 가질 수도 있다. 더 나아가 광고수입이 홈페이지를 방문한 횟수에 의하여 산정되는 것이 보통임에도 직접링크는 이를 왜곡하게 하여 운영자에게 이익상실을 야기할 수 있고, 사이트의 하위페이지에 음란물 등이 게시되어 있는 경우가 많으므로 단순링크한 경우보다 많은 문제점을 내포하고 있다.

3) Inline링크

Inline링크는 이용자를 다른 사이트나 장소로 이동시켜 주는 것이 아니라 링크에 의하여 연결된 웹사이트로부터 이미지나 텍스트 또는 음성클립 등을 자신의 사

---

[218] 물론 이러한 경우에도 저작권법의 위반 가능성은 존재한다. 웹사이트를 운영하는 운영자는 자신의 사이트를 링크시키는 경우 이에 대한 승낙을 받도록 하는 경우도 있다. 그래서 자신의 동의 없이는 링크행위를 금하도록 홈페이지에 게시하기도 한다. 그러나 보통의 경우에 사이트 운영자는 링크를 허용하고 다만 직접링크(deep link)하지 못하게 하고 링크시키는 경우 홈페이지를 통하는 링크만 허용하고 있다. 따라서 단순링크의 경우는 홈페이지를 링크시키는 경우이므로 일반적으로 문제가 되지 아니한다. 문제는 단순링크 자체에 대해서도 운영자의 동의를 받아야만 한다고 홈페이지에 게시한 경우에 단순링크를 위법한 것으로 볼 수 있는가이다. 이것은 인터넷의 특성상 허용할 수 없다고 보아야 한다. 왜냐하면 이 경우 이용자는 기존의 사이트가 아니라 새로운 사이트에 접속하고 있다는 것을 알며, 사이트 운영자는 해당 사이트를 사이버공간에 개방해 놓은 것이며 누구든 접속하라는 것이다. 따라서 이에 대한 단순링크는 동의 여부에 관계없이 허용된다고 보아야 한다.
[219] 이용자는 기존의 사이트에서 새로운 링크된 사이트로 완전히 이동된다는 의미에서 단순링크와 직접링크를 모두 linking out이라고도 한다.

이트에 있는 페이지로 가져오도록 하는 링크의 유형을 말한다.[220] 즉, 다른 링크들은 이용자들이 링크표시를 클릭하였을 때 비로소 링크된 정보가 표시되는 데 반하여, Inline링크는 링크가 있는 페이지를 연결하면 링크가 자동으로 실행되어 타인이 제공하는 이미지 등의 정보가 마치 링크한 자의 웹사이트의 내용인 것처럼 표시되는 것으로 마치 다른 사람의 저작물인 사진이 신문이나 잡지의 동일 면에 인쇄되어 그 일부인 것처럼 나타나는 것과 같다. 다른 사이트에 있는 그래픽이 창(프레임)으로 나타나는 것이 아니라 웹페이지의 일부로 나타나고, 링크이용자의 개입 없이 자동적으로 실행되는 점에서 다음의 프레임링크과 구별된다. 이러한 방식의 Inline링크를 통하여 사이트 운영자는 서버의 하드디스크 공간을 절약하여 운영비용의 부담을 줄이고 커다란 노력 없이도 사이트의 자료를 풍성하게 할 수 있어 매우 유용하다. 그러나 이용자는 자신이 이용하는 정보가 다른 사이트에서 가져온 것이라는 사실을 모르는 것이 일반적이고, 사이트운영자는 타인이 제공한 정보를 마치 자신의 것인 양 이용하는 것이기 때문에 원래의 사이트운영자의 동의 없이는 원칙적으로 허용되지 않는 링크방법이라고 해석해야 할 것이다.

4) 프레임링크(Frame Link)

프레임은 웹페이지의 다양한 내용들을 둘러싸고 있는 고정된 경계형태(보통 창이라고 불린다)를 가지고 있다. 프레임링크는 웹브라우저의 프레임을 2개 이상으로 나누어 그중 하나의 프레임 내에 링크된 페이지의 정보가 표시되도록 하고 나머지 프레임에는 링크하는 사이트의 메뉴나 배너광고 등이 그대로 보여지도록 하는 방식을 말한다. 여기서는 링크를 하는 사이트의 연결을 종료시키지 않고(즉, URL은 변화하지 않는다) 그 사이트를 좌우나 상하로 나누어 링크된 사이트를 나타나게 하는 것인바 마치 TV화면 속에 다른 채널을 작은 화면으로 나타나게 하는 것과 외관상 유사하다.[221] 이러한 프레임링크를 사용하면 링크하는 사이트의 페이지 제목과 주소는 링

---

[220] 'IMG Link', 'linking in', 'embedded link', 'automatic (dynamic) link'라고도 불리운다.
[221] 이 경우 이용자는 보통 다른 웹페이지에서 있는 자료라는 것을 인식하고 있지만 그들에게 링크된 페이지의 주소가 필연적으로 알려지지는 않으며, 그 페이지는 동일 사이트의 다른 페이지에 있을 수도 있고 완전히 다른 사이트의 페이지에 있을 수도 있다.

크되는 사이트의 제목과 주소에 의해 대체되어지지 않는다. 따라서 프레임링크는 Inline링크와 마찬가지로 링크된 페이지가 마치 링크 사이트가 직접 제공하는 정보인 것으로 이용자를 오인하게 하고, 타인이 적지 않은 비용과 노력을 들여 작성한 인터넷 정보를 이용하여 링크한 자가 손쉽게 경제적 이익을 얻게 된다.[222]

Ⅲ 링크의 형법적 처벌

1. 형사법적 처벌의 문제점

불법한 내용에 하이퍼링크를 설정한 경우 링크설정자에게 어떠한 형사책임을 지울 것인가의 문제는 간단히 답할 수 있는 문제가 아닌 것으로 보인다. 우선 링크를 한 경우 해당 링크된 사이트가 우리나라에 소재하는 경우에는 형법의 적용범위의 문제가 일어나지는 않는다. 그러나 많은 경우 링크된 사이트가 외국에 있는 경우 우리 형법의 적용과 관련하여서 문제가 될 수도 있다. 또한 링크된 불법한 내용이 어떠한 의미의 불법내용이냐에 따라 처벌 가능성이 달라질 수 있다. 예컨대 불법내용물이 음란물인 경우도 있으나 명예훼손의 내용이나, 내란이나 외환의 선동내용, 폭발물사용의 선동내용 등 다양한 불법내용들이 존재할 수 있다. 여기에서는 사이버상에 유통되는 불법한 내용물 가운데 가장 많은 것인 음란물로 국한하여 문제를 다루고자 하며, 다른 불법내용물의 경우에도 해결의 원리는 크게 다르지 않으리라 생각된다. 형법의 적용범위와 관련하여서도 이곳에서는 상세히 다루지 않고[223] 우리 형법이 적용될 수 있다는 전제하에 하이퍼링크를 통하여 음란물에 접근하게 하는 행위의 처벌 가능성을 집중적으로 살펴본다.

2. 음화반포죄(형법 제243조)의 성립 가능성

형법 제243조(음화반포등)는 음란한 문서, 도화, 필름 기타 물건을 반포, 판매 또

---

222 이러한 의미에서 프레임링크는 '기생사이트'(parasitic website)라고도 한다.
223 사이버공간에서 형법의 적용범위의 문제에 대해서 상세히는 앞의 "Part 01 Chpater 06 사이버범죄에서 형법의 적용범위"; 전지연, 사이버공간에서 형법적 적용범위의 수정, 제한, 법조(2003.11), 78면 이하 참조.

는 임대하거나 공연히 전시 또는 상영한 자는 1년 이하의 징역 또는 500만원 이하의 벌금에 처하도록 규정하고 있다. 전통적인 방법에 의하여 음란물을 배포하는 행위는 형법 제243조의 음화반포죄로 처벌할 수 있다. 또한 인터넷 등의 컴퓨터 네트워크상에서 광고나 선전을 하여 주문을 받고 우편 등을 통해 음란물을 판매하는 행위 역시 음화반포죄로 처벌할 수 있다. 문제는 사이버상에 게시된 음란물을[224] 링크시킨 경우에 본죄로 처벌이 가능한가이다.

음화반포죄의 객체는 문서·도화·필름 기타 물건이며 본죄의 행위는 그것들을 반포·판매·임대 또는 공연전시 및 상영이다. 여기서 반포란 불특정 또는 다수인에게 무상으로 현실적으로 교부하는 것이며, 판매란 유상으로 이러한 행위를 하는 것이고, 임대란 유상으로 대여하는 것으로서 반드시 영업적 행위에 제한되지 않으며, 공연한 전시란 불특정 또는 다수인이 관람할 수 있는 상태에 두는 것을 말하고, 상영이란 필름 기타 영상자료를 화면으로 보이게 하는 것을 말한다.

여기서 링크된 사이트에 게시되어 있는 음란한 내용의 게시물들을 음화반포죄에서 말하는 음란한 물건이라고 볼 수 있는가가 문제된다. 이에 대해서는 이전에 다소간의 논란이 있었으나, 대법원은 수수료를 받고 음란한 영상화면을 수록한 컴퓨터 프로그램파일 73개를 컴퓨터통신망을 통하여 전송하는 방법으로 판매한 사건에서 컴퓨터 프로그램파일은 동죄의 음란한 '물건'(기타 물건)으로 볼 수 없다고 판시하였다. 즉, 사이버상에 존재하는 음란한 내용의 화상이나 동영상들은 컴퓨터 프로그램파일형식으로 되어 있으며, 이러한 컴퓨터 프로그램파일은 음화반포죄에서 규정하고 있는 문서, 도화, 필름 기타 물건에 해당한다고 할 수 없다는 것이다. 따라서 음

---

224 음란물에서 음란성의 판단에 대해서 우리 대법원은 '음란성'을 일반적으로 성욕을 자극하거나 흥분 또는 만족하게 하는 내용으로서 일반인의 정상적인 성적 수치심을 해치고 선량한 성적 도덕관념에 반하는 것이라고 본다(대법원 2001.6.12. 선고 2001도1144 판결; 대법원 1987.12.22. 선고 87도2331 판결). 또한 이러한 음란성의 판단은 작성자의 주관적 의도에 의해서 판단하는 것이 아니라 도화 등의 물건 자체에 의하여 객관적으로 판단되어야 한다고 하며(대법원 2003.5.16. 선고 2003도988 판결; 대법원 1991.9.10. 선고 91도1550 판결), 그러한 객관적 판단은 작품 전체를 평가하는 전체적·종합적 고찰방법에 의하여 판단하여야 하므로 작품의 일부만을 분리·판단하는 것이 아니라 전체적인 맥락 내지 관련성의 흐름 속에서 판단하여야 한다고 본다(대법원 1975.12.9. 선고 74도976 판결: 소설 반노사건). 또한 예술성·사상성에 의하여 성적 자극이 완화되는 정도도 음란성을 완화하는 기준으로 받아들이는 동시에 예술서·학술서적이라고 하여 모두 음란성의 판단에서 자유로울 수는 없다고 하고 있다(대법원 1995.6.16. 선고 94도2413 판결: 소설 즐거운 사라사건).

란한 영상화면을 수록한 컴퓨터 프로그램파일을 컴퓨터 통신망을 통하여 전송하는 방법으로 판매한 행위에 대하여 형법 제243조의 규정을 적용할 수 없다고 판단하였다.[225] 이와 같은 판례의 취지에 따른다면 마찬가지로 음란한 내용의 사이트에 링크시킨 행위 역시 형법 제243조의 음화반포죄로 처벌하기는 불가능하다.

3. 청소년보호법위반죄의 성립 가능성

사이버공간의 익명성과 국제성은 사이버공간을 통하여 모든 사람에게 동일한 정도로 음란정보에의 접근을 가능하게 하여 준다. 그 결과 사이버공간에서의 음란물 접속은 특히 청소년의 성문화에 지대한 영향을 끼치게 된다. 우리나라는 이러한 유해환경으로부터 청소년을 보호하기 위하여 청소년보호법을 제정하여 시행하고 있다.

이 법은 청소년유해매체물로서 대통령령으로 정하는 매체물(청소년유해매체물)을 판매·대여·배포하거나 시청·관람·이용하도록 제공하려는 자는 그 상대방의 나이 및 본인 여부를 확인하여야 하고, 청소년에게 판매·대여·배포하거나 시청·관람·이용하도록 제공하여서는 안 되며(청소년보호법 제16조 제1항), 영리를 목적으로 이를 위반하여 청소년에게 청소년유해매체물을 판매·대여·배포하거나 시청·관람·이용하도록 제공한 자에는 3년 이하의 징역 또는 3천 만원 이하의 벌금으로 처벌(동법 제58조 제1호)하도록 규정하고 있다.

전술한 음화반포죄와 마찬가지로 이 법의 객체는 유해매체물이라는 물건으로 표현하고 있다. 그러나 본법은 유해매체물의 범위를 일반적인 물건뿐만 아니라 전기통신사업법의 규정에 의한 전기통신을 통한 음성정보, 영상정보 및 문자정보를 포함하는 것으로 규정하고 있다(동법 제2조 제2호). 따라서 사이버공간에서 청소년에 대하여 음란물을 링크시키는 행위는 본법의 적용대상이 되므로 청소년보호법에 따라 처벌하는 것이 가능하다.[226] 그러나 이 규정은 일반적인 규정이 아니고 이용자가 청소년에 국한되는 제한규정에 해당하며, 링크를 설정하는 행위자의 입장에서 청소년이 링크를 할 것인지를 알 수 없는 경우에는 적용이 불가능하다고 보여진다.

---

[225] 대법원 1999.2.24. 선고 98도3140 판결.
[226] 동일한 취지로 강동욱, 인터넷과 음란물, 경제기술법연구, 제1집 제2권(1999), 관동대학교 사헌경제기술법연구소, 27면.

4. 성폭력범죄의 처벌 등에 관한 특례법 위반의 성립 가능성

사이버공간에서 음란정보를 유통시키는 경우 「성폭력범죄의 처벌 등에 관한 특례법」의 적용을 받을 수 있다. 동법에 의하면 자기 또는 다른 사람의 성적 욕망을 유발하거나 만족시킬 목적으로 전화, 우편, 컴퓨터 기타 통신매체를 통하여 성적 수치심이나 혐오감을 일으키는 말이나 음향, 글이나 도화, 영상 또는 물건을 상대방에게 도달하게 한 경우를 처벌하는 통신매체이용음란죄를 규정하고 있다(동법 제13조). 따라서 전술한 음화반포죄나 청소년보호법의 규정에서와 같이 단순히 '물건'이라는 개념을 사용하지 않고 '영상 또는 물건'이라는 개념을 사용하여 사이버공간에서의 음란정보를 포섭대상으로 하고 있다.

그러나 이 규정은 상대방이 동의하지 않는 가운데 일방적으로 상대방에게 음란한 정보를 제공하는 행위를 처벌하는 것이지, 상대방이 스스로 이러한 음란정보에 접속하여 열람하는 경우에 이러한 음란정보의 제공자를 처벌하는 것은 아니다.[227] 즉, 처음부터 이용자가 스스로 음란정보에 접속하는 것을 보호대상으로 하고 있는 것은 아니다. 따라서 음란한 내용물에 링크를 설정한 자를 성폭력특별법에 따라 처벌하는 것은 가능하지 않다.

이에 반하여 대법원은 본죄에서 '성적 수치심이나 혐오감을 일으키는 말, 음향, 글, 그림, 영상 또는 물건을 상대방에게 도달하게 한다'는 것은 '상대방이 성적 수치심을 일으키는 그림 등을 직접 접하는 경우뿐만 아니라 상대방이 실제로 이를 인식할 수 있는 상태에 두는 것'을 의미하고, 따라서 행위자의 의사와 그 내용, 웹페이지의 성격과 사용된 링크기술의 구체적인 방식 등 모든 사정을 종합하여 볼 때 상대방에게 성적 수치심을 일으키는 그림 등이 담겨 있는 웹페이지 등에 대한 인터넷 링크(internet link)를 보내는 행위를 통해 그와 같은 그림 등이 상대방에 의하여 인식될 수 있는 상태에 놓이고 실질에 있어서 이를 직접 전달하는 것과 다를 바 없다고 평가되고, 이에 따라 상대방이 이러한 링크를 이용하여 별다른 제한 없이 성적 수치심을 일으키는 그림 등에 바로 접할 수 있는 상태가 실제로 조성되었다면, 그러한 행위는 전체로 보아 성적 수치심을 일으키는 그림 등을 상대방에게 도달하게 한

---

227 동일한 취지로 강동욱, 전게논문, 27면 주33.

다는 구성요건을 충족한다고 보았다.[228]

5. 저작권법위반죄의 성립 가능성

저작권법에 제4조에 의하면 인터넷상의 각 페이지의 글, 그림 영상 및 프로그램 등은 언어저작물, 음악저작물, 미술저작물, 사진저작물, 영상저작물 및 컴퓨터프로그램저작물에 해당한다고 할 수 있다. 따라서 인터넷의 개별 홈페이지의 글이나 사진 등은 저작권법상의 보호대상이 된다.[229]

문제는 저작물이 저장되어 있는 웹사이트에 링크하는 것을 저작권법 위반행위로 볼 수 있는가이다. 이 경우 인터넷 링크(Internet link)는 인터넷에서 링크하고자 하는 웹페이지나, 웹사이트 등의 서버에 저장된 개개의 저작물 등의 웹 위치정보 내지 경로를 나타낸 것에 불과하다. 인터넷 이용자가 링크 부분을 클릭함으로써 링크된 웹페이지나 개개의 저작물에 직접 연결하더라도, 이는 저작권법 제2조 제22호에 규정된 '유형물에 고정하거나 유형물로 다시 제작하는 것'에 해당하지 아니하고, 같은 법 제19조에서 말하는 '유형물을 진열하거나 게시하는 것'에도 해당하지 아니한다. 또한 위와 같은 인터넷 링크의 성질에 비추어 보면 인터넷 링크는 링크된 웹페이지나 개개의 저작물에 새로운 창작성을 인정할 수 있을 정도로 수정·증감을 가하는 것에 해당하지 아니하므로 2차적 저작물 작성에도 해당하지 아니한다. 이러한 법리는 모바일 애플리케이션(Mobile application)에서 인터넷 링크와 유사하게 제3자가 관리·운영하는 모바일 웹페이지로 이동하도록 연결하는 경우에도 마찬가지이다.[230]

여기서 음란한 내용을 지닌 저작물도 이 법에 의한 보호대상이 될 수 있는가가 논란이 될 수 있다. 여기에서 대법원은 "저작권법의 보호대상인 저작물이라 함은 사상 또는 감정을 창작적으로 표현한 것으로서 문학, 학술 또는 예술의 범위에 속하는

---

228 대법원 2017.6.8. 선고 2016도21389 판결.
229 원혜욱, 인터넷범죄의 특징과 범죄유형별 처벌조항, 형사정책연구, 제11권 제2호(2002 여름), 106면.
230 대법원 2016.5.26. 선고 2015도16701 판결. 동일한 취지로 이른바 인터넷 링크(Internet link)는 인터넷에서 링크하고자 하는 웹페이지나, 웹사이트 등의 서버에 저장된 개개의 저작물 등의 웹 위치정보나 경로를 나타낸 것에 불과하여, 비록 인터넷 이용자가 링크 부분을 클릭함으로써 링크된 웹페이지나 개개의 저작물에 직접 연결된다 하더라도 링크를 하는 행위는 저작권법이 규정하는 복제 및 전송에 해당하지 아니한다고 보았다(대법원 2015.3.12. 선고 2012도13748 판결).

것이면 되고 윤리성 여하는 문제되지 아니하므로 설사 그 내용 중에 부도덕하거나 위법한 부분이 포함되어 있다 하더라도 저작권법상 저작물로 보호된다 할 것이다"[231]라고 하여 음란한 내용물도 이를 긍정하고 있다. 이러한 음란저작물을 저작권자의 동의를 받고 링크시킨 경우에는 저작권법위반의 문제는 발생하지 않는다.

문제는 음란한 저작물에 저작권자의 동의 없이 이를 무단히 링크시킨 행위를 저작권법에 의하여 처벌할 수 있는가이다. 저작권법 제136조(권리의 침해)는 저작권의 침해행위에 대하여 형사법적인 처벌을 규정하고 있으며, 저작물에 대한 침해행위유형으로 "복제·공연·공중송신·전시·배포·대여·2차적저작물 작성의 방법"이라는 유형으로 제한하고 있다. 저작물에 링크시키는 것만으로는 복제권의 침해에 해당하지 않으며,[232] 공중송신권 침해에도 해당한다고 보기 어렵다.[233] 그러나 타인의 웹사이트에 게시된 저작물을 Inline링크나 프레임링크를 통하여 자신의 웹사이트 내에서 제3자에게 보여주는 경우에는 '전시권 침해'에 해당하는 것이 아닌가하는 의문이 제기될 수 있다. 이에 대하여는 일반적으로 "전시"란 저작물이 화체되어 있는 '유형물'을 일반인이 자유로이 관람할 수 있도록 진열하거나 게시하는 것을 말하는 것이라고 해석되므로 단순히 저작물이 디지털화된 파일을 지시하는 단순링크만 기재한 행위에 대하여 전시라고 해석하는 것은 무리가 있다. 그러나, 후술하는 바와 같이 팬티신문사건에서 대법원은 비록 정보통신망법에 관한 것이기는 하나 단순링크를 '전시'에 해당하는 것으로 보아 '전시'의 개념을 모든 종류의 링크로 넓힌 것으로 보이는 점에서 저작권법위반죄에서도 같은 논리를 적용할 수 있을지는 의문이다.

6. 정보통신망 이용촉진 및 정보보호 등에 관한 법률 위반죄의 가능성

사이버공간에서의 범죄에 대한 일반법적인 특성을 지닌 정보통신망 이용촉진 및

---

231 대법원 1990.10.23. 선고 90다카8845 판결. 동일한 취지로 대법원 2015.6.11. 선고 2011도10872 판결.
232 대법원 2015.3.12. 선고 2012도13748 판결; 대법원 2016.5.26. 선고 2015도16701 판결; 서울지방법원 2001.12.7. 선고 2000가합54067 판결(소위 전자지도사건).
233 이에 반해 서울지방법원 2000.12.21. 선고 2000고단8321 판결은 직접링크의 방법으로 프로그램을 다운받을 수 있도록 한 것에 대하여 '전송'의 방법으로 다른 사람의 프로그램저작권을 침해한 것으로 인정하여 피고인에게 벌금형을 선고하였다.

정보보호 등에 관한 법률이 적용 가능한지가 논란이 될 수 있다.

동법에 의하면 누구든지 정보통신망을 통하여 음란한 부호·문언·음향·화상 또는 영상을 배포·판매·임대하거나 공공연하게 전시하는 내용의 정보를 유통하여서는 아니 된다고 규정하였다(동법 제44조의7 제1항 제1호). 그리고 이를 위반하여 음란한 부호·문언·음향·화상 또는 영상을 배포·판매·임대하거나 공공연하게 전시한 자는 1년 이하의 징역 또는 1천만원 이하의 벌금에 처하도록 하였다(동법 제74조 제1항 제2호). 링크행위의 처벌에 대하여 전술한 범죄들의 성립은 대부분 부정되며, 정보통신망법이 링크행위에 대한 처벌에 대해 가장 직접적으로 적용할 수 있는 규정으로 보인다. 따라서 이하에서는 이 규정에 의해 음란한 내용물에 링크시킨 행위를 처벌할 수 있는가를 상세히 검토하여 보고자 한다.

1) 정보통신망법에서의 행위객체

제74조 제1항 제2호에서의 행위객체는 음란한 부호·문언·음향·화상 또는 영상이다. 이전의 전기통신기본법에서는 행위객체로서 '화상'(그래픽 파일)이 포함되어 있지 아니하여 그 포함 여부를 놓고 논란이 되었다. 즉, 화상의 명문의 표현이 없으므로 행위객체에 포함 되지 않으며, 여기서 '영상'의 개념을 확대하여 화상을 포함하는 것으로 해석하는 경우에는 이는 형법상 금지된 유추해석에 해당한다는 주장[234]과 1장의 사진을 제공하는 경우도 형법 제243조(음화반포죄)에 의하여 처벌될 수 있고, 영상을 처벌하는 데 단지 정지 영상에 해당하는 '화상'을 제외하는 것은 설득력이 없다는 주장[235]이 대립되었었다. 그러나 정보통신망법은 이를 입법적으로 해결하여, 명문으로 '화상'을 포함하였다. 따라서 링크된 사이트나 페이지에 음란한 내용물이 게시되어 있는 경우에는 음란한 부호, 문언, 음향, 화상 또는 영상들이 게시된 것으로 볼 수 있으므로 본법의 행위객체에 포함된다고 보여진다.

2) 행위의 유형

본법의 제74조 제1항 제2호의 행위방식은 '정보통신망을 통하여'[236] '배포·판매·임

---

234 정완, 사이버음란물의 유통과 규제, 형사정책연구, 제11권 제1호(2000), 51면.
235 전지연, 사이버공간에서의 신종범죄에 대한 형법적 대응, 한림법학FORUM, 제9권(2000), 55면.

대·공연히 전시'하는 것이다. 이용자를 다른 사이트나 페이지로 링크시키는 행위가 정보통신망을 통하여 이루어진다는 점은 분명하나, 문제는 링크행위가 전술한 행위유형에 포섭될 수 있는가, 포섭된다면 어느 행위유형에 포섭되어 처벌될 수 있는가이다.

(1) '배포·판매·임대'에 해당 가능성

자신의 사이트나 페이지에 음란한 내용물을 올려 이를 다른 사람에게 제공하는 경우 배포·판매·임대에 해당할 수 있다. 물론 여기서 배포의 개념에 대해서 부분적으로 논란이 될 수는 있다. 형법 제243조의 음화반포죄의 '반포·판매·임대'에 대한 해석에서는 물건이 그 객체로 되어 있으므로 해당 물건의 '현실적 교부행위'가 있느냐를 중심으로 이루어지나, 정보통신망법에서는 물건이 아닌 프로그램파일이 중심을 이루므로 해석을 달리하여야 한다는 주장이 있다. 즉, 정보통신망법의 배포는 음화반포죄에서의 반포와 달리 해석해야 한다고 하면서 단순한 파일의 업로드(upload)와 적극적 배포(distribution)를 구분하여 공연성을 판단기초로 하여 후자만을 배포로 해석하는 것이 타당하다는 것이다.[237] 그러나 이처럼 '배포' 행위를 '공연성' 유무에 의하여 판단하는 것은 일종의 추상적 위험범인 정보통신망법위반죄에 대하여 엄격한 의미의 공연성 내지 전파성을 요구하는 것으로 이는 부당하고 단순한 파일의 업로드행위를 반포행위에 해당하지 않는 것으로 단정할 수는 없다.[238] 오히려 중요한 것은 해당 음란내용의 부호 등을 업로드한 사이트나 페이지가 폐쇄적인가 개방적인가에 의해 불특정 다수인이 이를 열람할 수 있는가이다. 따라서 음란한 내용물의 사이트를 개설하여 인터넷을 통하여 이를 배포 또는 판매하는 것은 당연히 정보통신망법 제74조 제1항 제2호에 해당한다.

---

236 삭제된 구 전기통신기본법 제48조의2는 '전기통신역무를 이용하여'로 규정하였는바, 여기서 '전기통신역무'라 함은 '전기통신설비를 이용하여 타인의 통신을 매개하거나 전기통신설비를 타인의 통신용으로 제공하는 것'(위 법 제2조 제7호)을 말하는 것이다. 그런데 '정보통신망을 통하여'라 할 때의 정보통신망은 정보통신망법 제2조 제1호에 의하면 '전기통신기본법 제2조 제2호의 규정에 의한 전기통신설비를 이용하거나 전기통신설비와 컴퓨터 및 컴퓨터의 이용기술을 활용하여 정보를 수집·가공·저장·검색·송신 또는 수신하는 정보통신체제로 규정되어 있다. 다만, 기존의 규정에 의하더라도 '전기통신역무'에 기간통신사업자가 제공하는 전신이나 전화역무와 부가통신사업자가 제공하는 PC통신이나 인터넷도 포함된다(전지연, 전게논문, 55면 참조).

237 정완, 전게논문, 51면.

238 상세히는 전지연, 전게논문, 57면 이하 참조.

그러나 자기의 사이트에 음란한 내용물이 들어있는 사이트를 링크시켜 이용자가 그 링크된 사이트에서 음란물을 다운로드받거나 열람할 수 있도록 하는 것이 과연 배포나 판매에 해당하는가에 대하여는 의문이다. 왜냐하면 링크설정자는 두 사이트를 모두 자신이 직접 운영하는 사이트가 아니므로 자신이 이를 직접 운영하여 배포할 수도 없으며, 자신이 비용을 받아 다운로드할 수 있게 하는 것도 아니므로 정보통신망법위반죄에 해당한다고 볼 수는 없을 것이다. 그럼에도 불구하고 링크설정자는 정범인 음란사이트 운영자의 음란부호 등의 배포나 판매행위를 용이하게 한 방조범이 될 수 있다.[239] 여기서 링크설정자는 링크된 페이지가 음란한 내용을 지닌 것을 인식하고 있으며,[240] 그는 자신의 링크설정을 통해 인터넷이용자로 하여금 음란물에 접속하는 것을 가능하게 하였을 뿐만 아니라 개연성을 높임으로써 정범의 배포나 판매를 훨씬 용이하게 하였다고 볼 수 있다.[241] 다만 정범인 사이트 운영자는 링크설정자의 존재 여부를 알지 못할 수도 있으나, 이러한 정범의 방조행위에 대한 불인식은 방조범의 성립에는 지장이 없고 방조행위자의 일방적 도움제공행위로도 방조범의 성립이 가능하다(소위 편면적 방조범). 그러나 만일 음란한 부호 등을 받거나 보기 위해 다운로드를 위한 별도의 프로그램이 필요한 경우와 같이 특별한 사정이 있는 경우에는 해당 사이트에 단순히 링크만 설정하여 둔 것만으로 방조범의 책임을 묻기는 곤란하다.

(2) '공연히 전시'에 해당 가능성

'공연히 전시한다'라는 의미는 통상 불특정 다수인이 관람할 수 있는 상태에 두는 것을 말한다. 따라서 음란한 부호 등이 담겨져 있는 웹사이트를 인터넷에 직접 개설하는 행위는 당연히 정보통신망법 제74조 제1항 제2호 "공연한 전시"행위에 해당한다. 문제는 음란한 부호 등이 담겨져 있는 다른 웹사이트로 링크를 설정하는 행

---

239 물론 여기서 링크설정자와 링크된 사이트의 운영자가 불법내용물에 대한 의사연락이 존재하는 경우에는 공동정범으로 처벌하는 것이 가능하다.

240 만일 링크제공자나 링크설정자가 링크된 사이트에 음란한 내용물이 있다는 것을 모르는 경우에는 고의를 인정할 수 없다. 따라서 검색도구의 운영자나 단순하게 타인의 웹페이지에 링크를 설정한 자는 이러한 고의를 인정하기 어려울 것이므로 이를 처벌하기는 곤란하며, 처벌하기 위한 고의의 입증 역시 쉽지 않을 것이다.

241 동일한 취지로 장한철, 인터넷에서의 하이퍼링크와 관련한 형법적 문제, 인터넷법률, 제15호(2003), 34면.

위 역시 음란한 부호 등을 공연히 전시한 경우와 같게 볼 수 있는지 여부이다. 링크
제공자의 행위를 공연히 전시한 것으로 볼 수 있는가에 대해서는 다음과 같은 견해
가 대립되고 있다.

① 긍정설

대법원은 소위 팬티신문사건[242]과 관련하여 링크제공자의 형사책임에 대한 논의
의 과정에서 결론적으로는 링크설정자의 행위를 '공연히 전시'한 것에 해당한다고
판단하였다.[243] 이와 같은 판단의 논증과정에서 대법원은 링크설정행위가 공연전시
에 해당하는 근거를 다음과 같은 세 가지 이유에서 구하고 있다.

첫째, 링크행위는 형식적으로는 웹사이트의 연결에 불과하나, 실질적으로는 링크
된 웹페이지의 내용을 직접 전달한다는 것이다. 즉, 대법원은 '공연히 전시'한다고
함은 불특정·다수인이 실제로 음란한 부호·문언·음향 또는 영상(이하 '부호 등'이라
한다)을 인식할 수 있는 상태에 두는 것을 의미하는 것이라고 보고, 형식적으로 보
면 인터넷상의 링크는 링크된 웹사이트나 파일의 인터넷 주소 또는 경로를 나타내
는 것에 불과하여 그 링크에 의하여 연결된 웹사이트나 파일의 음란한 부호 등을
전시하는 행위자체에 해당하지 않는다고 볼 여지가 없지 아니하나, 인터넷상의 링
크란 하나의 웹페이지 내의 여러 문서와 파일들을 상호 연결하거나 인터넷상에 존
재하는 수많은 웹페이지들을 상호 연결해 주면서, 인터넷 이용자가 '마우스 클
릭'(mouse click)이라는 간단한 방법만으로 다른 문서나 웹페이지에 손쉽게 접근 검
색할 수 있게 해 주는 것(다른 웹페이지의 정보를 검색하기 위하여 특별한 명령어를 키보드로
입력하는 것과 같은 조치를 별도로 취할 필요가 없게 해 준다)으로서, 초고속정보통신망의
발달에 따라 그 마우스 클릭행위에 의하여 다른 웹사이트로부터 정보가 전송되어
오는 데 걸리는 시간이 매우 짧기 때문에, 인터넷 이용자로서는 자신이 클릭함에 의

---

242 이 사건은 피고인이 1998.5.8.경부터 1998.6.23.경까지 사이에 인터넷서비스업체인 아이뉴스(Inews)
　　상에 개설한 인터넷 신문인 '팬티신문'에, 원심공동피고인들이 개설한 각 웹사이트들 및 공소외인이 미국
　　인터넷서비스업체 지오시티스(geocities)상에 개설하여 수십 개의 음란소설을 게재한 웹사이트에 바로 연
　　결될 수 있는 링크사이트를 만들고, 이를 통해 위 공동피고인 및 공소외인이 음란사진과 음란소설을 게재
　　하고 있는 사이트에 바로 접속되도록 하여 위 '팬티신문'에 접속한 불특정 다수의 인터넷 이용자들이 이를
　　컴퓨터 화면을 통해 볼 수 있도록 함으로써, 전기통신역무를 이용하여 음란한 영상 및 문언을 공연히 전시
　　하였다고 기소된 사건이다.
243 대법원 2003.7.8. 선고 2001도1335 판결.

하여 접하게 되는 정보가 링크를 설정해 놓은 웹페이지가 아니라 링크된 다른 웹사이트로부터 전송되는 것임을 인식하기조차 어렵고, 점점 더 초고속화하고 있는 인터넷의 사용환경에서 링크는 다른 문서나 웹페이지들을 단순히 연결하여 주는 기능을 넘어서 실질적으로 링크된 웹페이지의 내용을 이용자에게 직접 전달하는 것과 마찬가지의 기능을 수행하고 있다고 본다.[244]

둘째, 직접 전시한 것과 동일하게 평가할 수 있다는 것이다. 음란한 부호 등으로 링크를 해 놓는 행위자의 의사의 내용, 그 행위자가 운영하는 웹사이트의 성격 및 사용된 링크기술의 구체적인 방식, 음란한 부호 등이 담겨져 있는 다른 웹사이트의 성격 및 다른 웹사이트 등이 음란한 부호 등을 실제로 전시한 방법 등 모든 사정을 종합하여 볼 때, 링크를 포함한 일련의 행위 및 범의가 다른 웹사이트 등을 단순히 소개·연결할 뿐이거나 또는 다른 웹사이트 운영자의 실행행위를 방조하는 정도를 넘어, 이미 음란한 부호 등이 불특정·다수인에 의하여 인식될 수 있는 상태에 놓여 있는 다른 웹사이트를 링크의 수법으로 사실상 지배·이용함으로써 그 실질에 있어서 음란한 부호 등을 직접 전시하는 것과 다를 바 없다고 평가되고, 이에 따라 불특정·다수인이 이러한 링크를 이용하여 별다른 제한 없이 음란한 부호 등에 바로 접할 수 있는 상태가 실제로 조성되었다면, 그러한 행위는 전체로 보아 음란한 부호 등을 공연히 전시한다는 구성요건을 충족한다고 본다.

셋째, 신설된 정보통신망법의 처벌규정의 취지에 부합한다는 것이다. 즉, 링크설정행위가 공연히 전시에 해당한다고 해석하는 것은 죄형법정주의에 반하는 것이 아니라, 오히려 링크기술의 활용과 효과를 극대화하는 초고속정보통신망 제도를 전제로 하여 신설된 위 처벌규정의 입법 취지에 부합하는 것이라고 보아야 한다는 것이다.

② 원칙적 부정설

이 견해는 음란물 등에 링크시킨 행위를 원칙적으로 공연히 전시한 것으로 해석할 수 없다는 입장이다.[245] 이에 대해서는 몇 가지 근거를 가지고 논증하고 있다.[246]

---

[244] 이것은 전술한 바와 같이 링크가 사실상 인터넷의 보다 편리한 사용에 큰 역할을 한 것을 인정하는 것이며, 이를 통하여 인터넷의 가치는 확대되었다고 볼 수 있다.

[245] 서보학, 인터넷상의 정보유포와 형사책임, 형사정책연구, 제12권 제3호(2001), 19면; 박희영, 사이버 음란물 유포행위와 형사책임, 법학연구, 제43권 제1호(2002), 부산대학교 법학연구소, 156면.

[246] 오영근, 인터넷상 음란정보의 '전시'개념(법률신문, 제3213호, 2003.10.23).

첫째, 링크설정을 공연전시로 해석하는 것은 형법이 가지고 있는 보장적 기능에 기초한 형식적 확실성에 어긋나는 해석이라는 점이다. 음란사이트에 링크시킨 것만으로 음란 부호를 전시하였다고 보기에는 석연치 않은 점이 있다. 대상판결이 밝히고 있듯이 음란사이트에 링크하도록 한 것으로는 형식적으로 전시에 해당한다고 어려운 점이 있다. 대상판결은 실질적 의미라는 용어를 사용하여 전시의 개념을 넓히고 있는 것은 이 때문일 것이다. 형법에서는 보장적 기능을 강화하기 위해 실질적 내용 보다는 형식적 확실성을 중요시한다. '실질적'이라는 개념이 구체적 타당성 있는 해결에 도움을 주는 것이 사실이지만, 형법해석에서는 이와 같이 신축적 개념을 사용하는 것은 경계되어야 한다고 본다.

둘째, 음란 사이트의 음란정보나 영상에 바로 접근할 수 있도록 링크한 경우에는 실질적 의미의 전시라고 할 수도 있을 것이다. 그러나 초기화면에 링크되도록 한 경우에는 형식적뿐만 아니라 실질적으로도 전시라는 개념에 포함되기는 매우 어렵다.

셋째, 초기화면에 있는 영상들을 음란영상이라고 본다면 거의 모든 성인사이트들은 음란영상이라고 보아야 할 것이고, 이에 대해 형사처벌을 해야 한다는 문제점이 있다.

넷째, 음란범죄는 특별히 다른 사람에게 해를 끼치는 것이 아니므로 그에 관한 규정은 엄격하게 해석, 적용해야 하고 특히 전시행위는 더욱 엄격하게 해석, 적용해야 한다. 음란물이나 음란정보를 전시하는 행위를 처벌하는 규정의 보호법익은 선량한 성풍속과 청소년의 보호라고 할 수 있다. 즉, 청소년의 건전육성을 위해 음란물을 규제하는 것이고, 성인의 경우에는 '자신의 의사에 반하여 음란정보에 노출되지 않도록' 하기 위해 음란물을 규제하는 것이다. 그런데 인터넷의 경우 일반 사이트에서 링크된 경우뿐만 아니라 음란정보 사이트에서라도 음란정보에 접근하기 위해서는 자신의 의사에 따른 클릭을 해야 하고 그것도 대부분 여러 번 해야 한다. 이런 점에서 보면 인터넷에서 '자신의 의사에 반하여 음란정보에 노출되는 경우'란 그리 많지 않고, 특히 다른 사이트의 초기화면을 링크시킨 경우에는 더욱 그러하다.

다섯째, 초기화면에 링크시킨 행위를 처벌해야 할 것인가는 법관이 결정할 수 있는 문제가 아니라 국민들이 국회를 통하여 결정할 문제이다. 따라서 이러한 행위를 처벌하더라도 전시행위에 대한 해석을 통해서가 아니라, 당해 법률에 '전시' 이외에 '링크'(혹은 적절한 번역어)라는 행위유형을 추가하여 입법을 통해 해결해야 할 것이다.

③ 링크방식에 따른 차별화설

이것은 링크방식과 관련하여 음란정보를 담고 있는 파일 자체에 링크하는 경우와 음란정보를 게시한 웹페이지의 초기화면에 링크한 경우를 구별하여 전자의 경우만 공연히 전시한 것으로 인정하는 입장이다.[247] 이는 인터넷에서 사용되는 이른바 '링크(link)'의 방식에는, 다른 웹사이트의 초기화면[248]에 링크하는 방식과 다른 웹사이트에 속하는 개개의 문서나 파일에 링크하는 방식이 있고, 다른 웹사이트의 초기화면에 링크한 경우에는 그 링크 부분을 마우스로 클릭하면 링크된 웹사이트의 초기화면으로 이동하면서 이동된 웹사이트의 서버로 연결되고 새로운 도메인 이름이 화면에 표시되는 반면, 다른 웹사이트에 속하는 개개의 문서나 파일에 링크한 경우에는 링크 부분의 마우스 클릭시에 해당 웹사이트의 주소나 도메인 이름이 변하지 않은 채 링크된 다른 웹사이트의 문서나 파일에 직접 접속할 수 있는데, 음란한 부호 등이 게재되거나 음란한 부호 등이 수록된 파일들이 존재하는 웹사이트의 초기화면을 링크[249]하여 두었을 뿐인 경우 이는 웹사이트의 주소를 전시하거나 알려준 것에 불과하여, 이를 음란한 부호 등을 공연히 전시한 것에 해당한다고 볼 수 없고,[250] 음란한 부호 등이 게재되거나 음란한 부호 등이 수록된 파일들이 존재하는 웹사이트의 주소를 전시하는 것까지 음란한 부호 등을 전시하는 것으로 본다면, 음란한 부호 등을 전시하는 것뿐만 아니라 음란한 부호 등이 위치하고 있는 주소를 전시하는 것도 처벌하게 되는 결과 그 처벌범위가 지나치게 확대되어 죄형법정주의에 반한다는 것이다.

④ 입장의 표명

긍정설에 의하면 전술한 사건과 같은 단순링크의 경우에도 처벌하므로 '직접링크, 프레임링크' 등의 경우는 당연히 공연전시로 처벌 가능하게 될 것이다. 그러나 대법원 판결이 지적하는 바와 같이 '공연히 전시'한다고 함은 불특정·다수인이 실제로 음란한 부호·문언·음향 또는 영상(이하 '부호 등'이라 한다)을 인식할 수 있는 상태

---

247 수원지방법원 2001.2.15. 선고 99노4573 판결.
248 앞서 이를 홈페이지라고 하였다.
249 즉, 단순링크이다.
250 장한철, 전게논문, 31면; 정현미, 인터넷상 음란정보 전시 및 링크의 형사책임, 형사판례연구[12], 2004, 538면.

에 두는 것을 의미하는 것이다. 링크설정자는 불특정 다수인이 인식할 수 있는 상태에로 이동시켜 주는 것이지 링크설정자 자신이 인식할 수 있는 상태에 두는 것은 아니다. 오프라인적 사건으로 말한다면 음란물이 자신이 직접 전시하거나 진열해 놓지 않고 다른 사람이 전시해 놓은 장소로 사람을 이동시켜 주었다고 하여 이를 공연전시라고 볼 수는 없다. 정보통신망법의 공연전시 또한 오프라인의 공연전시에 상응하게 음란한 부호 등을 자신이 직접 전시하여 다수인이 인식할 수 있는 상태에 두는 행위를 하는 사람을 처벌하고자 하는 것이 입법적인 취지일 것이다. 여기서 링크의 유형에 따라 전시 여부가 달라진다고 생각되지는 않는다. 물론 단순링크의 경우에는 이용자를 해당 사이트의 초기화면으로 이동시키는 데 반하여, 음란한 부호 등의 내용물이 존재하는 장소로 이용자를 직접 이동시키는 직접링크나 프레임링크는 공연전시의 가능성은 높을 것이다. 이런 점에서 보면 차별화설이 다소 현실의 법감정과 인터넷의 특성을 잘 반영하고 있는 것으로 보인다.[251]

Ⅳ 결어

하이퍼링크는 현재의 인터넷을 가장 편리하고 유용하게 사용할 수 있도록 만들어 주는 기술의 하나이다. 링크는 사이버상의 수 많은 정보를 쉽게 획득하는 길잡이 역할을 해주고 있다. 그러나 다른 한편 링크는 자신의 노력 없이 다른 사람의 저작물들을 무차별적으로 자신의 것처럼 이용하게 하며, 특히 링크되는 상당수의 정보가 음란한 내용을 담고 있는 것으로 진정한 정보교류의 장을 왜곡시킬 위험성이 있다. 링크의 기술은 단순링크, 직접링크, 프레임링크, Inline링크 등 다양한 링크의 유형이 존재한다. 링크에 대한 형사처벌 역시 링크의 유형에 따라 달리 판단되어질 수 있다. 물론 링크된 불법한 내용물의 종류에 따라 적용할 구성요건이 달라질 것이다. 링크설정자의 형사법적 처벌을 불법 내용물인 음란한 부호 등을 중심으로 살펴

---

[251] 만일 단순링크에도 모두 형사책임을 지우는 것으로 해석할 경우에는 어떤 웹사이트가 음란한 내용을 포함하고 있는 경우 이 웹사이트와 링크된 다른 웹사이트 또는 더 나아가 여러 단계를 거쳐 이 웹사이트와 링크된 웹사이트의 개설자 모두를 처벌하여야 할 위험에 처하고 이는 웹의 본질적인 요소로서 전체의 웹문서를 하나로 묶는 기능을 하는 링크를 부정하게 되는 결과를 초래할 것이라는 근거도 제시되고 있었다.

보면, 형법 제243조의 음화반포죄에서 행위객체는 '물건'에 국한되어 사이버공간에서 유통되는 음란한 화상 등은 컴퓨터프로그램파일이므로 물건에 해당되지 않기 때문에 음화반포죄의 적용은 불가능하다. 청소년보호법은 부분적으로 적용 가능하나 이는 일반적 규정이 아니고 링크를 이용하는 이용자가 청소년에 국한되며 사실 링크설정자가 청소년인지의 여부를 알 수는 없으므로 보통의 경우 적용은 불가능하다. 성폭력특별법상의 통신매체이용음란죄는 타인이 동의하지 않는 상태에서 계속적으로 음란한 내용을 전송하는 경우에 성립하는 것이므로 링크의 경우와 같이 본인이 마우스클릭 등을 통해 접속하는 경우에는 그 적용이 없다. 웹페이지나 웹상의 문서나 화상, 영상, 컴퓨터프로그램 등의 경우 저작권법상의 저작물로 인정되어 이를 링크하는 행위는 원칙적으로 저작권법 위반에 해당된다. 그러나 음란사이트의 운영자는 다른 사람이 자신의 사이트를 링크시키는 것에 대하여 특별히 반대할 이유가 없으며, 오히려 자신의 사이트나 페이지에 대한 링크를 적극 권장하고 있는 입장이다. 따라서 이를 링크시키는 것을 저작권법위반으로 보기는 어려우나 저작권법위반의 가능성이 전적으로 배제되는 것은 아니다. 링크에 대한 형사법적 처벌은 결국 통상적으로는 정보통신망법에 규정되어 있으며, 이에 대하여는 부분적으로 논란이 있다. 음란물에 대한 링크설정은 정보통신망법의 배포나 판매 또는 임대로 보기는 어렵다. 대법원은 오히려 이를 공연전시라고 이해하며, 여기에서는 링크의 방식을 묻지 아니한다. 그러나 이러한 해석은 전시에 대한 유추해석으로 보여지며, 단순링크의 경우에는 공연전시에 해당하지 아니하나, 음란한 부호 등이 있는 웹사이트나 웹페이지로 이용자를 직접 이동하도록 하는 링크방식은 공연전시에 해당한다고 해석하는 것이 합리적이라고 생각한다.

PART 03

사이버범죄의 절차법

Chapter 01 개관

I 서언

전기통신기술의 비약적인 발전에 따라 컴퓨터 등 각종 정보저장매체를 이용한 정보저장이 일상화되었고, 범죄행위에 사용된 증거들도 종이문서가 아닌 전자적 정보의 형태로 디지털화되어 있는 것이 현실이다. 특히 사이버공간에서 발생하는 범죄의 수사에는 컴퓨터 자체의 압수·수색뿐만 아니라 컴퓨터에 저장되어 있는 디지털 증거자료의 압수·수색과 그에 대한 데이터의 분석이 범죄를 입증하고 공소를 유지함에 필수적이다. 그러나 디지털증거의 경우에는 증거수집에서부터 재판정에서의 증거조사까지 일반증거와는 다른 특수성을 가지고 있기 때문에 특별한 절차적 요청이 요구된다.

이러한 점을 인식하여 입법자는 디지털정보의 압수·수색과 증거능력과 관련한 규정을 마련하였다.

먼저 디지털정보의 압수·수색에 대하여 2011년 7월 형사소송법을 개정하여 제106조 제3항과 제4항을 개정·신설하여 디지털정보의 압수수색에 관한 명문의 규정을 마련하였다. 즉, 동조 제3항, 제4항은 컴퓨터 등 정보저장매체에 저장되어 있는 디지털증거를 출력·압수할 수 있고, 이것이 불가능하거나 곤란한 예외적인 경우에는 컴퓨터 등 정보저장매체를 압수할 수 있도록 규정하였다.[1]

디지털정보의 증거능력과 관련하여서는 2016년 5월 제313조를 개정하여 진술서의 범위에 피고인 또는 피고인 아닌 자가 작성하였거나 진술한 내용이 포함된 문자·사진·영상 등의 정보로서 컴퓨터용디스크, 그 밖에 이와 비슷한 정보저장매체에 저장된 것을 포함하도록 하였고, 진술서의 작성자가 공판준비나 공판기일에서 그 성립

---

1 형사소송법[법률 제10864호, 2011. 7. 18., 일부개정], 제106조 제3항, 제4항.

의 진정을 부인하는 경우에는 과학적 분석결과에 기초한 디지털포렌식 자료, 감정 등 객관적 방법으로 성립의 진정함이 증명되는 때에는 증거로 할 수 있도록 하였다.[2]

II 디지털정보의 개념·특성

1. 디지털정보의 개념

디지털정보는 기존의 유체물 형태의 물리적 증거와 다른 특수성을 지니고 있기 때문에 증거수집과 증거조사 방법에 있어서도 물리적 증거와 다른 접근방법이 필요하다. 여기서 논의되는 디지털정보나 디지털증거가 구체적으로 무엇을 의미하는가에 대한 그 개념정의는 형사소송법상으로는 존재하지 않는다. 이에 따라 디지털증거나 전자(적)증거, 전자정보,[3] 전자기록, 디지털정보 등 다양한 표현을 사용하나 그 의미에 대하여는 큰 차이가 없으나 가장 일반적으로 사용하는 디지털정보나 디지털증거라는 용어를 사용한다.

경찰청은 훈령에서 디지털증거라는 용어를 사용하여 "디지털증거란 형사소송법 제106조 및 제215조부터 제218조까지의 규정에 따라 압수한 디지털 데이터를 말한다"[4]고 정의하고 있다. 검찰의 경우에는 디지털증거를 "범죄와 관련하여 디지털 형태로 저장되거나 전송되는 증거로서의 가치가 있는 정보를 말한다"[5]라고 하여 보다 구체적으로 디지털증거의 개념을 정의하고 있다. 이에 반하여 법원은 디지털증거라는 용어를 직접 사용하지는 않고 전자정보라는 용어를 다수 사용하고, 경우에 따라서는 디지털 데이터, 정보저장매체 등 다양한 용어를 사용하고 있으며, 그에 대한 개념정의도 별도로 하고 있지 않으나 그 의미에 대해서는 큰 차이가 없다.[6]

---

2 형사소송법[법률 제14179호, 2016. 5. 29., 일부개정], 제313조 제1항, 제2항.
3 판례는 "전자정보가 담긴 저장매체"(대법원 2020.11.26. 선고 2020도10729 판결; 대법원 2019.7.11. 선고 2018도20504 판결), "외장하드디스크에 저장된 전자정보"(대법원 2019.8.29. 선고 2018도14303 전원합의체 판결) 등 주로 '전자정보'라는 용어를 사용하는 것으로 보인다.
4 경찰청, 디지털 증거수집 및 처리 등에 관한 규칙, 경찰청훈령 제845호, 제2조 제3호.
5 대검찰청, 디지털 증거의 수집·분석 및 관리 규정, 대검예규 제876호, 제3조 제1호.
6 법원의 입장과 유사하게 일부 문헌에서도 전자정보라는 용어를 사용하고 그 정의에 대하여 전자적 또는 자기

결국 디지털증거는 전기적, 자기적 또는 기타 사람이 직접적으로는 지각할 수 없는 방식으로 저장되고 전송되는 증거가치를 지닌 자료들을 의미한다.[7]

2. 디지털정보의 특성

형사소송법상 강제수사로서 압수·수색을 하고 공판정에서 증거조사를 함에 있어 그 주안점은 유체물 형태의 증거에 대하여 하는 것이 보통이었다. 그리고 이러한 유체물 형태의 증거는 범행과 관련된 부분의 대상과 범위를 특정 또는 한정하기가 용이하여 특별한 경우를 제외하고는 압수·수색에 별다른 시간과 노력이 필요치 않다. 그러나 디지털증거는 기존의 전통적 유체물성 증거와는 달리 정보의 무체성, 매체독립성, 비가시성·비가독성, 변조용이성 및 취약성 등의 몇 가지 특성을 가지고 있다.[8]

1) 무체정보성

디지털증거의 특성으로서 무체정보성이란 0과 1로 조합된 디지털 데이터로서 무형의 정보라는 점이다.[9] 디지털증거의 이러한 특성에서 디지털증거라는 정보 자체를 형사소송법상 압수나 몰수의 대상 목적물로 볼 수 있는가가 문제된다. 일부에서는 형사소송법 제219조와 제106조 제1항이 압수의 대상을 '증거물' 또는 '몰수물'로 규정하고 있으므로 무체정보인 디지털증거는 압수대상으로 보기 어렵다고 해석하기도 한다.[10] 그러나 대법원은 "수사기관이 인터넷서비스이용자인 피의자를 상대로 피의자의 컴퓨터 등 정보처리장치 내에 저장되어 있는 이메일 등 전자정보를 압수·수색

적 방식이나 사람의 지각에 의하여 그 존재나 상태를 인식할 수 없는 방식으로 작성된 디지털 신호의 집합체로 이해한다(이은모/김정환, 형사소송법, 697면).

7 Dieter Kochheim, Cybercrime und Strafrecht in der Informations- und Kommunikationstechnik, 2015, S.156.

8 이에 대하여 상세히는 강철하, 디지털 증거 압수·수색에 관한 개선방안, 박사학위논문, 성균관대학교 대학원(2012), 22면 이하; 이인곤, 형사절차상 디지털증거 압수·수색에 대한 문제점과 개선방안, 한국경찰연구, 제15권 제4호(2016), 181면 이하 참조.

9 안성수, 디지털증거의 증거능력, 법조, 제721호(2017), 8면.

10 김범식, 경찰현장수사에서 디지털 증거에 대한 압수·수색의 개선방안, 외법논집, 제38권 제4호(2014), 170면.

하는 것은 전자정보의 소유자 내지 소지자를 상대로 해당 전자정보를 압수·수색하는 대물적 강제처분으로 형사소송법의 해석상 허용된다"[11]라고 하여 저장매체 자체가 아닌 전자정보를 압수의 대상으로 보고 있다. 또한 형사소송법의 규정(제106조 제3항) 역시 전자정보와 정보저장매체 모두 압수의 대상이 될 수 있음을 명백히 하고 있다.

2) 매체독립성

정보를 저장하고 있는 저장매체에서 다른 저장매체로 정보가 이동하는 경우에도 본래의 정보의 내용자체는 변경되지 않고 단지 정보를 저장하는 위치만 변하는 것이다. 따라서 디지털증거 원본에 저장된 정보자체가 위작·변작되어 전달되거나 저장되지 않는 한 그 실체의 동일성이 어떠한 디지털 저장매체로 옮겨지더라도 그 내용은 변하지 않고, 디지털증거의 동일성이 인정될 수 있다는 것을 매체독립성이라고 한다.

3) 변조용이성 및 취약성

디지털증거는 한편으로는 위·변조가 용이하며, 다른 한편으로는 주위의 환경에 취약한 특성을 지니고 있다.

디지털증거는 키보드와 같은 입력도구를 통한 간단한 조작만으로도 그 내용을 삭제·변경하거나 위·변조할 수 있으며, 단순한 명령어 입력만으로도 디지털 저장장치에 저장된 정보를 변경시키거나 일부 또는 전체를 삭제할 수도 있다.[12] 또한 디지털증거는 온도, 습도, 충격, 전자기파 등 주위의 환경에 취약하여 저장매체에 저장되어 있는 디지털증거가 훼손될 염려가 있다.

이와 같이 디지털증거가 쉽게 변조되거나 외부환경에 의하여 훼손될 위험성이 있다. 따라서 피압수·수색자가 변조용이성을 이용하여 디지털증거를 인멸할 가능성이 높기 때문에 이를 방지하기 위하여 디지털증거에 대한 신속한 증거보전절차 마

---

[11] 대법원 2017.11.29. 선고 2017도9747 판결.
[12] 안성수, 디지털증거의 증거능력, 법조, 제721호(2017), 7면.

련이 필요하다. 또한 디지털증거를 압수·수색하는 수사기관은 압수된 디지털증거가 조작되지 않았다는 점을 확실히 하여야 한다. 즉, 증거수집단계부터 공판정의 제출까지 디지털증거가 위·변조되지 않았다는 무결성을 확보하기 위한 적절한 절차와 기술이 필요하다.

대법원 역시 "전자문서를 수록한 파일 등의 경우에는, 성질상 작성자의 서명 혹은 날인이 없을 뿐만 아니라 작성자·관리자의 의도나 특정한 기술에 의하여 내용이 편집·조작될 위험성이 있음을 고려하여, 원본임이 증명되거나 혹은 원본으로부터 복사한 사본일 경우에는 복사 과정에서 편집되는 등 인위적 개작 없이 원본의 내용 그대로 복사된 사본임이 증명되어야만 하고, 그러한 증명이 없는 경우에는 쉽게 증거능력을 인정할 수 없다"[13]라고 하여 원본의 동일성을 엄격히 요구하고 있다.

4) 전문성과 비가시성·비가독성

전문성이란 디지털증거를 수집·분석함에 있어서는 디지털과 관련한 전문적인 지식과 정보의 수집방법과 이를 분석하기 위한 특수한 기술이 필요하다. 즉, 디지털증거의 수집에 있어 다양한 하드웨어·소프트웨어적 지식이 요구되고, 수집·보관·분석하는 과정에서 증거능력이 배제되지 않도록 전문적이고 특별한 수집·보관·이송방법이 요구되기도 한다. 디지털증거의 분석과정에서는 엄청난 양의 디지털정보 중에서 증거로서의 가치가 있는 전자정보를 발견해 내는 검색기술이 필요하고, 경우에 따라서는 변조되거나 삭제된 데이터를 원상복구하는 등 전문적인 기술이 필요하다. 또한 디지털 저장매체에 접근하여 수집된 전자적 정보의 경우에도 이를 가독성·가시성 있는 자료로 변환하고 그 내용을 해석함에 해당 분야에 대한 전문적인 지식이 필요한 경우가 많고, 공판정에 제출된 자료가 원본 디지털증거에 대한 정확한 해석인지 여부도 검증하여야 한다.

비가시성·비가독성이란 디지털 저장매체에 저장되어 있는 디지털증거는 외부에서 육안으로 그 내용을 인식할 수 없으며, 기록된 내용을 읽을 수도 없다는 것을 말한다. 따라서 디지털증거는 반드시 일정한 변환절차를 거쳐 모니터 화면에 화상으

---

13 대법원 2018.2.8. 선고 2017도13263 판결; 대법원 2013.7.26. 선고 2013도2511 판결; 대법원 2016.9.28. 선고 2014도9903 판결.

로 나타나거나 프린터를 통하여 출력되었을 때 비로소 가시성·가독성을 갖는다.[14] 여기서 디지털증거를 법정에 증거로 제출하는 경우 또는 디지털정보의 내용을 확인하기 위하여 적합한 변환장치나 출력장치를 이용하는 경우 본래의 디지털정보와 출력·변환된 정보의 동일성 여부가 문제될 수 있다.[15]

5) 대량성과 네트워크 관련성

대량성은 디지털자료에 대한 저장기술의 발달로 막대한 양의 전자적 자료가 저장매체에 저장되고 빠른 속도의 정보통신망을 통해 디지털정보가 대량으로 유통되는 특성을 말한다. 특히 디지털정보를 압수·수색함에 있어 그 양이 방대하고 저장된 정보가 범죄와 무관한 대량의 정보가 같이 저장되어 있으므로 압수·수색영장이 어느 정도로 특정되어야 하고, 영장의 집행범위를 어디까지로 할 것인가가 중요한 문제가 된다.

네트워크 관련성은 증거가치 있는 디지털증거를 수집하기 위해서는 네트워크를 통해 연결되어 있는 시스템의 자료에 접근해야 하는 것을 말한다.[16] 유무선 통신기술의 발달과 정보통신망의 고속화로 디지털정보의 저장과 송수신 환경은 네트워크를 통해 물리적 장소는 그 의미가 다소 제한적이게 되었다. 특히 네트워크 시스템에서 전자적으로 존재하는 디지털자료를 다운로드하는 방법으로 획득하는 증거는 동일성 요건을 완벽하게 입증하기 어렵기 때문에 증거능력이 부정될 가능성이 크다.[17]

---

14 이인곤, 형사절차상 디지털증거 압수·수색에 대한 문제점과 개선방안, 한국경찰연구, 제15권 제4호 (2016), 182 – 183면.

15 신양균/조기영, 형사소송법, 893면; 이은모/김정환, 형사소송법, 697면.

16 특히 통신회사 등 제3자로부터 제출받는 디지털증거나 분석관의 분석보고서 등 디지털증거에 대한 반대신문권의 보장과 그 한계가 무엇인지 문제가 된다고 지적한다(안성수, 디지털증거의 증거능력, 법조, 제721호 (2017), 9면).

17 이인곤, 형사절차상 디지털증거 압수·수색에 대한 문제점과 개선방안, 한국경찰연구, 제15권 제4호 (2016), 183면.

Chapter 02 디지털정보의 압수·수색

I 디지털정보 압수·수색 개념

1. 디지털정보의 압수 대상물

디지털정보가 압수·수색의 대상이 될 수 있는가에 대하여는 논란이 있다.[1] 여기서 일부에서는 정보저장매체와 별도로 전자정보 자체를 압수의 목적물로 해석하거나 컴퓨터 등에 대한 압수를 허용한다는 것은 그 속에 저장된 전자정보의 압수를 인정한다고 해석하여 디지털정보의 압수·수색의 대상이 될 수 있다고 이해한다(소위 긍정설). 이에 반하여 무체정보인 전자정보가 압수의 대상이 될 수 없다는 견해(부정설)와 범죄 관련 전자정보만 저장된 컴퓨터 장비의 전자정보는 압수의 목적물이 되지만 범죄와 무관한 전자정보가 혼재되어 있는 경우는 수색만 허용된다는 견해(절충설)도 존재한다.

전자정보에 대한 압수·수색을 규정한 법조문이 존재하지 않았던 구 형사소송법 하에서 컴퓨터, 하드디스크 등의 저장매체에 대한 압수·수색영장 집행의 적법성이 문제된 사건에서, 대법원은 판단 대상이 된 압수·수색을 '전자정보에 대한 압수·수색'으로 칭함으로써 압수·수색의 대상이 저장매체가 아니라 전자정보 그 자체임을 명백히 하였고, 이러한 전자정보 압수·수색의 원칙적인 방법은 혐의사실과 관련된 부분만을 문서 출력물로 수집하거나 수사기관이 휴대한 저장매체에 해당 파일을 복제하는 방식으로 압수·수색하여야 한다고 하였다.[2]

---

[1] 견해의 대립에 대한 상세한 설명은 이숙연, 전자정보에 대한 압수수색과 기본권, 그리고 영장주의에 대하여 – 대법원 2009모1190 결정에 대한 평석을 중심으로 한 연구–", 헌법학연구, 제18권 제1호(2012), 21면; 최윤정, 전자정보 압수수색에 적용되는 영장주의 원칙과 그 예외에 관한 법적 검토: 휴대폰 등 모바일 기기를 중심으로, 저스티스, 제153권(2016), 114–115면 참조.

개정된 형사소송법은 제106조에서 전자정보 압수·수색의 방법으로 기억된 전자 정보의 범위를 정하여 출력·복제하고 이를 제출하여 압수해야 한다고 명시하면서 전자정보를 사실상 압수의 대상물로 인정하고 있다. 그리고 예외적으로 정보저장매 체의 압수도 인정하여 전자정보와 정보저장매체 전부 압수대상임을 명시하고 있다.

2. 디지털정보의 압수·수색의 법적 성격

디지털정보의 압수 및 수색 행위의 성격에 대하여는 물건에 대한 압수만 있을 뿐 전자정보의 압수·수색을 인정하는 않는 견해, 정보저장매체에 저장된 전자정보 의 내용을 추출하는 행위를 수색으로 보는 견해, 정보저장매체를 찾아내는 과정은 수색으로 보나 수색한 정보저장매체에 저장된 전자정보의 내용을 확인하는 과정은 수색임과 동시에 검증에 해당한다는 견해, 전자정보의 복제를 압수라고 하는 견해, 단순한 파일을 복사하는 것은 압수로 볼 수 없고, 복사본이 원본과 동일하게 취급될 때 압수라고 보는 견해, 전자기록을 복사하거나 하드디스크의 이미징과 같은 전자 기록의 복사행위를 압수라고 볼 수 없지만 이를 취득하는 행위는 압수로 보는 견해 등 다양한 견해가 대립하고 있다.

압수의 개념을 점유를 강제로 취하는 것으로 보고, 수색의 개념을 압수를 집행 하기 전 수행되는 이해관계인의 의사에 반하는 강제적 처분으로 해석하면, 압수의 목적으로 저장매체나 저장매체의 복제본, 그리고 전자정보의 복제본을 취득하는 행 위를 압수로 파악하고 저장매체나 전자정보를 검색하는 것을 포함하여 압수하기 전 저장매체나 전자정보를 복제하는 것을 수색으로 봄이 타당할 것이다.

Ⅱ 디지털정보 압수·수색의 기본원칙

1. 선별압수원칙

형사소송법 제106조 제3항에 의하면 정보저장매체 등을 압수할 경우 원칙적으

---

2 대법원 2011.5.26. 자 2009모1190 결정.

로 정보의 범위를 정하여 출력하거나 복제하여야 하며, 출력이나 복제의 방법이 불가능하거나 압수의 목적달성이 현저히 곤란하다고 인정되는 때에는 예외적으로 정보저장매체 원본을 압수할 수 있다.

경찰청의 경우에는 "디지털 증거 수집 및 처리 등에 관한 규칙"(경찰청훈령)에서 이와 같은 예외사유로 전자정보 전부 복제하고 이것이 어려운 경우 디지털 저장매체 원본을 압수하여 외부로 반출할 수 있도록 규정하였으며, 여기서 구체적인 예외사유는 도박·음란·기타 불법사이트 운영 사건 등 디지털 저장매체에 저장된 원본 디지털 데이터가 다시 범죄에 이용될 우려가 있는 경우, 디지털 저장매체에 음란물 또는 사생활 보고의 대상이 되는 내용 등이 담겨져 있어 유포 시 개인의 인격에 상당한 피해가 우려되는 경우, 불법 또는 정당하지 않은 방법으로 취득한 디지털 데이터가 디지털 저장매체에 저장되어 있는 경우, 그 밖에 동 규칙 제11조의 방법에 따른 압수가 불가능하거나 압수의 목적을 달성하기에 현저히 곤란한 경우로 제한하고 있다.

검찰의 경우에는 "디지털 증거의 수집·분석 및 관리 규정"(대검찰청 예규)에 따라 예외사유에 '피압수자 등의 동의가 있는 경우'를 포함시켰고, 예외적 압수대상에 정보저장매체 원본압수 외에 전자정보 전부를 복제할 수 있는 내용을 추가하였다(동예규 제15조).

2. 동일성·무결성

형사소송법은 디지털정보의 동일성에 대한 명시적인 규정은 없으나, 경찰청 훈령 "디지털 증거 수집 및 처리 등에 관한 규칙" 제4조는 출력·복제된 디지털 증거는 원본과 동일성이 유지되어야 할 것을 요구하고, 디지털 증거는 수집 시부터 송치 시까지 변경 또는 훼손되지 않도록 주의하도록 규정하고 있다(동조 제1항, 제2항).

대검예규인 "디지털 증거의 수집·분석 및 관리 규정" 제20조 역시 비슷한 취지로 정보저장매체 등의 봉인 해제·복제, 디지털수사통합업무관리시스템에 등록하는 과정에서 디지털 증거의 진정성, 무결성, 신뢰성 유지를 위하여 필요한 조치를 취할 것을 요구하고 있다.

대법원은 판례를 통하여 정보저장매체에 입력하여 기억된 문자정보 또는 그 출력물을 증거로 사용하기 위해서는 정보저장매체 원본에 저장된 내용과 출력 문건의 동일성이 인정되어야 하고, 이를 위해서는 정보저장매체 원본 압수 시부터 문건 출력 시까지 변경되지 않았다는 사정, 즉 무결성이 담보되어야 할 것을 요구한다. 그리고 이러한 동일성과 무결성은 디지털증거의 증거능력 요건이므로 법정 제출 시까지 임의적 접근 및 변경을 금지하도록 하고 있다.[3]

Ⅲ 디지털정보 압수방법

1. 선별압수

1) 판단 기준

범죄와 관련된 디지털증거 발견한 경우 기록된 정보의 범위를 정하여 출력하거나 복제하여 제출받아야 한다. 디지털정보가 가지고 있는 비가시성, 비가독성과 대량성 등 특수성으로 정보저장매체에 대한 압수·수색은 여러 가지 다양한 형태로 나타나기 때문에 현장에서 범죄혐의와 관련성 있는 증거만을 선별적으로 압수·수색하는 일은 실무적으로 매우 어려운 일이다. 그럼에도 불구하고 디지털정보의 방대함으로 인하여 범죄와 관련 없는 정보나 개인적인 내용들이 무차별적으로 수집되어서는 아니된다.

2) 방법

이 경우에는 피압수자의 참여 아래 관련 정보를 선별하고 이를 출력하거나 복제하는 방법을 취한다. 압수대상 정보를 선별함에는 혐의대상자, 혐의기간, 혐의장소, 혐의사실, 범행방법, 범행동기 등을 종합적으로 고려하여 사건에 대한 내용적·인적·시간적 관련성 있는 용어를 선별(예컨대 파일생성일자, 사건 관련 키워드 등 다양한 조건으로 검색 가능)하여 출력하거나 복제한다. 관련 정보를 출력할 때에는 피압수자로부터 자신의 디지털기기로부터 출력한 문건이라는 확인서의 작성을 요청함으로써 디지털

---

3 대법원 2013.7.26. 선고 2013도2511 판결.

정보의 동일성과 무결성을 확보하여야 한다. 그리고 관련 정보를 복제하는 경우 가급적 정보의 변경이 불가능한 CD – R이나 DVD – R에 복제하고 확인서를 작성하여야 하고, 변경 가능한 매체(예 USB, 외장하드)에 복제할 경우에는 추가로 봉인작업을 하는 것이 필요하다. 복제나 출력이 종료된 이후에는 포렌식팀으로부터 압수된 전자정보의 상세목록을 받아 압수목록에 첨부한 후 이를 피압수자에게 교부하여야 한다(형사소송법 제219조, 제129조).

법원은 압수·수색영장의 집행에 관하여 범죄 혐의사실과 관련 있는 정보의 탐색·복제·출력이 완료된 때에는 지체 없이 압수된 정보의 상세목록을 피의자 등에게 교부할 것을 정할 수 있다. 압수물 목록은 피압수자 등이 압수처분에 대한 준항고를 하는 등 권리행사절차를 밟는 가장 기초적인 자료가 되므로, 수사기관은 이러한 권리행사에 지장이 없도록 압수 직후 현장에서 압수물 목록을 바로 작성하여 교부해야 하는 것이 원칙이다. 이러한 압수물 목록 교부 취지에 비추어 볼 때, 압수된 정보의 상세목록에는 정보의 파일 명세가 특정되어 있어야 하고, 수사기관은 이를 출력한 서면을 교부하거나 전자파일 형태로 복사해 주거나 이메일을 전송하는 등의 방식으로도 할 수 있다.[4]

3) 변호인의 참여

수사기관이 압수·수색영장을 집행할 때에는 피압수자 또는 변호인은 그 집행에 참여할 수 있다(형사소송법 제219조, 제121조). 따라서 변호인의 참여는 전자정보의 압수·수색영장을 집행하는 경우에도 마찬가지이다. 즉, 압수의 목적물이 컴퓨터용디스크 그 밖에 이와 비슷한 정보저장매체인 경우에는 영장 발부의 사유로 된 범죄 혐의사실과 관련 있는 정보의 범위를 정하여 출력하거나 복제하여 이를 제출받아야 하고, 피의자나 변호인에게 참여의 기회를 보장하여야 한다. 만약 그러한 조치를 취하지 않았다면 이는 형사소송법에 정한 영장주의 원칙과 적법절차를 준수하지 않은 것이다.

수사기관이 정보저장매체에 기억된 정보 중에서 키워드 또는 확장자 검색 등을

---

4 대법원 2018.2.8. 선고 2017도13263 판결.

통해 범죄 혐의사실과 관련 있는 정보를 선별한 다음 정보저장매체와 동일하게 비트열 방식으로 복제하여 생성한 파일(이미지 파일)을 제출받아 압수하였다면 이로써 압수의 목적물에 대한 압수·수색 절차는 종료된 것이므로, 수사기관이 수사기관 사무실에서 위와 같이 압수된 이미지 파일을 탐색·복제·출력하는 과정에서도 피의자 등에게 참여의 기회를 보장하여야 하는 것은 아니다.[5]

2. 정보저장매체의 원본압수

1) 판단기준

기록된 정보의 범위를 한정하여 추출하는 것이 불가능한 경우 또는 관련 정보만을 추출할 경우에는 압수의 목적달성이 현저히 곤란할 경우에는 정보저장매체의 원본을 압수할 수 있다.[6]

여기서 예외적 집행으로 고려될 사정에 대하여 판례는 영장에 예외적 집행 방법에 대한 허용 여부, 영장에 압수할 대상이 기재되어 있는지 여부, 증거인멸의 정황, 압수수색 대상물의 수량, 압수수색 대상자의 인원, 압수수색할 내용의 수량, 피압수자의 비협조 정도, 압수수색 장소의 전산시스템 사정, 수사관의 현장 포렌식 장비 구비 정도, 저장매체의 암호화, 전자정보의 삭제 정도, 압수한 저장매체로부터 제출된 증거의 양, 현장에서 전자정보를 분리할 때 전자정보와 저장매체의 손상 초래 여부 등을 들고 있다.[7]

2) 방법

정보저장매체 원본을 압수하는 경우에는 피압수자 참여 아래 정보저장매체 압수하여야 하며, 정보저장매체 압수 시 봉인, 봉인 과정을 비디오카메라로 녹화하여 무결성을 확보하여야 한다. 압수된 정보저장매체에 대한 압수목록을 작성하여 동일성을 확보한 후 피압수자에게 이를 교부한다. 그리고 압수된 정보저장매체 원본은 즉

---

5 대법원 2018.2.8. 선고 2017도13263 판결.
6 이에 대한 구체적인 예시는 경찰청 훈령과 법원 영장별지에 기재되어 있다.
7 대법원 2011.5.26. 자 2009모1190 결정; 서울중앙지방법원 2012.2.23. 선고 2011고합1131,1143, 44,45,46 판결(병합).

시 포렌식팀에 인계한다.

정보저장매체 원본을 압수할 경우에는 이미징 및 파일추출 단계에서 피압수자의 참여를 보장할 것이 요구되므로 반드시 피압수자의 참여의사를 확인한 후 포렌식팀과 협의한다.

압수목록을 작성·교부하는 경우 압수증명서 및 상세목록의 교부를 전자정보확인서 교부로 갈음할 수 있다(경찰청 훈령 제12조 제7항). 대법원은 디지털 저장매체를 압수·수색함에 있어 참여권을 보장하고 압수한 전자정보 목록을 교부하는 등 피압수자의 이익을 보호하기 위한 적절한 조치가 이루어져야 하며, 압수수색 과정에서 참여할 수 있는 기회를 부여하지 않았을 뿐만 아니라 압수한 전자정보 목록을 교부하지도 않은 경우에는 위법한 영장집행에 해당한다고 판시하였다.[8]

정보저장매체를 수사기관의 사무실 등으로 옮긴 후 전자정보를 탐색하여 전자정보가 담긴 저장매체, 하드카피나 이미징(imaging) 등 형태를 수사기관 사무실 등으로 옮겨 복제·탐색·출력하는 경우에도 역시 압수·수색영장의 집행에 해당한다. 따라서 이때의 문서출력 또는 파일복사도 혐의사실과 관련된 부분에 한정되어야 하고, 관련성에 대한 구분없이 임의로 문서를 출력하거나 파일을 복사하는 것은 특별한 사정이 없는 한 위법하다.[9]

전자정보에 대한 압수·수색에 있어 저장매체 자체를 외부로 반출하거나 하드카피·이미징 등의 형태로 복제본을 만들어 외부에서 저장매체나 복제본에 대하여 압수·수색이 허용되는 예외적인 경우에도 혐의사실과 관련된 전자정보 이외에 이와 무관한 전자정보를 탐색·복제·출력하는 것은 원칙적으로 위법한 압수·수색에 해당하므로 허용될 수 없다. 그러나 전자정보에 대한 압수·수색이 종료되기 전에 혐의사실과 관련된 전자정보를 적법하게 탐색하는 과정에서 별도의 범죄혐의와 관련된 전자정보를 우연히 발견한 경우라면, 수사기관은 더 이상의 추가 탐색을 중단하고 법원에서 별도의 범죄혐의에 대한 압수·수색영장을 발부받은 경우에 한하여 그러한 정보에 대하여도 적법하게 압수·수색을 할 수 있다.[10]

---

8 대법원 2015.7.16. 자 2011모1839 전원합의체 결정.
9 이은모/김정환, 형사소송법, 308면.
10 대법원 2015.7.16. 자 2011모1839 전원합의체 결정; 이은모/김정환, 형사소송법, 308면.

나아가 이러한 경우에도 별도의 압수·수색 절차는 최초의 압수·수색 절차와 구별되는 별개의 절차이고, 별도 범죄혐의와 관련된 전자정보는 최초의 압수·수색영장에 의한 압수·수색의 대상이 아니어서 저장매체의 원래 소재지에서 별도의 압수·수색영장에 기해 압수·수색을 진행하는 경우와 마찬가지로 피압수·수색 당사자(이하 '피압수자'라 한다)는 최초의 압수·수색 이전부터 해당 전자정보를 관리하고 있던 자라 할 것이므로, 특별한 사정이 없는 한 피압수자에게 형사소송법 제219조, 제121조, 제129조에 따라 참여권을 보장하고 압수한 전자정보 목록을 교부하는 등 피압수자의 이익을 보호하기 위한 적절한 조치가 이루어져야 한다.[11]

3) 변호인의 참여 보장

수사기관이 압수·수색영장을 집행할 때에는 피압수자 또는 변호인은 그 집행에 참여할 수 있다(형사소송법 제219조, 제121조). 저장매체에 대한 압수·수색 과정에서 범위를 정하여 출력·복제하는 방법이 불가능하거나 압수의 목적을 달성하기에 현저히 곤란한 예외적인 사정이 인정되어 전자정보가 담긴 저장매체, 하드카피나 이미징(imaging) 등 형태를 수사기관 사무실 등으로 옮겨 복제·탐색·출력하는 경우에도, 피압수자나 변호인에게 참여 기회를 보장하고 혐의사실과 무관한 전자정보의 임의적인 복제 등을 막기 위한 적절한 조치를 취하는 등 영장주의 원칙과 적법절차를 준수하여야 한다. 만일 그러한 조치를 취하지 않았다면 피압수자 측이 위와 같은 절차나 과정에 참여하지 않는다는 의사를 명시적으로 표시하였거나 절차 위반행위가 이루어진 과정의 성질과 내용 등에 비추어 피압수자에게 절차 참여를 보장한 취지가 실질적으로 침해되었다고 볼 수 없을 정도에 해당한다는 등의 특별한 사정이 없는 이상 압수·수색이 적법하다고 할 수 없다.[12] 이는 수사기관이 저장매체 또는 복제본에서 혐의사실과 관련된 전자정보만을 복제·출력한 경우에도 마찬가지이다.[13]

---

11 대법원 2015.7.16. 자 2011모1839 전원합의체 결정; 이은모/김정환, 형사소송법, 308면.
12 대법원 2019.7.11. 선고 2018도20504 판결.
13 대법원 2020.11.26. 선고 2020도10729 판결; 대법원 2015.7.16. 자 2011모1839 전원합의체 결정; 대법원 2017.9.21. 선고 2015도12400 판결.

또한 형사소송법 제219조, 제121조가 규정한 변호인의 참여권은 피압수자의 보호를 위하여 변호인에게 주어진 고유권이다. 따라서 설령 피압수자가 수사기관에 압수·수색영장의 집행에 참여하지 않는다는 의사를 명시하였다고 하더라도, 특별한 사정이 없는 한 그 변호인에게는 형사소송법 제219조, 제122조에 따라 미리 집행의 일시와 장소를 통지하는 등으로 압수·수색영장의 집행에 참여할 기회를 별도로 보장하여야 한다.[14]

---

14 대법원 2020.11.26. 선고 2020도10729 판결.

디지털정보의 증거능력

I 서언

전자정보의 증거능력은 컴퓨터용디스크, USB 등 정보저장매체에 저장된 내용이 음성이나 영상을 녹음 또는 녹화한 파일인가 문자정보를 기록한 파일인가에 따라 그 판단이 달라진다. 컴퓨터용디스크에 저장된 정보가 음성이나 영상을 녹음·녹화 한 것을 내용으로 하는 경우에는 녹음테이프, 사진 및 비디오테이프의 예에 따라 증거능력을 인정할 수 있을 것이다. 손괴죄의 행위객체로서 문서(전자기록) 자체가 증거가 되는 경우와 같이 전자정보의 존재 자체가 증거로 되는 경우에는 일정한 내용 기록을 담은 전자정보의 존재 자체가 요증사실인 경우에는 전문법칙의 적용이 배제된다.[1] 컴퓨터용디스크에 저장된 정보가 문자정보를 내용으로 하고, 그것에 의하여 정보저장매체에 저장되어 있는 전자기록의 진실성을 증명하고자 하는 경우에는 문자정보가 진술증거로서 사용되는 것이므로 전문법칙이 적용된다.[2]

형사소송법은 전문법칙에 따라 전문증거의 증거능력은 원칙적으로 배제되고, 다만 예외적으로 증거능력을 인정하고 있다. 예컨대 형사소송법 제315조에서 신용성의 정황적 보장과 필요성 원리를 적용하여 당연히 증거능력이 있는 서류를 전문법칙의 예외로 두고 있다. 여기서 제315조에 해당되는 디지털증거의 출력 문건이 무결성과 신뢰성이 인정된다면 증거능력이 인정될 수 있다.[3] 예컨대 전자기록 가운데 공무원이 작성한 증명문서로서 컴퓨터로 작성한 서면 및 업무의 통상과정에서 업무

---

1 대법원 2013.2.15. 선고 2010도3504 판결; 대법원 2015.1.22. 선고 2014도10978 전원합의체 판결; 신양균/조기영, 형사소송법, 893면.
2 대법원 2013.7.26. 선고 2013도2511 판결; 신양균/조기영, 형사소송법, 894면; 이은모/김정환, 형사소송법, 308면.
3 대법원 2007.7.26. 선고 2007도3219 판결.

목적의 원활한 수행을 위하여 기계적, 반복적으로 컴퓨터로 작성한 서면이나 그에 준하는 컴퓨터기록들은 제315조에 의하여 당연히 증거능력이 인정될 수 있을 것이다.[4]

디지털증거는 직접적으로 사람의 진술과정을 거치지 않고 그것이 기계적으로 처리되어 작성된 것이다. 따라서 압수한 디지털증거가 무결성의 문제, 신뢰성의 문제 및 원본성의 문제를 모두 통과하였다고 하더라도 디지털증거가 진술증거로 인정되는 경우에는 전문법칙이 적용되어 증거능력이 부정될 수 있다. 여기서 전문법칙 예외 조항에 디지털증거 적용할 수 있는가이다. 디지털증거는 특정 프로그램을 이용, 사람이 표현하고자 하는 내용의 자료를 입력하여 처리·생성된 부분이 존재한다. 따라서 내용의 진실성을 입증하기 위해서는 전문법칙의 관계에 유의하여 증거능력에 대한 검토가 필요하며, 디지털증거도 적절한 조건을 갖출 경우 전문법칙의 예외로 인정된다.

Ⅱ 디지털정보의 증거능력 요건

1. 진정성

진정성은 증거데이터의 저장, 수집과정에서 오류가 없으며, 의도된 결과가 정확히 획득되었고 그로 인해 생성된 자료임이 인정되는 것을 말한다. 이러한 진정성은 증거의 진정(眞正)에 관한 문제로써 원본증거의 내용과 법원에 제출된 증거의 내용이 동일하다는 동일성의 문제와 법정에 제출되기까지 변경이나 훼손·조작이 없었다는 무결성의 문제를 포함하는 개념이다.

무결성과 동일성, 신뢰성을 포함한 개념으로 3가지 요소 중 하나만 결여하더라도 증거의 진정성은 인정되지 않는다.[5] 우리 형사소송법상 디지털증거의 진정성에 관한 명시적인 규정은 존재하지 않는다. 다만 진술증거인 전문증거의 증거능력을 인정함에 있어서 성립의 진정에 관한 내용만을 규정하고 있다.[6]

---

4 신양균/조기영, 형사소송법, 894면; 이은모/김정환, 형사소송법, 697 – 698면.

5 비슷한 취지로 신양균/조기영, 형사소송법, 893면.

6 증거능력의 요건에 대한 주요한 견해로는 ① 관련성(relevancy), 신뢰성(reliability), 진정성(authenticity), 원본성(original), 동일성, 무결성 등을 디지털증거의 증거능력 인정을 위한 순차적인 관문으로 보는 견해,

2. 무결성

무결성은 최초의 증거가 저장된 매체에서 법정에 제출되기까지 디지털증거의 변경이나 훼손이 없어야 한다는 것을 의미한다. 왕재산 판결에서는 "압수물인 컴퓨터용디스크 그 밖에 이와 비슷한 정보저장매체에 입력하여 기억된 문자정보 또는 그 출력물을 증거로 사용하기 위해서는 정보저장매체 원본에 저장된 내용과 출력 문건의 동일성이 인정되어야 함, 즉 정보저장매체 원본이 압수 시부터 문건 출력 시까지 변경되지 않았다는 사정, 즉 무결성이 담보되어야 한다"[7]고 판시하면서 무결성을 직접적으로 언급하고 있다.

디지털증거의 무결성을 증명하는 방법은 ① 하드디스크 등의 저장매체를 압수한 다음 피의자 등의 서명을 받아 봉인하고, ② 서명, 봉인 과정을 녹화하며, ③ 압수 대상자가 입회한 가운데 봉인을 풀고, 통합 포렌식 프로그램인 'Encase'를 이용하여 압수한 저장매체에 대한 이미지 파일을 생성한 후 별도의 저장장치에 이미지 파일을 저장한 다음, 이미지 파일을 이용하여 복구 등의 분석하고, ④ 쓰기방지장치(Fastblock)를 압수한 저장매체에 연결한 상태에서 이미지 파일 생성작업을 실시하고, 이미지 파일에 대한 해쉬값을 계산하여 당사자로 하여금 해쉬값이 기재된 서면에 서명, 날인토록 하며, ⑤ 피의자 등이 법정에서 무결성을 부정하는 경우, 압수한 저장장치의 해쉬값과 이미지 파일의 해쉬값을 비교하도록 법원에 검증을 요구하는 방식을 사용한다.

3. 동일성

동일성은 원본에 저장된 내용과 출력한 문건과의 내용이 동일하다는 것을 말한

---

② 디지털증거의 특성상 증거능력 인정을 위하여 동일성, 무결성을 요하고 신뢰성, 전문성은 동일성과 무결성을 뒷받침하는 인자로 보는 견해, ③ 무결성(authenticity), 신뢰성(reliability), 원본성(best evidence)의 문제가 해결되어야 한다는 견해, ④ 증거능력의 요건으로 진정성(authenticity), 무결성(integrity), 신뢰성(reliability)을 드는 견해, ⑤ 동일성은 사본 제출 시 증거능력의 요건에 불과하고, 무결성은 그와 같은 동일성 인정을 위한 한 요소에 불과하며 동일성과 독립한 증거능력 요건이 되지 않는다는 견해, ⑥ 동일성과 무결성의 형사소송법적 지위를 진정성과 동일한 것으로 보는 견해, ⑦ 동일성(identity) 내지 무결성(integrity), 진정성 (Authentication), 신뢰성(reliability), 원본성(best evidence)이 인정되어야 한다는 견해 등이 있다(이숙연, 디지털증거의 증거능력, 저스티스, 제161호(2017), 166면).

7 대법원 2013.7.26. 선고 2013도2511 판결

다. 출력한 경우가 아니라 원본을 하드카피하거나 이미징한 경우에는 원본과 복제본과의 동일성을 의미하며, 이는 매체의 해쉬(Hash)값을 비교하여 확인한다.

4. 신뢰성

신뢰성은 증거 데이터의 처리과정에서 디지털증거가 위·변조되지 않았고 의도되거나 의도되지 않은 오류를 포함하지 않고 있음을 의미한다. 즉, 디지털증거를 수집, 분석 등 그 처리과정에서 이용한 컴퓨터의 기계적 정확성, 프로그램의 신뢰성, 입력·처리·출력의 각 단계에서 조작자의 전문적인 기술능력과 정확성이 담보되어야 한다는 것을 말한다. 신뢰성을 판단하는 기준과 관련하여 대법원은 일심회 판결에서 규격에 적합한 컴퓨터를 사용 여부, 포렌식 도구 신뢰성이 인정 여부, 조작자의 전문적 기술능력이 구비되어 분석관에 대한 신뢰성 등을 그 기준으로 삼았다.[8]

Ⅲ 압수·수색에서 변호인의 참가와 증거능력

형사소송법 제219조, 제121조가 규정한 변호인의 참여권은 피압수자의 보호를 위하여 변호인에게 주어진 고유권이다. 따라서 설령 피압수자가 수사기관에 압수·수색영장의 집행에 참여하지 않는다는 의사를 명시하였다고 하더라도, 특별한 사정이 없는 한 그 변호인에게는 형사소송법 제219조, 제122조에 따라 미리 집행의 일시와 장소를 통지하는 등으로 압수·수색영장의 집행에 참여할 기회를 별도로 보장하여야 한다.

문제는 변호인에게 이러한 압수·수색영장의 집행에 참여할 기회를 별도로 보장하지 아니한 상태에서 수집한 디지털증거에 증거능력을 부정할 것인가이다.

형사소송법 제308조의2는 '적법한 절차에 따르지 아니하고 수집한 증거는 증거로 할 수 없다'고 정하고 있다. 이는 위법한 압수·수색을 비롯한 수사 과정의 위법행위를 억제하고 재발을 방지함으로써 국민의 기본적 인권 보장이라는 헌법 이념을 실현하고자 위법수집증거 배제 원칙을 명시한 것이다.[9] 헌법 제12조는 기본적 인권

---

8 대법원 2007.12.13. 선고 2007도7257 판결.
9 대법원 2013.3.14. 선고 2010도2094 판결; 대법원 2019.7.11. 선고 2018도20504 판결.

을 보장하기 위하여 압수·수색에 관한 적법절차와 영장주의 원칙을 선언하고 있고, 형사소송법은 이를 이어받아 실체적 진실 규명과 개인의 권리보호 이념을 조화롭게 실현할 수 있도록 압수·수색절차에 관한 구체적 기준을 마련하고 있다. 이러한 헌법과 형사소송법의 규범력을 확고하게 유지하고 수사 과정의 위법행위를 억제할 필요가 있으므로, 적법한 절차에 따르지 않고 수집한 증거는 물론 이를 기초로 하여 획득한 2차적 증거 또한 기본적 인권 보장을 위해 마련된 적법한 절차에 따르지 않고 확보한 것으로서 원칙적으로 유죄 인정의 증거로 삼을 수 없다고 보아야 한다.

그러나 법률에 정해진 절차에 따르지 않고 수집한 증거라는 이유만을 내세워 획일적으로 증거능력을 부정하는 것은 헌법과 형사소송법의 목적에 맞지 않는다. 실체적 진실 규명을 통한 정당한 형벌권의 실현도 헌법과 형사소송법이 형사소송절차를 통하여 달성하려는 중요한 목표이자 이념이기 때문이다. 수사기관의 절차 위반행위가 적법절차의 실질적인 내용을 침해하는 경우에 해당하지 않고, 오히려 증거능력을 배제하는 것이 헌법과 형사소송법이 형사소송에 관한 절차 조항을 마련하여 적법절차의 원칙과 실체적 진실 규명의 조화를 도모하고 이를 통하여 형사 사법 정의를 실현하려 한 취지에 반하는 결과를 초래하는 것으로 평가되는 예외적인 경우라면, 법원은 그 증거를 유죄 인정의 증거로 사용할 수 있다고 보아야 한다. 이에 해당하는지는 수사기관의 증거수집 과정에서 이루어진 절차 위반행위와 관련된 모든 사정, 즉 절차 조항의 취지, 위반 내용과 정도, 구체적인 위반 경위와 회피 가능성, 절차 조항이 보호하고자 하는 권리나 법익의 성질과 침해 정도, 이러한 권리나 법익과 피고인 사이의 관련성, 절차 위반행위와 증거수집 사이의 관련성, 수사기관의 인식과 의도 등을 전체적·종합적으로 고찰하여 판단해야 한다. 이러한 법리는 적법한 절차에 따르지 않고 수집한 증거를 기초로 하여 획득한 2차적 증거에 대해서도 마찬가지로 적용되므로, 절차에 따르지 않은 증거수집과 2차적 증거수집 사이 인과관계의 희석이나 단절 여부를 중심으로 2차적 증거수집과 관련된 모든 사정을 전체적·종합적으로 고려하여 예외적인 경우에는 유죄 인정의 증거로 사용할 수 있다.[10]

---

10 대법원 2020.11.26. 선고 2020도10729 판결; 대법원 2007.11.15. 선고 2007도3061 전원합의체 판결; 대법원 2015.1.22. 선고 2014도10978 전원합의체 판결; 대법원 2019.7.11. 선고 2018도

따라서 국선변호인에 대한 참여통지 누락이 압수수색절차의 위반 사유로 문제된 사건에서 수사기관은 2019.10.25. 당시 피압수자로서 유일한 참여권자이던 피고인으로부터 컴퓨터의 탐색·복제·출력 과정에 참여하지 않겠다는 의사를 확인한 후 컴퓨터에 대한 탐색을 시작하였다. 탐색 당시 '이 사건 컴퓨터 하드디스크에 불법촬영 영상물이 저장되어 있다'는 피고인의 진술도 나온 상태였다. 그 후 피고인의 국선변호인이 선정될 무렵에는 이미 수사기관이 이 사건 컴퓨터에 대한 탐색을 어느 정도 진행하여 압수대상 전자정보가 저장된 폴더의 위치 정도는 파악하고 있었던 것으로 보인다. 피고인의 국선변호인이 수사기관에 이 사건 영장의 집행상황을 문의하거나 그 과정에의 참여를 요구한 바 없다. 이 사건 영장 집행 당시 피압수자의 참여 포기 또는 거부의사에도 불구하고 압수·수색절차 개시 후 선임 또는 선정된 그 변호인에게 별도의 사전통지를 하여야 한다는 점에 관하여 판례나 수사기관 내부의 지침이 확립되어 있었던 것은 아니다. 수사기관은 이 사건 영장의 집행 과정에서 피고인이 2011년경부터 피시방, 노래방 등의 화장실에 설치해 둔 몰래카메라를 통해 수백 명에 이르는 피해자들의 신체를 촬영해 둔 영상물을 압수하였고, 그중 296건에 대한 범행을 기소하였다. 피고인은 수사기관 및 법정에서 위 범행을 모두 자백하였다. 이 경우 이 사건 영장에 따른 압수·수색의 경위, 이 사건 영장의 집행 당시에 시행되던 전자정보에 대한 압수절차 관련 규정, 압수된 증거의 입증 취지, 절차 위반에 이른 경위와 그에 대한 수사기관의 인식과 의도, 이 사건 범행의 내용과 죄질 등을 종합적으로 고려하여 위법수집증거 배제 원칙의 예외에 해당하는지 여부를 신중히 판단한다면, 위법수집증거 배제 원칙의 예외에 해당할 수 있다고 보았다.[11]

20504 판결.
[11] 대법원 2020.11. 26. 선고 2020도10729 판결.

국내문헌

강기정/류병관, 형사절차상 압수·수색에서 디지털 증거수집의 적정성 확보 방안, 법학연구, 제29권 제3호(2018).

강동범, 사이버범죄 처벌규정의 문제점과 대책, 형사정책, 제19권 제2호(2007.12).

강동범, 사이버 명예훼손행위에 대한 형법적 대책, 형사정책, 제19권 제1호(2007).

강동범, 정보통신망법상 사이버범죄 처벌규정의 검토, 인터넷법률, 통권 제45호(2007.7).

강동욱, 인터넷과 음란물, 경제기술법연구, 제1집 제2권(1999), 관동대학교 사헌경제기술법연구소.

강동욱, 디지털증거 수집에 관한 형사소송법 개정안에 대한 검토, 법학연구, 제18권 제3호(2010).

강봉석, 인터넷에 있어서의 저작권의 보호, 법학논집(이화여자대학교 법학연구소), 제6권 제1호(2001.6).

강석구/이원상, 사이버범죄 관련 법령정비방안, 형사정책연구원 연구총서, 2014.

강성수, 전자정보의 증거조사 현황과 개선방안에 관한 기초연구, 사법정책연구원, 2016.

강철하, 디지털증거 압수·수색에 관한 개선방안, 박사학위논문, 성균관대학교 대학원, 2012.

곽경직, 영업비밀의 침해에 대한 형사적 보호, 법조, 제504호(1989.9).

곽병선, 사이버범죄 예방을 위한 법제도적 해결방안 - 가칭 사이버범죄특별법 제정논의를 중심으로, 원광법학, 제24권 제3호(2008).

곽병선, 디지털증거의 압수수색절차상 문제점과 개선방안, 법학연구, 제51호(2013).

권영설, 스팸과 피싱규제법리의 새로운 전개, 언론과 법, 제7권 제2호(2008).

권양섭, 사이버 범죄 처벌규정의 문제점과 대응방안, 법학연구, 제53권(2014).

권양섭, 판례에서 바라본 디지털 증거의 증거능력에 관한 고찰, 정보보호학회지, 제26권 제5호(2016).

권양섭, 형사절차상의 디지털 증거개시(E-Discovery) 제도에 관한 고찰, 법학연구, 제16권 제2호(2016).

권오걸, 사이버범죄와 대응전략, 법학연구, 제36호(2009).

권오걸, 사이버범죄의 현황과 대책, 법학연구, 제39호(2010).

김기범/이관희, 전기통신사업자 보관 몰수 대상 정보의 압수실태 및 개선방안, 경찰학연구, 제16권 제3호(2016).

김기범, 해시함수의 형사법적 고찰, 형사정책연구, 제29권 제2호(2018).

김두원, 온라인 도박 규제의 한계와 관리시스템 구축, 형사법연구, 제30권 제2호(2018).

김범식, 경찰현장수사에서 디지털증거에 대한 압수·수색의 개선방안, 외법논집, 제38권 제4호 (2014).

김병수, 전자정보에 관한 압수수색의 문제점과 개선방안, 비교형사법연구, 제18권 제3호 (2016).

김봉수, SNS범죄에 대한 의미론적 고찰, 법학논총, 제33권 제3호(2013).

김성돈, 속인주의와 형법 제3조의 재음미, 성균관법학, 제17권 제2호(2005).

김성돈, 인터넷상의 웨하드서비스제공자의 형사책임, 성균관법학, 제22권 제2호(2010).

김성룡, 피싱의 가벌성, IT와 법연구, 제4집(2010).

김성룡, 디지털 증거의 수색과 압수에서 쟁점들, 형사법연구, 제30권 제3호(2018).

김성천, 인터넷상의 범죄와 형법의 적용, 인터넷법률, 제9호(2001.11).

김성천, 사이버범죄에 대한 법적 대응, 중앙법학, 제12권 제1호(2010).

김신규, 사이버명예훼손·모욕행위에 대한 형사규제의 개선방안, 비교형사법연구, 제19권 제4호 (2018).

김일수/서보학, 새로쓴 형법총론, 제13판(2018).(김일수/서보학, 형법각론)

김일수/서보학, 새로 쓴 형법각론, 제9판(2018).(김일수/서보학, 형법총론)

김재봉, 영업비밀의 형사법적 보호방안, 형사정책, 제14권 제1호(2002).

김재윤, 컴퓨터등사용사기죄 관련 판례 분석: 불법취득한 타인명의 신용(현금)카드를 이용한 현금인출행위의 형사책임을 중심으로, 저스티스, No.107(2008).

김정한, 형사소송에서 디지털증거의 조사방법에 관한 입법론적 고찰-특히 민사소송의 경우 와 비교하여, 비교형사법연구, 제14권 제2호(2012).

김정환/이은모, 형사소송법, 제7판(2019).(김정환/이은모, 형사소송법)

김태석, 컴퓨터 바이러스의 제작, 유포행위에 대한 형사법적 구제, 중앙법학, Vol.4 No.3(2003).

김학범/김현수, 온라인 게임 범죄에 관한 연구: 판례에서 나타난 범죄유형을 중심으로, 소년 보호연구, 제29권 제2호(2016.2).

김학태, 현대 위험사회에서의 형법상 귀속구조의 변화, 비교형사법연구, 제3권 제1호(2001).

김혜경, 온라인 게임아이템의 재산범죄 성립가능성, 법학연구, 연세대학교 법학연구소, 제14권 제2호(2004.6).

김혜경, 사이버공간에서의 표현행위와 형사책임, 한국형사정책연구원, 2005.

김혜정, 인터넷상 명예훼손·모욕죄의 형사법적 통제, 홍익법학, 제12권 제1호(2011).

노수환, 디지털증거의 진정성립 증명과 증거능력 - 형사소송법 제313조 제1항의 해석과 관련한 판례의 비판적 검토, 법조, 제64권 제8호(2015).

류부곤, 디지털증거와 영상녹화물에 대한 전문법칙 적용상의 문제점, 법학논총, 제39권 제4호(2015).

류석준, 해킹에 대한 규제법규에 관한 연구, 비교형사법연구, 제6권 제2호(2004).

류석준, 전자기록위작변작행위의 규제법규에 관한 연구, 형사법연구, 제23호(2005).

류석준, 컴퓨터사기죄의 행위방법에 대한 비교법적 검토, 비교형사법연구, 제7권 제1호(2005).

류화진, MMORPG 게임아이템에 대한 재산죄의 성립 가능성, 동아법학, 제50호(2011).

모성준, 미국의 압수수색 절차에 대한 사법적 통제의 단계구조 - 디지털증거를 중심으로, 법학연구, 제27권 제2호(2017).

민영성/계승균, 저작형법에 관한 시론, 형사정책연구, 제17권 제2호(2006).

박강우, 지식정보사회에서 형법의 역할 변화에 대한 비판적 고찰, 형사정책, 제16권 제1호(2004).

박광민, 인터넷상의 명예훼손에 대한 형사법적 규제, 형사법연구, 제24호(2005).

박민영, 미국에서 온라인상 범죄행위에 대한 엄정대응의 원칙, 비교법연구, 제11권 제3호(2011).

박민우, 전문증거 증거능력 인정요건의 변화와 이로 인한 새로운 문제에 대한 검토: 형사소송법 제313조의 개정을 중심으로, 형사정책연구, 제27권 제3호(2016).

박봉진, 디지털증거 압수수색에 관한 연구, 법과 정책, 제19권 제1호(2013).

박상기/전지연, 형법학, 제5판, 2021.(박상기/전지연, 형법학)

박상기/전지연/한상훈, 형사특별법, 제3판, 2020.(박상기/전지연/한상훈, 형사특별법)

박석훈/이상진, 디지털증거의 압수, 수색 영장 사본제시에 따른 문제점과 개선방안에 대한 고찰, 법조, 제65권 제5호(2016).

박영관, 지적재산권 침해에 대한 형사적 제재, 한국형사정책연구원, 1996.

박영규, 배임죄에서 재산상의 손해, 판례월보, 1996/7.

박용철, 디지털 증거 중 카카오톡 대화의 압수·수색영장 집행에 대한 참여권 - 대법원 2016모 587 사건을 통해 본 형사소송법 제122조 단서상 '급속을 요하는 때'의 의미, 비교형사법연구, 제20권 제4호(2019).

박정난, 사이버 명예훼손의 형사법적 연구, 경인문화사, 2020.

박정난, 사이버명예훼손죄와 대체적 분쟁해결제도, 형사법의 신동향, 제66호(2020).

박희영, 사이버 음란물 유포행위와 형사책임, 법학연구(부산대학교), 제43권 제1호(2002).

박희영, '인터넷에서 링크 제공자의 형사책임에 관한 연구', 인터넷법률, 제21호(2004.1).

박희영, 인터넷에서 형법의 장소적 적용범위, 인터넷법률, 제26호(2004.11).

박희영, 인터넷 금융사기 '피싱'관련자의 형사책임에 관한 연구, 인터넷법률, 제36호(2006.10).

박희영, 사이버스토킹의 형벌규정에 대한 한국과 독일의 비교연구, 인터넷법률, 제39호(2007.7).

박희영, 독일형사판례연구: 1. 사이버범죄, 한국학술정보, 2014.

배성호, '링크의 저작권침해 여부', 사법행정, 제43권 제10호(2002.10).

배종대, 형법각론, 제10판, 2018.(배종대, 형법각론)

배종대, 형법총론, 제13판, 2017.(배종대, 형법총론)

백승주, 미국의 압수·수색영장 일부 기각 및 압수방법 제한에 관한 실무연구, 법조, 제682호
  (2013).

백윤철, 인터넷법학과 사이버범죄, 세영사, 2004.

변종필, 인터넷 게임아이템과 재산범죄, 인터넷법률, 제5호(2001).

성선제, 인터넷상의 명예훼손, 인터넷법률, 제13호(2002.8).

손동권/김재윤, 형법각론, 제3판, 2013.(손동권/김재윤, 형법각론)

손동권/김재윤, 형법총론, 2014.(손동권/김재윤, 형법총론)

손지영/김주석, 디지털 증거의 증거능력 판단에 관한 연구, 대법원 사법정책연구원, 2015.

손지영, 경제범죄에서의 디지털 증거 증거능력 판단, 제도와 경제, 제13권 제2호(2019).

송승은, 인터넷 도박의 법적 규제에 관한 고찰, 인터넷법률, 제36호(2006.10).

신동운, 신형사소송법, 법문사, 제8판, 2016.(신동운, 형사소송법).

신양균/조기영, 형사소송법, 박영사, 2020.(신양균/조기영, 형사소송법)

신재헌/김용현, 사이버 상의 안보위협에 대한 대응방안, 한국경찰연구(2016.9.).

심재무, 디지털저작권의 형법적 보호, 경성법학, 제11호(2002.10).

심재무, 사이버스페이스에 있어서 음란물의 형법적 규제에 관한 연구, 사회과학논집, 경성대
  학교, 제19집 제2호(2003).

안경옥, 불법원인급여와 사기죄, 형사법연구, 제17호(2002.6).

안성수, 디지털증거의 증거능력, 법조, 제721호(2017).

양재모, 메일어드레스를 사칭한 스팸메일의 규제와 관한 소고, 인터넷법률, 통권 제19호
  (2003).

오경식, 기업비밀침해범죄, 판례월보, 제340호(1999.1).

오경식/황태정/이정훈, 명예훼손과 온라인서비스제공자의 형사책임, 형사정책, 제22권

제1호(2010).

오경식, 수사절차상 압수 수색제도에서의 인권보장 방안, 형사법의 신동향, 제50권(2016).

오병두, 컴퓨터등 사용사기죄의 입법경과 와 입법자의 의사, 형사법연구, 제19권 제1호(2007 봄).

오영근, '인터넷상 음란정보의 '전시'개념', 법률신문(제3213호), 2003.10.23.

오영근, 인터넷범죄에 관한 연구, 형사정책연구, 제14권 제2호(2003).

오영근, 형법각론, 제6판, 2021.(오영근, 형법각론)

원형식, 사이버공간에 있어서 우리나라 형법의 적용범위, 인터넷법률, 제10호(2002).

원혜욱, 인터넷범죄의 특징과 범죄유형별 처벌조항, 형사정책연구, 제11권 제2호(2000).

원혜욱, 인터넷범죄의 증거와 재판관할에 관한 연구, 한국형사정책연구원 연구보고서, 2001.

원혜욱, 형법각론, 2017.(원혜욱, 형법각론)

윤동호, 컴퓨터등사용사기죄의 취득객체와 보호법익, 비교형사법연구, 제9권 제2호(2007).

윤동호, 전문증거의 증거능력에 관한 문제영역 분석과 평가, 영남법학, 제40호(2015).

윤종행, 사이버명예훼손죄에 있어서 비방의 목적과 공익관련성, 형사정책, 제18권 제1호 (2006).

윤해성, 인터넷서비스제공자의 형사법적 책임, 인터넷법률, 통권 제32호(2005.11).

윤해성, 인터넷게임 아이템 거래에 관한 형사법적 검토, 인터넷법률, 통권 제34호(2006.3).

윤현석, SNS를 이용한 범죄의 피해실태 및 대처 방안에 관한 연구, 피해자학연구, 제23권 제2호 (2015).

원형식, 사이버공간에 있어서 우리나라 형법의 적용범위, 인터넷법률, 제10호(2002).

이경렬, 디지털정보 관련 증거의 압수수색 규정의 도입방안 연구, 홍익법학, 제13권 제3호 (2012).

이상돈, 해킹의 형법적 규율방안, 법조, 통권546권(2002.3).

이상돈, 형법강론, 제2판, 2017.(이상돈, 형법강론)

이성대, 신종 사이버범죄에 대응하기 위한 법제 정비 방안, 형사법의 신동향, 제67호(2020).

이성호, 사이버스토킹의 개념과 법적 규제, 저스티스, 제83호(2005.2).

이숙연, 전자정보에 대한 압수수색과 기본권, 그리고 영장주의에 대하여-대법원 2009모1190 결정에 대한 평석을 중심으로 한 연구-", 헌법학연구, 제18권 제1호(2012).

이숙연, 디지털증거의 증거능력, 저스티스, 제161호(2017).

이순옥, 디지털 증거의 역외 압수·수색, 중앙법학, 제20권 제1호(2018).

이승준, 성폭력법상 카메라 등 이용촬영죄에서 구성요건 해석문제, 형사판례연구[17], 2009.

이원상, 디지털 증거의 증거능력: 관련성과 전문증거에 대한 최근 판례 견해를 기반으로, 법학논총, 제28권 제3호(2016).

이원상, 디지털 증거의 압수·수색절차에서의 관련성 연관 쟁점 고찰 - 미국의 사례를 기반으로, 형사법의 신동향, 제51권(2016).

이원상, 스토킹 처벌규정 도입에 대한 고찰, 형사정책연구, 제24권 제2호(2013).

이원상/이성식/이정환/탁한용/김일수, 클라우드 컴퓨팅 환경에서의 사이버범죄와 대응방안 연구, 한국형사정책연구원, 2012.

이원호, 스팸메일 규제에 관한 법적 고찰, 정보와 법연구(국민대학교 정보와 법연구소), 제6호 (2004).

이은모/김정환, 형사소송법, 제7판, 박영사, 2019.(이은모/김정환, 형사소송법)

이인곤, 형사절차상 디지털증거 압수·수색에 대한 문제점과 개선방안, 한국경찰연구, 제15권 제4호(2016).

이인곤, 클라우드 컴퓨팅 환경에서 전자정보 압수수색에 관한 입법적 개선방안, 형사법의 신 동향, 제58호(2018).

이인영, 사이버범죄 관련 정보통신서비스제공자의 형사책임에 관한 고찰, 비교형사법연구, 제 19권 제4호(2018).

이재상/장영민/강동범, 형법각론, 제10판, 2017.(이재상/장영민/강동범, 형법각론)

이정민, 디지털증거의 압수수색과 절차적 진실, 형사법연구, 제28권 제3호(2016).

이정원, 사이버공간에서의 명예훼손에 대한 형법적 규제, 법학논문집, 제32집 제1호(2008).

이정훈, 편의시설부정이용죄 – 컴퓨터등사용사기죄와의 관계를 중심으로, 비교형사법연구, 제 4권 제2호(2002).

이정훈, 온라인 도박의 형사책임, 중앙법학, 제6집(2004).

이정훈, 컴퓨터등장애업무방해죄의 성립 요건, 비교형사법연구, 제8권 제1호(2006).

이정훈, 사이버범죄에 관한 입법동향과 전망, 사이버커뮤니케이션학보, 제20호(2006).

이정훈, 최근 게임아이템 현금거래 사건과 관련한 형사법적 문제점과 전망, 중앙법학, 제12집 제2호(2010).

이정훈, 가상범죄에 관한 형사정책적 고찰, 형사정책, 제23권 제2호(2011).

이정훈, 블록체인과 가상화폐의 형사법적 문제와 전망, 홍익법학, 제20권 제1호(2019).

이주원, 디지털증거에 대한 압수수색제도 개선, 안암법학, 제37호(2012).

이주원, 형사소송법, 박영사, 2019.(이주원, 형사소송법)

이주원, 특별형법, 제6판, 2020.(이주원, 특별형법)

이진국, 전자정보의 압수·수색에서 피압수·수색 당사자의 참여권에 관한 일고, 아주법학, 제 11권 제4호(2018).

이춘화, 사이버범죄로부터 청소년보호를 위한 법·제도 개선방안, 소년보호연구, 제12호 (2009).

이호중, 위험정보의 유통과 인터넷서비스제공자(ISP)에 대한 형법적 규제, 비교형사법연구,

제5권 제2호(2003).

이흔재, 디지털증거의 압수수색에 관한 쟁점별 해석과 통제방안, 법학논총, 제37권 제3호 (2013).

임석순, 부작위에 의한 종범의 보증인지위 발생근거, 형사법연구, 제30권 제4호(2018).

임 웅, 신용카드 부정사용행위의 형사책임, 저스티스, 제34권 제2호(2001).

장승일, 전자정보에 대한 압수·수색의 적정성에 대한 연구, 인문사회 21, 제7권 제4호 (2016).

장윤식, 사이버범죄 수사의 현재와 미래, 한국경찰연구학회 학술발표대회, 2012.3.

장한철, 인터넷서비스제공자의 책임에 관한 형법적 문제, 한양법학, 제11권(2000).

장한철, 인터넷에서의 하이퍼링크와 관련한 형법적 문제, 인터넷법률, 제15호(2003).

전완근, 디도스 공격증거와 법적 책임, 형사소송 이론과 실무, 제3권 제1호(2011).

전지연, 컴퓨터파괴에 대한 형법적 검토, 형사정책, 제8호(1996).

전지연, 사이버공간에서 형법적 적용범위의 수정·제한, 법조, 제52권(2003).

전지연, 하이퍼링크의 형사법적 책임, 법학연구, 제13권 제4호(2003).

전지연, 개인정보보호관련법제의 형사정책적 검토, 형사정책연구, 제16권 제3호(2005).

전지연, 사이버범죄의 과거, 현재 그리고 미래, 형사법연구, 제19권 제3호(2007).

전지연/한상훈, 정보통신분야 형벌법규의 현황과 주요내용, 비교형사법연구, 제11권 제2호 (2009).

전지연, 사이버상의 신종범죄 DDoS 공격에 대한 형사법적 책임, 비교형사법연구, 제11권 제2호(2009).

전지연, 인터넷피싱의 형사법적 책임, 형사정책연구, 제20권 제4호(2009).

전지연, 사이버도박의 형사법적 대응에 관한 연구, 원광법학, 원광대학교 법학연구소, 제35권 제2호(2019.6).

전지연, 전자기록위작변작죄, 문서와 범죄, 2018.

전현욱, 지적재산권과 형법정책, 경원법학, 제3권 제2호(2010.8).

전현욱/이자영, 사이버범죄협약과 형사절차상 적법절차원칙: 저장된 데이터의 보존 및 일부 공개를 중심으로, 형사정책연구, 제25권 제1호(2014).

정대희, 디지털증거 압수수색절차에서의 '관련성'의 문제, 형사정책연구, 제26권 제2호 (2015).

정성근/박광민, 형법각론, 전정2판, 2015.(정성근/박광민, 형법각론)

정승환, 형사소송법, 2018.(정승환, 형사소송법)

정 완, 사이버음란물의 유통과 규제, 형사정책연구, 제11권 제2호(2000).

정 완, 사이버범죄의 방지를 위한 국제형사사법공조, 인터넷법연구, 제3권 제1호(2004).

정 완, 인터넷 도박의 실태와 대응, 경희법학, 제41권 제2호(2006.12).

정 완, 사이버범죄의 주요동향과 형사정책적 과제, 형사정책연구, 제18권 제3호(2007).

정 완, 사이버범죄론, 법원사, 2010.

정 완, 사이버범죄의 주요 쟁점과 대응책에 관한 소고, 홍익법학, 제17권 제3호(2016).

정현미, 인터넷상 음란정보 전시 및 링크의 형사책임, 형사판례연구[12], 2004.

조광훈, 정보저장매체 등의 압수·수색에서 참여권, 저스티스, 제151권(2015).

조국, 위임범위를 초과한 타인의 현금카드사용 현금인출의 형사적 죄책, 형사판례연구[16], 2008.

조병인/정진수/정완/탁희성, 사이버범죄에 관한 연구, 2000.

주승희, 사이버범죄와 국제형법, 형사정책연구, 제16권 제3호(2005).

주승희, 독일 연방대법원의 온라인비밀수색관련 결정소개, 형사정책동향, 제99호(2007).

주승희, 현행 사이버 명예훼손죄 법리의 문제점 및 개선방안 관련 최근 논의 검토, 형사정책연구, 제20권 제1호(2009).

주승희, 최근 독일에서의 사이버범죄의 발생 현황 및 대처 노력, 법학논총, 제22권 제3호(2015).

지유미, 사이버범죄에 대한 형법적 대책, 비교형사법연구, 제19권 제4호(2018).

최병각, 인터넷 거버넌스와 사이버안보, 비교형사법연구, 제19권 제4호(2018).

최석윤, 인터넷 명예훼손 및 모욕죄와 형법적 대응방안, 비교형사법연구, 제12권 제2호(2010).

최성진, 형사법에 있어서 하이퍼링크를 둘러싼 제 문제, 형사법연구, 제29권 제4호(2017).

최윤정, 전자정보 압수수색에 적용되는 영장주의 원칙과 그 예외에 관한 법적 검토: 휴대폰 등 모바일 기기를 중심으로, 저스티스, 제153권(2016).

최응렬/주성빈, 우리나라 사이버안보 대응전략의 문제점 및 발전방안, 형사사법연구, 제2권 제1호(2012).

최정일, 사이버 명예훼손죄의 구성요건 분석 및 형사법적 규제방안에 대한 소고, 법학연구, 경상대학교 법학연구소, 제23권 제2호(2015).

최종혁, 사이버범죄 수사와 증거수집 실무에 대한 검토, 비교형사법연구, 제19권 제4호(2018).

최호진, 인터넷상의 음란물유포에 대한 범죄가담형태, 비교형사법연구, 제6권 제1호(2004).

최호진, 새로운 해킹기법과 관련된 형법 적용의 흠결과 해결방안, 형사정책연구, 제18권 제4호(2007).

최호진, 온라인 게임아이템에 대한 형법적 해석방향, 형사정책연구, 제22권 제4호(2011).

최호진, 정보통신망침입죄에서 정보통신망 개념과 실행의 착수, 형사법연구, 제28권 제3호

(2016).

최호진, 디지털증거 압수수색에 잇어서 해당 사건과의 관련성에 대한 검토, 범죄수사학연구, 제3권 제1호(2017).

탁희성, 재산죄의 객체로서 전자정보의 포섭가능성 및 그 한계, 형사정책연구, 제16권 제2호 (2005).

한상암/김정규, 스팸메일의 문제점과 효율적 대응방안에 관한 연구, 한국콘텐츠학회, 제4권 제호(2006).

한상훈, 영업비밀의 형사법적 보호와 문제점, 형사정책, 제12권 제2호(2000).

한상훈/안성조, 형법입문, 2018.(한상훈/안성조, 형법입문)

한지영, 인터넷에서 저작권침해와 사적 복제에 관한 비교법적 고찰, IT와 법연구, 제3집 (2009).

허일태, 위험사회에 있어서 형법의 임무, 비교형사법연구, 제5권 제2호(2003).

허황, 한국에서 디지털 증거의 증거능력에 관한 최근의 논의의 개관, 형사법연구, 제30권 제3호(2018).

홍승희, 정보재산권의 형법적 보호, 형사정책연구, 제16권 제3호(2005).

홍승희, 유비쿼터스 환경과 사이버범죄, 형사정책연구, 제17권 제3호(2006).

홍승희, 정보통신범죄의 전망, 형사정책, 제19권(2007).

황창현, 사이버스페이스에서의 명예훼손과 인권보장 - 인터넷사업자의 책임과 관련하여-, 저스티스, 제34권 제1호(2001).

황태정, 정보통신서비스제공자의 책임자에 관한 비교법적 고찰, 인터넷법률, 제28호(2005).

황태정, 인터넷상 명예훼손, 모욕죄와 피해자의 특정, 형사법연구, 제21권 제3호(2009).

Kemper, Martin/김성룡 역, 데이터와 이메일의 압수적격성, 인터넷법률, 통권 제33호(2006).

외국문헌

Ambos, Kai, Internationales Strafrecht, 5.Aufl., 2018.

Altenhain, Karsten, Die strafrechtliche Verantwortung für die Verbreitung mißbilligter Inhalte in Computernetzen, CR 1997, 485 ff.

Ashworth, Principles of Criminal Law, second edit., 1995.

Bär, Wolfgang, Transnationaler Zugriff auf Computerdaten, ZIS, 2011.

Barton, Dirk−M, Multimedia Strafrecht, 1999.

Beulke, Werner, Strafprozessrecht, 12.Aufl., 2012.

Brumbaugh, John M, Cases and Materials on Criminal Law and Approaches to Study of Law, second edit., 1991.

Collardin, Marcus, Strfataten im Internet, CR 1995, 620.

Conradi/Schloemer, Die Strafbarkeit der Internet−Provider, NStZ 96, 366, 472 ff.

Cornils, Matthias, Der Begehungsort von Äußerungsdelikten im Internet, JZ 1999, 394 ff.

Cullen/Maakestad/Cavender, Corporate Crime under Attack: The Ford Pinto Case and Beyond, 1987.

Dannecker, Gerhard, Der Schutz von Geschäfts− und Betriebsgeheimnisses, Der Betriebdberater 1987, 1614 ff.

Derksen, Roland, Handeln auf eigene Gefahr, 1992.

Eidam, Gerd, Unternehmen und Strafe, 5.Aufl., 2018.

Eisele, Jörg, Computer− und Medienstrafrecht, C.H.Beck, 2013.

Ernst, Hacker, Cracker & Computerviren, 2004.

Fischel/Sykes, Corporate Crime, 25 Journal of Legal Studies(1996), 319.

Fischer, Thomas, Strafgesetzbuch, Kommentar, 65.Aufl., 2018.

Frisch, Wolfgang, Vorsatz und Risiko, 1983.

Gereke, Marco, Straftaten und Strafverfolgung im Internet, GA 2012, 474.

Gleß/Weigend, Intelligente Agenten und das Strafrecht, ZStW 2014; 126(3).

Heinrich, Bernd, Der Erfolgsort beim abstrakten Gefährdungsdelikten, GA 1999, 80.

Herzberg, Rolf−Dietrich, Die Verantwortung für Arbeitsschutz und Unfallverhütung, 1984.

Hilgendorf, Eric, Gibt es ein Strafrecht der Risikogesellschaft?, NStZ 1993, 10.

ders., Strafrechtliche Produzentenhaftung in der Risikogesellschaft, 1993.

Hilgendorf/Frank/Valerius, Computer−und Internetstrafrecht, 2005.

Hörnle, Tatjana, Pornographische Schriften im Internet, NJW 2002, 1008−1013.

Kemper, Martin, Anforderungen und Inhalt der Online−Durchsuchung bei der Verfolgung von Straftaten, ZRP 2007, S. 105 ff.

Khanna, Vikramaditya S., Corporate Criminal Liability: What Purpose Does It Serve, 109 Harvard Law Review(1996), 1477.

Koch, Robert, Haftung für Weiterverbreitung von Viren durch E−Mails, NJW 2004, S. 801−807.

Kochheim, Dieter, Cybercrime und Strafrecht in der Informations− und Kommunikationstechnik, 2.Aufl., 2018.

Köhler/Arndt, Recht des Internet, 4.Aufl., 2003.

Kutscha, Martin, Neue Grenzmarken des Polizeiverfassungsrechts, in NVwZ 2005, 1231 ff.

Lackner/Kühl, Strafgesetzbuch, Kommentar, 29.Aufl., 2018.

Marberth−Kubicki, Annette, Computer− und Internetstrafrecht, 2005.

Mitsch, Wolfgang, Medienstrafrecht, 2012.

MK−Bearbeiter, Münchener Kommentar, Bd. III, 3.Aufl., 2013.

Pelz, Christian, Die strafrechtliche Verantwortlichkeit von Internet−Providern, ZUM 98, 530 ff.

Pelz, Christian, Die Strafbarkeit von Online−Anbietern, wistra 1999, 53 ff.

Roxin/Greco, Strafrecht, AT, Bd. I, 5.Aufl., 2020.

Schmitt, Meyer−Goßner, StPO 59.Aufl., 2016.

Schnabel, Falk, Straforozessualer Zugriff auf Computerdaten und die 'Cyber−Crime' Convention, Jura 2004, S.379−385.

Schöcker, Lothar, Der strafrechtliche Schutz des Geschäfts−und Betriebsgeheimnisses in den Ländern der Europäischen Gemeinschaft sowie in Österreich und der Schweiz, Heymanns Verlag, 1981.

Schönke/Schröder, Strafgesetzbuch, Kommentar, 30.Aufl., 2019.

Schünemann, Bernd, Unternehmenskriminalität und Strafrecht, 1979.

ders., Strafrechtsdogmatische und kriminalpolitische Grundfragen der Unternehmenskriminalität, wistra 1982, 41. 1979.

Schumann, Heribert, Strafrechtliches Handlungsunrecht und das Prinzip der Selbstverantwortung der anderen, 1986.

Stratenwerth, Günter, Strafrecht und Unternehmenshaftung, FS−R.Schmitt, 1992,

295 ff.

Wessels/Beulke/Satzger, Strafrecht, AT, 50.Aufl., 2020.

Wessels/Hillenkamp/Schuhr, Strafrecht, BT II, 43.Aufl., 2020.

Wessels/Hettinger/Engälnder, Strafrecht, BT I, 44.Aufl., 2020.

index

찾아보기

──── **저자약력**

전지연(全智淵, Ji-Yun JUN)

연세대학교 정법대학 행정학과 졸업
연세대학교 대학원 법학과 졸업(법학석사)
독일 괴팅겐(Göttingen)대학교 법학박사(Dr.iur.)
영국 케임브리지(Cambridge)대학 법과대학 연구교수
한림대학교 법학과 부교수
사법시험위원, 행정고시위원, 입법고시위원, 변호사시험위원
한국형사법학회 학회지(형사법연구) 편집위원장
법무자문위원회 남북법령연구특별위원회 형사소위 위원장
법무·검찰개혁위원회 위원
검찰총장추천위원회 위원
연세대학교 법과대학 학장/법무대학원 원장
연세대학교 법학전문대학원 원장
한국형사법학회 회장
(현) 연세대학교 법학전문대학원 교수

사이버범죄론

초판발행   2021년 4월 23일
중판발행   2023년 3월 15일

지은이   전지연
펴낸이   안종만·안상준

편 집   윤혜경
기획/마케팅 조성호
표지디자인   최윤주
제 작   고철민·조영환

펴낸곳   (주) **박영사**
          서울특별시 금천구 가산디지털2로 53, 210호(가산동, 한라시그마밸리)
          등록 1959. 3. 11. 제300-1959-1호(倫)
전 화   02)733-6771
f a x   02)736-4818
e-mail   pys@pybook.co.kr
homepage   www.pybook.co.kr
ISBN   979-11-303-3916-0 93360

정 가   32,000원